U0543731

春秋首霸

（上册）

余耀华◎著

中国出版集团
研究出版社

图书在版编目（CIP）数据

春秋首霸 / 余耀华著 . -- 北京：研究出版社，2022.12

ISBN 978-7-5199-1277-2

Ⅰ . ①春… Ⅱ . ①余… Ⅲ . ①中国历史 – 齐国 – 春秋时代 – 通俗读物 Ⅳ . ① K225.09

中国版本图书馆 CIP 数据核字（2022）第 168347 号

出 品 人：赵卜慧
出版统筹：张高里　丁　波
责任编辑：安玉霞

春秋首霸

CHUNQIU SHOUBA

余耀华　著

研究出版社 出版发行

（100006　北京市东城区灯市口大街 100 号华腾商务楼）

北京中科印刷有限公司　新华书店经销

2022 年 12 月第 1 版　2022 年 12 月第 1 次印刷

开本：710 × 1000 毫米　1/16　印张：41.25

字数：600 千字

ISBN 978-7-5199-1277-2　定价：98.00 元（全二册）

电话（010）64217619　64217612（发行部）

中华崛起的先驱（代序）

伟大的时代

伟大的时代与伟大的时代精神。

春秋时代是中国历史上最为自由奔放、充满活力的大黄金时代之一。自平王东迁以后，周室王权衰落，诸侯违礼僭越，孔子称这一时期为“礼崩乐坏”的时代。王权衰落，导致权力出现真空，形成诸侯争霸的格局。礼崩乐坏，导致人们价值观念和道德观念的混乱，引发了旧有秩序的改制，中国历史进入了大变革、大转型的时代。具体表现为社会经济急剧变化，政治局面错综复杂，军事斗争层出不穷，学术文化异彩纷呈，中华古代文明逐渐递嬗过渡为中世纪文明。

战国孕育出的时代精神——强力竞争，强者生存，弱者沉沦。用当时的话说，就是“大争之世”。所谓“大争”，就是争得全面，争得彻底，争得漫长，争得残酷。数百年的纷争组合，就像春水化开了冰河，打碎了古典联邦王国的窒息封闭。铁器的出现，工商业的兴起，井田制的瓦解，天子权威的衰微，新兴地主与士人阶层的涌现，整个社会的生命状态突然间活跃起来。

旧制度崩溃了，旧文化破坏了，新制度、新文化如雨后春笋般地破土而出。

中华民族的所有文明支系都被卷入了这场全面彻底的大竞争之中！政治、经济、军事、文化，举凡社会生活的各个领域，都在这种“大争”中碰撞出最灿烂的辉煌。战争规模之大，经济改革之频繁，权力争夺之残酷，文化争鸣之激烈，民众命运与国家命运联系之紧密，创造出的奇迹之多，涌现出的伟大人物之众……所有这些，都是后来的时代难以与之比肩的。

在那样的土壤中，先后崛起的春秋五霸——齐、晋、楚、吴、越，无疑是时代的强者，而作为首霸的齐国，则更是那个伟大时代的先驱。

伟大时代的先驱

伟大时代的先驱与伟大的霸业。

齐国崛起于铁血竞争的列强之林，成为春秋首霸，包容裹挟了那个时代的刚健质朴、创新求实精神。英才治国，走富国强兵之路，锐意改革，统一政令，发展工商业，招商引资，拓展对外贸易……完成了一场伟大的革命，开创了一个全新的时代，引领了时代的潮流。中华民族的整个文明体系之所以能够绵延相续如大河奔腾，春秋首霸起了决定性的作用。

作为春秋首霸的齐国是伟大时代的先驱。

不留遗憾

春秋时代是中国人心中的“圣土”。政治的、经济的、军事的、文学艺术的、神秘文化的……中华民族的很多经典，都源于那个伟大的时代。齐国在称霸过程中所发生的许多故事——管鲍之交、一箭之仇、赋税改革、招商引资、商战、干时之战、长勺之战、老马识途等，许多都成为成语或经典流传于世，有的甚至在今天仍然放射着炫目的光彩。创造这些奇迹的各种人物，以及这些事件的曲折过程，构成了作家笔下非虚构的戏剧性故事。要充分展现这些人物，展现这些历史事件，只有文学艺才能做到，这是文学艺术术的骄傲，也是文学艺术的使命。

遗憾的是，表现春秋首霸的文学作品如凤毛麟角。

余虽学识浅薄，笔力不济，还是勉力上阵了，只为了不留遗憾。

20 世纪 80 年代，我在研究中国价格史时，便对春秋首霸的辉煌有了深刻的了解。2009 年，我的长篇历史小说《千古第一相管仲》出版，并入围第八届茅盾文学奖。但总觉意犹未尽，历经 30 余年的沉淀，再次提笔，试图重塑春秋首霸那个辉煌的时代。

艺术地再现春秋首霸，是中国社会面临又一次转型时期所催生出来的历史课题。本书力图再现那个最值得中国人骄傲的、充满英雄主义与进取精神的时代；

再现那波澜壮阔、优胜劣汰、适者生存的历史画卷；

再现春秋首霸先贤们在粗粝简朴的生活方式中本色奋斗的生命状态；

再现春秋首霸在礼崩乐坏的时代中脱颖而出，率先崛起，全力开创新文明的沧桑巨变，并将那个时代的光荣与梦想，呈现给走向世界舞台的中国人。

这是余之心愿，是否能做到这一点，只能交给读者评判了。

余耀华

二〇二一年十二月

于湖北鄂州永利花园

目录

第十章　牢狱之灾

第十一章　高山流水觅知音

第十二章　君子风度

第十三章　庙堂论霸

第十四章　不该挑起的战争

第十九章　发展工商业

第二十章　首创盐铁专卖

第二十一章　营救鲍叔牙

第二十二章　易牙烹子

第二十三章　一段孽缘

第二十四章　招商引资

楔　子

齐僖公二十八年（公元前 703 年）初春，天一场透雨，枝头吐出了嫩芽，广袤的大地上，又有了春天的气息。临淄城郊（齐国都城，今属山东省淄博市）的东升山庄，依山而建，一股溪水从山庄门前流过，叮咚的流水声，伴随着林间的鸟语，给人一种世外桃源的感觉。

溪边的凉亭里，管仲、鲍叔牙、召忽三位密友围坐在石桌旁，品茶，聊天。鲍叔牙收回远眺的眼光，端起茶杯呷一口茶，放下茶杯后问道："管兄弟，你这次出游，去了哪些地方？"

管仲缓缓地说："去了中原，到宗周和新郑一带转了一圈，乘兴而去，败兴而归，让人有些心灰意冷。"

"怎么了？"

管仲说道："周室没落，看来是大势所趋了。"

"郑国呢？他们不是以领袖自居吗？"鲍叔牙问。

"郑伯穷兵黩武，反复无常，内外不得人心，一面谎称奉王命讨不庭，用武力攻伐诸侯；一面又起繻葛之战，箭射天子，公然冒天下之大不韪。加上楚国势力日趋强大，对郑国虎视眈眈，中原诸侯抵抗楚国，郑国地处楚与中原之间。由此可知，郑国断无宁日，眼下虽以领袖自居，不出十年，必沦落为弱国。"

召忽是齐国世家子弟，自幼饱读经书，为人方正，具有国士之风。听了管仲之言，暗自吃惊，原来管、鲍二人虽然身处市井，却心系天下，对天下大局了如指掌。又听管仲说道："近段时间，我正在想周室的事情。"

"管兄！"召忽不禁问道，"你认为周室能中兴吗？"

"唉！"管仲摇头叹了一声，"中兴不可能了，苟延残喘而已。"

"如果遇上明君良臣，加上贤德方伯之力，大周还能再造吗？"召忽不甘心地问道。

"此非人力所为，夏传四百余年，殷传五百余年，大周也有三百余年了，天下岂有长盛之姓？天道更迭，江山易主，这是常理，也是自然规律。"

召忽问道："周室为何会衰落到如此地步呢？"

管仲感慨地说："成也封建，败也封建啊！"

"愿听高论。"召忽迫切地说。

"太公辅佐文王、武王，伐无道之商纣。"管仲问道，"当时谁强谁弱？"

召忽说："有道是'大邑商，小邦周'嘛。"

"对，宗周兴于岐山，虽地狭人稀，但上负天命，下得民心，各国归附，成为西伯。灭商之后，关中、河洛数千里沃土尽为王室所有，天下至富之民、至强之兵，都集聚在这里。但当时的周室人口稀少，如果要守土拓疆，只有让亲属、功臣封土建国，作为周室之藩屏。"

召忽说："这正是鼎定周室繁盛之根本嘛！"

"然则数百年之后，时过境迁，原来的至亲已疏远为陌路。王室后裔不断繁衍，这后几代的王室子弟才是至亲，但此时周天子已无地可封，只得将王畿的土地分封给这些至亲子弟作为采邑，采邑除了名称不同，一切与诸侯国无异。说一句不中听的话，这些采邑就是吸附在周室身上的水蛭，在不痛不痒之中，慢慢吸干了周室的血髓。如今是天下枝强干弱，可见封建之法，决定周室必亡，不可能中兴，而是日渐衰竭，最后无声无息地灭亡。"

召忽从来没有听到过这样的高论。管仲从现实制度的得失进行剖析，简明扼要地厘清因由，也不禁对管仲从心底里佩服，于是问道：

“依管兄之见，这种乱象还要延续多久，齐国又该如何自处？”

管仲道：“我等山野村夫，一介草民，哪有资格谈论这等事情。”

“草民又怎么样？”召忽说，“谁规定草民不准议论国事？”

管仲原以为召忽只是一个世家子弟，没想到他竟有如此襟怀，不禁对他多看了几眼，脸上露出了舒心的微笑。

召忽觉得自己刚才太过激动，不好意思地说：“闲聊，就当闲聊。我的好奇心特重，就喜欢听这样的闲聊，管兄，满足一下我的好奇心吧！”

鲍叔牙这时兴趣也来了，附和说：“管贤弟，好久没听你的高论了，脑子里又冒出了什么奇思妙想啊？”

“称霸！”管仲斩钉截铁地说，“自平王东迁以后，周室日渐衰落，礼崩乐坏，诸侯不朝已是常事。诸侯失礼，相互之间也各不相容，却无强首，在这种形势下，只有用霸道了。”

“霸道？”召忽问，“何为霸道？”

“霸者，伯、长也。”管仲说，“就如同老父年迈，改由长兄为‘家督’，主持家政。但千万不能是郑伯和今日君上的做法，他们以众暴寡，以强凌弱，不讲礼仪，没有信用，这种横暴之政，只会乱世，不能治世。我所说的‘称霸’，是以富国强兵为实力，以信义相交诸侯，非万不得已，不可用兵，用兵则一战必胜，致力于重塑一个全新的天下秩序，以霸业克制中原各国的互相征伐，华夏不内乱，方能共御四夷。对周室不仅不应背叛，反而要尊王，尊王才为正道，如此一来，可使诸侯面对齐之强盛而不至于自危，而权柄则操之于齐。尊王聚民心，攘夷聚民力。”

“尊王聚民心，攘夷聚民力？”召忽有些不解。

“有霸主，中原自可稍为和平。”管仲说，“人口繁衍，自然要互相争利。用战争驱伐四夷，开疆拓土，殖民便可获益。如同放牧一样，外有群狼，只要严加防范，仍然可以犬猛羊肥。外有公敌，才显得华夏兄弟之亲，各国之间的鸡毛蒜皮之争，便可放在一边。”

鲍叔牙心里暗自叫好。一直以来，自己总是包容管仲，正是看中管仲满腹经纶，有经天纬地之才，只是时运未到而落魄于平庸。当年管仲在战场上当逃兵而遭人耻笑时，鲍叔牙百般替他辩护，说他丢不下家里的老娘；当鲍叔牙与管仲合伙做生意，管仲因多分红利而遭人非议时，鲍叔牙体谅他是一个孝子，得钱是用于赡养老母而从不予计较。鲍叔牙觉得自己果然没有看错人，于是附和说："我也认为，称霸为天下太平之道。"

"道理是这样。"召忽说，"可我等却是有心无力啊！"

管仲、鲍叔牙、召忽，三人抬起头，仰望天空，陷入了沉思……

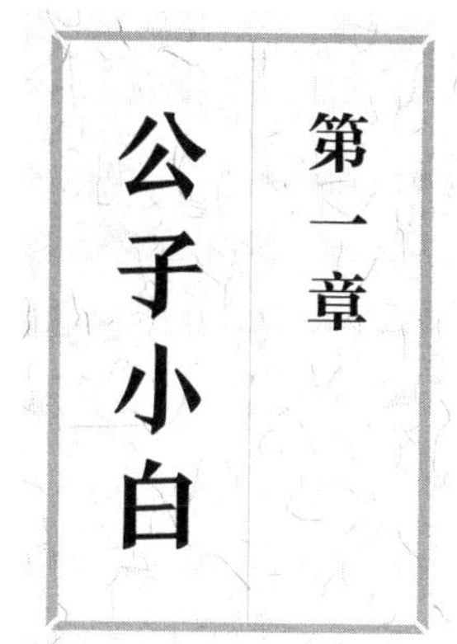

第一章 公子小白

志存高远

公元前699年，齐国与纪国打了一场恶仗。

齐国是东方大国，纪国乃蕞尔小国，在齐僖公眼里，纪国只不过是一只待宰的羔羊，砧板上的一块肉，要怎样宰就怎样宰，想怎么剁就怎么剁。但想法很美好，现实却很残酷。当齐国大军压境、准备对纪国展开碾压式的打击时，鲁国和郑国联军却蜂拥而至，杀了齐军一个措手不及。齐军惨败，狼狈地退回齐国境内。齐僖公剑指纪国的方向，咬牙切齿地说："有纪无我，有我无纪，誓不两存。"

齐僖公战败之后，因急火攻心，一病不起。老态龙钟的齐僖公知道自己的时日不多，不得不考虑身后事，于是连下了三道诏令：

> 册立嫡长子诸儿为太子。
>
> 诏令刚离世的胞弟夷仲年之子公孙无知享受服秩仪仗，俸禄供养同于太子。
>
> 诏令管仲、召忽为次子公子纠的少傅，鲍叔牙为季子小白的少傅。

三道诏令，改变了许多人的命运，也给齐国的历史揭开了新的一页。

临淄城内，一辆马车穿街过巷，在一处大宅院门前停下，驾车者拉开车帘，对车上的乘客恭敬地说：“二位请下车，我们到了！”

从车上先后下来两个人，前者名叫管仲，后者名叫召忽。

“这是什么地方？”管仲下车后，随口问道。

“这是公子纠的府邸。”驾者说，“公子纠在府邸恭候，齐侯也来了。”

“齐侯来了？”召忽心中一惊。

驾者点点头，引导管仲、召忽二人步入公子纠府中，并指着堂前一位衣着华贵的老者说：“这就是君上！”

管仲、召忽得知眼前的老人就是齐侯时，连忙上前，俯伏叩拜道：“草民拜见君上！”

“二位贤士平身！”齐僖公微笑地看着管仲、召忽，眼中露出赞许之色，回头吩咐侍从，“快，给二位贤士看座，上茶。”

齐侯身边一位二十左右的年轻人迈步上前，指着摆好的座位，恭敬地说：“请二位先生落座。”

管仲、召忽知道是公子纠，揖手谦让之后，分别落座。公子舍人手脚麻利地给管、召二人奉茶。

齐僖公在主位落座，微笑着说：“两位贤士想必知道，寡人有三个儿子，长子诸儿已立为太子。”随手指着站在身边的年轻人说，“这位是二公子纠。”

管仲、召忽重新站起来，向公子纠揖手道：“公子好！”

“二位先生不必多礼。”公子纠客气地还礼。

“二位请坐！”齐僖公道，“寡人知二位乃齐之贤士，今特聘二位为少傅，教导公子纠，请二位贤士屈就。”

管仲、召忽见齐僖公如此礼贤下士，和蔼可亲，甚为感动，谦恭地说：“我等乃山野草民，才疏学浅，恐有辱君命。”

“久闻二位满腹经纶，乃饱学之士，公子纠能得到二位贤士的教导，这是他的造化。”齐僖公顺手拉过公子纠，“寡人将公子纠托付给二位，望你们尽心教导于他，莫负寡人之托。”

管仲、召忽起身、俯伏叩首道：“我们当竭尽全力，辅佐公子纠，不负君上所托。”

齐僖公请管仲、召忽二人上座，命公子纠向他们行拜师礼。管、召二人推托不得，只得上座，受了公子纠的拜师礼。

忽有人来报，说鲍先生有病，没有接旨。

“管先生！”齐僖公问道，“鲍先生生病了吗？”

“鲍叔牙生病了！”管仲心存疑惑，昨天他们还在一起喝茶，鲍叔牙身体很好，为何突然说病了，暗想其中必有缘故，于是含糊地说，“我也不大清楚。”

齐僖公默默地点点头，没说什么。

管仲、召忽从公子纠府中出来后，马上驾车前往鲍府。鲍府门人见是管仲、召忽二人，立即开门笑迎，一面通报，一面引导他们进入内堂。

管仲吸了吸鼻子，若有所思地说：“鲍兄得的是心病吧！”

“夷吾兄为何如此说？”召忽问道。

“如果染病了，必须熬药诊治，刚才特意闻了闻，鲍府没有丝毫药石之味，而且门人迎接我们，满脸堆笑，毫无忧色，这不符合常理嘛！”

召忽瞥了一眼管仲，心想，早就听说管仲观察事物细致入微，今日一见，果然名不虚传。

正在这时，鲍叔牙从内室中走出来，只见他眉头紧锁，脸上怨愤之色未退。彼此都是老朋友，没有过多客套，便气呼呼地坐在篾席上。管、召二人也没有出声，于是分左右坐下。

“鲍兄身体很好嘛！为何称病不出呢？”管仲不解地问。

鲍叔牙叹了一口气，负气地说：“古人说过，知子莫若父，知臣莫若君。国君知道我德微才浅，所以才让我做他最小的儿子小白的师傅，我已见弃于君，见辱于国人，还有何颜面立于君子之列！”

鲍叔牙是一位正人君子，一直视名节如生命。公子小白顽劣，酒色无度，在士大夫的圈子里名声不怎么好。鲍叔牙自负善能识人，认为出任小白的老师是对自己的侮辱。况且小白排行最末，其母卫姬早逝，卫国国势衰微，对公子小白不能提供任何帮助。几乎所有人都认为，公子小白只是齐国一名纨绔子弟，难有作为。鲍叔牙出任他的老师，岂不是雄鹰折翅，素志埋没吗?

召忽听后有些同情鲍叔牙，体贴地说："鲍兄，人同此心，你如果坚决不干，那就继续装病，不要出来，我去向君上禀报，说你病得不轻，难当重任，一定能把你为公子小白师傅的职务免掉。"

"这太好了。"鲍叔牙说，"有你们相助，一定能帮我推掉这份吃力不讨好的差事。"

"不可！"管仲这时很认真地说，"鲍兄不可自误啊！人生在世，欲图大事，不能推辞工作，更不能贪图安逸。辅佐公子，事关社稷大事，岂可计较个人虚名？"

鲍叔牙微微一怔。

管仲继续说："将来到底谁掌握齐国大权，目前还是一个未知数呢！鲍兄切不可意气用事，你难道忘了我们的志向吗？"

召忽对小白也缺乏信心，并不同意管仲的看法，他说："对于齐国，我们三个人就好比鼎之三足，缺了谁，鼎就立不起来。依我看，无论长、嫡、贤、贵，小白哪一条都沾不上边，断无为君的可能。"

管仲见鲍叔牙、召忽两人对小白都没有信心，并不觉得奇怪，因为他们看到的只是表象，并没有深入分析，于是说道："你们的看法不妥。先说诸儿，虽然被立为太子，如果被立为君，恐有三大亡兆。"

"三大亡兆？"鲍叔牙惊讶地说，"太夸张了吧！"

"绝非危言耸听！"管仲说得非常肯定。

"说说看，"召忽怀疑地问，"哪三大亡兆？"

"据我所知，"管仲分析说，"诸儿荒淫暴虐，为世人所不齿，此其一；诸儿生性多疑，刚愎自用，如果只有其中一种毛病，尚可补救，要命的是诸儿二者皆具，那可是必败之相，此其二；齐侯给诸儿种下乱因，此其三。"

"齐侯给诸儿种下乱因？"鲍叔牙猜测道，"你是说公孙无知？"

"正是！"管仲说，"太子只能有一个，齐侯立诸儿为太子，却又让公孙无知服秩仪仗、俸禄供养同于太子，这可是取祸之道啊！”

召忽说：“如果真是这样的话，继立者也是公子纠啊！”

“那不一定。”管仲分析说，“公子纠的母亲鲁姬生性骄横，再加上鲁国强盛，对齐国是一种潜在的威胁，国人不希望鲁国插手齐国政治。以国氏、高氏为首的齐国执政高层，对鲁国心有戒备和不满。国人忌惮鲁国，便会不看好公子纠。小白既无母国外患，又无盛名，他如果成为齐国之君，执政者更容易操纵国事。况且，小白与上卿高傒关系密切，这可是强援啊！”

“有这种可能吗？”鲍叔牙吃惊地问。

“嗯！”管仲点点头，起身走到窗前，仰望天空，一只飞鸿掠过天际，他目送飞鸿远去，转身继续说，“据我所知，公子小白为人貌似混沌顽劣，像是刻意隐形，这可是智者之为。小白不会耍小聪明，虽然性格有些暴躁，但能把握大方向。不是我管夷吾，就不会理解、容忍公子小白。诸儿当国，天下必乱，如果上天降祸于齐国，到时公子纠与公子小白，谁能当国，那就由天意决定吧！”

鲍叔牙听到这里，抚须点头，以为然。

管仲接着说：“鲍兄奉诏上任，辅助公子小白，我和召贤弟辅助公子纠，彼此应该保持联系，静候天时。”

“好！”鲍叔牙道，“我答应你。”

召忽是一个性情耿直的人，对于齐僖公之后的齐国政局，他有些担心，便忧心忡忡地说：“国君百年之后，如果有谁废掉公子纠，就算他得了天下，我也不会辅佐他。公子纠在，召忽以命相随；公子纠亡，召忽以死相伴。大丈夫人生一命，站着是一竖，倒下是一横，为大义我岂恤残躯？”

召忽之言，悲壮得让人战栗，鲍叔牙不由得一愣。

管仲是个注重大局而不拘小节的大智大慧者，他并不赞同召忽的观点，认为召忽是愚忠，便想都不想，接过召忽的话说：“作为人君的臣子，奉君命而为国家主持宗庙，岂能为公子纠个人而牺牲自己的性命？只有在国家破、宗庙灭、祭祀绝的情况下，我才会去死。除此三种情况之外，我都要活下来。活着，对齐国有益，死了，对齐国无利。”

鲍叔牙心里明白，管仲与召忽的议论，都是君子之见，但就目前的情形，无论是公子纠，还是公子小白，距君位之争还很遥远，于是就是拉着他们的手说：“彼此都是君子之见，只是持论不同而已，不妨将这些暂放在一边，辅助好公子，才是当务之急。”

管仲道：“那你就奉诏上任吧！”

鲍叔牙想了想，终于采纳了管仲的意见，接受齐侯的任命，出任公子小白的师傅，辅佐小白。

管仲对鲍叔牙和召忽二人说：“我们三个辅佐齐国两位公子，如果诸儿不济事，继任齐国君位者，不是公子纠，就是公子小白。我们三人可以约定，将来无论是公子纠还是公子小白做齐国国君，我们都要相互引荐，辅佐新君，共图大业，使齐国走上富国强兵之路。”

鲍叔牙赞同地说：“我也有此想法，今后我们三人，无论出现了什么情况，都要同舟共济，相互提携，这才不枉我们兄弟一场。”

管仲伸出双掌，鲍叔牙、召忽同样也伸出双掌，三人击掌盟誓：“同舟共济，相互提携。”

公子小白

鲍叔牙改变初衷，进宫晋见齐侯，表示愿意接受君命。

公子小白也及时派公子舍人到鲍叔牙府上投帖，约定三天之后，派车到鲍府迎接鲍叔牙赴公子府。

三天之后，一辆四驾马车缓缓地停在鲍府门前，驾车小厮紧拉马衔环，向鲍府内张望……

依惯例，驷马之车只有诸侯能用，然而，春秋以来，礼崩乐坏，公子逾制，车用驷马，已司空见惯。引车之马是纯一色的枣红马，无论是马饰还是车饰，都是璎珞珠环，车幡明艳。

鲍叔牙站在窗前，将这一切看在眼里，脸上露出一丝苦笑，心里想：真是纨绔子弟啊！

“鲍太傅！”驾车小厮轻轻地叫了一声，正准备进入鲍府。

鲍叔牙拿起行囊，走出鲍府大门。这时，从车后闪出一个衣着华贵、手执长鞭的年轻人。

鲍叔牙虽然与公子小白并不熟识，但也曾在大街上谋过面，见公子小白亲自来迎，不由得心头一震，加快脚步走下台阶，正欲行礼，却被公子小白伸手扶住。

小白后退一步，深深一揖道：“夫子万安，弟子小白恭奉夫子登车。”不待鲍叔牙回礼，小白斜身一让，将鲍叔牙扶上了车。

鲍叔牙推辞不得，只得说：“公子过礼了！”

鲍叔牙坐稳之后，小白跳上马车，坐在车夫的位子上，道一声：“夫子坐稳了！”然后潇洒地一抖长鞭，凌空“叭”的一声响，四匹骏马撒蹄小跑起来。

一路上，小白目不斜视，专心驾车，额上沁出微微细汗。车子走得很稳，鲍叔牙丝毫没有颠簸的感觉。行人引颈注目，疑惑不已，彼此相询：“谁有这么大的面子，让公子小白亲自为他驾车？”

鲍叔牙稳定了一下刚才的情绪，低垂着眼睑，自负养气的功力足可应付此等殊荣。

不到半个时辰，马车停在公子府门前。一位老舍人率众侍从立在阶下，见马车临近，立即率众跪下相迎。这可是迎接国君或国君使者的隆重礼节。

鲍叔牙下车，见老舍人行如此大礼，着实过意不去，上前扶起老舍人，深深一揖道：“鲍叔牙何德何能，怎能受如此大礼！”

“这是公子的吩咐！”老舍人说，“太傅自然当得起。”

随着公子小白肃客的手势，鲍叔牙在大家的簇拥下走进公子府。

公子府正堂正中铺着牦牛毛编织、被称为“氍毹”的彩色地毡，上设东西两席，四边各以瑞兽镇压。小白加快步伐，走到主位旁，蹲下身子，用宽大的衣袖拂去席上浮尘，然后站起身，恭请鲍叔牙上座。

“不必！不必！”鲍叔牙连连推辞。

老舍人上前，将鲍叔牙扶到主位坐下。

趁此机会，鲍叔牙仔细端详公子小白。此时才发现，小白除了英俊风流的表象外，其实生具异象，眼神深邃有威，并无轻浮之色，广额方唇，鼻梁挺直，鼻头圆润如胆，在相法上称为隆准，乃贵不可言的相格。虽只近弱冠之年，但眼神里透出一股英气，显得十分成熟，且还隐隐透出一股霸气。鲍叔牙暗暗叫好，他开始发现一个在众人评价之外的另一个公子小白。

鲍叔牙刚坐稳，侍女便送进一个食案，上面摆放三个漆盂和三个食盒，盂中分别装满了清水、暖蜜和甜浆，食盒里装的则是精致的时令水果和蜜渍果脯。

小白伸手从侍女手中接过食案，送到鲍叔牙座前，单膝跪下，双手举案过顶。如果说执鞭、拂席行的是弟子之礼的话，举案进跪行的则是父子、君臣、主仆之礼。

鲍叔牙心中一惊，忙双手接过。他觉得这个礼太过隆重，受之有些过，便顺势侧身让过，顿首以拜，以示不敢接受逾分尊礼。

小白放好食案，起身站直，神色庄重地说：“夫子，君父不知我之不肖，隆请夫子教我，这是天怜无母之小白，不忍抛弃。只是委屈了夫子，下教我这顽劣之人，实不敢配夫子的品格才学。”说到这里，小白两眼泛红，萦绕一片真情，“如果夫子愿教小白，小白定勉力而学，至死不敢拂夫子所教；如果夫子觉得小白难以责训，请派一弟子教我，小白绝不敢强夫子所难。”

鲍叔牙心里百感交集：小白看似浮华纨绔，内心却朴实真诚，之前自己杜门不出，看来已被小白猜透了自己的心思。鲍叔牙仿佛有不良之行被人当面揭穿的感觉，既尴尬又惭愧，同时也更佩服管仲阅人之深，更坚定了“非纠即白”的判断。他决定以自己毕生精力将小白培养成一代明主，于是说道：“公子，臣只恐才力不逮，唯有尽忠竭智，勉力报答。”

“报答二字，夫子万万不可再提。”小白说，“夫子肯屈尊相教，已是小白之福，只求夫子对小白直言相教，无彼此之分，则愿足矣！”

鲍叔牙想起管仲对小白的评议，有心试探，喝了一口清水，平淡地说：“公子，请恕臣下出言无状，公子一向以纨绔示人，恐怕是别有深意吧！”

小白见鲍叔牙一语道破自己的心事，略觉愕然。

“请夫子知无不言。”小白待随从退下之后，将座椅移近鲍叔牙身边，身子前倾，专心倾听。

“在大家眼里，公子田猎宴游，追逐名花，完全是一副纨绔子弟玩世不恭的派头。”鲍叔牙两眼平视着小白。

小白微微一怔，面有愧色。

鲍叔牙继续说：“但这些事也不算太大的失德，只是公子要切记，不逾格、不忘大事，其余之事也不必太过拘谨。”

小白连连点头，他从心眼儿里佩服鲍叔牙的见识高人一筹。

“依下臣看来，公子所为，却暗合天道。”说到这里，鲍叔牙有些犹豫，毕竟师徒二人是第一次相会，将自己的想法和盘托出，是否为时过早，万一判断有误，则会惹来不必要的麻烦。

小白从鲍叔牙的神态中似乎捕捉到了某种信息，连忙说：“夫子不要有所顾虑，出夫子之口，入小白之耳，不必担心有第三者知道。”

小白这是很明确地向鲍叔牙表明了态度。

鲍叔牙想到管仲的分析，又见小白谦恭恳切，内心的犹豫也只是一闪而过，接着说：“公子以国士待我，我当以国士报之。我看公子之意，是度己之长，嫡输于东宫太子，贤、德不及公子纠，所以才独辟蹊径，与高、国两大世家修好，看似胸无大志，实则是暗结外援。”

高氏、国氏两大世家是周王室亲封的齐国上卿，出自公族，世禄世官，世代执掌国政，子弟遍及庙堂之上，采邑人丰赋厚。如果两家联手，实力不在国君之下，称得上是齐国的半壁江山。

小白自小与现在执政的高氏上卿高傒相处得非常好。并与国氏、高氏众子弟过从甚密，每有闲暇，辄引宾客，场面阔绰，相处甚为融洽。小白此举不落形迹，潜藏极深。今天被鲍叔牙一语道破，小白甚是惊讶：原以为鲍夫子只是一位方正贤良之士，此时看来，鲍夫子不仅才学品德为人称道，心思目力也是一流，得此贤人，不仅得到一位良师，而且还得到一位经邦济世之良臣。想到这里，小白不禁踌躇满志，喜极而泣，激动地说："夫子所言，正是小白所思，小白得遇夫子，实在是上苍眷顾啊！"

"好！"鲍叔牙见小白并不隐瞒心迹，心里高兴，由衷地叫了一声。此子看似放荡不羁，却真如管仲所料，看来，原先拒绝受命的做法真的是错了。这从心底爆发出的一声"好"，既包含了对公子小白的赞赏，也包含了对管仲的敬服，还包含了自己听从管仲、召忽两人的劝告，出任公子小白太傅的庆幸。

师徒二人热血澎湃，闭门密谈，时近黄昏，二人就着茶水，吃了些馍饼和肉脯，晚饭也不用吃了，继续谈。

从此以后，鲍叔牙便留在公子府，同公子小白朝夕相处，一面对小白传道授业，一面静观时局变化。

静观时变

时光不以人的意志为转移，总是在匀速地向前推进，转眼到了齐僖公三十三年（公元前 698 年）十一月。因兵败于纪而羞愤成疾的齐僖公病情越来越重，他知道自己的生命到了尽头，在一个大雪纷飞的夜晚，召太子诸儿及公孙无知至病榻前，嘱咐诸儿："纪国与齐国是世仇，你继位之后，第一件事就是要灭掉纪国，不报此仇，死后不得入祖庙。"

"诸儿知道！"诸儿伏拜受命。

齐僖公指着公孙无知说："我与夷仲年一母所生，他只有一个独子，诸儿你应视无知为胞弟，我死之后，无知仍然用太子之制，衣服礼秩，一如我生前之数，不得有所减少。"

诸儿心中虽然极不情愿，但也不敢违抗，还是俯伏受命。

不久，齐僖公撒手离开人间。

在国氏、高氏两位上卿及众大臣的拥戴下，诸儿顺利继承君位，他便是齐襄公。

管仲、召忽与鲍叔牙三人的图谋，随着姜诸儿的即位而搁浅，在大局已定的情况下，他们选择了接受现实。

管仲估摸，齐僖公临终前的遗嘱，给姜诸儿埋下一个天大的隐患，一旦时机成熟，隐患便将爆发，而一旦爆发，必将是天崩地裂，鹿死谁手，不好说。目前他们所能做的，就是等待——静观其变。

第二章　百恶淫为首

文姜归宁

齐襄公姜诸儿登位时，齐国面临的形势非常严峻：南面的鲁国，西面的宋国，都是实力较强的国家；北面的燕国虽然国力较弱，却不是争雄之地；东面的纪国与齐国是世仇，国力虽然较弱，但纪国国君为求自保，投靠鲁国，娶鲁国之女为夫人，两国结成姻亲，并一直追随鲁国参与中原的活动。齐国欲灭掉纪国，不能忽视鲁国。否则，有可能重演齐僖公时的悲剧。

齐襄公于是主动向鲁国示好，两国重新建立良好的外交关系，以求达到齐国进攻纪国时，鲁国能保持中立。与此同时，齐襄公派兵在齐、纪边境举行大规模的军事演习，目的有两个，一是向对纪国施加压力，二是试探鲁国的态度。

纪国自知不是齐国的对手，便向鲁国寻求庇护。鲁国刚与齐国修好，不便与其立刻翻脸，但也不愿看着纪国被齐国消灭。鲁桓公又出面充当调解人，于周庄王三年（公元前 695 年）春，带着纪国国君来到齐国的黄地与齐襄公谈判，签订了休战盟约，称为“黄地之盟”。

尽管签订了黄地之盟，齐襄公并没有打算履行约定，还加大了对纪国压迫的力度。鲁国觉得很没有面子，于是在奚地与齐国开战，不料被齐军击败。

鲁桓公是一个胆小怕事之人，奚地战败后，既不敢冲冠一怒，举国复仇，也没打算求贤问策，伺机再战，而是低下高贵的头，主动向齐国示好。

公元前694年，鲁桓公借口受周天子之命，偕夫人前往齐国办王姬与齐襄公姜诸儿的婚事。

春秋时期，周王室的地位很尴尬，论实力只相当于三流诸侯国，但名义上仍然是天下共主。所以周天子的每一位女儿——王姬，都成为周王室拉拢实力诸侯的棋子。由于同姓不通婚，所以王姬出嫁的最佳目标是齐国，齐国既非姬姓，实力也强，且有当年姜太公的渊源。在礼法上，天子毕竟高于诸侯，故王姬出嫁，照例由同姓侯国代为操办，这次便是由鲁国代办。鲁桓公正想与齐国修好，便借此次代天子操办婚事的机会，带上夫人一同赴齐。不料此一去，让齐襄公的一段荒唐的爱情死灰复燃，断送了性命。

大家一定会说，两情相悦，男欢女爱是人之常情，怎能说荒唐呢?怪只怪在齐襄公爱的人不是别人，而是自己的亲妹妹。

鲁桓公的夫人文姜生得貌若天仙，兼而博古通今，颇有文采，故而号文姜。齐襄公姜诸儿同文姜是同父异母的兄妹。姜诸儿年长文姜两岁，两人自小在宫中一起长大，一起玩耍。

文姜长大成人之后，出落得如花似玉，亭亭玉立，是临淄城出了名的美人。文姜虽然身份尊贵，举止却很轻浮，形同市井荡妇。此时姜诸儿也长成大小伙子，已粗通男女之事，见文姜举止轻浮，每有调戏之举。偏那文姜生来妖媚，不顾礼义廉耻，言语戏谑，甚至对那些秽亵暧昧之言，全然不避。姜诸儿身材伟岸，粉面朱唇，也是一个天生的美男子。不幸的是，诸儿竟然无可救药地爱上了他的妹妹文姜。两人常常在一起，并肩携手，耳鬓厮磨，无所不至，如同一对小情侣，只不过是仅仅少了同衾贴肉行那云雨之事而已。齐僖公夫妻溺爱子女，不曾防得此事，以致儿女长成之后，惹来乱伦之祸。

早年，齐僖公曾打算将文姜嫁给郑国的太子姬忽。当时，北戎侵齐，郑国派太子姬忽率兵助齐，事后，齐僖公主动提出婚事。也许是太子姬忽担心齐国一向淫风炽盛，也许是他对姜诸儿、文姜之事有所耳闻。总之，他谦虚地以“郑小齐大，非我敌”为由，婉拒了这门政治联姻，这就是“齐大非偶”这一典故的由来。

文姜听说父亲欲与郑国联姻，那个玉树临风、潇洒倜傥的郑国太子姬忽，即将成为自己的白马王子，高兴得从梦中都笑醒了。谁知落花有意，流水无情，骄傲的姬忽居然婉拒了这门亲事。文姜的命运从此也被改变，如果她嫁给太子姬忽，春秋就少了一个漂亮的女子香艳而又令人咋舌的故事，齐、鲁之间也就少了一股特别的政治力量，但是历史没有假设。

文姜知道郑国太子姬忽拒绝了婚事，心中郁闷，竟然积郁成疾，精神恍惚，寝食俱废。姜诸儿便以探病为由，经常闯入文姜的闺房，挨坐在床头，体贴入微，将文姜的身体从上到下、从内到外，抚摸了个透，情意绵绵，恰似一对小情人，只差没有上床而已。

一天，齐僖公偶然到文姜处探视，正好撞见姜诸儿坐在床边，见二人神情怪异，心中生疑，冲着姜诸儿责备道：“你虽为兄长，但礼仪所至，也当避嫌。今后只能派人前来问候，不必亲自到此探视。”

姜诸儿自觉羞惭，慌忙退出，自此两人相见渐稀。此后不久，齐僖公为姜诸儿娶宋女为妻，鲁、莒两国也有女陪嫁。姜诸儿新婚宴尔，有美人在怀，暂时淡忘了文姜。后来，文姜做了鲁桓公的夫人，这段感情就此打住。由于这段情爱，齐襄公觉得他的后宫佳丽加起来，都没有文姜漂亮，所以，即位之后，一直没有立正夫人。

鲁国大夫们对文姜与其兄齐襄公之事有所耳闻，背地里曾议论纷纷，担心文姜此去会使二人的恋情死灰复燃，公推上大夫申繻去见鲁桓公，谏止此事。

申繻当仁不让，进宫劝谏鲁桓公说：“女子出嫁，父母在，每岁一归宁。今夫人父母双亡，从来没有以兄妹的身份归宁之理。鲁国是礼仪之邦，怎可行此非礼之事呢？”

鲁桓公既然已答应了文姜，不想失信于爱妻，于是拒绝了申繻的劝谏，执意带着文姜起驾前往齐国。几天之后，车驾到达齐国境内，来到双方约好的泺地，齐襄公早就在此迎候。泺是一泉水名，也是泺水之源，此泉便是后世赫赫有名的“天下第一泉”——济南趵突泉。

齐襄公与鲁桓公先行国君之礼，后叙郎舅之情，彼此嘘寒问暖，非常亲热。

文姜见到既是情人又是哥哥的齐襄公姜诸儿，早已春心荡漾，情不能自禁，碍于丈夫在身边，只好强压欲火。

姜诸儿自从文姜远嫁鲁国之后，无时无刻不在想念她，只是天涯相隔，难以谋面，只好将思念之情藏在心头。今日一见，热血沸腾，碍于妹婿鲁桓公就在身边，也不敢造次。两人只是偷偷眉目传情。

在泺水稍事休息之后，便一同起驾前往临淄。

乱伦的爱

鲁侯传谕周王之命，将婚事议定。姜诸儿十分感激，便在驿馆办了一个极尽奢侈的欢迎宴会。他要用一个盛大的场面，让鲁侯知道齐国是如何强大，也让自己的妹妹，那个曾经的初恋爱人，知道自己是如何功成名就，尤其是在鲁侯面前处处炫耀自己。

在钟鸣鼎食，裙舞琼浆之间，这两双眼睛不知多少次借着摇曳的灯影，在对方的每一寸身体上环绕。

文姜本来就生得国色天姿，当时又特别精心地打扮了一番，越发显得如芍药盛开般艳丽。文姜的身体比以前更加丰腴诱人，鬓云雪肌，处处散发出熟透的暖香，不知是因为喝了酒，还是因为浓妆艳抹，她的脸上流泻着盎然春意。

文姜眼里的诸儿哥哥，正处于男人最鼎盛的年华，龙骧虎步，威猛潇洒。当年被他紧紧搂在怀里的那种感觉，一旦涌入心头，便挥之不去了。

毕竟齐国是主，在齐襄公的授意下，齐国的大夫、将佐、舞姬，排成队向贵宾们敬酒，鲁侯更是受到格外厚待。这种少见的热闹与恭维，使得鲁桓公格外亢奋。听到众人的恭维吹捧，看着艳姬挑逗的眉眼，鲁侯忽略了坐在旁边的夫人。

文姜睥睨地看了看忘乎所以的鲁桓公，心里冷冷嘲笑：真是乡巴佬，没见过大场面。

姜诸儿趁鲁桓公与众人应酬之际，悄悄移步到文姜身边，擎樽在手，给文姜斟酒。文姜没有想到有如此亲近的机会，面对曾经如此熟悉的情人哥哥，心怦怦直跳。姜诸儿故意将酒洒在文姜手上，随手从怀里掏出一块绸巾，替文姜擦干手腕上的残酒，借势将手伸进文姜的宽袖里。文姜默契地将手一缩，在袖内十指紧握，那种久违了的兴奋轻而易举地漫过了心中的提防。

待姜诸儿抽手回席，文姜才发觉袖中有物，隔袖一摸，想是那块擦酒的绸巾，心里又惊又喜，瞟了鲁桓公一眼，见他仍然在与众舞姬推樽换盏，忙将绸巾悄悄收好。

子时宴罢，文姜借口鲁侯酒饮多了，独自在上房开铺休息。待侍女退下之后，便迫不及待地掏出袖里的绸巾，铺开一看，只见上面写着一首诗：

桃树开花了，满树的花朵，灿若云霞。
鲜艳欲滴的花瓣啊！就开在我的窗前。
如果不去折取，花儿很快就会飘落，与衰草一起凋谢。
是摘下花儿呢？还是远远地欣赏花儿的美艳？
我坐卧不宁、长吁短叹，心里矛盾到了极点！

文姜读罢诗，已解其意，禁不住心猿意马，恨不得插上翅膀，飞到诸儿哥哥身边。正在这时，有人报称齐侯派心腹舍人孟阳送来一个食盒，装的是夜宵，文姜心领神会，匆忙中一时找不到适合书写之物，随手抓了自己一件亵衣，手蘸胭脂写了一首诗，匆匆塞进食盒里，交代来人转交给齐侯。

姜诸儿站在窗前，压制不住心头的狂跳，心里满满地装着文姜的音容笑貌，两人共同度过的往昔：文姜病倒在床上，他去探望她时的情景；两人一起骑马到郊外游玩时的笑声；当然更记得文姜嫁给鲁桓公时，那绝望的眼神。一切都要有一个结果了，是结束还是开始？已经走出了第一步，犹如开弓之箭，不能再回头，她将会做出一个什么样的回答呢？终于，侍者捧回一只锦盒。

姜诸儿看着那只锦盒，他甚至连打开的勇气都没有，他很清楚，现在这个锦盒里无论是什么样的答案，对他来说，都会是灾难，都是他这一生最大的劫数，逃避不了的劫数！既然如此，那就面对吧！于是，慢慢地打开食盒，取出亵衣，娟秀的字迹出现在眼前：

春天已经来临，桃树上开满了灿烂鲜艳的花朵。

你没有看到吗？充满灵性的花朵，全都是为你而开！

桃花盛开，是在等待，等待赏花之人。

如果不趁花开的季节，采摘、珍藏，谁知道，来年的春天，枝头还会不会发芽，能否再开出灿烂的花朵？

珍惜啊！千万要珍惜这短暂的春天！

姜诸儿手捧着亵衣，似乎感觉到上面还残留着文姜的体温，身子一软，几乎瘫倒。

第二天一大早，宫中舍人孟阳随齐国上卿国氏拜会鲁侯夫妇。国氏是仅次于齐襄公的世卿权臣，问候完鲁侯的起居之后，还带来了襄公的重礼：白璧两双、齐绣十端、朱漆豹皮饰的驷马路车（诸侯之车）一具，外加貌美如花的齐国东夷舞姬八人。

鲁桓公格外兴奋，摸着白璧齐绣，套上骏马靓车，恨不得立即将舞姬搂在怀中，只是碍于文姜在侧，才没敢太过放荡。

孟阳及时呈上宫妃给文姜的家书，书中尽是念叨挂念之情，还附上亲绣的香囊，惹得文姜差点连眼泪都掉下来了。

夫妻各有所求，各寻好事，文姜便随齐侯之车，独自进宫去了。

文姜一入齐宫，一群特意安排的精明侍从招呼文姜的贴身侍儿玩耍，文姜趁机打发走随从，独自一人跟着孟阳来到了一个神秘的地方。

孟阳带着文姜，经过一处花园，两边夹墙花木，遮掩了一条通幽的曲径，文姜又惊又喜，掩饰着心跳，唯恐被人撞见。好容易到了一处院落，围墙矗立，巨槐翠盖，仿佛独立于齐宫之外。孟阳就此止步，伸手一指前面的黑漆大门，做了一个请的姿势，然后转身，悄然退去。

文姜上前，伸手推开黑漆漆的门扉。姜诸儿早就等候在那里，他笑嘻嘻地迎上前，一把抓住文姜的手说："好妹妹，你看此间如何？"

文姜心中窃喜，这里高墙独户，关上门便与四下隔绝，她深深地吸了一口气，同样笑嘻嘻地说："诸儿哥哥造此别院，也不知带了多少女人来此。"说到这里，想到诸儿的雄壮风流，心中不免又有些醋意。

"昆仑诸神在上，这院子是专为妹妹所造，除了你，谁有资格让哥哥我朝思暮想啊！"

文姜撒娇地说："一点也没有变，一张嘴还是这么甜。"

姜诸儿话还没有说完，双手便有了动作，左手从腰后紧抱着文姜，右手伸进了文姜的胸前，文姜顿觉身软如绵，欲火中烧，此时他们早已将伦理道德抛到九霄云外，也忘记了罗敷有夫，使君有妇，二人终于冲破伦理道德，双宿双飞，直到第二天正午，仍然是赤身裸体，相抱而眠。最终酿成一场人伦惨变的悲剧。

鲁侯在驿馆左等右等，不见夫人回来，派人前去打探。派去的人回来吞吞吐吐地说："齐侯多年未立过夫人，侧妃连氏，齐侯并不喜欢，二人已经好久不在一起了，夫人进宫只是与齐侯共叙兄妹之情，并不曾与别的宫妃叙谈。"

鲁桓公一听，马上明白了，等夫人回来了，怒气冲冲地问："你夜留宫中，干了些什么？"

文姜撒谎说："同连妃一起饮酒。"

鲁桓公又问："几时散席？"

"久别话长，说个没完没了，直到月已西斜，方才散席，已是半夜时分了。"文姜不悦地道，"怎么，审问我呀？"

鲁桓公继续问道："齐侯可曾陪你饮酒？"

文姜知道鲁侯起了疑心，回答道："没有啊！"

鲁桓公冷冷一笑："难道兄妹之情，不来相陪吗？"

"饮至中间，曾来相劝一樽，便离去了。"

鲁桓公继续追问道："你席散之后，为何不出宫？"

"夜已深，行走不便嘛！"

鲁桓公又问："你在何处安身？"

文姜见鲁桓公一句接一句问得如此详细，不悦地说："君侯为何像盘问犯人一样，偌大的一个宫城，难道就没有空房？就少了我的下榻之处？我就在西宫住宿，即昔年守闺之所。君侯想知道什么事，明明白白地问好了。"

鲁桓公仍是不依不饶地问："今日为何又起得这样晚呢？"

"夜来饮酒过多，人也很疲倦，故醒来较晚，今早起来梳妆，时间也就耽搁了。"文姜耐着性子回答。

鲁桓公还在逼问："在宫中住宿，谁人与你相伴？"

"自有宫娥相伴。"

鲁桓公冷冷地问："你兄在何处睡？"

文姜毕竟是做贼心虚，顿觉脸上发热，含糊其词地说："妹妹怎管得哥哥的睡处？君侯不觉问得可笑吗？"

鲁桓公反唇相讥道："只怕做哥哥的，倒要关心妹子睡在哪里了。"

"此话是何意？你怎么能如此说话？"

鲁桓公怒斥道："岂有此理，自古男女有别。你留宿宫中，与兄同宿，寡人已尽知之，休得隐瞒！"

文姜不知道鲁桓公到底知道多少，只是啼哭抵赖，死不认账。

鲁桓公因身在齐国，加之家丑不可外扬，一时也不敢对文姜怎么样，愤愤地留下一句："回鲁国后，看寡人怎么同你算账。"随即派人通报齐侯，说三日后回国。

姜诸儿做下苟且之事，心中自是不放心，文姜出宫之后，秘密派心腹孟阳暗暗跟在文姜之后，打听鲁侯夫妇相见有何说话。因此，鲁侯与文姜的对话，被孟阳听得一清二楚。孟阳回来后，将鲁侯夫妻反目之事如实向齐襄公做了禀报。

为荒唐的爱而杀人

姜诸儿知道了鲁桓公与文姜的口角风波，正在寻思对策，这时，鲁桓公派人送来辞行书札。齐襄公闷闷不乐，一半是舍不得文姜回去，一半是担心鲁桓公报复，独自长吁短叹。

孟阳猜出了主子的心思，凑近他的身边耳语了一番。

姜诸儿听罢，喜形于色，高兴地说："好计策，好计策，索性一不做，二不休，斩草除根，这才叫痛快！"

孟阳问："主公可有合适的人选？"

"没有！"姜诸儿两眼盯着孟阳说，"莫非你早就有了中意之人？"

"公子彭生如何？"

"公子彭生？"姜诸儿道，"好，就是他，宣公子彭生进宫。"

公子彭生是齐国的勇士，此人生得虎背熊腰，膂力过人，有万夫不当之勇。公子彭生进宫之后，孟阳先将他拉到一边，将要办的事情悄悄地交代了一遍。公子彭生得知君上将如此重大的事情交给自己办，格外地高兴，自然一诺无辞，暗自下决心要办得既干净又漂亮。

孟阳于是带公子彭生见齐襄公。

齐襄公两眼盯着公子彭生，问道："交代的事情都清楚了吗？"

"是！"公子彭生信心满满地说，"君上放心，我一定干得漂漂亮亮，不落痕迹。"

"好！"齐襄公一挥手，"去吧！"

次日，孟阳向鲁桓公呈上回书，出乎鲁桓公与文姜意料，齐襄公并无挽留之意，只是邀请鲁侯三天之后吉期，于城南牛山一游，并设宴为鲁侯饯行。

鲁侯心里虽然不愿意再见齐襄公，但身在齐国，也不敢把事情闹僵，只得隐忍不发，答应了齐襄公的牛山之约。

这一天，齐襄公陪同鲁桓公夫妻在牛山游玩之后，设盛宴款待，令宫女歌舞助兴。姜诸儿殷勤奉陪，鲁桓公只是低头不语。姜诸儿命齐国各位大夫轮流把盏，又叫宫娥内侍，捧樽跪劝。鲁桓公心中郁愤，于是借酒浇闷，不觉酩酊大醉。散席时已是神志不清。

姜诸儿命公子彭生将鲁桓公抱上车，送他回驿舍。车行至临淄城二里之处，彭生见鲁桓公已经睡熟，便悄悄用布巾塞住他的嘴，深深吸一口气，将全身力气运到双臂，双手勒紧鲁桓公的两肋，咬紧牙关，脸涨得通红，闷哼一声，使出千斤蛮力，生生将鲁桓公的肋骨折断十之七八，在彭生蛮力的压迫下，折断的肋骨犹如一把把利刃，插入心肺。鲁侯双眼暴睁，由于身体被彭生紧紧勒住，嘴中塞了布巾，动弹不得，喊不出声，挣扎了几下，便气绝而亡。彭生试了试鼻息，知道已不能再生，于是不慌不忙地收拾好布巾，盖好衾被，从容下车，神情轻松地走到文姜车前，轻声说："夫人，彭生已将鲁侯安置在车中，鲁侯睡得正香，一个时辰之后，再唤醒他吧！"说完，用眼神示意文姜，然后转身离去。

文姜虽不解其意，料想一定有事，她记住彭生交代的话，吩咐众人不要打扰鲁侯，让他在车上休息。

一个时辰后，文姜叫停车队，亲自走到鲁侯车前呼唤。许久不见回声，伸手拉开车帘。见车上的鲁侯已是七窍流血，不知是死是活，忙命随行医官救治。

医官上前察看，见鲁侯的瞳孔已经放大，伸手一探，气息全无。大家虽然觉得有些蹊跷，但谁也不敢多言。

文姜传令，车队立即返回临淄。

姜诸儿见到去而复返的鲁侯车队，心知肚明，表面上只当鲁桓公酒后恶疾暴薨车中，传令厚殓入棺，停棺行馆之内。一面派人向鲁国报丧，一面厚赐鲁桓公的随从侍卫。一时竟没有人怀疑鲁桓公的死因，即使有人觉得个中疑点颇多，苦于没有证据，也不敢多言。

姜诸儿与文姜在人前佯啼假哭，避开人后，没了束缚的两人更是肆无忌惮，日夜快活。

齐国大夫竖曼听说鲁桓公暴薨车中，知是彭生所为，当朝怒斥道："贤者死于忠诚以消除人们的疑虑，百姓就安定；智者深究事理而考虑长远，自身就免祸。彭生身为公子，地位仅次于国君，不思忠谏之道，却阿谀奉承以戏弄国君，使君王有失亲戚之礼；替齐国惹下大祸，使齐、鲁两国结怨，彭生罪责难逃。君上你因怒而惹祸，不顾得罪亲戚之国，宽容十恶不赦的彭生，就是无耻。这件事不是彭生一个人能了结得了的。鲁国如果有兴师问罪，也一定要以彭生为借口。"

姜诸儿做贼心虚，问心有愧，自是无言以对。

再说鲁国的从人回国，将鲁侯酒后暴薨的凶信报告给朝中大臣。突然的凶讯震动了鲁国朝野。上大夫申繻等国中重臣，以及鲁国众公子等聚集朝堂议事。国家正处危机之时，申繻虽然对鲁侯的死非常怀疑，但并无实据，只是对大家说："国不可一日无君，首要之事便是扶太子主事，先办丧事，然后在灵前行即位之礼。"

鲁国太子乃国君夫人文姜所生，因生日恰好与鲁桓公相同，取名为"同"，早被列为储君，举国皆知。虽然鲁桓公有庶出的长子庆父，为人刚烈多智，觊觎君位已多时，但上大夫申繻等一众大臣以及季友等人，都恪守鲁桓公生前立嫡的心愿，他也只得强压住一颗野心，随班附和赞同。

太子同顺理成章地监国，申繻等大臣辅政，商讨善后事宜。

待众人散尽，申繻以眼神示意施伯、公子庆父留下，悄声问他们："君上前往齐国时身体无恙，突然暴薨，你们不觉得事有蹊跷吗？"

施伯说："我也有同感，事关重大，只有等先君的棺椁运回，请仵作检验之后，自可真相大白。"

三人商定，待灵柩回驾，再查个究竟。

数天之后，鲁桓公的灵柩运抵曲阜，众公子及各位大臣身着缞绖，在道旁跪迎，整个曲阜沉浸在一片哀乐之中。

当天晚上，趁夜深人静之时，申繻、庆父和施伯按原定计划，带仵作悄悄潜入灵堂，小心地撬起长钉，打开棺椁。死去的鲁桓公那原本瞪大的双眼，自然已被人合上，但脸上仿佛还带着恐惧、痛苦之色，似在向世人痛诉自己的冤死。

申繻、庆父和施伯跪下叩拜，哭着说："君上，我们觉得君上去得不明不白，心有不甘，这才深夜开棺检验，冒犯了贵体尊容，请恕臣下大不敬之罪。"三人说罢站起来，命仵作仔细检验。

仵作本是经年熟吏，再加上施伯已经交代了可能的死因，于是轻车熟路，三两下便检验完毕。三人整理好现场，到了另一间屋里。

"怎么样？"施伯迫不及待地问。

"回三位大人。"仵作肯定地说，"小人仔细察看过了，先君的遗身被人刻意擦拭过，但做得不干净，七窍之中仍残留有血迹，没有见到外伤。小人仔细检验了胸腔，肋骨寸断，折断的肋骨如利刃一样扎进了肺腑，刺破血管，导致腹中大量瘀血。不仔细检验，根本发现不了。"

申繻问："这是什么原因？"

"很显然，先君绝非酒后暴病而亡，而是被人活活勒杀的。"

申繻、施伯二人听后顿时惊得目瞪口呆，沉默一会之后，申繻打发仵作下去，反复叮嘱不可对外人提及此事。然后愤怒地说："施公，齐侯乱伦无礼，污先君夫人清誉，想必是事情败露，反害先君性命。"

庆父也是异常愤怒，说道："齐侯乱伦无礼，祸及君父。我愿请命，率戎车三百乘，讨伐齐国，给君父讨个公道。"

"可以吗？"申繻征询施伯的意见。

施伯道："鲁、齐国力相当，齐侯做出这等丧尽天良之事，肯定会提防我国报复，必定早做布置，出兵伐齐，未必能胜。再者，君夫人现在还留在齐国，态度上肯定偏向齐国，以掩自己的秽行。况且此等暧昧之事，不可让邻国知道，无论胜败，都会使鲁国颜面无存。"

"那该怎么办？"

施伯回答："唯一的办法，只能隐忍。"

"难道就这样放过姜诸儿吗？"

“我也有这种想法，如是个人之事，就是丢掉身家性命，我也宁为玉碎，不为瓦全，”施伯接着说，“但这是国家大事，不能意气用事。不过，干戈可以不动，彭生必须得死。我们担心鲁、齐实力相当，开战胜负难料，因而不想开战，难道齐国愿意开战吗？”

“既然这样，我们退而求其次，要求齐国严惩凶手。”

庆父迫切地问：“凶手是谁？”

“据从齐国回来的人说，君上醉酒之后，是齐国公子彭生扶他上车的，彭生是最后接触君上的人，凶手非彭生莫属。”申繻说，“姜诸儿心虚，我们逼迫他只杀彭生，此事便了。以姜诸儿的为人，他定会杀彭生以保全自己的。”

申繻请施伯草拟国书。世子同居丧，不便出面料理国事，于是以大夫申繻之名修书，派人送齐国，信中写道：

外臣申繻等，拜上齐侯殿下：

我们的国君，畏惧齐国之威严，不辞劳苦，跋山涉水来到齐国修好，完成了外交之礼，但人却没有生还，我们不敢把此事看是齐侯的罪恶，请求杀掉凶手彭生，以彭生之命来解决齐、鲁之间的怨恨吧！

姜诸儿看罢鲁国传来的书信，双眉紧锁，心虚之余，也怕鲁国兴兵问罪。思虑再三，咬咬牙下了决心，立即派人召彭生入朝。

彭生自认为有功，得意非常，谁知刚走进大殿，姜诸儿当着鲁国使臣之面，喝令将彭生拿下。

“这唱的是哪一出呀？”彭生大叫。

姜诸儿骂道：“寡人与鲁侯饮酒，让你扶鲁侯上车，为何不小心侍候，使鲁侯暴薨车中？鲁侯之死，你罪责难逃。”

“冤枉啊！”彭生不明就里，不敢多言，只是鸣冤叫屈。

姜诸儿此时杀心已起，喝令左右将彭生捆绑，推到市曹斩首。

彭生此时才醒悟过来，原来自己成了替罪羊。生死关头，顾不了那么多了，破口大骂道："无道昏君，我的行动，都是你授意的。百恶淫为首，你淫妹而杀其夫，反推罪于我，苍天有眼，我死之后，就是变为妖孽，也要取你狗命。"

"塞住他的嘴，速推出斩了！"姜诸儿声嘶力竭地大叫起来。

可怜公子彭生，刚才还在为助纣为虐而自鸣得意，一转身便成了无头之鬼。

随着彭生之死，真相反而更昭昭天下，只笑鲁国掩耳盗铃，又叹姜诸儿暴虐荒淫。

姜诸儿拿彭生当替罪羊，搪塞过迂腐懦弱的鲁国群臣后，自以为万事大吉，再也无后顾之忧了，便肆无忌惮与文姜寻欢作乐，即使是白天，也是出入成双，不避人耳目。文姜留齐不归国，恐怕早已忘记自己是鲁国夫人了。

鲁大夫申繻率世子同于灵柩前行礼举丧，世子同随之在灵柩前嗣位。申繻、颛孙生、公子溺、公子偃、曹沫一班文武大臣，重整朝纲。申繻推荐施伯之才，施伯也拜为上士之职。

春秋时期，男女之事虽然不如后世伦常之严，史书也常有子娶庶母、父娶儿媳等事。但在"同姓不婚"的禁忌下，有血缘关系的兄妹的不伦之恋，还是为礼法所不容。文姜的任性，使得一向以周礼正统自居的鲁国上下难堪。

施伯思虑再三，还是去面见鲁国的新君，即鲁庄公。

施伯满面愁容地说："主公，有几件事迫在眉睫，请主公尽快拿主意，必须立即处理，时间拖得越久，带来的危害越大。"

鲁庄公年仅十几岁，还是一个乳臭未干的孩子，什么也不懂，不解地问："什么事如此紧迫？"

施伯解释说："先君桓公虽已仙逝，但他的君位却未得到周王正式册封，名不正，言不顺，此一耻；先君命丧于齐，遗体已运回齐国，但君夫人却滞留在齐国，至今未归，朝野谣言四起，此二耻；齐国公子彭生杀害先君，鲁国在国丧之中，却要奉王命为齐侯主婚，不主婚吧，有逆王命，若主婚吧，则又贻笑于天下，此三耻。”

鲁庄公不知该怎么办，只得求教施伯：“施卿，你说该怎么办？”

施伯献策说：“借主婚之机，请周王册封先君，一耻可解。”

“然后呢？”

“派人赴齐，礼迎君夫人回鲁，以成全主公之孝，二耻可免！”

“主婚之事呢？”

“这件事有点难办！”施伯说，“可在郊外修建一处馆舍，作为王姬的暂住之地，然后派一上大夫以国君服丧为由，代君送婚，这样，上不逆王命，下不拂齐意，中不失居丧之礼，三耻可免。”

鲁庄公自然一一照办。

鲁国上下都以为施伯足智多谋，为鲁国解决甚为棘手的难题，施伯也是沾沾自喜。其实施伯所做的这些，都是一些“面子工程”。此时的鲁国，最迫切需要的是访贤问能，富国强兵，如果不能做到这一点，何以立国。

经过廷议，鲁庄公派大夫颛孙生为国使，前往洛邑迎请王姬，同时向周王请赐黻（礼服上的花纹）冕圭璧，为先君登位取得合法地位。周庄王自然是满口答应，派大夫赐封鲁侯。其实，周王室哪敢对大国说半个不字，与其说“赐封鲁侯”是给鲁侯面子，倒不如说给周王自己争面子。

鲁国在齐、鲁两国相邻的郜地修建别馆，用来安置王姬。经过一番筹措，王姬终于嫁到了齐国。大婚后的齐襄公迷恋文姜的艳魅，两人仍然如漆似胶，而王姬貌不出众，不谙风情，只能独守空房，不久便染病身亡。这是后话。

齐襄公大婚的第二天，鲁国大夫颛孙生便向齐襄公说出鲁庄公欲奉迎亲慈之命。齐襄公虽然十分难舍，但碍于礼法，很难将嫡亲的妹妹长留后宫，不得不放行。临别之时，难分难舍之情，胜过初恋的少男少女，依依不舍，挥泪而别。

文姜十分不情愿地登车而去，一路上既羞见鲁国之人，又对诸儿恋恋不舍，车马行到郜地，见到那座刚为王姬修缮过的行宫，虽称不上富丽，却依山傍水，木秀林茵。突然有了一个想法，于是吩咐从人，请大夫颛孙生过来说话。

颛孙生连忙来到文姜车旁，问道："夫人有何吩咐？"

文姜说："未亡人性贪闲适，不乐还宫，此地甚好。"

颛孙生明白文姜的心思，知道她无颜回国。文姜之于鲁庄公，论情是生身之母，论义则是杀父仇人，回到鲁国实在是处于两难境地。于是便问道："夫人是当今国母，臣自然遵从慈意，但还请夫人示下居停之处，臣好奏明君上，也好往来供应，以尽人子之孝。"

文姜深感颛孙生通情达理的美意，手指行馆说："此地非鲁非齐，正是我安身立命之地。"

颛孙生见事已至此，也算完成了君上交付的使命，于是留下卫士驻守，交代侍从小心侍候，待文姜安顿好后，独自回曲阜，向鲁庄公汇报。

鲁庄公与文姜血肉相连，自幼为文姜细心养育，自然孝从母意。他担心行宫简陋，于是下令在郜地的祝丘修筑一处馆舍，供母亲文姜居住。于是，文姜便往来于两地，鲁庄公四时馈问不绝。

文姜住在远离国都的清静之地，卸去了自己的身份，再也不受约束，一心享受盛如夏花一般的年华。

齐襄公姜诸儿与文姜之事，自然会惹来唾骂与不齿，但毕竟仅是他的"私德"有亏，他的好大喜功，就直接引来了国人的一片怨言。

姜诸儿做了亏心事，觉得有愧于民。为了挽回自己摇摇欲坠的名誉和管治权威，他想出了一个最好的办法，那就是父亲齐僖公的临终之命——灭纪。

纪国是齐国的世仇，灭纪更是先君之命。没有比赢得一场战争更有号召力了，也没有比赢得一场胜利更能提高威望了。于是，诸儿与众大臣开始谋划一场战争。

纪国是鲁国的附庸国，鲁国向来对纪国负有保护的责任。然而，鲁君被齐人害死，鲁人尚且不敢复仇，当然更不会在纪国的问题上同齐国大动干戈。

纪国失去了鲁国这一强大后援，被强大的齐国以狮子搏兔的架势吓住了。在强兵压境之下，除了任人宰割，别无他法。

第二年，姜诸儿率重兵袭击纪国，先夺取郱、鄑、郚三邑之地，然后威逼纪国投降，免遭亡国之灾。且事先放言，谁救纪国，就是与齐国为敌，齐国将兵戎相见。

鲁庄公见纪国将亡，准备营救，但又惧怕齐国之威，于是派使者去郑国，邀请郑国一同救纪。郑侯以国内有内乱为借口，婉拒了鲁国的请求。鲁国孤掌难鸣，只得知难而退。纪侯得知鲁国不敢出兵，彻底绝望，举国土降齐，纪国就此亡国。

姜诸儿灭纪归来，途经文姜的驻地，文姜迎接于路，设盛宴款待，以行两君相见之礼，彼此酬答，大犒齐军，又与姜诸儿同至郜地，流连欢宿。姜诸儿让文姜作书，召鲁庄公到郜地相会。

鲁庄公眼看着自己的附庸国纪国为齐国所灭，却无半点反抗之力，见文姜传书相召，母命难违，便来到郜地谒见文姜。

文姜命鲁庄公以甥舅之礼拜见姜诸儿。

鲁庄公不能拒绝，只好强装笑脸叫了一声："舅舅！"

此时姜诸儿生有一女，尚在襁褓之中，文姜命鲁庄公与之订约为婚。

"她尚在襁褓之中，不能成为我的配偶。"

文姜怒斥道："你是故意要与母亲的娘家疏远吗？"

姜诸儿也说："年龄相差太大，我看这桩婚事就不要再提了吧！"

文姜道："待二十年后再嫁，为时也不晚。"

姜诸儿害怕失去文姜，鲁庄公不敢违抗母命，两下只好依允。甥舅之亲，再加甥舅之亲，可谓是亲上加亲了。

鲁庄公遵母命订婚之后，又陪伴姜诸儿在郜地打猎，以求缓和齐、鲁之间的紧张关系。

姜诸儿在灭掉纪国，拓展山东领土的同时，又插手中原诸国事务，先是干预郑国的内政，后又对卫国指手画脚。

公元前 689 年冬，姜诸儿又以周庄王的名义，率领鲁、宋、陈、蔡等国一同伐卫，以帮助在齐国避难的卫惠公复位。

公元前 687 年 6 月，以齐为首的诸侯联军攻入卫国，篡位的卫君黔牟是周王之婿，于齐有连襟之情，赦而不诛，让其逃奔周王去了。卫惠公复位，为了感谢齐襄公相助之恩，拿出很多贵重的礼物相赠。

军中将士见到战利品，乐不可支，都在盘算着如何分割。文姜也打起了这批战利品的主意，传书齐襄公，想要获得这批战利品。

姜诸儿称鲁国在这次伐卫的军事行动中功劳最大，决定将卫国所赠之物转送给鲁国，上下一片哗然。

连年征战，齐国国力衰竭，而国人该得的战利品，却又被齐襄公送给了鲁国。自此，齐襄公人心尽失。

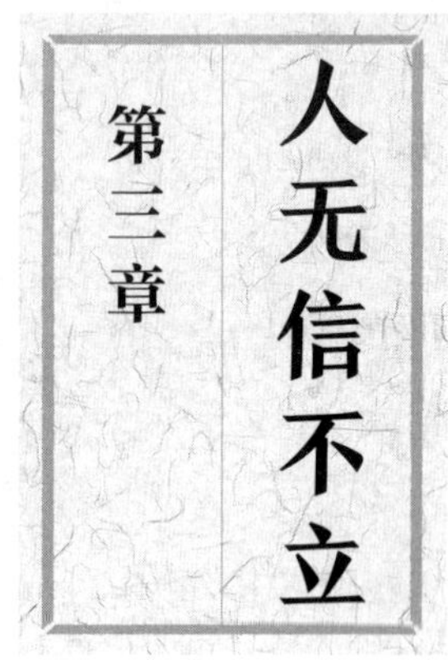

第三章 人无信不立

瓜熟之约

齐襄公自从帮助卫惠王复位，放走黔牟之后，担心周王或其他诸侯国前来讨伐齐国，于是决定加强西北边境的防御。葵丘是齐国西北重镇（在临淄西北），此地扼黄河之津，敌军一旦渡过黄河，十天之内便可直达中原腹地。由于葵丘地势险峻，道路纵横，是一个易守难攻之地，齐襄公思虑再三，决定派大夫连称为将，管至父为副将，领属下士兵戍守葵丘，以遏制东南之路。

葵丘地处边陲，人烟稀少，土地贫瘠，长期驻守此地，是一份苦差事。连称、管至父二人在“首止大会”上，协助齐襄公杀死了郑君公子亹，在伐卫之战中也出了大力，不见有什么封赏，眼下又摊上这个苦差事，心里自然是一百二十个不情愿，但君命难违，不得不服从。但在召见时，连称还是忍不住上奏道：“主公命我们戍守边关，边陲路远，臣不敢辞，但连年用兵，我们的田园都荒芜了，将士们生计也很艰难，请主公明确告诉我们，给一个期限，臣对随军士卒也好有个交代。”

齐襄公心想，寡人将这个差事派给你，是看中你们还能够办事，你们不知好歹，居然跟寡人谈起条件来了，心里虽然很烦，但又不好发作，只得隐忍。恰好婢女送来一盘新鲜的甜瓜。齐襄公随手拿起一块甜瓜，放进嘴里嚼了几下，仿佛要嚼碎不知好歹的连、管二人。吃罢，他抹去嘴边的残汁，漫不经心地说：“以瓜熟为期，今年瓜已熟，明年瓜再熟时，当派兵接替你们驻防。”

齐襄公只是搪塞之词，其实根本没把这话放在心上。言者无心，听者有意，连称、管至父二人却将“瓜熟之约”牢记在心，吩咐士兵做好一年的准备，到时主公会派兵换防。士卒们也知道葵丘地处边陲，条件非常差，从心里极不情愿驻守，但想到瓜熟之约，有了盼头，也就不再多说什么了。

管仲身在公子府，对时局的变化格外留意。原来，管至父与管仲是堂叔侄之亲，知道叔父远行，按礼数前去给管至父饯行。叔侄见面，少不了一番客套。管仲觉得管至父心事重重，少有笑容，心中也猜到一二，瞅个机会问道：“叔父随国君连年征战，屡立战功，这次戍守重边，可是大用之兆啊！”

管至父不听此言，脸上还有一些笑容，听罢后却长叹一声，说：“贤侄，你有所不知啊！这几年君上南北征战，表面上虽然很风光，实际上把家、国之力都耗得差不多了。很多大夫的采邑都人丁不足，田地荒芜，吃的是以前的积谷。临淄城里，五谷价格连年看涨，大家都是吃了上顿愁下顿啊！本以为今年可以休养生息，谁知又摊上这么个苦差事。”

“叔父，这次去葵丘，需要多长时间？”

“主公应允，瓜熟之期，可派人接防。”

“及瓜而代，如果不代呢？”

管仲看似轻描淡写，实际上却在认真听管至父如何回答，因为他知道，凭齐襄公诸儿的德行，说出的话不一定能算数。

“唉！”管至父紧锁眉头，忧心忡忡地说，“如果不代，就是见欺大臣。”

管仲听了，心想再说也无益，虽说是自家叔叔，但一向与这位堂叔也是神形相隔，不便深谈，到时齐襄公诸儿是否履约，还是一个未知数，故而改变话题，闲扯一阵子后，说了几句预祝顺利的客套话后便告辞而去。

一年的光景，转眼已过，瓜熟之约如期降临。连称和管至父以及戍卒日夜思归。这一天，戍卒们进瓜尝鲜，营帐内外欢声笑语，都说归期将至，可以回临淄与家人团聚了。谁知时间过去了一个多月，仍然不见换防的消息。连称和管至父心里不淡定了。

管至父对连称说："瓜熟而代，是主公亲口承诺。时间长了，主公恐怕是忘记了吧，不如派人到临淄去向主公献瓜，提醒主公瓜熟之约，如果请而得不到许可，到时兵士们不会怨恨我们。"

二人商定，派一名能干的小头目，带几个随从赴临淄，向齐襄公进献刚熟的甜瓜，意在向齐襄公暗示归期。

齐襄公见到香喷喷的甜瓜，高兴得不得了，与左右分食。献瓜的小头目见主公只顾吃瓜，不提归期之事，适时地说："君上，连将军、管将军嘱卑职向主上说，别忘了瓜熟之约！"

人无信不立，市井之人也懂得这个道理。可怜的诸儿，身为一国之君，竟然将"瓜熟之约"忘得一干二净，听罢小头目之言，先是一愣，进而想起似乎有这么回事。其实他根本没有葵丘换防的计划，见连、管二人有逼迫之意，不由得大怒，破口大骂："混账王八羔子，代与不代，寡人说了算，尔等怎敢自请归期？回去传寡人的话，再候来年瓜熟之时吧！"

"君上……"小头目欲申辩，因为他也盼望回临淄与家人团聚。

"去去去，别再啰唆。"齐襄公不耐烦地下了逐客令。

小头目满怀希望地来到临淄，灰头土脸地返回葵丘。

隐患在发酵

连称、管至父得知齐襄公拒绝了换防的请求，派去探听消息的小头目还挨了一顿臭骂，心生怨恨，却也无可奈何。

士卒们都在做回家的准备，突然得知"瓜熟之约"只是一个美好的愿望，顿时群情鼎沸，叫骂声、哭闹声不绝于耳。辛辛苦苦在边关待了一年，个中的艰苦，只有经历过的人才知道。连称、管至父见军心已动，不知说什么好，更何况他们自己也心怀怨愤，面对躁动的军心，一时却束手无策。

正在这时，士兵来报，说有使者已入军中，在内帐等候。连、管二人疑惑地相视一眼，以目相询，好像是在问，你知道使者何人吗？但都从对方的眼神里得到一个相同的答案：不知道。于是他们抬脚入了内帐，心想只要见到来人，就可知分晓了。

内帐外面摆满了物资，栅栏上拴着五十头肥牛，还有百只肥羊，旁边还有五车生活用品。连称、管至父二人正愁将士越冬的衣食不足，见送来如此多的物资，大喜过望，加快脚步进入帐中。

使者背对帐门，身穿藕色深衣，听到脚步声，缓缓转过身，但见他头上戴着一顶宽沿斗笠，斗笠上罩了一块玄色纱罗，直垂而下，遮住了大半个面孔。只见他身材微胖，一双手光滑如玉，却见不到他的庐山真面目。

连、管二人有些不解，双方行过礼后，管至父问道："尊者所馈之物甚多，将士欢欣，我等承情至盛。请问馈赠者是谁？好叫我等心中有数。"

遮面使者微微一笑，轻声说："是一个贵人！"

连、管二人听到使者声尖细如妇人，加之唇边无须，猜出应该是一名宦官。

遮面使者见连、管二人还想追问，接着说："贵人吩咐，不必具名，只命小人转告二位将军，他非常仰慕两位将军大才，这次主公派两位戍守寒瘠之地，他为不能改变主公之意而深表歉意。这些肉食、过冬的衣服，都是军营急需之物，请二位将军笑纳。"

"贵人如此厚赠，我等没齿难忘。"连称说，"既然贵人不愿透露姓名，我等也不强求，只是日后有用得着的地方，定当报今日馈赠之恩。"

"报恩倒不必。"遮面使者叹口气说，"二位将军乃不世之才，戍守边鄙，真是埋没了人才。"

连、管二人正在烦恼之际，听到使者如此说，心中陡然生出一种知遇之感。

连称有些无奈地说："当下最怕的是兵士生变，所幸尊使带来军资，正可借此安抚兵士之心，否则，我们还真担心军心生变呢！"

"连大夫，军心可用啊！"使者见连称不入港，转而用奇怪的语气说。说罢，从怀里掏出一个乌韦囊，递给连称。

连称接过，抽出一看，是一柄乌铁短剑，不解地问："这……"

"嘿嘿，"使者干笑两声，"这是一柄乌铁短剑，精工开刃，可斩开革甲，如果闲置不用，一月腐锈，两年朽烂。将军长年领兵，兵器之道胜我百倍，无须我多言了。"

春秋早期，中原各国虽然有铁器，但还没有锻铁成钢的技术，铁器很容易生锈，腐烂，因而被称为"恶金"，一般用于农具。但青铜冶炼、铸造的技术比较先进，且坚硬无比，称为"吉金"，一般用于武器、礼器等。

经过遮面使者的启发，连、管二人似乎明白了什么，正欲询问，使者似乎不想听他们说什么，竟然长拜而辞。

连称、管至父送别无名使者后返回内帐，心中充满了疑团，"贵人"送军资只是表象，真实目的是什么？观其言行，似是在暗示他们军心可用，利用军心到底要达到什么目的呢？而那个不愿透露姓名的"贵人"又到底是谁？两人扳着指头排数国中世家：首先是高、国两氏，是周天子亲封的监国上卿，世代执政于齐，虽然对齐襄公也有不满，但一向不屑于与连称、管至父这样的一般大夫结交，故而国、高氏的可能性不大；其他名门大夫似乎可能性也不大。想来想去，毫无头绪。突然，管至父脑海里闪出一个人，连忙丢开连称，小跑出帐外。连称不知道发生了什么事，也跟着跑出内帐。

管至父跑出内帐，来到刚才存放物资的地方，一会儿围着牛群、羊群查看，一会儿又到物资堆里翻找，过了好一会儿，从物资堆里翻出一片包裹碎料，眼中露出兴奋之色，高兴地说："找到了！"

"找到了什么呢？"连称不解地问。

管至父将手中的物件递给连称，指着边上一个不起眼的漆印说：

"你看，这个印文是什么？"

"绪家柱国。"印文不难分辨，连称看一眼便念出声来。

"对！"管至父显然已是心中有底，故意问道，"那是谁？"

"啊！"连称想了想，发出一声惊叹，"公孙无知？"

"对！"管至父说，"公孙无知的父亲夷仲年是先君的胞弟，两人骨肉之情超乎常人，这个印记是先君赐给夷仲年的。意思是光大国邦，兴盛姜姓，要依赖兄弟之力。后来，这几个字便成了夷仲年家的印记。"

"公孙无知在暗示什么？"连称比画了一下，意思是互为奥援，反叛齐襄公。

"完全有这个可能。"管至父说，"公孙无知是公子夷仲年之子。先君僖公以同母之故，宠爱有加，爱屋及乌，公孙无知也跟着沾光，从小养在宫中，衣服礼数皆与世子同。先君临终之时，曾嘱世子要善待公孙无知。主公即位之后，并未遵从先君遗嘱。"

连称道："主公为何要这样做？"

管至父道："听说无知过去曾在宫中与主公角力，公孙无知故意用脚绊倒主公，主公非常恼火，一直耿耿于怀。还有一次，公孙无知与大夫雍廪争道，主公怒斥公孙无知无礼。主公即位之后，故意疏远公孙无知，罢黜无知的官职，裁减无知大半俸禄。公孙无知当然心存不满。"

"公孙无知仅仅是不满吗？"连称问，"难道没有什么动作？"

"公孙无知怀恨在心，绝不会善罢甘休，没有动作，不等于不动作，恐怕是时间未到吧！"管至父道，"这次派使前来，又送了这么多东西，恐怕是另有深意吧！"

"什么意思？"连称追问一句。

管至父问："公孙无知现在最缺什么？"

连称想了半天，突然一拍大腿："知道了！"

"什么？"

"没有兵权。"

"我们有呀！"管至父提醒说。

"没有这样的道理！"连称说，"仅仅为了'瓜熟之约'便起兵造反，过分了，这可是灭族之罪啊！”

“凡举大事者，须出师有名，不如我们奉公孙无知为君，共伐独夫。”管至父说，“这不叫造反，这叫贤禽择木而栖，良臣择主而事。”

“让我想想看！”连称觉得事情重大，一时难下决心。

管至父见连称没有表态，接着说：“齐国连年对外用兵，民生凋零，诸儿为人暴虐无道，实为独夫。所以我们讨伐诸儿，是兴吊民伐罪之师，我看国中大夫，恐怕作壁上观者居多。”

连称终于下定了决心，咬牙说：“我当与将军同心一命，共图大事。”

“好！”管至父说，“听说你有个妹子在宫中，是吧？”

“是的，我妹连妃一向遭诸儿冷落，积怨颇深。”连称说，“我可以让她密切注意诸儿的动向，为我们寻找机会。”

于是两人彻夜长谈，谋划作乱，想到成功后的富贵，不禁喜上眉梢。几天之后，连称秘密潜回临淄，求见公孙无知。

诸儿即位之后，下令取消了公孙无知的特权，削减了公孙无知的俸禄。公孙无知虽然心怀不满，但只是敢怒而不敢言，只能逆来顺受。

这一天，公孙无知府上来了一位不速之客，他就是从葵丘潜回临淄的连称将军。公孙无知得知连称来访，立即在密室召见了他。

连称向公孙无知行拜见之礼后，起身后发现公孙无知身边宦官的身影有些面熟。正在犹豫之际，对方笑盈盈地走上前，长拜道：“连将军，想不到这么快我们又见面了。”

“你？”连称想起来了，“你就是那天的尊使？”

“老奴宾棚，自幼生长于公孙家中，侍奉公孙家两代人了。”

一切都明白了，彼此无须猜疑，于是开门见山，直奔主题。

连称说：“公孙公子受先君如嫡之宠，诸儿即位后，剥夺了公孙公子的一切特权。路人也都为之不平。”

“不平又能怎么样？”公孙无知无可奈何地说，“我手无缚鸡之力，人在屋檐下，不得不低头啊！”

连称愤愤地说：“诸儿荒淫无度，政令无常，暴虐失助。我等愿奉贤公孙为主，兴师讨伐无道昏君。”

公孙无知对君位觊觎已久，早有篡夺之意，只是时机尚未成熟，不敢贸然行动。他命宾棚前往葵丘，名义上是犒军，实则是试探连、管二人的底细，由于心中没底，特意让宾棚不要说出自己的身份，虽然是神龙见首不见尾，但又给他们留下线索，只要有意，一定会沿着线索找上门。现在连称找上门来，而且还表明了态度，说明大家是志同道合的朋友，便一拍即合。

“一切托付将军，关键是兵从何来？”

“葵丘久戍，瓜熟之约成为泡影，三军将士，愤而思乱，军心可用啊！”连称不假思索地说。

“对！军心可用。”公孙无知说，“但这还不够。”

“还缺什么？”连称问。

“时机！”公孙无知说，“必须掌握暴君的一举一动，掌握好时机，做到一击即中。”

“我的胞妹连妃，在宫中失宠多时，积怨已久，我正欲与她联络，让她在宫中探听虚实，一旦有机可乘，便可起兵发难。公孙公子在内，末将和管至父在外，何愁大事不成？”

“好！”公孙无知大喜，“天厌淫人，将军所谋甚是周密，忠心可鉴，他日事成之后，定立令妹为夫人，我等同执国柄，共享富贵。”

三人密谋之后，次日由宾棚买通宫中侍官，递书信给宫中连妃。连妃得此书信，甚是高兴，从此对襄公的一举一动格外留心，齐襄公的行踪，也源源不断传到葵丘大营之内。

公子出奔

葵丘兵营的异动，没有逃过管仲的眼睛。

当日管仲给叔父管至父饯行时，见管至父不满之情溢于言表，便秘密安排精细之人潜伏在葵丘军营附近，密切注意军营的一举一动。特别是及瓜熟不代之后，管仲更是嘱咐潜伏在葵丘的人打起十二分精神，密切注意军营的动态，每天有多少人进出，都是些什么人，是否有可疑之处，都要及时向他报告。

蒙面人赶着牛羊，驾着马车，浩浩荡荡地开往葵丘，对于僻静的葵丘兵营来说，不是一件小事，当然也逃不过潜伏者的视线。几天之后，蒙面人送来多少只牛，多少只羊，多少车军需物资，身在临淄的管仲便了如指掌，唯独不知道的就是蒙面人的身份。而蒙面人显示出来的神秘感，让管仲觉这件事情非同小可。

几天之后，连称暗访公孙无知，管仲预感到齐国一场灭顶之灾即将来临，于是密约鲍叔牙、召忽一起商议应对之策。

这一天，管仲、召忽与鲍叔牙相约到临淄城外的小河垂钓。

管仲向召忽、鲍叔牙通报了他得到的葵丘兵营的情况，询问召、鲍二位有何看法。

鲍叔牙问："知道送物资的人是谁吗？"

"这就是问题的关键所在。"管仲说，"运送物资的是一个蒙面人，不以真面目示人。"

"我想，蒙面人只是跑腿的人。"鲍叔牙说，"其身后必有一只巨鳄，一般人没这种实力，也没这个胆子。综观整个临淄城，够得上这个档次的人没有几个。"

"据我安排的潜伏人说，他们跟踪了这个蒙面人，一直跟到临淄城，跟踪到十字街，人就跟丢了。"

"十字街？"鲍叔牙问，"那里住了哪些重量级人物？"

"最大的人物恐怕就是公孙无知了。"

"公孙无知？"鲍叔牙说，"这就对了。"

"此话怎讲？"召忽不解地问。

"先君僖公在世时，公孙无知的待遇同于太子。"鲍叔牙说，"僖公临终之前嘱咐诸儿，要善待公子无知，僖公仙逝之后，诸儿即位，竟然将僖公的话当成耳旁风，剥夺了公孙无知待遇同于太子的特权，公孙无知心怀不满，这是必然的事情。"

"管兄！"召忽指着水中的浮漂儿急叫，"鱼咬钩了！"

管仲闻声，顺手一拽钩杆，一条尺余长的草鱼被拉出水面，甩到岸上。几个人手忙脚乱地抓住鱼，放进鱼篓里。然后重新上好鱼饵，将鱼钩甩进河里。三人重新坐下来，继续刚才的话题。

鲍叔牙接着说："公孙无知有可能就是那只幕后巨鳄。"

管仲两眼注视着水面上的浮标说："我也是这样想的，看来，僖公留下的隐患发酵了。"

鲍叔牙问道："祸乱将起，我们当如何应变？"

"我们有两个选择。"召忽想了想说，"一是通报齐侯，捻灭叛乱；二是暗中呼应，共讨诸儿，然后奉公子纠为君。但这两个办法都不是最好，还是听听智囊之言吧！"

"管兄弟！"鲍叔牙问，"你说呢？"

管仲就是召忽所说的"智囊"，他接口说："正如召贤弟所说，二者皆非善策。原因在于进退都不在我等掌控之中，稍有不慎，极易被人利用后成为替罪羊，我想还有第三种对策。"

"管兄早有良策了！"召忽问道。

"智者不立危墙之下。"管仲说，"我们现在什么都不用做，尽快离开临淄这个是非之地。"

"离开临淄？"鲍叔牙惊问，"为什么？"

管仲说："为人君者，应以百姓为天，百姓与之则安，辅之则强，非之则危，背之则亡。自主公掌政以来，穷兵黩武，数欺大臣，民心背离，国政危如累卵。如果我们助他平乱，在乱后的政局中或许可获得一席之地，但与无道之人同行，必会自招祸殃。所以，不如任由公孙无知讨伐诸儿，我等坐观其变即可。"

"但公孙无知也非贤德之人，只是一个利禄之徒。"召忽说。

"对！"管仲说，"公孙无知非先君僖公血脉，国中各位大臣怎么可能俯首听命于他？他自以为可取君位，其实是痴人说梦。此人狡诈阴毒，作乱是为了尽灭僖公之后，一定会将屠刀指向我们，我们暂时还没有与他抗衡的实力，所以暂避才是良策。一旦公孙无知得逞，我等再伺机讨伐公孙无知，那也是师出有名。”

“嗯！”鲍叔牙点点头，“言之有理。”

管仲神色凝重地说：“之后便是二公子之争了，我们各为其主，各忠其职，但一定要切记我们当初的诺言。”

“一是不能残害朋友；二是无论谁家公子为君，都要相互引荐，鼎力为政。”鲍叔牙脱口而出。

“好！我赞同两位兄长的高见。”召忽也表示赞同。

“就这样定了。”鲍叔牙说，“我带领公子小白避到莒国去，你们呢？”至于为何要避难莒国，鲍叔牙没有明说，是无意还是有意，不得而知。

管仲说：“公子纠之母乃鲁女，我们就去鲁国吧！”

鲍叔牙从河边垂钓回来后，向公子小白密陈了他与管仲、召忽商量的事情。小白长长舒了一口气，有些兴奋地说：“夫子所言极是，我们先置身事外，让公孙无知以暴制暴，双犬相搏，我们再伺机而动。我一直等着这一天。”

鲍叔牙问：“公子是同意我们的计划了？”

“岂止是同意，是非常赞同。”小白问，“夫子是与小白一同出奔，还是潜在国中？”

“当然是一起走。”鲍叔牙说，“公子走到哪儿，我鲍叔牙就跟到哪儿，此生唯公子马首是瞻。”

小白深深一揖道：“有夫子相助，小白定能光大姜齐，只是让夫子和我一样毁家冒险，小白何以报答夫子之高义。”

“公子待我为国士，我当为公子谋不世之业。”鲍叔牙说，“路途遥远，我们得仔细谋划，不可有一步之闪失。”

“天下之大，哪里有我容身之地？”小白问道。

“我们就去莒（今山东莒县）国吧！”

“为何要去莒国？”

鲍叔牙分析说，“大国固然可以借势，但国大欺客，反易受制于人。

公子与国中高、国二氏渊源颇深，应专心依用，不必转附外国，以免成首鼠两端。莒国虽小，但临近临淄，一旦国中有事，旦暮可归，且小国不敢怠慢我们。”

“言之有理！”小白说，“就依夫子所言，我们去莒国吧。”

“只带一两个舍人随同，其余的人仍然留在临淄，如果有异动，让他们随时报告我们。”

“好！”小白有些不好意思地说，“临走之前，我还想上书谏言。”

“上书谏言？所为何事？”鲍叔牙有些惊讶。

小白说：“众人一向视小白为纨绔子弟，今朝出奔，当然要有个理由，来日回国之时，国人也当另眼相看。”

鲍叔牙暗暗佩服小白心思缜密，不禁脱口而出：“好，公子考虑周全，这一着棋实在是太妙了。”

“既然夫子也这么说，那我们就准备吧！”

几天之后，一向不问朝政的公子小白突然进宫，婉转地对齐襄公说：“鲁侯之死，朝野颇有微词。男女嫌疑，主公不可不避。”

齐襄公心想，别人这样说情有可原，可你是我的兄弟呀！怎么也这样说呢？气得当面把小白呈上的竹简摔在地上，抬脚狠狠地踩几下，怒喝道：“竖子岂敢胡言乱语！”

公子小白并没有被齐襄公的气势吓倒，继续说：“明君主政，须修政慎兵，以安民生，然而多年来，君上穷兵黩武，滥用民财，荒淫无度，民不聊生……”

“反了！”襄公暴跳如雷，脱下脚上穿的鞋，狠狠地砸向小白。

小白仓皇退出，逃之夭夭。

第二天，公子小白以田猎为名，携同鲍叔牙，带上数名侍卫，装满两车财帛，奔莒国而去，并就此在莒国安顿下来。

齐襄公猜不透这个小弟弟到底想干什么，干脆不予理睬，任由他去。

管仲和召忽回来后，向公子纠报告了临淄面临的险恶形势，公子纠显得手足无措，不知如何应对才好。管仲向他建议，为今之计，只有远避他乡，然后视情况的发展再做安排。

“公子小白呢？”公子纠问，“他也要出奔吗？”

“对！”管仲说，“鲍太傅说，他们去莒国避难，已经开始行动了。”

“小白避难莒国？”公子纠在屋子里来回转了几圈，终于下定决心，“我们去鲁国，那是我母亲的母国。”

“好！”管仲赞同地说，“我们就去鲁国。”

于是，公子纠以省亲为名，先斩后奏，只带了管仲、召忽二人出奔鲁国。一路上，三人分析齐、鲁两国的局势，尤其是鲁君及执政权臣的特点，拟定说辞，决定以假乱真，以省亲为名，暂住在鲁国，静候齐国时局的变化，然后再做进一步的打算。

公孙无知听说公子纠与公子小白双双出奔，觉得这是老天对他的眷顾，自己谋夺君位，除了要干掉诸儿之外，还必须越过横在面前的两大障碍——公子纠、公子小白，两大障碍不除，即使干掉诸儿，夺来的君位也不牢靠。天遂人愿，两大障碍自动消除，心里的那份高兴之情，简直无法用语言形容。他立即派人前往葵丘，将这个好消息告诉他的同盟者连称、管至父。现在是万事俱备，只欠东风，让他们做好准备，只待时机一到，便一举灭掉诸儿，夺取君位。

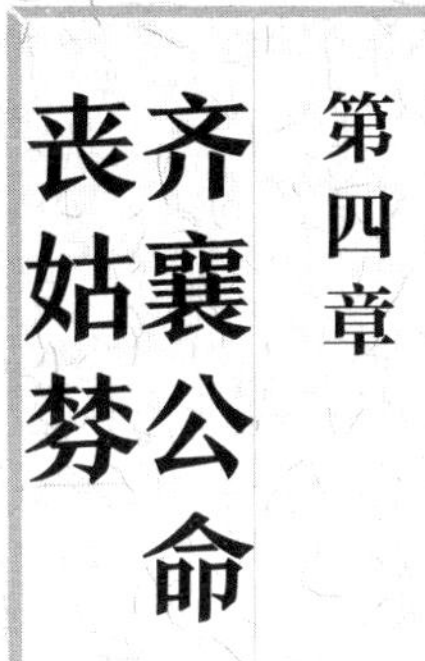

第四章 齐襄公命丧姑棼

失信招来杀身祸

冬季是国政稀疏的季节，诸侯间的聘问也多要等到来年春暖花开的时候。齐襄公是一个游猎爱好者，还在当太子的时候，就玩遍了齐国所有猎场。当上国君之后，这样的机会就少了，他想利用冬闲的机会好好放松一下，听说姑棼（即薄姑，今山东省博兴县东北）野外的贝丘山，近来禽兽云集，是一个极佳的天然猎场，早在十月中旬，他就安排人准备车马粮草，定于次月初前往姑棼田猎。

连妃得知齐襄公将赴姑棼出猎，连夜派心腹出宫，将这个消息传递给公孙无知。公孙无知身在府中，时刻都在关注着诸儿的动向，得到连妃送出的消息后，一刻也没有停，立即派心腹骑快马赶往葵丘，将襄公下月将赴姑棼狩猎的消息告诉连、管二位将军，约定这个时间举事。

连称、管至父接到公孙无知的传书，紧急商量对策。连称认为，襄公出猎姑棼，临淄城一定空虚，主张乘机率兵直入临淄，拥立公孙无知为君。管至父并不赞成他的意见，他认为风险太大。

连称不解地问："为什么？"

"攻打临淄，即使一时得手，主公也会调兵前来讨伐，我们拿什么抵抗？"

连称问："拿不下临淄，凭什么拥立公孙无知？"

"办法当然有。"管至父显然是胸有成竹。

“有什么办法？”

“擒贼先擒王。”管至父说，“我们先在姑棼设下伏兵，当昏君在姑棼骑马射箭、忘乎所以的时候，伏兵突然出其不意地杀进去，干掉昏君，然后拥立公孙无知即位，这样就可以控制朝廷军政大权。”

连称觉得管至父的计谋确为良策，表示赞同。于是传下密令，各队军士准备干粮，赶往贝丘行事。

葵丘戍卒久役在外，人人思家，得到命令之后，无不乐而从之。

十一月朔日，襄公诸儿果然驾车出游。要么是他对齐国的治安很自信，要么就是他太轻佻，诸儿出游，只带了侍卫将军石之纷如和幸臣孟阳二人，其余都是一些下人，没有一个大臣跟随。一行人架鹰牵犬，离开临淄，起程前往姑棼狩猎。车驾抵达姑棼时，当地的居民得知君上大驾光临，纷纷献酒献肉，诸儿非常高兴，开怀畅饮，然后留宿在姑棼离宫。

第二天，襄公一行驱车出城，前往姑棼野外的贝丘狩猎。

贝丘山峦缓伏，树高林密，杂草丛生。襄公心中大喜，料定此山一定是禽兽聚集之处，于是传令纵放鹰犬，举火焚山，驱兽出林，准备合围射猎。

当时正值大风骤起，火借风势，风助火威，越烧越猛。藏在林中的飞禽走兽受到惊吓，有翅膀的飞禽一飞冲天，有的逃往远方，有的在空中盘旋，仿佛要看一看是何方神圣打扰了自己的清休。不能飞的狐兔狍鹿之类的走兽，纷纷窜出树林，东奔西跑。

襄公及从人发出一阵惊叫，纷纷挽弓放箭，驱赶、驰射惊散的飞禽走兽，一时间，人群的欢叫声，飞禽走兽的惊叫声，在山谷中回荡。

午后，天空本是红日当顶之时，突然，一阵黑风驱着乌云从山谷上空压来，霎时间，白昼竟如黑夜，两人相距一丈之间都看不清五官。此时，一只硕大无比的野猪从山坳里狂突而出，吸引了狩猎者的视线。曚昽中，只见那只野猪大似牛犊，鬃毛刚立，狼牙似刀。在烟火之中，向齐襄公车前冲来，跑到车前的一处高冈上，突然驻足，如石雕般蹲在原地不动。襄公想让自己的幸臣在众人面前露一手，回头对孟阳说："孟阳，你替寡人射杀这头野猪吧。"

孟阳仿佛像中了魔一样，双眼圆睁，嘴巴大张，惊恐地注视着高冈上的野猪，对襄公的话充耳不闻。突然，他如见鬼魅般，扯开嗓子大叫："那不是野猪，是公子彭生，是公子彭生！"

齐襄公大吃一惊，再瞅那头野猪，果然似兽非兽，似人非人。他曾令公子彭生勒死了鲁桓公，事后又让彭生做了替死鬼，这是他做了亏心事，魔由心生。为人不做亏心事，半夜叫门心不惊。可一旦做了亏心事，那就不得安宁了，这就是魔由心生了。襄公做了亏心事，表面上虽然装得若无其事，暗地里时刻担心报应上门，夜里做梦常梦见公子彭生前来索命。他担心流言就此传出去，丢了颜面，便壮着胆子大叫："即使是彭生，又能怎么样，他敢来见我吗？"

襄公顺手从孟阳颤抖的手中夺过长弓，搭上雁羽箭，朝那野猪射去。往日号称善射的齐襄公，此时不知是惊慌还是力怯，连发三箭，竟然不中。突然，原本蹲在地上不动的野猪像人一样站起来，前蹄拱在胸前，后脚如人移步，凄厉的哀号似人被剜心剥皮，凄惨刺耳，听起来让人毛骨悚然。

齐襄公本就心怀鬼胎，见到如此凶悍的野猪，更是吓得心惊肉跳，惊慌失措之间，惊叫一声，从车上滚落到地上，众人听到襄公的惨叫声，连忙跑过来，围在齐襄公四周。孟阳喊来专门负责齐襄公起居的徒人费及其从人，将齐襄公扶上车，传令立即停止狩猎，架车回姑棼离宫。

齐襄公扭伤了左脚，一只鞋掉落地上。徒人费一向小心谨慎，当差没有出现什么差错，如果是在平时，他一定会记得将掉落在地的鞋子捡起来带回，但当时气氛诡异，又兼情急慌乱，便将这件事忘了，随着众人狼狈而逃。

咆哮的野猪并没有追赶的意思，缓缓地走到刚才齐襄公停车的地方，停在落在地上的鞋子旁边，凑过鼻子嗅了嗅，眼中流出几滴浊泪。片刻之后，号叫一声，叼起地上的鞋，跑向树林，一转眼便不见了。

孟阳和徒人费等人扶齐襄公下车，入了寝室。襄公勉强吩咐完石之纷如看好营帐，便觉头痛欲裂，加之左脚疼痛难忍，躺在床上辗转反侧，久久不能入睡，于是吩咐孟阳扶他出去走走。待要下地时，才发现少了一只鞋，不耐烦地问："我的鞋子呢？还有一只鞋到哪里去了？"

徒人费想起来了，一定是在山上从车上掉下来，落在山上，慌乱之际未曾捡回，慌忙说："想必是主公坠车时失落了，主公请稍候，我去取一双新鞋来。"

这本来是一件平常之事，充其量被主人骂几句便罢了。但齐襄公一来精神恍惚，心情烦躁；二来出猎遇鬼，狼狈而逃，颜面尽失，不禁将所有的怒气全撒到徒人费的身上，大声呵斥道："你既跟随寡人，怎么没有看到寡人的鞋子掉了？遇事只顾自己逃命，我要你何用？"

"奴才该死！奴才该死！"徒人费除了赔罪，没有别的办法。

襄公越骂越气，随手抓起荆条，命人将徒人费按倒在地，剥去褐衣，向背上狠命鞭笞。徒人费哪里受过如此酷刑，惨叫之声数里可闻，齐襄公不为所动，直到打得筋疲力尽，连手都抬不起来才罢手。徒人费被打得浑身是血，遍体鳞伤，被人拖出后，含泪走到宫外，还要再去给齐襄公找新鞋。

徒人费刚走出宫门，便被连称手下几个前来打探动静的兵丁抓住了。

原来，连称、管至父在葵丘大营得到公孙无知派人传来齐襄公出猎的消息，觉得举事的机会来临，便煽动士卒杀昏君，奉公孙无知即位。士卒们久役在外，有家难归，见齐襄公欺骗了他们，早就对齐襄公恨之入骨。如今主将出头，允诺事成之后有享不尽的荣华富贵，便纷纷摩拳擦掌，喜笑颜开，提戈拔营，星夜赶往姑棼。连称、管至父二人带主力部队隐蔽在半里之外的树林里，派几名健卒前往离宫刺探情况。一见徒人费，便知是宫里的人，便把他抓起来，送给主将审讯。

"诸儿在哪里？"管至父审问徒人费。

"在寝室之中。"本来平日忠心不二的徒人费，绝不会出卖主人。由于此时刚受笞刑，伤口疼痛，心中冤屈顷刻涌上心头，未经思索，脱口而出。

“睡了吗？”

“尚未入睡。”

“卫士有多少人？”

“仅十余车之数，多在宫外守卫。”

连称见问得差不多了，便要杀掉徒人费。徒人费突然回神：无论主人怎么对待自己，做奴才的怎么可以背叛主人呢？想到这里，徒人费后悔了，恨不得抽自己一记耳光，于是突然心生一计，谎称道：“将军不要杀小人，离宫之内道路曲折，机关密布，没有人带路，你们进不去的。”

“谁能带路？”管至父问。

“我呀！”徒人费自告奋勇地说。

“你？”连称摇摇头，表示不相信。

“我也是诸儿的仇人，刚才被昏君打得遍体鳞伤。”说罢撩起衣服，让大家察看他背上的伤。

管至父等人见徒人费遍体鳞伤，信以为真，便命徒人费在前面带路，众人悄悄地跟在后面。刚走到宫门口，恰逢石之纷如巡夜至此。徒人费突然纵身跃入宫门内，冲着石之纷如急切地说：“连称、管至父作乱，快挡住他们。”

石之纷如慌忙招呼士兵集合，并立刻关上了宫门。

徒人费口中呼叫，脚下并未停步，冲进寝宫，大声疾呼：“主公，连称、管至父作乱，已到宫门口了。”

跟在徒人费身后士兵见行踪败露，连忙发出信号，伏兵见信号，从树林里冲出来，扑向离宫。一时间车轮辚辚之声如闷雷响起，几千叛军将离宫包围得水泄不通。装好撞车，三两下便撞开了宫门。

管至父率兵包围在外，出来一个杀一个。连称带兵杀进宫，见一个杀一个，卫兵越杀越少。

寝室内的齐襄公已成惊弓之鸟，突然听到警讯，吓得手足无措，面如土色，东张西望，不知如何是好。徒人费虽说只是一个下人，慌乱之间，比主子似乎还冷静，上前抓住齐襄公的手说："主公不要慌，可让人伪装成主公卧在床上，主公藏在门后，等待机会脱身。只是叛军认识奴才，加之奴才又有背伤，无法装扮主公。"

"我来！"一向阴险贪财的孟阳突然雄心大起，上前说："臣受主公隆恩，愿扮主公躺在床上，替主公去死。"说罢，脱下襄公身上的衣裳，穿在自己身上，翻身上床，侧身向内而卧，拉过锦被盖在身上。

一向心高气傲的齐襄公，此时已是六神无主，被徒人费如小孩子般拉着手，走到内室一个大衣橱前。一向点头哈腰的奴仆，此时却格外冷静，从齐襄公颤抖的手传过来的被信任的感觉，使他从心底涌出一种从未有过的勇气和满足感。这是虽身为贱仆，却能保护高高在上的主人的一种离于常态的满足。

徒人费把襄公藏进衣橱里，襄公似乎觉得有些对不住这个刚被自己责罚过的下人，突然关切和愧疚地问："你怎么办？"

徒人费坚毅地说："我和石之纷如将军将拼死拒贼。能否逃过此劫，那就要看天命了。"

齐襄公内疚地问："你背上的伤还痛吗？"

"臣死都不怕，还怕背痛吗？"

"真忠臣也！"齐襄公轻轻地叹了一声。

徒人费藏好齐襄公，转身出了寝宫，命石之纷如带领众人坚守中门，自己单枪匹马迎向叛军。

此时，叛军已经攻进大门，连称挺剑当先开路，管至父带兵守在门外，以防有变。徒人费见连称来势汹汹，上前一步便刺。谁知连称身被重铠，刃刺不入。连称反手一剑劈去，徒人费条件反射地举起左手格剑，大半个手掌被削去，再补上一剑，劈下徒人费半个头颅，死于门中。

石之纷如作困兽犹斗，挺矛来斗，战十余回合，连称步步紧逼，石之纷如边战边退，稍不提防，脚下被石阶绊了一下，一个踉跄，险些跌倒，连称趁机赶上刺出一剑，结果了石之纷如的性命。

连称带人冲入寝室，侍卫早已惊散，见床上卧着一人，锦袍遮盖，貌似齐襄公，连称一个箭步冲上前去，手起剑落，床上之人立即身首异处。连称举灯一看，却是一个没有胡须的头颅，立即反应过来，大叫："这人不是诸儿，快搜。"

众人搜遍宫中，并不见诸儿的踪影。连称转进内室，举烛四处寻找，忽见衣橱前放着一只精美的丝鞋。负责搜查内室的一位士兵吃惊地说："奇怪了，我刚搜过这里，并不见丝鞋，怎么突然多出一只鞋呢？"

连称说："管他从哪里来的，打开橱子看看。"

士兵拉开橱门，失魂落魄的襄公被拖了出来，只见他一只脚穿着鞋，另一只脚却赤着，而橱子前放着的鞋，正是被野猪叼走的那只鞋。既然鞋子被野猪衔走了，为何又到了此处，使人百思不得其解。冥冥之中，是否真的有报应？抑或冤鬼所为？谁能说得清楚？

连称认识诸儿，上前一步，老鹰抓小鸡般，一把将襄公从橱子里拉了出来，掷到地上，大喝道："无道昏君，你也有今日？"

齐襄公惊恐地蹲在地下，颤抖地说："连称，你欲将寡人如何？"

管至父得知齐襄公已被抓到，也带着甲兵围了过来。

连称大骂道："无道昏君！你连年用兵，黩武殃民，这是不仁；违父之命，疏远公孙，这是不孝；兄妹淫乱，公行不忌，这是乱伦无礼；不念远戍，"瓜熟之约"视同儿戏，这是无信。仁孝礼信，四德皆失，何以为人？何以为君？我等今日举义兵，一是为鲁桓公报仇，二是为救齐国于水火，苍天在上，神明可鉴。"说罢，手起剑落，不可一世的齐襄公顿时血溅当场，身首异处。

连称杀死齐襄公后，用被褥裹着他的尸体，连同孟阳的尸体，一起埋在屋后的荒山上。

一代枭雄，在位一十二年，春秋正盛，便遭篡弑，也是罪有应得。

公孙无知篡位

连称、管至父弑君之后，恐防走漏消息，先派人骑快马赶往临淄告知公孙无知，然后整顿兵马，星夜长驱直入，驰往临淄城，欲拥立公孙无知为齐国新君。二人重整军容，长驱直入临淄。公孙无知在城内率兵响应，大开城门，接应连、管的队伍进城。

连称、管至父二人进城之后，因昏君已诛，便伪称先君遗命，拥公子无知为齐国新君。

以高氏、国氏为首的国中重臣元勋，心中虽然不平，见诸儿已死，只得暂时隐忍，暗中却在策划诛除公孙无知。

公孙无知本是个胸无城府之人，以为两位公子在外，齐国无人敢与他相抗衡。自认为有连、管二人辅佐，政权安如磐石。为了报答连称、管至父拥立之功，即位后便信守诺言，封连妃为夫人，任命连称为正卿，号为国舅，管至父为亚卿。国政大事都交给他们二人处理，那些位高权重的卿大夫，都排在连、管二人之后。如此一来，新君更是不得人心。

大夫雍廪在齐襄公时便与公孙无知有矛盾，见公孙无知不得人心，秘密找到上卿高傒，说先君虽然无道，但公孙无知弑君，实为叛乱，且不奉迎僖公血脉，自立为君，诈称遗命，实为国贼。大臣们虽然被迫屈服，但高、国两氏，是国家的世臣与栋梁。现在连、管二贼恃公孙之宠，独断国事，他日定然会忌惮高、国两卿的威望，视为绊脚石，必欲除之而后快。

“他敢！”高傒显然是有恃无恐。

雍廪说：“连弑君的事都敢做，还有什么不敢？”

高傒低头沉思半刻，似乎下定了决心，问道：“大夫有什么办法，可以收拾目前这个残局？”

雍廪说：“只要齐心协力，办法还是有的。”于是，雍廪将自己的计划悄悄告诉高傒。高傒对雍廪的计划提出一些补充意见，然后各自分头行动。

乡离愁

公子纠离开临淄后，在管仲、召忽二位老师的保护下逃离到鲁国都城曲阜。鲁庄公收留了这位落难的舅舅，并将曲阜城南的一处公房装饰一新，作为公子纠在鲁国的居住地。公子纠刚来曲阜时，如同丧家之犬，惶惶不可终日。几天以后，他便将一切的不幸抛在了脑后，仍过起了公子哥儿无忧无虑的生活。倒是他的两位师傅管仲、召忽一刻也没有闲着，除了督促公子纠的学业外，时刻都在关注着齐国国内的时局变化。

这一天，吃过早饭，管仲架起古筝，边弹边唱、奏起了他的新作《思乡曲》：

思乡曲

我的故乡，在东方临淄。看似近在咫尺，实则远隔天涯。那里有我的同胞，还有我的老娘。去岁的一天，君王惨遭奸人害，故乡从此暗无光。鹄巢反被雀儿占，无奈何逃他乡。

我的故乡，是那么的美好。梦里见她千百回，醒来泪湿榻床。思之忆之好悲伤，失意人愁断肠。我思念故乡，故乡有我的希望，故乡有我的理想。游子定当回故里，倾情为你换妆。

如诉如泣的歌声，反映出管仲对故乡的思念和对现实的无奈，而最后一句“倾情为你换妆”，则又反映出管仲的远大抱负和襟怀。

召忽走进门，冲着管仲一笑说：“夷吾兄，一大早又弹起了《思乡曲》，观你面容，似乎与往日大不一样，是有什么喜事，还是有何好消息？”

管仲笑呵呵地说：“昨晚我占了一卦，是个上上签，预示一个上好的机会，将会降到我等头上，如果判断不错的话，不日之内，故国将会有消息传来。燕雀之巢，非我等久居之地，兄弟，做好准备，回临淄去，那里才是我们拼搏的地方，那里才是我们活下去的希望。”

“嗯！小弟也盼望着这一天的到来，到时，我们辅佐公子纠，大干一场，博他个封妻荫子，千古名扬。”召忽满怀希望地说。

公子纠懒洋洋地走进来，冲着管、召二人说：“二位师傅，今天学些什么？”

“走！”召忽回答道，“今天练箭，马已备好，就在院子里。”说完，率先走出屋。

公子纠站着未动，管仲站起来，顺手推了一下说：“练箭去，站着干啥？”

曲阜城东郊外有片树林，是避乱鲁国的公子纠常来练箭习武的地方。说实在的，公子纠对这日复一日的射箭、读书的生活有些腻歪了。在住所里睡睡懒觉，同侍女们变着法儿乐乐，该是多么畅快的事啊！偏偏两位师傅盯得紧紧的，一刻也不让自己闲着，虽说心里不情愿，却也违抗不得。

公子纠从召忽师傅手中接过弓箭，依着师傅的教导，站着马步，左手握弓，右手持箭，轻展猿背，闭上一只眼，瞄准百步外树上悬挂着的三枚制钱，嗖、嗖、嗖，三箭连发，当啷、当啷、当啷，悬挂在树上的三枚制钱应声而落。公子纠得意地看着召忽，似乎在问：师傅，怎么样，还可以吧？

“好！公子的箭法近来又有长进了。”召忽夸赞地说。

管仲拍拍巴掌，也表示赞赏。

公子纠口中发出一阵狂笑，似乎意犹未尽，抬头见天上一队大雁由南向北飞来。他从箭袋里抽出一支雕翎箭，说道：“师傅，看我把那领头雁射下来。”言罢，箭上弦，拉满弓，瞄准头顶上的飞雁，射出一箭。然而，箭刚离弦，飞雁早已从头顶越过，飞向遥远的天际。

公子纠懊恼地将弓抛在地上，丧气地说：“射制钱是百步穿杨，射飞雁为何总是不着边呢？”

“铜钱是静靶，雁在空中飞是动靶。公子对静靶箭无虚发，百发百中，说明公子的箭法造诣颇深，而射动靶不着边，说明公子缺乏应变的能力。”管仲见公子纠睁大了眼睛，循循善诱地说：“射箭之道，要掌握此起彼伏，彼抑我扬，张弛相彰，动静相合的秘诀。举大事者，不但要有处理一般事情的能力，还要具备以不变之态应万变的本领，这样才能成大事。”

公子纠把弓交给管仲，不服地说："师傅滔滔宏论，能否亲自射一箭，也让本公子开开眼界。"

管仲抬头望天，见一队大雁从天际飞来，忙抽出一支雕翎箭搭上弦，站好桩，左手握弓，右手搭箭，身随雁转，箭随身动，睁一只眼，闭一只眼，眼中射出犀利的光，屏住呼吸，当飞雁将临头顶之时，说时迟，那时快，只见他轻展猿臂，"嗖"的一声响，箭冲蓝天，领飞的头雁应声坠地。雁群发出一阵惊叫，乱了队形，仓皇飞逃而去。

召忽大声喝彩："夷吾兄，真神箭也！"

公子纠见师傅射落飞雁，而自己射出的箭连雁毛也未射落一根，觉得很没面子，气恼地从管仲手中夺过大弓，咔嚓一声，一折两段，扔在地上。

召忽不满地说："公子，管师傅是有名的神箭手，连为师也甘拜下风，何况是你呢？要练好箭法，还是要下苦功夫，发脾气解决不了问题。"

公子纠气恼地说："不学了，不学了，下再大的功夫也无用。"

"公子不得无礼。"召忽喝道，"先君命我和夷吾兄做公子的师傅，公子怎能对师傅如此无礼？"

"天意呀！"管仲突然放声大笑道："天将降大任于公子！"

召忽、公子纠被管仲的笑声弄得莫名其妙。召忽不解地问："夷吾兄，为何放声大笑？"

管仲没有回答召忽的话，拍拍公子纠的肩膀说："公子，你想改弦易张，非常好！早就该有此志向。"接着又对召忽说，"召忽兄弟，挽弓射雁，只是武夫之能，公子之意不在于弓箭，一定是另有所图，公子是齐国的希望，理应君临天下，岂能以箭法论短长？公子折弓，是天意所为。"

公子纠不解地看着管仲："师傅，您这话是什么意思啊？"

管仲认真地说："公子，昨晚为臣占了一卦，齐国近来似乎不太平，必有大变。"

"真的？"公子惊异地说，"但愿有这么一天，我们也不必在鲁国寄人篱下了。”

正在这时，一人一骑由远及近，来到跟前。

管仲看清楚了，骑马之人是留在临淄城公子府上的舍人。他预感到临淄有大事发生。

“公子！”公子舍人滚鞍下马，顾不上行礼，急促地说，“出大事了。”

“什么大事？”公子纠说，“慢慢说。”

“主公被人杀了！”

“主公被人杀了？”公子纠问，“谁干的？”

“连称、管至父率驻守葵丘的士兵干的。”

“这里不是说话的地方，回住所再说。”管仲说罢，收拾好东西，牵着马，立即回到曲阜城住所。

第二天，公子纠与管仲进宫拜见鲁庄公，请鲁国派兵送他回国登基。

鲁庄公此时已是二十出头，早已不是登基时那个不谙世事的少年郎，一听齐襄公诸儿被杀，心中暗自高兴，多年来堵在胸中的怨气，一下子全吐了出来，顿时有一种扬眉吐气的感觉。听了公子纠的诉求，正欲答应，突见执政卿施伯向他摇头使眼色，示意不要答应公子纠的请求。鲁庄公一向倚重施伯，见状后对公子纠说：“此事关系重大，待寡人与群臣商议之后再回复，请公子回住所等候消息。”

公子纠退出之后，鲁庄公迫不及待地问施伯：“夫子，齐国生乱，正是鲁国重振国威的时候，夫子为何示意寡人不出兵？”

“臣以为，现在齐国、鲁国势均力敌，齐强则鲁弱，齐弱则鲁强。齐国内乱而无君，当然有利于鲁国。”施伯冷静地说，“但依臣之见，不如静观其变，让齐国乱一阵子，然后送公子纠回国即位，况且……”

施伯说到这里，停了下来。

“请夫子尽言。”

“主公！”施伯问道，“如果鲁国出兵获胜，将会是什么样的后果？”

“当然是将公子纠扶上齐国君位。”

“公子纠与公子小白，谁更贤？”施伯又问。

“公子纠似乎贤于公子小白。”鲁庄公不假思索地说。

“主公所见极是。”施伯分析道，“据我观察，公子纠身边的管仲足智多谋，召忽勇猛刚烈，都是不可多得的人才。如果出兵得胜，齐国则得明君贤臣。而鲁齐互为强弱，齐强则于我不利；如果出兵失败，则鲁又受辱于齐，国中恐怕会生变乱，这样对主公会产生不利的影响。”

鲁庄公点点头，表示赞同施伯的看法。

施伯接着说：“臣想会会管仲、召忽，希望能说服他们为我所用，如果管仲、召忽能留在鲁国，无异于拔去公子纠的羽翼，他日公子纠纵能得国，没有这两位贤士辅佐，恐也难成大事。”

鲁庄公自然同意施伯的意见。

施伯在府邸宴请管仲、召忽二人，三人坐定之后，侍女奉上酒食，各自奉爵敬颂一番后，逐渐转入正题。

施伯放下酒爵，对管、召二人说：“两位大贤，日前贵公子向寡君申明出兵之义，我等也感同身受，义愤填膺。鲁齐两国世为姻亲，本应出兵相助，无奈国力凋敝，恐怕力所不逮，反而误了贵公子的大事，今天，施某奉寡君之命，想听一听二位大贤的高见。”

召忽见施伯说得含糊，忙申明立场说：“有道是邪不压正，公孙无知勾结叛臣谋弑先君，愿借上国精兵三千，定能拨乱反正，两国共结盟约，世为唇齿。”

施伯道：“公孙虽非先僖公之血脉，毕竟也是公族近亲，听说这次兵变，内情非常复杂。依施某之见，是否静观其变为好？”

管仲终于明白了施伯的意思，他是要以静制动。仔细观察施伯的面相，见他长得寿眉大耳，口紫而方，目兴聪诘，明显是一个自重其身之人。这种人只可利用，不可同谋大事。于是接着说：“施伯所言不无道理，但只怕迟则多变，为他人所谋了。”

施伯最希望看到的就是齐国大乱，话锋一转说：“鲁国虽非一方之伯，但属周礼正统，国君仁孝，政治清明，贤能毕聚，两位是人中龙凤，在时局未定之时，何不劝说公子纠出仕鲁国？”

“齐、鲁虽然相邻，治国理念却不相同。立国之初，周公在王都主持朝政，长子伯禽受封至鲁国，三年之后，伯禽才向周公汇报国政。周公问：‘为何如此迟晚？’伯禽回答：‘变其俗，改其礼，要等服丧三年除服之后才能看到效果，因此迟了些日子。’姜太公受封于齐国，五个月后便向周公汇报国政。周公问：‘为何如此迅速？’太公回答：‘我简化其君臣之间的仪节，一切从其风俗去做。’故此说，齐之为政，尊贤尚功，因俗简礼。”管仲微微一笑，“鲁之为政，亲亲上恩，礼法森严。我等身份低微，在鲁国恐难有立足之地啊！”

管仲此番言论不卑不亢，却让施伯碰了个软钉子，而且还发作不得。为什么呢？管仲以齐、鲁立国的故事，来说明两国用政不同，而自谦不敢投靠鲁国。通晓典籍的人都知道，这个故事还有下半段，当时周公听完齐太公吕尚和自己长子伯禽的为政之道后，发出感叹说：“呜呼！鲁后世北面事齐矣！”他认为齐国将因此而强，鲁国后世将北面听命于齐国。

施伯当然明白其意，心里对管仲、召忽更是忌惮了。

公子纠见鲁国不肯出兵，心中焦急。管仲虽然也很失望，但他认为还没有到非出兵不可的地步，同时他也有了新的打算。

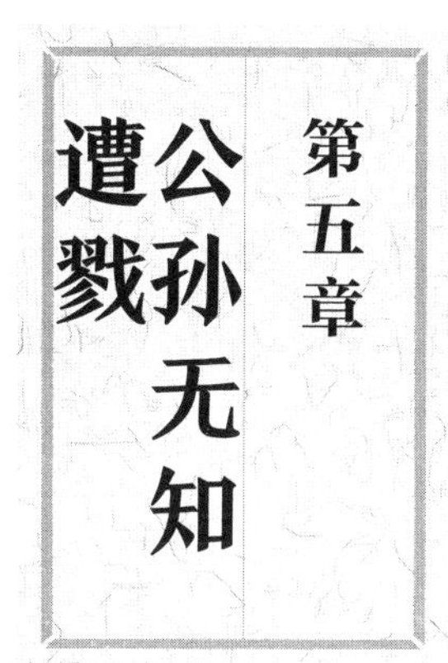

第五章 公孙无知遭戮

临淄又变天

公孙无知自立为君，各位大臣虽然不服，却敢怒不敢言，仍然上朝站班。大夫雍廪在齐襄公时期，便与公孙无知有矛盾，此时仿佛像变了一个人似的，没有了往日的锐气，对公孙无知的打压逆来顺受。初次站班，更是卑怯讨好地说："主公，臣往日在后宫曾与主公争道，多有得罪，这里向主公谢罪，望主公恕臣昔日不敬之罪。"

公孙无知初登君位，谋求朝中大臣的支持是第一要务，虽然从心眼里厌恶雍廪，但此时还不是报复的时候，大度地回答："昔日之事，时间太久，寡人不记得了，雍廪大夫也不必放在心上。"

"谢主隆恩！"雍廪稽首拜谢。

公孙无知微微一笑，安慰道："雍廪大夫乃三朝老臣，对于齐国你是有功之臣，寡人登基，只是朝堂易主，你仍然是大夫，他日若再立新功，寡人一定会像赏赐连正卿、管亚卿一样赏赐你。"

公孙无知不但对诚心事己者一概好言抚慰，对于那些在言行上有抵触情绪的人，也都不予追究。高傒、国子费两位上卿称病不朝，公孙无知对他们不但没有微词责备，反而派人登门探视，叫他们安心养病。朝中如果有大事，必当派人向他们报告，二人有何建议，也可随时书面相告，敬老之情，非常人所能及。虽然是表面文章，但也足见其用心之深。

国君为乱臣贼子所弑，大臣们的心里都在舐血，由于事情来得太突然，仓促之间谁也没有应对良策。在连称、管至父的淫威之下，虽然没有人敢公开抵抗公孙无知，但各自心里都在打自己的小算盘。

雍廪大夫在朝堂上虽然对公孙无知又是请罪，又是称臣，其实都是表面文章。理智告诉他，为了齐国的未来，为了王室的振兴，自己必须忍辱负重，逆来顺受，若非如此，齐国大权落在乱臣贼子之手，百姓将永无宁日。

这天午夜，上卿高傒府上陆续来了不少人，有十余位，其中最重要的一位是齐国另一位上卿国子费，还有雍廪、东郭牙、宾胥无等人。

高傒、国子费二位上卿，是周天子封到齐国的监国大臣，地位与齐侯平起平坐，德高望重，国人无不敬仰。齐侯之外，这两个人最具有号召力。今天有他们二位到场，且又是在高傒府上，来客多是朝中大夫级的重臣。可见这次聚会非同一般，定会有重大事情发生。

高傒待众人落座后，吩咐家仆严守府邸大门，不许任何外人进入。然后语气沉重地对大家说："今天召诸君到府，是要商量一件大事，先君为乱臣贼子所弑，事出仓促，且惨祸已成，悲泣也是无益，为今之计，就是要设法诛除乱臣贼子，迎奉流亡在外的齐国公子回国复位。"

国子费接着说："夜长梦多，如果乱臣贼子的势力稳固下来，诛之则难度更大，兵贵神速，要动手就得速谋。诛此弑君乱政的乱臣贼子，以叛贼之首告慰先君在天之灵。"

雍廪大夫激动地说："先君虽然无道，但公孙无知此番叛乱弑君，又不奉迎僖公血脉，自立为君，诈称遗命，实为国贼。雍廪被迫屈服，但高、国二位上卿，国之世臣，素为栋梁，连、管二贼恃公孙之宠，独断国事，诛杀公孙无知及其余党，是当务之急，刻不容缓。乱臣贼子诛杀之后，速派人至鲁国，迎奉避乱于鲁国的公子纠回国主政。"

高傒道："齐国公子非公子纠一人，还有流亡在莒国的公子小白。"

"上卿大人，先君遇难，按顺序公子纠为长，公子小白为幼，长幼有别，这是周天子定下的祖制，礼不可废呀！"东郭牙说。

高傒不想在这件事情上纠缠，转换话题说："今天不讨论继承人的问题，主要是商议如何除贼，君位继承之事，留待下一步再说，诸位认为如何？”

“高上卿言之有理，先商讨除贼之事，君位之事留待后议。”国子费随之附和高傒的意见。

既然高、国两位上卿发了话，大家也就没有异议，于是坐下来，商讨除贼之计。计划拟定之后，各自悄然离开高府，消失在夜幕中。

几天之后，高傒派人给正卿连称、亚卿管至父送去请柬，请他们来府作客。刚被公孙无知任命为齐国正卿、亚卿的连称、管至父，正想找机会与高上卿套近乎，收到请柬，自然是喜不自胜，各备了一份厚礼，轻车简从赶往高府。

高傒设盛宴款待连称、管至父，席间，高傒举爵说：“先君多有失德，老夫日虞齐国之丧亡，终因力薄胆小而无所事事。幸得两位大夫，啊！不，是正卿和亚卿，二位乾坤一掷，援立新君，高某佩服。一直以来，老夫年老多病，不能上朝站班视事，蒙正卿、亚卿与主上体谅，不曾计较，还派人来府探视，老夫感激不尽。今幸贱体稍康，特治一酌，以报私恩，兼以子孙为托。因是叙私交，没有邀请他人，仅你们二人与老夫而已。来，老夫敬你们一爵，以贺两位不世之功，以后高氏弟子还望看顾。”

连、管二人听罢，心中飘飘然，谦让一番，各自饮尽。

连称谦让地说：“承蒙高老抬举，鄙人不胜荣幸，倘有不周到之处，还请多多指教。”

管至父也说：“下官谢过高老盛情，高老今后有何差遣，一定愿效犬马之劳。”

“正卿、亚卿别客气，老夫略备薄酒相邀，一来是想与二位交结私情；二来也是奉劝二位，新朝初立，齐国人心未定，天下还在动荡之中，二位一定要协助新君，先稳定人心，人心稳，则社稷安。因此，诸事不可操之过急，饭要一口一口地吃，路要一步一步地走，切不可乱了章法。”

高傒说的都是正理，让人听了有推心置腹之感，连、管二人心中格外受用。三人推杯换盏，边饮边聊，似乎十分亲热。

高氏子弟也轮番敬酒，连、管二人很快便有了七分醉意。高傒说道：“今天是家宴，两位大人可否与高某同醉？”

“高老盛情难却，不醉不散。”连、管二人随即附和。

“好！”高傒借着酒意，当场命家仆闭门，呼家伎出来助酒。连、管二人的手下也被家人带到外堂欢饮。

东郭牙预先带领一队人马埋伏在高府外，见连称、管至父进了高府，立即命人封锁四周通道，严禁任何人出入，再令人守在高府门口，不许任何人出入，借以切断连称、管至父与外界的联系。此时连、管二人已成瓮中之鳖，一只脚已跨进了黄泉路的入口，却浑然不知。

却说雍廪大夫身怀匕首，集合一众大臣，谎称“公子纠将以鲁师伐齐”，直叩宫门，求见公孙无知。

公孙无知正同连夫人把酒言欢，见雍廪深夜进宫，吃惊地问道：“雍大夫深夜进宫，有何要事？”

雍廪奏道：“臣闻公子纠率领鲁兵，已从曲阜出发，不日将至，我这里收到一份公子纠的讨伐檄文，特地送来给主公过目，请主上立即召集群臣，早图应敌之计，免得到时仓促上阵，难以应敌。”

“国舅何在？亚卿何在？”公孙无知急迫地说，“快将他们两人找来。”

“国舅与管大夫郊饮未归，臣已派人找他们去了，百官俱已集在朝门外，专候主公相召议事。”

雍廪口中说话，而且也密切注视着公孙无知的一举一动。

公孙无知信以为真，告别了连夫人，随雍廪匆忙赶往朝堂。

公孙无知坐定之后，示意雍廪递上檄文。雍廪借上呈檄文之机，靠近公孙无知，趁公孙无知低头阅读檄文之机，从怀中拔出锋利的匕首，猛然插进公孙无知的后背，匕首从背后刺入，直透前胸，公孙无知血流如注，登时气绝而亡。公孙无知篡位，才一个月时间，便丢了性命。连夫人在宫中得到消息后自缢身亡。

几位参与密谋的大夫一拥而上，拔剑护在雍廪左右。

宾胥无见雍廪一举得手，命人于朝外放起一股狼烟，烟透九霄。

雍廪见烽火已起，对惊诧不已的众人大声说：“雍廪已与高氏商定，我杀逆贼公孙无知，高氏杀连、管二贼，此事已成，当请高、国两卿主持朝议，共商奉立大计。我手刃逆贼，有何差池由我一人承担，与各位无关。”

众人听到此言，见公孙无知已死，大部分表示赞同。公孙无知的属下因连称、管至父二人不在，群龙无首，而且听说连、管二人被高氏所杀，谁也不敢出声。

高傒正在招待客人，忽闻门外传报，说“外厢举火”，高傒立即起身，往内便走。连称、管至父不知何事，正在询问，预先埋伏在廊下的甲士在东郭牙的带领下突然冲出，将连称、管至父二人乱刀砍死。二人的随从，也一并砍杀了。

雍廪与各位大夫陆续来到高府，经商议，就在高府内设置齐襄公灵堂，将连称、管至父二贼心肝剖出，祭奠齐襄公。

天将黎明，大臣们顾不上休息，一边责令禁卫军清扫宫城和高府两处战场，一边集聚朝堂，商议善后事宜，当务之急是处理两件事，一是为先君齐襄公举丧，二是拥立新君。

第一件事并未费多少周折，很快形成一致意见，派人赴姑棼离宫，取出齐襄公的尸体，重新入棺，以国君之礼入殡。

拥立新君之事似乎就没有那么顺利了。对于新君的人选出现了分歧。新君候选人有两个，一个是逃亡到鲁国的二公子纠，一个是逃亡到莒国的三公子小白。按长幼之序，公子纠年长，名遵法古，是当然的人选，然而却有人提出异议，说公子纠生性懦弱，不学无术，少有主张，难掌一国政事；公子小白自幼聪颖过人，为人处世，待人接物，有君子风度，是合适的君位继承人。

持第一种意见者是以雍廪、东郭牙为首的众大臣。他们认为，宗法礼制，长幼有序，公子纠年长，应为齐国之君，故一致主张迎请公子纠回国即位。此议符合宗法礼制，当是正道。

持第二种意见者为高傒、国子费两位上卿，他们认为：为齐国千秋大业计，新君应胸有大志，能够率领齐国文武百官和百姓，将齐国建成真正的强国。要达到这样的目标，非公子小白莫属。因此，他们主张迎请避难于莒国的公子小白回国继承君位。

两位上卿的想法虽然不无道理，但却有违礼法，朝议时因礼上有亏而居于下风。于是，雍廪修书一封，派遣宾胥无直奔鲁国，迎请公子纠回国登基。

高傒、国子费二人散朝之后，一同去了高府，继续商谈在朝议中没有结果的话题。

“东郭牙、宾胥无素与公子纠交好。公孙无知虽然当诛，但也得走程序，雍廪杀公孙无知，不排除弑君的嫌疑，他担心新君判他弑君之罪。这些人拼命拥戴公子纠，名义上是遵法古，实则各有小算盘。”高傒忧虑地说，“如果公子纠即位，太公所创齐的祖业，不要说发扬光大，能否维持现状也是个问题。”

“上卿之言，正合老夫之意。公子小白聪颖过人，知书达礼，虽然表面上嘻嘻哈哈，但心里有数，不是个糊涂人。”

国子费说：“这件事老夫也曾想过，公子小白确实强于公子纠，只是长幼有序，你我岂能奈何？”

高傒思索了一会儿，坚定地说：“如果拥立平庸之辈为齐国新君，使太公所创的基业毁于一旦，有辱于列祖列宗。祖宗也曾说过，唯贤良是举，放着贤良不用，而用平庸之人，也有悖于礼法。”

“高上卿言之有理，国难当头，为齐国能长治久安，我们也顾不得那么多了，不如我们拥立公子小白为齐国新君吧！”国子费果断地说。

高傒从怀中抽出早以修好的帛书，递给国子费，激动地说：“上卿一心为齐，可敬可佩，老夫已给公子小白修好帛书一封，请过目。”

国子费接过帛书，匆匆看了一遍，高兴地说：“原来高上卿早有准备，这就更好，我们立即派心腹骑快马赶赴莒国，迎请公子小白速归，如果天意属小白，则此事能成。”

宾胥无到了曲阜

这一天，公子纠、管仲、召忽三人照例在曲阜城东郊练射箭，忽见侍从飞马赶来，滚鞍下马后，气喘吁吁地说：“禀公子，齐国大夫宾胥无到曲阜，说有要事求见，请公子速回。”

“宾胥无大夫来了？”公子纠非常惊讶。

“一定有好消息。”管仲高兴地说。

“好消息？”公子纠反问，“会有什么好消息？”

“如果所料不差，一定是请公子回临淄继承君位。”管仲肯定地说。

“真有此事？”公子纠有些不相信。

“不要猜了，快上马！”管仲纵身跃上马背。

公子纠、召忽立即兴奋起来，先后跃上马背，各自在马屁股上连抽几鞭，绝尘而去。

公子纠、管仲和召忽飞驰回住地，甩蹬下马，大步跨进大院，宾胥无大夫从屋里迎出来，见到公子纠，扑通一声跪下：“臣宾胥无叩见公子！”

公子纠上前扶起宾胥无，显得很激动，颤声说：“免礼，快起来！”

“谢公子。”宾胥无站起来。

公子纠迫不及待地问：“宾大夫，临淄发生了什么事吗？”

“公子怎么知道临淄出了大事？”宾胥无以为公子纠预先得到了消息，感到有些惊异。

“可是请我回去当国君？”公子纠追问。

“我主果然英明。”宾胥无佩服得简直五体投地。

管仲笑着说：“院子里不是说话的地方，有话到屋里说。”

众人入室坐定后，管仲问道：“宾大夫，临淄到底发生了什么事？”

宾胥无将高、国两位上卿以及众大夫设计诛杀连称、管至父，雍廪设计刺死公孙无知的经过，从头到尾简单地说了一遍。

管仲问："是高、国两位上卿派你来的吗？"

"请公子回齐，是高、国两位上卿与众大夫廷议的结果。"

"有人反对吗？"公子纠问。

"臣与雍廪、东郭牙等十三名大夫歃血为盟，决心誓死效忠公子。"宾胥无从怀里掏出一块红帛，呈给公子纠，说："这是众大夫的盟约，请公子过目。"

公子纠接过帛书看了看，脸上露出了笑容，看完后递给管仲，管仲看完再递给召忽。

宾胥无见三人看了盟约，犹豫地叫一声："公子……"

"大夫有事就说，不必吞吞吐吐。"公子纠说。

"禀公子，雍廪大夫要臣向公子请罪。"

"请罪？何罪之有？"

"公子无知弑君，雍廪大夫亲手杀了无知。"宾胥无重新跪下说，"臣恳求公子恕雍廪大夫弑君之罪，他是替天行道啊！"

"哈！哈！哈！"公子纠纵声大笑，"无知弑君篡位，本就罪该万死。雍廪大夫替天行道，他是齐国的功臣，何罪之有？待我登基之后，还要重赏为国除逆的有功之臣呢！"

"宾大夫，"管仲想了想，问道："公子小白还在莒国吗？知道他有什么动静吗？"

"对，公子小白仍在莒国，我从临淄出发时，没听说他有动静，如果有动静，也是近几天的事了。"

"有没有听说他有回国争位的意图？"管仲继续问。

公子纠不耐烦地说："长幼有序，国君之位理应由我继承，这是天经地义之事，谁能与我争锋？快去与鲁侯联络，说我要回国继承君位，请他派兵车护送我回国。"

管仲预感到一场更大的激战很快就要来临了。此时登场的主角一方是自己，另一方正是鲍叔牙，他将从自己的盟友变为自己的对手。此时此刻，半点耽误不得，需火速催请鲁国发兵，否则，一旦小白入主，到时就非常被动，甚至会满盘皆输。幸好这时文姜已回曲阜，拜见文姜的礼品早已准备妥当。三个流亡异国的人，再加上刚来曲阜的大夫宾胥无，聚首一处，紧急商议下一步的行动。这几步棋的成败，将关系到他们的命运，也关系到齐国政局的下一步走向。

“公子，罪人自有天谴，齐国现在无君，再请鲁侯发兵，与之前的形势大不相同，大事应可谋成。”召忽激动地说。

管仲神色凝重地说：“对，此时不同往日，但我们要分头行动。”

“分头行动？”公子纠不解地问，“这又是为何？”

“公子在鲁，小白在莒，从曲阜驱车返回临淄，需要三天两夜的时间。兵车排列行进，再加上辎重，没有五六天到不了。而莒国到临淄，旦夕可至，如果有接应，辎重都不用带，轻车简从会更快。我担心的正是此事。”

管仲知道小白与高傒素来交情很深，此时齐国无君，自然由高傒、国子费两位上卿主持大局。一旦小白归国，又被立为君，那时公子纠再举兵，就不是借兵势而为君，而是等同公孙无知一样弑君作乱，即使取胜，也要被人诟病，这就会很被动。

“那又会怎么样？”公子纠不以为然。

“我担心小白捷足先登。”

“那该如何处置？”召忽跃跃欲试。

“从莒国到齐国，中间隔有蒙山山脉，其中大岘山山口穆陵关易守难攻，有‘一夫当关，万夫莫开’之险，这是莒国通往齐国的必经之地。我带兵先行，在穆陵关设下埋伏，截杀小白。公子请马上进宫请兵。”

“这样行吗？”公子纠心里似乎没有底，“上次请鲁侯出兵，不是碰了个软钉子吗？”

“这次不同，公子的姐姐文姜夫人已回曲阜，请先去找文姜夫人。”

“好！”公子纠点头同意了。

管仲将见到文姜如何请兵，详细地交代了一遍，然后带着三十名骁勇甲士，星夜赶往穆陵关设伏，截杀小白。

文姜因齐襄公被弑，没有了牵挂，已从祝丘回到鲁国。见公子纠前来拜见，想起诸儿，陪着公子纠掉了几滴辛酸泪。

公子纠哭着说："姐姐，日前我曾请兵于鲁侯，却被众大臣谏止，未能兴兵报杀兄之仇。现在姐姐回来了，请姐姐劝鲁侯举兵助我一臂之力。"

文姜为鲁庄公辩护说："齐有公孙无知当政，鲁侯自然要从长计议。"

"苍天有眼啊，杀兄仇人公孙无知已被众臣所诛，但父王的血脉都在国外，此时不归，又不知将立何人为君。"

文姜还是初闻公孙无知被杀之事，一面惊于报应之速，一面盘算着儿子和鲁国的利害。文姜久历世事，虽沉溺于男欢女爱，但绝不是个不识大局之人，此时她那颗七窍玲珑之心，早已看清此局中的利害所在。对公子纠说："二弟，你且放宽心，我马上去见鲁侯，为你主持大局，你也一起去，有些事还要你亲自与鲁侯商定。"

鲁庄公一听事出突然，立即召施伯等几位重臣一起商议。

文姜先说："各位贤卿家，妾身一向不问政事，这一点大家都是知道的。但今天之事，关系到齐国的将来，更关系到鲁国大局，故请大家来议一议鲁国发兵拥立公子纠为齐君的事情。"

"各位卿家！"鲁庄公知道有些人还不清楚齐国又发生政变，补充说，"齐襄公多行不义，已自取灭亡，这件事大家是知道的。刚接到消息，公孙无知又为齐国雍廪大夫所杀。齐国已是大乱，值此良机，鲁国当有所作为。"

众人一听，惊诧异常，刚才还非常安静的朝堂，立即传出大家交头接耳的议论声。

待众人议论一番后，鲁庄公又说："寡人与母亲商议过，先僖公之后，唯公子纠与小白。小白现在寄居莒国，距齐国较近，如果鲁国不举义兵，小白一定会捷足先登，如此于鲁国不利。公子纠贤德之人，且居长，无论立长立贤，依理均属公子纠，各位卿家以为如何？"

施伯环顾左右，见大家的目光集注在他的身上，请他发表意见，于是当仁不让，清了清嗓子说："主公与国母所议极是，助公子纠返国主政，合乎礼法，只是在出兵之前，微臣想听听公子纠有何意见。"

公子纠已得管仲密授，移前一步，先拜谢文姜和鲁侯，再拱手谢过各位大臣，缓缓地说："当年武王克纣，齐国的太公，鲁国的周公同为周室股肱，立国之后，世代姻亲，情同手足。今我蒙祖德庇佑，寄居在鲁国，便是寄望于国母、鲁侯的亲情。"

公子纠的这段说辞，是管仲所教。面对刻板固执的鲁国政坛，首先给他们送上一顶高帽子盖住下面的利害之论，这样更易于让鲁国接受。鲁国君臣果然聚精会神，想听公子纠下面怎样说。

公子纠接着说："如果鲁国能为齐明定国君，在齐国是免去一场灾难，在鲁国则是大国所为。他日纠若忝列诸侯，当与鲁国结世代之盟，如有侵鲁之师，等同伐齐，纠当提三军甲士拱卫鲁国。"

对于齐国，鲁国人的心里是很矛盾的，既有一种世代姻亲、互为邻国的一种亲切感，又因齐襄公通文姜、杀鲁桓公之事，有一种屈辱感。假如鲁国能为齐国定立君位，就能一洗前耻，扬眉吐气。两国结好，不仅可使鲁国傲视中原各国，更可免了边境兵争。当然，这些都要以鲁国能抢在小白之前，明定公子纠为齐君这件事情变为现实为前提，否则，一切都是空谈。

鲁庄公明白这个道理，各位大臣也明白这个道理。

公子纠又说："百乘之军，耗费不薄，鲁国为齐出兵，是为天下主持礼义正统，他日归国，纠必当以厚报。"

这样就解决了一个很现实的问题，出兵消耗很大，如果没有丰厚的回报，各位大夫还是不甘心的。

召忽补充说："无论立长立贤，都是公子纠。鲁国的强盛，非莒国可比，兴兵之日，临淄的城门定为鲁师洞开，不世之功，竟日可成。我的同僚管夷吾日前已先率奇兵出发，埋伏在莒国通往临淄的道路上，截击小白，一正一奇，大事可定。"

这番话彻底扫清了鲁国众大臣最后的顾虑，出兵不仅有利于鲁国的安定和颜面，而且还有丰厚的回报，当然没有人再提出异议，意见很快就统一了。

鲁庄公当即决定，发兵三百乘，自己坐镇中军，以曹沫为大将，秦子、梁子为左右将军，护送公子纠回临淄继承君位。

小白收到传书

鲍叔牙之所以建议公子小白逃往莒国避难，是考虑到莒国是一个小国，不会干涉公子小白的来去自由，且莒国与齐国相邻，齐国一旦有任何风吹草动，可以立即做出应对之策。

在一个漆黑的夜晚，小白手拿着齐国上卿高傒、国子费差人送来的急信，守在一个木炭炉旁，望着熊熊燃烧的炭火发呆。鲍叔牙正在火上烤龟板，跳动的火苗映照着他那庄严肃穆的脸膛。

突然，龟板发出“啪啪”的炸裂声。

鲍叔牙合掌闭眼，心中默默祈祷，然后，用两根竹筷夹出火中的龟板，放在一个青花瓷盘上，又将瓷盘擎过头顶，向东、南、西、北、天、地六方行跪拜之礼。礼毕之后，将瓷盘放在桌子上，趴在旁边，仔细端详龟裂的纹路。突然放声大笑，高兴地说：“公子大喜！公子大喜！”

小白凑过来，俯身看着龟板。

鲍叔牙指着龟板说：“公子你看，龟板裂纹有十四，其中阳纹有九，阴纹有五，暗合九五相交，公子有位登九五之象。从卦象看，齐国新君非公子莫属！”

公子小白心事重重地说：“高、国两位上卿派人送信，明明说的是拥公子纠为新君，只是叫我速返故国，并未说拥我为君。”

鲍叔牙接过公子小白手中的信，念道：

群臣廷议，拥公子纠为新君，已遣宾胥无大夫去鲁国迎接，五六日可回临淄。国不可一日无君，齐国战祸连年，积重难返，民不聊生，亟待一位贤明之君主政。祖制虽不可违，为齐国之长治久安，事急尚可从权。望公子以齐国为重，速回临淄，迟则生变。

切切。

“是啊！既然议定公子纠为新君，为何还要通知我？用意何在？”公子小白自言自语，百思不得其解。

“上卿在信中说‘齐国亟待一位贤明之君主政’。”鲍叔牙说。

“那又怎么样？”

“公子之贤明，在齐国路人皆知，公子纠平庸之辈，谁人不晓？”鲍叔牙说，“这‘贤明’二字，分明暗指公子嘛！”

小白小声说：“好像有这个意思。”

“你看，”鲍叔牙指着信说，“信上说，公子纠五六天才能回到临淄。可上卿又说，国不可一日无君。公子纠从曲阜回临淄得五六天，可公子你从莒国回去只需三天。”

“请继续说下去！”小白说。

“很明显，两位上卿之意，是让公子赶在公子纠之前回临淄即位。您再看看这后面，祖制虽不可违，然事急尚可从权，这不是说得再明白不过了啊。”

小白面有难色，犹豫不决：“长幼有序，我怕……”

鲍叔牙指着龟板说：“龟纹是天相之现，九五相交，卦辞主刚毅果断。当断不断，反受其乱！公子，我们还是赶快动身吧！再迟就来不及了。”

“不行。”小白摇摇头说，“公子纠的师傅管仲足智多谋，文武双全，召忽也是勇武超群，有他们在，恐怕我们还是回不去。”

鲍叔牙继续劝说道：“如果管仲的智谋能够发挥出来，那齐国为何还这样乱？召忽虽然武艺超群，但凭他一己之力，又能奈我何？”

小白还是不放心，担忧地说：“管仲虽然没有发挥其智谋，但他是大智大慧之人，召忽虽然得不到国人的支持，但凭他的力量，足可以摧毁我们。”

鲍叔牙见小白还是犹豫不决，有些生气了，大声说：“公子聪明过人，怎么这么糊涂？兄弟有伯仲叔季之分，时间有子丑寅卯之别，这只是一种标志，与君位有什么关系？昔日尧传位于舜，舜传位于禹，君位承继，众望所归，不在长幼之间，而是看是否贤明。”

小白似有所悟：“师傅所言，似乎有道理。”

“何止是有道理？”鲍叔牙指着龟板说，“天人合一，机不可失。公子顺应齐国人心而动，并有高、国两位上卿暗中相助，定然可以继承齐国之君位。”

小白口中虽然一再询问，心里何尝不想继承国君之位？只见他果断地一挥手，说：“好，就依师傅之言，立即动身回国。”

“事关重大，仅凭我们两人之力恐怕不行。”

“那该怎么办？”

鲍叔牙心中早有预案，提议向莒国求助。小白问道：“莒君会帮助我吗？”

“会的！”鲍叔牙说，“如果不是齐国出兵相助，莒国的国君就是莒君的弟弟纪佗，而不是现在的莒君。有了这层关系，他会应允公子的请求的。”

小白立即同鲍叔牙去见莒君，莒君果然爽快地答应了。派兵车百乘助小白回临淄继位。为了赶时间，先派亲卫十乘护送公子小白星夜驰归，余下军队稍后起程。

虽然有了援兵，小白还是不放心：“师傅！我们会成功吗？”

“齐国逐年衰败，民不聊生，人心思治，公子有高、国两位上卿的扶助，一定会成功！”鲍叔牙显得信心满满。

小白受到鼓舞，决定立即起程返回临淄。

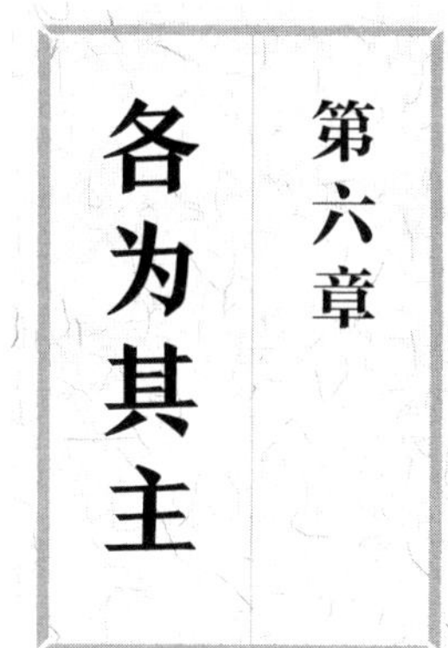

同时间赛跑

鲁庄公亲率战车三百乘，从都城曲阜出发，护送公子纠回齐国继承君位。

大将曹沫顶盔贯甲，威风凛凛，率领战车五十乘为前锋，逢山开路，遇水搭桥；鲁庄公率战车二百乘居中，公子纠和召忽与鲁庄公同坐一车，梁子紧跟其后护卫；秦子率战车五十乘断后。

大军仪仗鲜明，牙旗前导，大纛高扬，车兵步卒，一队接一队，自南向北拉得极长。看这架势，不知者还以为他们是去参加一场会盟。

公子纠春风得意，面带喜色，心里正在盘算，从曲阜到临淄，有六天路程，六天之后的这个时候，他将是齐国之君，率领群臣礼拜宗庙，向天下宣布，公子纠君临天下。想到这美好的一刻，从心底发出了笑声。

“公子笑什么？”召忽在旁问道。

“我在想六天之后的情景呢！”公子纠笑嘻嘻地说。

召忽摇摇头说：“有一个威胁等着您，此时还不是高兴的时候。”

“谁能威胁到我？”公子纠一挥手说，“三百乘战车，马上可以将他踏为肉泥！”

鲁庄公听了公子纠与召忽的对话，也在打自己的小算盘，转头对公子纠说：“公子，这次寡人用三百乘战车送你回临淄即位，你拿什么来报答寡人？”

公子纠笑着说："等我登上齐国君位以后，鲁侯之恩定当重报。"

"如何报法，寡人想听个明白。"鲁桓公追问一句。

"公子割五座城池给鲁国，不为过吧！"梁子在后车接过话头说。

公子纠心里一惊，开口就是五座城池，差不多是齐国四分之一的土地，胃口也太大了吧！心里这样想，口中却不便于说出来，此时还不能得罪鲁庄公。

"公子是否认为鲁国太过分？"鲁庄公见公子纠不说话，直截了当地问。

公子纠支支吾吾，一时难以回答。

鲁庄公手一挥，后面兵车上突然锣声陡响，走在前面的曹沫听到锣声，忙举起木槌在大铜锣上敲了三下。锣声一响，三百乘战车全都停了下来。

"鲁侯，这是为何？"公子纠大惊。

鲁庄公冷笑道："公子，天下没有免费的午餐，鲁国发战车三百乘送公子回国即位，取点报酬难道不行吗？如若这样，倒不如掉转马头，你自己回去吧，城池寡人也不要了。"

公子纠着急地说："鲁侯，不可以这样啊！"

"五座城池，公子给还是不给？"鲁庄公显然没有松口的打算。

召忽也觉得鲁侯是乘人之危，但他也知道，此时的鲁侯得罪不得，于是强装笑脸说："鲁侯，现在公子纠的君位尚未确定，他怎敢随便答应？我召忽保证，公子纠绝不是忘恩负义之人，如果真能当上国君，能不报答鲁侯吗？别忘了，齐国还有三公子小白也在觊觎君位，鲁侯如果坚持己见，定要公子答应割城五座为报才肯出兵，恐怕要误了行程，倘若被三公子小白捷足先登，先入临淄篡夺了君位，公子什么也没有，鲁国恐怕连根草也得不到。鲁侯在母亲那里恐怕也不好交代吧？"

召忽的话软中带硬，鲁庄公听罢，心中暗暗吃惊，如果再纠缠下去，恐怕要闹僵，连忙换着笑脸说："召忽先生，你是公子纠的太傅，如果公子纠继承齐国君位，齐之相国非管仲与你莫属，到时可别忘了今日之约！"

“那是！那是！”召忽也不想把事情弄僵，连连允诺。

鲁庄公一挥手，后车的鼓声重新响起。曹沫听到鼓声，擂响了战鼓，兵车重新起步，继续前进。

召忽狠狠瞪了鲁庄公一眼，鼻子里轻轻地哼了一声。鲁庄公将这些也都看在眼里，装着视而不见。战车行走了一天，已是日薄西山，鲁庄公下令停车，就地安营扎寨，埋锅造饭，准备休息。

箭中带钩

鲍叔牙与公子小白向莒君借得战车，上车不久，小白又有些犹豫了，认为管仲与召忽两人是奉君命行事，自己前往相争，名不正，言不顺，他不想冒险，说罢欲下车。

鲍叔牙想拦住他却又腾不出手，因为他正在驾车，仓促之间，顾不得君臣礼节，伸脚挡住小白说：“事如成功，就在此时，事如不成，就由我牺牲性命，公子还是可以保全性命。”

小白只好作罢，转而称赞鲍叔牙说：“师傅的驾车技术与写文章一样娴熟，文武全才，天下无双哟！”

“错了！”

“错了？”公子小白诧异地问，“怎么错了？”

“有一个人胜我百倍，他才是文武全才。”鲍叔牙说罢，甩手一鞭，“叭”的一声清响，驷马奋力狂奔。

小白坐在车上晃了几下，稳定身子后，问道：“谁有这么大的本事，胜过太傅百倍？”

“管仲，公子纠的太傅，管仲不但有经天纬地之才，而且箭法高超，有百步穿杨之能，无论文才，还是武略，均胜我百倍。”

“不会吧！师傅别长他人志气，灭自己威风。”在小白心目中，天底下鲍叔牙最强。

“山外青山楼外楼，一山更比一山高，人外有人，天外有天。知不足而后奋起。”

小白一脸严肃地说：“领教了。”

从莒国前往齐国，蒙山山脉的穆陵关是必经之地，管仲与鲍叔牙选择了同一条道路。如果管仲先抢占穆陵关，扼守隘口，鲍叔牙与公子小白恐怕插翅难飞。真是人算不如天算，当管仲率三十名轻骑赶到穆陵关时，一打听，莒国的兵马已经过了穆陵关。管仲大叫：“勇士们，莒国战车已赶在我们前面，加把劲追上去，拦住他们。”

“追上去，拦住他们。”三十名轻骑马不停蹄，风驰电掣般地向前冲去。

鲍叔牙指着前方说：“前面就是白水，已入齐境。”

“师傅，人马已狂奔了一天一夜，是否稍事休息，让马儿喘口气，人也进点食，这样才好赶路。”

鲍叔牙敲了一下铜锣，车队立即停了下来：“诸位将士，现在已到白水河，距临淄还有半天路程，大家稍事休息，人不卸甲，马不离辕，抓紧时间，饮马进食，今晚到临淄城喝庆功酒。”

众将士一阵欢呼。停车后，有的给马松了松套，有的拿出器具到河里舀水，有的则拿出身上携带的干粮，待同伴打来水后，先饮了马，再将马料取出来让马进食，然后各自吃起了自带的干粮。

鲍叔牙跳下战车，拿过器具到河里去舀水。

小白下车后，伸伸腰，甩甩手，仰天一声大叫：“临淄，我回来了！”

小白的声音，振奋着每一位将士，大家站在白水河岸，齐声欢呼：“我们回来了！”欢呼之声在空中回荡，随风传得很远、很远。

鲍叔牙舀来河水递给小白，小白接过来美美地喝了几口，抹抹嘴，感叹地说：“真甜啊！又喝到家乡水了！”

鲍叔牙从车上取来粮袋，取出干粮，同小白一起吃起来。

突然，鲍叔牙停止一切动作，侧耳细听。小白见鲍叔牙举止异常，似乎有一种不好的预感，急忙爬上车，向西望去，只见远处尘土飞扬，惊叫道："师傅、师傅，你看！"

鲍叔牙扔掉手中的食物，抓起击鼓棒，猛地擂响战鼓。莒军闻鼓登车，将战车圈在一起，严阵以待。

管仲率三十名轻骑，一阵风似的扑了过来。快到白水河时，远远见河边停了不少战车，料定是公子小白一行，他命令减慢速度，走到相隔一箭之地时，才命令大家停下来。

鲍叔牙站在战车上，面对迎面而来的管仲一行，如临大敌，严阵以待。

管仲骑在马上，抱拳一揖道："鲍兄，别来无恙啊！"

鲍叔牙哈哈大笑："我道是谁，原来是夷吾贤弟，一别数年，贤弟还是丰采不减当年啊！"

"鲍兄一向可好？你不是在莒国吗？怎么回来了？意欲何为？"管仲一连提出几个问题，意欲试探鲍叔牙的口风。

"齐国大乱，小白身为齐国公子，岂能袖手旁观？当然是回齐国。你呢？怎么只有你一个人，公子纠呢？召忽贤弟呢？他们在哪里？"鲍叔牙一边回答，一边也在察看管仲的脸色，欲从中探出一些端倪。

"小弟打前哨，公子纠与鲁国战车三百乘随后就到。"管仲边说边挥挥手，三十名勇士立即在他的左右排成战阵。

鲍叔牙见状，正色地问："夷吾贤弟，你想要怎么样？"

管仲冷笑一声，说："我看出来了，公子小白是想回临淄争夺君位，长幼有序，齐国的君位理应是公子纠的，小白怎能有如此非分之想呢？"

鲍叔牙也不隐瞒："贤弟，你有济世之才，高瞻远瞩，看人看事入木三分，公子纠平庸无能，公子小白雄才大略，难道你分不出来吗？齐国多年内乱，民不聊生，要有一位贤明之君才能治理呀！"

管仲听鲍叔牙之言，心头一震，他还真的没有考虑过这个问题，他只知道长幼有序，公子纠理应继承齐国国君之位，至于谁优谁劣，并不影响君位的更替，于是大声说道："实话告诉鲍兄，齐国群臣朝议，高、国两位上卿定夺，派大夫宾胥无到曲阜迎接公子纠回国继任齐国国君之位，鲁侯亲自率三百乘战车护送，公子纠回临淄，即拜宗庙，登大殿，继位新君。鲍兄与公子小白不要有非分之想，免得节外生枝，到时你我兄弟不好做人。”

鲍叔牙说：“夷吾贤弟，道不同，不足为谋，今天我们算是说不到一块了。”

“鲍兄，你我之交，路人皆知，今日为何如此绝情？”

鲍叔牙大声说：“你我之交，是为私交，今日之事，却是国事，二者不可等同，贤弟大智大勇，这个道理难道不明白吗？”

管仲内心也同意鲍叔牙的看法，只是他信守长幼有序的古制，理智服从于礼制，再说，如果公子纠不能为国君，他的抱负则永远只是一个梦，这是他死也不甘心的。于是冲着鲍叔牙说：“小弟身为公子纠的师傅，这些年尽心尽力，公子纠的进步很大，堪负国任。公子纠登位，是朝纲维常，上通天理，下达民心之事。小弟也一定能辅佐他治理好齐国。”

鲍叔牙仰天大笑：“夷吾贤弟言之差矣，公子纠平庸无能，气量狭窄，贤弟虽教导有方，却难改其本性，此所谓朽木不可雕也。这一点你比我更清楚，咱们要以齐国大业为重，我们还是携手共事公子小白，以成大业吧！”

管仲心想多说无益，知道此事要有一个了断，而唯一了断的办法，就是除掉公子小白。但对方有战车近百乘，自己只不过三十骑而已，若是硬来，一定是寡不敌众，于是暗暗扣箭在手，口中却说：“鲍兄，话说到这份上，我也无话可说了，你只不过战车百乘，鲁侯护送公子纠的战车则是三百乘，小弟就此离去，让鲁侯来与你说话。”

鲍叔牙说：“夷吾弟且退，咱们各为其主，不必多言。”

管仲佯装撤退，蓦然转身，挽弓搭箭，觑定小白，嗖的一箭，直飞小白心口。只听小白惨叫一声，口喷鲜血，倒在车上。

鲍叔牙大惊失色，急忙来救，抱着小白哭叫道：“公子，公子！”

众人大叫：“不好了！公子中箭了！”

管仲力大无比，且有百步穿杨之能。断定这一箭一定是前心直透后背，眼看小白已无生还的机会，回头高声喊道："鲍兄，各为其主，小弟得罪了！"

管仲说罢，率三十名勇士拍马而去，身后随风飘来一片哭声。

管仲心里感叹道，公子纠有福，天意让我赶上小白而杀之，除去一劲敌，君位无忧矣！唯一的遗憾是鲍叔牙多年的心血，立成泡影。不过，自己和召忽他日定会全力推荐鲍叔牙，三人鼎定齐国，又可相聚共谋大事。想到这些，管仲也就将这份担心抛开。快马加鞭，赶去与公子纠会合了。

小白诈死

"公子，你醒醒，你醒醒呀！"鲍叔牙抱着小白失声痛哭。

小白嘴角流血，一动不动。

"公子啊！"鲍叔牙大哭道，"是我害了你，悔不该拉你回国抢什么君位呀！"

鲍叔牙正痛不欲生，突然发现怀中的小白身子动了动，接着，双眼睁开，狡黠地向鲍叔牙眨了眨眼。

"啊！"鲍叔牙惊呆了，以为自己是在做梦。

小白将手指放在嘴边，轻轻地"嘘"了一声，抬头看看远去的管仲的车队，慢慢地坐了起来。

原来，管仲这一箭，正好射中了小白胸部的带钩，带钩由青铜制造，有拳头大小，犹如一个护心镜挂在胸前，小白知道管仲是神箭手，如果让他知道一箭不中，必定会再射，急中生智，咬破舌头，口喷鲜血，躺下诈死。虽然听到鲍叔牙哭得很伤心，但还是不敢动，等了一会，估计管仲已经走远，才翻身坐了起来。

鲍叔牙惊喜地说："公子，你没死？"

"没事！"小白笑了笑，从身上拔下箭说，"老天有眼，如果不是带钩护胸，这一箭恐怕是前心透后背了。"

鲍叔牙不解地问："那公子口中喷血又是怎么回事？"

小白笑着说："师傅，您说过，管仲箭法奇准，有百步穿杨之能，他如果知道一箭未中，必定再补一箭。我也是急中生智，咬破舌头，喷血诈死，骗过了管仲。"

"苍天有眼！公子大难不死，必有后福。"鲍叔牙向天祈祷。

"管仲！"小白手拿管仲所射之箭，咬牙切齿地说，"不报此一箭之仇，誓不为人！有一天抓住你，一定要用这支箭射杀你。"

管仲带着三十名勇士原路返回，迎头碰上鲁庄公的战车。管仲翻身下马，来到鲁庄公与公子纠乘坐的战车前，满脸喜色地说："果然不出我之所料，公子小白从莒国借得战车百乘，先我一步到了齐国的白水河，正欲赶赴临淄抢夺君位。"

公子纠大惊失色："小白竟如此大胆！真的敢与我争夺君位？"

"公子不必惊慌。"管仲笑呵呵地说，"齐国的君位，非公子莫属！"

"小白呢？"公子纠迫不及待地问，"您不是说他要争夺君位吗？"

管仲冷笑一声说："小白已成箭下之鬼！再也没有人同公子争夺君位了。"

"管太傅真的把小白射死了？"鲁庄公惊问。

管仲拍拍弓箭，自负地说："我与小白相距不足三十步，这一箭保准是前心透后背了。"

公子纠似乎还不敢相信："师傅，您敢保证他真的死了？"

管仲道："我亲眼看见小白口喷鲜血，倒在车上。"

"夷吾神箭，别说三十步，就是一百步，也保他必死无疑！"召忽自豪地说。

"哈哈哈！"公子纠一阵狂笑，拍着管仲的肩说，"师傅，你立了大功，我即位后，一定重赏你！"

"小白死了，公子纠的君位已十拿九稳，管仲立下奇功，此乃喜上加喜，理应庆贺一番。"鲁庄公拿起木槌在铜锣上敲了一下，说，"传令，安营扎寨，埋锅造饭，今天大家一醉方休，以示庆祝。"

管仲阻止道："现在还不是庆祝的时候，齐国无君，局面混乱，咱们还是快进临淄，免得节外生枝。"

"管太傅不必多虑，劲敌已除，无了后顾之忧，还是先喝酒吧！"鲁庄公打断了管仲的话，下令大军安营扎寨，埋锅造饭。

原野里，鲁军升起了篝火，将士们围在篝火旁，有的喝酒，有的吃肉，有的唱歌，有的跳舞，热闹非凡……

鲍叔牙见公子小白诈死骗过了管仲，担心地说："夷吾虽去，恐其再来，此地不可久留，还是快些走的好。"

为了以防意外，鲍叔牙让小白换了一身衣服，让一名士兵穿着小白的衣服装扮成小白躺在车上。大队人马则走小路，一路疾驰，直奔临淄城。

半夜时分，鲍叔牙一行逼近临淄城，远远望去，隐隐约约见城墙上灯光闪烁，人影晃动。鲍叔牙令战车停止前进，命令五十乘战车在前，四十乘战车断后，组成两个战阵，借以遥相呼应，以免被伏击。他自己亲率十乘战车向城门靠近，临近城门时，鲍叔牙对小白说："他们对我们这些追随你的随从虽然心存戒惧，但肯定认为我是罪魁祸首，绝不会容忍我，如果事有不测，我在前面挡住他们。"

"师傅！"小白关心地说，"你这不是很危险吗？"

"只能如此了。"鲍叔牙又对左右说："事情成功，大家都听我的号令，如果不成，我在前面掩护，你们一定要保护公子杀出去，即使牺牲自己的性命，也要保护好公子。"

吩咐完毕，鲍叔牙一骑当先，十乘战车随后，靠近城门，见是高傒、国子费两位上卿带领众人正站在那里张望，心里的一块石头总算落了地，翻身下马，上前纳首便拜："鲍叔牙叩见二位上卿。"

高傒急忙扶起鲍叔牙，焦灼地问："公子小白呢？"

"公子就在车上。"鲍叔牙向后边一指。

"快！"国子费说，"快去迎接公子。"

小白下车，向高、国二人施礼："小白见过二位上卿。"

高傒扶住小白，问道："公子可知公子纠现在到了哪里？"

"公子纠尚在路上。我等与管仲在白水之滨相遇。管仲暗箭射杀公子，幸公子机敏，诈死躲过一劫。"鲍叔牙回答说。

国子费惊叹地说："此乃天不灭齐！才使得公子大难不死。事不宜迟，公子马上进城，明早即拜宗庙，登临君位。"

公子纠同鲁庄公在途中安营扎寨，燃起篝火，同兵士们喝酒吃肉，唱歌跳舞，通宵庆祝。鲁庄公举起酒爵道："到临淄还有不到两天的路程。现在后患已除，我们可以高枕无忧了！来，为公子即将继位，干！"

大将曹沫、副将秦子、梁子，同管仲、召忽等一齐举爵："干！"

公子纠喜形于色，高举酒爵道："我公子纠有今日，多亏各位鼎力相助，即位之后，一定请诸位在宫中大宴三天，我先干此爵，以表谢意。"说罢，一饮而尽。

曹沫举爵道："公子当上齐侯，首功当属管太傅，管太傅一箭定乾坤，实在是夺天地之造化，令人叹为观止，为管太傅干一爵！"

鲁庄公、公子纠、召忽等齐声附和，一齐举爵。管仲志满意得，一仰脖，干了此爵。

第七章 先到为君

小白即位

鲍叔牙进入临淄城后，连夜拜访各位大夫，盛赞公子小白之贤，请他们拥立公子小白为新君。请公子纠继位，是众议的决定，突然又冒出公子小白，让大家有些为难，且公子纠马上就要回国，怎么处理此事？

鲍叔牙说："齐国连弑二君，天下大乱，非贤者不能安邦治国。何况迎接公子纠而小白已先回，这是天意。鲁君派三百乘战车护送公子纠回国，望报一定不浅。昔年宋公立郑子突，索赂无厌，兵祸数年，郑国不得安宁，致使国运中落。殷鉴不远，齐国多年动乱，民不聊生，怎能满足得了鲁国的欲求？"

大夫们则问："那何以谢鲁侯？"

鲍叔牙说："齐国已有了新君，鲁兵自然要退去。"

鲍叔牙的游说，得到一部分齐国大夫的赞同。当初歃血为盟的几位大夫仍是心有不甘，他们强调长幼有序，齐国国君之位理应由公子纠继承，公子小白欲君临天下，就是篡位。鲍叔牙只好向高傒、国子费两位监国上卿汇报。

高傒果断地说："为了齐国能长治久安，顾不了这么多了，天亮之后，立即拜祖庙，拥立公子小白为君。"

第二天一大早，一夜未睡的公子小白在同样一夜未睡的高傒、国子费的带领下，来到了宗庙。宗庙大厅正中供奉着齐先祖太公望吕尚的塑像，两边依次是历代诸君的牌位。

高傒、国子费领着公子小白在姜太公像前跪下。高傒叩首道："太公在上，高傒与国子费世受周天子之恩，乃周室忠臣，不敢有二心。今齐国内乱，已是非常时期，为维护太公祖业，保周室平安，使大齐子民能安居乐业，高傒与国子费有责任为齐国选择贤明之君主国。公子小白乃是合适人选，我等欲私立公子小白为齐国新君。只是他乃幼子，按祖制不予立，此举虽有违家法，但并无私心，敬祈体恤！"

国子费也叩头道："高、国二氏，乃周天子封于齐国的监国大臣，我等不忍心齐国大权落入平庸者之手，故选贤任能，志在振兴大齐，开创太公祖业。违背宗法，拥戴小白继位，实是迫不得已，敬请太公体谅！"

小白一连叩了三个响头，道："太公在上，高、国二位上卿扶小白继位，是为齐国的振兴，是为继承太公创下的祖业。小白一定不辜负二位上卿的良苦用心，一定维护周室，发奋治国，使齐国强盛，百姓安居乐业。"

祭祀完毕，他们来到齐宫正殿，举行登基仪式。尽管高傒、国子费做了大量工作，大夫隰朋四处奔走，可来参加登基大典的大臣还是不多。来的大臣也各有各的想法，一个个缄口不言，气氛并不怎么热烈。

高傒出班对众大夫说道："各位大夫，齐国内乱多年，需要有一个贤明之君来治理齐国，我与国子费上卿拥戴公子小白为齐国新君，完全是为齐国之长治久安着想，没有任何私心，此心苍天可鉴。"

国子费也出班说道："各位大夫，鲁国三百乘战车明日即兵临城下，齐国已处于非常时期，我与高上卿司监国之任，已拜过祖庙，立公子小白为齐国新君。"

大殿里顿时骚动起来，大家交头接耳，议论纷纷。

国子费待议论声渐止后，接着说："有人说长幼有序，立长君位当属公子纠，不是没有道理。但鲁国插手齐事，定是居心不良。鲁君拥立公子纠，索报一定匪浅。昔年宋公立郑子突，索赂无厌，兵连数年，郑国不得安宁，导致郑国国运中落，由霸业之国沦为弱国。殷鉴不远，齐国历年多难，岂堪鲁国苛索？再者，齐人又岂能听命于鲁国？"

“不纳公子纠，齐、鲁必有一战，齐国无首领，这个仗怎么打？”雍廪大夫的话说得很中肯。

“天命已归，小白先至，实赖祖宗显灵。”鲍叔牙说得字字掷地有声，引导公子小白走进大殿，他手持管仲射出的箭，举过头顶，大声说，“诸位大夫，此箭是公子纠派杀手伏于道中，意图暗杀公子小白，却偏偏射中带钩，此非齐国列祖列宗暗中护佑，又是为何？公子纠贪恋君位，弃手足之情于不顾，对亲兄弟痛下杀手，禽兽不如啊！如此勾连外国，残害手足之徒，岂能领袖强齐？”

国子费上前手扶公子小白，对大家说：“齐国已处于非常时期，我与高上卿司监国之任，已拜过宗庙，立公子小白为齐国新君。事急从权，登基大典的各种礼节就免了。下面，由司仪隰朋大夫主持新君登基大典。”

大臣们左右两班。左首上卿高傒居首；右首上卿国子费为头。

隰朋大声宣布：“请新君登基即位！”

公子小白身着侯服，登台，坐到御案之前，鲍叔牙侍候在侧。小白向下扫了一眼，除两位上卿外，隰朋、王子城父、宁越等几位大夫站列在班，雍廪、东郭牙、宾胥无等人却未来上朝，他心中有数，这些人对他君临天下有想法。

隰朋再宣布：“公子小白为齐国新君，尊号齐桓公，请大家拜见新君！”

高傒、国子费领众臣一齐叩首：“拜见君上！”

“众卿平身。”小白站起来说：“各位平身！赐高上卿、国上卿坐。”

高傒、国子费同声说道：“谢君上。”分别坐在御座左右两侧。

“各位大夫，承蒙高、国二位上卿和各位拥戴，寡人继承君位，我在这里谢谢诸位了。”小白起身双手一揖，接着说，“齐国内乱不止，国力大衰，过去君上所为，也为国人所不耻。小白虽不才，愿同大家一起，为强国振邦而努力，希望大家辅佐寡人，尽快使齐国强盛起来，让诸侯国对齐国刮目相看。”

众大夫齐声道：“谨遵君命。”

“国难当头，大家有何建议？”齐桓公问道。

鲍叔牙建议说：“鲁兵明日将至，请君上早做安排。”

齐桓公看了堂下一眼，叫道：“仲孙湫！”

“臣在！”仲孙湫立即出班。

“你马上出城迎上去，告知鲁侯，就说公子小白已就任齐国君位，请他回鲁国去。”

“是！”仲孙湫领命。

高、国二位上卿站起身，面对众大夫厉声说：“国难当头，大家要齐心协力，不遵君命者，格杀勿论！”

齐桓公看了鲍叔牙一眼。鲍叔牙喊道：“退朝！”

公子纠绝望

鲁庄公率战车三百乘，护送公子纠回国即位。出发之时尚且急着赶路，在得知管仲射杀公子小白之后，无论是护送者，还是被护送者，都以为公子纠没有了竞争对手，国君之位已是非公子纠莫属，心情皆已松懈，一路行走下来，恰似游山玩水一般，第六天晌午，到达一个地方，鲁庄公问公子纠：“前面是什么地方？”

公子纠看看管仲，管仲道：“回禀鲁侯，前面是干时。”

“干时？”鲁庄公好奇地问，“怎么叫这么个怪名？”

管仲解释说：“这条河原来叫时水，由于这条河半年有水，半年干涸，所以又叫干时。”

“公子！”鲁庄公对公子纠说，“明天，你就是齐侯了，千万别学你那混账哥哥齐襄公，言而无信，恩将仇报呀！”

公子纠心里对鲁庄公的絮叨非常不满，但又不便于说出来，怏怏地说：“鲁侯放心，我即位之后，对鲁国定当有报，这个请放心。”

正在此时，前军来报，齐国大夫仲孙湫求见。鲁庄公吩咐带过来。

仲孙湫来到鲁侯战车前，双手一揖道：“外臣仲孙湫拜见鲁侯！”

“有何见教？”鲁庄公淡淡地问。

仲孙湫从怀里掏出帛卷呈上：“这是齐国国书，请鲁侯过目。”

侍候在侧的一名卫士接过国书，呈给鲁侯。鲁侯立即展开阅读：

齐侯小白，拜上鲁侯殿下：

先君被弑，国中纷乱，幸赖诸世家大夫，扑杀叛逆，鼎定社稷。诸父不以小白之不肖，共推小白主政，小白何德何能，敢接宗庙之祭？然念及先僖公之教诲，诸大夫赤心相举，便不敢贪闲暇之乐，而挺身主持。今日初登君位，正欲交好鲁邻，闻君侯亲率大军，护送寡人之兄公子纠归国，实乃幸事。本应亲致谢忱，无奈国事新轫，不敢怠慢，他日定邀结盟好，请归公子。犒军之事，托贤仲孙湫代过，寡人遥致谢意。

国书中明白告知齐国已有君主，而君主正是小白。在行文中，小白不无讽刺地感谢他们护送公子纠，但公子纠可以归国，鲁师请原路返回。

鲁庄公率浩荡之师，正欲一展雄风，却半途遇此突变，由惊而怒，有一种被人戏弄的感觉：“小白不是被射杀了吗？怎么又起死回生了，还当上了国君？”

仲孙湫从容地说：“公子小白昨天已拜宗庙，举行即位大典，正式登基。”

鲁庄公大怒：“立子以长，孺子安得为君？寡人战车三百乘护送公子纠回齐国，不能白忙乎一场。你去告诉小白，寡人在干时等他来决一死战！”

仲孙湫离去之后，鲁庄公两眼瞪着管仲，怒斥道：“管太傅，这是怎么回事？”

公子纠声嘶力竭地叫道：“管夷吾，你不是说小白已成箭下之魂吗？怎么又出现在临淄城？而且还拜宗庙、举行了登基大典？”

“明明一箭穿心，口喷鲜血，为何没有死呢？”管仲一脸茫然，百思不得其解。他万万没有想到，射中确实不假，口喷鲜血也是真，只是聪明一世的管仲，被聪明的小白骗了。

“管夷吾，你说小白已成箭下之魂，如今却在临淄城即了君位。”公子纠抽出长剑，咆哮如雷地说，“你误了大事，我要杀了你。”

召忽忙拦阻道：“公子息怒，此事必定另有蹊跷。”

管仲有些丧魂落魄，仰望苍天，黯然长叹道：“谋事在人，成事在天，此乃天意，天意不可违啊！”

公子纠此刻则像只瘟鸡，完全没了精神，闻管仲说是天意，一下子又蹦了起来：“天意？什么天意？都是你，成事不足，败事有余。枉称济世之才，原来是个酒囊饭袋。”

召忽实在是看不下去了，劝止道：“公子，冷静些，怎么能这样对管太傅说话。”

鲁庄公听他们主仆相争，更是火冒三丈，对曹沫吼道：“传令停止前进，就地扎营，与小白决战。寡人一定要将小白赶下台，将君位夺回来。”

曹沫道：“主人，临淄近在咫尺，一鼓作气，便可拿下，为何要在干时驻扎？”

鲁庄公自负地说：“连日奔波，鲁军疲惫不堪。干时水丰草茂，是屯兵之良地。寡人在此养精蓄锐，以逸待劳，方能稳操胜券！”

管仲犹豫了一会儿，想说什么，话到嘴边又咽了回去，长叹一声。

鲁庄公冷笑道：“管太傅怎么只会唉声叹气呀！”

管仲硬着头皮说：“小白初立，人心未定，鲁侯当在其立足未稳之时，率兵进攻临淄城，城中人心必然慌乱，拥戴公子纠者，必乘乱为我内应，我必稳操胜券。屯兵干时，就给了小白以喘息之机，待其理顺人心，调兵遣将以迎鲁师，鲁军长途奔袭而至，粮草不济，恐难与齐师相抗衡。”

鲁庄公冷哼一声：“若果如管太傅所言，小白早已死于白水之滨，何来今日之战？”

管仲满面含羞，尴尬地退至一旁，仰天长叹。正是：

枉有经天纬地才，未逢其时难出头。

小白诈死活一命，管仲今朝满面羞。

管仲之策，实为上策，怎奈鲁庄公刚愎自用，公子纠又没有主张，以致坐失良机，否则，鹿死谁手，谁能说得清楚？

齐桓公即位后，面对动荡不安的局势，提心吊胆，如履薄冰。闻鲁兵不退，且鲁侯还口头下了挑战书，欲在干时与齐国一决雌雄，更是忧心如焚。急召高傒、国子费、鲍叔牙、隰朋等人商量对策："寡人新立，国事未举，鲁军却已兵临城下，如之奈何？"

鲍叔牙说道："兵来将挡，水来土掩，鲁军兵临城下，主上应挥正义之士击之，臣愿率兵马与鲁军决一死战。"

隰朋也说："齐乃大国，有战车千乘，精锐逾万，何惧鲁侯战车三百！今鲁侯进犯，国难当头，臣愿血洒沙场，驱逐鲁寇！"

"二位上卿以为如何？"齐桓公见高傒、国子费没有说话，主动征求他们的意见。

高傒说："鲁侯兴不义之师，进犯齐国，应当予以狠狠还击！只是，老臣有句话要提醒主上。"

齐桓公说："上卿有话尽管说，寡人洗耳恭听。"

高傒说："敌兵压境，理当同仇敌忾，若是人心不齐，纵有战车千乘，又能如何？"

"上卿之意是……"齐桓公试探地问。

"恕老夫直言。"高傒说，"主公新立，朝中大臣如东郭牙、雍廪、宾胥无等尚未归心，闭门不出，拒拜主公。东郭牙乃文武全才，带兵有方，历经大战数十次，未见败绩，是有名的常胜将军；大夫雍廪，刚直不阿，是不可多得之才。他们出于对宗法旧制的维护，对主公即位有所抵触，心情可以理解。且当初朝议之时，一致通过立公子纠为齐国之君，老夫与国子费也未反对，只是主公先期归国，老夫与国子费才力主为齐国新君。主公既已登基，对于这些旧臣，应行安抚之策，成大事者，必须有宽阔的心襟。”

鲍叔牙接着说：“高上卿言之有理，东郭牙大夫南征北战，功绩卓著。大敌当前，主公当要摒弃前嫌，将这些人召为国用，只有上下归心，才能击退入侵之敌。”

齐桓公思索了一会儿，站起来道：“上卿、太傅所言极是，寡人领教了。为完成振兴齐国之大业，寡人怎能计较个人恩怨得失，而置国家利益于不顾？”

高傒与国子费两人相互看了一眼，起身向桓公一鞠道：“老夫果然没有选错人。”

“国子费上卿、隰朋大夫，寡人拜托你们一件事。”齐桓公说，“你们二位到雍廪大夫家里去一趟，就说是受寡人之托，现在大敌当前，请雍廪大夫以国事为重，无论有何想法，待赶走外敌之后再坐下来说。”

国子费上卿和隰朋大夫齐声说：“是，我们马上走一趟。”

“高上卿、太傅，请你们陪寡人走一趟。”

鲍叔牙问道：“君侯要到哪里去？”

“寡人要亲自拜访东郭牙。”

东郭牙闻公子小白即立君位之后，在家闭门不出。鲍叔牙来到东郭牙府第，见大门紧闭，举手敲门，叫道：“东郭牙大夫，君侯驾到，请开门。”

鲍叔牙将眼贴在门缝里看，看不清楚，将耳朵贴在门缝里听，听不到声音，于是又举手拍拍门：“东郭牙大夫，君侯驾到，请开门。”

鲍叔牙再将耳朵贴在门缝里听，似乎听到有轻轻的脚步声，大门内似乎还传出沉重的喘息声，却无人开门。他向齐桓公使了个眼色，朝门内努努嘴，示意东郭牙已经过来了。然后又使劲拍门，叫道：“东郭牙大夫！君侯和高上卿亲自登门拜望，请你开门。”

东郭牙确实已来到门口。自公子小白登位之后，他就闭门不出，他认为齐国国君之位应由公子纠继承，小白为君乃是篡位。连日来辗转反侧，彻夜难眠，他曾想到过杀身以成仁，以示对小白篡位的反抗，却又决心难下。让他万万没想到的是，齐桓公身为一国之君，竟然屈尊亲自登门请自己。难道小白真的是人们梦寐以求却又始终找不到的贤明之君吗？如果真的是这样，自己岂不是错了吗？想到此，东郭牙心里十分犹豫要不要接纳齐国这位新的君主。但自己与雍廪、宾胥无等歃血为盟，是要拥戴公子纠为齐国之君的呀，怎么办？东郭牙的心里在经受痛苦的煎熬。

“东郭牙大夫，君侯与高上卿听说你身体不舒服，特地来看望你。君侯已拜过宗庙，举行了登基大典，是名正言顺的齐国之君，天下皆知。你将君侯与高上卿拒之门外，有失君臣之礼呀！”鲍叔牙在门外说道。

高傒见门内没有反应，说道：“东郭牙大夫，老夫之所以拥戴公子小白为齐国之君，并无任何私心，完全是为国着想，选贤者而任之呀！”

齐桓公心平气和地说：“东郭牙大夫，我是小白。如今齐国有外敌入侵，国难当头，今天登门拜望，是要请你出山，共同抗敌。过去的恩恩怨怨就让它过去，你的心情，寡人理解，绝无怪你之意。听与不听，就在一念之间。东郭牙大夫，你好好地想想吧！等打完这一仗，寡人再来看你。”

东郭牙听完齐桓公这番话，心有所动，但仍然没有开门。

齐桓公接着说：“齐国内乱多年，国力越来越弱，再也经不起折腾了，小白虽不才，但求走富国强兵之路。此来是要告诉你，鲁国借拥立公子纠之名，兴兵犯境，战车三百乘已兵临城下，齐国已是国难当头。你是齐国有名的将才，寡人欲请你领兵出战，共同抗击外来之敌。东郭牙大夫乃仁人志士，绝不会凭一时之气，置国难于不顾。小白言尽于此，听与不听，请东郭牙大夫三思。”

高傒见东郭牙还是不出声，大骂道：“东郭牙，你这个意气用事的糊涂虫，外敌犯境，吓得闭门不出，你就躲在家里做缩头乌龟吧！”转身一拉齐桓公，愤然地说：“主公，我们走，这种怕死鬼，有他不多，无他不少。”

“上卿！给他些时间，不可出语伤人。”齐桓公说。

“走不走？再不走，老夫可不等了！”高傒赌气地说。

“东郭大夫，我们走了，齐国的兵马已集中在校场，寡人要去校场点兵出战。打完这一仗，寡人再来看你。”齐桓公说完，转身欲去。

“咣当”一声，院门洞开，东郭牙冲出门，扑通一声跪在地上，冲着齐桓公颤声说道：“主公，请恕臣不敬之罪，臣愿辅佐主公，共同抗击入侵之敌。”

齐桓公急忙上前扶起东郭牙：“东郭牙大夫，快起来，寡人是来请你出山领兵打仗的，不是来治你罪的。”

正在这时，王子城父飞骑赶来：“主公，大臣与三军已在校场聚齐，请主公点兵。”

“知道了，寡人马上就到。”齐桓公转身对东郭牙说：“东郭牙大夫，披上你的铠甲，拿起你的战刀，走吧，到校场去，寡人先走一步，校场见。”

齐桓公说罢，同高傒、鲍叔牙一同上车，疾驰而去。

干时之战

齐桓公全身披挂，站在点将台上，高傒、鲍叔牙一左一右站立两旁。

齐桓公朗声道：“众将士，鲁军犯境，驻兵干时河，欲与齐国一决雌雄。齐乃大国，岂容贼寇在我境内耀武扬威？寡人愿与众将士同赴战场，保大齐江山，驱逐入侵之敌。”

“驱逐鲁军，保卫大齐！”众将士高举手中武器，振臂高呼，其声响彻云霄。

“众将士听令！”齐桓公大声说道。

众将士齐声高呼：“请主上发令！”

齐桓公点将：“宁越、仲孙湫听令！”

宁越、仲孙湫二人出列：“末将听令！”

“命宁越为右军统帅，仲孙湫为副帅。率领战车百乘，于干时河分路埋伏，闻中军炮响，即率军杀出，不得有误。”

“遵命！”宁越、仲孙湫高兴地大声回答。

齐桓公点将：“东郭牙、王子城父听令。”

“末将听令！”王子城父应声而出。

东郭牙没有想到齐桓公此时还能委他以重任，以为自己听错了，愣在那里没有反应。

齐桓公见东郭牙站在那里未动，重复一遍：“东郭牙听令！”

东郭牙知道自己没有听错，如梦初醒，出列大步来到将台前，扑通一声跪在台下：“末将不敢受主公如此重任！”

齐桓公走下台，扶起东郭牙，见东郭牙未戴头盔，取下自己的头盔戴在他的头上：“齐军左军统帅怎么连盔甲都不戴，快戴上。”

“谢主公！臣有罪，不敢受主上如此恩宠，臣罪该万死！”东郭牙扶了扶刚戴在自己头上的头盔，从怀中抽出一块黄色绢布，这就是人们拥立公子纠的歃血盟书，复又跪下，双手呈给桓公，“臣有眼无珠，不辨贤明圣主，立下歃血盟书，欲拥立公子纠为齐国之君。请主公治臣不臣之罪！”

雍廪等人见状大惊失色。校场上的空气顿时紧张起来，所有目光都集中到齐桓公手上那块歃血盟书上。

齐桓公早就耳闻有此歃血盟书，并且是以东郭牙、雍廪为首，至于其他人则知不甚详。接过东郭牙递过来的盟书，他心里很想看一眼，看到底有哪些人在盟书上歃血为盟，但理智控制了欲望，他知道只要看一眼，这些人的名字就会永远烙印在脑海里，成为一个永远挥之不去的阴影，而这些人与自己的隔阂恐怕也就无法消除，这样势必给国家带来不安定的隐患。

高傒、鲍叔牙、隰朋、王子城父也都紧张地看着齐桓公。

“拿火把来！”齐桓公突然大声呼叫。

侍从跑步把火把递了上来。齐桓公将盟书放于火中，顿时，黄帛盟书化为灰烬。

东郭牙又扑通一声跪下，无比感激地说：“感谢主公不杀之恩！”

雍廪也掏出黄帛盟书举到头顶，扑通跪下：“主公如此开明，臣雍廪虽肝脑涂地，也在所不辞！”

齐桓公立即转过身去，大声说：“寡人不想看到哪些人持有盟书，你们若信得过寡人，就自行处之，从此以后，任何人不得再提盟约之事。大家都是寡人的好臣子，寡人也绝不计较此事。”

持有盟书的人见齐桓公如此说，纷纷从怀中掏出盟书，掷于火中焚之，不多不少，恰好十三个人。

齐桓公此举，向将士们展示了一个贤明之君的襟怀，不亚于向将士们发布一道战前动员令。台上台下，可谓是群情鼎沸，欢声雷动：“效忠主公，驱逐鲁寇，保我大齐！”正是：

桓公气度果不凡，火焚盟书释旧怨。

三军欢声如雷动，将士斗志似火燃。

齐桓公再次叫道：“东郭牙、王子城父听令。”

“末将听令！”东郭牙、王子城父二人高声答道。

“你们二人各率战车百乘，绕道抄鲁军之后路，若鲁军溃败，截而杀之，不得有误。”

“末将遵命！”东郭牙、王子城父各率领人马离去。

齐桓公接着说：“雍廪、竖貂为正副先锋。率战车百乘前去挑战，只许败，不许胜。且战且走，向中军靠拢，闻三声鼓响，即刻返身杀回，不得有误。”

雍廪、竖貂出列，大声道：“末将遵命！”

齐桓公亲自与鲍叔牙统领中军，率战车百乘出战。鸣炮三声，分头出发。

鲁军扎营于干时。鲁庄公的营帐在前，公子纠扎营于后，两营相隔二十余里。第二天一早，鲁庄公刚用罢早餐，探子来报：“齐军大队人马已经杀到，先锋雍廪已到阵前讨战。”

鲁庄公大吃一惊，忙带领秦子、梁子驱车出阵。见齐军先锋雍廪已将队伍列成战阵，等候鲁军出车应战。鲁庄公疾声呼道："雍廪匹夫，你歃血为盟，首谋诛贼，修书求寡人助你，如今又改投小白而攻公子纠，你真是一个卑鄙无耻，背信弃义的小人。有何面目来到阵前与寡人叫阵？"

雍廪听鲁庄公之言，佯装羞惭之状，大声叫道："鲁侯不必多言，谁为齐君，是齐国人自己的事，与尔无关，如果识相，赶快收兵返回鲁国，否则，本大夫要杀你个片甲不留。"

曹沫见齐军战车不足百乘，冷冷一笑："齐国号称千乘之国，迎我大军者却不足百乘，可见小白尚不得人心，难以调动齐国之兵马。"再细看齐军之方阵，皆老弱残兵，军容不整，战车也是丢三落四不成形，不禁放声大笑，"如此残兵败将，怎能与鲁国铁甲相对抗，简直是以卵击石。"说罢，手一挥，鲁国战车向两边闪开，从阵中冲出一队弓箭手，弯弓搭箭，对着齐军一阵猛射。

雍廪见箭矢如雨，来势汹汹，下令鸣锣收兵，战车后队改前队，掉转车头撤退。鲁庄公见状，命曹沫乘胜追击。性情暴躁的曹沫，手擎方天画戟，驱动战车，率先冲出阵，口中大叫道："雍廪匹夫，往哪里逃，曹大将军来也！"

雍廪素闻曹沫性情暴躁，今见其一怒之下驱动战车率先冲阵，转身迎上去，大叫："曹沫匹夫，不得猖狂，看枪！"

雍廪叫声刚落，举手中长枪便刺，曹沫见状，更是暴跳如雷，大叫道："雍廪匹夫休走，咱们大战三百合。"

雍廪回头迎战几合，见已撩得曹沫兴起，立即转身便走。齐军在撤退之时，看似惊慌失措，其实阵形却是进退有序，忙而不乱。曹沫也是杀得兴起，一时没有觉察，孤车跟进，犯了兵家之大忌。只听曹沫手擎方天画戟，驱车大叫："雍廪匹夫，往哪里逃，看戟！"

雍廪见曹沫追来，率领齐军仓皇而退。曹沫驱战车追杀一阵，见雍廪并不恋战，鲁国的战车并没有跟上来，心里暗暗吃惊，疑其有诈，正欲收住战车，突闻"咚咚咚"三声鼓响。鼓声刚过，杀声四起，鲍叔牙率领中军蜂拥而至。雍廪所率之兵闻鼓声，全都扭转战车，奋勇杀回。

齐军人人奋勇，个个争先，与前判若两军。曹沫尚未明白是怎么一回事，便已深陷重围，情知中计，但为时已晚，忙驱动战车，欲突出重围。

雍廪驱车冲上前来，大叫道："曹沫匹夫，休走，看枪！"人到声到，声到枪到，举枪向曹沫当胸便刺。

曹沫也不答话，挺戟相迎，二人又重战在一处。饶是曹沫神勇，怎奈已是身陷重围，慌乱之中，左臂早中一枪，大叫一声，转身就逃。雍廪见状，挂住长枪，左手取弓，右手取箭，弯弓搭箭，瞄准曹沫，"嗖"的一声，铁箭如流星般飞出。曹沫正在拼命逃跑，不曾防得此箭，箭矢飞来，正中左肩，大叫一声，带箭逃窜。

恰在此时，鲍叔牙驱车赶来，挺枪挑落了曹沫的头盔。此时求生的欲望激发出全身的潜能，曹沫顿发神威，手挺方天画戟，如下山之猛虎，左冲右突，横冲直撞，有道是：一人拼命，万夫莫当，何况曹沫乃鲁国猛将，仓促之间，齐国倒是无人能挡其锐。雍廪见曹沫突发神威，随手又是一箭，正中曹沫的大腿。曹沫身中两箭，仍奋力搏杀，终于杀开一条血路，突出重围，落荒而逃。剩下的鲁军，死的死，伤的伤，胜败已见分晓。

鲁庄公立于阵前，见齐军撤退之时，阵脚未乱，似有所察，恐曹沫有失，忙令秦子、梁子驱大队战车接应曹沫。秦子和梁子，正待驱车接应曹沫。忽闻左右炮声大震，宁越、仲孙湫两路伏兵一齐杀出，鲍叔牙从正面率中军杀至。鲁军三面受敌，怎能抵挡得住，三百乘战车渐渐被分割成数块，相互之间断了联系。

鲍叔牙隐隐约约看到敌阵的一辆战车上插着杏黄色大旗，上面绣着一个大大的"鲁"字，料定那是鲁庄公乘坐的战车，连忙传令："有能获鲁侯者，赏万户之邑。"

左右将士得令，齐声高呼："获鲁侯者，赏万户之邑。"齐军军心大振，鲁军闻之，胆战心惊。

鲁庄公闻军中喊声，大惊失色，急急如丧家之犬，驱车向西溃败。鲁将秦子见齐军尾随其后，怎么也甩不脱，知是主公战车上的杏黄旗惹的祸，伸手拔去鲁侯战车上杏黄大旗弃之于地，鲁将梁子见状，跳下车，捡起地上的杏黄大旗，插在自己的战车之上。秦子问道："你这是何意？"

"秦子将军，快护送主公向西突围，我引开齐军。"梁子说罢，催动自己的战车，向正北方向驰去。

齐军立功心切，见杏黄大旗向北逃窜，一窝蜂向北追下去。

秦子望着北去的梁子，幡然醒悟，伸手将鲁庄公从战车上拉下来，急促地说："主公快脱下身上的铠甲。"

鲁庄公一时没有会意，愣在那儿。

"快！"秦子催促道，"再迟就来不及了。"

鲁庄公看着插着杏黄大旗北去的梁子的战车，猛然醒悟，连忙脱掉外面耀眼的铠甲，跳上另一乘战车。秦子紧随其后，保护着鲁庄公，奋力杀出重围，向西突围而去。

齐将宁越，远远看见鲁庄公的杏黄大旗向北而去，认定是鲁侯无疑，率领齐军冲过去，将插有杏黄大旗的鲁国战车内三层、外三层，围得水泄不通。梁子恐人识破真相，故意用一块布蒙着脸，只露着一双眼睛。虽然已是遍体鳞伤，血染征袍，仍然奋力拼杀，勇不可当。终因寡不敌众，为乱军所擒，几个军卒上前将他捆了起来。齐军欢声雷动。

"鲁侯抓到了，鲁侯抓到了！"

梁子扯下蒙在脸上的布块，放声大笑："我乃鲁将梁子也，我君已去之远矣！"

宁越知道抓错了人，令兵士将梁子捆得结结实实，押回大营。

鲍叔牙知齐军已大获全胜，命令鸣金收军。

宁越献梁子，梁子昂首而立，全无惧色。齐桓公赞叹道："智勇双全，真良将也！"

宁越问："主公，何以处之？"

齐桓公正犹豫，鲍叔牙大声喝道："留其何用，推下去斩了！"

齐桓公补充说："让人好好埋葬，不要让其暴尸荒野。"

齐军取得干时大捷后，并不追赶鲁军。因王子城父、东郭牙两路兵马尚无消息，桓公留宁越、仲孙湫仍屯兵干时，以便策应。他自己则率领大军奏凯还朝。

管仲与公子纠、召忽守着鲁军粮草辎重，距干时二十余里扎营，闻前线战败，管仲便让召忽同公子纠守营，自己带兵接应鲁庄公，行至半路，正遇鲁庄公溃败而归，合兵一处。

曹沫、秦子亦收拾残军败卒、浑身是血地狼狈而回，计点战车兵马，已十折其七八。

管仲说道："军心已丧，此地不可久留，宜速速离去。"

于是鲁庄公下令，当即起营拔寨，立即回鲁。一路上，急急如丧家之犬，惶惶如漏网之鱼。幸好后无追兵，还算顺利。经过几天奔波，鲁国边境终于遥遥在望，大家才算松了口气。

管仲一直感到不对劲，对曹沫道："后无追兵，恐怕不正常，将军还需多加留神。"

管仲话音未落，就听杀声四起。

左边，王子城父率军杀出。右边，东郭牙率军杀出。刚一交火，齐军万箭齐发，鲁军纷纷中箭，还没明白过来，已有无数兵士倒地身亡。曹沫高喊一声："主公速去，吾死于此！"于是挺方天画戟，上前接住东郭牙，秦子也挺枪上前，接住王子城父，双双相对厮杀。

管仲见势不妙，保护鲁庄公，召忽则保护公子纠，夺路而逃。

齐军一红袍小将看准鲁侯的战车紧追不舍，眼看越追越近，管仲弯弓搭箭，怒射一箭，正中其额，红袍小将大叫一声，坠车而亡。又有一白袍小将尾追而来，管仲又取出一箭，瞄准来将，"嗖"的又是一箭。白袍小将应声坠车而亡。

秦子在干时之战中本已受伤，此时力竭，已是力不从心。齐将王子城父乃一代名将，武艺高强，两相厮杀，秦子哪是王子城父的对手，只几个回合，便听秦子惨叫一声，被王子城父一枪挑落车下，一命呜呼。

曹沫在干时便已负伤，被东郭牙逼得手忙脚乱，闻秦子惨叫之声，一分神，被东郭牙一戟刺中左肩，差点坠落车下，大叫一声，驱动战车夺路而逃。东郭牙紧追不舍。

管仲见状，急中生智，令鲁军将战车上的物资沿路丢弃，以阻挡齐之追兵。齐军见满地的物资，顾不得追赶敌兵，纷纷下车，争相哄抢。使得鲁庄公等人获得喘息的机会，趁机逃出齐境。曹沫在混战当中，左胳膊又中一刀，尚杀死齐兵数人，突围而出。

东郭牙深感齐桓公之恩，求功心切，率领齐军紧随溃退的鲁军，一直追入鲁境，尾追至鲁国的汶阳城。

守城鲁军见鲁侯仓皇而回，大开城门，放下吊桥，让鲁军入城。谁知齐军追得紧，尾随而至，鲁军刚入城，来不及拉起吊桥，齐军已跟着闯过了吊桥，杀进汶阳城。鲁侯见齐军已进城，只好穿城而过，直奔鲁国都城曲阜而去。

东郭牙见追不上鲁庄公，便占据了汶阳城，将汶阳之土地尽数夺了过来，并留兵镇守汶阳。

隰朋使鲁

齐国在干时之战中大获全胜，一举打出了国威，极大地鼓舞了士气，稳定了民心，也使初登君位的公子小白在朝野上下获得了一个极好的名声。

第二天，齐桓公大宴群臣，庆祝干时之战大捷。庆功宴上，论功行赏，君臣把酒言欢。齐桓公面对众大臣说："干时大捷，不但将鲁军打得落花流水，而且还夺取鲁国之汶阳城，扩大了齐国疆域，实在是可喜可贺。"

鲍叔牙站起来说："公子纠尚在鲁国，有管仲、召忽为辅，鲁国助公子纠之心未死，心腹之患未除，实在是无以可贺。"

齐桓公闻鲍叔牙之言，恨恨地说道："提起管仲，寡人尚有一箭之仇未报，若不报此一箭之仇，将是寡人一生之耻辱。"

竖貂问道："主公干时大捷，威震诸侯，何耻之有？"

齐桓公说："寡人自莒国归来之时，于白水之滨被管仲暗射一箭，幸天不灭寡人，使箭中带钩。为了逃生，寡人咬舌喷血诈死。此乃奇耻大辱。寡人发誓，一定要报此一箭之仇。"

竖貂献媚地说道："待臣把管仲擒来，万箭穿心，以报一箭之仇！"

"寡人决定，在宫城外立一柱，将管仲暗箭中寡人带钩之事书之于上，有朝一日，管仲落入寡人之手，一定要亲手用他射杀寡人之箭，将他射杀在此柱之上，以祭天地，报一箭之仇。"

鲍叔牙在旁说道："主公，齐国的心腹之患是公子纠，并非管仲，管仲只是事人臣之礼，各为其主而已。主公若要雪耻，除掉公子纠，才是正道。"

齐桓公说："太傅言之有理，您认为用什么办法才能除掉公子纠？"

鲍叔牙说："干时一战，齐国大胜，鲁国君臣已吓破了胆。臣请求统领三军之众，兵发鲁境，逼讨公子纠，鲁侯见大兵压境，心有所惧，定当拱手交出公子纠。"

"嗯！"齐桓公说，"此计大妙，寡人以举国之兵，任由太傅调遣。"

"臣有一事，请主公示之！"鲍叔牙谦恭地说。

"什么事？"桓公问道。

"主公是要活的公子纠还是要死的公子纠？"鲍叔牙看着桓公。

齐桓公一时不知如何回答。鲍叔牙见齐桓公犹豫不决，接着说道："臣替主公出个主意！"

"太傅请讲！"齐桓公说。

"留下公子纠必是心头之患，活着回齐却又叫主公为难，不如假鲁人之手，替主公除去这一政敌，主公意下如何？"鲍叔牙两眼一眨不眨地看着齐桓公。

齐桓公轻轻地叹了一声，什么也没有说。

鲍叔牙双手一揖，轻声道："臣知道了！"

"兵发鲁国，带多少兵，点谁为将，何人出使于鲁，全凭太傅做主，三军唯太傅马首是瞻，不必再报于寡人。"齐桓公可谓疑人不用，用人不疑，一切皆交由鲍叔牙全权处理。

鲍叔牙忙跪下答道："臣遵旨！"

"太傅平身！"齐桓公说，"出发之前，寡人还有一事要与太傅相商。"

内宫偏殿之内，齐桓公与鲍叔牙这对君臣、师徒坐在一起。齐桓公说道："太傅，你出征回来之后，寡人拜你为相，主持齐国大政。"

鲍叔牙闻听忙跪下说道："主公，万万使不得！"

齐桓公大吃一惊，连忙扶起鲍叔牙，不解地问："太傅，相国乃百官之首，可是一人之下，万人之上，难道你还不满意？"

"主公不要会错我的意思，臣只是一个庸臣，主公要加惠于臣，使臣免于饥寒，已经是对臣的恩赐，至于治理国家，则不是臣能胜任得了的。"鲍叔牙诚恳地说。

"这是为何？"齐桓公非常不解，他以为用鲍叔牙为相，统御政务，是理所当然之事。

鲍叔牙推心置腹地说："臣蒙主公知遇，多年来言听计从，这份逾格恩宠，鲍叔牙粉身碎骨也难以报答，有生之年，此身当为主公所用，臣岂敢有避劳畏讥之心？然而治理国家，非臣所能胜任，臣推荐之人，胜臣百倍，定可光大齐国，为主公立不世功勋。"

"太傅，你是寡人心里最理想的人选，除了你，寡人不知道齐国有谁能胜任相国之职。"

"管仲，他是最合适的人选，只有他才能胜任此职。"鲍叔牙脱口而出。

"管仲？他乃丧家之犬，怎能及得太傅？"齐桓公说。

"臣与管仲相比，有五不如。"

齐桓公惊问："哪五不如？"

鲍叔牙真诚地说："宽惠爱民，臣不如管仲；忠信以交好诸侯，臣不如管仲；治国不失权柄，臣不如管仲；制定礼仪以示范于四方，臣不如管仲；披甲击鼓，立于军门，使百姓勇气倍增，臣不如管仲。管仲这五个方面都优于臣。管仲好比百姓之'父母'，主公想治理好百姓，就不可不用他们的'父母'。得管仲者，得天下。"

"不行！"齐桓公一口否定了鲍叔牙的意见，"管仲和召忽是寡人的仇人，管仲暗箭射杀寡人，幸亏箭中带钩，否则，寡人已经是他箭下之鬼，寡人能用仇人吗？"

"管仲暗箭射杀主公，乃是各为其主，就如同臣要杀死公子纠一样。主公若能赦免管仲之罪，让他回齐，他同样可以为主公效命。"鲍叔牙见齐桓公仍然是怒容满面，继续说，"当初臣与管仲、召忽三人投奔先君，先君令管仲、召忽傅公子纠，令臣傅主公。臣以为主公无出头之日，不欲赴任，是管仲、召忽极力劝说，臣才得以与主公有师生缘。且我们三人有约在先，今后无论是公子纠还是公子小白为齐国之君，我们三人都要相互推荐，共辅一君，治理国家。齐国内乱以后，臣与主公避难于莒，公子纠、管仲、召忽避难于鲁，也是我们商定的意见。为的就是让主公与公子纠总有一人能活着回来继承齐国之君位。”

鲍叔牙见齐桓公仍然不答应，只好说：“臣这次要将管仲、召忽活着带回齐国。”

“好！”桓公冷笑一声，“寡人要亲手将管仲钉在‘耻辱柱’上，报一箭之仇。”

鲍叔牙见齐桓公没有命令自己就地斩杀管仲，心里已是松了一口气，故意沉思了一会儿，说：“主公若要管仲活着回齐，要尽快下手。迟了，恐怕就得不到了。”

“为什么？”齐桓公不解地问。

“鲁国的谋臣施伯知道管仲乃济世之才，他会献计于鲁庄公，拜管仲为相，管仲若接受鲁侯之聘，鲁将成为齐之劲敌，这对齐国是一个极大的威胁。管仲如果不接受鲁侯之聘，鲁国知道他将回到齐国，就一定要杀掉管仲，以绝后患。这对齐国又是无可估量的损失。”鲍叔牙说。

齐桓公问道：“以太傅之见，鲁侯之聘，管仲受还是不受？”

“不受！”鲍叔牙肯定地回答，“管仲不愿为公子纠而死，就是为了安定齐国，若受鲁侯之聘，就是削弱齐国。管仲对齐国忠心不二，他宁死也不会做鲁国之臣。若真的这样，鲁侯必杀管仲无疑，主公欲亲手将他钉在耻辱柱上，恐怕就难了。”

齐桓公问道：“管仲能对寡人忠心不二吗？他能替寡人去死吗？”

“不会，管仲乃济世之才，他不会为某一个人去死。”鲍叔牙见桓公面露不悦之色，继续说道，“管仲忠于齐国历代之君王，他对公子纠的感情比对主公的感情更深，但他却不愿为公子纠而死，何况是主公？主公若想安定齐国，就应该将管仲接回来。”

齐桓公见二人说不到一处，心里有些烦躁，没好气地说：“先不说管仲之事，你去将公子纠之事处理完再说。”

借刀杀人

鲍叔牙领齐桓公之命，率五百乘战车和万名将士，浩浩荡荡向鲁国进发，抵达汶阳城后，下令安营扎营。

第二天，鲍叔牙派隰朋、竖貂为正副使臣，出使鲁国，将齐国至鲁国的国书交给隰朋。临行前，鲍叔牙密嘱隰朋：“管仲乃天下奇才，我已向主公举荐，主公欲召而用之。鲁国的施伯诡计多端，一定要提防，别让他从中做了手脚。此次使鲁，最重要的是保证管仲、召忽不死，让他们活着回到齐国。”

“如果鲁国要杀他们，将如何处理？”隰朋问道。

“如果鲁侯真要杀管仲，你就向他们说，白水之滨，管仲暗箭射杀主公，箭中带钩之事，你就提管仲箭中带钩之事，鲁侯必信。”

公子纠自干时一战大败，随鲁军狼狈地回到鲁国后，将管仲臭骂一顿，整天借酒浇愁。

管仲自干时兵败之后，为未能完成射杀小白之事一直愧疚于心，面对公子纠的冷落，情绪更是低沉，似乎感到生命已到末日。他自恃有百步穿杨之能，那一箭也明明射中小白的心窝，怎么能够射而不死呢？

管仲现在也在思考，自己到底是对还是错。当初齐国内乱，他提出出国避乱。并且与鲍叔牙商定，不管是公子纠继承君位，还是公子小白继承君位，他们三人都将尽力辅佐，以振兴齐国。他与公子纠、召忽来到鲁国，鲍叔牙与公子小白去了莒国。本以为这次公子纠继承君位已是铁板钉钉十拿九稳之事，自己的相国之位也是顺理成章的。谁承想小白先到一步，抢了君位。公子纠的君位毁了，自己的相位没了。这都是自己的错。无可奈何，他只好以弹琴来抒发自己的忧愤和不安。

公子纠心境更糟，眼看到手的君位让小白夺去，他恨得咬牙切齿，恨不得扒了小白的皮，剜了小白的心。听到管仲弹琴，烦躁地吼道：“别弹了，别弹了！烦死了！烦死了！”

召忽看到这丧魂落魄的主仆二人，心里也不是滋味，苦着脸劝道：“公子，胜败乃兵家常事。小白大逆不道，绝没有好下场。君子报仇，十年不晚啊！”

公子纠大骂道：“你们一个口出狂言，一个唯唯诺诺，成事不足，败事有余！”

召忽惭愧地说：“臣有罪，臣无能，臣愧对先君嘱托。”

管仲并不理会，仍在弹琴。

公子纠指着管仲骂道：“管夷吾！什么百步穿杨，全是骗人的！如果你不是我师傅，我便一剑杀了你！”

管仲停止弹琴，叹了一口气道：“天意如此，岂能奈何？”

公子纠咆哮道：“天意？天意应该是我当国君！”

召忽小心说道：“公子息怒，过些日子，咱们再请鲁侯出兵，把君位从小白手里夺回来。”

公子纠吼道：“干时一战，鲁军几乎全军覆没，鲁侯还能再出兵助我？”

召忽无可奈何地说：“东郭牙、雍廪乃是小人。明明是他们杀了公子无知，派人来接公子回去即位，却又反过来帮助小白。”

公子纠捶胸顿足道：“你们不是我师傅吗？你们说，我该怎么办？”

管仲疯狂地弹琴，突然，“嘣”的一声，琴弦断了。管仲一惊，看看断了的琴弦，怅然叹道：“一箭留下千古恨，天意如此莫奈何！天啊！我该怎么办？”

鲁庄公自干时之战大败回国后，整日魂不守舍。想到两军阵前交战的惨烈情景，浑身都不寒而栗，若非梁子将军装扮自己舍命相救、秦子将军以死相拼，此刻自己恐已成齐军刀下之鬼。公子纠几次求见，都被他借故婉言拒绝，他要好好地想一想，此次贸然出兵，是对还是错。

施伯是鲁庄公手下第一谋臣，他此时此刻所想的却是另外一个问题。他向鲁侯建议说：“主公，鲁国之所以溃败，是因为没有贤人，现有旷世之才隐居在鲁国，主公何不用之。”

鲁庄公惊问：“旷世之才在哪里？”

“管仲，就是辅佐公子纠的管仲。小白已篡齐君之位，管仲归国已无期，他对小白恨之入骨，此时礼聘，委以重任，其必会答应。”施伯说。

“寡人未见管仲有何过人之处。”鲁庄公不相信地说。

施伯说：“管仲足智多谋，只是时运未到，事业未成，现避难于鲁，主公应委以鲁国大政，他如果接受，就可以削弱齐国。”

“啊？”鲁庄公问，“若不受呢？”

“不受就杀了他，免得他为齐国所用。”施伯阴沉地说，“管仲若不能为鲁国所用，终将为鲁国之大患。杀掉他，一来可以永绝后患，二来还可讨好齐国，岂不比不杀他更好吗？”

鲁庄公同意了施伯的建议。但是，尚未付诸实施之时，齐国太傅鲍叔牙率战车五百乘已自临淄兵发鲁境，屯兵于刚从鲁国手中夺来的汶阳城。并派遣隰朋、竖貂二人出使鲁国，向鲁庄公呈上国书。

鲁庄公得鲍叔牙之书后，急召施伯等大臣商议。他将鲍叔牙之书递给施伯说：“这是齐之太傅鲍叔牙所修国书，你先看看。”

施伯接过帛书，只见上面写道：

外臣鲍叔牙，百拜鲁侯殿下：干时之役，实为两国之大不幸，齐、鲁世为姻亲，岂能为公子纠所惑，而损亲好之情？寡君已奉宗庙，登君位，百姓拥戴，公子纠欲行争夺，天地难容。古之有训，家无二主，国无二君。寡君念及兄弟之情，不忍亲手加戮，愿假手上国代为处死，以靖两国争端，共建百世之好。陪臣管仲、召忽，乃寡君之仇敌，请囚归齐国，寡君欲亲戮于太庙。现大兵屯于汶阳城，专待鲁侯之复。

齐国国书犀利之处，是将齐、鲁两国开战全归罪于公子纠的争位，给鲁侯一个台阶可下——杀公子纠是为两国睦邻，不失大义。

鲁庄公看了鲍叔牙之书，面有愧色地对施伯说："上次未听你的劝谏，以致兵败干时。今齐国大兵压境，逼我杀公子纠，遣送管仲、召忽回齐。是杀公子纠有利呢，还是活公子纠有利？请施大夫为寡人一决。"

施伯读罢鲍叔牙之书，紧锁眉头，沉吟良久方道："小白初即君位，便能选贤任能，败我兵于干时，其能耐可见一斑，绝非泛泛之辈，非公子纠所能比。现齐国大兵压境，我兵初败，元气大伤，难以与齐军抗衡，不如依鲍叔牙之言，杀了公子纠，与齐国修好。"

"不可以这样呀！主公。"曹沬痛苦地说，"齐国这是借刀杀人之计，主公若不欲与齐为敌，那就将公子纠交给齐国使臣，是杀是活，由他们自己决定，我们何必要做此恶人？齐国大兵压境，又有何惧，臣愿率兵与齐军决一死战，鹿死谁手，还不一定呢！"

施伯冷笑道："曹大司马，干时之战你可是大将啊，鲁国三百乘战车十损其八，兵士伤亡不可胜计，你当时的勇气到哪里去了？"

曹沬听到施伯的冷嘲热讽，羞愧得无地自容，重重地叹了口气。施伯缓和了些口气说："我不是故意劝谏主公行此不仁不义之事，也知道这是鲍叔牙借刀杀人之计，但是，鲁国初败，元气大伤，齐国五百乘战车驻扎汶阳城，直逼曲阜，鲁国在干时之战中刚损失了二百多乘战车，已是无力招架。君子报仇，十年不晚，不可为一公子纠，明知不可为而为之，赔进鲁国千秋基业呀！"

曹沬无可奈何地蹲在地上，抱头痛哭。

"只好如此了。"鲁庄公有些无奈地说，"管仲、召忽呢？是否也交给齐国使者？"

"不行，管仲、召忽二人不能交给齐国。"施伯果断地说，"以臣之见，齐国要活着的管仲、召忽，不是要杀他们，而是要重用他们。特别是管仲，学贯古今，有经天纬地之才，济世匡时之略，犹如潜伏于深潭之龙，闻雷即可升天。得管仲者得天下。其事业此时之所以无成，只是时运未至而已。齐国若得到他，必将委以重任，将来定为鲁国之患。趁机杀掉他，将尸体交给他们。"

“不行呀！”鲁庄公反对施伯的意见，“鲍叔牙在书中言明，齐侯要活的管仲，欲亲戮于太庙。我们杀了管仲，齐国若追究起来，寡人怎么交代？鲍叔牙屯兵汶阳，其意图已显露无遗，就是要逼鲁就范，若违背了他们的意愿，定当发兵曲阜，若此，鲁国危在旦夕。”

“俯首听命？实在是心有不甘啊！”施伯试探地说，“臣有一办法，既不叫管仲、召忽活着离鲁，鲁也不因之而得罪于齐。”

鲁庄公问：“有何妙策？”

“让他们自己死。”施伯附在鲁庄公耳边，小声说出自己的计策。鲁庄公频频点头。

鲁庄公召见齐国使臣隰朋和竖貂，说道：“隰朋大夫，竖貂将军，寡人决定，替齐侯除去公子纠，由公子偃和施伯配合你们行动。”

隰朋闻鲁庄公只字不提管仲、召忽二人之事，察觉有异，料知施伯在耍阴谋，立即用一种带有威胁的口气说：“鲁侯，外臣使鲁之时，齐侯特别交代：管仲、召忽乃齐国的叛贼，是射杀齐侯之凶手。齐侯要亲手处死管仲、召忽，以报一箭之仇。并在宫门外立一耻辱柱，向天下宣告，定要亲手将管仲钉在耻辱柱上以雪前耻，报一箭之仇。外臣一定要将管仲、召忽二人活着带回齐国。”

施伯见隰朋态度如此坚决，更坚定了对齐国要活管仲、召忽意图的判断。笑着说：“隰朋大夫，鲁侯是按照贵国国君之意办事，绝无加害管仲、召忽二人之意，请你放心。”

隰朋一时也没有瞧出破绽，于是说：“但愿施伯大夫心口如一，不要口是心非，倘若要什么花样，违背齐侯之意，后果自负。”

生臣与死臣

公子纠闻鲍叔牙率兵驻扎汶阳，派遣隰朋、竖貂出使鲁国，正自惊疑不定，欲派人前去探个究竟。忽侍从来报，说是鲁国公子偃、施伯带领数十名武士向公子纠的住所走来，同行的还有齐国大夫隰朋、竖貂，两乘槛车相随。公子纠顿时紧张起来，对管仲、召忽说："快去看看，到底是怎么回事？"

召忽听公子纠之言，正欲起身，公子偃、施伯带人一拥而入。召忽见来者不善，正欲去墙边取兵刃，几名武士迅速逼了上去，将召忽夹在中间，动弹不得。管仲从座位上站起来，几名持刀武士迅速靠了过去，管仲知道大势已去，轻轻地叹了口气，重新坐下。

隰朋见鲁国武士逼住管仲、召忽二人，担心发生意外，大声说道："不得对管仲、召忽无理！"此话一方面是警告鲁国武士不要乱来；另一方面则是暗示管仲、召忽二人，他们并无恶意。

管仲听到隰朋之言，心中一动，预料齐国来使的目标是公子纠，而非自己和召忽，有意无意地向隰朋投过询问的眼光，正好与隰朋的眼光碰在一起。隰朋暗暗向管仲点点头，马上将头转向一边。管仲闭上眼睛，轻轻地松了一口气，一颗悬着的心终于放了下来。

召忽怒斥道："施伯大夫，你们要干什么？"

施伯不理睬召忽，直接来到惊魂未定的公子纠身边说："公子一向可好，卑职奉主公之命，前来问候公子。"

"施大夫带兵前来，意欲何为？"公子纠瞪着一双惊恐的眼睛看着施伯。

施伯幸灾乐祸地说："齐侯小白容不得公子，欲置公子于死地，鲁侯推之不得，无奈之下，只好令在下前来送公子一程。"

施伯的话音刚落，公子偃向身边一名武士示意，这名武士手持托盘来到公子纠面前，只见托盘上放着一把匕首、一段七尺白绫、一瓶鸩酒。

公子纠见状，知道死期已到，声嘶力竭地叫道："鲁侯贼子，为何害我？"

召忽厉声喝道："施伯，鲁侯乃堂堂一国之君，为何行此不仁不义之事？"

"召忽，这里还轮不着你说话。"施伯蔑视地看了召忽一眼，转而对公子纠说道："公子，你在鲁国避难数年，鲁侯一直待你为座上宾。为拥戴你为齐国之君，不惜动用三百乘战车护送你回齐国，谁知辅佐你的人是成事不足、败事有余的酒囊饭袋，将到手的君位拱手让人。”说到这里，他有意无意地瞟了管仲一眼。

召忽听到此言，暴跳如雷，怒喝道：“施伯，你这个卑鄙无耻的小人，士可杀，不可辱。”

施伯不理召忽，故意示弱地对公子纠说：“干时一战，鲁国大败而归，鲁侯为公子损失了二百多乘战车，还赔进去数千名将士的性命。如今，鲍叔牙又率五百战车屯兵汶阳城，遣隰朋、竖貂出使于鲁，欲取尔等性命。鲁侯如果不杀死你们，鲍叔牙扬言，要将曲阜城夷为平地。你们兄弟手足相残，何必要连累我们鲁国呀？这不是城门失火，殃及池鱼吗？”

“施伯匹夫，我要杀了你。”召忽是个急性子，受不了此辱，欲挣脱鲁国武士的控制，两名武士使劲地将刀压在召忽的脖子上，召忽终于没能挣脱。

隰朋似乎明白了施伯的用意，向随行的几名齐国武士使个眼色。几名齐国武士分头向管仲、召忽靠拢。隰朋见齐国武士站好位置后，厉声警告说：“施大夫，别忘了鲁侯答应过的话，也别忘了本大夫的警告。”

“隰朋大夫，不必多心，错不了。”施伯转头对公子纠道，“公子听到了吧？托盘上的三件物什，请公子自选一件吧！”

“你们滚，我不会死。”公子纠歇斯底里地对召忽、管仲道，“二位师傅，快来救我！”

管仲无奈地叹了口气，召忽想反抗也挣脱不了。

施伯拿起托盘上的小酒瓶，不耐烦地说：“公子，谁也救不了你，明年今日是你的忌日，你还是安心地去吧！”

公子纠突然跪下，带着哭腔说：“施大夫，求求你，不要杀我，给我一条生路，等我当了齐国之君，一定会报答你再生之德。”

施伯不屑地看看公子纠，又向召忽和管仲扫了一眼，弦外有音地说：“常闻齐人骁勇善战，性格刚烈，视死如归，今日一见，果然令人刮目相看，君不君，臣不臣，贪生畏死，苟且偷生。真是令人汗颜哟！”

召忽本就性格暴躁，哪受得了如此奇耻大辱，大声吼道："公子，死则死矣！何必如此卑躬屈节！为子死孝，为臣死忠，此乃臣之本分。臣先走一步，到黄泉路上等你，下辈子还是你的臣子。臣不愿苟且偷生，受此奇耻大辱！"说完，奋力挣脱鲁国武士的控制，一头撞在殿中立柱之上，顿时脑浆迸裂，倒地而亡。

公子纠看着召忽鲜血淋漓的尸体，吓得呆若木鸡。管仲似乎识破了施伯的阴谋，面对眼前的一切，视而不见，听而不闻，坐在那里，似入定一般，一动不动。

施伯暗自佩服管仲的定性，知道激将法对管仲无用，叹道："忠臣不事二主，召忽真乃忠臣也！公子有这样的忠臣做师傅，实在是难得！"

隰朋惊见惨剧发生，完全明白了施伯的伎俩，拔出腰刀，快如闪电地抢到管仲身边，推开站在管仲身边的鲁国武士，与随后拥上的齐国武士将管仲团团围住，剑指施伯，厉声喝道："施伯，岂有此理！"

"召忽可是自愿走上黄泉路，与我无关。"施伯见隰朋动怒，只好打消继续刺激管仲的念头，扬着手中的鸩酒说："来人，服侍公子饮酒！"

两名鲁国武士上来，强行将鸩酒灌进公子纠的口中。稍停片刻，公子纠痛苦地倒在地下，七窍流血而亡。

管仲看到眼前的情景，叹了口气说："召忽追随公子于地下，可以说公子有为其死的忠臣，我活着，一定要回到齐国去，公子纠可以说有生臣。死者完成德行，生者完成功名，生名与死名不能兼顾，德行也不能兼得。召忽，我与你兄弟一场，生死在我们两人是各尽其分了。"说完起身，自行钻进院中的槛车之中。

鲁国大夫施伯取了两人首级包好。然后押着槛车中的管仲，回去向鲁庄公复命。

施伯回宫对鲁庄公说："臣观管仲那种处乱不惊的气概，以及隰朋重视管仲的程度，料定管仲必不死，而且一定能得到齐侯之重用。此人乃天下奇才，若为齐侯所重用，齐必称霸于天下，鲁国自此以后皆居于齐之下。请主公修书齐侯，叫他不要杀了管仲，将他留在鲁国。管仲若不死，必感恩于我，感恩于我则能为我所用，则齐不足虑。”

鲁庄公说道：“管仲是齐君的仇人，而我却要留下来。虽然杀了公子纠，彼此之间的怨怒却未消除。”

施伯说：“主公以为管仲不可用，那就杀之，以其尸交与齐。免得放虎归山，使其成为鲁之大患。”

鲁庄公觉得此计甚妙，立即表示赞同，准备将管仲杀掉，将尸体交给齐国。

隰朋得知鲁侯的打算后大惊，立即进宫拜见鲁侯，威胁说：“在齐国杀人，是杀齐国的犯人，在鲁国杀人，是杀鲁国的犯人。管仲箭射齐国国君，齐国国君恨之入骨，必手刃管仲，以报一箭之仇。若得不到活的，等于你和齐国之叛贼站在一起，这不是齐国国君想要得到的。齐、鲁若因此而刀兵相向，责任可不在齐。鲁侯，别怪隰朋没有提醒你。”

鲁庄公见隰朋态度如此强硬，再次与施伯商量。

施伯见隰朋态度强硬，也只好改变主意：“臣看还是将管仲交给他们带走，听说齐侯的性格颇为骄傲，管仲虽然有济世之才，但不一定能得到齐侯的重用。如果齐侯真能用他，管仲的事业就会成功。管仲是天下大圣人，若回齐国执政，天下都将归齐，岂止鲁国？现在如果杀了他，他可是鲍叔牙的好友，鲍叔牙势必要为他报仇，假如鲍叔牙真的率兵来犯，鲁国将会遭到灭顶之灾。还是将管仲交给齐国吧。”

鲁庄公犹豫再三，还是答应将管仲活着交给齐国。再令人专门做了两个木匣，将公子纠与召忽的首级装在里面，连同关押管仲的槛车，一并交给隰朋。隰朋称谢而出，押着槛车，带上两个木匣返回了驿馆。

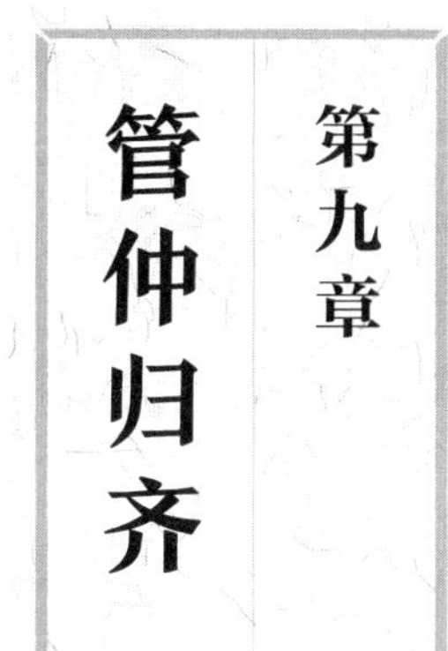

第九章 管仲归齐

黄鹄之歌

隰朋回到驿馆，用过晚餐，来到槛车旁。管仲神情木然地坐在槛车之中，闭目养神。听到声音，睁开眼睛，见是隰朋，点点头，算是打了个招呼。

隰朋轻轻地对管仲说："管太傅请自重！"

管仲不放心地说："谢过隰朋大夫，鲁侯不是守信之人，虽然同意将我交给你，定会后悔，说不定现在就已后悔了。看来，我是很难活着离开鲁国了。"

隰朋惊问道："那该如何是好？"

"若要逃过此劫，只有连夜起程，越快越好，出了鲁国国境，才能脱离危险。否则，今夜就在劫难逃。"管仲忧虑地说。

隰朋临来鲁国时，已得到鲍叔牙的嘱咐，要他绝对保证管仲和召忽的生命安全，如有不测，定要追究责任。他也素闻管、鲍之交。鲍叔牙之能，自己已经见过了，如此贤能的鲍叔牙，竟对管仲推崇有加，可见管仲绝非等闲之辈。他决定采纳管仲的意见，来个不辞而别，连夜起程。为了慎重起见，他还是留下两名副将，以料理善后之事。

鲁侯放了管仲，事后果然后悔了，又召来施伯商议。施伯建议说："不如今晚派人到驿馆去，一刀结果了管仲性命。若追究起来，我们死不认账。"

鲁侯赞同施伯之计，并命施伯组织这次刺杀行动。施伯挑选了几名武功高强的鲁国武士，夜半潜入驿馆，专杀槛车中的管仲。谁知派去行刺的人回来报告，驿馆早已人去楼空。

第二天一早，施伯进宫，将行刺失败之事向鲁庄公做了汇报。鲁庄公闻报，立即派公子偃与施伯点战车五十乘，追杀管仲。

隰朋带着齐国使鲁的一众人等，连夜启程，悄无声息出了曲阜城东门，命令兵士押着槛车，以最快的速度踏上归途。

此时虽是初秋，但盛夏之酷热并未有所减缓，那似火的骄阳，晒得大地发烫，一阵阵热浪扑面而来，使人热得透不过气来。管仲坐在槛车之内大汗淋漓，热不可耐，推槛车的兵士更是苦不堪言。管仲口干舌燥，头热得像要炸开一般，向兵士哀求道："兄弟，请赏口水喝行吗？"

兵士将管仲要喝水之事报告副使竖貂。竖貂早就对管仲看不顺眼，听说管仲要喝水，坐在战车上呵斥道："快要死的囚徒，想要水喝，架子倒不小。"

"竖貂将军，行行好，就喝一口，实在是渴得受不了了。"管仲两眼盯着挂在马鞍上的水袋，哀求地说。

竖貂跳下战马，取下水袋，走到槛车边，管仲以为是给他送水，连忙伸手去接，不想竖貂拧开水袋的口塞，自己先喝了几口，然后将水哗啦啦地全倒在地上。

管仲舔舔干裂的嘴唇，愤怒地说："竖貂，你不得好报。"

"好你个死囚，竟敢骂人？活得不耐烦了。"竖貂从一个兵士手中夺过一根大棒，伸进槛车，对着管仲的头顶就是一棒，管仲虽侧身避让，终因身困槛车，让无可让，一棒砸在额头上，顿时被打得头破血流。

隰朋见车队停下来，不知发生了什么事，赶过来察看。见管仲血流满面，一把夺过竖貂手中的大棒，扔在地上，怒斥道："竖貂将军，你要干什么？"

"一个死囚，还敢造反，不给他点颜色看看，不知天有多高，地有多厚。”竖貂大声说。

隰朋不理会竖貂，冲到槛车旁，先替管仲揩干脸上的血迹，掏出药敷在额头的伤口上，又将身上衣服撕下一块，为管仲包扎好。随即解下身上的水袋递给管仲：“管太傅，请喝水！”

管仲接过隰朋递过来的水袋，咕嘟咕嘟大口大口喝了起来。

竖貂赌气地说：“隰朋大夫，何必要伺候一个死囚？”

“竖貂将军，临行前，鲍太傅特别交代，主公要活的管仲，管仲若有个三长两短，你如何向鲍太傅交代？”

管仲此时才明白，隰朋一直维护自己，原来是鲍叔牙的特别关照，他从心里感激这位生死至交的兄长。

竖貂不听，对管仲大吼道：“你活不了几天了！白水之滨，你射主公一箭，主公在宫门外竖起了耻辱柱，留下了你射出的箭，要用你的箭，将你钉在耻辱柱上，以报一箭之仇，到时谁也救不了你。”

隰朋对推槛车的兵士道：“管太傅是主公点名的犯人，我是正使，谁要再敢动他一根指头，莫怪我事先没有说明。”

推槛车的兵士点头答应，偷偷地看了竖貂一眼，心里想，为什么正副使两人的意见不统一。竖貂不服气地白了隰朋一眼，赌气地走到一边去了。

远处，两匹快马一路狂奔，来到隰朋面前，马上骑士跳下马。隰朋见是留在鲁国驿馆的两个人，诧异地问：“为何跑得如此之急？”

两骑中的一位说：“果然不出大人所料，昨晚驿馆来了数名蒙面刺客，潜至槛车旁，对准槛车中的草人乱砍乱刺，发现是草人后，连呼上当，迅即离去，说要赶回去禀报施大夫。”

另一个接着说：“若不是大人早有预见，管太傅此时恐怕成了一堆肉泥。”

隰朋向管仲投去敬佩的眼光，管仲看了一眼隰朋说：“隰朋大夫，施伯诡计多端，昨夜行刺失败，必定恼羞成怒，心有不甘，若再追来，我命休矣！”

隰朋闻听，大声喊道：“将士们，加把劲，无论如何，天黑之前要离开鲁国之境。”

“何必如此着急呀！”竖貂抱怨地说，“大家跑了一天一夜，已经累得筋疲力尽，再这样跑下去，都要累死了。”

隰朋抽出宝剑，厉声吼道：“事情紧急，刻不容缓！天黑之前，必须赶到汶阳，如有怠慢者，杀无赦！”

兵士们实在累得不行，见隰朋下了死命令，只好推着槛车继续上路，一步一挪，速度还是快不起来。

隰朋跳下马，和兵士一起推动槛车前进。兵士们实在是太疲劳了，一天一夜，除了进食，一刻也没有停步，谁能受得了？

管仲坐在槛车之内，有劲不能使，见兵士推着槛车气喘如牛，却又帮不上忙，心里干着急。他料定施伯决不会善罢甘休，追兵不久将至，若以此等速度前进，定难逃脱鲁军追杀。灵机一动，立即编了一首《黄鹄之歌》，手拍槛车，教兵士唱起歌来：

黄鹄黄鹄，戢其翼，縶其足，不飞不鸣兮笼中伏。高天何局兮，厚地何蹐！丁阳九兮逢百六。引颈长呼兮，继之以哭！

黄鹄黄鹄，天生汝翼兮能飞，天生汝足兮能逐。遭此网罗兮谁与赎？一朝破樊而出兮，吾不知其升衢而渐陆。嗟彼弋人兮，徒旁观而踯躅！

这是一首齐风乐曲，兵士们既得此词，一边唱，一边走，唱歌提起了精神，唱歌忘记了疲劳，兵士们的步伐明显加快。

鲁国公子偃与施伯，点战车五十乘，风驰电掣般地追了上来。一路上，施伯高擎宝剑，拼命地催促：“快！再快一点！”

五十乘战车一路狂奔，原野掀起一片尘土。遥望前面尘土飞扬处，定是齐国战车无疑，施伯挥剑大喊道：“快！快！追上去，杀管仲者得黄金千两！”

兵士们听说有重赏，拼命挥动马鞭，战车似旋风般一路狂奔。

隰朋见后面尘土飞扬，知是追兵将至，对管仲更加佩服得五体投地，抽出宝剑，大声吼道："将士们，快，快！前面就是汶阳，过了前面那道山梁，便是汶阳地界，那是咱们的天下，将士们，加油啊！"

汶阳境内，齐国大将王子城父率领齐国将士站在两国交界的齐国一侧，见隰朋率领齐国兵士推着槛车在前面拼命奔跑，后面不远处尘土飞扬，知是鲁军追上来了，他命令身后的齐兵大声呐喊，为隰朋他们加油。

"隰朋大夫，加油！"

"齐国将士，加油！加油！"

一时间，加油之声震耳欲聋。隰朋和将士们见远处的齐军将士站在齐境之内呐喊助威，全身爆发出无穷的力量，唱着歌，推着槛车，如风似的向齐国境内奔跑。

施伯站在战车上，挥舞手中的铁剑，大声呼叫："快，追上去，杀掉槛车中的管仲！"鲁国的兵士挥鞭抽打奔马，战车快速地向前推进。

齐国境内，书有"汶阳"二字的界碑已清晰可见，大将王子城父率战车和将士们站在齐境一侧，向隰朋挥手大呼："隰朋大夫，快！本将军奉鲍太傅之命，在此恭候多时了！"

隰朋剑指后面说："王子城父将军，快，挡住后面鲁国的追兵！"

王子城父大声回答："没关系，这里就交给我了。"

槛车冲过齐、鲁两国国界线，安全进入齐国境内，推车的兵士们全都累得虚脱了，一个个瘫倒在地，拼命地喘气。

管仲长长地舒了一口气，仰天长叹道："我管仲终于生还齐国也！"

隰朋见槛车安全进入齐境，大大地松了一口气。

王子城父驱动战车停在大道中间，隰朋也驱转车头，同王子城父并排站在一起。

施伯见槛车已进入齐境，知道杀掉管仲的最后机会已经丧失，忙令战车放慢速度，最后停了下来。他从内心发出一声感叹：放虎归山，必成大患，管仲必将成为栋梁之材，齐国称霸诸侯不远矣！

隰朋看着停在不远处的鲁国战车，站在车上一抱拳，冲着施伯调侃地说："施伯大夫，何必如此盛情，亲自率战车前来送行？送君千里，终有一别，你还是请回吧！”

施伯强装笑脸说：“鲁侯闻隰朋大夫不辞而别，深恐有所得罪，特令公子偃同施某赶来送行，只是迟了一步，放了个马后炮而已。”

“啊！原来如此，我以为是强盗打劫，才率部狂奔，如果知道是施大夫赶来送行，一定会停下来与你同行。”隰朋冷笑着说。

施伯尴尬地笑了笑说：“隰朋大夫真会开玩笑，鲁侯可是治国有方，境内从未闻有强盗之说。”

“昨夜驿馆就有不速之客造访，难道不是鸡鸣狗盗之徒吗？”隰朋冷嘲热讽地说。

施伯反问道：“有这种事？我回去一定要好好地查一查。”

“不必了，如果没有其他的事，那我就告辞了。”隰朋冷冷地说。

施伯、公子偃懊恼地看着齐军推着槛车离去。

神秘的除灾礼

隰朋押着槛车安全抵达汶阳后，在汶阳住了一晚。王子城父告诉他，鲍叔牙已知公子纠伏诛，料知无大碍，已先期离去，嘱咐将管仲送往临淄。

第二天，隰朋别了王子城父，命兵士推着槛车，继续向临淄进发。队伍行至绮邑（山东蒙阴县西）时，由于行路太急，大家又饥又渴，绮邑的封人（行政长官）闻隰朋大夫一行过境，备酒席款待一行众人。

管仲见封人从槛车前经过，说道：“封人，能否给口饭吃，给口水喝？”

绮邑封人知道槛车里的管仲是太傅鲍叔牙的至交，是个人才，此次回到齐国后，一定会得到齐侯的重用。见管仲讨食，非常热情地拿出最好的食物，跪在槛车旁给管仲进食。

绮邑封人自认为对管仲有一饭之恩，进完食后，来到槛车旁，悄悄地问管仲：“管太傅，如果你回到临淄，幸免于难，且又被齐君重用，你将如何报答这一饭之恩？”

管仲看着绮邑封人，笑着说："想听真话，还是想听假话？"

"当然是听真话！"封人笑容可掬地说。

管仲正色地说："如果真能像你所说的那样，我将要任命贤能的人，使用有才能的人，评定有功劳的人。你说，我能用什么报答你呢？"

绮邑封人听管仲之言，气得两眼直瞪，没好气地说："你这个人真是个死脑壳，虚伪几句又有何妨？何必说得如此绝情呢？"

管仲哈哈笑道："人无信不立，明明办不到，却要故意虚言搪塞，岂不是蓄意失信于人吗？此非我管仲所为。"

绮邑封人先是一愣，突然双手一揖道："人说管仲乃济世之才，今日一见，果然名不虚传，刚才在下只不过是一句戏言，请别当真。"

"绮邑果然乃藏龙卧虎之地。"管仲哈哈一笑："你若真有才，到时就证明给我看，否则，你还是安心做好绮邑封人吧！做好了，也能造福一方。"

绮邑封人双手一揖："领教了，管太傅一路走好！"

槛车过了绮邑，继续东行，向临淄进发。

这一天，槛车行到堂阜（今山东省蒙阴县西北）境内，隰朋见推车的兵士累得够呛，指着前面一片树林说："前面有片树林，到那里停下来，喝口水，喘口气。"

队伍行至树林停下不久，从堂阜城方向奔来两骑快马，来到隰朋的队伍前，马上之人勒住马问道："来者可是隰朋大夫吗？"

隰朋见问，站起来答道："我就是隰朋，不知军爷有何见教？"

马上之人跳下马，走近隰朋，低声说了几句话。隰朋马上对大家说："大家起程啰！今晚在堂阜住宿。"

堂阜城驿馆的院子里，隰朋亲自打开槛车，恭敬地对管仲说："管太傅请下车，今天在此过夜。"

管仲觉得奇怪，一路上，尽管兵士们对他的态度都还不错，但吃住都在槛车之中，从未离开槛车一步，为何今天请自己出槛车呢？管仲正在犹豫之际，隰朋补了一句："管太傅请下车。"

管仲扶着栅栏走下车来，伸展双臂，痛快地伸了个懒腰，感叹地说："车外真的是很舒服哟！"

一名侍候在侧的驿卒恭敬地说道："管大人请随我来！"

管仲向隰朋望了望，隰朋狡黠地一笑说："去吧！"

管仲从隰朋的脸色中似乎读出了点什么，知道隰朋在卖关子，问也是白问，只好跟在驿卒的身后，走进驿馆。

驿卒将管仲带进一个小房间，管仲迈步跨进房门，见屋中间放着一个大木盆，木盆装满了正在冒着热气的水。驿卒做了个"请"的手势说："管大人，请沐浴！"

"为何如此客气？"管仲不解地问。

"请管大人沐浴，我们是奉命行事！"驿卒显得非常恭敬，说完，帮助管仲脱去身上沾满污垢的破衣裳，将管仲扶进热水盆中，然后不停地给管仲淋水。管仲痛痛快快地洗了个热水澡，感到浑身轻松，擦干身子，正欲穿衣服，驿馆人员却说："管大人别忙，还要沐浴两次。"

管仲吃惊地问："洗干净了呀！为何要沐浴三次？"

"上面这样交代的……"驿卒突然觉得自己说得太多，忙刹住话头，一声不吭地倒掉盆中的污水，再也没有说多余的话。门外早有人提来几桶热水，倒进木盆中。驿卒做了个"请"的手势，"请管大人沐浴！"

管仲见驿卒突然打住了话题，问道："上面是谁？"

驿卒微微一笑道："管大人，请沐浴！"

管仲见问不出个什么，干脆一言不发，跳进木盆再洗，边洗心里边想，沐浴三次，这是给刚出牢的囚犯举行的除灾仪式，洗去一身晦气。有谁会给自己举行这样的仪式呢？他百思不得其解，唯一能给他举行此等仪式的人只有鲍叔牙，但他已经先回了临淄，除了鲍叔牙，他还真想不出会有第二个能为他举行这样隆重的除灾仪式的人。

路在何方

沐浴三次之后，驿卒拿来干净的衣服，请管仲换上。另有一名驿卒候在门口说道："请管大人随我来，有人要见你。"

管仲迫不及待地问："在哪里？"

驿卒手一指："那是客厅！"

管仲听说有人要见他，心里想，为自己举行除灾仪式，而又要召见自己，唯有一人而已，一定是这个人又回来了。他三步并作两步跑向会客厅，尚未进门就大叫道："叔牙兄，是你吗？我知道是你，兄弟想死你了。"

鲍叔牙从屋内走出来，哈哈大笑道："夷吾弟，怎知道是我？"

管仲冲上前去抱住鲍叔牙，两眼含泪地说道："除了兄长，谁能为我举行除灾仪式，谁能这样关心身为囚犯的管仲？"

鲍叔牙拍拍管仲的背，动情地说："天佑兄弟无恙，只是让你受苦了。"

管仲突然一把推开鲍叔牙，紧张地说："未奉君命，怎能轻易将我放出槛车？叔牙兄，不可为兄弟之情而违君命呀！"

鲍叔牙拉着管仲的手说："无妨，我正在向主公极力推荐兄弟，普天之下，无人不知管鲍之交，主公让我前来，也是有意让我们兄弟叙叙旧。"

管仲见说，迫切地问："齐侯的意思如何？"

"主公仍记恨那一箭之仇。"鲍叔牙见管仲脸露失望之色，忙安慰说，"兄弟不要灰心，愚兄拼死也要保你。你能活着离开鲁国，也是主公的主意，否则，你有十个脑袋，也不能活着离开鲁国一步。"

管仲伤感地说："我与召忽同事公子纠，既不能将公子纠奉以君位，又不能追随公子纠于地下，已失为臣之气节，如果再来侍奉小白，召忽在九泉之下，岂不笑我是反复无常的小人吗？"

鲍叔牙说道："成大事者，不顾虑于小耻；立大功者，不拘泥于小节。兄弟乃济世之才，只是未逢其时、未遇明主而已。主公是一个有远大抱负的明君，若能得到你的辅佐，让你执掌齐国大政，何愁齐国霸业不成。到时，你将功盖天下，名显诸侯，怎么能够守匹夫之小节，而行无益之事呢？"

“谈何容易，谁叫我暗箭射杀小白呢？现在，我还是一个囚犯啊！”管仲叹了口气，“此乃天命，天命不可违哟！”

“兄弟切莫灰心，我鲍叔牙就是拼掉一命，也要保你无事。”鲍叔牙见管仲仍然情绪低落，劝慰说，“能活着从鲁国回来，这就是个好兆头，没有翻不过去的山，我对主公是有信心的。他一定会有这个度量。”

“空有鸿鹄之志，却无用武之地，天灭管仲啊！”管仲一声长叹，潸然泪下。

鲍叔牙在出发前，向齐桓公保荐管仲，谁知齐桓公仍记恨管仲，铁了心要杀掉管仲以报一箭之仇，能否消除齐桓公心中的仇恨，鲍叔牙心里也没有底，见管仲如此伤感，心里一时倒没了主意。管仲本乃绝顶聪明之人，一点即通，过多的宽慰，反而更令人伤感。于是，他换了一张笑脸道：“大难不死，必有后福，愚兄昨晚卜过一卦，虽不是上上之象，却也是个中平，别灰心，集我们二人之力，一定能越过这道坎。”

管仲仍然是愁眉不展。

“好了，今天就不谈这个了，走，喝酒去！”鲍叔牙拉着管仲，一起去了饭舍。

当晚，鲍叔牙同管仲同榻而卧，几乎是彻夜未眠。

第二天，鲍叔牙告别管仲，先行回了临淄。临行之前，他特别关照管仲，回到临淄城后，无论发生了什么事情，一定要泰然处之，切不可失了信心。

管仲听出鲍叔牙话里有话，料知回到临淄可能会出现意料不到的事情，以鲍叔牙现在的身份，他也难以预料，可想而知，情况一定是糟糕透了。想到这里，心中更是沉重，内心燃起的希望降到冰点。重新钻进槛车，仍由兵士推着，继续向齐国都城临淄进发。

临淄城西门，两队兵士手持兵刃分列两边，兵士的背后人头攒动，围观的人群翘首以待，似乎在等待着什么。此时，不知谁喊了一声：“你们看，来了！来了！”

众人举目望去，对面山脚拐弯处，出现一小队人马，四名兵士推着一辆槛车走在队伍的最前面，两名兵士推着装着两个木匣的小车紧随其后，再后就是一小队齐国武士。

槛车越来越近，城门口两边看热闹的人群越挤越拢，最后只剩下仅能容一辆车通过的路面。不一会儿，槛车走进城门。

一名壮士指着槛车中的人说：“这就是传说中的管仲？怎么如此狼狈，成了阶下囚？”

一位老者说：“听说公子纠有两个师傅，一个就是槛车中的管仲，一个叫召忽。召忽在鲁国触柱身亡，追随公子纠于地下，召忽真乃忠臣也！”

有人不屑地说：“你看车中这个人，贪生怕死，苟且偷生，主子见了阎王，他怎么还有脸活着回临淄来。”

人言可畏，句句如锥，像钢针一样扎进槛车中管仲的心里，他痛苦地闭上了眼睛。

槛车还在继续向前走，人群紧跟在后面一起移动，来到宫门外“耻辱柱”前。跟在槛车后的竖貂大叫一声：“停车！”

推车的四名兵士不知发生了什么事，连忙停下车。管仲也为这一声喊叫所震撼，不知竖貂到底要搞什么名堂。

竖貂坐在车上，手指“耻辱柱”对槛车中的管仲说，“管仲，你睁开狗眼看一看，这就是主公亲手竖起的‘耻辱柱’，主公对天发誓，要用你射他的那支箭，亲手将你射杀在‘耻辱柱’上，以报一箭之仇。你还能活吗？”

管仲两眼盯着“耻辱柱”，白水之滨那一幕仿佛又展现在眼前：自己佯装撤退，突然返身一箭，小白口喷鲜血倒在车上……

人群中，不知谁喊了一声：“打死这个暗箭伤人的小人！”话音刚落，小石头、土疙瘩如雨点般地飞向槛车。

管仲被这突如其来的事件所震惊，他没有想到不明事理的百姓在竖貂的煽动下，竟然对自己有这么深的仇恨。恰在此时，一块小石头砸在管仲的额头上，顿时血流满面。管仲愤怒地跪在槛车里，怒睁双眼注视着人群，眼中射出狼一般的凶光。他欲痛骂几句，以消心头之恨，然后一头撞死在槛车之中，免受此奇耻大辱。突然，鲍叔牙在堂阜临别时的话，在管仲耳边响起：“无论发生了什么事情，一定要泰然处之，切不可失了信心。”

管仲终于明白了，眼前的情景，早在鲍叔牙的预料之中，他专门停驾堂阜，对自己预做交代，就是要自己忍辱负重，坚强地活下去。想到这里，管仲如狮子般怒吼一声，痛苦地坐下，闭上双眼，任由额头上的鲜血流下，任由车外的小石头、土疙瘩击打在身上……

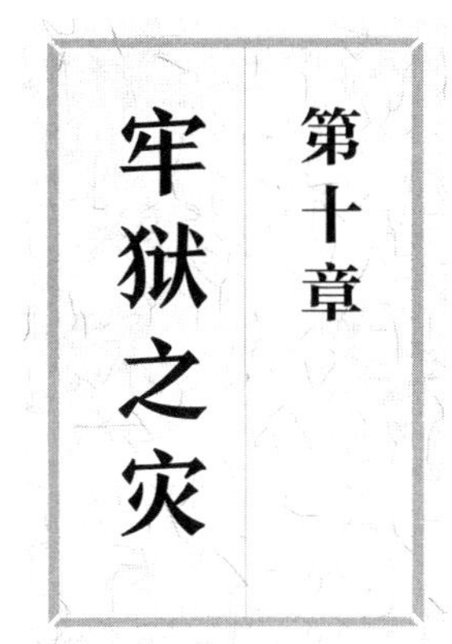

第十章 牢狱之灾

牢狱之灾

夜幕已经降临，牢房里更是漆黑一片。管仲浑身是血，疲惫不堪地躺在潮湿的死牢中。肚子里饥肠辘辘，更要命的还是口渴难耐。躺下，坐起来，又躺下，又坐起来，无论采取什么姿势，浑身都是不自在。

突然，牢门哐当一声打开了，一个狱卒左手持火，右手提一个小案儿，怀里还夹着一张琴；后面跟着一个狱卒，左手提一个砂罐，右手提着一个食盒。两人走进牢房，放下案儿，插好火把，将琴靠墙放好，另一个放下砂罐，放下食盒，取出食盒中的菜肴放在案儿上。

管仲不问青红皂白，提起砂罐猛喝几口水，这才气喘吁吁地问："差哥，谁为在下送来酒菜和饭食？"

"送来了就吃，别多问了！"狱卒边放盘子边说。

正在这时，突见竖貂走进牢房，见两个狱卒给管仲送酒菜，大吼道："谁吃了熊心豹子胆，竟敢给死囚送酒食。"

一名狱卒胆怯地回答："回禀将军，是鲍太傅令我们送来的。"

竖貂知道是鲍叔牙让人送的酒食，没有再追究，冷笑一声，讥讽地说："可惜呀！想吃也时日不多，说不定哪一天要被钉在耻辱柱子上晒干鱼呢！"说罢转身离去，临出门时，回头又补了一句，"严加看守，别让死囚溜了，主公还等着向他报一箭之仇呢！"

竖貂走了。狱卒们出去了。牢门锁上了。

管仲看着眼前的酒菜，一时倒没了食欲，拉过靠在墙边的琴，放在案几之上，弹奏起来。

鲍叔牙自堂阜同管仲见面以后，先期回到临淄，他用了不少心思劝说齐桓公赦免管仲。齐桓公记恨白水之滨那一箭之仇，就是不松口。

鲍叔牙虽然不是相国，但齐国朝政，实际上是由他主持。此前，齐桓公欲拜鲍叔牙为相国，遭到鲍叔牙的婉拒。鲍叔牙认为，他不适合为相国，还有比他更适合的人选，这个人就是管仲。齐桓公对管仲的仇怨未了，并没有答应。在齐桓公的心目中，他的师傅鲍叔牙才是相国的最佳人选。实际上，他已经将鲍叔牙当成相国来使用了。朝中的大事小事，都交给鲍叔牙去处理。偏偏鲍叔牙这个人做事非常认真，事无巨细，事必躬亲，生怕有所闪失。本来国事就忙得焦头烂额，再将营救管仲之事交织在一起，搞得鲍叔牙心力交瘁，短短的十多天，便已是鬓发全白。

本来，管仲在白水之滨暗箭射杀公子小白之后，鲍叔牙也对管仲心生恨意，认为管仲心肠太狠，竟然暗箭射杀自己的主人。事后想起来，又觉得管仲之举是各为其主，无可指责，若是换了自己，遇到相同的情况，也会像管仲那样毫不迟疑地杀掉公子纠，使自己侍奉的公子小白登上君位。这样一想，心里也就坦然了，原谅了管仲。为了让管仲活下来，他顺着齐桓公的竿子爬，以齐桓公要亲自报一箭之仇为由，胁迫鲁国将活着的管仲交给齐国，顺利地将管仲从鲁国引渡回国。

管仲虽然活着回来了，却被关进了天牢，如何劝说齐桓公赦免管仲，将他从死牢里放出来，难度比想象的大得多。因为无论怎么劝说，齐桓公还是那句老话，要报一箭之仇，要亲手杀了管仲。之所以没马上大开杀戒，是因为鲍叔牙巧妙地利用冲喜之说拖延了时间。

原来，鲍叔牙回临淄后，立即来见齐桓公，禀报鲁国之行的结果，向齐桓公先吊后贺。齐桓公有些不解地问："何吊之有？"

"公子纠乃主公之兄，主公为国大义灭亲，情非得已，臣能不吊吗？"鲍叔牙说。

"嗯！"齐桓公点点头说，"寡人逼鲁侯杀掉公子纠，是为齐国的长治久安着想。但公子纠毕竟是寡人亲哥哥……师傅！”

“主公有何吩咐？”鲍叔牙问道。

“请将公子纠以礼葬之！”

“臣也有此意，但臣知道主公宅心仁厚，一定会这样做的，所以等着主公吩咐呢！”鲍叔牙为了营造一个好的气氛，对齐桓公恭维了几句。

齐桓公脸上果然露出了笑容，点点头，表示赞同。

鲍叔牙趁机说：“召忽乃忠臣，将他的首级葬于公子纠之侧，让他在九泉之下侍候公子纠，行吗？”

“好！好！好！就这样办。”齐桓公不假思索地答应了。

鲍叔牙心里的一块石头总算是落了地，召忽九泉之下若有知，一定也会感激他这位仁兄的。

齐桓公又问道：“吊已吊了，何贺之有？”

鲍叔牙满脸堆笑地说：“管仲乃天下奇才，非召忽可比。臣遵从主公之意，已将管仲从鲁国引渡回来了，主公得一贤相，臣能不贺吗？”

齐桓公马上就变了脸色，咬牙切齿地说：“管仲暗箭射杀寡人，幸亏箭中带钩，否则，寡人早已是管仲的箭下之鬼。寡人每想起这件事情，恨不得要吃管仲的肉，寡人怎么能用我的仇人呢？寡人让你将管仲引渡回齐，是要亲手杀了他，并不是请他回齐国来当相国的。”

“主公……”鲍叔牙痛苦叫道。

齐桓公见鲍叔牙的表情，知他与管仲感情很深，也不欲过分地伤他的心，一摆手道：“师傅，今天不提管仲之事，一提到他寡人心中就有气。”

鲍叔牙知齐桓公心结难解，为了防止谈崩而导致对管仲痛下杀手，灵机一动说：“主公言之有理，主公君位初立，确实不应该处理一些不愉快的事情，免得沾了晦气。将管仲之事放在一边，不去理他，先办几件喜事冲冲喜再说。”

“师傅言之有理，你看何事能使寡人高兴？何事又能冲喜？”桓公脸色又变了回来，笑着问。

鲍叔牙热情地说：“竖貂快马回报，蔡侯已经答应了婚事，同意将蔡姬嫁与主公，如果顺利的话，送亲的队伍已在途中，不日将到临淄，臣已派人沿途迎接去了，请主公早做准备，到时做新郎吧！”

原来，齐桓公平生有三大喜好：好色、好猎、好美食。尽管后宫侍妾如云，但仍然乐此不疲，闻听哪里有美女，一定要想办法弄到手才肯善罢甘休，否则就寝食不安。

竖貂生性阿谀，每欲讨好桓公。闻蔡侯之妹天姿国色，貌若天仙，于是，他向齐桓公献媚道：“主公，臣听说蔡侯之妹蔡姬生得天姿国色，举世无双。臣请为使，到蔡国去为主公提亲，使主公睡榻旁又增美人，岂不快哉？”

齐桓公果然是渔色之人，闻竖貂之言，大喜过望，忙召鲍叔牙商量，欲聘纳蔡姬。鲍叔牙知道，只要是小白看上的女子，他一定会千方百计地弄到手，谁欲阻拦，一定没有好果子吃。他当然不会自触霉头，便同意了桓公的要求，并派遣竖貂出使蔡国，向蔡侯提亲。

齐桓公听鲍叔牙提到蔡姬，果然是眉飞色舞，笑着说：“竖貂真的办好了这件事吗？”

鲍叔牙笑着说：“貌若天仙的蔡姬，即将成为主公的枕边人，主公真是艳福不浅哟！”

齐桓公立即手舞足蹈起来，仿佛已经美人在怀。鲍叔牙见状，恭维地说：“臣闻蔡姬不但貌若天仙，且还贤淑雅静，知书达礼，主公新添这样一位夫人，实在是可喜可贺！”

齐桓公略显歉意地说：“寡人得了坏病，见了美人就全身发软，离了美人就浑身没劲。”

鲍叔牙附和地说：“食色性也，怎能说是病，只能说明主公龙马精神，天生情种。”

“哈哈哈！”齐桓公大笑道，“师傅真会说话，迎娶蔡姬之事，就由你全权操办。”

鲍叔牙笑着说：“一切包在臣的身上，主公就等着做新郎吧！”正是：

挚友落难为囚徒，几度援手愿难成。

转谋喜庆悦圣心，暂缓行刑欲活人。

谋略留给挚友

管仲回临淄已近月余，但都是在牢笼里虚度时光。鲍叔牙不但没有跨进牢门一步，甚至连信也没有给一个。管仲预料，鲍叔牙一定是遇到了麻烦，而且麻烦还不小，否则，绝不会出现这样的情况。他潜意识地感觉到，死神正在一步一步地向他逼近，黑白无常已经在催他上路。每想到此，一个人坐在潮湿的牢房，止不住流下几滴英雄泪。

管仲并不是怕死之人，人生自古谁无死？只是他觉得，自己空有满腹经纶，却不能为国所用，若就此死去，实在是心有不甘。他之所以不想像召忽那样追随公子纠于地下，就是想将胸中所学奉献给齐国。白水之滨，他之所以要暗箭射杀公子小白，就是想让公子纠继承齐国国君之位。若公子纠继承齐国国君之位，作为公子纠的师傅，他就会理所当然地坐上相位。有了相国之位，他就可以尽展胸中所学，使齐国走上富国强兵之路。谁知天意弄人，箭中带钩，小白不但未死，反而还抢夺了齐国国君之位，自己辅佐的公子纠，不但因自己的疏忽而失去君位继承权，而且还客死他乡。身为公子纠的师傅，如今自己也成了阶下囚。

管仲知道，齐国相国之位非鲍叔牙莫属，他也从心里替这位兄长高兴。原本他还想，回到齐国后，若能不死，他愿意充当鲍叔牙的助手，共同辅佐齐侯。但是，当槛车进入临淄城、在“耻辱柱”前遭到众人唾骂、围攻的时候，他就知道自己活下来的可能性很小；当在黑暗的牢房里待这么长时间，鲍叔牙仍没有将他救出去时，他心里几近绝望。绝望之余，他又为齐国感到悲哀。因为只有他才是齐国相国最合适的人选，只有他才能带领齐国走上富国强兵之路。鲍叔牙是个好人，也有能力，让他管理国家一个方面的工作，他能做得很出色，但他不是做相国的料，因为他没有做相国所需要的气魄和远大的目光。

管仲想到自己是行将就木之人，突然意识到，自己虽有济世之才，却不能为国用，就这样将其带到地下去，岂不是太可惜了？天降我才必有用，管仲有了要为鲍叔牙做点什么的冲动，将自己的所思、所想写出来，留给鲍叔牙，也可为齐国略尽微薄之力。想到这里，他便向狱卒要求，请为他准备竹简和笔。狱卒本来就得到鲍叔牙的指示，无论管仲要什么，都要满足他的要求，如果解决不了，可以找他。因此，狱卒很快就满足了管仲的要求，并且还特地在牢房里点上松明火把。

鲍叔牙走进天牢，管仲正在埋头书写。一旁的狱卒欲喊管仲，告知鲍太傅来看望他，鲍叔牙摆摆手制止了。他静静地站在栅栏外面，看着这位满腹经纶却又备受磨难的好兄弟，忍不住眼泪直流。站了好一会儿，管仲只是奋笔疾书。待他手中的竹简写完换简之时，鲍叔牙才轻轻地叫道："夷吾弟！"

管仲突听有人叫夷吾弟，顿时浑身一震，知道是鲍叔牙来了，猛然抬起头，见鲍叔牙就在栅栏外，霍地一下站起来，扑向栅栏，惊叫道："叔牙兄，你可来了！"

狱卒迅速打开栅栏上的铁锁，鲍叔牙一步跨进牢房，这一对好兄弟紧紧地拥抱在一起，什么也没有说。狱卒悄无声息地退了出去。

好久好久，两人才彼此松开，鲍叔牙低头看着案几上堆放的竹简，上前拿起一卷看了起来，只见开首写道：

牧民

国颂：凡是拥有国土、治理人民的君主，要注意四时农事，保证粮食储备。国家财力充足，远方的人民就自动迁来；荒地开发得好，本国的人民就能安心地留住。粮食富余，人民就知道遵守礼节；衣食丰足，人们就懂得荣辱。君主的服用合乎法度，六亲就可以团结；国家的四维（礼、义、廉、耻）能够发扬，君令就可以贯彻……

鲍叔牙放下手中的竹简，迫不及待地将案几上所有的竹简翻看一遍，见还有《权修》《立政》《形势》几篇，惊喜地说："夷吾弟，这些都是你的大作？"

管仲有些莫名其妙，鲍叔牙进来除在栅栏外叫了他一声外，一句话也没有说，只是一个劲地翻看自己写的竹简。睁着一双大眼睛，苦涩地说："是呀！叔牙兄为何如此激动？"

"夷吾弟！"鲍叔牙猛地回过身来，再次抱住管仲，大笑道，"有救了！有救了！"

管仲不解地问："什么有救了？"

鲍叔牙拉着管仲坐下来，感慨地说："自堂阜一别，愚兄一来为国事缠身，二来欲待恳请主公赦免夷吾弟之事稍有眉目之后再来看望你，谁知主公执意不赦……"

管仲看着鲍叔牙花白的头发和如霜的两鬓，伤感地说："近一月不见，叔牙兄就两鬓如霜，你为小弟之事已是心力交瘁，叫小弟如何报答你？小弟也知道求赦无望，故此想在有生之日，将我的治国之道写下来，留给叔牙兄做个参考，也不枉我们兄弟一场。"

"还是留着你自己用吧！"鲍叔牙指着案几上的竹简说，"愚兄数劝于主公，未曾打动君心，不想兄弟却自己救了自己。我现在就要将这些带走，定能派上大用场，凭这些惊世之作，主公一定会正视你的存在，一定会有惊人之喜。不是愚兄救你，你这是在自我救赎啊！"

鲍叔牙在牢里待的时间不长，抱着管仲刚写完的几卷竹简，匆匆离去。临别时，嘱管仲耐心等待，他有办法也有信心求得齐桓公的赦免！

齐桓公喜得佳人

竖貂为齐国使臣，跋山涉水赴蔡国为齐桓公提亲。蔡国本是小国，向欲巴结齐国，只是两国相距较远，欲交而无门。闻泱泱之大齐遣使来蔡国，蔡侯惊喜非常。以仅次于招待周天子的礼节来接待齐国使臣。

竖貂本是势利之人，若为他事出使一般小国，他一定是趾高气扬，大有凌驾于人上之意。怎奈此次出使蔡国，是有求于人，若不能迎得美人归，将丧失一个讨好君上的大好机会。他见蔡国以如此高的礼节接待自己，内心一阵窃喜，预料完成此行之使命可能性非常大。但他还是放下大国使臣的架子，以外臣之礼叩见蔡侯。

蔡侯见齐国使臣行外臣之礼，受宠若惊，谦恭地问："不知上国使臣屈驾于蔡，所为何事？"

竖貂单刀直入地说："齐侯闻蔡侯有贤妹蔡姬，不但长得美貌绝伦，而且聪慧贤达，欲同蔡侯结成姻亲，特遣外臣前来提亲。礼聘蔡姬为齐侯夫人。请蔡侯成全。"

蔡侯闻齐国使者来蔡是为齐侯提亲，心里暗自高兴，正愁攀附齐国无门，见有此大好机会，哪有不允之理。连忙答道："齐侯乃大国之君，能看得上舍妹，此乃舍妹之福。请上国使节宿于驿馆，待鄙国稍做准备，然后送舍妹与贵使一同赴齐，与齐侯完婚，如何？"

竖貂见蔡侯慨然应允，心里自然高兴，喜形于色地说："外臣谨听蔡侯吩咐就是。"

蔡国都城的驿馆建在一个被叫作澜湖的小湖边。齐国濒临大海，竖貂看惯了大海的浩瀚，陡然间来到这内陆的小湖边，眼见那岸边垂柳，湖中游船，倒是别有一番情趣。一个人待在驿馆里，闲来也觉无聊，便对陪同的蔡国大夫宋儒说，欲到湖边转转。宋儒早就得到蔡侯的旨意，一定要陪好齐国来使，随时满足来使提出的任何要求。总之就是一句话，保证齐使高兴、满意。

竖貂同宋儒大夫漫步于澜湖边，边走边聊着蔡国的风土人情，突然，湖汊的荷花丛中传出一阵银铃般的笑声。竖貂本是好色之徒，闻此笑声，顿时骨软筋麻，连路也走不动了，不由自主地向荷塘边移去。

宋儒察言观色，心知竖貂奢好渔色，跟在竖貂的身边讨好地说："不知是谁家美姝在荷花中戏耍，大人有兴趣，前去看看！"

竖貂两眼紧盯着荷花丛中一叶扁舟上的几位少女，脚步越来越快，闻宋儒大夫之言，边走边说："荷花丛中藏佳人，真乃仙境也！"

竖貂来到湖边，两眼紧盯着荷花丛中小船上一名最为靓丽的少女，只见她体态娇小玲珑，容颜妩媚，细致的蛾眉，涂朱抹丹，喷香怀馥，站在船头上，藏在荷花中，真的是人如花，花如人。竖貂惊叹道：“中原女子，好美呀！”

船中的少女听到岸边有人说话，抬头一看，见是一个衣着华丽、从未见过的男人，便笑嘻嘻地说道：“怎么？没见过漂亮女人呀？”

竖貂闻言大吃一惊，心里想，中原女子怎么如此泼辣，对生人说话竟如此口无遮拦？

竖貂吃惊，有一个人比竖貂更吃惊，他就是陪同竖貂游湖的宋儒大夫。因为他发现，船中说话的少女不是别人，正是竖貂来蔡国要礼聘的蔡姬。

蔡姬从小天资聪颖，被爹娘视如掌上明珠，除随乳母习学女红之外，还有专人教习文章及琴棋书画，闲暇之余，常带着侍女随仆人习学弓箭、划船与游泳。表面上看，蔡姬是个温柔娴静的小女子，可骨子里却有着巾帼不让须眉的男儿气概。父兄长年征战沙场，她的血液中大约遗传了她父亲的基因：胆大，豪爽。

宋儒吃惊，主要是担心竖貂不喜欢蔡姬这种抛头露面的泼辣性格，若婚事难成，他还真不敢想象后果如何。正欲出面制止，不想竖貂面对湖中的小船吟道：

青荷盖绿水，芙蓉披红鲜。
不知谁家妹，较荷更美艳。

船上的蔡姬刚才本是一句戏言，有意戏弄岸上之人，不想岸上之人毫不气恼，反而还吟诗赞美自己。一时兴起，马上回吟一首，反唇相讥：

妹乃天上仙，湖中与鱼戏。
哪来莽夫子？敢扰妾雅兴。

竖貂见船上少女应对迅速，诗中对自己的失态虽颇有责怪之意，然所咏之诗，真乃是平生仅见，不由得兴趣大发，再吟一首：

来自大海边，此时正得闲。
偶逢荷中仙，醉心欲采莲。

宋儒大夫见二人对上了，害怕出现意外，正欲说明彼此的身份，忽听船上传来一阵笑声，接着又听蔡姬吟道：

蛤蟆贪天鹅，麻雀恋孔雀。
莽夫好大胆，竟敢戏嫦娥。

宋儒见蔡姬越来越放肆，忙对着荷花中的小船喊道："公主不得无礼！这是齐国使臣竖貂大人！"

船上之人听到宋儒之言，突然没了声音。竖貂听宋儒叫船上之人为公主，也是大吃一惊，问道："宋大夫，你刚才叫什么？"

宋儒说道："船上少女就是蔡姬呀！"

"啊！"竖貂惊呆了，想不到船上少女就是自己前来礼聘、即将成为主公夫人的蔡姬，自己竟然以诗戏耍且还有轻薄之意，想到此，竖貂惊出一身冷汗。竖貂到底还是竖貂，连忙口吟一首以表歉意：

竖貂使蔡迎丽姝，澜湖荷塘逢嫦娥。
莽夫冒犯本无心，但求孔雀恕麻雀。

竖貂与宋儒等了半天，不见回声，再一看，小船已隐于荷叶丛中，只见荷叶晃动，却不见小船踪影。

宋儒大夫歉意地说："让竖大人见笑了，公主就是这个性子，自恃才高，在蔡国少有对手。今日之事，多有冒犯，还请不要见怪。"

竖貂叹道："久闻蔡姬乃才女，今日一见，果真是大开眼界。"

蔡侯备了一份丰厚的嫁妆，并遣公子宏跟随竖貂将蔡姬送至临淄。竖貂对自己能顺利完成这样一个使命，自是欢喜异常。派快马先行将喜讯禀报齐桓公和太傅鲍叔牙。

送亲队伍从蔡国出发，一路上晓行夜宿，直奔齐国都城临淄。为讨得蔡姬的欢心，竖貂极尽阿谀奉承之能事，除晚上睡觉之外，一直侍候在蔡姬的身边。

蔡姬坐在车中，见竖貂鞍前马后、侍候得格外殷勤，旅途倒也不觉寂寞。她心中最想知道的是未来的夫君长得到底是什么样子。她虽然性情泼辣，但要直接询问夫君长相如何，倒还真是开不了口。不问又觉得有些不甘心。于是试探性地问："竖貂大人，你们齐国的男子都长得像你这样英俊吗？"

竖貂是何等人，大雁从头顶飞过，他都能认出个公母来。蔡姬的话音刚落，他便知其用意，笑容满面地说："竖貂怎够得上'英俊'二字，若与主公相比，十之一二都难及，主公那才叫英俊呢！"

蔡姬见说，心中窃喜，口头却说："竖貂大人总是拣好听的说。"

"借我一百个胆，我也不敢骗你呀！"竖貂信誓旦旦地说，"齐侯不仅长得英俊潇洒，而且还机智过人。"

蔡姬坐在车子里笑着说："又在吹牛吧？"

"给您讲个故事，就知道我不是吹牛了。"

"讲吧！"蔡姬表面上装得若无其事，心里却很想多知道一些即将成为自己夫君的齐桓公的事儿。

"先君齐襄公在位之时，主公避乱于莒国，公子纠避难于鲁国。公孙无知弑君而篡位，雍廪大夫又杀了公孙无知。公子纠和主公分别从鲁国和莒国回齐国奔丧。主公在白水之滨与公子纠的师傅管仲相遇，管仲陡起杀心，暗箭怒射主公，不想箭中带钩，主公趁势咬舌喷血诈死，逃过管仲的继续追杀。管仲认为主公已死，放心离去。公子纠和送公子纠回齐国的鲁庄公听信管仲之言，也认为主公已死，没有人同他们争夺君位了。于是，一路上也不急着赶路。而主公抄近路回齐，在高、国两上卿的拥戴下，拜宗庙，继承了齐国国君之位。"竖貂问蔡姬，"非大智大勇者，能骗得过管仲、登上齐国国君之位吗？”

“那暗箭射杀齐侯的管仲呢？”蔡姬问道。

竖貂说：“还关在天牢里，主公说了，要亲手将管仲射杀在‘耻辱柱’上。”

“啊！”蔡姬惊叹一声。

“您到齐国后，一定能看到这一幕的。”竖貂有些幸灾乐祸地说，“一报还一报，管仲是死定了。”

鲍叔牙接到竖貂的快报，便着手操办齐桓公迎娶蔡姬的婚庆之事。估摸着送亲队伍快到临淄，于是派快马沿途打探。探子回报，送亲队伍从鲁国过境，已过汶阳，三两日即可到达临淄。鲍叔牙命人将宫城精心布置，里里外外，张灯结彩，披红挂绿，宫灯高悬，呈现出一片喜庆之气。齐桓公寝殿内更是披红挂绿，宫灯高悬，一片喜庆气氛。

鲍叔牙将婚事操办的准备情况随时向齐桓公禀报。齐桓公关心的只是美人几时能到，至于操办之事，那只是一个过场，他倒不怎么苛求。

高高的城墙，宏伟的城门，一面书有一个大“齐”字的杏黄旗插在城楼上迎风招展，蔚为壮观。竖貂骑马走在蔡姬的车旁，指着临淄城说：“您看，前面就是齐都临淄城，我们马上就要到家了！”

蔡姬掀开车帘探望，见高高的城楼上大旗迎风招展，守城的士兵来回走动，好不威风，不由得从内心发出一声感叹：“好气派呀！”

车队快到城门口时，蔡姬不情愿地将车帘放下，将红绸盖头拉下。刚进夫家的女子，是不能随意抛头露面的。蔡姬虽然泼辣，却也不敢冒昧。时间长了，终还是捺不住好奇之心，忍不住揭开盖头，将车帘拨开一条小缝，偷偷地向车外观看，只见那宽敞的大街，人群川流不息，贩夫走卒的吆喝声，此起彼落，与小小的蔡国相比，简直是天壤之别。突然，一阵优雅动听的音乐传了过来，同时还伴杂着吹呼声，蔡姬知道车队已进宫城，连忙放下车帘，重新坐好，将红绸盖头放下。

齐桓公将蔡姬迎进后宫，然后来到大殿，接受群臣的祝贺。

群臣皆已入座，只等新郎入席即可把酒言欢。趁此空闲之机，竖貂站在中间，正在绘声绘色地讲述他在蔡国澜湖边的奇遇，众人听后，不时发出阵阵惊叹之声。

竖貂正讲到得意处，见齐桓公满面春风地进入大殿，忙上前献媚地说："臣恭喜主公喜得才女佳人。"

齐桓公大笑道："蔡姬真有你说的那样好？"

"蔡姬貌若天仙，举世无双，姿色实不是臣能用言语所能形容。"竖貂色眯眯地说，"主公体验后，就知其妙！"

鲍叔牙见齐桓公入殿，上前将他拉到酒席旁说："主公请入席，群臣都在等着敬酒祝贺呢！"

大臣们见齐桓公入席，端起酒爵齐声说道："祝贺主公喜得佳人！"

"好！好！"齐桓公举起酒爵说，"寡人受了！"说罢，将爵中酒一饮而尽，随后又自斟一爵，举爵说道，"今天是寡人的大喜之日，不必拘束，开怀畅饮，寡人在这里敬大家一爵。"

齐桓公又单独向高、国二位上卿敬酒，然后将招待客人的事交给鲍叔牙，他自己则返回内宫。群臣乐得桓公离去，好无拘无束地喝酒吃肉。

蔡姬头蒙红绸，端坐于案儿一侧，除有刚进来的侍女侍奉外，此时寝宫里就她一个人。临行前，其兄蔡侯告诉她，姜太公开创齐国，因其俗，简其礼，礼仪与蔡国不同，嘱咐她嫁到齐国，一定要入乡随俗，不可任性。因此，她只好静静地坐在寝宫，等候夫君的到来。

忽然，门外响起了一阵急促的脚步声，她知道是夫君来了，心里顿时像小鹿似的怦怦直跳，她深深地吸了一口气，借以稳定一下情绪。突然，脚步声没有了，蔡姬大失所望，以为是有人从寝宫门外经过，紧张的心情又放松下来。

齐桓公迈着大步急匆匆地回到寝宫，突然觉得自己是不是太急了些。于是，放慢了脚步，在寝宫门口静静地站一会儿，稳定一下情绪，再慢慢地推开寝宫门，轻轻地迈步走进寝宫。

蔡姬听到轻轻的开门声、轻轻的脚步声，美滋滋的，心里想：大老爷们儿，心思还挺细腻的，刚才还是心急火燎，到了门口就放慢脚步，还懂得怜香惜玉。不由得对这个即将面对的夫君有了几分好感。她默默地等待着，等待夫君前来将她的红绸盖头掀去，这样，她就能与夫君面面相对了。

齐桓公轻轻地走进寝宫，慢慢地来到蔡姬面前，伸出手，轻轻地、慢慢地掀开红盖头之一角，眼前一亮，不由得发出“啊”的一声惊叫。只见蔡姬乌云叠鬓，杏脸桃腮，眉淡淡似春山，凤眼汪汪似两潭秋水，樱桃朱唇，娇身柳腰，似海棠醉日，梨花带雨，国色天香，宛若仙子……齐桓公简直看呆了。

蔡姬定睛看那桓公浓眉大眼，虎背熊腰，眼如铜铃，鼻如鼓坟，身高八尺开外，果然是一个顶天立地的伟男子。她满心欢喜，满脸堆笑地向齐桓公施礼道：“贱妾给主公请安！”出语如莺，吐气出兰。

齐桓公听之心花怒放，闻之骨软筋麻，忘情地看着这位美娇娘，两眼眨也不眨，两人就这样无声地对视着。到底还是齐桓公的耐性有限，看着眼前这如花似玉的美娇娘，不由得浑身燥热，止不住心猿意马，再也按捺不住，一把将蔡姬搂在怀里，大声赞道：“人夸妲己、褒姒美，怎及寡人的蔡姬半分容貌？”

蔡姬偎依在齐桓公怀里，娇滴滴地说：“啊哟！主公，怎么能拿蔡姬同亡国祸水相比呀？”

齐桓公一听更是高兴，这蔡姬不仅貌美如花，而且才识过人，真是越看越喜欢，忍不住便要为她脱衣解带，共行那云雨之乐。谁知蔡姬轻轻地推开齐桓公的手，笑吟吟地说：“主公怎么如此猴急，贱妾与主公尚未共牢合卺呢！”

齐桓公笑道：“寡人竟忘记未行合卺之礼了。”

蔡姬娇柔地说：“听母亲说，不吃共牢，不喝合卺酒，就难与主公白头偕老。”

齐桓公笑着把蔡姬拉到席上坐下。那里早已摆好了“牢”和“卺”。

共牢和合卺是一种古老婚俗。

“牢”，是指祭祀用的牲畜，原指牛、羊、猪三种，后也专指祭祀用的牛。“牢”又分“大牢”和“小牢”，“大牢”供参加婚礼的人们吃，“小牢”用乳猪、羊羔或鸡、鸭等精心制作，供新郎新娘食用。

“卺”即是瓢，将一个小葫芦劈开，成为两只小瓢，新郎、新娘各拿一个，用之以饮酒。

齐桓公与蔡姬吃过“小牢”，两人各用一只手按着葫芦的一半，将其分开，一人一只，盛上酒，各饮少许。

蔡姬拿起脸巾，替齐桓公擦脸，齐桓公抢过蔡姬手中的脸巾丢在地上，急不可耐地抱着蔡姬走向睡榻……

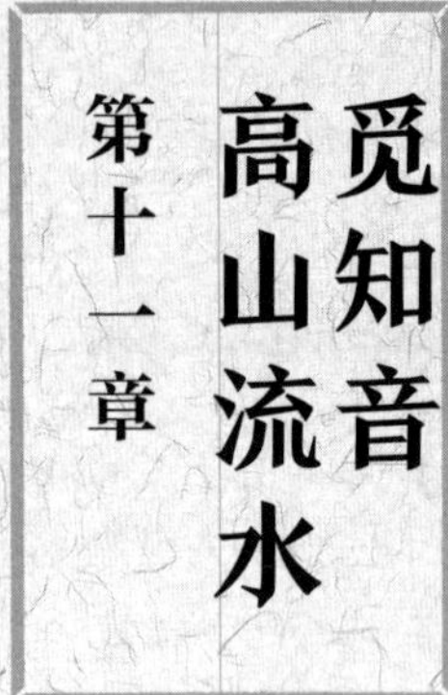

蔡姬听曲

齐桓公自娶蔡姬之后，数日不朝，成天陪伴着娇妻，躺在那温柔乡中享受着新婚宴尔的美妙生活。偏那蔡姬，不但生得娇嫩如花，而且才智过人，琴、棋、书、画样样精通，新得夫婿，更是使尽浑身解数，欲讨夫君欢心，更使得齐桓公欢快无比，乐而忘朝。

这一天，蔡姬在后宫摆好琴，笑着对齐桓公说：“主公，妾为你弹奏一首新曲，好吗？”

齐桓公问道：“什么曲子？”

“教琴的师傅说，此曲叫《伯牙悼子期》。”蔡姬边试弦边说。

齐桓公说道：“寡人从未听说有此曲。”

“此乃蔡国著名琴师丹韵偶然得之，妾百般恳请，他才将此曲传授于妾。”蔡姬朝桓公嫣然一笑，“妾现在就弹给主公听。”说完，摆正姿势，调好琴弦，静坐一会儿，稳定一下情绪，抬起手，轻轻地拨弄琴弦，美妙的琴声立即传出，乐曲悱恻缠绵，似怨似思。

“好！好曲子！”齐桓公叹一口气说，“只是曲调太过忧郁，听起来使人伤感无限。”

“此曲悱恻缠绵，寄托伯牙对知音故去的无比惆怅和无尽的哀思，余情袅袅，感人至深。”蔡姬亦叹口气说，“只是可惜……”

“可惜什么？”齐桓公问道。

蔡姬说："丹韵琴师也只是偶得此曲，而对于《高山流水》曲，他却弹不全。"

"《高山流水》真的那么神秘？"齐桓公问道。

"当然，不是谁都能弹这首曲子，臣妾也只是听丹韵琴师弹过几次，但每次都不全，因为丹韵琴师没有学全。"蔡姬接着说，"《高山流水》后面，隐藏着一个美好动人的故事。"

齐桓公两眼看着美貌娇妻说："什么故事？说来听听。"

蔡姬徐徐说道：

相传楚国有琴师俞伯牙，精通音律，琴艺高超，却常为其演奏不能出神入化而烦恼。其师得悉后，带着俞伯牙乘船来到东海之蓬莱岛，让他欣赏大自然的景色，倾听大海的涛声，伯牙为这浩瀚的大海、激溅的浪花、飞翔的海鸟所陶醉，呼啸的涛声、悦耳的鸟鸣声、游人的欢笑声，还有蓬莱阁传出的钟声，所有这些，构成一曲和谐动听的大自然音乐，他情不自禁地取下肩上的古筝放在海边一块石头上，纵情地弹奏起来，心随意转，意催琴弦，调出一首前所未有的美妙的琴声，后来，他进一步将此曲完善，起名为《高山流水》。

《高山流水》的音律虽然优雅动听，但由于太过奥妙，无人能识其真谛。俞伯牙备感孤独和寂寞，自叹知音难觅。每有闲暇，他便身背古琴，遍游名山大川，继续寻找大自然的音律，寻找知音。一次回乡途经汉水，船泊于汉江码头，夜晚，俞伯牙坐在船中，面对清风明月，岸上游人和滚滚东逝的江水，想到知音难寻，不由得思绪万千，坐在船头，弹起无人能识的《高山流水》曲。悠扬的琴声，顿时在湖面飘荡。冥冥中，他感觉有人站在岸边倾听他的琴声，当他弹奏赞美高山的曲调时，听到岸边人赞赏地说："雄伟而庄重，就像高耸入云的泰山就在眼前！"当他弹奏表现奔腾咆哮的波涛时，岸边人又赞赏道："宽广而浩荡，犹如滔滔之流水，浩瀚之海洋就在脚下！"

"知音、知音也！遍寻知音不遇，不想却在西湖！"俞伯牙兴奋地站起来，仰天大笑："船家，快靠岸，快靠岸！"

俞伯牙所觅到的知音，就是钟子期，一个樵夫。二人从此成为知音。俞伯牙为此在汉阳流连三日，二人从此成为莫逆。二人约定，来年中秋月圆之时，在汉阳龟山相聚，抚琴叙旧。当俞伯牙第二年如约而至之时，他看到的却只是一座坟墓。原来，钟子期自与俞伯牙一别后，身染怪病，不幸而亡。俞伯牙探知此事，赶到钟子期的坟前，为钟子期弹了一曲完整的《高山流水》，而后尽断琴弦，砸碎琴身，终生不再鼓琴，以为世上再也没有知音者……

正在这时，随风飘来一阵优美的琴声。蔡姬听到琴声，立即止住口不言，侧耳静听。过了一会儿，蔡姬惊喜地说："《高山流水》，这就是《高山流水》，主公，何人在弹奏《高山流水》？"

齐桓公不以为然地说："一名死囚而已。"

"死囚？"蔡姬惊问道，"怎么会是死囚，死囚能弹出如此高深的曲子，他到底是一个什么样的人？"

齐桓公道："此人名叫管仲，公子纠的师傅。"

"为何成了死囚？"蔡姬问道。

"他为了能使公子纠登上齐国国君之位，在白水之滨，暗射寡人一箭，若不是箭中带钩，寡人早已是黄泉路上客。寡人定报此一箭之仇。"齐桓公咬牙切齿地说。

"啊！"蔡姬叹了一声，"记起来了，竖貂在路上对臣妾说过此人。从琴声可知，管仲绝非平庸之辈。"

齐桓公笑道："好见识，管仲果然有经天纬地之才，百步穿杨之能。只可惜他是寡人的仇人，过段时日，寡人要送他到阴间，同他的主子公子纠团聚去。"

"真的？"蔡姬叹道，"太可惜了，能弹《高山流水》者，一定是胸有大志之人，一定是个人才，主公，人才难得呀！"

"别提此人。"齐桓公不高兴地说，"免得扰了雅兴。"

蔡姬见齐桓公突然有些不高兴，吓得赶紧转了话题。

鲍叔牙再荐管仲

齐桓公新婚，有了娇妻相伴，整日沉湎于后宫男女之事，乐而忘朝，朝廷一切政务皆落在鲍叔牙的身上。偏偏鲍叔牙事无巨细，事必躬亲，如此一来，鲍叔牙成天陷于繁忙的国事中。齐桓公的婚礼结束后，鲍叔牙终于累得病倒了。

鲍叔牙见齐桓公新婚宴尔，没有将生病之事告诉他。几天后，齐桓公不见鲍叔牙入宫奏事，才知太傅病倒了，连忙起驾，亲自到鲍叔牙的府第探望。

齐桓公来到鲍府，见鲍叔牙卧病在床，面容十分憔悴，动情地说："太傅，几日不见，你脸色如此憔悴，找郎中看了吗？是什么病？"

鲍叔牙在仆人的搀扶下坐起来，喘息未定地说："也没什么，休息几天就好了。只是国事繁忙，臣确实有些力不从心呀！"

"国事就不要操心了，太傅还是安心养病，一切等病好了再说。"齐桓公关心地说。

鲍叔牙说道："臣的病无药可治。"

齐桓公惊问："太傅到底得的是什么病，怎么就无药可治？"

"臣得的是心病。"鲍叔牙咳了几声说，"臣与管仲乃生死之交，眼见得他身陷牢笼却无能为力，臣愧对管仲呀！"鲍叔牙说罢，抱头痛哭。

"太傅，你这又是何苦呢？"齐桓公有些无奈地说，"寡人身为一国之君，在午门外立下耻辱柱，对天发誓，要将管仲射杀于耻辱柱上，报一箭之仇。寡人能食言吗？"

鲍叔牙闻齐桓公如此说，止住哭声，真诚地说："主公，齐国连年内乱，国力空虚，民不聊生，百业待兴。诸侯国小视于齐，北面山戎人还不时骚扰边境。主公若得不到能臣辅佐，齐国要想振兴，实在是很难。"

齐桓公满怀信心地说："寡人有太傅辅佐，齐国定能振兴。"

"主公差矣！"鲍叔牙摇摇头说，"不知主公欲做一个什么样的君主。"

"当然要做一代明君。"齐桓公不假思索地说。

"主公若只想做一个平稳之君，臣虽不才，尚能凑合。"鲍叔牙叹口气说，"若欲富国强兵，称霸中原，成为一代明君，臣就难以胜任了。"

齐桓公说道："太傅是寡人的师傅，在寡人的眼里，太傅的学识、人品，无人能及，何必要如此谦虚？"

鲍叔牙说："臣说的是实话。主公治国，要寻找一个好相国。相国必须是济世之才，内能安百姓，外能抚四夷，勋加于周王室，泽布于诸侯，只有这样，齐国才能坚如磐石，国君威加四海，功垂金石，名扬千秋。"

"太傅此言，正合寡人之意，太傅可有人选？"齐桓公见鲍叔牙谈话不同以往，好像成竹在胸，忙问道。

鲍叔牙道："相国人选非管仲莫属，得管仲者得天下，臣绝不是危言耸听。"

"哈哈哈！"齐桓公突然爆发出一阵狂笑，"太傅，你是与寡人开玩笑吧？"

鲍叔牙严肃地说："此乃肺腑之言，主公何故大笑？"

齐桓公满脸恨意地说："太傅与管仲乃挚友，朋友之交，义也；寡人与太傅乃君臣，臣事于君，忠也。太傅再荐管仲，欲活管仲而存义，而为此义字，就要屡逆寡人之意，舍忠而成义，难道义重于忠吗？"

鲍叔牙惶恐地说："臣对主公之心，天地可鉴，臣欲活管仲，并非仅仅是尽一个'义'字，臣之所思，实乃为江山社稷着想，绝非弃忠存义。"

"一箭之仇，不共戴天，逆寡人之意乃是不忠。"齐桓公一脸正色。

"管仲侍奉公子纠，他箭射主公，乃是为其主，尽其忠，正如臣向主公献计，胁迫于鲁侯，借鲁侯之手除掉公子纠一样，都是忠心事主。这一点是没有区别的。"

"管仲欲置寡人于死地！"

"可臣已把公子纠送上了黄泉路。"

"公子纠死了，难以向你寻仇，寡人还活着，有仇必报。"

"主公……"鲍叔牙痛苦万分。

齐桓公打断鲍叔牙的话说:"寡人主意已定。在所有大臣中，太傅最忠诚、最可靠、最有才能，寡人要拜太傅为相国，寡人相信，太傅能帮寡人得到天下，也一定能助寡人治理天下。"

"臣与管仲比，有五不如。"鲍叔牙几近哀求地说，"宽惠待民，我不如他；治国不失权柄，我不如他；忠信以交好诸侯，我不如他；制定礼仪以示范于四方，我不如他；披甲击鼓，立于军门，使百姓勇气倍增，我不如他。臣举荐管仲，绝不是意气用事，有此济世之才而不荐，臣则真是不忠不义了。主公欲治理好齐国，必须倚靠管仲。"

"太傅，这样的话你对寡人说过多次，寡人都能背出来了。"齐桓公越听越烦，但又不好发作，只好耐着性子说，"太傅，若非是你，寡人早已将进谏之人与管仲一同治罪了。管仲乃寡人的仇人，卧榻之旁，岂容仇人鼾睡？"

"主公……"

齐桓公烦躁地打断鲍叔牙的话头:"今天不提此事，待太傅病好之后再说吧！国事繁多，实在是难以应付，寡人真不知该如何是好……"

鲍叔牙见齐桓公虽然没有答应自己，但态度似乎没有以前那么决绝，也不好再苦苦相逼，于是说道:"臣这里有几篇治国之论，主公带回去瞧瞧，看是否有可取之处。"

鲍叔牙所说的几篇治国之论，就是管仲在狱中写的《牧民》《权修》《立政》《形势》几篇文章。为了避免齐桓公先入为主，他只是含糊其词地说有几篇文章，并未明说文章是谁写的。齐桓公命侍从拿了鲍叔牙呈上的几卷竹简，嘱咐鲍叔牙好好养病，然后告辞而去。

齐桓公回宫之后，心里有一种说不清、道不明的感觉，是愤怒？不是。是失落？也不是。到底是什么？他也说不清楚。

蔡姬见齐桓公气色不佳，小鸟依人似的扑在齐桓公的怀里，撒娇地说:"主公，早上出去好好的，回来为何如此闷闷不乐，谁惹你不高兴？"

"鲍太傅！"齐桓公说道，"他自己卧床不起，却还要惦记他的朋友，寡人的仇人。"

“主公将臣妾说糊涂了。”蔡姬双手勾住齐桓公的脖子，娇滴滴地说，“太傅的朋友，怎么又成了主公的仇人？他是谁呀？”

“就是那个死囚管仲。”齐桓公说道，“管仲乃鲍太傅的挚友，却也是白水之滨箭射寡人的仇人，太傅多次请求寡人赦免管仲，还举荐管仲为相国。寡人若答应了太傅，那这仇就不报了？若真的要报仇，寡人又怎么向太傅交代？”

“就是那个能抚《高山流水》曲的死囚？”蔡姬问道。

“除了他，还能有谁？”

“主公！”蔡姬轻轻地说道，“臣妾有句话，可以问吗？”

“问吧！”齐桓公将蔡姬搂在怀里，在她的脸上亲了一口。

“臣妾乃女流之辈，不该过问朝政，否则就是后宫干政。”蔡姬说。

“问问又何妨！”齐桓公抚弄着蔡姬的秀发说，“问问不算干政，决定权还是寡人嘛。”

“鲍太傅如何？”蔡姬看着齐桓公，“他对主公忠心吗？他有做相国的才干吗？”

“太傅是寡人的师傅，对寡人忠心耿耿，也有能力当相国。”齐桓公说，“但是，寡人几次欲拜他为相国，都被他拒绝了。”

“那又是为何？”

齐桓公回答说：“他说他不如管仲，管仲更适合做相国。”

“臣妾虽孤陋寡闻，但未曾见拒任相国之位，心甘情愿地让与他人之事。”蔡姬看看齐桓公，继续说，“出现这种情况，臣妾以为有两种解释。”

齐桓公急忙问：“哪两种解释？”

“要么，就是此人大奸大滑；要么，就是此人大忠大义。”

“不、不、不。”齐桓公制止道，“太傅为人厚道，绝不是大奸大滑之人。”

“若是这样，则太傅是大忠大义之人，而管仲也确有过人之处。”

齐桓公说道：“寡人也知道管仲是个人才，否则，鲍太傅也不会一而再、再而三地举荐他。只是一箭之仇，实在是叫寡人之恨难消。”

“主公身为一国之君，难道还不如臣下的度量？”蔡姬站起身，走到案几前拿起齐桓公刚刚放下的一卷竹简看了起来，不一会儿，蔡姬惊叫道，“主公，这是谁写的，写得太好了，好像还没有写完。”

“有什么特别之处，值得如此大惊小怪？”齐桓公问道。

蔡姬将竹简拿过来递给齐桓公说：“主公请看，这是一篇策论，讲的是治国之道，臣妾在故国时，也看过哥哥蔡侯的不少书函，但从未见如此精辟之论。”

齐桓公接过来一看，原来是一篇政论文章：

牧民

国颂：凡是拥有国土、治理人民的君主，要注意四时农事，保证粮食储备。国家财力充足，远方的人民就自动迁来；荒地开发得好，本国的人民就能安心地留住。粮食富余，人民就知道遵守礼节；衣食丰足，人们就懂得荣辱。君主的服用合乎法度，六亲就可以团结；国家的四维（礼、义、廉、耻）能够发扬，君令就可以贯彻……

齐桓公放下手中竹简，再拿起第二卷观之：

权修

拥有万乘兵车的国家，军队不可以没有统帅；土地博大，田野不可以没有官吏；人口众多，官吏不可以没有常规；掌握人民的命运，朝廷不可以没有政令。

地大而国家贫穷，是因为土地没有开辟；赏罚都不信实，人民就缺乏督促。所以，不禁止奢侈品的工商业，土地就不得开辟；赏罚都不信实，人民就缺乏督促。土地没有开辟，人民缺乏督促，对外就不能抵御敌人，对内就不能固守国土。所以说，空有万乘兵车的大国虚名，而没有千乘兵车的实力，还想君主的权力不被削弱，那是办不到的……

齐桓公看了这几篇专论治国之道的策论，异常震惊，自言自语地说："这个太傅，怎么搞的，口里说不宜于担任相国之职，却又胸藏如此高深莫测的治国之道。若非济世之才，怎能有此经天纬地之略？他真的将寡人搞糊涂了。《牧民》《权修》《立政》《形势》，一篇比一篇好，篇篇皆是锦绣文章。"

至此，他做出一个重大决定：无论鲍叔牙愿意不愿意，一定要拜鲍叔牙为相国，并且还要举行一个隆重的拜相仪式，即筑坛拜相，让天地神灵和天下百姓来见证这一伟大事件。想到鲍叔牙，不由得又想到管仲，管仲该怎么办，若杀了管仲，如何向鲍太傅交代？为活管仲，他连相位都不要，以他的脾气，也许他还会死谏，到时该怎么办？他可是寡人的师傅呀？寡人真的要这么绝情吗？但是，自己对天发誓，一定要报一箭之仇，且还在午门外竖起了"耻辱柱"，一定要将管仲钉在"耻辱柱"上，以雪一箭之耻，以报一箭之仇。若轻易放过管仲，寡人身为一国之君，君无戏言，说出的话岂能当儿戏？思来想去，总找不到一个妥善的解决办法，齐桓公不由得轻轻地叹了一口气。

蔡姬看到齐桓公脸色瞬间数变，站在旁边一言不发，又见齐桓公叹了口气，关切地说："主公，休息一会吧！要不，臣妾再为你抚一曲？"

齐桓公看着这个善解人意的美人，心里不由得升起一丝暖意，放下手中竹简，一把抱住蔡姬走向睡榻，嬉笑道："寡人不要抚琴，现在就要你……"

夫妻恩爱的鱼水之欢，也是缓解思想压力的一种有效方式……

竖貂的阴谋

竖貂侍奉在齐桓公左右，时刻观察着齐桓公的一举一动，寻找献媚的机会以讨好齐桓公。这几天，他见齐桓公似乎心事重重，眉梢间透出一股忧虑。君心莫测，臣子是不敢询问个中缘由的。但他知道，齐桓公此刻最需要什么。他到齐桓公面前献媚说："主公，臣闻南山兽多，不如到南山去散散心，狩猎去！”

狩猎乃齐桓公除女人外的又一嗜好，这几天，他正为管仲之事而烦恼，竖貂此时提出去南山狩猎，正搔到齐桓公的痒处，他也想借此机会轻松一下，过一把狩猎之瘾，从烦恼中摆脱出来。于是，他欣然同意了竖貂的建议，并命竖貂安排狩猎事宜。

第二天，齐桓公在竖貂及侍卫的簇拥下，带上蔡姬，乘车出了临淄城往南而去。

蔡姬坐在齐桓公身旁，看着沿途的湖光山色，一脸得意。

不远处的山坡上，一个牧童横坐在牛背上，手握竹笛，正在吹奏一首欢快的牧牛曲，笛声飘飘扬扬，犹如林中雏鸟啼鸣、雀跃、欢腾；田间青苗摇曳起舞、山坡小草翘首聆听，迎风摇曳，仿佛都是在点头赞许；牛群似乎也受到感染，走动、啃草似乎也有了节奏。真可谓是天地一色，人景相融。

蔡姬沉湎于这大自然的美境中，正自浮想联翩，突然，牧童停止吹奏，放喉高歌一首《骑牛歌》：

骑牛迤逦走出家，羌笛声声迎朝霞；
一拍一歌无限意，知音何必鼓唇牙。

“好动听的曲子，好动听的歌！”蔡姬兴奋地叹道，见齐桓公没有回话，转过头来一看，见他目注远方，似乎在想着心事，她撒娇地倒在齐桓公的身上，轻轻地说道，“主公，既是出来散心，就不要多想了嘛！”

齐桓公此时还在想管仲的事情，两个声音一直在他耳边回响，一个声音是鲍叔牙之声：管仲乃济世之才，是齐国相国最合适的人选，只有他才能使齐国走上富国强兵之路；一个声音是自己的心声：管仲与自己有一箭之仇，有仇不报非君子，自己对天发誓，必报一箭之仇。两个声音激烈地斗争着，谁也难以说服谁。

“啊！”齐桓公见蔡姬如小鸟依人般地倒在怀里，如梦初醒，收回遐想，笑了笑说：“好，狩猎去，不想了，今天定要尽兴而归。”

南山是齐国一个天然狩猎场，这里，山虽不高，却怪石林立；林虽不阔，却藏匿着豺狼虎豹。齐桓公一行来到南山猎场，在山脚下一片空地上停下来。他指着前面一道山坳对竖貂说："将侍卫们分成三拨，分别从山坳的三面包抄过去，将兽群向山坳驱赶，寡人则带一部分人守住山坳出口，守株待兔。"

竖貂按照齐桓公的命令，将人员做了部署，他自己则跟在齐桓公的身边。

少顷，山间便传来阵阵吆喝声，先是野兔、獐、山鸡等小野兽从山林间、石洞里逃向山坳，接着便有较大的兽群如狼、野猪等向山坳逃窜。

突然，竖貂大叫道："主公，快看，有匹狼跑出来了。"

齐桓公定睛望去，只见一匹饿狼正从树林中窜出，站在一块大石边东张西望。竖貂挥动手中令旗，侍卫们手持兵刃，弓箭都引而不发，只是将兽群向齐桓公的车前驱赶。

齐桓公见饿狼逼近，弯弓搭箭，"嗖"一箭射去，正中饿狼的屁股，饿狼带箭向树林逃窜，齐桓公驱车追赶。

突然，怪石后闪出一个猎人，手持一杆狼牙棒挡去饿狼的去路，大叫一声："孽障往哪里逃，看棒。"说罢，举棒向饿狼击去。

饿狼一个急停，四肢用力，向旁边一窜，接着掉转头，向齐桓公的车前扑来，齐桓公又搭上一箭，瞄准饿狼头部，"嗖"的一声，射出一箭，正中饿狼的脖子，饿狼应声倒下。

"射中了！射中了！"蔡姬坐在齐桓公身边，高兴得手舞足蹈。

齐桓公正欲跳下车去察看自己的战利品。突然听到猎人急叫一声："小心，狼尚未死！"

齐桓公举目一看，果然看见狼又站了进来，正就势向齐桓公扑过来，说时迟，那时快，只见猎人丢掉手中的狼牙棒，取下腰间弓箭，弯弓搭箭，向饿狼补射一箭，正中狼之咽喉，饿狼倒地弹了几下才死去。

齐桓公惊奇地看着猎人，问道："壮士从哪里来？"

猎人翻身叩拜道："小人乃卫国猎人开方，叩见君上。"

"卫国猎人，怎么到齐国来狩猎？"齐桓公问道。

开方瞟了一眼竖貂，满眼媚态地说："小人听说齐国出了一代贤君，特地前来投奔。"

竖貂献媚地补了一句："主公刚刚即位，便已名扬四海，传遍中原。"言语间，两人似乎有一种默契。

齐桓公见开方豹头环眼，虎背熊腰，加之刚才箭射饿狼，出手不凡，心里已是有些喜欢。于是问道："开方，你千里迢迢投靠寡人，必有所求吧？"

开方道："鸟择良木而栖，人择贤君而事。小人闻齐侯是一位明主，特来投靠，小人愿为齐侯效犬马之劳。"

"主公！"竖貂道，"此人武艺超群，是个狩猎好手，主公将他留在身边，狩猎时更具有乐趣，且有他侍候在主公身边，还多了一分安全。"

齐桓公点点头："好，寡人收下你，专门陪寡人打猎。"

"还不快谢谢主公！"竖貂向开方使了个眼色。

开方拜倒在地，叩头道："多谢主公，小民定效犬马之劳。"

齐桓公哪里知道，开方乃竖貂臭味相投的朋友，今天出现在猎场，也是竖貂与开方谋划已久的引荐之法。谁曾想到，此时收下开方，无异于为齐国埋下了一颗炸弹。

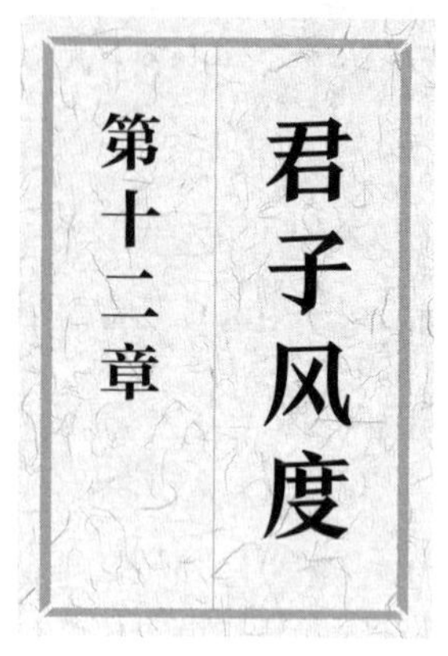

隰朋说使鲁旧事

齐桓公打猎归来，仍未能摆脱烦恼，上朝没精打采，下朝也心不在焉，群臣都感到不解，不知君上为何突然间像变了一个人。

这一天，齐桓公正在后宫同蔡姬喝茶闲聊，忽闻宁越、隰朋求见。蔡姬见有大臣奏事，正欲退出，齐桓公说道：“爱姬别走，宁越、隰朋都是寡人的肱股之臣，见见也无妨。”蔡姬见说，又坐了下来。

宁越、隰朋进殿，向桓公行叩拜之礼后，隰朋奏道：“主公，鲁庄公遣使来齐。”

“所为何事？”齐桓公问道。

“鲁侯有书信一封与主公。”隰朋呈上鲁国国书，“要求齐国退还干时之战夺得鲁国的汶阳城。”

“岂有此理！”齐桓公大怒，“汶阳已属齐国版图，岂是说还就还的？”

“主公英明。汶阳城，土地肥沃，水源充足，是一块不可多得的风水宝地，绝不能再还给鲁国！”宁越是大司农，主管农业生产，对土地有特殊的感情。

齐桓公问隰朋：“隰朋大夫，你说呢？”

“汶阳城既已入齐国版图，当然不能再还给鲁国。”隰朋回答。

“好，汶阳之事就这样定了。”齐桓公又问道，“隰朋大夫，寡人问你一件事儿。”

“主公所问何事？”隰朋说。

“管仲是你从鲁国押回来的，你出使鲁国，是否发现管仲与鲁侯有异常行为或举动？”齐桓公做了个手势，“比如说，勾结、阴谋，等等！”

隰朋想了想说：“这倒没有发现，只是，管仲归齐，确实是费尽周折，若不是运筹得当，管仲必死无疑。”

“啊！”齐桓公惊愕地说，“有这等事？说来听听。”

“鲁国大夫施伯是鲁侯手下第一谋士，为人足智多谋。此人对管仲知之甚深，对管仲也特别感兴趣。”

“啊！为什么？”齐桓公问。

隰朋说：“施伯认为，管仲身怀文韬武略，乃旷世之才，劝鲁侯留下管仲委以重任，以便与齐国抗衡。”

齐桓公惊问道：“施伯真有此想法？”

“施伯确实有此想法。”

齐桓公问道：“鲁侯做何想？”

“鲁侯说，管仲是齐国指名道姓要的人。他不敢违背主公旨意而得罪齐国。施伯见鲁侯难以留住管仲，便向鲁侯建议：管仲若不能为鲁国所用，就杀掉他，将尸体交给齐国。”

齐桓公惊异地问：“为何要杀掉管仲？”

“施伯说：管仲乃旷世之才，若鲁国不能用，也不能让齐国得到他，管仲一旦归齐，定会得到重用，将对鲁国甚至诸侯国构成巨大的威胁。”

齐桓公身体前倾，紧张地问：“施伯真的是这样说的？”

隰朋肯定地说：“原话不是这样，意思绝对不错。”

“管仲为何又能活着回来？鲁侯怎么没有杀掉他？”齐桓公问。

“臣出使鲁国时，鲍太傅特别交代，一定要将管仲活着带回来。当臣知道鲁侯要杀管仲的消息后，连夜找到鲁侯，威胁说：在齐国杀人，是杀齐国的犯人，在鲁国杀人，是杀鲁国的犯人。管仲箭射齐侯带钩，齐侯对管仲恨之入骨，欲手刃管仲，以报一箭之仇。若得不到活的，等于你和齐国之叛贼站在一起，这不是齐侯所要得到的。齐、鲁两国若因此而刀兵相向，责任可不在我。”隰朋看了齐桓公一眼，补充说，“当时，齐国战车五百乘驻扎在汶阳，鲁侯就是有一百个胆，也不敢违背齐国之意而明目张胆地杀死管仲。”

齐桓公惊叹一声，愣在那儿。

隰朋说：“施伯对齐国心存惧意，既不敢公然杀掉管仲，又不想使管仲活着回齐，他想出了一条毒计，就是逼迫管仲、召忽自杀。”

“施伯又是如何做的？”

隰朋回答说：“施伯采用激将法，用恶毒的语言百般地羞辱公子纠、管仲和召忽。召忽难受其辱，当场撞柱而亡。管仲识破施伯之诡计，泰然处之，使施伯之计未能得逞。”

齐桓公听得入了迷，瞪大眼睛看着隰朋。

隰朋看了齐桓公一眼，继续说：“施伯一计不成，又施一计。晚上派数名杀手潜入驿馆，欲刺杀管仲。幸亏管仲有先见之明，提前向臣示警，臣才连夜起程，不辞而别。否则，就是有十个管仲，也不能活着回到齐国。”

齐桓公问道：“后来呢？”

隰朋说：“施伯见暗杀不成，臣又带着管仲不辞而别，更坚定了要除去管仲之心。完全扯破面皮，公然同公子偃率战车五十乘，沿途追杀。管仲创黄鹄之歌以激励兵士。幸亏王子城父将军在汶阳城边境接应，臣才能顺利将管仲安全地带回来。”

“啊！”齐桓公如释重负似的叹了一声，“原来还有这段故事。管仲呢？他怎么说？”

隰朋说：“管仲说：他身是齐国人，死是齐国鬼，若能活着回齐，定要效忠齐国。”

齐桓公问道：“还有什么事吗？”

“没有了！”两人齐声回答。

齐桓公挥挥手：“你们下去吧！”

齐桓公听完隰朋述说使鲁之旧事，心情更是难以平静。

蔡姬知道齐桓公还在为管仲之事烦恼，特地命人多炒了几个菜，伺候齐桓公坐在餐桌旁，斟上一爵酒，殷勤地劝道："主公，喝爵酒解解闷，臣妾再为你弹奏一曲，以助酒兴，好吗？"

"不用弹曲。"齐桓公将另外一个酒爵斟上，"来，陪寡人饮几爵。"

蔡姬也不推辞，先饮一爵，明知故问地说："主公郁郁寡欢，何事如此心烦？"

"唉！"齐桓公长叹一声，"还不是那个死囚管仲。他与寡人有一箭之仇，太傅不但阻止寡人报仇，而且还力荐管仲为相国。今天，寡人询问宁越、隰朋两位大夫一些情况，他们虽然没有明言，寡人也看得出，他们对管仲也有好感。"

蔡姬莞尔一笑，问道："鲍太傅对主公怎样？"

齐桓公道："鲍太傅是寡人的师傅，没有他，寡人也不会有今天。"

"宁越、隰朋大夫又如何？"

"都是朝中大臣，对寡人也是忠心不二。"齐桓公答道。

"主公，臣妾乃女流之辈，本不该过问朝政，只是有句话如骨鲠在喉，不知该说不该说？"

齐桓公爱抚地看着蔡姬，微笑地说："有话尽管说，这不算干政。"

"管仲其人，臣妾不敢妄加评论，但以鲁国拼着得罪齐国，也要将管仲杀死的事实来看，管仲的存在，对鲁国，甚至对诸侯国似乎是一个威胁。主公说是不是？"

"可能吧！"齐桓公点头，沉思起来。

蔡姬见状，继续说道："对一个敌人非常害怕、冒着得罪齐国的危险也要除掉的人，主公为报那一箭之仇，却要将他杀掉，主公不是做了一件亲者痛、仇者快的事吗？"

齐桓公一时语塞。蔡姬见齐桓公无言以对，继续说："鲍太傅多次恳求主公赦免管仲，力荐其为相国。主公却欲报一箭之仇而不允。主公若杀了管仲，鲍太傅一定会伤心。鲍太傅是主公的师傅，是主公的亲人。主公杀管仲则又是一件亲者痛的事情。既然是亲者痛、仇者快的事情，主公为何还要去做呢？"

齐桓公似有所悟，端起酒爵说道："谢谢爱姬提醒，来，寡人敬你一爵！”

蔡姬见齐桓公眉头舒展，想必心头疙瘩已解，不再多说，端起酒爵高兴地说：“臣妾敬主公，祝主公得贤臣辅佐，创齐国霸业。”

齐桓公哈哈大笑！正是：

箭中带钩恨难休，欲刃管仲令难行。
蔡姬巧妙论仇亲，一语点醒梦中人。

鲍叔牙自从将管仲的几篇策论递交给齐桓公后，见齐桓公一点动静也没有，觉得有些奇怪。以齐桓公的性格，看了那几篇文章，绝对不会没有触动。正欲进宫探个究竟，恰在此时，几件国事又搅得他坐卧不安，只好进宫奏事。

齐桓公闻鲍叔牙进宫奏事，正欲起身相迎，鲍叔牙已经进殿，欲跪下行叩拜之礼。齐桓公阻止道：“寡人说过，鲍太傅见寡人，不必行此大礼。太傅的病好了吗？”

鲍叔牙说：“臣的病倒是无碍，只是有几件事非常棘手，请主公示之，该如何处理。”

齐桓公急忙问：“什么事连太傅都觉得为难？”

鲍叔牙说：“今秋遭灾，粮食歉收，已出现饥民逃离齐国的迹象，据各地来报，有近千人逃往他国，已经闹得人心惶惶，满城风雨了。”

齐桓公惊问道：“事态竟有如此严重？”

“不仅如此，山戎外族又来骚扰边境，掠我财物，掳走妇女。边地生灵涂炭，百姓处于水深火热之中。”鲍叔牙焦急地说。

“师傅，你快想想办法，该如何处理？”齐桓公着急地说。

“臣力不从心，实在没有好办法！”鲍叔牙摇摇头，“臣恳求主公尽快赦免管仲，只有他能收拾齐国这个烂摊子。”

齐桓公见鲍叔牙无奈的样子，一脸肃容地说：“谁说太傅没有这个能力？寡人仔细地研读了太傅撰写的《牧民》《权修》《立政》等文章，篇篇讲的都是治国之道，令寡人耳目一新。此等治国之道，恐怕是前无古人，后无来者。寡人正准备筑坛拜相，拜太傅为相国，为齐国之社稷着想，太傅就不要推辞了。”

鲍叔牙闻齐桓公赞扬那几篇文章，不由得哈哈大笑。他笑管仲的才能终于得到齐桓公的认可，自己曲线救人的谋略开始奏效。因为，《牧民》《权修》《立政》正是管仲的杰作。笑过之后，鲍叔牙又痛哭起来。

齐桓公被鲍叔牙搞得莫名其妙，不解地问：“太傅为何又是笑又是哭的？”

“笑由心发，喜极而泣，臣这是高兴。”鲍叔牙回答。

“太傅同意就任相国之职了？”齐桓公双手握拳，兴奋地说，“寡人马上命人筑坛，拜鲍太傅为相国。齐国有相国啰！”

“主公！”鲍叔牙知道齐桓公会意错了自己的意思，连忙说道，“臣并未说同意就任相国之职，真正的相国另有其人。”

齐桓公收住笑容，不解地问：“谁？”

“管仲！”鲍叔牙说，“管仲才是齐国的相国。”

“太傅为何老提管仲？”齐桓公不高兴地说，“他是寡人的仇人，寡人欲杀之而后快，怎么能拜他为相国？”

“主公，其实，《牧民》《权修》《立政》，不是臣写的，是管仲的杰作。”鲍叔牙见齐桓公一脸惊愕之色，继续说，“管仲身陷牢笼，以为自己是要死之人，昼夜不停地写，欲将其治国之道留给臣。他才是相国最合适的人选呀！主公。”

“你说的都是真的？”齐桓公十分震惊。

“这样的事情，臣敢欺君吗？”鲍叔牙信誓旦旦地说。

齐桓公坐在那里一言不发，心里想：这该怎么办，看来管仲真是个人才，杀之实在是可惜。然而，不杀他，那一箭之仇该怎么办？自己可是对天发誓，要报一箭之仇，赦免管仲，岂不成了失信之人？人无信不立，寡人身为一国之君，怎么能够做一个失信之人呢？

鲍叔牙看到齐桓公脸色数变，非常害怕，轻轻地叫了一声：“主公，你怎么了？”

齐桓公摇摇手：“太傅，你先去吧，寡人有点不舒服，相国之事，改日再议。”

鲍叔牙知道齐桓公已是心有所动，他也不想逼得太急，悄悄地退了出来。

齐桓公看着鲍叔牙的背影，陷入了沉思。

第二天，齐桓公为处理管仲之事征求监国、上卿高傒和国子费的意见。

国子费说：“主公乃一国之君，考虑问题必须站在国家的角度，若跳不出个人恩怨的圈子，如何治国？如何处理管仲，请主公三思。”

高傒则说得更是明白：“主公当初能宽恕东郭牙等人，其度量可是令人刮目相看，为何总是对那一箭之仇，耿耿于怀呢？”

齐桓公再征求雍廪、宾胥无、王子城父、竖貂等人的意见。除竖貂一人外，没有人赞成处死管仲。

齐桓公心里想，管仲不能杀，那一箭之仇又怎么办，那可是发过誓的，齐国朝野之人都知道，还有竖立的“耻辱柱”做证。但赦免管仲却是自食其言，一国之君，发过的誓言能不算数吗？齐桓公绞尽脑汁，欲寻求一条既活管仲，又能使自己体面下台阶的办法。连日冥思苦想，终于找到一条两全其美之策。

一箭之仇

齐桓公经过冥思苦想，终于想出了一个绝妙之策，向管仲讨还一箭之仇。为了保证计策能顺利实施，他瞒着鲍叔牙，亲自安排竖貂协助实施这个计划。

不久，临淄城突然闹得沸沸扬扬，人们都在议论着一个相同的话题：齐桓公决定，择日在宫门外的“耻辱柱”前，公开处置管仲，以报一箭之仇。几乎所有的人都知道这个消息，唯独鲍叔牙一人尚蒙在鼓里。

这一天，鲍叔牙正准备上朝，突然看到街上的人群如潮水般涌向宫门，觉得很奇怪，拉住一位行色匆匆的老者问道："请问，宫门外发生了什么事吗？"

老者回答："宫门外杀人，快去看呀！"

"杀人？"鲍叔牙惊讶地问，"杀谁？"

"不清楚。"老者边走边说，"好像姓管吧！"话音刚落，人已走远了。

鲍叔牙听罢大吃一惊，心里想：姓管的，难道是管仲？主公怎么如此绝情，不顾自己多次求情，竟瞒着自己开杀戒。想到这里，鲍叔牙像疯了一样向宫门冲去。

宫门外的广场上，管仲被五花大绑地捆在"耻辱柱"上，四周被刀斧手团团包围，圈外站满了围观的百姓。

齐桓公站在圈子里面，竖貂趾高气扬地站在他身边。隰朋、宾胥无、王子城父、宁越等大臣站在齐桓公的身后，焦急地东张西望，盼望鲍叔牙赶快出现。

齐桓公见状冷冷地问："你们是在等鲍太傅吗？"

"是呀！"隰朋如实地说，"主公，鲍太傅怎么还没来？"

齐桓公微笑着说："寡人根本就没有通知他，他怎么会来？"

"鲍太傅来了，今天的戏就演不成了！"竖貂阴阳怪气地说，"主公叫我通知各位，唯独没有通知鲍太傅。"

"耻辱柱"前的管仲听了竖貂之言，痛苦地闭上了眼睛。几位大臣见齐桓公如此安排，心里失望到了极点。

齐桓公见群臣失望的表情，脸上露出一丝不易觉察的微笑。抬头看看天上的太阳，见太阳已移至头顶，再看竖立在广场中央的一根竹竿，已经没有了阴影。他向竖貂点点头，竖貂手中的令旗一挥，只听"咣"的一声锣响。有人大声喊道："午时三刻已到，行刑啰！"

齐桓公伸手接过竖貂递过来的长弓，再接过管仲在白水之滨射他的那支箭，走到离管仲三十步处站定。大喝道："管仲，白水之滨，你射寡人一箭，所幸天不灭寡人，箭中带钩，今天，寡人要还你一箭，报白水之滨一箭之仇。"

"哈哈哈！"管仲突然狂笑起来，双目圆睁，大声说，"管仲以为，公子小白乃顶天立地的英雄，没想到竟是如此气量。齐国内乱初定，社稷创伤未复，身为一国之君，不思治国之道，却对一箭之仇耿耿于怀，可悲呀！”

齐桓公手持弓箭，问道：“可悲什么？”

管仲痛苦地仰天长啸：“齐国衰落，振兴无期！”

“管仲！”齐桓公大声说：“你已死到临头，认命吧！”

管仲双眼一闭，大声说：“来吧，不要射歪了。”

“站好了，寡人定叫你一箭穿喉！”齐桓公弯弓搭箭，拉满硬弓，正在千钧一发之际，忽听场外传来一声嘶哑的叫喊声：“箭下留人！”

话音刚落，只见鲍叔牙拨开人群，跌跌撞撞地冲进包围圈，扑通一声跪在齐桓公脚下，叩拜道：“主公，箭下留人呀！”

齐桓公冷笑一声，“太傅，不是寡人无情，寡人对天发誓，要报一箭之仇，寡人身为一国之君，怎能言而无信？”

“臣保管仲，不仅是为义，而是为大齐呀！”鲍叔牙跪在地上，哭求道，“臣教主公箭法，欲使主公射得天下，而不是射杀贤士，只要主公手中之箭离弦，齐之霸业将被射落，齐国欲称霸，无望矣！”

齐桓公心里虽是感动，但仍不想放弃计划，硬着心，冷着脸说：“太傅让开，让寡人报一箭之仇。”

鲍叔牙声泪俱下，苍凉悲怆地喊道：“主公，你不能这样做啊！你要杀，就连臣一起杀了吧！”

管仲朝鲍叔牙吼道：“叔牙兄，站起来！别求此昏君。”

齐桓公示意竖貂拦住鲍叔牙。竖貂立即命几名武士将鲍叔牙强行拉开，鲍叔牙奋力挣脱，上前抱住齐桓公的腿，凄惨地叫道：“主公，不能杀呀！鲍叔牙不要你的官爵，不要你的赏赐。全都还给你，如果还不够的话，再加上我这条命，你将臣也杀了吧！”

“叔牙兄，站起来，别求了。”管仲见鲍叔牙以死相求，仰天大笑道，“想我管夷吾，侥幸逃过鲁侯追杀，却又死在齐侯手中。不是我不愿为国家效忠，而是不能呀！”

竖貂见人群都被管仲所感动，担心齐桓公改变主意，大声喝道：

“大胆狂徒，竟敢自夸其才，辱骂君上，活得不耐烦了。”接着对武士说，“快，将鲍太傅拽到一边去。”

鲍叔牙挣扎着，大声疾呼：“苍天呀，你睁开眼吧！”

群臣听到鲍叔牙的哭诉，无不动容。东郭牙见竖貂在齐桓公身边推波助澜、欲置管仲于死地，心里早就有气，见武士对鲍叔牙无理，实在看不下去了。只见他猛地跳出人群，几掌将拖拽拉鲍叔牙的几名武士推到一边，大声喝道：“岂有此理，竟敢对鲍太傅无礼！”

几名武士看着竖貂，竖貂看着齐桓公，齐桓公朝几名武士吼道：“谁叫你们如此放肆，竟敢对太傅无理？退下！”

武士们看了竖貂一眼，委屈地退到一边。竖貂也不明白齐桓公葫芦里到底装的什么药，不敢吭声。

齐桓公放下手中弓箭，俯身扶住鲍叔牙说：“太傅请起！”

鲍叔牙挣脱齐桓公的手说：“主公若杀了管仲，臣愿跪死在这里。”

隰朋亦跪下说：“管仲天下奇才，臣恳求主公开恩，饶管仲不死。”

东郭牙也说：“主公能宽宏大量，赦免臣这等平庸之辈，为何不能赦免管仲这样的旷世奇才。齐国需要管仲呀！”

宁越、雍廪、宾胥无等人一齐跪倒在地，齐声说：“求主公开恩！赦免管仲。”

鲍叔牙跪在地上，眼巴巴地看着齐桓公，等待他的回答。

管仲对鲍叔牙喊道：“叔牙兄，别求了，管仲与其苟活于世，与桀、纣为伍，不如昂首而死，去相伴尧、舜英魂！”

“好你个死囚，竟敢在大庭广众之下贬损君上，罪上加罪，死有余辜！”竖貂向齐桓公道，“主公仁慈，不忍杀戮，让为臣代劳，杀掉这个狂妄之徒。”

齐桓公不理竖貂，对管仲说：“管仲，你听着，寡人要亲手了断与你的一箭之仇。”

齐桓公说完，拉满长弓。鲍叔牙及跪在地下的众人齐声惊呼：“主公，不能，不能呀！”

围观的百姓亲身经历了这一惊心动魄的场面，大家深深地被管仲、鲍叔牙以及众大臣的真情所感染，呼啦一下全都跪下，齐声恳求："求主公开恩，赦免管仲！"

齐桓公不理会众人，重新弯弓搭箭，屏住气，眯起眼，瞄准管仲。管仲见状，流下几滴英雄泪，痛苦地闭上了眼睛。

说时迟，那时快，只见齐桓公左手握弓，右手持箭，轻展猿臂，"嗖"的一声，箭离弦，飞向"耻辱柱"。

很多人用双手蒙住了眼睛，顷刻间，空气凝固了，时间停止了，全场出现了瞬间的寂静，静得连针掉在地下的声音都能听见……

突然，全场爆发出一阵惊呼，人群立即沸腾起来。

鲍叔牙已经瘫软在地，几近昏厥，突听全场一片惊呼声，睁眼一看，管仲仍好好地站在"耻辱柱"前，箭贴着管仲的头皮钉在"耻辱柱"上。鲍叔牙翻身跪在齐桓公面前，叩拜道："主公圣明，谢主公不杀之恩！"仿佛活命的不是管仲，而是他自己。

众人也一齐跪拜："谢主公！"

齐桓公丢掉手中强弓，大笑着对管仲说："管仲，寡人曾对天发誓，要将你钉在'耻辱柱'上，报一箭之仇，若放过你，便是失信于天。今天将你钉在'耻辱柱'上，就是当着天下百姓之面，信守誓言。寡人身为一国之君，无信何以治国？你在白水之滨箭中带钩，马失前蹄，今天寡人箭贴头皮，箭走偏锋。一报还一报，此乃天意！咱们的恩怨，从此一笔勾销。"

齐桓公上前扶起鲍叔牙，两眼含泪地说："师傅，苦了你了，寡人感谢你，管仲就交给你了。"

大智慧

管仲不死，最高兴的人当然是鲍叔牙。当天晚上，鲍叔牙在府上设宴为管仲压惊，一对兄弟，终于又能够坐在一起喝酒了。

鲍叔牙端起酒爵说："夷吾兄弟，有道是，大难不死，必有后福，为兄敬你一爵！”

管仲端起酒爵一饮而尽，感慨地说：“若不是叔牙兄为小弟以死相求，咱们兄弟只怕早已是天人相隔了。小弟谢叔牙兄的活命之恩。”

“贤弟，万事皆天定，半点不由人。你本有百步穿杨之功，白水之滨却箭中带钩，使主公逃过一劫；主公的箭法乃为兄所教，不说箭法如神，五十步之内，却也是箭无虚发，从未失手，今天仅三十步，箭却射偏分毫，擦着头皮，钉在‘耻辱柱’上。此乃天不灭贤弟，天不灭齐也。”

管仲看着鲍叔牙，笑着问道：“叔牙兄，你认为主公真的是射偏了吗？”

“你以为不是吗？”鲍叔牙诧异地问。

管仲哈哈大笑道：“上一次在白水之滨，他诈死骗过了我，这一次，他箭走偏锋，又骗过了你。”

“此话怎讲？”鲍叔牙问道。

管仲问道：“以你之见，三十步之内，一个站着不动的大活人，他能射不中？”

鲍叔牙恍然大悟。管仲笑看着这位宽厚的兄长，感激地说：“叔牙兄的真情感天动地，感动了主公，是你救了小弟一命呀！”

“愚兄原以为主公心肠太狠，总是记恨着那一箭之仇，只是没有站在他的角度想想，他对天发过毒誓，见他不答应我的请求，失望至极，甚至有了弃官不做的念头。看来，还是我错了。”鲍叔牙笑了笑，又喝一爵酒。

管仲心服口服地说：“叔牙兄识人，果然胜我一筹。小白较之公子纠，确实有过人之处，等你当了相国，小弟一定协助你治理好齐国。”

“谁说我要当相国？”

管仲真诚地说：“鲍兄，你是主公的老师，主公也非常信任你，宰相之位当然非你莫属。”

鲍叔牙说道：“贤弟，你怎么不明白我的心呢？我非相才，你才是相国最合适的人选。”

管仲摇摇头："我只是一个罪臣，赦我之罪，用我之身，已是异数。我可以专心做你的幕僚，给你出谋划策，我一直有如此打算。"

鲍叔牙摆摆手："不，你以为宰相之责是什么？"

"辅助君主、牧民维礼、调和阴阳、广求贤才、掌进退赏罚……"

"对呀！"鲍叔牙说，"我虽然得到主公的信任，为人也算正直，但仅凭这些，不足以出任齐国之相。"

"为什么？"管仲不解地问。

"我这个人是非太过分明，除恶务尽，见善思齐，然而，治国岂能是依善恶而行？试问天下有多少人是大善或大恶？抑其恶而用其长，扬其善而去其短，这个我远不如你；控驭全局，平衡道术，我更不如你。"鲍叔牙说，"所以，我愿居你之下，辅你执政，希望齐国能在你手中早日称霸。"

器量深大，剖明自我，这才是最大的智慧，这才是君子风度呀！

管仲万万没有想到，一向笃直谦和的鲍叔牙，居然有如此深的思虑。自己每每以经世治国之道自许，现在看来，在境界上远逊于鲍叔牙，不禁对鲍叔牙有了重新的认识，从心里深深佩服鲍叔牙，也深深为这份真挚的朋友之情而感动。

"贤弟，你说这可是持平之论？"

管仲心服口服地点点头："生我者父母，知我者鲍叔牙也！"

"从此，你要负上治理齐国，称霸诸侯之责。你才高盖世，为兄没有别的担心，但有一句肺腑之言相赠。"

"鲍兄请讲！"

"自古以来，没有一个人的成功，只有一群人的成功。"

在管仲的印象中，相识十几年，鲍叔牙从未给自己提过任何意见，一直以来他都是倾听、遵行，这是第一次进言，且直指心扉。管仲何等明哲，稍加思虑，便知此言正切中自己些许才高气盛的弱点，只是他说得非常婉转，不加回味，很难体会到他的良苦用心。管仲的心头不由得为之一震，面现惭愧之色。

"鲍兄所言极是，夷吾当时刻铭记在心。"

两人心灵相通，不需再多客套，二人共同将齐国的形势详细分析，管仲心里便有了主张。

正在这时，隰朋已迈步进来，笑着说："好热闹呀！有酒不可独饮，我也有份儿呀！"

管仲取来一爵，斟满酒，双手递给隰朋说："感谢隰朋大夫的救命之恩！"

"要谢也得谢鲍太傅，我等却未出什么力。"隰朋接过爵说，"大难不死，必有后福，来，敬你一爵！"

管仲又斟上一爵，递给隰朋，说："从鲁国回齐，一路承蒙照顾，又在君前求情，活得管仲一命，敬你一爵，以表谢意。"

隰朋连连摆手道："求情的不止我一人，高上卿、国上卿，还有宁越、东郭牙、雍廪、王子城父等，都在主公面前求过情。大家都知道你乃济世之才，希望你能辅佐主公，使齐国走上富强之路，可别辜负大家的期望呀！"

管仲拱手施礼道："振兴齐国，匹夫有责，管仲一定会为国家竭尽全力。"

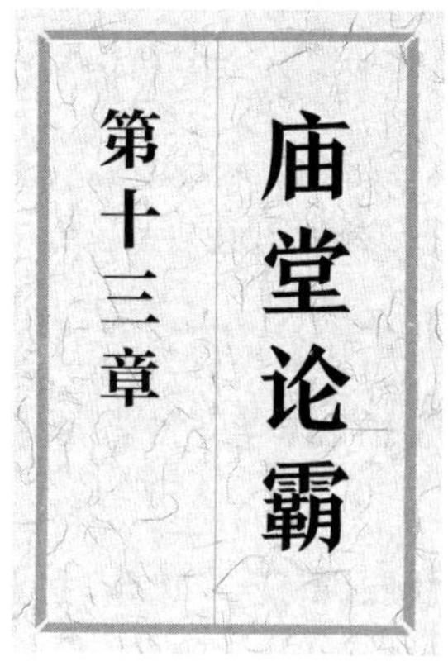

第十三章 庙堂论霸

祭拜祖庙

齐桓公在高傒、国子费两位监国上卿和大夫雍廪、隰朋、东郭牙、王子城父、宾胥无等人的陪同下，一大早就来到祖庙，站在祖庙前等候管仲与鲍叔牙的到来。

管仲虽然已成自由身，由于此前他还是一个囚犯，没有以自由人的身份正式同齐桓公会面，加之在宫门外他痛骂齐桓公，齐桓公不计个人恩怨，反而还饶恕了他，内心里觉得愧对齐桓公。管仲垂下帽缨，掩着衣襟，背插荆条，让人拿着斧子跟在背后来见齐桓公。

齐桓公站在祖庙前，突见管仲如此模样，连忙上前，抽出管仲背上的荆条摔在地上说："何必如此！"

"主公……"管仲叫一声。

"不要说了。"齐桓公随即向管仲身后的持斧人说，"你们都退下！"然后亲手替管仲松绑，见持斧人仍然站在管仲的身后，补了一句："叫你们退下，怎么还站在这里？"

两名持斧者看着管仲，不知是退还是不退。

齐桓公见状大喝："退下！"

持斧者见齐桓公动怒，看了管仲一眼，只好退到一边。

齐桓公对管仲说："既已垂下帽缨，拉下衣襟，负荆而来，这样谢罪也就够了。寡人准备正式接见你。"

管仲叩头再拜说："臣在'耻辱柱'上痛骂主公，犯了欺君之罪，蒙主公恩赦，死罪已了，然活罪难逃，请主公惩罚。”

“一概免了！”齐桓公手携管仲，进入庙堂。群臣紧跟其后，一同进入。

齐桓公先在宗庙供奉的齐国列祖列宗的灵位前跪下，虔诚地说：“列祖列宗，管夷吾乃济世之才，小白欲对其委以重任，不敢擅专，故以告知先君。”

齐桓公向列祖列宗推举完毕，站起来面对管仲，命令说：“管夷吾，帮助寡人治理齐国。”

管仲听齐桓公以如此口气命令自己，转身向祖庙门口走去。鲍叔牙见状大惊，赶上去问道：“管夷吾，你到哪里去？”

大家也都莫名其妙，不知管仲为何突然愤然离去。

齐桓公见状，突然意识到自己失礼，管仲现在还是客位，与自己并无君臣之名分，用命令的口吻与客人说话，有失礼仪，他急忙叫道：“先生请留步！”

管仲闻声止步。齐桓公赶上前去，双手一揖道：“寡人失礼，请管先生不要见怪。”

管仲见齐桓公态度诚恳，重新转回祖庙。

齐桓公赦免管仲后，欲拜鲍叔牙为上卿，委以国政。

鲍叔牙推辞道：“臣是庸臣，主公欲加惠于臣，使臣饿有所食，寒有所衣，就是主公对臣的恩赐。至于治理国家，则非臣之所能。”

齐桓公说：“太傅乃寡人师傅，举国政之事，非太傅莫属，请不要推辞。”

鲍叔牙说道：“主公知臣，只知道臣小心谨慎，循礼守法而已。这都是做臣子的本分，非治国之才。治理国家的人，内要能安抚百姓，外要能安抚四夷；要能勋加于王室，泽布于诸侯；国有泰山之安，君享无疆之福；功垂金石，名播千秋。此乃帝臣王佐之任，臣才疏学浅，实不堪以重任。”

齐桓公不觉欣然动色，认真地问：“如太傅所言，当今之世，有这样的人吗？”

鲍叔牙说道：“臣已多次向主公举荐，难道主公忘了？”

“你是说管仲？”

“管仲之才，胜臣十倍、百倍，若要使齐国走富国强兵之路，非管仲莫属。”

“好吧！”齐桓公说道，“眼见为实，耳听为虚，你将管仲带来，寡人要亲自测试管仲之所学。”

“臣闻‘贱不能临贵，贫不能役富，疏不能制亲。’主公在祖庙举荐管仲时，已了解管仲的性格。管仲极有主见，不是招之即来，挥之即去的人。”鲍叔牙说，“主公欲用管仲，就必须重任，请主公委管仲以国政，厚其俸禄，以父兄之礼待之。一国之相，乃一人之下，万人之上的职位，轻易相召，非礼也。既是非常之人，必待之以非常之礼，请主公择吉日，郊迎管仲。天下若闻主公尊贤礼士而不计私仇，贤者定当蜂拥而至。”

齐桓公不假思索地说：“不行，除了太傅，寡人谁都不相信，更不能贸然将一国之政交与一个寡人还不信任的人。”

“主公！”鲍叔牙眼里溢满着哀求。

齐桓公见状，想了想说：“太傅，你明天带管仲进宫，寡人要看一看，管仲真的有你说的那么神吗？”

齐桓公问政

第二天，鲍叔牙和管仲一同进宫，管仲稽首谢罪，齐桓公亲自扶起，赐之以座。管仲谦恭地说：“臣乃槛车人，得蒙赦免不死，实乃万幸，怎能承主公如此厚礼？”

“寡人有事相询。”齐桓公说，“请坐下来，寡人才好请教。”

管仲告罪坐下，鲍叔牙则坐在旁边。

齐桓公对管仲说：“郑庄公在世的时候，征宋伐卫，创下‘小霸’

的基业。郑庄公之后，郑国内乱频发，再无当日的风光。齐本是千乘之国，先父僖公时代，威震诸侯，号称小霸。可襄公继位后，政令无常，朝纲混乱，国力不振，百姓遭殃。现寡人即位，人心未定，国力衰弱。今日之齐，与昔日之郑颇有几分相似之处。寡人担心国家因此而灭亡，社稷因此而毁于一旦，宗庙会出现无人祭祀的一天。寡人对此深感不安，欲修理国政，建纲立纪，你看该从哪里着手才好呢？”

管仲回答说：“主公能看到隐蔽的危机，他日齐国就不会重蹈覆辙，但请主公恕臣直言，主公只是见表不见里。”

“管先生但说无妨。”

“郑庄为政，失却纲纪，自乱其国，征伐强国，徒增外敌，对国家百害而无一利。主公执掌社稷，人心未定，正应立纲陈纪。”

齐桓公真诚地问：“何谓立纲陈纪？”

“礼、义、廉、耻，乃国之四维。没有四维，国家就会灭亡。今日主公欲立国之纲纪，必须弘扬四维，以四维来约束人民。这样，国家的纲纪就可以建立，国势也可以振兴。先王周昭公和周穆王效法文王、武王的业绩，获得了好的名声。他们组织德高望重的老人，选择、考察庶民中的德才兼备之士，由朝廷树为典型，作为庶民的楷模。建立相应的法度，树立权威，与之密切配合。端治国之本，正庶民之末。用赏赐勉励庶民向善，用刑罚惩处他们的过失。提倡尊老爱幼之俗，使之成为庶民的道德典范。”

齐桓公问道：“这样就够了吗？”

“这样还远远不够。”管仲说，“还要行富国强兵之政。”

“何为富国强兵之政？”

“富国，首要是富民，仓廪实而知礼节，衣食足而知荣辱，若民不富，礼、义、廉、耻也只是空谈，所以富民为治国之先。”

“何以富民？”齐桓公原以为君子均讲究重义轻利，这是他第一次听到义利原为一体，心中不禁有些诧异。

管仲解释说：“简而言之，就是溥本肇末，藏富于民。”

“溥本肇末，藏富于民？”

“对！”管仲进而解释“溥本”之道说，“农乃国之本，农时有序，不可侵夺。比如春耕季节，应停止一切修墓、筑城、建房、煮盐等事务，不可令农夫贪财取巧。”

“不夺农时！”齐桓公点点头说，“这个理解了。”

“其实，为政者，应顺应民众之性而行，犹如治水，疏导胜于堵塞。”

“那‘肇末’呢？又作何解释？”

管仲说：“工、商之业称为末业，并不是说末业不重要，只是相对农粟而言，但其富民之功效犹速于农粟。”

“强国先强民，太傅也曾教过寡人。”齐桓公看了鲍叔牙一眼，又问管仲，“如何才能使民众自强呢？”

“减少刑罚，薄收赋税，人民就富裕了；各乡选用贤士，使之施教于国，人民就有礼了，出令不改，人民就务正了。这些就是爱民之道。”

“如何划定人民居处，安排人民职业？”齐桓公问道。

“士、农、工、商四民，是国家之基本，不可使他们杂居。圣王总是安排士人住在幽静的地方，安排农人住在靠近田野的地方，安置工匠靠近官府，安置商人靠近市场。此所谓物以类聚，人以群分。让他们各守其业，子从父职，百姓就安定了。”

齐桓公问道：“齐国的军事力量非常薄弱，如何迅速强大起来？特别是武器严重不足，先生有什么好办法吗？”

管仲答道：“武器问题不难解决。朝廷可以制定以兵器赎罪的办法。犯重罪的人用一套犀甲和一支戟赎罪，犯轻罪的人用一个盾牌和一支戟赎罪，犯小罪的人用铁赎罪，一般民事纠纷，令其交纳箭作为诉讼费。质量好的铁用来铸造剑戟，质量差一点的铸成农具。”

管仲见齐桓公听得入迷，微微一笑，接着说：“当然，光兵械充足还不行，还得有强大的财力。臣以为，齐国丰富的铁矿可以冶铁，海水可以煮盐，这两项就可以通利天下。以此为基础，与天下各国通商，互通有无，天下客商一定会云集临淄。到时，主公只要安排好税官收税就行了。这笔收入相当可观，解决军费问题绰绰有余。”

齐桓公禁不住击掌称妙，又问道：“兵械、财源解决了，可兵士不足怎么办呢？”

“可在全国实行‘三国’‘五鄙’之建制。”

“何为‘三国’‘五鄙’？”齐桓公问道。

管仲详细地向齐桓公描绘出一个强大的军、国一体的管理模式：

“定全国为二十一乡：工商之乡六个。士农之乡十五个。主公统率十一个乡，高子、国子各统率五个乡。三国就成了三军。主公安排‘三国’之官吏。工商之乡解决财源，士农之乡解决兵源。确定五家为一轨，设轨长一人。十轨为一里，设里司一人。四里为一连，设连长一人。十连为一乡，设良人一人。每户出一个兵士，一轨就是五个，轨长率领；一里就是五十名兵士，由里司率领；二百人为一连，由连长率领；二千人为一乡，也可称作旅，由乡良人率领。五个乡成为一个军，每军一万名兵士，十五个乡就可以出三万兵士，五乡定为一帅。编成三个军。主公统率中军，高、国二位上卿各统率一个军。农闲时练武、打猎。这样，一轨的五个兵士，大都有血缘关系，祭祀时一个祖宗，生老病死互相关照，居则同乐，死则同哀，守则同固，战则同强，有这样一支三万人的军队，攻无不克，战无不胜，主公可以横行于天下。”

齐桓公又问道：“‘五鄙’又是怎么回事？”

“确定五家为一轨，轨有轨长。六轨为一邑，邑有邑司。十邑为一卒，卒有卒长。十卒为一乡，乡有良人。三乡为一属，属有大夫。五属设五大夫。武事听从于属，文事听从于乡，各自保证其所管，不准有所荒怠。”

齐桓公听后耳目一新，高兴地说：“如此一来，寡人就可以征服天下，称霸诸侯了。”

管仲摇摇头说：“不行，现在周王朝虽然衰弱，可还是大家公认的天子。主公一定要打着尊周的旗号，与各诸侯国建立友好关系，使他们心悦诚服，逐步确立齐国盟主之位。”

齐桓公听了管仲的亲口论政，佩服得五体投地，这才明白鲍叔牙为何崇拜管仲，为何要拼死举荐管仲。他以商量的口吻问道：“管先生，寡人决定命你为大夫，并委以齐国之政，你可愿意？”

"不愿意。"管仲毫不迟疑地回答。

鲍叔牙惊讶地看着管仲，心里想，好你个管仲，你的志向不就是要掌齐国之政，带齐国走富国强兵之路吗？现在机会来了，怎么又要拒绝呢？

齐桓公更是不解，反问道："这又是为何？"

管仲指着鲍叔牙说："执掌齐国之政的人应该是鲍太傅，臣愿意协助他。"

齐桓公听罢哈哈大笑："有意思，有意思，鲍太傅在寡人面前拼命举荐你，你却拒绝寡人的礼聘，甘愿协助鲍太傅。"俞伯牙与钟子期因一曲《高山流水》而相识，彼此成为知音而成千古美谈，管仲与鲍叔牙贵为知己，惺惺相惜，相互举荐。管鲍之交，果然是名不虚传。"

"主公，别听管仲的。"鲍叔牙说，"管仲的才干，今天仅露冰山一角，一旦他执掌齐国之政，齐国一定会有翻天覆地的变化。"

"叔牙兄！"管仲真诚地说，"执掌齐国之政的职位本该是你的，小弟可不能鹊巢鸠占呀！"

"管夷吾！"鲍叔牙怒吼道，"你我相交多年，还不了解我鲍叔牙，我之所以举荐你，完全是为齐国之大业着想。你本济世之才，胜叔牙十倍、百倍，只有执掌齐国之政，才能实现你的理想，为何心存庸人之念，故意推诿？你这是亵渎管鲍之交，你太令我失望了。"

"叔牙兄！"管仲愧疚地说，"小弟是人，不是神，若以常人之心论之，小弟说的本不错。小弟不该以常人之心来度叔牙兄。"接着，管仲面对齐桓公，两眼光芒四射，神采奕奕地说："主公，臣愿掌齐国之政！"

"好！"齐桓公兴奋地叫道，"拿酒来！"

蔡姬闻声，也不要宫女侍候，亲自斟满三爵酒，亲自用托盘端上来，三人不约而同地伸手端起一爵酒，齐桓公说道："干！咱们君臣三人喝爵同心酒！"

庙堂论霸

第二天早朝，齐桓公面对群臣大声叫道："管仲！"

管仲第一次上朝，站在百官的最后面，听到叫自己的名字，忙答道："臣在！"

"站到前面来！"齐桓公见管仲已站到前列，接着说："各位臣工，寡人今天要宣布一项重大决定。寡人要拜管仲为大夫！"

管仲忙跪下叩拜："谢主上洪恩！"

"平身！"齐桓公抬抬手，接着说，"委管仲统领百官，执掌齐国之政。"

鲍叔牙带头击笏，隰朋、东郭牙、宾胥无等人跟着也猛击手中之笏板，表示赞同。竖貂站列班中投以轻蔑的一笑。

齐桓公欲当着群臣之面，向管仲请教安邦之策。一来，进一步考察管仲的治国理念；二来，也好让群臣认识管仲。待大家安静下来之后，他向管仲问道："管大夫，寡人问你，以齐国当前之局势，国家能够安定吗？"

管仲见齐桓公开门见山，索性也丢开客套话，直抒己见。

"主公若行王霸之业，则社稷可定；主公若不行王霸之业，只贪眼前安逸，齐国将无宁日。"

齐桓公所想的，就是如何尽快地稳定齐国大局、稳定君位，至于建立霸业之事，他连想都不敢想。听管仲说到王霸之业，心中没底，不以为然地说："寡人德浅，不敢有那么大的雄心，只求国家安定即可。"

管仲心想，自己志在助主公行王霸之业，宁做君主师，不充君主奴。今天第一次上朝，将奠定此后两人相处的角色，断不可含糊，若一味曲意逢迎，日后将会沦为齐桓公料理庶务的管家，而非主持朝政的百官之首。于是严肃地说："臣讲的不仅仅是国家安定，而是要使齐国称霸诸侯。"

齐桓公一愣，心想管仲第一次上朝，就敢逆自己之意，难道太傅所说的身怀经天纬地之才的人，就是这样处事吗？想到这里，脸上露出些许不快，冷冷地说："不行，寡人没有称霸之心。"

鲍叔牙见场面有点僵，连忙直身拱手，向管仲问道："管大夫立论高远，恕我脑子迟钝，有些事还没有弄明白。请问齐国为何要行王霸之业，难道齐国要长治久安，只有行王霸之业一途吗？"

鲍叔牙所问，正是齐桓公所想，为了打破僵局，鲍叔牙代齐桓公说出他想说的话。

"无论家事还是国事，行事的依据不外乎天时、地利、人和三者，这个道理虽妇孺皆知，但当事之人却往往一叶障目，不见泰山。"管仲侃侃而谈，"先说天时，日月星辰，皆有一定轨迹可循，治理国家也是如此。当今周王衰弱，中原争斗，夷狄入侵，请问各位，天下走势将如何？"

没有人回答，管仲也没有指望有人来回答这个问题。

"成周中兴是谈不上了，就如同一个家族之中，老父年迈衰颓，已没有能力主持家务，遇到外姓侵凌，众兄弟只有两种选择，一是远走他乡，于国而言便是亡国；二是请贤能长兄代父主政，俗称'家督'，于天下而言，就是方伯。伯者，霸也，众位贤长认为是否如此？"

众人纷纷点头。

管仲接着说："现在天下之局，定会出现霸主。若他国捷足先登，齐国岂不是要仰他人之鼻息，望他人之项背？这还是次要的，眼光再放远些，霸者统领诸国，必行侵吞之事，如此则强者越强，弱者越弱。当年商汤之世，方国有千余之数，宗周之初，尚有三百余国，至今百年，灭国无数，有国屈指可数。可知数百年后，恐怕只会存数个强国，直至最后只存一姓天下，这又将重归于王道之中。所以，在此群雄之世，齐国应先行王霸之业，后代两强相抗，再行王道，这才是长治久安的道理。"

在座的明智者已似有所悟，天分稍低的人还在品味其中的道理。

管仲讲完天时，接着再讲地利："齐国雄踞东海之滨，三面环海，且不说天赐渔盐之利，仅就战略地位而言，就没有四面受敌之忧。东夷、淮夷、徐夷之地，可以逐一征服，然后置吏而治，迁民垦殖，可化蛮荒为膏腴，如此将国力大增。国富民强，兵革方利，号令天下，指日可待。"

高傒坐在鲍叔牙对面，此时已听得入神，顾不上礼节，直接向管仲发问："管大夫，请问宋、郑等国，人文繁盛，且地处中原腹地，交通纵横，难道不如齐国之地利吗？"

"高上卿！"管仲看了高傒一眼说，"此一时，彼一时也，宋、郑两国虽地处中原腹地，由于地势平坦，无险可守，再加上四面强敌环伺，难有可拓之地，无地则无民，无民则无兵，无兵则国势日下。因此我可以断言，他日强国，定在四边，不会出现在中原。"

高傒稍加思索后说："有道理，请管大夫接着说下去。"

"最关键的还是人和，国子、高子，天子所命，为齐守臣监国，如剑之柄。鲍大夫等人追随主公多年，刚直不阿，如剑之格。王子城父、仲孙湫等虎将，如剑之锋，今日主公海一般的肚量，能容他人不能容的杀身之仇，赦免大罪，让管仲执掌一国之政，臣如剑之脊。因人成事，得道多助，剑出匣，谁与争锋。"管仲冲着齐桓公一揖道，"主公，臣言尽如此，请主公决断。"

齐桓公心有所动，但一时尚犹豫不决，自言自语地说："恐怕还不行吧！"

为人君者，决策力最为重要，当断不断，必有后乱。管仲深明其理，为了激起齐桓公的信念，管仲愤然说道："主公免臣一死，是臣之幸运。但臣之所以不死节于公子纠，是为了把国家真正安定下来，国家不真正安定，要臣掌握齐国的政事而不死节于公子纠，臣是不敢接受的。"管仲说完，将印信往前一推，拜过齐桓公，转身便要退出。

事出突然，齐桓公向鲍叔牙投去求助的眼神。

鲍叔牙心里明白，管仲用的是激将法。解铃还须系铃人，主公你惹的事，还是自己把屁股擦干净吧，他向齐桓公投去责备的眼神，示意他赶紧留住管仲。

"慢！"齐桓公见鲍叔牙对自己有责备之意，坐不住了，大叫一声。

管仲已走到殿门口，闻声停了下来。

"管大夫请回来！"齐桓公笑着说，"有事好商量，何必动怒呢？"

管仲正色地说："臣是为齐国的霸业而活，忍辱负重地从鲁国回到齐国，就是要为齐国尽忠尽力，成就霸业。若不能，不如守节追随公子纠于地下。”

齐桓公汗如雨下地说：“如果管大夫一定要坚持，寡人就勉为其难，努力图霸吧！”

管仲躬身再拜，然后说：“今天，主公同意完成霸业，那臣就可以秉承君命，执掌齐国之大政。”

殿中群臣击笏之声震耳欲聋。

第十四章 不该挑起的战争

权力的划分

齐桓公在朝堂上答应管仲，谋求齐国之霸业，退朝后又暗暗后悔。其实，他并不是不想称霸诸侯，号令天下，而是他知道，自己的缺点太多，不足以称霸，没有称霸的信心。在委政于管仲的第三天，他又将管仲召进宫中，有些难为情但却很真诚地说："管大夫，寡人想了几天，齐国实在是难以称霸，还是将目标修改一下吧！"

管仲见齐桓公说得如此认真，不解地问："主公，前天在朝堂上，您不是亲口答应了的吗？为何又要出尔反尔？"

齐桓公歉疚地说："寡人有三大缺点，这样还能将国家治理好，还能够称霸吗？"

"臣不知道主公到底有什么缺点。"

齐桓公说："寡人不幸好田、好色，又好酒，这会影响称霸吗？"

齐桓公的话很有意思，他直接告诉管仲，自己好田、好色、嗜酒。好田可不是种地，而是打猎的意思，好色、嗜酒大家都明白，直白点说，他的意思就是"我喜欢游玩和女人，还贪杯，你说我能不能做个好领导吧？"

男人都喜欢游玩和女人，但是齐桓公还这么问，其实不仅仅是告诉他的个人爱好，而是要管仲表态，我对治理国家没什么兴趣，但是我又想控制权力，你说我能不能做到？还有就是你是不是会对我的个人生活指指点点，弄个忠臣一样天天要求勤政？

管仲当然明白齐桓公的话，于是直接表态说：“虽然这都不是好事，但也无碍大局，对称霸无甚大害。”

齐桓公见管仲如此说，便对管仲有所怀疑，认为管仲是一个佞人，故意阿谀以讨自己欢心，马上翻了脸，大声斥道：“此三者都可以，难道还有什么不可以的吗？何事才有害霸业？”

“不知道贤人，害霸；不用贤人，害霸；不让贤人担任适当的职务，害霸；任用贤人却让小人制衡，害霸。”

管仲隐含地告诉齐桓公，你想当甩手掌柜，还要控制权力，你只能用我，而且只能用我一个人，不能找人来制衡我，这样才行。但他也向齐桓公表达了自己的权力独任的需求，如果你不用我，你就不能尽情地投入自己的爱好中去。

表面上看似一个说自己喜欢泡妞打猎，一个说要重用贤人，其实本质都是权力划分。这是通过暗语来试探，因为权力的事情很敏感，所以只能通过暗语来交锋，来试探彼此的权力边界。试探结束后，管仲不管齐桓公的私生活，齐桓公独任管仲执政。

彼此一番交谈，双方虽然心领神会，但齐桓公似乎还在犹豫，推说自己有些累了，想休息一下，于是说道：“管大夫的意见很好，但是，今天寡人有点累了，请你先回去，改日我们再详谈。”

管仲见齐桓公刚才还同意奋勉，马上就要偷懒，不客气地说：“有些事情马上就可以办，为什么要改日呢？”

齐桓公有些不耐烦地说：“现在该做什么？”

管仲仍然是不动声色地说：“公子举为人见识广博而且识礼，好学而且言语谦逊，请派他出使鲁国，以结国交；公子开方为人灵活敏捷，可出使卫国，以为国交；曹孙宿为人有小谦，而且有小聪明，十分谦恭而且善于辞令，正合乎荆楚的风格，请派他去那里，以结楚国。”

“好！”齐桓公同意管仲的建议，立即当着管仲的面下了诏令，派公子举出使鲁国；派公子开方出使卫国；派曹孙宿出使楚国。

管仲见这几件事办完了，这才请辞。

齐桓公看着管仲离去的背影，脸上露出一股不易察觉的微笑。

轻开边衅

齐桓公是一个办事颇有魄力，好战心理很强，并且性子也很急的人。在答应管仲称霸的目标之后不几天，便对管仲说："寡人想趁诸侯间没有战事的时候，加强一些军队建设。"

管仲连忙说："不行呀！齐国内乱多年，国家满目疮痍，百姓生活非常困难，主公应该先解决百姓的吃饭问题，而将军队收藏起来。与其厚于军队，不如厚于人民。国家尚未安定，主公不将人民生活放在首位而先扩充军队，那就会外不亲于诸侯，内不亲于百姓。这样，国家凭什么生存下去呢？"

齐桓公思考了半天，勉强同意了管仲的意见。

没过多久，他又对管仲说："管大夫，请你加强军备。我的战士没有训练，兵力又不充足，武器短缺，怎么能够称霸诸侯？必须在国内加强武备。"

"不可以这样呀！"管仲着急地说，"这样齐国就危险了。国内夺取民用，鼓励兵士打仗，这是乱国之根源。国外侵犯诸侯，各国人民必怨恨齐国，仁义之士就不肯到齐国来，这样，国家还能没有危险吗？"

齐桓公将眼光投向旁边的鲍叔牙，似乎是在征求他的意见。

鲍叔牙劝谏道，"主公，管大夫言之有理，请听从他的意见吧！"

齐桓公看着管仲，冷冷地说："寡人本不欲称霸，是你硬要寡人称霸，现在寡人要称霸，你却又百般阻挠，到底是什么意思？"显然，齐桓公开始怀疑管仲的忠心了。

管仲心底透亮，委屈地说："主公，欲强兵，必须先富国，如果内政不修，国内经济得不到开发，国力不强，何以称霸呀！"

"你是说国力不足吗？寡人自有办法，不需要你操劳。"齐桓公下了逐客令。

管仲痛苦地退出，鲍叔牙也有些无可奈何地跟了出来。

齐桓公欲加强军备，受到管仲阻拦，心里非常气恼，他甚至怀疑管仲的忠心和能力。但是，国家财力不足，这是一个很现实的难题，非一时能解决的。这一天，他一个人在后宫喝闷酒，蔡姬见齐桓公回宫后一言不发，不知所为何事，凑过来试探地说：“主公，臣妾为你抚上一曲，如何？”

齐桓公显得非常焦躁：“心烦，不听！”

蔡姬见状，只好转个话题说：“竖貂来找过主公。”

齐桓公闻蔡姬提到竖貂，想到此人说话很中听，忙问道：“他人呢？”

“还在外面候着呢！”蔡姬说。

齐桓公说道：“叫他进来！”

竖貂应召而入，见齐桓公刚喝了一爵酒放下酒爵，连忙上前端起酒壶，满满地酌上一爵，献媚地说：“主公可是海量，千爵不醉呀！”

“找寡人有事吗？”齐桓公问道。

竖貂犹豫了半天，说：“也没什么事！”

齐桓公见状，不高兴地说：“有话就说，何必吞吞吐吐！”

竖貂连忙站在齐桓公身边，小心翼翼地说：“臣有句话，不知当说不当说！”

“只管说来。”齐桓公端起酒爵一饮而尽。

竖貂连忙又斟上一爵，轻声问道：“主公，你看以管仲的智慧和才干，能不能谋取天下？”

齐桓公毫不犹豫地说：“能！”

竖貂又问：“那么，以管仲的魄力，是不是一个敢做敢当、敢做大事的人？”

齐桓公又毫不犹豫地说：“是。”

“主公明知管仲的才智能谋取天下，而其魄力也敢干大事，主公却将国家权力完全交给他，以管仲的才能，借助主公的权势来治理齐国，难道不危险吗？”

齐桓公听到这里吓出了一身冷汗，觉得竖貂说得有理。

第二天，齐桓公召来管仲、鲍叔牙和隰朋，对三人说："从今日起，隰朋大夫负责内务，管仲大夫负责对外事务。"

"主公！"隰朋不解地问，"管仲大夫不是管得好好的吗？怎么要做如此决定？"

"就这样定了，不要问为什么。"齐桓公的态度显得非常坚决。

管仲瞪大眼睛看着齐桓公，他心里明白，这一定是昨天劝谏主公不要对外用兵而引起的误会，主公对自己起了戒心。他知道这样的误会，当事人是很难说清楚的，暗自叹了一口气，没有再申辩。

齐桓公将朝廷内务交给隰朋负责，命令齐国的所有封地都要加强军备，并发出诏令，提高全国的关税和市场税，将筹措到的资金用于将士们的俸禄以及赏赐作战勇敢的将士。一时间，举国上下为军备的加强和赋税的提高闹得沸沸扬扬，致使朝政混乱，人民怨声载道。

管仲担心会引起民变，找到隰朋问道："隰大夫，提高关税和市场税的事情办得如何？"

隰朋摇摇头，叹了一口气说："难呀！国家内乱刚刚结束，又如此重赋苛索于民，百姓的生活本来就很苦，如此一来更是怨声载道，我真的有些应付不下去了。"

"唉！"管仲叹了一口气说，"主公的性子太急，内乱刚息，百废待兴，如此不顾国力地加强军备，增加赋税，此乃饮鸩止渴呀！"

"管大夫！"隰朋着急地说，"我也是心有余而力不足呀，主公的命令要执行，百姓的怨声也不能置若罔闻，我该怎么办？"

"要处理好政务，保证齐国这艘船不能翻，静候主公之醒悟。"管仲沉着地说。

"如何做？"隰朋问道。

"主公的诏令你还是继续执行。"管仲想了想说，"百姓的日子也不好过，所以，催征不必过急，手段也不得太过强硬，否则，官逼民反，齐国这艘船就真的要翻了。"

“好！”隰朋赞成地说，“我对下面的人说一声，叫他们注意一些方式方法。”

隰朋刚走，鲍叔牙又来了，他忧心忡忡地对管仲说：“主公以前曾答应你成就霸业，但现在国家日渐混乱，你说该怎么办？”

“主公的性子急，做事多有后悔，我们劝说不听，他不撞南墙不回头，看来只能等他自己觉悟了！”

鲍叔牙担心地说：“如果等他自己觉悟，那国家不是要受到很大损失吗？”

管仲胸有成竹地说：“不会的，国家的政事，我还在暗中办理着，现在虽然乱了些，但还有时间挽救。现在国外诸侯以及大臣，没有人比我们二人强，还没有人敢贸然侵犯齐国。”

不久，齐国百姓不堪赋税之重，已出现逃亡现象，大批百姓流向相邻的鲁、莒等国。接着，朝廷里竟然发生为争夺禄位而互相残杀的事情，刎颈断头的事情也时有发生。

鲍叔牙又找到管仲说：“国家死了这么多人，这不是越来越糟吗？”

管仲回答说：“问题不会很大，死者都是为禄位之争而死，都是贪人。像那样的人死了，我何必为他们流泪？各诸侯国的义士会因此而不到齐国来，齐国的义士不肯做官，这才是我所忧患的。”

管仲归齐之后，齐桓公不记前仇，不但赦免了管仲，而且还提拔他为齐国大夫，委以朝政，这件事情很快就传遍天下。

鲁庄公闻之极为震怒，后悔当初未听施伯之言杀掉管仲。于是命令全国加紧练兵，打造兵器，疏通曲阜以北的洙水，加强国都的守备力量，准备养精蓄锐，伺机报干时一战之仇。

齐桓公听说鲁国加强军备，欲报干时一战之仇，勃然大怒，召集群臣入朝议事。他一脸肃容地说：“寡人新嗣位，上次，鲁国数百乘战车打上门来，现在又在蠢蠢欲动，矛头直指齐国。”

群臣顿时议论纷纷。

齐桓公继续说：“齐国向来不受人威胁的。先发制人，后发制于人。

寡人决定，出兵讨伐鲁国，大家以为如何？”

竖貂最会邀宠于上，立即出班奏道：“主公出征鲁国，臣愿当先锋！”

雍廪出班奏道：“臣愿率五百乘兵车，踏平曲阜！”

“好！”齐桓公拍案而起，“太傅，你的意下如何？”

鲍叔牙心里不同意这个时候出兵，但他深知齐桓公的脾气，决定了的事情，旁人是很难改变的，只好违心地说：“主公欲称霸中原，就要提高威望。齐国乃千乘之国，讨伐小小的鲁国，定会马到成功。”

齐桓公明知道管仲不会同意出兵，但还是问了一句：“管大夫怎么不说话？”

“臣认为，此时不宜擅动干戈。”管仲明知说也无用，但还是要说。

齐桓公不悦地说：“管大夫，你不是要寡人图霸业吗？寡人现在按你说的做了，为何又要阻拦呢？”

管仲虽然知道改变不了齐桓公的决定，但还是想做最后一次劝谏，出班奏道：“臣听说，有土之君，不勤于战争，不记恨小辱，不重复过错，国家就能安定；勤于战争，记恨小辱，重复过错，国家就有危险了。齐国内乱刚息，军政未定，国力不张，有道是攘外必先安内，内政不稳，怎能擅动干戈？”

鲍叔牙不安地看着管仲，担心他因之而触怒齐桓公，暗自替他捏一把汗。

齐桓公不耐烦地一挥手说：“寡人主意已定，现在需要的是鼓舞士气，如果是涣散军心的话，就不要说了。”

管仲诚恳地说：“主公，齐国并无讨伐鲁国的充分理由，师出无名，出兵鲁国，乃是兴的不义之师呀！主公为图霸业而兴不义之师，一定会适得其反，主公要三思呀！”

齐桓公闻言，脸色陡变，怒喝道：“管仲，你身为齐国大夫，主持齐国之政，本该替寡人出谋划策，为何要长他人之志气，灭我之威风？”

鲍叔牙见齐桓公发怒，会对管仲不利，连忙出班奏道：“主公，为振大齐雄风，臣愿率三军伐鲁！”

管仲不知道鲍叔牙的良苦用心，反而认为鲍叔牙在和自己过不去，狠狠地瞪了鲍叔牙一眼，长叹一声，无奈地退回班中。

“好！”齐桓公大喜，说道，“鲍太傅为三军统帅，寡人御驾亲征，择吉日出兵，不踏平曲阜，誓不还师！”

齐桓公决定出兵，打乱了管仲原有的部署。但他知道，再谏也是徒劳，毕竟在齐桓公的心里，最值得信任的人是鲍叔牙、高傒和国子费，而不是自己。于是，管仲干脆不问战事，专心内政。

曹刿论战

齐桓公二年（公元前 684 年）正月，齐国以鲍叔牙为将，亲率战车五百乘，发动了对鲁国的战争。

齐兵伐鲁的消息，很快就传遍了天下。鲁庄公也是一个性情刚烈又崇尚武力的人，干时一战，鲁军大败而归，他心中对齐国便充满了仇恨，得知齐桓公将管仲引渡回国后，不但没有杀他，反而还委以国政，更有一种被欺骗的感觉，心中更是恨上加恨。得知齐国兵发鲁国之后，立即下令，在全国范围内招兵买马，欲与齐国一决雌雄。一时间，鲁国朝野被战争的气息所笼罩。

曲阜城东门十里外有一东平乡，乡南头的小山脚下有户人家姓曹，主人叫曹刿。别看曹刿过着日出而作、日落而息的农耕生活，但他自幼饱读诗书，喜研兵法，且造诣颇深，他是鲁国的一位隐士，但从未出仕。

曹刿听说齐兵伐鲁，知道鲁国已经到了生死攸关的时候，心里非常着急。他虽是一介草民，不是什么肩负国家重任的朝廷官员，但他认为，国之存亡，匹夫有责。于是，他决定到曲阜去求见鲁庄公，为抗齐之战出谋划策。

曹刿的乡亲们得知后，纷纷出面阻拦。他们说：“战争是国家大事，让那些成天吃鱼吃肉、酒足饭饱的大官们去谋划吧！你一介草民，何必要多管闲事呀？”

“肉食者目光短浅，见识低下，不会深谋远虑。国家有难，匹夫有责，我怎么能袖手旁观呢？”曹刿不顾乡亲们的劝告，只身前往曲阜求见鲁庄公。

是日，鲁庄公召集群臣商讨拒敌之策，他感叹地对施伯说：“悔不该当初未听你之言，让管仲活着回到齐国，果然是纵虎归山，遗患于鲁。”

施伯分析说：“如果臣料得不错的话，齐兵伐鲁，绝不是管仲的主意。”

“不是管仲的主意？”鲁庄公惊问。

“以管仲的才能，在齐国内乱刚息，国力未复的情况下，绝对不会擅自出兵征伐鲁国。”

鲁庄公不解地问：“你的意思是……”

施伯分析说：“齐侯初立，国之内乱刚息，齐国虽然是大国，经过这几年折腾，国力削弱不少，善治国者，此时应该是整顿军队、发展生产的时候。然而，齐桓公违犯常规，贸然出兵征伐鲁国，又师出无名，兴的乃是不义之师，其对外扩张之意图太过明显。管仲乃旷世奇才，这样简单的道理他不会不懂。”

鲁庄公问道：“听你的意思，是在夸赞管仲，既然如此，齐国为何又出兵攻鲁呢？”

施伯思索了半天才说：“唯一的解释是——齐国内部出了问题。”

鲁庄公急问：“会出现什么问题？”

“齐桓公与管仲意见不统一！齐侯与管仲有一箭之仇，他虽然委政于管仲，其实对管仲并不信任，齐桓公出兵，管仲一定是劝谏未果。因此，我们要在齐国没有真正重用管仲之前，打好这一仗。”施伯说。

“齐国的君臣是否有矛盾，寡人没兴趣，寡人现在只是担心大兵压境，诸位爱卿有何退敌之策？”

“如何退敌，请曹司马出谋划策，他是管军事的。”施伯说。

鲁庄公焦虑地看着大将曹沫说：“曹司马，你有何良策？”

“唉！”曹沫叹了口气，两手一摊说，“齐强鲁弱，干时一战，我军损失战车近二百乘，元气大伤，这个仗真的很不好打，臣一时尚无良策。”

鲁庄公气急败坏地说：“大兵压境，难道要束手待毙不成？你们食朝廷之俸禄，国家危难之时，谁都不能替寡人分忧，难道要寡人向齐国俯首称臣吗？”

大臣们面面相觑，谁也不敢出声。

施伯说：“求和当然不行，齐国此次出兵，明显地带有扩张的性质，欲在诸侯国间树立威信，若与其求和，鲁国必须付出很大的代价，即便如此，齐侯还不一定能答应。”

鲁庄公焦虑地说：“战不行，和也不行，到底该如何是好？”

群臣一个个惭愧地低下了头。正在这时，忽听侍卫来报，说外面有一个叫曹刿的人求见主公。

鲁庄公不耐烦地说：“都什么时候了，不见！”

侍者刚去不久，又回来禀报，说曹刿非见主公不可，不然，他就要闯进来了。

鲁庄公怒喝：“轰他走，没看见寡人正在商议军国大事吗？”

“慢！”施伯出班奏道，“臣素闻曹刿之名，据说此人饱读诗书，满腹文韬武略，有将相之才，从未出仕，乃鲁国之隐士，只是未曾谋面。今日求见，一定与当前的战事有关，说不定是来献策的。”

鲁庄公听了施伯之言，手一挥说：“宣曹刿进见。”

侍卫犹豫地说：“主公，此人衣衫褴褛，态度恶劣，不懂礼仪……”

鲁庄公瞪了侍卫一眼：“寡人说宣他进见！”

侍卫答应一声，急忙退出殿去。

一会儿，衣衫褴褛的曹刿大步流星地走进大殿，朝鲁庄公拱手施礼道：“草民曹刿拜见君上。”

曹沫站在班首，见曹刿站着行礼，怒喝道：“拜见君上，何不下跪？”

曹刿看了曹沫一眼，道：“草民乃一介山野村夫，拱手即是见面礼。难道朝廷中人见面都要跪拜吗？”

曹沫气急败坏，跨前一步，伸手欲将曹刿架出大殿。

“慢！”鲁庄公挥手制止了曹沫的行为，对曹刿道：“你是谁？求见寡人，所为何事？”

曹沫瞪了曹刿一眼，退回班内。

"草民闻齐兵犯境，朝廷的肉食者却无退敌之策。"曹刿故意瞟了曹沫一眼，"国家有难，匹夫有责，草民虽是吃粗食的山野小民，但身为鲁国人，当在国家危难之时，为国家略尽微薄之力。"

曹沫手指曹刿，厉声说道："好个大胆的刁民，你有何德何能，竟敢大言不惭，夸下海口？"

曹刿不理会曹沫，向鲁庄公问道："听说君上正在商议应敌之策，草民斗胆地问一声，鲁国凭什么同齐军作战？"

鲁庄公正需要人帮助他出主意，知道曹刿此问必有原因，于是回答说："寡人对人还算是宽厚，凡衣食这些用以养生的东西，寡人从不独享，总要分一些给众臣，君臣荣辱一体……"

不待鲁庄公说完，曹刿就打断了他的话，说："君上所施，乃小恩小惠，且能受此小恩小惠者也很有限，多数人并不知道君主有这些恩惠。老百姓更不知道这些，他们是不会跟着你去战场上卖命的。"

鲁庄公说："寡人不仅待人好，对待天地神明，寡人也很虔诚，祭祀天地使用的牛、羊、猪和宝玉、丝绸等祭品，总是有多少就说多少，从来不敢夸大。寡人这样诚实，天地神明一定会帮助寡人打败齐国。"

春秋时期，君主被认为是"神之主而民望之"，故祭祀神明似乎比统治国政显得更为重要，故鲁庄公有此说。但有识之士对鬼神论一直是存而不论。

曹刿还是不以为然地说："君上不虚报祭品的数量，只能算是有点信用，还说不上是很有信用。单凭这些，老天爷不会降福，百姓也不会信服。"

鲁庄公沉默了一会儿，继续说："鲁国每年要发生千百起诉讼案件，寡人虽然不敢说件件了如指掌，判决公平，但是，寡人总是尽最大的努力，慎之又慎，使之趋向合理。人民一定会相信寡人、支持寡人的。"

曹刿听到这里，连连点头说："诉讼案件，无论大小，都关系到当事人的生命财产，案件处理得公平与否，会直接影响到人们的切身利益，君上能够这样重视诉讼案件，并尽可能地公平处理，这就是为百姓办了一些好事。若此，百姓一定会支持君上，草民认为，鲁国可以与齐国一战。”

鲁庄公心头为之一振，追问道：“敌众我寡，如何应敌？”

“兵不在多而在于精，将不在勇而在于谋，鲁与齐战，要以智取，不可力敌，干时之战，鲁国三百乘战车，并不输于齐，为何大败而归？一来，鲁国擅自出兵，乃不义之士；二来，作战的将军逞匹夫之勇，孤军深入，中了敌人的圈套。”曹刿有意无意地又瞟了曹沫一眼。

曹沫狠狠地瞪着曹刿，恨不得将其一口吞下。

鲁庄公倾身问道：“能说得具体些吗？”

曹刿答道：“战场之事，变化多端。兵事须随机应变，非事先可以预料，请君上借草民一辆战车，让草民跟随在君上身边，草民将根据战场上的实际情况，为君上出谋划策。”

鲁庄公见曹刿很有智谋，想了想欣然说道：“你就与寡人同乘一辆战车，率领鲁国大军，去抗击入侵之敌。”

同国君共乘一车之人，便是在作战中协助国君指挥的参谋。看来，经过一番交谈，鲁庄公对曹刿是非常器重，抱有极大期望的。

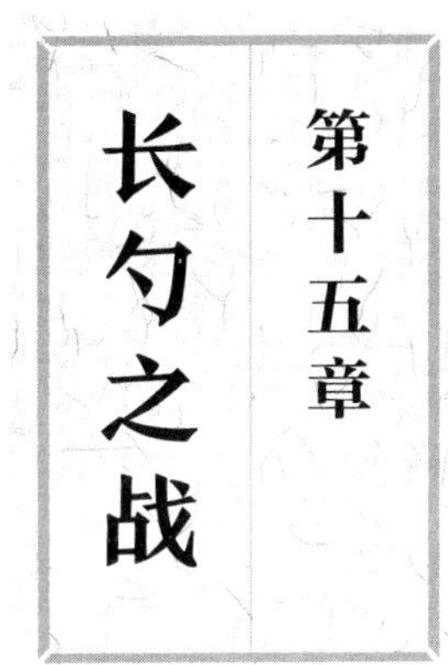

第十五章 长勺之战

管仲的隐忧

管仲料定齐桓公率兵征伐鲁国，一定是凶多吉少。无奈有心无力，不能防患于未然，忧虑过度，猝然病倒，且病情来势凶猛，一病不起。他躺在病床上想了很多：既恨齐桓公刚愎自用，不听忠言；也恨鲍叔牙推波助澜，不阻止齐桓公出兵；还恨朝廷那些文臣武将，一个个四肢发达，头脑空空，只知道迎合君上，不顾大局，不管齐国的利益和百姓的死活。

几天之后，管仲的病情稍有好转，他硬撑着爬起来，叫家人管芨备好文房四宝，夜以继日地奋笔疾书，就像担心时间不够用似的。管芨将饭菜送到他的手边，他也懒得看一眼。数日间，他又写出了《七法》《兵法》《法禁》《幼官》《侈靡》《枢言》《轻重甲》《轻重乙》等多篇著名文章，篇篇皆是锦绣文章，条条都是治国之道。

隰朋听说管仲卧床不起，前往管仲家里探视，关心地说："管大夫，主公出征，朝廷政务要你主持，而你又病倒在床，这可如何是好？"

管仲担忧地说："齐国此时不宜兴兵啊！你们为何不劝阻主公呢？"

"管大夫！当时你也在场，主公心意已决，他能听劝吗？再说，竖貂、王子城父等人也都是力举出兵。"隰朋说。

"王子城父是武将，考虑问题的角度不同，情有可原。竖貂乃阿谀奉承的小人，只知道迎合主公之意，主公放个屁，他都说是香的。鲍太傅呢？他可是主公最信任的人啊？怎么也推波助澜呢？"管仲气恼地问道。

“管大夫，你可错怪鲍太傅了。”隰朋说。

管仲问道：“我错怪了他？”

“当时的情况你也很清楚。”隰朋说，“主公面色铁青，鲍太傅担心会对你不利，才出此下策，请缨率兵出征的啊！”

“唉！”管仲叹了一声，“这个鲍叔牙，就知道尽忠，就知道守义，怎么能如此不顾大局呢？”

“我说你呀！”隰朋劝道，“也要收敛一些，不能总跟主公对着干，他不听你的意见，硬顶有用吗？”

管仲看了隰朋一眼，伸手掩住口，轻轻咳了几声，忧虑地说：“我预料，此次齐国必败无疑。而主公一旦败归，我的处境恐怕就有些不妙了。”

“这又是为何？”隰朋惊问。

“主公败归，一定愧于见我，即使不找个机会将我除掉，恐怕朝廷也无我的立身之地。”管仲指着柜子里的几卷竹简说，“这是我最近一段时间整理出来的一些治国之道，今后，齐国只有鲍叔牙和你才能理政，留给你们做个参考。”

“你怎么能如此灰心呀！”隰朋着急地说，“主公若败，就证明你是正确的，他一定会信任你、重用你。”

管仲摇摇头，懊恼地说：“主公刚愎自用，自尊心特强，若胜了，他一定会继续对外扩张，这对于齐国，将是一场灾难。我倒宁可他大败而归，尽管我会因此而消失，但能唤醒主公，我看也值。”

“不会的！”隰朋说，“你说的事情绝对不会发生，若真出现这样的情况，我和鲍太傅就是拼一死，也要阻止主公。”

“这次出兵鲁国呢？你们劝得住吗？”管仲算了算时间说，“大军出发已有十天，齐国大军恐怕已过汶阳，进入鲁国国境，决战之期，就在这几天了。”

隰朋见管仲如此忧心忡忡，这才真正体验到鲍叔牙为何要拼死举荐管仲的良苦用心，同时，也从心底产生了对管仲的莫大敬意。

齐桓公率领五百战车、近两万名将士，浩浩荡荡，杀奔鲁国。兵马行至汶阳，鲍叔牙下令三军于城外安营扎寨，埋锅造饭，休整一日。齐桓公与鲍叔牙及众将军进入汶阳城。

是日晚，齐桓公将鲍叔牙、王子城父等人召集在一起商讨军情。他问鲍叔牙："太傅，鲁国有何动静？"

鲍叔牙说："据探子报告，鲁庄公下令在全国征集壮士入伍，欲与我军一决雌雄。"

"鲁国乃寡人手下败将，怎么还有胆量抵抗齐军？"齐桓公哈哈一笑道，继而又正色问道："打听到他们此次以谁为将了吗？"

"听说鲁庄公正在为此事犯愁。"鲍叔牙看了一眼齐桓公说，"闻鲁国司马曹沫自干时之战以后，对齐国已是闻风丧胆，施伯虽然足智多谋，对于打仗似乎并不在行。还有一条消息说，鲁国内部已有主战与主和两派，是战是和，应该有个结果了。"

"主和？"齐桓公冷哼一声，"除非他割让十座城池，否则，寡人一定要杀进曲阜城，直捣鲁国老巢。"

正在这时，侍卫引进来一名齐国探子，探子进来跪下奏道："启禀主公，鲍帅，据小的打探，鲁庄公命一个叫曹刿的人为将，率军抗击我军。"

齐桓公问道："此人是何来历？"

"此人从未出仕，据说乃一介草民，无人知道其来历。"探子回答。

"还有什么消息？"齐桓公问道。

探子回答："没有了。"

"好！下去领赏！"齐桓公随后又补了一句，"再探再报。"

齐桓公遣走探子，笑着对大家说："看来鲁国真的是朝中无人，竟然拜一个山野草民为将。"

鲍叔牙提醒说："主公，我们尚不知曹刿这个人的来历，不可轻敌呀！"

"鲁军乃寡人手下败将，干时一战，寡人仓促应战，就杀得他落花流水、大败而归，此次寡人亲率战车五百乘，雄兵两万，有备而来，岂能不胜？”齐桓公大手一挥，“明天三军休息一天，后天兵发曲阜。”

鲍叔牙见齐桓公如此气盛，心里不禁生出一丝隐忧。但他也认为齐强鲁弱，打赢这场战争不会有问题，虽有隐忧，却也并不很在意。

曹刿点兵

鲁庄公听过曹刿的一席之谈，料定此人文韬武略胜于常人，但如何使用此人，心里又有些犹豫，连夜问策于施伯。

施伯建议说：“臣素闻曹刿乃鲁国隐士，饱读经书，精通战法，有将相之才，若要用此人，必当委以重任。”

鲁庄公有些担心地说：“鲁、齐一战，事关国家的生死存亡，稍有不慎，将功亏一篑，委以重任，是否有些冒险？”

“疑人不用，用人不疑。”施伯略顿一会后说，“主公已令曹刿出战时同乘一车，在战场上随时问策于他，若曹刿真是帅才，就将指挥权交与他，主公以为如何？”

“好！”鲁庄公赞同地说，“就按这个意见办。”

第二天，鲁庄公亲自至校场点兵，正待点将之时，他突然附在施伯耳边嘀咕了几句，施伯频频点头。接着，他对曹刿说：“曹刿，今天由你点兵。”

曹庄公向施伯点点头，施伯站起来，对台下将士大声说：“各位将士听着，主公有令，今天，由曹刿点兵。”

曹刿有些为难：“草民乃山野小民，毫无资历，怎么能上将台点兵？”

“去！”鲁庄公鼓励他说，“寡人信得过你。”

台下众将士听到主公命一个无名之辈校场点兵，立即沸腾起来。

曹刿看看鲁庄公，又看看施伯，有点不知所措。施伯用期待的目光看着曹刿说：“主公叫你点兵，还愣着干什么？”

曹刿犹豫再三地说：“草民乃一布衣，凭何上台点将？谁人能服？”

鲁庄公取下身上佩剑，双手递上说：“寡人赐你尚方宝剑，违令者斩。”

曹刿当着众将士之面，在点将台上双膝跪下，接过尚方宝剑，大声说："臣遵旨！"曹刿接过尚方宝剑之后，立即像变了个人，只见他眼露精光，气宇轩昂，眉宇间透出一股杀气。

鲁庄公心头为之一震，心里想：好重的杀气，果然是个帅才。

施伯坐在旁边，也暗暗点头。

曹刿手持尚方宝剑，雄赳赳地站在台上，大声叫道："曹沫将军听令！"

曹沫站在台下正在生气，为什么呢？心里不服呀，他堂堂鲁国司马，竟然被一个山野村夫夺去头彩，他能甘心吗？由于思想开了小差，没有听到台上曹刿在喊他的名字。

曹刿见曹沫站在那里不动，以为是瞧不起自己，提高嗓门叫道："曹沫听令！"

曹沫这才听清楚，曹刿是在点自己的名字，忙出列应道："末将在！"话刚出口，心里又有些后悔，自己怎么能够应答一个山野村夫的点将呢？

曹沫还在这里胡思乱想，台上的曹刿说话了："命你率战车五十乘为先锋，出长勺，沿途迎击齐军，若遇齐兵，只许败，不许胜，逐步向长勺撤退。"

"这打的是什么仗？哪里有只许败，不许胜的道理？"曹沫暴跳如雷。

"曹沫，你想违抗军令吗？"曹刿怒喝道，"本人有主公亲赐尚方宝剑，违令者斩！"

曹沫心里虽是不服，但曹刿手中有尚方宝剑，不服也不行，只好忍气吞声地退到一旁。心里想：等打完仗再说，若是胜了，倒也罢，若是败了，本将军定会出这口恶气。

曹刿见曹沫不服气，问了一句："曹将军还记得干时之战吗？"

曹沫以为曹刿故意以干时之战来羞辱他，反问道："什么意思？"

"记得当时齐国的隰朋是怎样做的吗？"曹刿问道。

曹沫略一思索，恍然大悟，大声说："知道了！"

"公子偃听令！"曹刿继续叫道。

公子偃出列："末将听令！"

曹刿大声说："长勺以东三里有座山名叫大牯岭，岭后山谷可以屯兵，命你带战车百乘，潜伏于山谷之中，曹将军撤退之时，齐军必定尾追而至，你只管按兵不动，让他们过来，让在长勺的其他将士迎敌，待齐兵溃败之时，但闻三通鼓响，便率兵从左右杀出痛击之，记住，不可将退路全部封死，要给齐军留一条退路。"

公子偃不解地问："既然齐军溃败，为何还要留给退路，一举全歼不好吗？"

"凭鲁军实力，若能击退齐军已是侥幸，绝难将齐军一口吃掉。若将其退路封死，齐军必作困兽斗，到时鹿死谁手就不好说了。"曹刿补充一句，"记住，给齐军留一条退路。"

公子偃应声入列。

"主公的中军驻扎在长勺，鲁、齐两国之兵，将在长勺决一死战。"曹刿振臂一呼，"鲁军必胜！"

"鲁军必胜！"全体将士高举手中武器，齐声高呼。

兵败长勺

齐桓公率领齐国战车，从汶阳城出发，一路上未见鲁国一兵一卒，齐军大队人马像游山玩水一般，缓缓而行。齐桓公显得非常兴奋，对鲍叔牙说："看来，鲁侯龟缩在曲阜城不敢出来了？"

鲍叔牙说道："鲁庄公绝不会让齐国兵临城下，在都城曲阜与齐军决战。从这里到曲阜，还有两天行程，鲁军一定会在途中的哪一个地方等着我们。"

恰在此时，探子来报，前面发现鲁军。

"有多少战车？谁为将？"鲍叔牙急忙问。

探子道："大约有战车五十乘，战旗上大书一个'曹'字。"

齐桓公说道："定是曹沫无疑。干时一战，杀得他丢盔卸甲，此时又来丢人现眼。”

鲍叔牙立即传令前军王子城父迎战。

再说曹沫领了将令，率领五十乘战车来到大牯岭，探子来报，前方两里处发现齐军，正在向大牯岭进发。曹沫令战车停止前进，将五十乘战车排成两个方阵，停在道路中间，刚刚排好阵势，齐军便如潮水般杀到。曹沫见齐军摆好战阵，大声问道：“来者何人，为何要侵犯鲁国？”

王子城父驱车出阵，大笑道：“我道是谁，原来是曹沫将军，干时一战，听说你身受重伤，怎么样？好些了吗？今天可一定要小心，可别旧伤未复，又添新伤哟！”

曹沫怒道：“大胆狂徒，不必夸下海口，有胆量就放马过来吧！”

王子城父也不答话，驱车杀了过来。曹沫驱车迎上去，大战几回合后，佯装不敌，且战且走。鲁军士兵早就得到命令，驱动战车，有条不紊地相互掩护，向长勺撤退。

齐桓公见鲁军败退，命令擂响战鼓，齐国将士听见进军的战鼓声，催动战车，跟在鲁军之后，一路追杀。曹沫并不恋战，指挥战车，按既定方案且战且走，撤向长勺。

公子偃奉命率百乘战车埋伏在大牯岭的山谷之中，见曹沫带领的战车匆匆而过，齐军大队人马尾追而至，心里赞叹曹刿料事如神，令手下将士加强警戒，不得发出半点声音。

曹刿与鲁庄公站在山坡上，远远看见曹沫败下阵来，鲁军后面，尘土飞扬，知是齐军大队人马已到。曹刿命让过曹沫的战车，在道路中间布下铁蒺藜，令一千盾牌手列阵于前，三千弓箭手排成三排，站在盾牌手之后，严阵以待。

齐桓公率领大队人马，紧随曹沫之兵，一路追杀下来。鲍叔牙见鲁军虽一路败退，但队形不乱，顿起疑心，立即派人赶到队伍前面叮嘱王子城父，嘱其一定要保持队形，切不可孤军深入。

齐桓公不以为然地说：“太傅也太小心了吧！鲁军已成惊弓之鸟，不足为虑。”

竖貂献媚地说："我看鲁侯是吓破了胆，此刻不知躲在哪里打哆嗦呢！"

鲍叔牙冷冷地瞪了竖貂一眼。

王子城父率兵尾随曹沫人马紧追不舍，突然发现前方战旗猎猎，大批鲁国战车挡在大道上，一字排开，战车上书有"鲁"字的杏黄色大旗迎风飘扬，知道是鲁庄公的中军。连忙命令停止前进，加强戒备，并火速派人向齐桓公报告前面的情况。

齐桓公见前面人马停滞不前，正欲派人前去打探，王子城父派人来报，说鲁军的大队人马已列阵等候。齐桓公问身边的鲍叔牙："这地方叫什么名字？"

鲍叔牙答道："长勺。"

"此处离曲阜还有多远？"

鲍叔牙答道："不足百里吧！"

齐桓公决定采取先发制人的战略，传令立即向鲁军发动猛烈进攻，一时间鼓声震天动地。

鲁庄公见齐军来势凶猛，心中颇有几分胆怯，担心齐军冲破鲁军阵地防线，欲下令击鼓反击。曹刿连忙阻拦，说眼下齐军士气正旺，此时出击，难以与其争锋。随之传下命令："三军将士，严阵以待，齐军较远不要理他，等到了弓箭的射程之内，听号令，用箭招呼他们。违令者，斩！"

说话间，齐军大队人马随着咚咚的战鼓声，已经冲杀过来，眼看就要攻入鲁军阵地。曹刿手中令旗一挥，大吼一声："放箭！"

刹那间，鲁军阵地上突然万箭齐发，齐军遭此突袭，死伤无数，前进不得，只好后退到一箭之地以外。

王子城父见鲁军只放箭，不出战，命令齐军骂阵。鲁军仍是充耳不闻。王子城父来到鲍叔牙车前道："这个鸟仗怎么打？"

鲍叔牙笑道："鲁侯在干时吓破了胆，只要冲开阵脚，他就会全军溃败！"说罢，再次擂响战鼓。

齐军将士喘息未定，听到鼓声，重新抖擞精神，掉转车头，向鲁军冲杀过去。

鲁庄公又欲擂鼓出击，曹刿制止道："不可，此时不宜出击，还是以箭招呼齐军。"于是令旗一挥，鲁军又是万箭齐发，不让齐军靠近一步。

齐军在箭雨之中难以前进，只好带着死伤的兵士再次退到一箭之外的地方。将士们经过两轮冲锋，已是疲惫不堪，皆倚靠在战车上，摘下头盔扇风乘凉，解开犀甲擦汗，战马此时也都累得大汗淋漓。

王子城父对鲍叔牙道："大帅，鲁军这次作战与以往不同，战阵布得十分严谨，军队井然有序，要小心才是。"

鲍叔牙点点头，手搭凉棚向鲁军察看，边看边说："鲁军阵法不乱，将士精神抖擞，毫无倦意，真的得小心对待。"

齐桓公哈哈大笑道："鲁军不敢接战，这是在做最后的垂死挣扎。只要再发起攻击，他们定会弃甲丢车，大败而逃。擂鼓进攻，先冲破敌阵者，重重有赏！"

鲍叔牙犹豫了一下，第三次擂响了战鼓。齐军将士鼓起最后一点力气冲向鲁军，喊杀声明显较弱，步伐也显得散乱。

鲁庄公又欲击鼓反击，曹刿仍然制止道："不可，此时出击并无胜算，还是用箭招呼齐军。"只是，这一次他将齐军放得更近，待到齐军迫近二丈之地，曹刿突然令旗一挥，大喊一声，"放箭！"

由于两军相隔很近，鲁军几乎是箭无虚发，箭箭皆射中齐兵。

齐军本已是疲惫不堪，又遭此致命一击，遂掉转车头，拼命往回退。

曹刿看准时机，抢过鼓槌，重重地击鼓三通。顿时，战鼓齐鸣，杀声四起，鲁军兵士如猛虎下山般向齐军冲杀过去。

齐军经过三轮冲锋，疲态尽显，突见鲁军如猛虎般冲杀过来，顿时乱作一团，后军冲倒前军，前军堵住后军，阵脚大乱，人仰马翻，丢盔弃甲，狼狈逃窜。尽管鲍叔牙拼命嘶喊，可兵败如山倒，怎能喝止得住。只好保护着齐桓公，节节败退。

齐军败退，鲁庄公心中大喜，正要下令击杀一番，曹刿立即劝阻。他跳下战车，仔细地察看齐军撤退时战车留下的车辙，接着又攀到战车前的扶手上，手搭成凉棚状向齐军逃窜的方向观望，然后对鲁庄公说：

“可以下令乘胜追击。”也因曹刿如此谨慎，齐桓公才得以逃去二三里之远，齐军才不至于全军覆没。

齐军刚退至大牯岭，公子偃的伏兵从山谷中杀出，将逃窜的齐兵拦腰阻断。只见齐军被杀得哭天喊地，尸横遍野，血流成河，丢盔弃甲，望风而逃，只恨爹娘少生了两条腿。

鲁军乘胜追击，一口气追杀了三十余里地。鲁庄公此时尚无收兵之意。曹刿见齐军渐渐去远，便对鲁庄公说道：“穷寇莫追，让他们去吧！”

鲁军打扫战场时，仅缴获的战车就有百余乘，其余的刀、枪、箭、戟，不计其数。

鲁国虽然打了胜仗，但鲁庄公对曹刿的军事指挥却是不解。战斗结束后，鲁庄公询问曹刿，说齐军第一次、第二次发起冲锋，为何不予以反击，第三次冲锋后，却令出击，以一鼓胜三鼓，这是什么道理？

曹刿回答说：“打仗凭的是一股勇气。击鼓既是号令，也是为了鼓舞士气。一通鼓响，士气正旺；若第一次冲锋没有成功，二次击鼓冲锋时，士气已经衰弱；到第三次击鼓，战士经过两次冲锋，士气已消失殆尽，没有多少战斗力了。齐军三通鼓响后，士兵勇气衰竭，人人都显得疲惫不堪。此时我军以逸待劳，士气正旺。此时击鼓反攻，正是以勇猛之师攻打疲惫之敌，虽然敌众我寡，但我军可以一敌二，甚至更多。战胜齐军，也就不是一件难事了。这就叫作：一鼓作气，再而衰，三而竭。”

鲁庄公又问：“齐军败退之时，为何不立即乘胜追击，而要下车察看，攀上车栏眺望呢？”

曹刿一笑道：“齐国是大国，不能低估其实力，开始溃退之时，臣担心其是假败，故不敢立即追击，以免遭到齐军的暗算。后来，臣下车察看，见齐军车辙混乱，举目眺望，齐军旌旗也东倒西歪，这说明他们军容不整，十分狼狈，这才肯定他们是真的溃败。所以才下令追击。”

鲁庄公叹道：“爱卿可谓深知兵法也。”于是，拜曹刿为大夫，并厚赏施伯举荐之功。

齐军战败的消息传回临淄，举国上下一片惊慌，特别是那些有随军出征的人户，更是惊恐万状，忧心如焚，家家户户，扶老携幼，天天站在城门口，爬到山坡上，翘首以盼，等待出征的亲人归来。整个临淄城，被一股哀伤的气氛所笼罩。

管仲虽然预料到此次齐国出兵征讨鲁国必败，但当战败的消息传来之后，还是像遭到雷击一般，整个人都被震呆了。他连忙找来隰朋，问隰朋知不知道更多的情况。隰朋告诉他，只知前方战败，其他的也知不甚详。管仲吩咐隰朋准备做善后工作，同时他自己也做了最坏的打算。

数日之后，在一个大雨瓢泼的下午，战败的齐军大队人马狼狈不堪地回到临淄。全城的百姓，特别是出征的家属，全家出动，冒雨站在城门口，等候亲人的归来。当丢盔弃甲、疲惫不堪的齐军走近城门时，守候在城门口的人们顿时沸腾起来，呼兄唤弟声，妻子叫夫声，儿女喊爹声，爹娘唤儿声……此起彼落。当找到自己的亲人时，皆相拥而泣，庆幸能够活着回来和家人团聚；当见到自己的亲人缺胳膊少腿时，又都抱头痛哭；而那些不见活人面，唯见一具僵尸，甚至连尸体也不见的人们，更是呼天抢地，号啕大哭，其声撕心裂肺，其状惨不忍睹。

管仲站在人群后面，眼见此情此景，不由得珠泪双流。时间一久，泪水夹杂着雨水，雨水又带着泪水，顺着两颊向下流淌，滴在地下，分不清哪是雨水，哪是泪水。他既为齐桓公不听劝告而痛心疾首，也为这些死难将士而悲哀。一场毫无意义的侵略战争，夺去了数千齐国子弟的性命，阎罗殿前，又增添了数千枉死的冤魂。他再也看不下去了，默默地转回身，回到家里，躺在床上，静静地等候着属于他的那一刻。

鲍叔牙率着残兵败将回到临淄后，怀着愧疚的心情赶到管仲府上，他想告诉管仲齐国战败的经过，他想向管仲告罪，是他没有附和管仲一同劝阻主公出兵，且还对出兵起了推波助澜的作用，他是齐国的罪人。

管仲正静静地躺在床上，听到脚步声就知道是鲍叔牙来了。他翻过身去装睡，故意不理鲍叔牙。鲍叔牙同管芨打过招呼后，进入管仲的卧室，见管仲面朝里而卧，知道是故意不理自己。他深知管仲的脾气，齐国发生了这么大的事，他绝不会在此时安然入睡。他轻轻地叹了口气，却又不想离去，见案上堆积着如山的竹简，便蹑手蹑脚地走到案前，翻开一看，有《七法》《兵法》《侈靡》《枢言》《轻重甲》等篇，他顺手拿起《兵法》看了起来。

管仲见鲍叔牙进来半天没有动静，故意翻了个身，见鲍叔牙正在看竹简，轻轻地咳了一声。

鲍叔牙闻声放下手中竹简，轻轻叫道："夷吾弟，我回来了。"

管仲从床上坐起来，愣在那里，一言不发。

鲍叔牙痛苦地说："是我错了，我不该赞同主公的意见，出兵进犯鲁国，我是齐国的罪人。"说罢，失声痛哭。其实，鲍叔牙之所以出兵，在很大程度上是为管仲开脱，现在兵败长勺，他却将全部的过失揽在自己身上。

管仲淡淡地问："阵亡的将士有多少？"

"据不完全统计，阵亡将士两千八百九十六人，损失战车二百余乘，丢失辎重、兵器不计其数。"鲍叔牙痛苦地说，"我来请你一同进宫，同主公商量一下，该如何处理善后。"

"主公性情极傲，此次若打了胜仗，我必无恙，若战败，必羞于见我。此时我若去见他，必使他无地自容。"管仲痛苦地指着案几上的竹简说，"这些都是我近些天赶写出来的，都是我对治国的一些看法，或许对你有所帮助。我为齐国恐怕只能做这些了。"

鲍叔牙吃惊地问："为什么？"

"主公若获胜而归，定会高兴非常。我们君臣之间也许会相安无事。偏偏天不遂人愿，齐军大败而归。"管仲摇摇头，叹了口气说，"主公性情孤傲，大败而归，必羞于见我，我命休矣！"

"不会的，绝对不会。"鲍叔牙肯定地说，"主公怎么会自损肱股呢？若真是这样，为兄我必将以死相谏。"

"没用的。"管仲说，"真的没有想到，小白竟如此固执，给他讲了那么多道理，他就是听不进去。他要做的事，你能改变得了吗？"

鲍叔牙痛苦地蹲在地下。

"回去吧！"管仲关心地说，"家里人还等着你呢！"

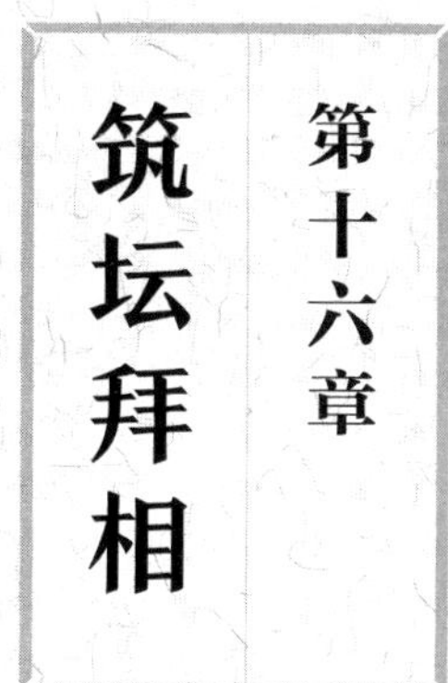

第十六章 筑坛拜相

管仲去了郊外

齐桓公带着残兵败将狼狈不堪地回到临淄，失魂落魄地回到寝殿，关上门谁也不理。他怎么也想不通：鲁国乃手下败将，此次出征怎么就一败涂地了呢？曹刿，曹刿是什么人？一介山野草民，无名之辈，三百乘战车，怎么就打败了齐国五百乘战车呢？齐军伐鲁，天下皆知，如今却大败而归，岂不贻笑天下？连一个鲁国都难以降服，怎能服诸侯？还有那个管仲，坚决反对打这一仗，没有听他的，结果打了败仗，寡人还有脸见他吗？唉……

几天来，隰朋协助管仲和鲍叔牙，夜以继日地做善后工作，但他时刻又担心着管仲所说的事。待诸事都办得差不多的时候，进宫面君，欲一探虚实。不料齐桓公将自己关在宫中，闭门谢客，任何人也不见，只好悻悻而返。

蔡姬端来一大碗山药炖排骨，小心翼翼地来到齐桓公身旁，轻声说道："主公，山药炖排骨，补补身子吧！"

"去！去！"齐桓公一挥手，不想碰到了蔡姬的手，蔡姬猝不及防，汤碗掉在地上，啪的一声，摔得粉碎，汤水溅了一地，也溅了蔡姬一身。外面的宫女闻声，连忙进来打扫地上的残骨碎片。

蔡姬不愠不恼，进内换了一身衣服，重新回到齐桓公的身边，安慰地说："主公，都几天了，你不吃不喝，这怎么行呢？"

齐桓公不理不睬，也不吭声。

蔡姬继续说："主公向来雄心万丈，吃了一次败仗怎么就如此懊丧？胜败乃兵家常事，吃了败仗不要紧，只要找出失败的原因，以后就会打胜仗了。"

齐桓公两眼盯着蔡姬，心中涌起一股暖流，顷刻间，这股暖流冲遍全身，激发出身上的一股冲动，他猛地站起来，抱着蔡姬，向睡榻走去。

蔡姬双手搂住齐桓公的脖子，两眼迷离地看着齐桓公。

侍女们见状，连忙退出寝宫，关上宫门。

齐桓公饿狼似的扑到蔡姬的身上，一股原始的野性在他的身上纵情爆发。蔡姬如同一只温驯的小绵羊，闭上眼睛，任由齐桓公一番折腾。

一番云雨过后，蔡姬帮齐桓公穿好衣服，重新端来一碗山药炖排骨。齐桓公狼吞虎咽地吃了个精光。

蔡姬轻轻地松了一口气，温柔地问："再添一碗如何？"

"不用了。"齐桓公抹了抹嘴说。

正在这时，内侍来报，鲍太傅在偏殿求见。齐桓公恼怒地说："不见！"

"慢！"蔡姬叫住了正要离去的内侍，对齐桓公说："主公，你已经几天不见大臣了，鲍太傅求见，必定有事，你不能总是将自己关在宫里不理朝政吧？"

齐桓公想了想，看了蔡姬一眼，起身去了偏殿。

鲍叔牙手拿几卷竹简坐在偏殿，见齐桓公进来，吃惊地问："主公，几天不见，怎么如此憔悴？"

齐桓公摇摇头，唉声叹气，情绪十分低落。

鲍叔牙自责地说："都怪臣无能，指挥不力，才使齐军兵败长勺。"

"不说这些了。"齐桓公问道，"阵亡人数多少？"

鲍叔牙回答："大约死亡二千八百九十六人，损失战车二百乘，丢失辎重、兵器不计其数。"

齐桓公吃惊地问道："这么多？"

"其实……"鲍叔牙试探地说。

齐桓公追问一句："其实什么？"

“管仲当初的意见是正确的。”鲍叔牙看了齐桓公一眼。

“不要再提这个人了。”齐桓公突然大发雷霆。此时的齐桓公心情异常复杂。当初，他不听管仲的劝告，强行出兵，结果损兵折将，大败而归，他无颜见齐国的列祖列宗，无颜见齐国的百姓，更无颜见管仲。

鲍叔牙见齐桓公连管仲的名字都不愿意听，知道管仲所料不假，一颗心马上又悬了起来。临来之前，隰朋也向他说过管仲的担忧，开始他还不相信，如今看起来，事情似乎真的在向管仲担忧的方向发展。

“主公！”鲍叔牙叫一声。

“不要再提管仲。”齐桓公压住怒火说，“死亡将士的善后做得如何？”

鲍叔牙只好回答：“阵亡将士的家属都给了抚恤金，伤者也在安排救治。”

“好吧！”齐桓公说，“安排个时间，寡人要亲自祭奠阵亡将士。”

鲍叔牙见齐桓公不愿多谈，放下手中的竹简，转身离去，临出门时回头说了一句：“主公如果有时间的话，请将案几上的竹简看看。”

齐桓公见鲍叔牙走远，急迫地拿起案几上的竹简，一看，原来都是一些政论与兵法的简策，有《七法》《兵法》《侈靡》《枢言》《轻重甲》等，顺手拿起一篇《兵法》，只见上面写道：

兵法

晓万物根源，可成皇业；明治世之道，可成帝业；懂实行德政，可成王业；谋战争胜利，可成霸业。故，战争，虽非完备高尚之道德，但可辅助王业和成就霸业。今用兵者不识其理，不懂用兵须权衡得失。所以，发动战争就使国内贫穷，打起仗来无必胜之把握，胜则死亡甚多，得土地而伤国家元气。此四者，乃用兵之祸。四者害其国，无不危亡者……

齐桓公看罢《兵法》，坐在那里一动不动，他知道这是管仲所写。一炷香之后，他站起来，将案几上的竹简收拾好，带回寝宫。

齐桓公回宫后，将《七法》《兵法》《侈靡》《枢言》《轻重甲》翻来覆去地看了无数遍。又把上次管仲在牢中写的《牧民》《权修》《立政》等篇找出来，重新看了又看。这些文章对国家的内政、外交、用兵、安民以及霸政、霸术等，都作了精辟的阐述。看着眼前这些精辟的治国之道，齐桓公陷入了深思，他又站在了一个重大决策的十字路口上，何去何从，一时举棋不定……

墓地中，一座又一座的新坟，数也数不清。白色的灵幡插在坟头随风摇曳，显得那样凄凉。坟地里，有老人祭奠儿子的、有妇人祭奠丈夫的、有幼儿祭奠父亲的，一阵阵哭声，听起来是那样的恐怖、那样的凄惨。管仲跪在墓地旁，一边烧冥钱，一边哭着说："阵亡的将士们，你们为国捐躯，齐国人民会记得你们的名字。你们本不该这样死去，齐军伐鲁，是一场不义之战啊！"

管仲跪着烧完冥钱，再将三爵酒水和祭奠的祭品洒在坟地的坟头上。缓慢地站起来，向整个坟地扫视一眼，转身离去。

齐桓公带着鲍叔牙、隰朋、东郭牙等人，带着祭品来到墓地祭奠阵亡的将士。隰朋指着远处的一个身影说："那不是管大夫吗？他怎么一个人来了？"

东郭牙说道："快，将管大夫叫回来。"

"不必了！"齐桓公制止道，"让他去吧！"

鲍叔牙与隰朋互看了一眼，内心升出一股寒意，忧虑之情溢于言表。

管仲正在屋内整理行装，突然，竖貂带着一队卫士来到管仲府第，皮笑肉不笑地对管仲说："管大夫，主公有令，请你搬到郊外驿馆去。"

管仲知道自己大限已到，并不惊慌，平淡地问："现在就走吗？"

"车子在外面等候，请管大夫上车。"竖貂手一伸，做了个"请"的姿势。

管仲放下手中的东西，空着双手，昂首阔步跟在竖貂后面走出门，正要上车的时候，鲍叔牙突然出现在面前。他见管仲准备上车，惊问道："夷吾弟，到哪里去？"

管仲向竖貂一摆头："问他吧！"

"竖貂大夫，这是怎么回事？"鲍叔牙惊讶地问。

"主公有令，请管大夫住到郊外驿馆里去。"竖貂得意地说，"没有主公的命令，任何人也不能相见。"

鲍叔牙指着竖貂说："你给我听着，不得对管大夫无礼，我这就去找主公问个明白。"

"去吧！"竖貂不屑地说，"我也是奉命行事。"

鲍叔牙看了管仲一眼，转身离去。

祭奠亡魂

齐国的宗庙，这几天显得格外庄重、肃穆。庙门悬挂着一条长长的白绫，门两边贴着一副挽联：

三千健儿、长勺之战湛碧血

数万国子、祖庙哭祭悼冤魂

祖庙内供奉着齐先祖太公姜尚的塑像。两边依次是历代国君的牌位，旁边还加了一个新的牌位"长勺之战英魂牌位"。祖庙内的气氛异常庄重、肃穆，一群乐工，头缠白色哀带，腰捆草绳，正在演奏哀乐。

祖庙外的院子里，密密麻麻地站满了披麻戴孝的人们。人虽然很多，却听不到一点声音，大家表情木然，面露哀伤，他们在向战死的冤魂默哀。

齐桓公迈着沉重的脚步走进祖庙，向站在院内的人们扫视了一眼，什么也没有说，低下头，迈着沉重的步伐，缓缓地走进庙堂。

鲍叔牙、宁越、隰明、东郭牙、王子城父、竖貂等大臣跟在桓公身后，走进庙堂。鲍叔牙进来后，示意哀乐暂停。

齐桓公来到香案前，拿起三炷香伸向火中点着，然后双手撮香跪在太公姜尚的塑像前，恭恭敬敬地磕了三个响头，再将三炷香插在香炉上。后面的群臣见齐桓公跪下，也跟着跪下了一片。齐桓公磕过头，站起来，从怀中掏出一份帛书祭文，满含热泪地宣读：

长勺之战死难的将士们：

你们浴血奋战，英勇杀敌，为祖国流尽最后一滴血。你们是为齐国之霸业而死，死得光荣！

你们之死，乃寡人之失，若非寡人急功近利，你们不会成为战死的冤魂。寡人向你们谢罪！

你们之死，催国人泪下；你们之死，催国人奋进；你们之死，催寡人猛醒。

出征前，有人劝寡人不要兴兵，称内政未修，不宜擅动干戈，称擅伐他国，挑起的是不义之战争。寡人不听，致使长勺战败，齐国付出惨重的代价，这是血的教训。

你们的血，不会白流；你们的死，也不会白死。寡人一定要使齐国称霸诸侯，以齐国的霸业，告慰你们的在天之灵。

安息吧！战死的英魂！

齐桓公念完祭文，再次向供奉的牌位三鞠躬，然后走出庙堂，扑通一声跪在地上，向在场的百姓“咚、咚、咚”磕了三个响头。众百姓见齐桓公向他们跪下，慌乱间跪下了一片。

齐桓公站起来，大臣们与百姓也站起来了。齐桓公看了大家一眼，大声说：“父老乡亲们，长勺之战，是齐国之耻辱，也是寡人之耻辱，寡人要将这件事情记在耻辱柱上，让齐国的后人知道这件事。长勺之战，是一场不该发生的战争，是寡人不听忠言，擅自出兵，教训深刻，寡人饮恨终身。寡人对不起列祖列宗，也对不起各位父老乡亲。”

鲍叔牙一直跟在齐桓公的身后，从进庙堂起，齐桓公无论是祭文、还是对百姓的表白，似乎都有一种悔过之意，这是以前从未有过的事情，不由得疑团顿起：难道主公真的已经认识到自己的过失？难道他真的认为这次战争是一个错误的决策？既然是这样，那为何又将管仲送到郊外驿馆中软禁起来呢？难道……想到这里，内心不由得一阵振奋。这时，齐桓公的话又传到他的耳里。

“长勺之战，寡人败在一个绝世奇才之手，这个人就是鲁国的山野村夫、无名之辈曹刿。几天来，寡人痛定思痛，先是觉得败得冤，仔细想来，失败又是一种必然。古人云：得人才者得天下。鲁侯大胆地起用曹刿，以弱胜强，大败拥有五百乘战车的齐军，证明这句话就是真理。”齐桓公看了大家一眼，继续说，“鲁国有人才，齐国也有人才。只是寡人有眼无珠，不识英才，冷落了英才，这个人就是大夫管仲。”

鲍叔牙听到这里，心情格外激动，主公果然醒悟了。

齐桓公继续说：“管仲满腹文韬武略，乃旷世之才，鲍太傅在寡人面前三荐管仲，寡人有眼不识泰山，一直犹豫不决。现在，寡人想通了，要使齐国称霸诸侯，就得重用贤士，重用人才。因此，寡人宣布：寡人要三沐三熏，筑高台，拜管仲为相国。”

鲍叔牙终于明白了，齐桓公将管仲软禁在郊外驿馆，用的是先抑后扬之法，他是要选择这个时候，在祖庙宣布这个重大决定。

齐桓公要拜管仲为相国的消息如一阵风一样，迅速传遍了临淄城。

管仲还蒙在鼓里，对外面的一切毫不知情。他住在郊外驿馆中，除了继续将他的治国之道书写在竹简上外，就是坐在案几旁抚琴。这一天，他刚写完《五辅》的最后一段：

> 英明君主的急务，在于加强农业，废除无用之物的生产，然后人民可以富裕；选拔贤才，任用能臣，人民就可以得到治理；减轻赋税，不苛求于民，并以忠爱相待，就可以使人民相近。这三项就是成就王霸之业的大事。

写完这篇后，管仲卷起竹简放到一边，随手拉过古琴放在案几之上，试了试弦，又弹起了他最喜爱的《高山流水》。

鲍叔牙和隰朋进来了，二人蹑手蹑脚来到管仲身后，静静聆听管仲弹出的优美琴声。

管仲完全沉浸于优雅流畅的旋律之中，已入无我之境。完全不知道有两个人已悄无声息站在他的身后。一曲终了，轻轻地叹了一口气。突然听到身后有击掌之声，猛然回头，看到鲍叔牙、隰朋就站在身后。只听鲍叔牙说："夷吾弟好清闲呀！"

"黄莲树下唱歌，苦中有乐啊！"管仲调侃地说。

"总算是苦尽甘来了。"鲍叔牙笑着说，"我们来，是要向你报告一个天大的好消息。"

管仲说道："我已是死到临头之人，有什么好消息？"

"主公今天在祖庙面对列祖列宗和在场群臣与百姓，当众宣布……"鲍叔牙说到这里，突然停了下来。

管仲知道鲍叔牙在卖关子，故意抚弄琴弦，不闻不问。

鲍叔牙说道："你怎么不问宣布什么呀？"

"想说你就说出来，不想说我又何必多问？"管仲预料到齐桓公宣布之事一定与自己有关，若无其事地说。

鲍叔牙还是忍不住，双手一挥，学着齐桓公的口吻说："寡人要三沐三熏，筑高台，拜管仲为相国。"

"真的？"管仲霍地一下站起来，惊喜地问。

隰朋笑着插话道："你以为我们专门来这里骗你吗？"

"齐国有救喽！"管仲一听，高举双手哈哈大笑。

管仲、鲍叔牙、隰朋三人击掌相庆。

筑坛拜相

齐桓公在祭奠战死英魂的仪式上，突然宣布拜管仲为相国，给臣民带来莫大的惊喜。他自己也为制造这个惊喜而得意。战败之后，他将自己关在寝宫里闭门思过，这期间，他反复研读管仲的《牧民》《权修》

《立政》《七法》《兵法》《侈靡》《枢言》《轻重甲》等文章，这些文章涉及治国的各个方面，读起来令人耳目一新。从这些文章中，齐桓公真正认识了满腹经纶、身怀济世之才的管仲，也从内心里佩服鲍叔牙慧眼识人，更感激鲍叔牙拒任相国、举荐管仲的良苦用心。齐鲁之战，鲁国仅凭一个曹刿，一举扭转了鲁国之劣势，大败齐国。使他真正地认识到，人才对于一个国家来说是多么的重要。他下决心，要重用人才，重用管仲，拜管仲为相国。

齐桓公自从宣布拜管仲为相国，觉得浑身轻松，仿佛齐国的霸业就在眼前。他命鲍叔牙亲自督造拜相台，命隰朋筹备拜相仪式，择良辰吉日拜相。

良辰吉日逐渐来临，拜相台也修造完成，各项筹备工作进展也很顺利。

齐桓公在选定良辰吉日的前三天就宣布：三天不上朝，不出门，不接见任何人，斋戒三日。他要在寝宫里用香料熏身，然后再沐浴，一天一熏一沐，三天则是三熏三沐。

沐、熏之事，由两名侍女侍候。首先，侍女们将香料涂在齐桓公身上，两个时辰以后，再用温水将香料洗尽。浴室里，热气腾腾，温度极高，两名宫女仅穿着一件红肚兜，仍然是香汗淋漓，气喘吁吁。齐桓公本是个渔色之人，前两天，齐桓公尚能清心寡欲，任由宫女在身上涂抹香料，然后又用温水将香料一点一点地洗去。第三天，当宫女在他的身上涂抹香料时，从鼻孔里呼出的热气，轻轻地吹拂在齐桓公的身上，感觉是那么舒服，那么撩人，突然间，一股欲火从丹田升起，迅速地冲破七经八脉，刹那间，齐桓公突然呼吸加快，气喘如牛，伸手抓住一名宫女，欲行那苟且之事。

宫女惊叫："主公，三熏三沐！"

齐桓公顿时惊醒，顺水推舟道："寡人是想闻闻你手中的香料，好香啊！"说罢，微闭双目，态度虔诚，仿佛入定一般，任凭宫女在身上涂抹香料，再用温水洗去。

良辰吉日逐渐逼近，拜相的时刻即将到来。

齐桓公带领满朝文武以及装备一新的仪仗队来到郊外驿馆。此时，驿馆的大门紧紧关闭。

拜相司仪隰朋大夫高声喊道："放炮开门！"

咚！咚！咚！三声炮响，驿馆大门洞开。

鲍叔牙在前引道，齐桓公随后，一行人来到驿馆大堂。

隰朋喊道："请管相国叩见君上。"

管仲身着朝服，从后面急步来到齐桓公面前跪下："臣管仲叩见主公。"

齐桓公扶起管仲："管大夫平身！"

管仲站起来，面对齐桓公一揖道："主公，拜相之前，臣有话要说。"

"好！"齐桓公爽快回答。

"臣不愿为相国！"

齐桓公惊问道："寡人采纳你的治国之策，成就你的志向，故而拜你为相，为何又不受呢？"

鲍叔牙、隰朋等人也一脸惊愕，心里想，你不是一再宣称，要当就当相国吗？现在机会来了，怎么又突然出尔反尔？

管仲答道："臣闻高楼大厦，非一木所能成，大海之川，非一流之归，主公欲成其大志，非管仲一人之力所能为，因此，必须要广纳人才方可。"

齐桓公高兴地说："言之有理，寡人答应你。拜相之后，要任用哪些人才，寡人听你的。"

管仲深知，齐国的贵族地位高，财富多，他们倚仗自己有钱，是很难服管的。比如高傒和国子费，都是周王室所任命的上卿，比一般诸侯的卿大夫地位高出许多，而且掌握着齐国的实权。自己当过牧马人，做过贩夫走卒，是布衣出身，地位低贱，后虽为公子纠的师傅，又承蒙齐桓公信任被任命为大夫，但比起齐国世袭的卿大夫，地位不知要低多少。在这个等级的社会里，地位低贱的贫穷之人要去管理那些地位很高的纨绔子弟，是相当困难的。于是，他又说："臣虽然得到主公的信任，但臣的地位卑下，古人有言：地位低贱之人不能指使地位高贵之人。”

齐桓公是个聪明之人，一听就知道管仲需要什么，爽快地回答：“寡人擢拔你为上卿，同高、国二位上卿地位相等。”

管仲又说：“承蒙主公提拔，然而，臣的地位虽然提高了，却很贫穷，古人云：贫穷的人不能指使富人。”

齐桓公想了想说：“寡人赐齐国一年的市租给你，使相国成为齐国首富。”

管仲又说：“承蒙主公的恩赐，臣已经很富有了，但是臣与主公的关系很疏远。”

齐桓公这下可就犯难了，怎样才能使管仲与高贵的王室扯上关系呢？所谓亲疏，无外乎先天的血缘关系，后天的姻亲关系，但这两条同管仲都是八竿子也打着呀？齐桓公脑子飞转，突然想到齐国开国之君太公姜尚的故事。当年太公为文王师，后辅武王，不是被武王尊为“尚父”吗？好，就依此例。

“这样吧！”齐桓公面对群臣问道，“各位大夫，当年太公被武王尊为‘尚父’，寡人欲依其例，拜管仲为‘仲父’，同意的站到左边去，不同意的站到右边去。”

在场的大夫们“哗”的一下向左右两边分开，唯独有一人站在中间未动，这个人就是大夫东郭牙。齐桓公问道：“东郭牙大夫，为何站着不动？”

东郭牙反问道：“主公，您看以管仲的才智，能否谋得天下？”

齐桓公毫不迟疑地回答：“能！”

东郭牙再问：“那么，以他的魄力，是不是个敢干大事的人？”

齐桓公仍是毫不迟疑地回答：“是！”

东郭牙接着说：“主公明知管仲的才智能谋天下，而其魄力也敢干大事，主公却把国家的权力完全交给他，以管仲的才能和主公赋予他的权力，让他治理齐国之政，主公不担心他篡权谋国吗？”

齐桓公一愣，东郭牙提出的问题，也是竖貂向他提过的问题。正是由于竖貂提出了这个问题，齐桓公才对管仲有了戒备之心，才有了此后一些不愉快的事情发生。这一次，齐桓公不冒冷汗了，也不犹豫了，而是爽朗地说："疑人不用，用人不疑，寡人信得过管仲。"

东郭牙见说，马上站到左边队伍中去。好一个东郭牙，他这是在给管仲执政扫清障碍啊。

"管仲！"齐桓公微笑着说，"寡人拜你为'仲父'，执晚辈子侄之礼，国人对你，只能称字，不能直呼名。"

管仲怎么也没有想到，齐桓公竟然如此相信自己，他将全部希望都投注在自己身上。想到这里，一股暖流立即涌遍全身，激动地说："臣没有其他要求了。"

隰朋看了齐桓公一眼。齐桓公点头示意。隰朋喊道："主公请相国登辇！"

"谢主公！"管仲又叩头，然后同齐桓公分左右并行至大门口，门外已停着一辆辇车。

齐桓公欠身道："请相国登辇。"

鲍叔牙和隰朋一左一右搀扶管仲登上辇车，齐桓公亲手扶着辇尾，推着辇车前进三步。然后上了御辇，跟在管仲的车子后面。文武百官跟在御辇后面一同向拜相台走去。

隰朋一招手，鼓乐齐鸣……

拜相台高九尺，共有三层。

第一层东、西、南、北四面分别站立二十五名身穿黄、白、红、皂颜色的衣服，手持同衣服颜色相同的旗子。

第二层上站着一圈武士，身穿红衣，每人手持红旗。

第三层上站立着三十六员武将，各执剑、戟、戈、抓、锤等兵器。台两边的仪仗队，依雁翅排列。台子四周，人山人海。

鲍叔牙来到齐桓公的御辇前说："请主公下辇。"

齐桓公从车上下来。鲍叔牙引导齐桓公来到管仲的辇前说："主公请相国下辇。"

齐桓公欠身道："请相国下辇。"

管仲下辇，在鲍叔牙的引导下来到拜相台前。

“请相国面南而立。”隰朋待管仲站定后，从怀中掏出帛书祝文，大声念道：

齐桓公二年春，齐桓公小白遣上大夫隰朋敢昭告五岳、四渎、名山、大川诸神：为大齐民富国强，称霸中原，谨择今日，特拜管仲为相国。伏惟尚飨！

鲍叔牙引导管仲上了第二层台，恭声说：“请相国面东而立。”待管仲站定。鲍叔牙从怀中掏出帛书祝文，大声念道：

齐桓公二年春，齐桓公小白遣上大夫鲍叔牙敢昭告日、月、星辰、风伯、雷电、雨师以及历代圣帝明王之神：为大齐民富国强，称霸中原，今特拜管仲为相国。伏惟尚飨！

鲍叔牙读罢祝文，上卿高傒引导管仲登上第三层台：“请相国面北背南，拜受龙章凤篆。”

管仲朝北面跪下，双手高举，从高傒手中接过齐桓公亲笔写的八个大字：“民富国强，称霸中原。”

高傒宣读祝文：

齐桓公二年春，齐桓公小白敢昭告昊天上帝、后土神祇：小白意使大齐民富国强，称霸中原，特拜管仲为相国，以助小白。伏惟尚飨！

高傒读罢祝文，传令：“取相国印、剑！”

二侍从双手捧剑、印上台，由高傒取过呈与管仲，管仲接过，高捧过顶。

鲍叔牙在台下喊道：“请主公拜相！”

齐桓公在台下朝台上的管仲大拜三拜。

管仲令侍从："请主公登台。"

齐桓公登上拜相台，面南而坐，向台下臣民大声宣布："寡人今天拜仲父为相国，诸位臣工听着，今后朝中大政，先告仲父，寡人次之。所有政令施行，一律听凭仲父裁决。"

管仲跪拜道："臣既受君命，定尽心勠力，虽肝脑涂地，亦在所不辞，以报主公知遇之恩。"

拜相仪式结束，广场上举行庆祝活动。

顿时，具有浓郁的齐国文化色彩的民俗舞蹈、秧歌、龙灯等民间传统文艺表演节目争相上场，场面顿时热闹非凡。齐国君臣和百姓沉浸在欢乐的海洋中。

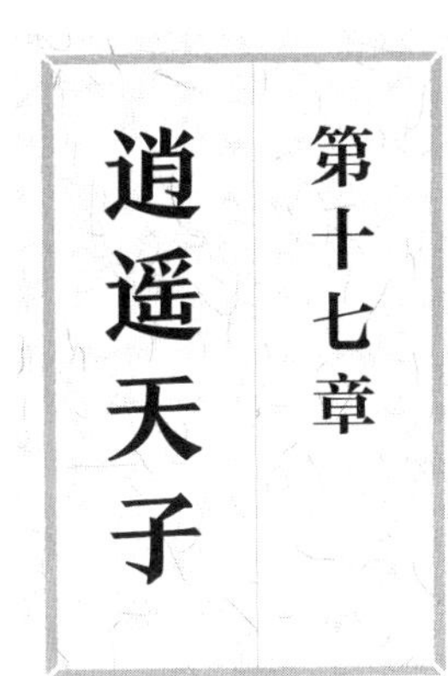

治国须用人才

齐桓公在筑坛拜相的当晚，在宫中单独宴请管仲。他端起酒爵向管仲敬酒，真诚地说道："寡人采纳仲父称霸之策，以成就寡人之志，故拜仲父为相国，请仲父助寡人称霸诸侯。"

管仲端起酒爵，一饮而尽。而后说道："臣已说过，大厦之成，非一木所能独支。大海之阔，非一流之归所能成。欲治理好齐国，非管仲一人之力所能成。"

"千军易得，一将难求啊！"

"天下不患无能臣，患无君主去使用他们；天下不患无财，患无人去管理它们。"

齐桓公点点头，表示赞同。

管仲接着说："所以，通晓天时的，可以任命为官长；没有私心的，可以安排做官吏。"

齐桓公道："仲父是相国，为百官之首，如何人尽其才，请说说看。"

"齐国有五杰！"管仲道，"主公欲成就大事，请用五杰。"

"齐国有五杰？"齐桓公道，"五杰是谁？"

"这五位贤人，尽是今日朝堂之上的大夫，臣请授予司职。"

"只要是仲父保荐的，寡人没有不准的。说说看，是哪五位贤人？"

"升降揖让有礼，进退熟悉礼节，说辞刚柔有度，臣不如隰朋。"管仲端起酒爵自饮一口说道，"请任命他为'大行'，主持礼仪工作。"

“好！”齐桓公爽快地说道，“寡人同意！”

“开发荒地，使之成为城邑，开辟土地，使之增产粮食，增加人口，尽地之利，臣不如宁越。”管仲说道，“请任命他为‘大司田’，主持农业工作。”

“好！”齐桓公不假思索地回答，“寡人同意！”

“在平原旷野之上，指挥千军万马与敌交战，三军用命，战车不乱，闻鼓而进，闻锣而退，臣不如王子城父。”管仲道，“请任命他为‘大司马’，主持军事工作。”

“好！”齐桓公毫不迟疑地回答，“寡人同意！”

“判案公平，不滥杀无辜之人，不冤枉无罪之人，臣不如宾胥无。”管仲说道，“请任命他为大司理，主持司法工作。”

“好！”

“敢于冒犯君上的威严，进谏必忠，不避死亡，不贪图富贵，臣不如东郭牙。”管仲说道，“请任命他为大谏，主持监察工作。”

“好！”齐桓公微笑着说，“寡人都答应你。”

“五个人各有所长，都是专才，臣一个也比不上。主公若欲治国强兵，用这五个人就足够了。”管仲话锋一转，自信地说，“主公若欲图霸王之业，则非臣莫属。”

“呵呵，好啊！”齐桓公大笑道，“此五人德才兼备，口碑也好，寡人完全同意，明日早朝便下诏，任命这五个人的官职。”

管仲夹了点菜放进嘴里，边吃边说：“鲍叔牙是主公的太傅，管仲的兄长，天下无人不晓鲍叔牙与主公之恩怨，也无人不知管仲与鲍叔牙之交情，主公如何安排鲍叔牙？”

“唉！”齐桓公感叹地说，“寡人几次欲拜太傅为相国，他都拒而不受，决意要让相国于仲父，他说仲父才是齐国相国最合适的人选。”

“叔牙兄的为人，臣最清楚，他考虑问题，不考虑自己，而是从国家的利益出发。”管仲赞赏地说，“这就是叔牙兄的可贵之处。”

“太傅真乃大忠、大贤之臣也！”齐桓公感慨地说。

“尽管叔牙兄拒绝高官，但是，主公不能忘记他，没有他，主公可能不会有今天。”管仲真诚地说。

“寡人将终生尊鲍叔牙为太傅。仲父为相国，寡人拜太傅为亚相。”齐桓公信心百倍地说，“有管、鲍二人共同辅佐寡人，何愁霸业不成？”

管仲微笑道：“论仁和宽厚，管仲不及鲍叔牙十之一二，亚相对鲍叔牙焉能匹配？只是，鲍叔牙之志在于高远，不在于官位。”

齐桓公问道：“太傅有何想法？”

管仲道：“鲍叔牙一生，无半点私念，一心只为齐国，正因如此，他才拒做相国。他对齐国有功，是齐国之楷模，臣之兄长。”

“嗯！寡人一定会善待太傅。”齐桓公不无担忧地说，“现在朝廷不愁无人做官，而是僧多粥少，求索者众，寡人真不知该如何应付。”

“主公不必听左右的请求，要因能而授禄，因功而授官。”管仲建议说：“在用人上，请主公遵循‘三本’之原则。”

“何为‘三本’之原则？”

“治国有三本：一是臣子的品德要与地位相称；二是臣子的功劳要与俸禄相称；三是臣子的能力要与官职相称。这三个根本问题，是国家治乱的根源。”管仲进一步解释说，“一个国家，对于德义没有显著于朝廷的人，不可授予尊高的爵位；对于功业没有表现于国家的人，不可给予优厚的俸禄；对于主持政事没有取信于民的人，不能让他们做大官。”

“嗯！寡人将尽量做到这些。”齐桓公回答得不甚坚决。

管仲见状，语气和缓、以退为进地说道：“臣知道，依靠血缘关系和祖宗功勋而享受爵禄的世官世禄制，已经是根深蒂固，要主公打破世官世禄制的陋习，实在是有些强人所难。”

“不，不，不！”齐桓公道，“仲父说得有理，今后用人，寡人定当按‘三本’之原则而行，绝不拖仲父的后腿。”

“谢主公！”管仲深深一揖道，“最后一点，请主公一定要远小人，亲君子。特别是左右亲信，别让他们‘出则为势重以收利于民，入则比周谩侮蔽恶民欺君’。这类人犹如社鼠，令人防不胜防。”

“社鼠？”齐桓公不解问道，“何为社鼠？”

管仲道：“社乃祭祀之所，常有祭祀之物如六畜、熟食、粮食等，常引来老鼠偷食。这些老鼠很难对付，捉，捉不着，用火烧，会把社里的木梁烧毁，用水淹，又担心墙上的涂料泡坏。这就叫‘投鼠忌器’。”

齐桓公若有所思，没有作声。

逍遥天子

第二天早朝，齐桓公任命上大夫、太傅鲍叔牙为亚相；上大夫隰朋为大行；上大夫宁越为大司田；上大夫王子城父为大司马；大夫宾胥无为大司理；大夫东郭牙为大谏。

齐桓公的任命，令群臣振奋，唯有一人却倍感失落，这个人就是竖貂。竖貂站列在班，满以为会叫到他的名字，谁知直到最后也没有听到。竖貂，他于心不甘，认为是管仲从中作梗，因而对管仲更是怀恨在心。

管仲对如何治理朝政，早已胸有成竹。筑坛拜相之后，他将亚相鲍叔牙和大行隰朋、大司田宁越、大司马王子城父、大司理宾胥无、大谏东郭牙召集在一起商讨治国之策。他真诚地对大家说：“蒙叔牙兄数荐于主公，管仲才得以拜相。我欲除积弊，举新政，使齐国走上富国强兵之路以称霸诸侯，请各位帮助我。”说完拱手一揖。

“相国之才我最清楚。”鲍叔牙率先发言，“你尽管放手一搏，我们大家一定支持你。”

隰朋、宁越、王子城父、宾胥无和东郭牙五人，对能被管仲称为“齐国五杰”，心里感到非常高兴和荣幸。现在又见管仲当面诚邀，都站起来答道：“主公将齐国大政委于相国，我等今后唯相国马首是瞻，愿协助相国治理齐国，绝不怠慢。”

“好！好！好！”管仲大叫三声，接着说，“大家坐下来说话，不必多礼。”待大家都坐下来了，管仲继续说：“改革是全方位的，包括内政、军政、经济三个方面。”说到这里，管仲站起来，拿起案几上的竹简，一人发了一卷，说：“所有改革方案都在这上面，请你们认真地研究一下，特别是你们各自分管的部分，更要详细研究，有何不足之处，要予以完善，大家意见统一了，即刻颁布实行。”

大家接过竹简，认真地看了起来。管仲知道竹简的内容太多，也很复杂，一时半会儿很难提出有价值的意见，于是对大家说：“我看今天的会议到此为止，各位将竹简带回去认真研究，三天后再集中讨论，确定最终方案。”

齐桓公拜管仲为相国之后，将所有朝廷政务都交给管仲处理。只要管仲不来找他，他是绝不会过问朝政的，竟落得个逍遥快活。

这一天，齐桓公同蔡姬在众宫人的陪同下，在御花园观看一个小戏班子演出。戏班子是竖貂特意从宫外请进宫的。据说戏班子里的伶人，都是临淄城的名角，吹、拉、弹、唱，在临淄城皆属一流。齐桓公听到高兴处，常情不自禁爆发出阵阵欢笑声。蔡姬也是个琴、棋、书、画样样精通的才女，听到精妙的琴声和伶人的歌声，不由得赞叹道：“嗯！齐曲同中原的梆子腔确实不同，好听极了。”

蔡姬见齐桓公没有搭腔，扭转头一看，见他已看得入神，根本就没有听到自己刚才说的话。便从果盘中拿起一个水果，削了皮，递给齐桓公道：“主公，吃水果。”

齐桓公接过，向蔡姬报以微笑，接着，眼睛又转向场中的伶人。正在这时，掌管礼仪的司官走过来，凑到齐桓公的身边，轻声说：“主公，晋国使臣到了，该用何种等级的礼仪接待。”

齐桓公头也不抬，说道：“去问仲父吧！”说罢，边吃水果，边与蔡姬谈笑风生，观看伶人演唱。

过了一会，司官去而复返，再次来到齐桓公身边，谦恭地问道：“晋国使臣要求商谈两国的贸易，请主公明示。”

齐桓公手一挥说：“不是讲了吗？去请示仲父。”

司官去后不久，再次返回来，站在齐桓公身边，面有难色，欲言又止。齐桓公见状，不耐烦地问道：“又有何事？”

司官轻轻地道：“晋国使臣请求面见主公！”

齐桓公大声地说：“去请示仲父，有何事，由仲父处理就是。”

演唱的伶人，是一个很有趣的人。见掌管礼仪的司官三次请示齐桓公，齐桓公三次回答都是一样的，什么事情都委托仲父去处理，觉得当个君王也太清闲自在了，一时兴起，灵机一动，以带有嘲讽的口吻，现编一段唱词唱了起来：

晋国使臣来大齐，司官三次询礼仪。
当个君王不操心，推给仲父万事吉。

一般来说，伶人都有急才，在演唱的时候，有时突然间忘了唱词，他们可以临场发挥，触景生情，现编几句唱词补上救场。有道是：外行看热闹，内行看门道。像这种现编救场的唱词，外行根本就发现不了，内行虽然听得出个中差别，一般不会责怪，反而会赞叹其能随机应变，往往还报之善意的微笑。

今天演唱的伶人也是有些得意忘形，忘记了他所嘲讽的对象是谁。唱词一出口，班主知道演唱的伶人惹下了滔天大祸，目瞪口呆地站在那里不知所措。

齐桓公是什么人，他是一国之君，一个聪明绝顶之人，他虽然一边听唱，一边同蔡姬窃窃私语，却还是听出了伶人的嘲讽之词，谁知他不恼不怒，站起来，学着伶人的腔调，接着唱道：

求索人才费精力，使用人才却安逸。
寻得仲父不容易，放着不用多可惜？

现场先是一片寂静，接着是一片叫好声。特别是班主，当他看到齐桓公站起来的时候，一颗心算是悬到嗓子眼了，害怕齐桓公起来要惩罚演唱伶人。后见他模仿伶人的唱腔，字正腔圆地唱了起来，而且唱腔还非常地道，不由得拼命地鼓掌，大声赞叹道：“好！好！简直是太妙了。”

演唱的伶人突然觉得自己闯了大祸，连忙跪下磕头，谢齐桓公不罪之恩。

齐桓公一挥手道："起来吧，你说的是实话，寡人说的也是实话，继续唱吧！"

一场滔天大祸，就这样轻描淡写地消弭于无形。

寓兵于民

管仲自筑坛拜相之后，完全就像变了一个人似的。整日里不是找人到相国府议事，就是带着侍从，或是到乡下去，找种地的农民拉家常；或是到海边去，找晒盐的盐民了解情况，没日没夜地连轴转。这真是一个很辛苦的差事，跟在管仲身边的侍从轮班倒，都觉得吃不消。管仲却像没事人一样，精神抖擞，毫无倦意。

朝臣们从管仲的身上，闻出了一股锐气，还有一股杀气，这种感觉，是前所未有的。人们从这种感觉中体会到，一场翻天覆地的变革，即将在齐国这片土地上发生。

经过一段时间的深入调查研究，管仲将改革方案做了进一步的修改和完善。这一天，他带着改革方案进宫，将竹简呈给齐桓公道："主公，这是改革方案，请过目。"

"放下，寡人慢慢看。"齐桓公说，"寡人将朝政全权委托给仲父，仲父认为可行，就放开手脚去干，寡人支持你。"

管仲道："谢主公的信任和支持。"

"谢什么呀？"齐桓公哈哈笑道，"寡人是疑人不用，用人不疑，既拜仲父为相国，就要放手让仲父去干，如果捆住仲父的手脚，那还能干事吗？"

"好，那臣也不客套了。"管仲一脸肃容地说，"改革的方针是先治内，后治外。为了保证改革的顺利进行，国内要有一个安定的环境。臣恳请主公，五年之内，不可用兵。”

“五年？”齐桓公问道，“为何要五年？”

“国力不强，何以用兵？”管仲道。

“好！”齐桓公道，“只要别人不骑在寡人头上拉屎撒尿，寡人就不先向别人动武。”

管仲道：“改革的目标是走富国强兵之路，当然，最终目标是称霸诸侯。”

“好，好！”齐桓公哈哈大笑，“寡人做梦也想称霸诸侯。”

“修旧法，择其善者而业用之。”管仲道，“这是臣整顿齐国国政所提出的口号。”

“好，好！”齐桓公重复道，“修旧法，择其善者而业用之。”

管仲道：“对那些不符合国情的旧法，坚决予以废除。借助先王成法的名义，减少旧贵族的反对而造成的阻力，在旧有的口号下，注入新的内容，进行根本性的改革。”

“旧瓶装新酒！”齐桓公点点头，“有道理。”

管仲继续说道：“政令能推行，在于顺应民心；政令遭废弛，在于违背民心。人民怕忧劳，我要使他安乐；人民怕灭绝，我要使他繁衍生息。”

“爱民，顺民心，从民所欲，民才能为我所用。”齐桓公赞赏道，“仲父真是深知驭民之道呀！”

“对！”管仲道，“将欲取之，必先予之，对民有所予，才能取得民之拥护，才能向民有所索求。这就是牧民之道。”

齐桓公听管仲一席谈，兴奋异常，高兴地说：“仲父思路明确，有见地，寡人赞成，具体将如何进行呢？”

“改革分内政改革和经济改革两个方面。”管仲喝了一口水说，“内政改革就是行政体制改革，臣准备推行‘三其国而五其鄙’和‘四民分居’制度。”

“此事寡人同高傒、国子费两位上卿交流过，都同意你的方案。”齐桓公也喝了一口水，接着说，“‘三国’‘五鄙’，实际上就是朝野分治，是吧？”

“对，对！”管仲心中暗暗高兴，齐桓公对自己的改革方案已经做了细致的研究，这对下一步全面推行改革会起到推动作用的。想到这里，他接着说，“‘三其国’就是将国都和附属的郊区分成二十一个乡，其中工商之乡六个，这六个乡是国家赋税征收的主要来源，由国君直接管理；其余十五个乡，由国君和世为齐国上卿的高子、国子各领五个乡。不但将国都的土地和居民一分为三，就连国政、官宰、百工、市商以及山林川泽也随之一分为三。国都内的行政区划是五家为一轨，十轨为一里（五十家），四里为一连（二百家），十连为一乡（二千家），分别由轨长、里司、连长、乡良人或乡大夫率领。”

“嗯！”齐桓公道，“这个寡人知道，也同意。”

管仲接着说：“‘五其鄙’，就是将国都以外的齐国其他地区划分为五个部分，称之为‘五属’。具体划分：以三十家为邑，邑有司；十邑为卒，卒有卒帅；十卒为一乡（三千家），乡有乡帅管理；三乡为一县（九千家），县由县帅管理；十县为属，属由属大夫管理。朝廷设立五大夫，各管一属。他们主要负责属内的司法工作，划分田界之类的事由县帅负责，其余的一般政事则由乡帅全权负责。这样从上到下，建立起统一的官僚机构，以统治全国，各级官吏保治一方。”

“嗯！太好了。”齐桓公赞赏地说：“普天之下，莫非王土；率土之滨，莫非王臣，这样寡人的权力就可以延伸至齐国的每一个角落。”

管仲道：“行政区划和官僚机构建成后，要推行‘四民分业定居’的制度。士、农、工、商，是国家的基本人民，不可使他们杂居，杂居后，说的话、做的事都不同，很不方便。因此，安排士住在幽静的地方，安排农民住在靠近田野的地方，安置工匠靠近官府，安置商人靠近市场。使‘士之子恒为士’‘商之子恒为商’‘工之子恒为工’‘农之子恒为农’。四者职业世代相传，既保证了社会生产，也避免人们为谋求职业而使社会动荡不安。”

“四民分居，各施其业，民有所业，则社会安定，好。”齐桓公击案叫好。

管仲以商量的口吻说："臣还有一个想法。"

"什么想法？"

管仲道："军政改革与行政改革相结合，同步进行。"

"啊！"齐桓公急切问道："说说看，如何结合？"

管仲从容不迫地说道："作内政而寄军令。"

"何为作内政而寄军令？"

"作内政而寄军令，也叫寓兵于民。"管仲解释道，"就是把居民组织和军事编制统一起来，建立军政合一的体制。新设的轨、里、连、乡的行政编制，又是军事编制。一轨五家，出五名兵士；一里五十家，出五十名兵士；一连二百家，出二百名兵士；一乡二千户，出二千名兵士，分别由轨长、里司、连长、乡良人领导。五乡一万户，出一万名兵士，为一军。全国士乡共十五个，就是三万户，出三万名兵士，组成三个军。分别由主公、国子费、高傒统率。农忙时，兵士则是农民，照样参加农业生产，农闲时，将他们召集在一起进行军事训练。有这样一支常备军，待国力富强以后，齐国就可以无敌于天下，称霸诸侯。"

"好！这个思路太好了！"齐桓公赞不绝口。

"臣还有一个请求。"

齐桓公问道："什么事？"

"将宫门外的耻辱柱改为政令台。"管仲进一步解释说，"今后，朝廷凡有新的政令出台，都在政令台上公布，让人民及时了解朝廷的政策、法规。"

"好，好，好！"齐桓公赞成道，"随时将国家的政令晓之于民。"

"行政体制改革完后，经济改革也要全面展开。行政体制改革是为经济改革服务的，只有经济改革成功了，国家才能够真正富强起来。"

齐桓公鼓励道："仲父尽管放手改革，寡人一定支持你。"

"有主公的信任和支持，臣对改革就更有信心了。"管仲高兴地说，"经济改革的具体内容主要是'相地衰征'和'官山海'，具体内容竹简上记载得很详细，主公先看看，有何疑问，随时传臣进宫释疑。这是改革的关键所在，臣还要进一步琢磨琢磨。"

齐桓公说道：“好的，咱们君臣同心，放手一搏。”

管仲拜相，齐国的朝野臣民都感庆幸，唯独有一人却高兴不起来，这个人就是竖貂。竖貂本是齐桓公身边的幸僮，工作是负责侍候齐桓公的生活起居。由于他善于钻营，取得齐桓公的信任，获封下大夫，也常讨一些外差。当初，他随隰朋出使鲁国，引渡管仲回齐，原以为管仲只是一个死囚，回到齐国死定了，因而在押解管仲回齐国的途中，对管仲百般羞辱，肆意虐待，甚至当管仲口渴讨水喝时，他不但不给水，反而还当着管仲之面将水袋中的水倾倒在地，并将管仲打得头破血流。谁知道管仲引渡回国后，不但没有被处死，反而得到了齐桓公的重用，先是封为大夫，后又拜了相国。竖貂暗中不知后悔了多少次。他恨自己有眼无珠，为什么没有识透鲍叔牙定要死保管仲这步棋，悔不该得罪了管仲，自己给自己树了一个宿敌。早知如此，何必当初啊！

当管仲奏明齐桓公重用“五杰”之时，竖貂知道自己已高升无望，但心中不服呀！干时之战，他同隰朋充当先锋，立下了赫赫战功，接着又与隰朋一同出使鲁国引渡管仲，没有功劳，也有苦劳嘛！为何封官的时候没有自己的份呢？真是越想越想不通，越想心里越烦。也不知是不是老天故意与他作对，当他与朝臣们照面的时候，总觉得大家对他是敬而远之，有时碰了面，尽管是笑脸相迎，总觉得背后别人在戳他的脊梁骨。他将所有这些都归结于得罪了管仲。竖貂心里苦呀！这么多心事无处倾吐。

竖貂想起了一个人，这个人就是公子开方，那个从卫国来，由他在猎场上介绍给齐桓公的公子开方。其实，竖貂对公子开方也不十分了解，但他知道此人来者不善。要不，堂堂的卫国公子他不当，却要跑到齐国来伺候人？最近一段时间，开方的心情似乎也不大痛快，整天抱着酒觥喝酒，喝醉了在家不是摔盆子就是砸碗，打老婆、打孩子，搞得全家人都提心吊胆。

这一天，竖貂准备去找开方聊聊，刚出家门，见公子开方正向他家走来，忙上前问道：“开方兄，你这是到哪里去？”

“找你！”

“找我？”竖貂反问。

“是！”公子开方上前拉着竖貂说，“走，我带你去一个地方。”

竖貂边走边说：“什么地方呀？神秘兮兮的？”

“去了就知道了。”公子开方带着竖貂走了半天，指着前面一家店面说：“到了，就在这里。”

竖貂抬头一看，一家店面门前挂着一个布幌，上面写着四个大字：“易牙酒家”，竖貂不解地问：“不就是一个小酒店吗？何必如此神秘？”

“竖貂兄，不要小看这家小店，只要你进去吃一次，就会永远记住这个地方。”说着话，已经到了店门口，公子开方迈步走进酒家，刚进门就喊：“掌柜的，有客人来了！”

“我这不是来了吗？”话音刚落，一个满身肥肉的胖子走了出来，只见他每走一步，身上的肥肉就一颤一颤的，好像要从身上掉下来似的。他满脸堆笑，一双眼睛眯成了两条缝。胖子上来就笑眯眯地说：“开方兄，几天不见你的人影，什么风将你吹来了呀？”

“今天我给你带了一位贵客。”公子开方拉着竖貂的手，介绍说，“这就是我常对你说的竖貂大夫，他可是君上身边的大红人，叫红不绿。”

胖子掌柜笑眯眯地说：“久闻竖貂大夫之名，幸会、幸会，屋里请。”

公子开方又向竖貂介绍道：“这是‘易牙酒家’的掌柜、我新交的兄弟，姓雍，名巫，字易牙，是‘易牙酒家’的老板兼大厨。他的烹饪手艺，出神入化，精妙绝伦，称得上是临淄一绝，临淄城独一无二，他炒出来的菜呀——”公子开方咂咂嘴说道，“其味无穷，是天底下最美的美味佳肴。今天请大夫来，就是品尝易牙大厨师烹调的美食。”

易牙将两人让进酒店。公子开方道：“有安静点的地方吗？我与竖貂大夫有话要说。”

“有！有！”易牙连忙说，“后面有个小雅间，安静得很，是专门留给贵客使用的。”

公子开方与竖貂刚在雅间坐定，店小二便沏了两杯浓茶送了上来：“二位客官慢用，菜马上就到。”说罢退了出去，并将门带上。

竖貂不相信地说：“说得太神了吧？”

“嘿嘿，不相信？”开方神秘地说，“易大厨在祖传技艺的基础上，研制出一种调料，叫‘易牙十三香’，无论什么菜，只要加入那么一点点易牙十三香，顿时就变得鲜味无比，回味无穷。”

竖貂见开方的神态，不由得也来了兴趣，笑着说：“耳听为虚，口尝为实，我倒要看看，易大厨师的手艺高在哪里。”

开方说得不假，易牙是鲁菜的开山鼻祖，烹饪业界的奇才。相同的原料，到了他的手里，就可以烹制出与众不同的味道。其他厨师站在旁边盯住看，就是学不会。他研制出的最负盛名的一道菜是“鱼腹裹羊”，取一斤重的活鲤鱼一条，去鳞去内脏洗净，乳羊肉半斤洗净，塞进鱼腹之中，再加上调料和易牙十三香。不过，这道菜他是不轻易示人的。有幸吃过此道菜的人，能说出的只有一个字：“鲜”，汉字中的“鲜”字，就是根据这道菜的原料“鱼”和“羊”二字造出来的。

中国有句俗语“打牙祭”，传说与易牙有很大的关系。由于易牙烹饪技艺高超，被后世的厨师奉为祖师爷，每年易牙的诞辰日，天下厨师都会做出自己最拿手的菜肴来祭祀易牙师祖。天下乞丐在这一天，可以讨到祭祀易牙的美味佳肴，乞丐们笑称这是打牙祭，“牙”当然指的是易牙了，“祭”指的是祭品。

竖貂和开方正说得起劲，店小二像变戏法似的接连端上八道菜。竖貂见满桌的菜，不知是何物所做，转身向店小二招招手道：“等一会儿！”

“客官，有事吗？”店小二满脸堆笑地问。

竖貂道：“将菜名介绍一下呀！”

店小二顺手指着桌子上的一盘菜说：“这盘是红烧鹿脯，是一岁左右的幼鹿后腿肘肉，以易氏烹饪法特制，再添上一点点‘易牙十三香’即可。”

竖貂拿起筷子夹了一块放进嘴里，嚼了几下就吞了下去，赞叹地说：“嗯！落口消融，味道美极了。”

店小二又指着另外一盘荤菜说：“清炒果子狸，味道怎么样，尝尝就知道了。”

竖貂夹了一块放进嘴里，吃完后又赞叹说：“美味佳肴，真是好吃呀！”

公子开方接着说：“好了，你去忙吧，易大厨忙完了，请他过来。”

店小二说：“易老板叫你们先用，待会儿他就过来。”

公子开方给竖貂和自己分别斟满一爵酒，端起爵来说道：“来，干了再说。”

竖貂喝干了酒，不吃菜，又自斟自饮了两爵。三爵酒下肚，话也就多了起来，他吃了一口菜，怨气冲天地道：“真是郁闷呀，连个说话的地方也没有。”

“何事让你如此闷闷不乐呀？”开方喝了一口酒，夹了一口菜边吃边说。

“不公平！王子城父凭什么当大司马？东郭牙当初也是拥戴公子纠的，也当了大谏！干时之战，我是先锋，立过大功，打仗的时候有我，封官时没我的份，你说这公平吗？”竖貂气愤地说。

公子开方同情地说：“确实有些不公平，论竖貂大夫的功劳和才干，当个大司马也算是屈才呀。”

竖貂站起来感激地说：“生我者父母，知我者开方兄也，都是那个该死的管仲，他是小人，就是他在报复我。”

公子开方把竖貂摁在座位上道：“竖貂兄，发牢骚有个屁用？想飞黄腾达，就得想办法，否则，永远只能寄人篱下，任人宰割。”

竖貂眼望着开方道：“有什么办法？他是相国，谁不听他的？”

公子开方冷笑道：“别看管仲大权在握，有道是：三十年河东，三十年河西，风水轮流转嘛！说不定有一天太阳会照到我们头上来。”

竖貂迫切地问：“别卖关子，有什么好办法吗？”

“办法是人想出来的。”公子开方说道，“齐国姓姜，不姓管，齐国是主公的齐国。咱们兄弟欲想飞黄腾达，就要紧紧抓住主公，这才是大树。”正在这时，易牙端一盘菜进来。“来，来！”公子开方站起来说，“坐下喝酒，有事要商量，这台戏没有你唱不下去。”

易牙向竖貂点头笑了笑说：“我一个炒菜的，能干什么？”

“坐下来。”公子开方说，“听我说了你就知道了。”

竖貂迫不及待地问：“说呀！有何妙招？”

公子开方故弄玄虚地问：“我问你，你想巴结一个人，用什么办法？”

竖貂正在思索，易牙却抢着说：“投其所好呀！”

“对，投其所好！”竖貂也赞成。

“易牙果然不同凡响，一语中的啊！”公子开方问竖貂，“主公的嗜好是什么？”

“女人、打猎、美食。”竖貂脱口而出，“没有女人，他不能活；三天不狩猎，他便寝食难安；一日无美食，他便摔碗砸锅。”

“那我们就在女色、打猎、美食三个方面想办法，投其所好，以取得主公的信任。”公子开方道，“有了主公的信任，何愁不能飞黄腾达？”

易牙听到这些，简直惊得目瞪口呆，看看公子开方，又看看竖貂，很是好奇。

公子开方对竖貂说：“主公好色，恨不得将天下的美人都搂入怀中，为主公寻找美人的差事就交给你。你要不断将天下的美女搜寻出来，送进宫去，而且要想办法当上后宫总管。别看后宫总管的官不大，权力可是不小，在主公面前一句话，要谁掉脑袋，谁也不敢不到阎罗王那里去报到。”

竖貂目露凶光，端起酒爵喝了一大口，笑着说：“好，好，好，我就当后宫总管！”

“陪主公打猎的事，由我来。我保证把主公侍候得舒舒服服。”公子开方给自己安排了差事。

“你是打猎好手，准能干好。”竖貂奉承地说。

“至于主公的美食嘛……”开方看了易牙一眼，笑着说，“远在天边，近在眼前，非易大厨莫属。”

竖貂高兴地一拍桌子道：“怪不得你拉我到这里来，原来是蓄谋已久呀！”

易牙不明所以地问：“我一个炒菜的，能做什么呀？”

“用你的烹饪手艺，做出最好的菜，让主公吃了还想吃。你说，除了你，谁能做得了这件事？”公子开方强调道：“不过，此事关系到咱们三人的前途和命运，不得让外人知道，就是老婆、孩子也不能说。”

竖貂正色说道：“我提议，咱们结拜为兄弟，歃血为盟，有福同享，有难同当，不知二位意下如何？”

“好！结拜兄弟，有福同享，有难同当，团结一心，共同对付管仲！”易牙像在黑暗里遇到了光明，高兴得手舞足蹈，满身的肥肉一颤一颤的，都快从身上掉下来了。

易牙去捉来一只鸡，摆上三只碗，碗里斟满酒，把鸡血滴进酒里，开方按照年龄把三人名字写在黄绢上，开方年长，竖貂次之，易牙最小。三人举行了隆重的结拜订盟仪式。

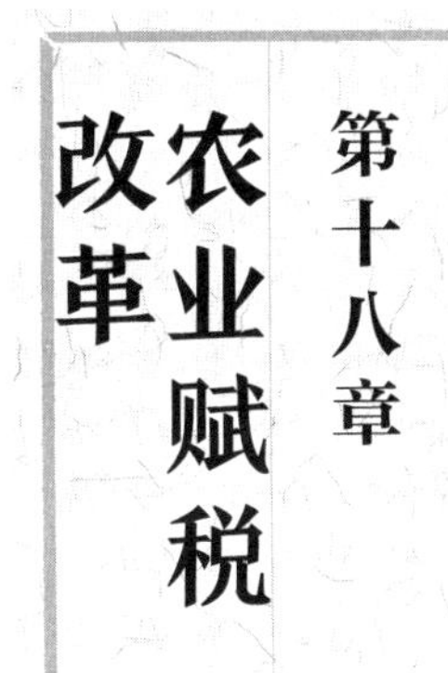

第十八章 农业赋税改革

庭燎取士

管仲治国图霸的经略，历经岁月的打磨，已如出硎青锋，可断犀甲。桓公见管仲推行的政令卓见迭出，系统有致，急欲一试，便问管仲霸业何时可推行。

“其实齐国之霸业，从臣上任的第一天，便已开始推行。”管仲回答道，“自古以来，法度因时势而变，然每当变更之时，无论法度良莠，都会让部分人有不适应之感。臣所谋划的图霸之策，施行得当则可图霸，施行不得当便是乱国。霸业之成败，因人而成，故当前首要任务是广纳贤才。”

“寡人也曾两次下诏求贤，却不见有贤士来，这又是为何？”

“天下不患无臣，患无君识之。”管仲说，“主公连我这种仇罪之身尚可信用，何愁天下英才不至。臣有求贤三策……”

“求贤三策？”齐桓公迫不及待地说，“仲父请讲！”

“第一策，广选秀民。”管仲说，“野鄙农夫，占齐国人口十分之九，依周礼都不能入仕，也不得从军立功，难道他们中间就没有贤人吗？尤其是他们中间的一些亡国余脉，有的人原也是庙堂公卿，这是一个巨大的人才库，哪一国能用之，则哪一国必兴盛。”

“嗯！有道理。”

“为了挖掘这些人才，我们要推行‘三选’之法。”

桓公问：“何谓‘三选’？”

“责令管理‘五鄙’的属大夫，寻访推荐辖区内的贤人勇士，此为乡选。考核后报官府培养备用，称为官选。最后由国君考核，根据考核结果，因能授官，称为君选。三层相递，统称‘三选’。秀民逐步加入官府和军队之中，主公何愁无人？”

“这个办法好。那第二策呢？”

“广选秀民是一种被动索求，但大贤之人，往往不为人知。”

“是啊！”桓公问，“那该怎么办？”

“主公可用‘庭燎’之礼，广求贤才。”

“庭燎”又称“大烛”，以麻秸、苇秆扎成，再浇上松香鱼油，在庭中燃烧，是天子和诸侯在朝觐、大典、祭祀时的大礼，代表光明磊落和勤政爱民。《诗经》记载：

> 夜如何其？
>
> 夜未央，庭燎之光。
>
> 君子至止，鸾声将将。
>
> ……

诗中所讲的是周王勤政之事。

管仲建议以“庭燎”之礼接待贤才，可见其良苦用心。齐桓公自然应允。

管仲接着说：“第三策便是到天下巡访贤才。请主公选派游士八十人，赐他们良马饰车，鲜衣厚裘，使他们出游四方，宣扬主公求贤若渴之心，招徕天下贤士到齐国来发展。”

齐桓公大喜，仿佛看到一个强大的霸主正在自己手中崛起，巴不得立即实行：“仲父放手去做，寡人无不赞成。”

管仲知道，齐国霸业绝非一木之才可以撑起，首要之务是广求贤才而用。有了齐桓公的首肯，新上任的相国虽然人事不广，但政事施行起来也得心应手。很快，八十名能言善辩、聪慧敏捷的游士，满载着财帛离开临淄城，奔向各国。他们肩负着传递齐国求贤若渴信息的任务，也担负着暗中刺探各国情报的秘密使命。

另一项求贤的政令，便是选荐“秀民”。以前各国多行世官制，如齐国的上卿高、国二氏，便是世代承袭，主持国政。当然并行的还有任官制度，比如鲍叔牙等人曾被国君任命为少傅。但被任命之人仅限于国人中的士，近十倍于国人的野人，却因血缘、出身而永远被阻在仕途和从军之外。虽然所选“秀民”人数有限，但毕竟是一个良好的开端。这就是管仲心目中与世官制背道而驰的“贤人政治”，这一制度开启了战国以后任人唯贤的滥觞。

然而在当时，这却是一件非常不容易的事情。由于高、国二氏在“三其国”的改革中获得巨大利益，为了投桃报李，领袖世族的高、国于是也赞成选荐人数有限的“秀民”。为了显示政策的庄严，管仲选择在太庙举行朝会，要求“五鄙”的五属大夫及其同僚，无论什么人，只要有一技之长，都可以举荐。如此一来，地方官员便开始积极为齐桓公的霸业搜罗各种人才。

为了持之以恒，管仲规定每年正月，五属大夫及乡长入朝述职时，要向国君报告举荐贤人的成效。如有贤才而不举荐，将被认定为“蔽明”“蔽贤”之罪，属于五刑重罪。

第三条举措便是“庭燎”取士，这一条由管仲与齐桓公亲自执行。春秋时期，人们都非常重视等级和礼仪，所以迎接四方之贤才，当然要用高规格的礼仪接待。按当时的规定，邦国在朝觐、祭祀和商议军国大事时，都要在大庭中燃烧火炬，称之为“庭燎”。“庭燎”之数视爵位之高低而定，如天子为一百，公侯为五十或三十不等。为了招徕人才，齐桓公竟僭用天子之礼节来接待士人。然而，出乎意料的是，时间一天天地过去，招贤榜也更新了几次，贤士却一个也没来。这令齐桓公大惑不解，不知为何没有贤士来。

临淄城东十里处，有个地方名叫十里墩。十里墩有个乡下人，姓石，名旺伢，其人天生善筹算，九九乘法算口诀倒背如流。闻朝廷招贤纳士，动了应聘之念。这一天，石旺伢起了个大早来到临淄，找到有司，要求应试。

齐桓公闻此人的技能太过平常，本来不想见他，但转念一想，招贤榜出了很长时间无人前来应聘，善筹算、会背九九乘法算口诀虽不算什么异能才士，但好歹也是来应聘的，若拒之不见，世人一定会说朝廷招贤纳士没有诚意。于是，他还是叫人将石旺伢请了进来。

石旺伢刚进来，齐桓公就劈头盖脸地将了他一军："会九九之术，算不得什么大能耐，为何还要见寡人？"

石旺伢不卑不亢地说："小民也不认为九九之术是什么大能耐，不过，小民听说朝廷设'庭燎'之礼以待贤士，但时间过了两个多月，未见贤士到来，主公想过是何原因？"石旺伢看着齐桓公茫然的神色，稍顿一会继续说，"士人之所以不来，是因为主公乃天下闻名的大国之君，四方之士都以为见解不及主公，所以，他们不是不想来，而是不敢来。九九之术确实微不足道，但如果主公连会九九之术的人都能重视，以礼待之，何愁天下才士不来呢？泰山不拒壤石，所以才那样高；江海不拒细流，所以才那么大。《诗经》云：'先民有言，询于刍荛'，意思就是要集思广益。"

"说得好！说得好！"齐桓公不由得对这个乡下人肃然起敬，当即命令以礼优待石旺伢。

管仲赶来后，听了经过，心中欣喜齐桓公能从善如流。

齐桓公优待会九九之术的乡下人的故事，很快传遍了临淄城，进而传遍中原地区。于是，四方仁人志士蜂拥而至，投靠齐桓公。齐桓公不但设立"庭燎"之礼，同时还在国内每三十里设一驿站，派专人管理，负责接待各诸侯国来齐的使臣。并且还规定，凡国内官吏引荐诸侯国的士人来齐国做事，引荐得好，视所荐对象能力之大小，给予赏赐；引荐得不好，也不追究责任。正是由于齐桓公这样礼贤下士，广纳人才，为管仲的改革提供了人才基础，为改革的成功提供了巨大帮助。

相地衰征

管仲是商贾出身，善于理财。他既有商人审时度势、权衡轻重的灵活性，又有政治家注重大节、果敢坚毅的气魄。在内政改革和军政改革基本完成之后，便着手进行经济改革，他计划在最短的时间内，整顿和发展农业，完善赋税制度，发展工商业，走利民富民、富国强兵之路。

经济改革的主要政策就是——“相地衰征”以调整农业生产关系；“官山海”以实行盐铁专卖，增加国家财政收入；开放边关以加强贸易往来，进而增加赋税之源。

管仲认为，欲王天下，必须国富而粟多；要做到国富而粟多，就必须发展农业生产；要发展农业生产，就必须改革现行的土地制度、农业赋税制度。改革的措施就是“相地衰征”。“相地”，是观测评估土地，以区分土地的肥瘠好坏，“衰征”是依土地等级征收赋税。

管仲为何要将农业改革放在改革的首位呢？这要从春秋时期齐国当时的土地制度、农业赋税制度和现实情况说起。

春秋时期，中国进入封建社会初期——封建领主制时期。作为东方大国的齐国，也是个封建领主国家。齐国的国君，是国中最大的领主。齐国公室直属的领地上，也还保留着“公田”。套用“借民之力助耕”的名义，实行劳役地租制度，对已拥有自己的份地和家庭经济的新农奴进行封建剥削。

封建的劳役地租代替奴隶制的实物地租，在一定时期内有它的历史进步性。经过若干代后，农民对公田的热情减弱甚至消失，他们在公田上敷衍、应付式的劳动，使公田的产量一年不如一年。与此相反，他们将更多的精力用在了自己的份地上，如果有了多余的时间，他们还会去开垦荒地，增加私田。“公田”已经走上了穷途末路。

齐桓公即位时，齐国不但“公田不治”的情况极为严重，贵族们侵吞国君的公田，掠夺农民的土地和国家山林川泽的情况也很严重。有些失去土地的农民纷纷进入城市，从事工商业，这些人被称为“民移”。这种情况带来的后果是：一方面使齐国的农业生产陷入危机之中，另一方面又使国家的财政收入锐减。

齐桓公面对这一现实，束手无策，紧急召见管仲，焦虑地问："如何对待'五鄙'的农人？"

管仲回答说："相地而衰征，则民不移。"

"何谓相地而衰征？"齐桓公不解地问。

"相地衰征就是按土地的等级来征税。"管仲解释说。

齐桓公惊问道："农民按土地等级纳税后，还种公田吗？"

"相地衰征以取消公田和私田的划分为前提条件，农民在自己的份地上劳动，按农作物的产量纳税，当然不种公田。"管仲回答。

齐桓公担心地说："那公田谁来种？王室的费用从哪里来？"

管仲解释道："实行'均地分力'。'均地'，就是把公田和农民的私田集中起来平均分配，一般是每户分田一百亩。做到耕者有其田。'分力'，就是打破公田和私田的界限，实行授田制下的一家一户小农经济的分散经营。"

齐桓公又问道："这样做有何好处呢？"

管仲道："土地分下去，实行分户经营，农民耕种的是自己的份地，其劳动的勤惰直接影响到收成的多寡，可以大大地激发了他们的生产积极性。他们会知道季节的早晚、光阴的紧迫和饥寒的威胁。这样，他们就能够晚睡早起，父子兄弟、全家老幼齐上阵，不知疲倦并且不辞劳苦地经营。"

齐桓公赞许地说："下一步该怎么办？"

"与之分货。"管仲进一步解释道，"就是按土地质量测定粮食的产量，生产者按规定缴纳赋税后，其余部分归自己支配，这就是地租实物分成制。实行分租制后，分租比例固定，多产多得，耕者就会为增加产量而尽力，就会起早贪黑，不惮劳苦。"

从这里可以看出，"相地衰征"是一项新的土地租税制度，这既是对农业的改革，也是对生产关系进行一次重大调整，具有划时代的意义。

管仲把农业改革作为经济改革的首要任务，足见其对农业的重视程度。然而，经济改革没有行政改革的进展顺利，特别是"相地衰征"政策，在贯彻过程中遇到很大阻力。

这一天，管仲找来分管农业的大司田宁越，询问有关“相地衰征”的执行情况。

宁越叫苦道：“仲父，相地衰征的推行，难度确实很大。”

“不好办？”管仲反问道，“说具体些。”

“相地衰征分三个步骤，一是相地；二是均地分力；三是与之分货。相地又称‘正地’和‘相壤’，正地就是测量土地面积，相壤就是将土地按照土地的肥沃程度分等定级。仅在这个环节我就已经是焦头烂额了。”宁越叫苦不迭。

“主公招揽了一个叫石旺伢的人，善筹算，将此人派给你，对测量土地的计算可能会有些帮助，测量的人手不够，可以办个培训班，叫石旺伢讲讲筹算、九九之术。”管仲道。

“除了正常耕地优劣标准难定之外，还有非耕地的问题。”宁越说，“如山林、水面等，该如何征税，也不好确定。”

管仲本有一套改革方案，见宁越开口一个困难，闭口一个难办，似乎少了些热情，多了些抱怨，一时没了兴趣，打消了继续谈下去的念头。他决定亲自再做一些调查研究。

烈日炎炎，骄阳似火，路面被晒得发烫。管仲顾不得酷暑，一身便装，带着两名随从，出了城门，向田野走去。

田野上，有农夫正在犁地，管仲用手一指说道：“走，到那里去看看。”说罢，便向田野中的耕者走去。

散落在耕地上的农民，大多三人、四人组成一组，一人扶犁，两到三人拉犁，少数也有一人扶犁，一人拉犁。

管仲走近一个一人扶犁、一人拉犁的组合边，上去解下缠在犁头上的绳索，搭在肩上，帮助拉犁。边拉犁边问扶犁的老者：“老人家，耕田呀？”

扶犁的老人惊问道：“你是谁，怎么帮我拉犁呀？”

管仲的两名随从见相国帮人拉犁，连忙上前解开缠在犁头上的绳索搭在肩上，跟着一同拉犁。一名随从见老人询问，回答道："老人家，他是管相国呀！"

"管相国？"老人惊惶地说："快，停下来，小人怎么能让相国替我拉犁呀？"

老人放下手中的犁把，连忙跪下叩头。

管仲看到犁是拉不成了，放下肩上的绳索，扶起老人道："老人家，不必多礼。我今天来，是有事要请教于你。"

"相国大人，请教可不敢当。有事我们到前边树林里坐下来说。"并且老人还说道，"小人给相国多叫几个人来好吗？"

"好！"管仲高兴地说，"那就有劳老人家了。"

老人冲着田野大喊："大家都到树林来休息一下，有事找你们。"

"好咧！"先后有应答声从四面传来。

管仲趁老人喊人之际，将倒在地下的木犁扶起来。看着木犁，管仲心里想，木犁头太钝了，若是湿地还可以，如果是干硬的黄土地，耕地的速度肯定慢。他放好木犁，跟在老人身后向树林走去，边走边问道："老人家，如果将木犁头换成铁犁头，耕地的速度是不是更快些？"

"什么？铁犁头？"老人摇摇头道，"祖祖辈辈都是用木犁，从来没有听说过用铁犁的。"说着话，一行人已来到不远处的一片树林里。有几位老农听到刚才老人的喊声，已经放下手中的活儿来到树林里。

先来的几位老人听说是管相国来了，连忙大礼拜见。大家见管仲和蔼可亲，也就少了些拘谨，有人提起身边的瓦罐递给管仲道："管仲国，天气炎热，喝口水吧！"

管仲也不推辞，接过瓦罐，咕嘟咕嘟地大喝起来。齐鲁之人本就豪爽，他们见相国能喝他们的水，心里特别高兴，彼此的距离拉近了不少。待管仲喝完水坐下之后，一位老农凑过来问道："天气炎热，相国大人为何要到田野中来？"

"政令展台上张贴的布告你们知道吗？"管仲问道。

"相国说的是相地衰征吗？"一个老农说，"若真能这样，我们的日子就有盼头了。但地怎么还不分下来呢？"

“正在抓紧丈测，很快就会分下来的。”管仲指着远处一片郁郁葱葱的庄稼问道，“为何那边一片庄稼长得郁郁葱葱、粗壮得很，这边却长得稀稀疏疏，又瘦又矮？”

一个老农说道：“人家地好呀！地下六尺就是水，旱涝都不怕，可我这地是涝洼地，地下一尺就见水，当然和人家的地没法比了。”

管仲又问：“那是谁家的地？”

另一位老农说道：“伯大老爷的，前几天他打这路过，告诉我们说，相地衰征肯定搞不下去，相爷，这是真的吗？”

“你说的伯大老爷是什么人？”管仲警觉地问，“他为何说相地衰征搞不下去？”

“伯大老爷是大司田宁越大夫的儿女亲家。”老农道，“他肯定是从亲家口中得到这个消息的。”

“老人家，相地衰征是主公定的大计，是国策，齐国要走富国强兵之路，一定要改革。我身为相国，一定要将改革进行到底。”

有人问道：“真的吗？”

“我今天就是为相地衰征而来的。”

“啊！”一位老农惊叹一声说，“我说呀，朝廷的政令既然张榜公布了，怎么能说变就变呢？”

管仲说道：“我想请教大家，地下水对农作物生长有多大的影响？”

“相国不要客气。”一位老农解释道，“一般来说，一尺见水的土地，不会发生大涝；五尺见水的土地，不会发生大旱。”

“我有一个想法。”管仲想了想问道，“以旱地八尺见水，征税十分之一，地势越高，税越少，至四十尺见水的旱地，减征一半。涝洼地五尺见水，轻征十分之一，地势越洼，税越少，一尺见水的地和水泽一样，一亩折合五分交税怎么样？”

老农们齐声道：“相国这法子好啊，这样就公平了。”

“山林、湖泊呢？”其中一个农民问道，“这些地方是不产粮的土地。”

“山林、泉泽虽然不产粮食，但可以栽树，可捕捞鱼虾。”管仲解释道，“根据山林、湖面的情况，从百亩折合一亩好地到五亩折合一亩好地交税，你们觉得怎么样？”

老农高兴地说：“好哇，如果真能这样，那就合理了，我们干活也就有劲头，生活也有盼头了。”

管仲通过与几位老农的一席交谈，对完善相地衰征的农业改革政策有了更深刻的认识。告别几位农民后，管仲沿着淄河岸继续前行。

替逃奴赎身

时近正午，一位随从小心地问道：“相国大人，种田的人都回家了，前面就是梧如镇，我们是不是到那里去用餐？”

管仲停住脚步，朝四周扫视一遍，指着前方河边的几间房子道：“前方淄河岸边不是有个路边小店吗？就到那里去凑合一餐。”说罢，迈步向路边小店走去。

管仲一行刚走近路边小店，店小二便迎了出来：“客官，请里面坐，本店有井水冷冻的西瓜，吃一片解暑又解渴。”

“有冷冻西瓜就拿来，啰唆什么？”一位随从有些不耐烦地说。

“不得无礼。”管仲喝住随从，转头对店小二说：“店家，请上西瓜，再炒几样下饭菜即可。”

店家见管仲说话和气，讨好地说：“客官，要酒吗？本店有家酿米酒。”

“天太热。”管仲坐下来，打开手中折扇边扇边说道，“酒就不要了，快将西瓜拿来解渴。”

“好咧！”店家走向旁边树荫处的一口井边，揭开井盖，井盖下面露出几根麻绳，店家抓起其中的一根，几下倒手，便从井里提出一个十来斤重的大西瓜。解开绳索，将西瓜放在旁边桌子上，进店拿来一把切瓜刀，舀了一瓢水将刀洗净，将瓜切成片，用托盘装好送到管仲的面前说：“客官请用，小人这就去准备饭菜。”

管仲和随从拿起西瓜，便大口大口地吃了起来。

正在这时，几名武士押着十来个五花大绑的人走过来。押解的人边走边用鞭子抽打着被捆绑着的人，边打边呵斥道："该死的奴才，还不快走。"这队人来到路边小店，见管仲一行在吃瓜，其中一个领头的武士道："热死了，吃了瓜再走。"押解的人命令捆绑着的人站在太阳底下，他们自己则进了路边小店的棚子里。

领头的武士将手中的鞭子"啪"的一声放在桌子上，大声说道："店家，来个西瓜，要井水泡过的。"

店家赶出来赔着笑脸道："官爷稍等，西瓜马上就到。"说罢，到井边提起一个大西瓜，切好后送到武士的桌前道："官爷吃瓜，又凉、又甜、又解渴。"

几个武士狼吞虎咽地吃了起来。

站在太阳底下被捆绑的十来个人一个个热汗淋漓，用舌头舔着干裂的嘴唇，哀求地说："老爷，给一口水喝吧！"

武士怒吼道："去，去，去！死到临头了，还要水喝？"

管仲看到捆绑着的人口渴的样子，不由得想起自己从鲁国押回齐国的路上，自己口渴难忍的情景，冷冷地问道："他们犯了什么罪？连水也不给他们喝？"

押送的武士进店时只顾吃瓜，没有仔细看店内吃瓜的人是谁，一名武士不满地说："你是谁呀？管得着吗？"

管仲的随从见有人对相国无礼，正欲出面喝止，管仲摆摆手，示意他坐下。押送的领队猛然觉得管仲有些面善，再一想，原来是相国大人驾到，他也来不及告诉其他人，慌忙跪下叩拜道："原来是仲父大人在此，小的有眼不识泰山，请仲父大人恕罪。"

刚才呵斥管仲的武士，吓得跪在地上一个劲地叩头，不敢起来。

"都起来吧！"管仲抬抬手，叫他们起来，然后问道，"你们是什么人，为何将这些人捆起来？"

"回仲父，我们是方家堡的堡丁。"领头的堡丁指着被捆着的人说，"这几个人是堡主人的家奴，逃跑后被我们抓了回来。"

"抓回去后该如何处理？"管仲问道。

“我家老爷有令。”领头的堡丁做了个抹脖子的手势，“凡逃亡的奴隶，格杀勿论。”

管仲知道事态严重，在当时，奴隶是没有人身自由的，生杀大权，完全操纵在主人的手中，若奴隶违了国法、家规，主人就会像踩死一只蚂蚁一样随意将奴隶杀掉。管仲不知如何处理这件事，正在犹豫之际，被捆绑着的奴隶听说眼前之人就是大名鼎鼎的管相国，全都跪下哭求道：“相国老爷，救救我们吧！”

管仲以商量的口吻对押送人犯的堡丁道：“先给他们松绑，给他们点水喝，行吗？”

一名堡丁望着领头的堡丁，不知如何是好，领头的堡丁道：“还愣着干什么？还不按仲父的吩咐办。”

店主人见状，忙到井旁打来一桶冰凉的井水，拿来水瓢。松了绑的奴隶跑到树荫下，接过水瓢，拼命地喝起水来。管仲等他们喝足水后问道：“既为家奴，就得为主人做事，为何要逃跑呢？”

“相爷，实在是活不下去了呀！”一个面如黑炭、满脸络腮胡子、身材魁梧的大汉跪下哭诉道，“我们都是打铁的，干的都是力气活，每天起早贪黑，一天只给一顿饭，而且吃的还是猪狗食，累死、饿死也是死，不如逃亡，若逃得出去，说不定还能捡条性命。”

管仲听说他们都是打铁的，不由得眼前一亮，惊喜地问：“你们都是打铁的工匠？”

“是，相爷，我们都是打铁的工匠。”一名奴隶指着刚才说话的黑面大汉道，“他叫莫仲柏，世代以打铁为业，是百里挑一的能工巧匠，方圆百里之内，没有谁的手艺能超过他。”

“啊！”管仲叹了一声，思索一会后对领头的堡丁说，“你回去禀报你家老爷，这几名奴隶本相要替他们赎身，为难吗？”

领头的堡丁说：“既然是仲父吩咐，小人怎敢违抗？只是，仲父可否给小人一个凭证，小人好向我家主人回话。”

“好的。”管仲说道，“本相给你立个字据，你凭此向你家老爷回话，三天之后，到相府去取赎金。”

几名堡丁拿了管仲的字据，告别管仲，回方家堡复命去了。

众人犯见管仲为他们赎身，一齐跪下，感激涕零地说道：“谢相国爷活命之恩！”

“齐国要振兴，除了发展农业外，还要发展工商业，今后会需要大量的能工巧匠。你们是铁匠，正是齐国需要的人，朝廷要设百工作坊，你们就到那里去做事，管饭，酌给工钱。”管仲接着对随从说道，“记下他们的名字，三天后到相府报到，安排他们到作坊继续打铁。”

“店家。”管仲冲着店伙计喊，“给这些人准备饭菜，账由我付。”

店家目睹了管仲救人的一幕，心里对这位没有一点架子的相国爷敬佩得五体投地，高兴地答应了，连忙进店准备饭菜去了。

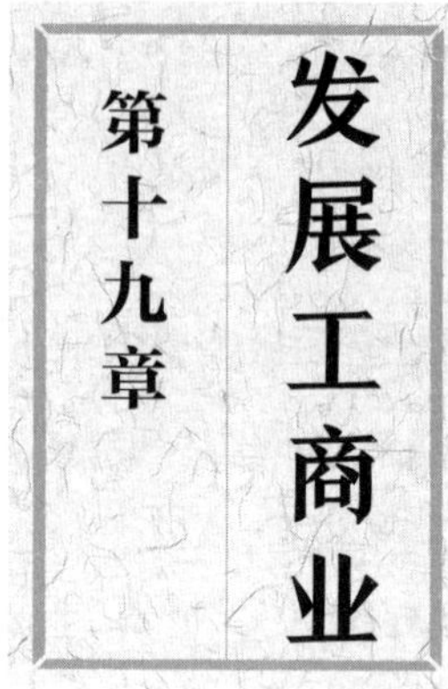

野外沐浴的少女

管仲处理完逃奴之事，吃了一碗高粱米饭，嘱咐随从在小店旁的树荫底下休息，他想一人在河边走一走。于是便独自一人沿着淄河岸行走，欲觅个清静的地方洗个凉水澡。

淄河是齐国都城临淄附近的一条河流，向东北流入小清河，然后注入大海。淄河水清澈见底，水底的水草清晰可见，鱼儿欢快地穿梭其间；河两边，垂柳夹岸，树木茂密，微风吹拂着水面，微波荡漾。好一个清凉幽静的地方！管仲见此优雅清静的环境，浑身爽快不少，见前面柳林深处有个小河汊，便信步向小河汊走去，刚靠近河汊，忽听河汊内传出一阵优美动听的歌声：

采采芣苢，薄言采之。
采采芣苢，薄言有之。
采采芣苢，薄言掇之。
采采芣苢，薄言捋之。
采采芣苢，薄言袺之。
采采芣苢，薄言襭之。

这是《国风·周南》中的一首名为《芣苢》的劳动诗，是妇女们采芣苢时所唱的歌，反映了妇女们在劳动中的欢乐情景，她们既紧张又愉快，充满了劳动的热情。

清新明快的节奏，透出一股欢快的气息。管仲屏住呼吸，静静地聆听着，心中叹道：想不到在这荒郊野外之地，居然能听到如此奇妙动人的歌声。他拨开荆棘，循声向前走去，转过几株垂柳，放眼望去，被眼前的情景惊呆了：河汊中，一位妙龄少女赤裸着身子正在河里洗澡，双手拨弄着河水，口中欢快地唱着歌，怡然自得。突然，只见她纵身一跃，双手划水，宛如一条美人鱼似的在水中畅游……

管仲看到此等情景，不由得发出一声惊叫。突然间，他意识到，堂堂相国，竟然偷窥人家女儿家洗澡，实在是有失身份，赶忙闭住嘴，愣愣地站在柳树底下。

河中少女听到惊叫声，连忙将身子沉入水中，仅将头露出水面，惊叫道："什么人，偷看人家洗澡？"

管仲见行踪已暴露，索性走出柳林，笑着说道："淄河并不是你家的，光天化日之下，竟敢在此戏水，却还指责别人偷看，真是岂有此理！"

河中少女急了，大声叫道："快走开，让我上岸穿衣裳。"

"你上岸吧！我才懒得看呢！"管仲退回几步，故作轻松地转过身去。其实，他心里多想再转头看上一眼啊，只是不好意思罢了。

少女蹑手蹑脚地爬上岸，匆匆穿好衣服，顺手理理云鬓，走到管仲身边，仍是不依不饶地质问："喂，你从哪里来？一个大男人，在此偷窥女儿家洗澡，羞不羞？"

管仲见刚出浴的少女，体态婀娜，貌若天仙，一下子看呆了。

少女被管仲看得有些不好意思，满脸含羞地说道："你这人好没道理，刚才偷窥人家洗澡，现在又两眼发直，没有见过漂亮女人呀？"

管仲虽然满腹经纶，但是，站在这位天真活泼、性格开朗、刚出浴的少女面前，似乎有些乱了方寸，突然局促不安起来，语无伦次地说道："姑娘，我从临淄来，从此地路过，可不是有意偷窥。漂亮的姑娘在河中戏水，四周没遮没拦的，既然被我碰上了，想不看也不行呀！"其实，管仲内心对面前这个漂亮的姑娘，已经产生了极大的好感。

原来，管仲流落鲁国时便已丧偶。回到齐国后，鲍叔牙一直张罗着要替他续弦，苦于没有管仲合意的，事情就一直拖了下来。今天，管仲见到眼前这位天真活泼、貌若天仙的少女，不由得眼前一亮，大有一见钟情之感。从内心里惊叹道：好美呀！这不正是自己所寻求的心上人吗？

姑娘见管仲一个大男人，面红耳赤地站在自己面前，像个做错了事的小孩子一样回答自己的问题，内心里也有一种好感，不由得多看了几眼眼前的这位汉子：

年约四十略开外，浓眉大眼宽脸膛。
五短身材好魁伟，浑身英气溢出来。

姑娘从内心里也发出一声赞叹：好一个伟男子。想到这里，不由得脸一红。

原来，姑娘乃一农家少女，年龄二十出头，待字闺中，是个黄花闺女。虽不是名门望族，大家闺秀，却因是独女，自小就被爹娘娇生惯养，粗活重活从没沾过边。自小在饱读诗书的父亲的教导下，读了不少书。姑娘聪颖过人，颇有过目不忘之能，故而琴棋书画样样精通。正因如此，便有些心高气傲，欲寻一个春风得意的夫婿，故而东家不成，西家不就，一直待字闺中。

齐鲁风俗，未婚女子，除了自己的父母、丈夫之外，胴体不得为外人窥见。今天，管仲将这位女子的全身看了个遍，该女子除了管仲外，还能嫁人吗？

姑娘问道："你从临淄来？叫什么名字？你见过管仲相国吗？"

"我就是管仲呀！你是谁？为何要问管仲？"管仲好奇地问。

"我叫闵婧。"姑娘偏着头看了管仲一眼，天真地说，"管相国？骗人的吧！"

管仲问道："婧姑娘，你认识管仲？"

"不认识。"姑娘摇摇头，"听我娘说的。"

"你娘是怎样说的？"

"娘给我说了管鲍之交，也说了君王筑坛拜相，还说了管相国正在进行改革，要带领齐国走上富国强兵之路。"姑娘充满憧憬地说，"改革成功了，我们一定会过上好日子。"

管仲万万没有想到，一个乡下女子，竟有如此见识。他对闵婧产生了浓厚的兴趣，于是想见一见闵婧的母亲，便说道："知道的事还真不少，闵婧姑娘，你家在哪里，我想见见你母亲，行吗？"

"你要见我娘？"闵婧姑娘睁着一双水灵灵的大眼睛问道，"我还没有查明你的身份，怎么能够带你去见我娘？"

管仲道："我就是你要见的那个相国管仲呀！"

闵婧姑娘不相信地道："空口无凭，谁能证实？"

"哈哈哈，那你说我是谁呀？"管仲被姑娘天真无邪的样子逗乐了。

正在这时，管仲的两名随从满头大汗地跑来，上气不接下气地道："哎呀！相国老爷，您在这儿，叫我们好找呢！"

"你们来得正好，来证实一下。"管仲指着闵婧道，"这位姑娘不相信我，你们给她说，我是谁。"

随从呵斥道："你好大胆，敢怀疑相国老爷。"

姑娘死死盯着管仲的脸，脸刹那间就红到了耳根，连忙跪下叩拜道："相国爷，民女有眼不识泰山，请老爷不要见怪！"

管仲哈哈大笑，伸手轻轻一托道："姑娘不必多礼，这回相信了吧？"说罢，转身欲同随从离去。

闵婧见管仲欲离去，急了，一下子窜到管仲的前面挡住去路，娇声说道："不能走！"

管仲惊愕地问道："怎么……"

"不能走，就是不能走。"闵婧急得快要哭了，其实她心里想的是：你将我的全身都看遍了，就这样一走了之，叫我今后怎样嫁人呀？必须给个交代。然而，一个姑娘家，这样的话又怎么能说得出口呢？情急之下说道："你不是说要见我娘吗？我带你去。"

春心骚动

闵婧拦住管仲不让走，并答应带管仲去见她的娘。管仲见闵婧答应带他去，当然是求之不得，就爽快地答应了。闵婧见管仲答应，心里暗暗高兴，忙在前面带路，转身向旁边柳林后走去。

柳林后有座小村庄，名叫闵家墩。闵家墩村子不大，只有七八户人家，村东头有处农家小院，那就是闵婧的家。此时的小院里，叽叽的织机声响个不停。闵婧带着管仲和两名随从刚走近院门口，就冲着农家小院欢快地叫道："娘，有客人来啦！"

闵婧的喊声刚落，叽叽的织机之声停了，从屋内走出一位四十出头、体态丰盈的半老徐娘，她就是闵婧的母亲。闵母刚出门，看到闵婧身后面的管仲，以为是看走了眼，揉了揉眼睛再看了看，惊叫道："这不是管相爷吗？"说罢，翻身叩拜道，"民妇叩见相国老爷。"

管仲双手虚托一下道："夫人快起来，不必多礼。"

闵母站起来，喜笑颜开地说道："婧儿，你怎么将管相国请到家里来了？"

"娘，你认识管相国？"闵婧惊讶地问。

"君上筑坛拜相，围观之人何止千万，娘有幸去了现场，目睹了管相国的风采。当时的情景，历历在目，怎么不认识管相国呢？"闵母谦恭地对管仲说道，"相国老爷，民妇孤儿寡母，家道贫寒，若不嫌弃，请屋里坐。"

"贸然造访，请不要见怪。"管仲见闵母出语不凡，料知非一般村妇。进得屋来，见堂屋内有一乘织机，走近织机一看，织机上的布匹正是早已失传的齐国民间传统手工艺品青州花边大套素，管仲吃惊地问："夫人，你织的可是失传已久的青州花边大套素？"

"相国老爷果然是行家。"婧母说道，"这正是青州花边大套素，乃家传技艺。"

"我派人到处寻找能织青州花边大套素的织工，一直没有找到。都说此手艺失传已久，不想却在此地找到能织青州花边大套素的人，真是天助我也。”管仲喜出望外地问，“夫人还能织些什么品种？”

“三色彩支绫、织锦、绫罗，只要有材料，民妇都能织。”闵母自豪地说。

“啊！”管仲惊叹一声说道，“夫人随我到临淄去，好吗？”

闵母满脸含羞地问：“随你到临淄去？”

“夫人别误会。”管仲解释道，“朝廷要发展工商业，需要能工巧匠。”

“啊！”闵母失望地道，“相国老爷考虑的是天下事，民妇只会织布，不懂这些。”

“我要你的手艺，请你将织锦工艺传授于人，行吗？”管仲用期待的目光看着闵母。

“这是家传绝艺呀！”闵母有些为难地说，“教熟徒弟，饿死师傅，祖传之艺，怎能轻易授人？这是我们母女安身立命的本钱哟！”

“夫人！”管仲以哀求的口吻道，“能不能考虑一下，我也是为齐国着想呀！冒昧地问一句，你家里还有哪些人？”

“丈夫在长勺之战中以身殉国，就我母女俩相依为命。本想将织技传给婧儿，怎奈她就是不专心，女儿家，成天抱着她父亲留下来的几卷简书不放。”闵母说。

“啊！原来是功臣之家。”管仲重新深深一揖道，“管仲代表朝廷，谢谢你们了。”

正在这时，婧母突然看见女儿在厢房里暗暗向她招手，歉意地道：“相国老爷，请稍等片刻，民妇去去就来。”

闵婧将母亲叫进内屋，嘀咕了一阵。过了一会，闵母从里屋出来的时候，轻轻地叹了一口气，似乎有一种依依不舍之感。

闵母忽然脸色一正，似乎做出了一个重大的决定，镇定地道：“相国老爷，民妇有事相询，不知相国老爷能否回答。”

“夫人有话尽管问，管仲当知无不言。”管仲边吃瓜边说。

闵母两眼盯着管仲，认真地问：“相爷有几房妻室？”

“哈！哈！哈！”管仲大笑道，“孤家寡人一个，何谈几房妻室。”

闵母看着管仲的两名随从，似是用眼色询问：此话当真？

有一名随从很聪明，知闵母话中有话，认真地说："夫人，是真的，相爷前年丧偶，至今尚未续弦。夫人是否有合适的，给相爷说门亲事？"

闵母听后不由得喜上眉梢，轻声道："相爷，可否借一步说话？"

刚才说话的随从笑着说："借什么步呀？我们出去溜达溜达不就行了。"说罢，拉着另外一名随从向门外走去，临出门时，向管仲投过狡黠的一笑。

婧母见两名随从走了，忙跪下说道："相爷，请救命呀！"

"夫人，谁有危险？救谁的命？"管仲大惊，忙伸手扶起闵母。

闵母起来坐在凳子上道："请救小女一命。"

"婧姑娘不是好好的吗？"管仲诧异地问，"为何要救命？"

婧姑娘的母亲满脸哀伤地说："女儿刚才将民妇叫进屋去，说她不想活了。"

管仲大吃一惊，问道："为何不想活了？"

"相爷。"闵母问，"相国老爷是否在河边偷窥过小女洗澡？"

管仲面红耳赤，急忙分辩道："夫人，完全是无心之过，我管仲对天发誓，绝不会将此事向外泄露半分。"

"相国老爷。"闵母说道，"一个女孩子家，全身都被人看透了，她还有脸活下去吗？"

管仲站起来，急得团团转，自言自语地说道："这便如何是好！这便如何是好！"

闵母抹了把眼泪说道："只有相爷才能救小女。"

"夫人，你说，怎么救？"管仲着急地说，"只要我能做到的，一定答应你，以弥补我的过失。"

"相爷！"闵母满怀期待地说，"你就将小女娶了吧！"

"不行，不行。"管仲连连摆手道，"我已过不惑之年，怎么能娶令爱？这不是折辱了令爱吗？"

闵婧在里屋听到管仲拒绝了母亲的请求，绝望地抽泣起来。

闵母听到里屋的动静，流着泪道："民妇只有这一个女儿，若有个三长两短，让民妇怎么活呀？"说罢轻轻抽泣起来。

"夫人！"管仲急得抓耳挠腮，为难地说，"不是我不答应，令爱年轻貌美，我管仲配不上她呀！"

闵母听到这句话，心里有了底，知道管仲心里对女儿有意，连忙说："相国老爷，小女若能侍候你，也是她前世修来的福，民妇高攀了。"

"管仲本无妻室，若夫人不弃，我管仲是求之不得。"管仲喜出望外，向闵母深深一揖。

此时，屋里的抽泣声停止了，静悄悄的，没有任何声音。

婧母道："既然如此，婧儿就是相国老爷的人了。你随时可以将婧儿带走。"

管仲摆摆手道："这怎么可以！"

"相国老爷待要如何？"闵母不解地问。

管仲认真地说："管仲要择良辰吉日，明媒正娶婧姑娘。"

闵母听了乐得合不拢嘴，"小女有福有缘，能侍候相爷，真是三生有幸。民妇就将女儿交给你，一切听相爷安排。"

"那传授织工手艺之事……"管仲问道。

"宝贝女儿都给了相爷，这点手艺还能带到土里去吗？"闵母笑着说。

管仲道："好！好！好！这我就放心了。"

"好！"闵母高兴地说，"婧儿，你都听见了吧，快出来重新拜见相国老爷。"

闵婧娇媚万分、满面含羞地从里屋走出来，向管仲福了一福，含情脉脉地说："小女子拜见相国老爷。"

管仲心中一阵狂喜，不顾闵母在侧，忘情地抓住闵婧的双手，语无伦次地说："姑娘请、请起。"

婧姑娘的双手被管仲紧紧地抓着，欲推则不舍，欲倚却还羞，使得一个貌美如花的少女更显得娇媚万分。

闵母看着眼前这对璧人，笑得合不拢嘴，知趣地退了出去。

管仲从闵家墩回来后，立即将鲍叔牙请至府中，吩咐家人管茇炒了几样下酒菜，两人坐下对饮起来。鲍叔牙以为又是谈改革之事，干脆不开口，只顾喝酒吃菜，静等管仲发话。谁知酒过三巡，管仲还是没有开口，鲍叔牙觉得奇怪，开口问道："怎么？改革遇到难题了？"

管仲笑了笑道："难题是有，今天先不说这个。"

管仲这才吞吞吐吐地将这次私访遇见婧姑娘的事告诉鲍叔牙。

"好！"鲍叔牙举起酒爵，高兴地叫道，"来，敬你一爵，我这次一定要将你的婚事办得轰轰烈烈，让整个临淄城都知道相国要娶亲。"

"别，别，别！"管仲喝了一口酒，放下酒爵，连忙制止道，"明媒正娶，是表示对姑娘的尊重。但婚事却不能铺张。

"这又是为何？缺钱呀？"鲍叔牙不解地问。

"我身为相国，主公对我的赏赐很多，并不缺钱。"管仲喝了一口酒继续说道，"只是齐国正处在创业阶段，须倡导节俭之风，若我自己不能为表率，怎能率领百官励精图治、发奋图强呢？"

鲍叔牙想了想说道："好！这件事就依你。"

筹谋工商业

管仲在调查后，对农业改革方案重新进行了部署和安排，嘱咐大司田宁越加快改革步伐。

农业改革，是逐步建立一套新的土地制度和税收制度。但是，一个国家，仅仅依靠农业是很难成为经济强国，真正走上富国强兵之路的。管仲深刻地认识到了这一点。为了使齐国走上富国强兵之路，他以商人特有的敏锐眼光，计划将改革的触角延伸到工商业。

齐国历来有重视工商业的传统。据说姜太公初封齐国时，齐地是"地潟卤，人民寡"。但是，齐国有山有海，可以通过发展工商业来带动农业发展。于是，雄才大略的姜太公在实行"简其政""因其俗"政策的同时，又"劝其女功，极技巧，通鱼盐"，大力发展工商业，结果使齐国很快富强起来，成为东方大国。正是齐国这种重工商业的传统，为管仲改革打下了基础。

管仲准备在工商业的改革上再有一番作为，为此，他曾专门与齐桓公讨论了这个问题。

齐桓公问管仲："国家财用匮乏，寡人欲征收房屋税，仲父以为如何？"

"这等于叫人拆毁房子。"管仲摇头回答。

齐桓公继续问："寡人要征收树木税呢？"

"这等于叫人砍伐树林。"管仲摇头。

齐桓公问道："征收牲畜税呢？"

"这等于叫人杀死幼畜。"管仲回答。

齐桓公说："那就对人口征收赋税吧！"

"这等于叫人抑制情欲。"管仲仍然是不赞同。

齐桓公有些不快地说："什么税都不能征收，寡人靠什么来管理国家？国家财用不足，总得有一个解决的办法吧？"

"当然有办法。"管仲胸有成竹地说。

"什么办法？"齐桓公迫切地问。

"'官山海'，也就是国家对盐铁实行专卖政策。"管仲道，"这是齐国富国强兵的主要途径。"

盐铁专卖！齐桓公闻所未闻，于是问道："何为'官山海'？"

"'官山海'就是官府专营山海资源，具体地说，就是国家对盐铁垄断经营，实行专卖政策。"管仲进一步解释道，"靠海的资源成王业的国家，要注意征税于盐的政策；靠山的资源成王业的国家，要注意征税于铁的政策。"

齐桓公问道："为何要实行盐铁专卖？"

"盐铁都是人们生活的必需品，人离开了盐、铁就不能生存。故其在市场上有一个稳定的销售量。"管仲略算了下账，说道，"以盐为例：十口之家，就是十人食盐，百口之家，就是百人食盐。一个月，成年男子食盐近五升半，成年女子食盐近三升半，小孩食盐近二升半。这是个大概数字。"

齐桓公点点头，表示认同。

管仲继续道："过去，这两种商品实行的是自由放任政策，完全私营，官府只是象征性地征收山泽之税及关市之税，国家财政收入并不多，厚利却为商贾所获。臣乃商贾出身，深知经营盐铁获利之厚。"

齐桓公道："怎样才能将经营盐铁之厚利归于朝廷呢？"

"官府对盐铁这两个商品实行专卖政策。"管仲道，"具体来说，将盐、铁的生产权放给私人，但他们生产的盐铁，全部由官府收购，再由官府向外销售，官府控制流通环节。一买一卖之间的差价，包括官府经营盐铁的费用，还包括税收，这叫作寓税于价，将盐铁之厚利从商人手中拿过来，官得厚利百民不察。"

齐桓公听到这里，总算是明白了，问道："仲父算过账没有，从盐铁专营中能得到多少收益？"

管仲道："以盐为例，盐一百升为一釜。使盐的价格每升增加半钱，一釜可收入五十钱。每升增加二钱，一釜可收入二百钱。一钟就是二千，百钟二十万，千钟二百万。一个万乘的大国，人口总数千万人。合而算之，约计每日可得二百万，十日二千万，一月可得六千万钱。一个万乘的大国，征人口税的当征人数为一百万人，每月每人征税三十钱，总数才不过三千万。'官山海'之后，朝廷没有向任何人直接征税，就有了相当于两个大国的六千万钱的税收。"

"啊！"齐桓公惊叫一声，"仅仅食盐一个品种，竟有如此多的收入？"

管仲道："假若君上发布命令，说要对全国的大人、小孩征税，一定会在全国引起震动，也一定会遭到强烈的反对。现在实行食盐专卖政策，寓税于价，即使君主得到十倍、百倍的收入，谁也难以反对。这就是理财之法。"

齐桓公激动地说："寡人该怎么做？"

"齐国有展渠之盐，请君上下令，无论是齐国人，还是其他诸侯国的人，都可以到展渠来，砍柴煮盐。"管仲强调一句，"所煮之盐，由政府给出一个合理价格，全额收购，任何人都不得带走一粒盐。"

"然后呢？"齐桓公问道。

"所产之盐由政府统一销售，叫作官运、官销。禁止私人销售食盐，有贩私盐者，一旦抓住严惩不贷。”

“好！”齐桓公说道，“请仲父拟诏，寡人明日早朝，向天下宣布：齐国‘官山海’！”

“官山海”，即盐铁专卖政策，是中国历史上最有名的一项经济政策，它是由管仲审时度势、同齐桓公研究国家财政问题时提出并一道确定的。它是中国封建时代国家经济政策上的一个新事物，开创了中国经济专卖政策之先河，影响了中国几千年的历史。

在春秋前期，自然经济占绝对的统治地位。唯独盐铁这两个品种是不能随地生产，但又为人民生活和生产所必需，非依赖市场供应不可。盐，作为人们生活的必需品，“恶食无盐则肿”，这个道理谁都懂得。铁，在当时已由块炼铁向铸铁方向发展，用铸铁做砍伐工具和农具，生产效率可大大提高，为人们所乐于使用。经营盐铁正是一个大有发展前途的新兴行业。盐和铁在当时市场上是销售面最广的两项举足轻重的商品。

在管仲改革之前，盐铁这两个品种，实行的是租税制，即征收山泽税和关市税，开放私营，如此一来，盐铁大部分收益归于私人，政府从中得到的收入并不多。政府对其实行专营，把这两项重要商品的利源控制起来，使之不再散落于私营工商业者之手，这比利归私商，而另向人民征收强制性的人头税或其他捐税确实要好得多。

管仲本来就是商人出身，私营盐铁利润之厚他是了如指掌的。主持国政，欲开辟财源，先从盐铁这两个品种入手，实行专卖，是一件很自然的事情。正是由于他倡导了这一独特而又影响深远的经济政策，以及此后一系列的经济政策，才奠定了他在中国历史上第一理财家的地位，使他成为中国古代理财家之开山鼻祖。

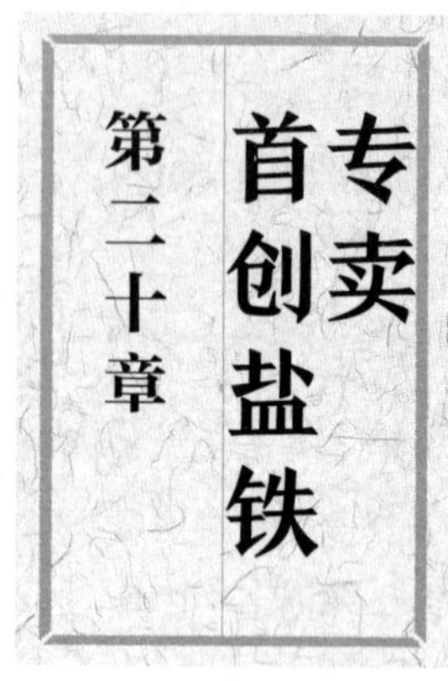

第二十章 专卖首创盐铁

官山海

齐桓公面对丹墀下的文武百官，大声说道：“相地衰征的农业改革政策推行了年余时间，改革虽未完成，效果却已显现，百姓的米罐有了余粮，逃亡在外的人也陆续返回家园。这说明，改革正在向好的方向发展。”

群臣一阵热议。待声音稍低之后，齐桓公接着又说：“目前，改革遇到了一道坎，就是国家财用不足。仲父说的有道理，齐国要走富国强兵之路，仅仅对农业进行改革远远不够。农业改革，充其量只能解决吃饭的问题，要走富国强兵之路，必须另辟财源。寡人与仲父议定，下一步，对工商业逐步进行改革，推行‘官山海’之策。寡人宣布：‘官山海’方案由仲父负责。”

管仲出班、侧身面对大家说道：“各位同僚，承蒙大家配合，农业改革、相地衰征还算顺利，虽然还有不尽如人意的地方，以后再逐步完善。现在我要说的是‘官山海’，这是马上要推行的一项新政策。”

群臣听到管仲的发言，有人问道：“‘官山海’怎么解释？”

“‘官山海’就是实行盐铁专卖。”管仲扫视大家一眼说，“齐国有展渠之盐，这是上天对我们的恩赐，放着这么好的东西不加以利用，岂不是暴殄天物？”

有人问：“如何利用？”

“从现在起，盐铁生产仍由私人经营，但生产出来的盐铁，全部由政府统购统销，禁止私人运销盐铁。为了使煮盐不误农时，每年十月至下年正月乃农闲季节，可以任意煮盐。初春一到，农事即已开始，沿海岸的人们，不得雇人聚众煮盐。”

管仲的话声刚落，大司田宁越出班奏道：“主公，臣有话要说。”

“大司田有什么话就说吧！”齐桓公道。

宁越清了清嗓子道：“相地衰征就有违祖制，现在又搞出个‘官山海’，臣以为不妥。”

官仲听到这里，终于明白了，农业改革进展不快的真正原因在宁越身上。他作为主管农业的上大夫、大司田，对这项政策本身就有想法，改革怎么能快得起来呢?

齐桓公过去也曾听到宁越对管仲改革的嘀咕，甚至还发过牢骚，他都及时地制止了，不想今天在朝堂之上，他又公开发表反对意见。只好问道：“大司田认为有何不妥？”

“周厉王时，任荣夷公为卿士，为了增加财政收入，抑制庶姓家族经济势力的增长，下令把山林川泽收归国家专管，垄断工商山泽之利，侵夺了中小领主的利益；又不许百姓进入山林川泽樵采捕捞，侵夺了百姓的利益，从而引发了‘国人暴动’，直接导致周厉王垮台。管相国先是推行相地衰征，现在又搞‘官山海’，这可是周厉王的故技重演，齐国祸不远矣！”宁越说得振振有词。

竖貂站列班中，总算是看到了一个同管仲叫板的人，宁越话音刚落，马上站出来附和道：“大司田言之有理，官与民争利，必引起民怨，怨声起，齐国祸不远矣！”

众人惊异地看着宁越、竖貂，像看两个怪物一样，然后又将眼光投向管仲，看他如何应对这个场面。管仲冷冷地看了竖貂一眼。竖貂胆怯地低下头，双脚无意识地向后挪了挪，整个人向后缩了半个身子。

管仲的眼光在竖貂的身上一扫而过，最终落在宁越身上。针对宁越提出的问题，大声说：“大司田只知其一，不知其二。周厉王专山泽之利，是对自然资源从生产到销售的完全垄断，而凭当时的国情，是很难做到这一点的。我所提的‘官山海’，即盐铁专卖，同周厉王专擅山泽之利有本质区别。表现在，盐铁的生产允许私人经营，任何人，只要你有技术，有能力，都可以砍伐柴薪，雇人煮盐，上山采矿，开炉炼铁，私营经济在这里有很大的发展空间。政府实行的是专卖政策，所采取的形式可归纳为八个字：民制、官收、官运、官销。之所以如此，是因为盐铁等自然资源归国家所有，不属于私人，更不属于某个人。”管仲扫视大家一眼，斩钉截铁地说，“齐国要走富国强兵之路，就必须进行改革，‘官山海’是国策，一定得实行，为了保证这项国策的顺利实施，政府要成立专门的征稽查队伍，专门打击贩运走私者。”

齐桓公见两人发生了争执，对鲍叔牙道：“亚相，你说呢？”

鲍叔牙毫不犹豫地说道：“主公请听仲父的。”

齐桓公大声说：“‘官山海’是既定国策，现在不是议论是否推行的问题，而是议论如何执行的问题。”

宁越是三朝元老，并没有被管仲的气势所压倒，鼻子里哼了一声，抗辩道：“老臣言尽于此，听与不听，悉听尊便。”说罢退至一边，一言不发。

“还有谁有不同意见？”管仲扫视大家一眼，见无人回答，说道，“没有意见的话，‘官山海’之策明天将在政令展台上张榜公之于天下。”

第二天，政令展台前围满了人，大家争相观看张贴在展台上的布告。前面的人边看边议论，后面的人什么也看不见，不知谁喊了一声：“前面的，出来一个人念念吧！”一个小伙子跳到旁边的一块石头上喊道：“大家静一静，我来念。”说罢，转身看着布告念了起来：

官山海之策

齐国乃海王之国，有展渠之盐。山泽之源，归国家所有。国家将实行“官山海”之策，即实行盐铁专卖政策。规定：盐铁之生产仍由私人经营。所产之盐铁，三成缴纳产品税，七成归生产者所有，由官府给出合理价格统一收购。盐之运、销统由官营，私人不得插手其间。每年十月至次年正月，乃农闲季节，国人皆可砍伐枯柴，任意煮海水制盐。孟春即至，农事且起，各大夫家里不得修坟、修屋、建台榭和砌砖墙垣。北海沿岸的人们，亦不得雇人聚众煮盐。

国人凭户籍计口授盐：月供、成年男子食盐五升，成年女子食盐三升半，小孩二升半。

齐桓公二年九月二十日

易牙掌厨

齐桓公回到寝宫，蔡姬亲自沏了一杯热茶呈上，见齐桓公满面春风，笑眯眯地问："主公，何事如此高兴？"

齐桓公端起茶爵喝了一口，赞叹地说道："真是天纵奇才，天助我也！"

"主公说的是谁呀？"蔡姬问了一句。

"仲父！"齐桓公喜滋滋地说，"寡人正在为财用不足而犯难，欲开征房屋税、林木税、牲畜税、人头税，都被他一口否决了。"

"那他一定有比这更好的办法。"蔡姬猜测地说。

"嗯。"齐桓公道，"仲父居然想出了'官山海'之策，对盐铁实行专卖。真是旷古未有之良策哟！"

蔡姬也被齐桓公的情绪所感染，笑逐颜开地说道："主公如此高兴，盐铁专卖之策，定能给国家带来丰厚的财源吧？"

"盐铁生产仍由私人经营，销售却由政府垄断经营，这就是盐铁专卖。"齐桓公仍沉浸于美好的憧憬之中，"仲父说：盐一百升为一釜。使盐的价格每升增加半钱，一釜可收入五十钱。每升增加二钱，一釜可收入二百钱。一钟二千钱，百钟二十万钱，千钟二百万钱。万乘之国，人口总数千万人。合而算之，约计每日可得二百万，十日二千万，月可得六千万钱。万乘之国，征收人口税的人数约为一百万，月每人征税三十钱，总数才不过三千万。实行'官山海'，朝廷没有向任何人直接征税，就有了相当于两个大国的六千万钱的人口税的收入。政府将税钱隐藏在盐价之中，人人都要食盐。唉！盐铁专卖，太妙了，太神奇了。仲父真是理财高手哟！”

“寓税于价，虽无征税之名，却有征税之实，表面上不曾征税，但人人都要吃盐，相当于人人都纳了税。相国的‘官山海’真是太厉害了。”蔡姬兴奋地说。

齐桓公道：“铁也是一样，针、剪、刀，锯、锥、凿，耒、耜、锄，谁人离得了？”

蔡姬道：“表面上没有征税，实际上，人人都承担了国家租税。”

齐桓公得意地看着蔡姬，笑着说：“夫人果然聪明，一点即通。”

蔡姬问道：“听说管相国出巡，带回了一个姑娘？”

“姑娘叫闵婧，是亚相保媒，明媒正娶的。”齐桓公道，“闵母是位织娘，失传已久的织技她都会，寡人已封她‘百工’之职，主管作坊的织造之事。”

“主公要做商贾呀？”蔡姬打趣地问。

“不是寡人要做商贾，是仲父要开百工作坊。”齐桓公说道，“仲父还替几个铁匠赎身，其中有个叫莫仲柏的铁匠，据说铁匠技艺百里挑一，寡人封他为‘百工’之职，主管作坊的锻造之事。”

“看来，管相国治国，真的是别具一格。”蔡姬笑了笑说，“这些方法，臣妾在蔡国闻所未闻。”

齐桓公道：“不仅是你，就是寡人，也是头一遭碰到这样的事。仲父的每一项政策，总会给你带来惊喜。”

蔡姬妩媚地一笑说道：“用膳时间到了，臣妾叫人开饭吧。”

“今天有何美食？”齐桓公问道。

蔡姬神秘地一笑说道：“主公吃了就知道。”

齐桓公与蔡姬来到餐厅，饭菜早已备好。蔡姬为齐桓公斟满一爵酒。

齐桓公尚未就座，端起酒爵就一饮而尽，坐下来，拿起筷子，夹起一块菜放进嘴里，稍微嚼了几口，便已溶化下咽，连忙再夹一块送进嘴里，慢慢地嚼，细细地品味，然后吞咽，赞叹地说道："这道菜是什么菜，怎么以前从未吃过？"

蔡姬笑道："怎么样，好吃吗？"

"味道鲜美，落口即化，回味无穷，真的是美味佳肴呀！"齐桓公问道，"这道菜叫什么，谁做的？"

蔡姬品尝一口，赞道："果然味道鲜美。"

齐桓公又追问一句："这道菜到底是谁做的？"

"启禀主公！"侍女回道，"这道菜乃竖貂大夫敬献。"

"竖貂进献？"桓公问，"他人呢？"

"还在宫外候着呢！"侍女说。

"传他进来。"

不一会，竖貂快步跑进餐厅，进门的时候，右脚在门槛上绊了一下，一个踉跄差点跌倒，竖貂顺势跪下道："微臣竖貂叩见主公。"

"平身。"齐桓公指着餐桌上刚才吃的一道菜问，"这道菜是你进献的？"

"回禀主公，此道菜是微臣进献。"竖貂恭恭敬敬地回答，两眼盯着齐桓公，像是要窥视出齐桓公问话的用意。

"何人烹制？"齐桓公继续问道。

竖貂察言观色，知道这道菜合了齐桓公的胃口，献媚地说："臣知道主公好食，寻遍了临淄城的每一个角落，终于找到一个烹饪高手，此人名叫易牙，身怀祖传绝艺，烹饪手艺精湛，举世无双。"

齐桓公道："这个易牙在哪儿，寡人要见他。"

"易牙献佳肴尚未出宫，臣去把他领来拜见主公。"竖貂说罢，转身大步流星地出门，一会儿便领着易牙走进餐厅。

易牙双膝跪地，叩头道："草民易牙叩见主公！"

"平身！"齐桓公细看此人，年约三十，白白嫩嫩，一身肥肉，动一动，身上的肉一颤一颤，似要掉下来似的，两只小眼睛闪着亮光，透出一股精明干练之气。齐桓公问道："易牙，这道菜是你做的吗？"

"是草民烹制的，不知合不合主公的胃口？"

"嗯，味道十分鲜美。这道菜是怎么做的？"

易牙毕恭毕敬地说："回主公，这道菜名叫鳖鳝羹，用淄河河鳖和乌河白鳝，再佐以参片清炖而成，属大补之品。"

"寡人最喜美味佳肴。"齐桓公又问道，"你还能做些什么菜？"

易牙回答说："做什么菜，需要看有什么料，即便是相同的料，不同的人烹饪，味道就不同，小人的手艺是家传，相同的料，可以做出与众不同的口味。"

齐桓公一听大喜，挥手说道："好，寡人封你为下大夫，掌管宫中御膳房，你可愿意？"

易牙"扑通"一声跪下，连叩三个响头说道："谢主公，小人愿为君上效犬马之力。"易牙在叩头之际，向站在一旁的竖貂瞟了一眼，两人的目光正好碰在一起，脸上皆露出一股不易觉察的笑容。

鲍叔牙失踪了

深秋，天气倒是凉爽了不少，太阳也没有三伏天那样毒，但秋天闷热的气候，有时也使人很不好受。

大路上，一辆普通篷车飞快地行驶着。

驭手坐在篷车的左边，扬鞭策马，不时娴熟地将鞭子甩得噼啪噼啪山响。篷车右侧坐着一个看起来很精干的年轻人，两眼如鹰一样四处张望，眉宇间透出一种英武威猛之气。

管仲身着麻布长衫，一副商贾打扮，坐在篷车之内。只见他眉头紧锁，目不斜视，似乎在想着心事。闵婧女扮男装，充当着侍仆坐在管仲身旁，手执团扇，替管仲扇风。

闵婧见管仲一言不发，为了调节气氛，故意天真地问："相爷，我们去看海吗？"

"看海！"管仲看了爱妻一眼，收回遐想，微笑着说，"天高任鸟飞，海阔凭鱼跃，站在海边，可使人产生无尽的遐想。"

“相爷绝不是到海边去产生遐想的吧？”闵婧打趣地问。

“我哪里有那个闲工夫哟！”管仲面有忧色地说，“海边有展渠之盐，那是齐国之宝，齐国要走富国强兵之路，就靠这个宝。”

“亚相不是去了吗？你为何还要去？”闵婧关切地问。

“嗯！”管仲有点茫然地应了一声，眼睛却瞟向车外。

鲍叔牙到展渠巡视盐场已经是半个月之前的事了。去的时候，管仲叫他带上全副仪仗，大张旗鼓地去，鲍叔牙却坚持要微服前往，说这样才能了解到真正的情况。因此，他只带一个随从便去了展渠。谁知这一去却音讯全无，管仲心里好不牵挂。

原来，自“官山海”政策公布之后，国人砍柴伐薪，成群结队地到海边去煮盐。朝廷也设置了专门的盐政管理机构，负责食盐的收购。除国内计口授盐之外，其余的盐则沿着黄河、济水，运到梁、赵、卫等诸侯国去销售，获利甚巨。不知何故，近来朝廷的盐利之入明显减少，据谣传，盐民与盐监的矛盾越来越激化，甚至还出现盐民逃亡的事情。鲍叔牙就是为了此事而去的。管仲本想亲自去走一趟，可鲍叔牙说国事繁忙离不开他，坚持要自己去。其实，鲍叔牙考虑的是管仲新婚宴尔，四十多岁的单身汉子，娶到貌美如花的嫩娇妻，正如同干柴遇到烈火，定要好好地燃烧一阵。这才是鲍叔牙要代替管仲前去展渠的真正原因。

管仲同意鲍叔牙去展渠，但心里老是不安。半月过后，一点音讯也没有，心里似乎有一种不祥的预感。他将情况向齐桓公做了汇报，齐桓公也有些不放心，同意管仲前去看一看。于是，管仲将朝廷相关的事情委托给隰朋打理，带上贴身护卫，匆匆上路了。为防万一，管仲还带了十乘战车，不过，战车并不和他走在一起，只在五里开外远远跟随，相互之间时刻保持着联系。

闵婧见管仲心事重重，也就没有再作声，含情脉脉地看着自己的丈夫，一声不吭，也想起了自己的心事。自从与管仲成亲以来，她觉得自己是天下最幸福的女人。管仲是国人心目中的偶像，是她心目中的好丈夫，尽管管仲的年纪大她一倍，真正的是老夫少妻，但她从丈夫的身上，体会到了男人的威猛、男人的体贴。管仲不仅生得威风凛凛，相貌堂堂，而且还满腹经纶，有无穷的智慧和力量。闵婧为有这样的丈夫而骄傲。她全身心地爱着自己的丈夫。

其实，除了闵婧之外，还有一个女人也深深地爱着管仲，这个人就是闵母。算起来，闵母比管仲还要小一岁，自从丈夫长勺之战阵亡之后，她便带着女儿守寡在家，日子过得倒也清静，谁知管仲这时候从天而降，打乱了她平静的生活。本来，死了丈夫之后，她也就认命了，当女儿将管仲带至家门时，管仲说要带她到临淄去时，她以为管仲要收了她，芳心一阵狂喜，四十岁的女人，正是春情最旺的时期，她能不兴奋？谁知会错了意，管仲要她去临淄，是要她传授织技。机缘巧合，女儿在河里洗澡又被管仲窥见，对管仲一见钟情，管仲对女儿更是喜爱有加。她便成全了这一对璧人，将自己对管仲的爱慕深深地埋在心里。然而，爱之苦又有谁知？

闵婧当然不知道母亲的心事，她只庆幸上天赐给她一个好丈夫。本来，姑娘二八之龄不嫁就已是少见，而她双十之龄却仍待字闺中，不为别的，皆因她心高气傲，发誓非意中人不嫁，才将婚事耽搁，偏偏机缘巧合，她在河中洗澡，被管仲碰个正着，赤裸的胴体被他看了个遍，命中注定是管仲的人了，原以为能做个小妾就已是心满意足，谁知管仲将她明媒正娶，做了准相国夫人。新婚之夜，文武百官来了不少，连齐桓公也到场祝贺，真是荣耀至极。送走宾客，喝过交欢酒，夫妻双双上床，管仲对她是那样的温柔，那样的体贴。黄花闺女，破瓜之时，她体会到了做女人最大的快感。想到这里，闵婧不由得笑出声来。

管仲被闵婧的笑声惊醒，好奇地问："夫人，笑什么？"

闵婧调皮地说："你猜！"

"女人最难忘的是：洞房花烛夜，破瓜落红时。"管仲狡黠地一笑。

"你坏，你坏，你怎么能看透我的心？"闵婧扬起粉拳，雨点般地擂在管仲的身上，只不过力气不大，好似按摩一般。

"要是连夫人的心思都猜不透，怎能理解天下百姓之心，怎能治理齐国之政？"管仲颇为自负地说。

闵婧依偎到管仲怀里，撒娇地把耳朵贴在管仲的胸上，"妾也能猜到相爷在想什么。”

管仲轻轻抚摸着闵婧的秀发说道：“噢，那你说说看？”

闵婧把头抬起来，说：“齐国有展渠之盐，大海之鱼，本应是财源滚滚，家给人足，府库充盈，百姓安居乐业。可是……”

管仲忍不住笑了，轻轻拍了一下闵婧的头：“可是什么？”

“唉！”闵婧故意叹了口气，学着管仲的口吻说，“最近渔盐之利甚少，不知原因何在，鲍大哥出巡又杳无音信，真的是令人好担心呀！”

“好个聪明的夫人，你也将我的心思窥个透彻。”管仲笑了，突然，脸上的笑容又骤然消失。此刻，他心里又想起了鲍叔牙。

日薄西山，马车驶进一座小镇，坐在前面的侍卫冲着车内问：“主人，天将晚，前面有座小镇，我们是否在此投宿一晚，明天再赶路？否则，过了这一村，就错过了宿营地。”

“行！”管仲在车内回答，“就在此投宿，也可顺便打听一下情况。”

话音刚落，车已驶入小镇，看到街边有个招牌，上面写着四个大字：“悦来客栈”。侍卫跳下来，站在车厢一侧。闵婧跳下车，转身扶管仲下车。

店伙计走上前来问道：“客人要住店？”

侍卫道：“店家，可有上房？”

店伙计看了看管仲，说道：“上房已客满。”

管仲看着闵婧说道：“既然没有上房，普通客房也行，要两间。”

管仲一行四人住进悦来客栈之后，洗漱已毕，便到客栈的餐厅就座，叫了几样菜，打了二斤酒，几个人边吃边聊了起来。店小二上完菜，正欲离去，管仲招招手道：“小二哥，请过来，我有话问你。”

“客官有何事？”店小二过来站在管仲身边，毕恭毕敬地问。

“半月之前，是否有一主一仆两人从此路过？”管仲说，“主人五十左右，仆人二十挂零。”

店小二想了想说：“嗯！有这么两个人，还在本店住了一宿呢！”

“没听说他们到哪里去了？”管仲问道。

店小二手一指说：“好像是向展渠方向去了。”

“谢了，你去忙吧！”管仲知道店小二只能知道这些，故而也就不再多问。

临淄城里，竖貂正在府中接待两个不速之客，一个是刚被齐桓公封为下大夫的易牙、易大厨师，另一个就是易牙的弟弟、展渠地心场盐监主管易武派来的亲信易猛。

“大哥！”易牙说，“我弟弟易武是展渠地心场盐监的主管，这个你是知道的。”

“嗯！”竖貂点点头说。

易牙指着易猛介绍说：“他叫易猛，易武的心腹，从展渠来。”

“从展渠来？”竖貂问，“有什么事吗？”

“这是竖貂大夫！”易牙对易猛说，“你把展渠发生的事向竖貂大夫说清楚。”

“大人！”易猛说，“情况是这样的。前几天，我家主人在展渠抓住一主一仆两个人，据他们自己讲，主人是当今亚相鲍叔牙。”

“亚相？”竖貂紧张地问，“此人长相如何？”

易猛介绍说：“年龄五十上下，中等身材，国字脸，卧蚕眉，双目炯炯有神，蓄尺余长胡须，已显花白之色，说话文质彬彬，颇有儒雅之风。”

“是了，是了。”竖貂说，“此人正是鲍叔牙，你们怎么将他抓起来了？”

易猛道：“鲍叔牙也真是神通广大，一到展渠，就将我们用假秤收购亭户之盐的事情调查得一清二楚。抓他的时候，并不知他是什么人，抓起来以后，才知道他是鲍叔牙，现在是进也难、退也难，主人要小的来问，该怎样处理这件事。”

竖貂在屋里来回走动，埋怨道：“谁不能抓，怎么将鲍叔牙抓起来了？他可是主公的太傅，当朝亚相，这可真是烫手的山芋，关也关不得，放也放不得，这该如何是好？”

竖貂为何对此事如此关心呢？原来，易武的地心场盐监主管之职，是通过他的关系谋得的。易武在盐监里向盐民收购食盐，大秤进，小秤出，多出之盐都被他们私自运出境外销售，干的是无本买卖。竖貂、易牙是易武的保护神，从中得到不少好处。现在闹出鲍叔牙事件，一切事情眼看就要穿帮，他能不着急吗？

易牙也不是善良之辈，见竖貂急得团团转，拿不出办法，恶狠狠地说："一不做，二不休，我看不如一了百了。"

竖貂何尝没有想过这个办法，但是，堂堂当朝亚相，主公的太傅就这样凭空消失，这件事瞒得过去吗？弄不好，连身家性命也要搭进去。因此，他一时难以下定决心。

"当断不断，必有后乱。"易牙催促道，"这件事犹豫不得。"

"看来也只有如此了。"竖貂咬咬牙，眼露凶光，向易猛口授机宜，将诸事如此这般地安排一番。

展渠濒临渤海之莱州湾，是齐国海盐的产地，这里的百姓世代以煮盐为业。临海处有一个村庄名为范家墩，村里有百来户人家，大多是以煮盐为业的亭户。

管仲一行来到展渠后，弃车步行来到范家墩，一路走来，管仲见闵婧累得够呛，指着前面一棵大树说："走，到树底下去歇歇脚。"说罢，率先向大树走去。

三人在树底下落座不久，从前面村子里走出一老一少两个人，老者肩扛一把铁锹，头戴一顶破草帽，身上穿着补丁摞补丁的衣服，少年仅穿一条短裤衩，连帽子也不戴，浑身晒得黝黑黝黑的，肩上同样也扛着一把铁锹。快到大树底下时，老者转头喊道："你走快些行不行？"当他看到少年只扛着铁锹，大吼道，"我叫你带的茶壶呢？"

少年吃惊地说："哦，忘了，我去拿！"说罢，也不等老人回话，转身向村里跑去。

老人来到大树底坐下。管仲主动搭腔道："请问老人家贵姓呀？"

老人看了管仲一眼，回答道："我叫范大海。"

"这地方叫什么？你是亭户吧？"

老人回答道："这里地名叫范家墩，村子里的庄户人家都是亭户，隶属于地心场管辖。"

"天气这样热，怎么不在家歇歇，还要出来干活呀？"

"天气炎热，正是刮碱的好时机，刮碱淋卤要的就是这样的天气。"

"什么叫刮碱淋卤？"

范大海指着不远处的海边说："看到海边一堆一堆的土墼吗？"

"看到了！"

"海水涨潮的时候，整个海滩都泡在海水里，退潮后，海滩又暴露在太阳底下。经太阳暴晒后的海滩，地面干燥松起，土壤含盐量极高。亭户们将这些干松的碱土铲刮起来，堆成那样的土墼，这就叫刮碱。"

闵婧好奇地问："刮碱后又怎样将碱土制成盐呢？"

范大海解释说："每堆土墼称为一溜，溜高二尺，溜大者见方一丈以上。每溜的旁边都挖有一口井，制盐的下一道工序就是淋卤，就是舀水淋浇于溜之上，淋溜之卤水经过溜底铺的草的过滤而流入旁边挖好的井中，这就叫作淋卤。"

刚说到这里，方才的小孩提着一个装茶水的瓦罐返回大树脚下，道："爷爷，茶来了。"

范大海接过瓦罐："几位喝茶！"

管仲等人也不客气，接过老者递过来的凉茶，一人喝了一碗。喝过茶后，管仲说道："老人家，我们想跟着你去看看刮碱淋卤行吗？"

"没有问题，要看你们就跟着去看吧！"

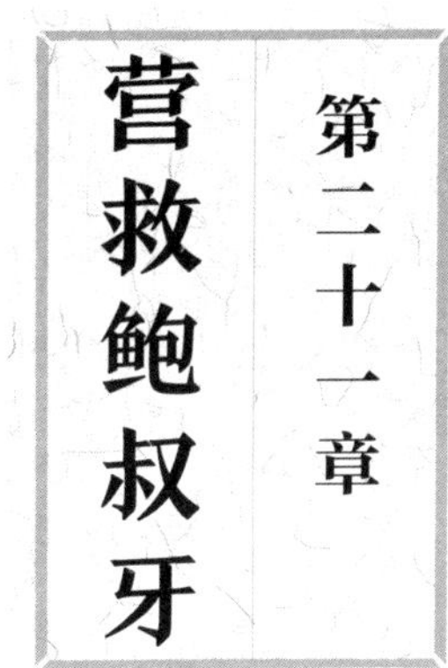

盐场寻踪

海滩上，到处都堆满了亭户们刮起堆好的碱土，范大海指指旁边的水井说："水井是用来装卤水的，淋卤后，要迅速将卤水舀起来，拿去煮盐，淋过卤的碱土仍然抛回到海滩上，以待涨潮后再重新刮碱。"

管仲问道："一溜可成盐多少？"

"一溜之卤分三盘至五盘，每盘成盐三至五石。"

"大家都是这个水平？"

"那也不一定，出盐的多少，一要看天气，二要看技术。天气好，技术也好，当然出产的盐要多些，否则，出盐就少。"

"你们生产的盐怎么卖？"

范大海又看看管仲说："我们是亭户，自从朝廷实行'官山海'政策后，亭户所煮之盐都是由地心场统一收购，不能私自出售。"

"有人来向你们购盐吗？"

"盐都由官府收购，谁敢私自销售呀？"范大海说。

管仲不相信地说道："不一定吧？"

范大海直言道："你们就别拐弯抹角了，我知道你们是干什么的。"

"你说我们是干什么的？"

"不就是想要点盐吗？"

管仲见范大海将他们当成了贩私盐的，索性将错就错，不置可否地笑了笑。范大海继续说道："在大树底下看见你们，我就知道你们是干这个的。”

管仲有点吃惊地问道：“真的？”

“范家墩除了盐，没有什么别的东西可以吸引人，你一个外乡人，大老远跑到这里来，绝不会是为了看看海、吹吹海风那么简单吧？那么目的就只有一个，为了盐。”

管仲故作神秘地说：“不瞒你说，我还真的是想要点盐。”

“就你们几个人？”

“要很多人吗？”

“你们在盐监里面有人吗？”

“我们不认识盐监的人。”管仲疑惑地看着范大海。

“不要看着我，我劝你们还是别做贩私盐的生意了，你们连行情都不懂，还贩什么私盐啊！”

管仲道：“我以前是做粮食生意的，最近粮食生意不好做，想做点盐的买卖，你能给我们讲讲做盐生意的道道吗？”

范大海说：“‘官山海’政策，实行的是民制、官收、官运、官销，盐监对私盐查得很紧，没有门路，你别想从这里运走一粒私盐。”

“那私盐又是怎样从这里运出去的呢？”管仲继续问道。

范大海神秘地说：“有些事情不要问得太多了，问了我也不知道，总之，要想贩运私盐，你人生地不熟的入不了门，盐监里必须要有人。连这样常识性的事情都不懂，还贩什么私盐，我劝你还是早点走的好，不然偷鸡不成反蚀把米。”

“假如盐监里有人呢？”

“盐监内部有人，你就大胆地去赚钱吧！反正官商勾结，这都是公开的秘密了。”

管仲满怀感激地说道：“多谢你的指点，否则，我一个做小本生意的，被他们抓住了，可就是血本无归，倾家荡产了。”

“没事儿，前些时，来了两个外乡人，我也是这样劝他们的。”

管仲紧张地问：“什么样的两个人？”

“一主一仆，两个爷们，主人年龄五十上下，中等身材，国字脸，卧蚕眉，双目炯炯有神，蓄尺余长胡须，已显花白之色，说话文质彬彬，颇有儒雅之风范。”

管仲见他说的正是鲍叔牙，紧张地问：“后来呢？”

范大海手指远处的海边说：“向那个方向去了，那里有很多煮盐的亭户。”

管仲随着范大海指的方向看去，远处有一片海滩，一直延伸到不远的山脚下。管仲马上站起身，告别了范大海，向他指的那片海滩走去。

蔚蓝色的天空，湛蓝色的海洋，成群的海鸥在天空中自由翱翔，成群的鱼儿在水里追波逐浪，如此一幅天海嬉戏图，是多少文人墨客刻意追求的美景。但是，那些身处大海边的盐民们，却没有闲情逸致欣赏天高任鸟飞、海阔凭鱼跃的景色。他们周而复始，日复一日地向大海讨生活，以追求那日图三餐、夜图一宿的人类最低的生存需求。然而，就是这样最低的需求，却仍有无数的人可望而不可即。

闵婧第一次见到大海，面对如此迷人的海景，高兴得又蹦又跳，像一个小孩子似的，在海滩上来回奔跑，见到好看的贝壳，便捡起来抓在手中。后来看到实在是太多了，捡也捡不完，只好选了几个中意的带上，其余的仍然丢在海滩上。

海边上，散落着无数的窝棚，窝棚的四周都用荆条编成的篱笆圈成简易的围墙，这就是盐民生活和煮盐的地方。

管仲走进一道篱笆墙，见院子里一溜摆满了大大小小的陶盆瓦罐，里面盛满了卤水。走近一看，都是水面结痂、水底沉盐，旁边散乱地放着些草席、瓦罐、盆、勺等淋卤用具。窝棚里，两个赤裸上身的齐鲁大汉正在对饮，健壮的体魄，古铜色的皮肤，焕发出一股无穷的活力。下酒的菜肴是煮得透红发亮的大虾和海蟹。两人见管仲进来，其中一个年约四十，满脸络腮胡子的汉子站起来问道：“先生有事吗？”

“能讨口水喝吗？”管仲满脸堆笑地说。

络腮胡子见管仲讨水喝，豪爽地说：“这里有酒，何须水？来吧，喝两口。”

管仲也不客气，坐下来，接过另外一位年轻人递过来的一碗酒喝了一大口，伸手抓起一只海蟹，剥开蟹壳吃了起来。边吃边说："好鲜美的海蟹呀！"

两人见管仲如此随便，神情也就放松不少，还是络腮胡子问道："先生不像本地人，是来贩盐的？"

管仲不置可否地问："怎么样，煮盐的收入还好吧？"

管仲的问话，似乎触动了煮盐汉子的某根神经，只见他瞪圆了眼睛，恨恨地说："都被压得抬不起头来了，怎么好得起来？"

"谁压你们了？"管仲关切地问。

"就是盐监的那些狗东西。"络腮胡子提起这件事似乎就有气，愤愤不平地说，"我一石盐足有二百斤，可到盐场一过秤，不足一百五十。他们在秤里捣鬼！"

年轻的盐民在一旁轻声说："叔，小声点，当心惹祸！"

"唉！"络腮胡子重重地叹了口气，"这些人不得好死。"

"知道他们秤里有鬼，为何不拆穿他们？"

"盐场盐监主管易武是什么人？他有后台呀，谁人惹得起他？"络腮胡子恨声说。

"什么后台，这样厉害？"管仲佯装不经意地问。

络腮胡子压低声音说："他大哥叫易牙，是个炒菜的，听说一步登天，被君上封为下大夫，成了君上身边的大红人。"

"啊！"管仲惊叫了一声，"易武在这里很厉害吗？"

"何止是厉害？"络腮胡子有点谈虎色变地说，"简直就是展渠一霸，他想灭谁就灭谁，没有人能反抗得了。"

"有这种事？"管仲双眼圆睁，显得非常气愤。

"他们暗地里将官盐卖给私贩，不准其他任何人染指。"络腮胡子压低声音说，"赵老八背地里与私盐贩子做生意，易武知道后，将赵老八一家五口都扔到大海里喂鱼，真是惨不忍睹。"

管仲击案而起："简直是无法无天，反了！"

"客官。"络腮胡子见管仲动怒，反而担心起来，劝道，"你是外乡人，不要管这些闲事，前些时有两个外乡人，也是像客官这样问长问短，结果被易武的爪牙逮个正着。”

“这两个人长得什么模样？”管仲表面上看似若无其事，内心里却紧张得很。

络腮胡子想了想说：“一老一少，老者年龄五十上下，中等身材，国字脸，卧蚕眉，双目炯炯有神，蓄尺余长胡须，说话很文雅，像是个读书人；少的二十多岁，像是个随从。”

管仲神经顿时紧张起来，心想，鲍叔牙一定是落入了盐霸之手，看来已是凶多吉少。正在这时，一个满脸横肉的家伙闯进来，冲着管仲大吼：“哪来的杂种，在盐场窜来窜去，想买盐你也找错了地方。”

络腮胡子见了来人，慌忙站起来说：“满大爷，这位客人到此看海，进来讨口水喝。”

被称为满大爷的人叫满大龙，是地心场盐监的监司易武的手下，听络腮胡子说管仲是讨水喝的，瞪着眼睛吼道：“讨水喝？有人看见他在这里转悠了几天，想贩盐吧？”他指着络腮胡子对着管仲说，“朝廷实行官山海，你问问他，谁敢私自卖盐。”

管仲见侍卫跟了进来，假装讨好地说：“大爷，你能卖一点吗？”

满大龙冷笑道：“果然是个贩私盐的，跟老子走一趟。”

“到哪里去？”管仲跟着满大龙走出窝棚。

满大龙傲慢地说：“去见易老爷！”

管仲不屑地问：“谁是易老爷？”

满大龙上前一步，一把抓住管仲：“你不认识易老爷？那在这里转悠个屁？前几天有两个人也说不认识易老爷，已经抓起来了，乖乖跟我走！”

侍卫纵身上前，挥拳打倒满大龙，抬脚踩住满大龙的胸膛，怒斥：“瞎了你的狗眼，竟敢动粗。”

满大龙见侍卫身手了得，躺在地上动也不敢动，满脸怯意地问：“你们到底是谁？”

管仲沉声喝道：“快说，前几天你们抓的那两个人姓什么？叫什么？”

“听说叫鲍叔牙，人可不是我抓的。”满大龙看看踩在胸脯上的大脚，像个泄气的皮球，刚才的凶煞之气一扫而光。

“现在何处？”管仲追问。

“关在盐监的地牢里。”满大龙老实地回答。

管仲叫侍卫将满大龙捆绑起来，交给从窝棚里跟出来、吓得目瞪口呆的络腮胡子，说道：“大哥，我是相国管仲，请你们把这个贼人看好，千万别让他跑了！”

络腮胡子一听是相国老爷，连忙跪下叩头道：“小民有眼不识泰山，相国老爷恕罪！”

四周陆陆续续已经围过来不少的盐民，他们听说眼前之人就是当朝相国，纷纷跪下叩拜着：“恭迎相国老爷！”

“大家都起来，别客气。”管仲道，“请大家关照一下，不要走漏了风声，我立即派兵捉拿易武，为民除害。”

“谢相国老爷！”

管仲把侍卫拉到一边嘀咕了几句，然后对盐民们说：“谁愿意给我们带路？”

盐民们问：“相国老爷要到哪里去？”

“地心场盐监，捉拿盐霸易武。”管仲果断地说。

立即，两位小伙子自告奋勇地站出来，带着侍卫去了。

闵婧兴冲冲从海边跑过来，手里拿着两只大海螺，看到这个场面，惊得将海螺扔在地下。管仲拉着闵婧的手说：“快，上车。”说罢告别众盐民，上了刚刚驶过来的篷车，疾驰而去。

断崖惊魂

鲍叔牙确实被关在地心场盐监监司易武私设的地牢里。

十天前，鲍叔牙带着一名随从来到展渠，穿梭于海边的盐民之间，了解有关煮盐的生产情况，无意间发现地心场盐监监司易武在秤头上作假坑害盐民，并与私盐贩子勾结，暗地里官盐私卖，导致私盐贩子在这一带十分猖狂，几乎到了明目张胆的地步。正当他欲做进一步调查的时候，私访行动被易武的爪牙发现，几个恶奴将鲍叔牙主仆二人抓了起来。易武一伙先还以为鲍叔牙只不过是一个盐贩子，想在盐民中间搞点私盐而已，谁知事情远远超出他们的想象，来人似乎不是为贩私盐而来，而是调查地心场官盐私卖的问题。易武这下可就慌了神了，一经审问，才知道抓的人是当朝亚相鲍叔牙。易武知道捅了大娄子，一时没了主意。据爪牙们报告，鲍叔牙很可能掌握了他们私售官盐、欺压盐民的事实。

朝廷颁行的盐铁专卖政策，是民制、官收、官运、官销，严格禁止私贩。易武不仅将官盐卖给私盐贩子，且还侵吞盐款。因为这些盐是在秤头上做文章，从盐民身上搜刮而来。为了镇压盐民的反抗，他雇了打手，几个带头闹事的都被他的爪牙抓起来，丢到大海喂鱼去了。私卖官盐、欺压盐民、草菅人命，哪一条都是死罪。放了鲍叔牙，就等于是将自己送进鬼门关。

既然不能放，那就只能杀。然而，杀掉当朝亚相，这可是天大的事情，一旦消息泄露，可是满门抄斩、诛灭九族之罪。干系太大了，他不敢做主。

欲放不能，欲杀不敢，易武只好派堂弟易猛火速赶往临淄，问计于宫里的大哥易牙和竖貂。他的监司职位是因易牙和竖貂二人谋得，私售的官盐，他们两人也坐得一份，出了事当然要去请示他们。

易武派出易猛之后，如热锅上的蚂蚁，惶惶不可终日，眼巴巴地盼着易猛能带回一个好办法。等了七八天，易猛终于回来了。他一把将易猛拉进密室，迫不及待地问："大哥怎么说，你快说！"

"大哥亲自带我去找竖貂大夫，他们都怪我们做事太莽撞。"易猛说。

"啊！"易武惊叹一声，着急地问，"他们到底说没说怎么办？"

"说了。"

"你快说呀，急死我了。"

“他们说，放了就等于是放虎归山，自投罗网，叫我们将错就错。”

“将错就错？”易武不解地问，“什么意思？”

“竖貂大夫说，叫我们一了百了。”

易武问道：“真的是这样说的？”

“竖貂大夫说，手脚得干净，不能留下任何蛛丝马迹。否则，将是天大的灾难。”

易武脸上顿时露出杀机，拍案而起道：“好，今晚就下手，去把鲍叔牙带到这里来。”

一会儿，反绑着双手的鲍叔牙和其侍从被带了进来。

易武冷笑地问：“我再最后问你一遍，你到底是谁？”

鲍叔牙冷笑一声，鄙夷地说：“凭你还不配问我！”

鲍叔牙的侍从大声说道：“他就是亚相鲍叔牙，你敢动他一根汗毛，要你满门抄斩。”

易武冷笑一声说：“你说他是鲍叔牙，谁信呀？堂堂的朝廷重臣，来这里干什么？”

侍从道：“亚相是奉君上和管相国之命，来这里了解食盐产销情况的。”

易武大声喝道：“大胆狂徒，明明是私盐贩子，竟敢冒充当朝亚相，活得不耐烦了。”

鲍叔牙从易武的神色中看出他有杀人灭口之意，不由得警觉起来。正在这时，易武在易猛耳边嘀咕着，鲍叔牙隐隐约约听到说的是对自己不利的事情，挣扎着大声呵斥道：“易武，你敢？”

“有什么敢不敢的？”易武冷冷地说，“像你这种冒充朝廷大臣的毛贼，杀了等于踩死一只蚂蚁，丢到大海里喂鱼，就当什么事也没有发生。”

鲍叔牙的侍卫大怒斥道：“你敢？”

易武大声叫道：“来人，将这两个冒充朝廷大臣的毛贼装进麻袋里，拖到断崖边，扔到大海里去喂鱼。”

几个如狼似虎的恶奴一拥而上，抓住鲍叔牙、侍从，准备装进麻袋。

鲍叔牙大叫：“易武，你会遭到报应的，管相国来了之后，一定会将你碎尸万段，你等着吧！”

"临死还要嘴硬，管相国怎么能认识你这种毛贼？"易武对打手们说，"愣着干什么，装进去，拖到断崖边，扔到大海里去喂鱼！"

四名恶奴将鲍叔牙、侍卫分别塞进麻袋里。

"将这两个毛贼抬到后崖，丢到海里去喂鱼。"易武见四个家奴将鲍叔牙和侍卫抬了出去，对着易猛，用手掌做了个抹脖子的手势说，"跟上去。"

易猛会意，从墙上取下一把刀紧随其后跟了出去。

管仲坐在篷车里，由一名盐民带路，火急火燎地赶往地心场盐监。靠近盐监之后，弃车步行，登上盐监左面一座小山包，居高临下地察看地形：盐监的房屋坐西朝东，依山而建，正面是一片开阔地，右边百丈开外是一处断崖，断崖下便是奔腾咆哮、波涛汹涌的大海。带路的盐民指着断崖介绍说："相国爷，盐监右边的断崖下面便是大海，盐民都是从那里被抛下大海的。"

管仲仔细察看一遍后，下了小山，到前面路口等候后面增援的十乘战车。

大道上，三百五十名兵士乘十乘战车，风驰电掣般驰向地心场盐监处。转过山口，一名戎装千夫长从第一辆战车上跳下来，跑到管仲面前，大声说道："千夫长皮宏刚参见管相国！"

管仲命令道："留下十名兵士守车，五十名兵士跟着我，你带上其余的人悄悄地迂回过去，包围盐监，不准放走一人，有抵抗者，格杀勿论，尽量活捉监司易武。"

"遵命！"皮宏刚转身指着两名武士分别说道："你带领四十九名兵士跟着管相国，你带领九名兵士守护战车，其余的人跟我上。"

管仲亲自带着五十名兵士，穿过树林，以最快的速度跑到盐监后边的断崖上。轻声对兵士们吩咐了几句，随后，二十名兵士到断崖边的一块大石后埋伏起来，他自己带着三十名兵士埋伏在五十步开外的树林里。

管仲等人刚埋伏下不久，便见一辆敞篷车从盐监处驶出来，径直走向断崖，走近树林，管仲示意放他们过去。然后带上侍卫和三十名兵士，悄悄地尾随其后。小车到断崖边停下来，从车上跳下五名大汉，其中一位带刀大汉恶狠狠地说："快，将这两个骗子扔到海里去喂鱼。"

四名大汉从车上拖下两个麻袋扔在地上。忽然，麻袋内传出了骂声："无法无天的贼徒，胆敢对我鲍叔牙下毒手，我的兄弟管相国是不会放过你们的。"

一名大汉上前朝麻袋踢了一脚，恶狠狠地骂道："死到临头了，号叫个屁，天王老子也救不了你。想活命，下辈子吧！"

管仲听出麻袋里面叫骂的人是鲍叔牙，正欲冲上去，突见两名大汉弯下腰，抬起麻袋准备扔向大海。管仲迅速弯弓搭箭，瞄准其中的一位，"嗖"的一箭射了过去，箭头正中一名大汉背心，一箭穿胸。中箭大汉惨叫一声，倒在地上一动也不动。

持刀大汉见自己的同伴中箭倒地，挥舞着手中的大刀惊恐万分地问："谁？"见无回声，连忙举起手中的砍刀，猛然向地上的麻袋砍去。说时迟，那时快，只听"嗖"的一声，从旁边又飞来一箭，不偏不倚，正中举刀大汉脑门，举刀汉子连哼都来不及哼一声，脑浆迸出，扑倒在地，到阎罗王那里报到去了。

另外三名大汉见两个同伴先后中箭，吓得拔腿就跑。管仲毫不迟疑，再搭上一支箭，瞄准其中一个的后心，狠狠地射了出去，口中说道："叫你跑！"大汉刚逃出几步，应声倒地，眼看性命已是不保。其他两个贼人被一拥而上的兵士乱刀砍死。

管仲箭步冲向地上的麻袋，抢上去解开捆扎在袋口的绳索，三下五除二地为鲍叔牙松了绑，抱着鲍叔牙哭着喊着："大哥，你受苦了！"

鲍叔牙见是管仲，恍若隔世中人，猛地抱住管仲，颤声说道："夷吾弟，我还以为与你已是天人两隔，再也见不着你了呢，你怎么来了？"

管仲擦了一把泪道："大哥出门之后，杳无音讯，小弟心神不定，仿佛有大难临头之感，总觉得要出什么事，便一路跟踪过来，不想大哥果然出事了。机缘巧合，天助管仲、鲍叔牙，天不灭管鲍之交啊！"

鲍叔牙惊奇地问："你为何在此地埋伏？"

"我上午抓住一个易武手下的打手，知道大哥关在盐监的地牢里。

我断定他们一定要杀人灭口，故火速赶来。我察看了盐监四周的地形，两面环山，正面是开阔地，唯有这边是断崖，断崖下是大海，是杀人灭口最好的地方。我已派人捉拿易武去了，为以防万一，便带人到这里来设伏，果然碰个正着，冥冥之中，仿佛是有天意。”管仲庆幸地说。

正在这时，千夫长派人来报，易武及其爪牙已悉数抓获，搜遍地牢及盐监的每一个角落，不见亚相的踪迹。

管仲指着鲍叔牙，高兴地对报信的兵士说：“亚相在这里。”

戳穿阴谋

管仲和鲍叔牙来到盐监，派人找来称盐的大秤。管仲拿起秤杆仔细地察看了半天，没有看出破绽，接着将秤杆摇了摇，点点头，脸上露出一丝冷笑，然后将秤递给鲍叔牙。鲍叔牙同管仲一样，都是商贾出身，对奸商在秤中作假的伎俩也是了如指掌，他从管仲的脸色中已察觉到这杆秤有问题，接过秤杆问道：“问题在哪里？”

管仲指着鲍叔牙手中的秤杆说：“就在秤杆上。”

鲍叔牙摇摇秤杆，已知个中奥妙，叫人拉过旁边一袋盐，再找来一条木杠穿进秤毫，鲍叔牙挂上秤砣，先将秤头向上翘了翘。有二人抬起盐袋称了称，一百二十斤。鲍叔牙叫他们别动，上前将秤头向下按了按，再一称，九十斤。众人发出一阵惊叹。

管仲与鲍叔牙商量了一下，决定当众戳穿易武在秤上作假的真相。

管相国到了盐场，带兵捉拿易武的事情像风一样，迅速传遍整个盐场。海边煮盐的盐民放下手中的活计，涌向盐监，盐监被围得水泄不通。

管仲和鲍叔牙一前一后从盐监里走出来，几名兵士押着五花大绑的易武跟在后面，盐民们自发地让开一片空场。管仲面对群情鼎沸的盐民，大声说道：“各位父老乡亲，我叫管仲，是你们的相国。”

盐民听说眼前这位说话和蔼可亲的人是当朝相国老爷，纷纷跪下叩头道：“恭迎相国老爷，请相国老爷替小民们做主呀！”

“大家都起来。”管仲掌心向上，伸出双手向上托了托，“盐监监司易武欺压盐民，私卖官盐的罪行，我们已经调查得清清楚楚。他害怕罪行败露，甚至要杀人灭口，将亚相关在地牢里七八天，正在他们要杀人灭口之际，被我们及时赶到，救了下来。”

管仲将鲍叔牙拉向前一步介绍说：“这就是被易武抓住关押在地牢里，刚刚脱险的当朝亚相鲍叔牙。”

“拜见亚相老爷！”盐民万万没有想到，除了君上，齐国官职最显赫的两个人——相国和亚相，都到了这里。

“大家都起来。”鲍叔牙说，“经过数天调查，我掌握了易武大量的犯罪证据。易武在展渠称霸一方、草菅人命、官盐私卖、用灌了水银的假秤称盐。”

鲍叔牙转身取过一杆大秤说：“很多人对我讲，在家称好的盐，到了盐监，数量就变少了。”

数千名盐民群情激愤，大声喊道：“假秤！假秤！”

“对，这是杆做了手脚的假秤。”鲍叔牙将秤放在秤架上，叫过两名军士抬进一包盐，挂到秤架上。

鲍叔牙站在秤前移动着秤砣说：“这是一百五十斤。”他把秤杆向下压了压，重新移动秤砣说，“你们来看，这是多少？”

几个盐民跑到秤前仔细看了看秤星，惊呼道：“一百二十斤！”

鲍叔牙叫两名兵士放下盐，再分别抓住秤杆的两头，中间放在石头上，两人用力一按，只听“咔嚓”一声，秤杆应声而断，流出了水银。秤杆里边是空心的，中间有一道长槽，秤尾处有一圆球形空洞。

盐民见此情景，大声叫道：“请相国老爷为民做主，杀了这个狼心狗肺的盐霸。”

管仲大声说道：“各位盐民兄弟，易武丧尽天良、十恶不赦，我们要将他带到临淄去，挖出他的后台，为民除害。”

盐民们一阵欢呼。

管仲道：“地心场监司，朝廷将另派人来。展渠之盐，是齐国一宝，只要你们努力煮盐，一定会过上好日子。朝廷实行食盐专卖政策，是民制、官收、官运、官销，你们生产出来的盐，由官府统一收购，不要卖给私盐贩子。私人交易是走私贩私，是违法的。官府一旦发现，是要重处的。你们可要记住了。”

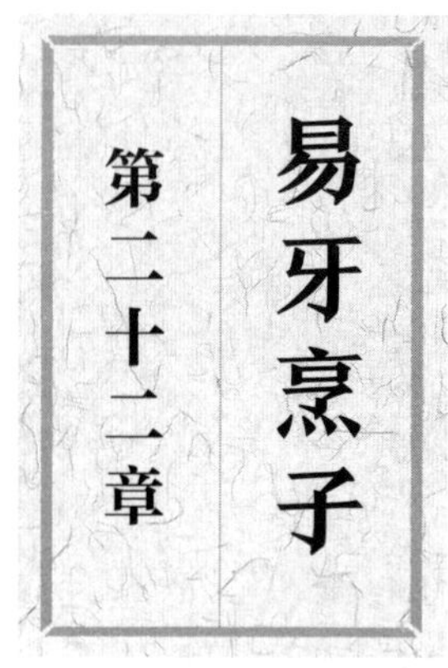

第二十二章 易牙烹子

童子羹

易牙和竖貂万万没有想到，他们的如意算盘全被管仲打乱了。管仲去了一趟展渠，不但救回鲍叔牙，而且还将易武缉拿归案，押到临淄交给宾胥无审讯。幸亏易武嘴硬，将所有的罪责一人承担，什么也没说，才使得他和竖貂逃过一劫。

管仲明知道易牙是易武的后台，但易武却一口咬定，所有的事情都是他一人所为，与他人无关。虽然是和尚头上的虱子，明摆着的事情，但是，没有证据，自然不能将易牙怎么样。尽管不能治易牙的罪，管仲还是强烈要求齐桓公将易牙从身边清除出去。

齐桓公对于易武这个人并不陌生，盐铁专卖政策实行了几个月，易武就被人告了几个月，有告他克扣斤两的，有告他私盐官卖的，还有告他草菅人命的。每次都是易牙说情，竖貂敲边鼓，有此哼哈二将从中斡旋，齐桓公也就没有深究此事。谁知这个易武越来越不像话，居然要谋杀亚相。一怒之下，他批准了宾胥无的奏请，判了易武的死刑。也采纳了管仲的意见，将易牙从身边遣走。

竖貂闻知齐桓公要遣走易牙，心中大惊。易牙是他好不容易才安插在齐桓公身边的一个棋子，若将其遣出宫，岂不是前功尽弃？竖貂连夜进宫找齐桓公，叩拜道：“主公，若遣走易牙大厨师，谁来替主公做美味佳肴呀？”

“仲父说了，易牙乃奸佞之人，不能留在寡人身边。”齐桓公叹了口气道，“至于美食嘛，爱卿再去替寡人寻找一位神厨就是。”

“易牙的烹饪手艺天下无双，没有人能超过他。”竖貂看了齐桓公一眼。见没有收回成命的意思，眉头一皱，转而求其次地说：“念在易牙侍候主公这么长时间、让主公尝遍天下美味佳肴的分上，臣恳求主公给他最后一次机会。”

“什么机会？”齐桓公问。

“让他再给主公做一道菜。”竖貂换了口气，接着说，“主公吃了之后，认为易大厨实在是没有留在身边的必要，那就遣走算了，微臣也不再替他说情。”

“好吧！”齐桓公挥挥手道，“寡人就准你所奏，叫他替寡人再做一道菜。”

易牙回到家里，晚饭也不吃，衣裳也没脱，一头倒在床上蒙着被子便睡。老婆、儿子来叫他吃饭，都被他轰走了。易武被抓，没有供出他，让他逃过一劫，他已是暗中庆幸，管仲却死死抓住他不放，非要逼着齐桓公将他逐出宫去。齐桓公出于无奈，派人告诉易牙，从明日起，不准入宫。经竖貂苦苦哀求，齐桓公才给了他做最后一道菜的机会。竖貂向他传旨时的话还在耳边回响：“易牙老弟，明天这道菜，决定着你的前途和命运，可得要拿出真本事哟！”

易牙绝不甘心失去下大夫的爵位和御厨的职位，他虽然是一个厨师，但却身怀一颗烹天下之心，做厨师并不是他的目的，做更大的官才是他最大的愿望。他不甘心就此退出政治舞台，他要想办法留在齐桓公身边。他躺在床上翻了个身，掀掉蒙在头上的被子，仰卧在床上，两眼呆呆地看着天花板，他要想个办法，做出一道天下无双的佳肴来感动齐桓公，使他能够收回遣送自己出宫的成命。

夜深了，老婆、儿子都睡着了。易牙仍然睁大眼睛躺在床上，回想菜谱，欲找出一道没有做过的菜。哪知道平常为了讨齐桓公欢心，变着法子做菜，已经使出了浑身解数，要找出一道齐桓公从没有吃过的菜还真是不容易。突然，前些时给齐桓公做他的绝活“鱼腹裹羊”时的情景出现在眼前。

那一天，易牙亲自到淄河去网了几尾活鲤鱼，又到羊圈去宰了只刚降生的羔羊，回到御厨房，关上门，精心烹制他那不轻易示人的绝活“鱼腹裹羊”。齐桓公同蔡姬吃过“鱼腹裹羊”这道菜后，惊叹地说：“寡人真是口福不浅，‘鱼腹裹羊’乃人间极品，没有什么菜比这道菜更鲜美的了。这人间的美味佳肴，除了人肉寡人未曾尝过之外，已经是吃遍天下所有美食了！”

易牙想到这里，突然眼前一亮：人肉？对，主公说过，天下美食，除了人肉，他已是吃遍天下。那就做一道“人肉羹”给主公吃。想到人肉，易牙犯难了，市场上没有人肉卖，到哪里去取呢？买不到，那就只有杀人，易牙府内仆人倒是有几个，杀哪一个好呢？又一想，随便杀一个仆人，齐桓公也看不出他的忠心呀？他摇摇头，看来，只有将自己的亲人杀给齐桓公吃，才能体现自己的忠心，才能感动齐桓公。易牙的亲人只有两个，一个是老婆，另一个就是儿子易聪。杀老婆还是杀儿子？老婆杀了可以再娶一个，儿子杀了可就没有了。易牙翻身下床，抽出挂在墙壁上的短剑，用手指试了试剑刃，两眼冷酷地看着熟睡的老婆。转念又一想，儿子比老婆重要，自己留下重要的，杀掉地位次的，就证明自己存有私心，要想体现忠心，就必须将自己最心爱的东西献出来。易牙心一横、牙一咬，转身走进儿子的卧室。

窗外残月西斜，月光透过窗棂照在熟睡的儿子脸上。儿子似乎在做一个美好的梦，小小的脸蛋上洋溢着天真无邪的笑容。易牙站在床边，看着自己唯一的宝贝儿子，泪水止不住地流了下来。他就这么一个儿子，儿子是他的心肝宝贝，他怎能忍心杀死自己的儿子？可如果不杀，明天就得滚蛋。他的官梦、富贵梦都将化为泡影，一去而不复返。舍不得儿子，套不到狼啊！想到这里，他举起了手中的剑。

突然，易聪在睡梦中咯咯地笑出声来：“爹爹，我长大了要当相国！”

“儿子哟！你怎么同爹做的是同一个梦呀？”易牙轻轻地叹了口气，退了一步。手中的剑无力地垂了下来。

虎毒不食子呀！兽类尚有舐犊之情，难道我易牙连禽兽都不如？怎么办？易牙在心中无数次地问着自己。突然，他又想起了一句：无毒不丈夫。对，我易牙是一个顶天立地的大丈夫，要做一番轰轰烈烈的大事业，怎么能如此优柔寡断呢？想到这里，他走到儿子的床边，伸出左手捂住儿子易聪的嘴巴，右手举起短剑，一闭眼，剑锋刺进儿子的胸膛……

第二天中午，易牙提着烹好的一陶罐人肉羹进宫，竖貂早在宫门口等候着，见易牙提着陶罐走过来，上前问道："易老弟，做的是什么菜？"

"童子羹！"易牙有些哀伤地说。

"什么？"竖貂惊叫道，"童子羹？什么是童子羹？"

"实在是没有办法。"易牙无奈地说，"主公说过，他已吃遍天下，唯人肉未曾尝过，我只好杀了儿子易聪，烹了一罐'童子羹'送来。"

竖貂惊得目瞪口呆，心里想：易牙呀易牙，你也太狠了呀！为了升官发财，连儿子都杀？

"愣着干什么？"易牙推了竖貂一把，毅然决然地说，"走，进宫去，成与不成，在此一举。"

两人一起进宫，易牙献上冒着热气的人肉"童子羹"。

齐桓公尝了一口，吧嗒着嘴，称赞道："好香，好鲜呀！寡人从来没有喝过如此鲜美可口的汤。"他一连又喝了几口，问道，"爱卿，此汤用何肉烹制，怎么如此鲜呀？"

易牙泪流满面，扑通一声跪在齐桓公面前，泣不成声地说："主公……"

齐桓公一惊，看了竖貂一眼，像是在问：怎么呀？不就是一道菜吗？用得着如此动情吗？

竖貂在旁奏道："易牙为了让主公尝遍人间百味，将他的儿子杀了，做成这道佳肴'童子羹'，敬献给主公品尝。主公，易牙对主公的一片忠心，苍天可鉴呀！"

齐桓公大吃一惊，问易牙："这是真的吗？"

易牙点头："为了主公，易牙剖腹剜心也心甘情愿！"

齐桓公大为感动，上前扶起易牙道："爱卿对寡人如此忠心，实在难得，实在难得呀！"

竖貂试探地问："主公，易牙能留下来吗？"

"主公，让小人留下吧，小人是主公身边的一条狗，随时听候主公差遣。"易牙跪在地上哀求道。

齐桓公说道："你对寡人如此忠心，寡人不能没有你，留下来吧！"

竖貂追问一句："仲父那边怎么办？"

齐桓公笑着说："这个不用你们操心，寡人自有办法。"

竖貂、易牙二人向齐桓公叩头谢恩，欢天喜地退出来，找地方庆贺去了。

卫姬进宫

齐桓公吃了易牙烹制的童子羹，先是惊叹，后是感动，再后是震撼，认为易牙是天底下对自己最忠诚的人。同时他也担心，将易牙逐出宫后，谁来给他烹调美食呀？他决定找管仲谈一谈，要将易牙留在身边。本来，对易牙发出逐客令是应管仲之请，齐桓公心里是一百个不愿意，因为他离不开易牙天天变着花样做出来的美味佳肴。

第二天，齐桓公召管仲与鲍叔牙进宫议事，对管仲道："仲父，寡人有件事想同你商量一下。"

管仲道："主公有什么事？"

"易牙之事。"齐桓公吞吞吐吐地说，"是不是将他留在宫中，不要逐出宫。"

管仲道："主公不是已经同意将此人逐出宫吗？怎么又要反悔？"

"嗯，寡人是答应过。"齐桓公有些不好意思地说，"寡人想了一夜，觉得还是将他留在身边的好。仲父是知道的，寡人好美食，没有美食，寡人食不甘味。易牙的烹饪技艺天下无双，寡人吃了他烹制的美食，食欲大增，若无易牙，寡人的日子怎么过呀？"齐桓公眼巴巴地看着管仲，等待着他的回答。

管仲知道，将易牙这样的奸佞留在齐桓公身边，迟早是一大隐患，一定会成为改革的绊脚石。正在犹豫之时，齐桓公以为管仲要拒绝他的要求，语气有点激动地说："易牙对寡人忠心耿耿，为了给寡人调口味，竟然将亲生儿子都杀了，烹制成'童子羹'给寡人食用，他对寡人如此忠心，寡人怎能忍心将他逐出宫呢？"

管仲闻易牙烹子之事，心里异常震惊，知此人乃是大奸。心里想：易牙为了达到其目的，竟不惜烹子以讨好主公，这样的人什么事他做不出来？但是，主公只识其忠、其厨艺，只贪其美食而不识其奸。若坚持将易牙逐出宫，一定会伤君臣之间的和气。经过一阵思考，管仲决定退而求其次。对齐桓公说："主公坚持要将易牙留在身边，臣也无话可说，但请主公答应臣一个条件。"

"什么条件？"齐桓公迫切地问。

"易牙留在主公身边，要控制其行。"管仲态度严肃地说，"他只管御厨房的事情，不得过问他事，更不得参与朝政。"

"这……"齐桓公有些犹豫不决。

管仲补了一句："主公若不答应这个条件，臣定将此人逐出宫去。"

齐桓公用乞求的眼光看着旁边的鲍叔牙说："亚相以为如何？"

鲍叔牙毫不犹豫地说："请主公听仲父的。"

齐桓公见管仲与鲍叔牙的意见是那么的一致，只好回答："好，寡人同意。不让易牙参与朝政。"

易牙的御厨职位总算保住了，但却断了参与朝政之路，他恨透了管仲。保住了御厨职位之后，又有了救易武的念头。他多次同竖貂、开方密谋此事，皆无计可施。

这一天，三人又聚集在一起商讨对策。竖貂突然一拍大腿说："有了，君上不是有三大嗜好吗？"

"对呀！"易牙说道，"好美食、好猎、好色。"

公子开方试探地问："美食之计易牙贤弟刚刚试过了，狩猎，此时好像还派不上什么用场，那就只要在'色'上做文章了。"

“二弟的美食计保住了御厨之位。”竖貂兴奋地说，“说不定再来个美人计，也能保住易武一命。”

“急切之中，到哪里去寻找美女呀？”易牙忧虑地说。三人同时陷入了沉思。

公子开方想了想说：“我有两个堂妹，生得国色天香，貌美如花，若是将她们送给君上，君上一定会高兴的。”

“真的？”易牙惊喜地问。

公子开方认真地说：“这样的事情，小弟能说假话吗？”

“好！”竖貂拉了一把开方说，“三弟，我们进宫去，向君上禀报此事。”

齐宫偏殿，公子开方和竖貂跪在齐桓公面前，竖貂献媚地说：“恭喜主公，贺喜主公！”

“何喜之有？”齐桓公有些莫名其妙，“站起来说话。”

竖貂色眯眯地说：“开方有两个堂妹，长卫姬和少卫姬，生得天姿国色、貌若天仙，欲献于主公。”

齐桓公问开方：“真的吗？”

“是！”开方一脸媚态地说，“臣的两位堂妹，长卫姬年方二八，少卫姬年方二七，皆生得国色天香，貌若仙人，是卫国有名的美人。主公若是不嫌弃，臣和竖貂大夫愿为使，赴卫国替主公迎娶长卫姬、少卫姬。”

好色，是齐桓公三大爱好之一。他听说有美人进献，立即来了精神，眉开眼笑地说：“寡人命你们二人出使卫国，迎娶二位美人归来，事成之后，一定重重有赏。”

竖貂和开方带上国书和聘礼，连夜出发，赶往卫国替齐桓公保媒。

在卫国的一所宅院内，两名少女正在追逐嬉闹，突然看见公子开方走进门来，年长少女惊叫道：“开方哥，你不是在齐国做官吗？几时回来的？”

“开方哥，齐国好玩吗？你这几年过得怎么样？”另一名少女问。

公子开方微笑着说："怎么样，是不是在家里待不住，想跟大哥一起到齐国去看一看？"

"什么？到齐国去？"两名少女高兴得跳起来，"你真的能带我们到齐国去？"

公子开方将两名少女叫到身边，悄悄地向她们说着什么，说到最后，只听他嬉皮笑脸地对两名少女说："怎么样，愿意吗？"

两名少女满脸羞涩，举起粉拳擂向开方，撒娇地说："开方哥，你坏，你坏！"

"长卫姬、少卫姬，别没礼貌，开方哥刚进门，你们就欺负他。"从里屋走出一位四十岁左右的中年男子和一位妇人，说话的正是那位男子。

中年女子对开方说："大侄子，几时回来的？快进屋坐。"

公子开方连忙上前，跪下叩头道："叔叔、婶婶，侄儿向你们请安。"

"快起来！"开方叔上前扶起开方，冲着两名少女说，"快去给你大哥沏茶。"

公子开方随叔叔走进堂屋，刚坐下，长卫姬沏好一爵茶端上来，放在开方身边的桌子上说："大哥请喝茶！"说罢，冲着开方笑了笑，跑进里屋去了。

其实，她并没有走远，而是同妹妹少卫姬躲在里屋门后，竖着耳朵听堂屋的父亲同开方大哥说话。

"大侄子，听说你在齐国混得不错，做官了，是真的吗？"开方叔问道。

开方有些得意地说："侄儿到齐国后，一直在齐国国君身边做事，颇得齐桓公喜欢。"

"是吗？"开方的叔叔惊叫起来，"在国君身边做事，大侄子的本事真大呀！这次回来有何贵干？"

公子开方压低声音说："侄儿专程为两个妹子的婚事回来的。"

长卫姬、少卫姬站在里屋门后，神情紧张地偷听外面的说话。

"男家是谁？"开方婶迫切地问。

“齐侯！”开方喜形于色地说，“齐国的国君。”

“齐国国君？”开方婶睁大眼睛道，“你不是骗婶婶的吧？”

“侄儿时刻记挂着叔叔、婶婶和两位妹子。”开方吹嘘道，“侄儿常在齐桓公面前夸耀两位妹子生得貌若天仙，谁知齐桓公听了以后，央求侄儿回卫国替他保媒，就等叔叔、婶婶一句话了。”

叔叔和婶婶对望一眼，大喜过望，异口同声地说：“好，好！这是天大的喜事呀！怎么能不愿意呢？”

“婶婶这就去问问这两位丫头。”婶婶起身欲进里屋。

“别去了，两个妹子高兴得不得了，就等二老一句话呢！”公子开方拦住婶婶，冲着屋内喊，“出来吧，别躲在门后偷听了。”

长卫姬、少卫姬羞答答地从里屋走出来，站到娘亲身边，婶婶侧身问道：“都听见了？”

“娘！”长卫姬、少卫姬娇声娇气地叫了一声。

婶婶微笑着说：“那就是同意了？”

“娘！”长卫姬羞答答地说，“女儿的事，由娘亲做主，何必要问我们呀？”

公子开方见状，起身出院门，向外招招手，竖貂带着八个人，抬着四抬聘礼进了开方叔叔家的大院。开方的叔叔和婶婶被眼前的情景惊呆了，他们完全没有心理准备，刚答应了这门亲事，四抬聘礼就已经抬进家门。

长卫姬、少卫姬闪进里屋，躲在门后，偷偷地向外张望。

公子开方指着竖貂对叔叔、婶婶说：“这是随侄儿来的竖貂大夫，奉国君之命，专程前来迎娶二位妹子。”

竖貂上前一揖道：“侄子参见叔叔、婶婶！”

“竖貂大夫别客气，快进屋坐。”开方的叔叔忙将大家从院子中让进屋里。

公子开方府上，开方跪在母亲脚边说道：“娘，孩儿又要走了，娘在家要多保重。”

开方母抽泣着说："儿呀！你一去就是几年不归，回来才两天就要走，娘舍不得呀！"

"娘，不是有那么多下人吗？是不是他们做得不好，您说出来，孩儿去教训他们。"

开方娘哭泣着说："娘要的不是下人的侍候，娘要的是亲情，难道连这一点你都不明白吗？在卫国你也是世袭子爵，在卫国做官不好吗？为何偏要到齐国去呢？"

"娘！"开方有些不高兴地说，"齐国是大国，孩儿在齐国深得齐国国君的器重，孩儿要在齐国成就一番事业。"

"那你就不管娘了？"开方母反问道。

"娘……"

开方母摇摇头，无奈地说："你去吧！"

公子开方站起说："娘，萍儿我要带走！"

"怎么，你想收了她？"开方母问道。

"不。"开方若有所思地说，"孩儿带她去齐国另有用处。"

开方母说："萍儿是娘身边最漂亮、最懂事的丫环，你带她去，千万不可亏待她。"

开方："娘放心，孩儿知道。"

美人计

齐桓公正在同管仲及几位大臣议事，一名近侍来报，说竖貂和开方从卫国回来了，在宫外求见。齐桓公立即宣布散会，传竖貂、开方进内殿。

竖貂和开方进内殿，拜见齐桓公："臣竖貂、开方叩见君上，托君上洪福，臣等此行不辱使命，迎回卫国二姬，现在宫外听宣。"

齐桓公高兴地说："快，宣她们进来。"

长卫姬和少卫姬进殿，双双盈盈跪下，姐姐娇滴滴地说："长卫姬拜见主公！”

妹妹亦跟着说：“少卫姬拜见主公！”

齐桓公见两位娇妹，喜不自胜，起身离座，上前一手拉起一个，笑着说：“免礼，平身！”然后左看看，右看看，见二位娇妹，肌如瑞雪，脸赛朝霞，粉面桃腮，娇媚动人。真个是姿色艳丽，国色天香。唯一不同的是，姐姐长卫姬文静深沉，妹妹少卫姬天真烂漫。

齐桓公嗜色如命，若遇到美貌佳人，常常不能自已。今见这两位风情万种的异国佳丽，顿时魂游荡漾三千里，魄绕山河十万重，恨不得把姐妹二人搂在怀里亲个够，碍于竖貂和开方在场，只能强压住欲火，对侍女说道：“带长卫姬、少卫姬去拜见夫人。”

两名侍女领命，带领长卫姬、少卫姬进入内殿。

齐桓公对竖貂、开方道：“二位长途跋涉，迎娶二姬，辛苦了。”

竖貂、开方献媚地说道：“能为主公效劳，是做臣子的荣幸，何言辛苦？”

“好，好，好！”齐桓公大笑道，“来人！”

一名近侍上前答道：“主公有何吩咐？”

齐桓公随之吩咐，赏竖貂、开方白璧十双，黄金百两。

寝殿里，蔡姬在案几旁正在朗读管仲所写的简策：

凡治国之道，必先富民。民富则易于治理，民贫则难以治理。何以知其然？人民富裕了，就安于乡居而爱惜家业，安乡爱家，就恭敬君上而畏惧刑罪，敬上畏罪就容易治理了。人民贫穷，就不安于乡居而轻视家业，不安于乡居而轻视家业，就敢于对抗君上和违犯禁令，抗上犯禁就难于治理了。

正在这时，侍女前来禀报：“夫人，主公新选的美人长卫姬、少卫姬拜见。”

蔡姬闻报一惊，抬头问道：“你说什么？”

侍女道："主公新选了两位美人，长卫姬、少卫姬前来拜见夫人。"

长卫姬和少卫姬款款而入，跪倒在蔡姬面前道："长卫姬、少卫姬拜见夫人。"

蔡姬站起来，伸手搀扶起二人道："二位妹妹，快请起，不必多礼！"

长卫姬站起来，看了蔡姬一眼，心中一沉，暗赞道：真是美艳绝伦，看来，有这位夫人在，我们姐妹俩恐怕永无出头之日。想到这里，一丝妒火在心灵深处燃烧。

少卫姬天真烂漫，见到文雅淑静的蔡姬，脱口惊叹道："夫人真美呀！"

长卫姬一听，回眸瞪了少卫姬一眼，少卫姬赶紧敛口退后半步。

蔡姬见她二人一个性情内敛，一个天真烂漫，不知是喜还是忧，笑了笑，说道："两位妹妹请坐。"又对侍女说："看茶！"

长卫姬道："谢夫人。"

蔡姬道："君上委托我掌管后宫。两位妹妹入宫，备位如夫人。"

长卫姬低眉顺目，应答道："谢夫人。"

少卫姬真挚地说："贱妾年幼不懂规矩，今后请夫人多加教诲。"

蔡姬微笑道："妹妹不必客气，主公是有大抱负、大作为的明君，日夜勤劳，励精图治，欲图齐国之霸业。两位妹妹要善侍主公，行于正道，切忌侈靡淫戏，荒废国事。早就听说两位妹妹自幼生长于卫国宫廷，家教有方，因而不必多说。否则后宫自有法度，决不宽贷。"

长卫姬道："多谢夫人教诲。"

少卫姬见蔡姬说话和颜悦色，心里也就不那么紧张，问道："夫人，后宫中也可以弹琴鼓瑟、歌舞娱乐吗？"

蔡姬笑道："只要不误国事，自然是允许的。想来妹妹一定精于此道了？"

少卫姬羞涩地一笑，又转而问道："姐姐读的什么书呀？"

蔡姬看了放在案上的简策一眼，答道："是管相国的《治国》篇。"

少卫姬好奇地问："管相国非常了不起吗？"

蔡姬道："管相国雄才大略，学识渊博，多谋善断，乃盖世奇才。是主公的股肱之臣，主公欲图霸业，完全倚仗管相国治国。"

长卫姬从堂兄开方嘴里，对蔡姬已有了几分了解。知道蔡姬不但貌美如花，而且知书达礼，只是进宫几年，未曾生育。长卫姬心里暗暗想，别这么趾高气扬地教训人，只要我为主公生个儿子，这正位夫人就是我的了。开方堂兄也嘱咐她要多亲近主公，争取早日生个儿子，以邀君宠。好一个长卫姬，刚进宫，就有了如此野心！

少卫姬比她姐姐小两岁，今年才十四岁，她的想法没有长卫姬那么复杂。临出门时，母亲教导她，宫廷内如何侍奉国君、夫人，床第上如何侍候丈夫，她听了心里就觉害怕。但一进内殿后，她便被齐桓公英俊的仪容、王者的气派所征服，进入寝殿，又为蔡姬和蔼可亲的气度所感染，心里的怕意全都没了，有的只是高兴和欢喜。

蔡姬正在同长卫姬、少卫姬说话，侍女进来深施一礼道："夫人，主公传旨，二位如夫人今晚临幸。"

蔡姬对长卫姬、少卫姬吩咐道："二位妹妹大喜，主公今晚临幸你们。"嘴里虽然是这么说，心里仍有一股醋意上涌。

长卫姬、少卫姬羞涩地说："谢谢夫人。"

管仲在家里同夫人闵婧拉家常，他对夫人说："夫人，你娘在百工坊做事，虽然只是指指点点，也很辛苦，几时做点好吃的，请她过来补补身子。"

"谢谢相国记得我娘，我明天就做。"闵婧笑盈盈地说。

管苃进来道："相爷，竖貂大夫求见。"

"竖貂？他有何事？"管仲一怔，随后把手一挥道，"不见！"

"是！"管苃答应一声，转身欲去。

"慢！"管仲又改变了主意，"请他到客厅见。"

管仲前脚刚进客厅，竖貂后脚也跟了进来，对着管仲深施一礼，说："拜见仲父！"

管仲："请坐！"

竖貂环顾左右后，小声说道：“我到卫国为君上迎娶长卫姬、少卫姬，也给相国选了一位倾国倾城，国色天香的美人。”

管仲一愣：“有这等事？怎不带进来？”

“相国稍等片刻，我去去就来。”竖貂媚笑一声，转身出门。

管仲也站起来，注视着门口。不久，竖貂带着卫女萍儿进来。卫女萍儿刚出现在门口，管仲就眼前一亮：真是貌若天仙，美妙无双啊！只见那卫女款款下拜，口中说道：“小女子叩见相国老爷。”

管仲连声夸赞道：“好，好，请起。”

竖貂凑到管仲跟前，笑嘻嘻地问：“仲父，怎么样？还满意吗？”

管仲微笑着说：“那就谢谢竖貂大夫，人我收下了。”

竖貂紧跟着小声问道：“仲父，下官有一事相求。”

管仲知道竖貂此来必有所求，否则，像他这样的人，是不会轻易“出血”的。听到竖貂开了口，问道：“何事？请讲。”

竖貂吞吞吐吐地说：“易武乃易牙的兄弟，念在易牙侍奉主公的分上，是否可以从宽发落，恕他不死。”

管仲明白了，笑着说：“好说，好说，看在竖貂大夫之面和易牙侍奉主公的分上，我就从轻处置。”

“谢仲父！”竖貂忙拜谢。

“我话尚未说完呢！”管仲道，“主公判易武斩首，死无全尸，本相会向主公求情，从轻处决，赏他个全尸吧！”

“这……”竖貂愣在当场。

管仲冷冷地说：“竖貂大夫还不满足吗？”

“下官替易牙谢过仲父。”竖貂连忙说。

管仲冲着内室喊道：“夫人，你出来一下。”

闵婧从内室款款而出：“相爷有何吩咐？”

管仲指着卫女道：“这是卫女萍儿，竖貂大夫美意相送，你将她带进去问一问，她若愿意留下就留下，不愿留下就派人送她回家。”

闵婧微笑着答应道：“是。”引着卫女萍儿进入内室。

管仲对竖貂道：“竖貂大夫，还有何事？”

“谢仲父关照！”竖貂勉强从牙缝里挤出几个字，“下官拜辞了。”

“竖貂大夫请慢走！”管仲客气地将竖貂送出门。

竖貂转身出门，走到转角处，转头望着已退入室的管仲，狠狠地一跺脚，咬牙切齿地“呸”了一声，愤然离去。

闵婧从内室里走出来，笑着说：“妾问过了，卫女萍儿愿意侍奉相爷。”

管仲笑着问道：“那夫人呢？意下如何？”

闵婧娇嗔地说：“只要相爷高兴就行。不过，妾以为竖貂此举，恐怕是使了一招美人计吧！”

“哈！哈！哈！”管仲大笑道：“美人，留下；计，带回去了！”

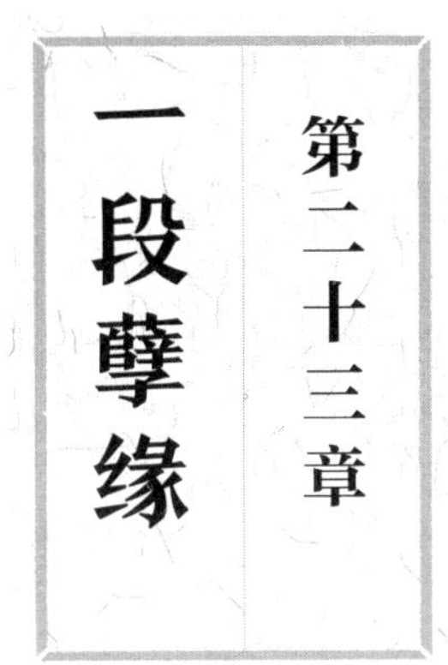

劝谏有学问

管仲同齐桓公同乘一辆车视察马场，整个马场里的人都在忙碌着，有的在切草备料，有的在钉马掌，有的在立马栅栏。齐桓公向旁边一位管马厩的弼马总管问道："马厩的事，哪一样最难做？"

管仲不待弼马官开口，抢着说道："臣过去替人牧马，对马厩的事也知道一些，依臣看，马厩里最难的事就是立马栅栏。"

"立马栅栏有什么难？"齐桓公不解地问。

管仲指着旁边正在立马栅栏的几个人说："栅栏是用一根一根的木料并排竖立而成，如果先用弯木料，后面都要用弯木料拼接，结果是都用弯木料，直木就派不上用场了；如果先用直木，结果都用直木，弯木也就无处可用了。"

齐桓公当然明白，管仲这是借题发挥，劝谏自己要亲君子，远小人，于是指着不远处的一片树林，也机智地回答："仲父你看那片树林，有的树很直，有的树却是弯的，这都是自然天成，不以人的意志为转移，你不可能将所有的弯木都砍伐掉，只活直木，这是不可能的。有时候，有些东西，偏偏还要用弯木，比如木犁，就必须要用弯曲之木，直木反而还不好用。所以说，有时候，弯木看起来似乎很别扭，用起来却还满舒服。你说是不是？"

管仲面对齐桓公的狡辩，申辩道："臣不是说要砍掉所有的弯木，而是说直木好用。"

齐桓公笑着说："不争了，这个问题就留给骊马官去研究吧！"

视察马厩之后，齐桓公一行人顺便游览临淄城的市容。车马进入闹市，大家下车步行，一路走来，大街小巷上，车连车，车水马龙，人挤人，熙熙攘攘，处处呈现出一派繁荣昌盛、兴旺发达的景象；路口上，街角处，随处可见吹竽、鼓瑟、击筑、弹琴的艺人，吹、击、弹、唱，悠扬的乐曲声回荡在空中，使人听起来心旷神怡，也吸引着不少的围观者；斗鸡、杂耍、下棋，围观者一堆又一堆，时不时传出叫好声、吆喝声，好不热闹！

齐桓公看到此等情景，心里异常高兴，这是国富民强的象征呀！但是，他发现街上有很多人都穿着紫色的衣服，心里有一种隐忧。原来，紫色染料在当时很昂贵，一件紫色衣服可抵十件白色衣服之价。齐桓公心里想，虽然说管仲改革，使国家和百姓逐渐富裕起来，但也不能如此奢侈呀！他对身边的管仲说："仲父，紫色衣服很昂贵，寡人喜欢这种衣服，但是你看，全城的百姓都穿紫色的衣服，这也太奢侈了吧！"他又想到朝廷官员最近的一些动态，接着说："寡人发现，最近大臣们穿的衣服，坐的车子，都比以往奢华了许多。这种奢侈之风不能助长，寡人欲限制一下，仲父说该怎么办？"

管仲回答说："臣听说过：'君王尝一下，臣下就要吃；君王爱好衣，臣下就要穿。'现在主公喝的是琼浆玉液，吃的是美味佳肴，穿的是昂贵的紫色绸缎、狐裘做的衣服，这就是大臣们奢侈的原因啊！《诗经》说：'不躬不亲，庶民不信。'主公欲限制大臣、百姓，为何不从自身做起呢？"

齐桓公沉思良久，再问管仲："仲父以为，寡人该怎样做才好？"

管仲说道："主公不妨试试不穿紫色的衣服，并对左右侍从们说：'很讨厌紫色衣服的气味。'如果有人穿着紫色的衣服求见，主公就说：'退开一些，寡人很讨厌紫色衣服的气味。'"

齐桓公怀疑地问："能行吗？"

"行不行，试试就知道了。"管仲笑着说道。

齐桓公回宫后，第一件事就是脱下身上紫色的衣服，递给管衣着的侍女道："将寡人所有紫色的衣服都锁起来，再也不要穿了。"

侍女惊讶地问："主公不是非常喜欢这些衣服吗？为何突然就不穿了？"

"寡人讨厌紫色衣服发出的怪味，闻到了就想吐。"齐桓公指着侍从们说，"还有你们，统统将紫色衣服换掉，不要穿着紫色衣服在寡人面前晃来晃去。"

侍女和侍从们诺诺连声，纷纷退出去换衣服。

竖貂匆匆忙忙地进宫欲求见齐桓公，一名侍卫拦住他，神秘地说："竖貂大人，你就穿这身衣服去见主公？"

竖貂在自己身上左看看、右看看，莫名其妙地问："我这身衣服有什么不妥吗？"

"你的衣服是什么颜色的？"侍卫问道。

竖貂道："紫色呀！这可是最高档的面料。"

"高档个屁。"侍卫神秘地说，"君上得了一种怪病，见到紫色就两眼昏花，闻到紫色衣服发出的气味就恶心。特别吩咐小的们，若有穿紫色衣服求见者，叫他们站得远远的，由人传话就是了。难道竖貂大人想去触这个霉头吗？"

竖貂连忙向侍卫作揖道："多谢指点，多谢指点！"说罢，转身离去，刚走出几步，马上又转过身来，从袖内掏出一些钱递给刚才给他说明情况的侍卫，感激地说："多蒙关照，不成敬意，拿去喝杯茶。"也不等侍卫答谢，转身匆匆离去，回家换衣服去了，并将齐桓公讨厌紫色衣服的消息传了出去。

第二天，齐桓公穿着一身朴素的丝帛衣服，戴着白色的帽子上朝。大臣看到齐桓公一身俭朴的打扮，暗自庆幸自己得到消息、换掉了高档的紫色衣服。少数未得到消息、仍然穿着紫色衣服上朝的大臣，听到身边人轻声的议论，悄悄地躲到后面去了。

齐桓公退朝回到后宫，蔡姬亲自沏上一杯热茶送上，然后转到齐桓公身后，悄悄地取出一件紫色衣服在齐桓公的身后晃来晃去，齐桓公自顾喝茶，一点反应也没有。蔡姬将衣服藏在身后，站到齐桓公面前说：

“主公在说谎！”

齐桓公莫名其妙地问：“寡人何时说谎？”

“主公是不是说，闻不得紫色衣服的气味，闻了就恶心？”蔡姬笑着说，“刚才臣妾在主公后面将这件紫色衣服晃荡了半天，主公一点反应都没有，证明闻到紫色衣服气味就恶心的话是假的。”

齐桓公大笑着站起来，一把抓住蔡姬说：“好呀！你竟敢戏弄寡人。”

“怎么能说是臣妾戏弄呢？”蔡姬笑着说，“要说戏弄，也是主公戏弄了众人，怎么说是臣妾戏弄主公呢？”

蔡姬笑过之后，问道：“主公为何如此？”

“寡人喜欢紫衣，平时非紫衣不穿，文武百官纷纷效仿，皆以穿紫衣为荣。”齐桓公停了一下说，“然而，紫衣价格昂贵，一件紫色衣裳的价格可抵十件白色衣裳的价格，这么多人都穿紫衣，太过奢侈。”

蔡姬：“于是，主公就想出了这个办法，叫人不穿紫衣？”

齐桓公说：“不是寡人想出来的，是仲父出的点子。”

“仲父？”蔡姬叹道，“仲父真乃奇人呀。”

竖貂、易牙与开方暗结同盟，且都得宠于齐桓公，三人被称为齐桓公身边的“三贵”。但他们知道，管仲君宠如日中天，其位难撼，于是便暗暗蓄势，欲谋管仲身后之天下。易牙因易武之事严重受挫，为挽回颓势，烹子而邀君宠，才避免被逐出宫。竖貂在此案中差点也被牵扯其中，由于易武独揽其罪而使他和易牙逃过一劫。三人之中，只有开方身居事外，未损分毫。

公子开方奏请齐桓公到城南金岭峪去狩猎。齐桓公正是技痒，听到开方的建议，慨然应允。开方做好狩猎的一切准备，第二天，齐桓公带上蔡姬，在开方和侍卫的陪同下，兴致勃勃地来到城南金岭峪。

开方是狩猎行家，进入狩猎区之后，对侍卫们逐一做了安排，有进山中驱兽的，有在路口拦截的，他自己则不离齐桓公的车驾左右。

齐桓公坐在车上，手持弓箭，两眼左右扫视，见兽群尚未出现，令驭手驱动座车慢慢向谷口靠近，蔡姬小鸟依人似的坐在齐桓公身边，也瞪大了眼睛左右张望。开方等了半天，不见野兽出现，手持弓箭钻进树林中去。

突然，树丛中逃出一只梅花鹿，站在路口紧张地东张西望，蔡姬惊叫一声："快看，梅花鹿！"

"别出声！"齐桓公连忙制止，可惜还是晚了，梅花鹿听到人声，转头向谷中跑去。齐桓公射出一箭，只射中梅花鹿的屁股，梅花鹿带箭负痛向谷中跑去。

"快！"齐桓公命令驾车的驭手，"追上去！"

驭者连忙驱车紧随在梅花鹿后面追进谷中。梅花鹿见有人追赶，拼命地奔跑，齐桓公的乘车紧追不舍。突然，梅花鹿向右一拐，钻进树林中没了踪影。齐桓公失去追逐的目标，有些失望，左顾右盼，猛然发现谷中地势险峻，风景秀美，一向好玩的齐桓公竟然忘了追逐鹿，让驭者驾车缓缓而行，齐桓公边走边欣赏山色美景。他问身边的驭者："好美的风景呀！知道这个山谷叫什么名字吗？"

驭者摇摇头："不知道。"

齐桓公再问其他人，没有一个人知道此山谷之名。正在这时，前面过来一位老者，齐桓公停车问道："老人家，请问这是什么山谷？"

老人回答说："愚公之谷。"

齐桓公觉得这个名字很是奇怪，好奇地问道："为何取这样一个怪名？"

"这是以我的名字命名的。"老人回答。

齐桓公更觉得奇怪，说："我看老人家的样子，并非愚人，为何取这样的名字呢？"

"让我慢慢地跟你说吧。"老人叹了口气说，"我以前曾喂养了一头母牛，生了一头小牛犊，因为个头特别大，我卖了它后又用钱买了一头小马驹。有个年轻人跑过来对我说：'牛不能生马'，便将小马驹牵走了。邻居们知道后，以为我很傻，所以把我住的地方叫作'愚公之谷'。"

"哈！哈！哈！"齐桓公听罢大笑道，"真有趣，我看你老人家真是有点傻，你为什么要让那个恶少将你的小马驹牵走呢？"

老人看看齐桓公，摇摇头，什么也没有说，向林间小道走去。

正在这时，开方带着众侍卫赶过来，来到齐桓公的车前跪下说道："臣有罪，没有跟上主公。"

"起来吧！"齐桓公笑着说，"走，狩猎去！"

第二天早朝之后，齐桓公叫住管仲，两人至偏殿坐下，齐桓公把在"愚公之谷"遇到老者的情况当成笑话说给管仲听，没想到管仲听完之后，翻身跪倒在地说："主公，臣有罪。"

齐桓公大吃一惊，问道："仲父何罪之有？"

"这是我管夷吾的愚蠢呀！"管仲愧疚地说，"假如是尧为君主、皋陶为司法官，哪里会有随便把别人的马驹牵走的道理？如果有人看见恶少对这个老人如此强暴，必定不会袖手旁观的。这个老人知道朝廷的司法不公正，没有地方说理，所以恶少将他的马驹牵走之后，他才忍气吞声，不加理论，也不向官府告发。"

"仲父……"齐桓公起身伸手扶起管仲。

管仲坐下后，严肃地说："主公拜臣为相国，臣应该竭尽全力整顿吏治，肃正朝纲，看来，臣有负主公重托，竟使齐国境内出现了这样的事情，臣有愧呀！"管仲说罢，痛苦地摇摇头。

"仲父不必如此自责。"齐桓公有些不好意思地说，"寡人看问题没有仲父这样透彻，竟然将这样的事情当成笑话说给仲父听，寡人有失人君之道呀！"

本来是君臣之间的一次闲聊，到头来君臣二人都自责起来。过了一会，管仲严肃地说："明天，我将亲到'愚公之谷'，找到那位老人，严惩强抢马驹的恶少。主公！"

"仲父有何话要说？"齐桓公问道。

管仲说："臣要以此例为突破口，整顿吏治，今后，绝不能再让这类事情发生了。"

齐桓公起身向管仲深深一揖道："寡人谢谢仲父了！"

御作坊

齐桓公虽说好酒、好色、好猎，却是一个胸怀大志的君王。这天，他召见管仲，直截了当地问："仲父，经过改革，齐国卒伍已定，国家的经济实力也增强了不少，寡人欲干预诸侯国的事情，应该可以了吧？"

"不可以。"管仲斩钉截铁地说，"关于军事，臣虽寄内政于军令，但齐国的盔甲和兵器还是很缺乏，拿什么去打仗？"

"啊！"齐桓公惊叹一声，"仲父将采用什么办法来解决这个问题？"

"御作坊成立之后，臣筹建了锻造和织造两个作坊，锻造作坊专门打造兵器和农具，织造作坊纺织齐国的特色品种花边大套素，三色彩支绫、织锦、绫罗等丝绸制品和大众穿的麻织布料。"管仲喝了一口茶继续说，"但是，由于铁的数量不是很足，加之除了少数工匠之外，大部分人的技艺还不熟练，打造出的兵器数量有限。满足不了称霸的需要。"

"那该怎么办？"齐桓公着急地说，"仲父要想想办法呀！"

管仲道："臣想在惩处犯人的时候，将过去的赎金赎罪改为盔甲、兵器赎罪。"

齐桓公："怎么改？"

管仲："规定犯重罪者交纳盔甲、兵器、犀皮的胁驱和两支戟；犯轻罪的交纳兵器架、盾牌、胸甲皮与两支戟；犯小罪者纳金属一钧半；宽宥薄罪，只纳金属半钧。至于没有冤屈而从事诉狱，官长再三劝禁不成而理不直者，则须交纳一束箭，以示惩罚。"

齐桓公点点头道："嗯！这倒是个好办法。"

"至于收回来的金属，好的拿来铸造戈、剑、矛、戟，用于之军事；次些的金属用来铸造木工和农具如斤、斧、锄、镰、锯等，用之于生产。"

"好！好！寡人同意仲父的想法，就按仲父的意见办。"齐桓公站起来说，"走，到御作坊去看看。"

御作坊分锻造作坊和织造作坊。齐桓公在管仲和鲍叔牙的陪同下先到锻造作坊巡视，还没有到作坊，远远地便听到乒乒乓乓的铁器敲击声。远听，清脆悦耳；近听，却有些震耳欲聋。

锻造作坊内，炉火熊熊，热浪扑面。工匠们有的在拉风箱，有的在打铁。一位老工匠，左手握钳从炉中夹出一块烧得通红的铁块放在砧铁上，右手拿起一把小铁锤，抡起来在砧铁上空锤一下，旁边拉风箱的徒弟拿起大铁锤，抡起来向砧铁上的铁块砸下去，顿时火花四溅。大锤离砧，小锤又落了下去，师徒二人轮流锤锻。忽然，师傅手中的小铁锤轻轻地击在砧铁上，徒弟放慢速度轻锤一下，师傅左手趁势将铁块翻个面，然后继续锤炼。待铁块冷却之后，师傅将小铁锤停在砧铁上，徒弟放下手中的铁锤。

锻造作坊的百工长，就是管仲从死神手中救出来的那个莫仲柏，手持一根小鞭子在工匠们中间来回巡视，不时地分别向工匠们指点着。只见他来到一位年轻的工匠旁边，取过铁钳夹起地下锻造完工的一个铁箭头看了看，突然大发雷霆，挥起手中的鞭子狠狠地抽在年轻工匠的身上，边抽边说："你这是做的什么活，箭头没有刃，箭尾也不直，这样的废品也能交差，打死你。"

管仲陪同齐桓公来到锻造车间，听到惨叫声，大老远就喊："莫仲柏，你这是做什么？"

莫仲柏见齐桓公、相国和亚相都来了，丢下手中的鞭子，慌乱地跪下叩拜道："小的拜见君上，小的拜见相国、亚相。"

工匠们见齐桓公、相国、亚相进来，呼啦啦地跪下一大片。齐桓公微笑着说："大家都起来，继续干活吧！"

管仲走到挨打的工匠身边，将他从地上拉起来，见他浑身鞭伤，便面显愠色地问："莫仲柏，这是怎么回事？"

莫仲柏指着地下的箭头说："他将箭头锻造成了废品，小人才惩罚他。"

"想想你是怎样来的吧！"管仲有些不悦地说。

莫仲柏一愣，突然醒悟，慌忙跪下叩拜道："相国老爷，小的知罪了。"说罢，自己打了自己三个耳光。

莫仲柏当然记得，他当初也是一个奴隶，逃跑时被主人抓获而遭毒打。在命悬一线时，是管仲替他赎身，并命他为百工长，他才有了今天。

管仲道："记得就好，人不要这样，昨天还是被人欺，稍微得势便欺人，岂不是自己作贱自己吗？"

"相国老爷，小人知错了。"莫仲柏满脸愧疚地来到刚才被打的青年身边，深深一揖，诚恳地说，"兄弟，对不住你，向你赔罪了。"

管仲缓和了语气，对莫仲柏说："好了，今后注意些就行。锻造作坊的情况如何？向主公汇报一下。"

"是！"莫仲柏谦恭地对齐桓公说，"生产已走上正轨，只是铁不够用。如果有足够的铁，工匠们一定会锻造出更多、更好的兵器。"

"齐国要称霸诸侯，就必须有一支强大的军队，要成为强大的军队，就要有足够的兵器武装，锻造作坊是寡人的兵工厂，要为齐国生产出更多更好的兵器。"齐桓公指着管仲说，"至于铁不足的问题，仲父会有办法的。"

"主公说得不错，我一定会想办法弄到更多的铁。"管仲充满憧憬地说，"我们的铁，不仅要锻造戈、剑、矛、戟等兵器，走强兵之路以称霸诸侯；还要锻造斧、锄、镰、锯等农业生产用具，发展齐国的生产，走富国之路。先富国，而后才能强兵。只有富国强兵，才能称霸诸侯。"

齐桓公听到管仲之言，笑容满面。

齐桓公与管仲、鲍叔牙出了锻造作坊，又来到纺织作坊。纺织作坊同锻造作坊相比，又是另一番天地：纺车的欢叫声，织机的叽叽声和机上的穿梭声，构成一曲交响乐，显得格外悦耳动听。

齐桓公走进纺织作坊，不由得眼前一亮，锻造作坊都是五大三粗的黑面大汉，个个身上都是黑不溜秋的，实在是难以恭维；而织造作坊织工，多是一些二八少女或半老徐娘。有姿色者也是不少。素性渔色的齐桓公来到这样的环境之中，岂能不眼前一亮？

纺织作坊百工长正是闵婧的母亲，也就是管仲的岳母。此时，她正在织机旁手把手地教一名年轻的织工织布，突见齐桓公和管仲进了作坊，忙走过来福了一福道："百工长参见主公！参见相国老爷！"

齐桓公知她是管仲的岳母，连忙回答道："百工长不必多礼！"接着指着作坊内的织工们说："这些人都教会了吗？"

"正在教呢！"闵母笑眯眯地说，"有的已经能独立操作了。"

"百工长的功劳不小呀！"齐桓公笑着走到织机旁，伸手摸摸织机上的三色彩支绫，赞赏地说，"好漂亮呀！这叫什么布？"

"三色彩支绫。"闵母边说边瞟了一眼身边的管仲。

管仲微笑着向她点点头。

齐桓公抬起头，恰好看到了他们用眼光打招呼，故意咳了一声，打趣地说："百工长漂亮，织出的布更漂亮。"

闵母满脸绯红地说："主公，别取笑小人。"

齐桓公听罢哈哈大笑。

错结孽缘

相国府里，闵婧正在收拾东西，突然看到娘亲笑眯眯进来，于是放下手中的东西，高兴地迎上前去："娘，您来了？快坐。"

闵母看到女儿高兴的样子，乐得合不拢嘴，关切地问："女儿，好吗？"

"好，好！"闵婧也关心地问，"娘，在作坊里做事，很辛苦吧？"

闵母："没什么，娘只是教她们怎样做，不是很辛苦，今天，君上和相国都到作坊去了。"

"真的吗？他们说了些什么？"

"君上说，娘织的三色彩支绫非常漂亮。"闵母说到这里，脸上泛出红晕，因为她想起了齐桓公当时的一句玩笑话：彩支绫漂亮，百工长比彩支绫更漂亮。

闵婧没有发现娘亲脸上的细微变化，笑着说："娘的手艺天下无双，织出的布肯定是最漂亮的。"

"女儿，相国对你好吗？体贴吧？"闵母轻声问道。

"好，相国对女儿很体贴，很温柔。"闵婧说到这里，脸色红彤彤的，丝毫不掩饰其喜悦之情。闵母见到女儿的表情，就知道女儿过得很好，心里也是美滋滋的。

闵婧看看外面的天色，说道："娘，相国今晚不回，您别走了，挨女儿睡一宿吧！"

"傻女儿，你也不是小孩子了，有相国陪你就够了，怎么还要娘陪呀？再说，万一相国回来了怎么办？"

"娘！"闵婧撒娇地说，"自女儿出嫁后，娘就没有挨女儿睡过了，今天相国不回来，您就陪女儿睡吧！"

闵母见女儿纠缠不休，笑着说："好，好！"

闵婧见娘亲答应了，走到大床旁边拉开被子，铺好床。闵母却走到旁边一乘小床边将被子拉开铺好，说："娘就睡这张小床陪你一宿。"

"不嘛！"闵婧撒娇地说："和女儿一起睡大床嘛！"

"傻孩子，那是你和相国睡的床，娘怎么能睡。"

闵婧说道："相国今晚不回来，你就陪女儿一起睡吧！"

闵母拗不过女儿，只好笑着说："好，好，就陪你。"

大床上，闵婧搂着母亲的脖子，凑在母亲的耳边说着悄悄话，母女俩不时地发出阵阵笑声。说着说着，闵婧的声音越来越小，慢慢地睡着了。闵母看着梦里的女儿，心里感到莫大的安慰，慢慢地合上了眼睛。

夜已深，相国值房里还亮着灯，管仲正在伏案疾书，他在赶着一份发展齐国工商业的规划，明天朝议要将这个规划方案交给群臣讨论。旁边的仆人坐在凳子上正在打瞌睡。一阵梆子声将仆人从睡梦中惊醒，他站起来替管仲重新沏了一杯茶，管仲站起来伸了个懒腰，挥挥拳，活动了一下筋骨，借以消除疲态，接着向仆人问道："什么时候了？"

"三更了。"仆人问道，"老爷又要熬通宵？"

管仲看了看案儿上的材料，说："原想要一个通宵才能做完，今天的思路特别好，已经差不多了，看来可以睡一下了。"

"老爷要回府吗？"仆人说，"我已通知过相国夫人，说相国今天不回家。”

管仲说：“还是回家去吧，家里睡得舒坦。”

相国府卧室里，闵婧睡眼蒙眬下床，走到房角处的净桶小解，返回时却鬼使神差地走到旁边的小床上，拉过被子蒙头便睡。

管仲摸黑进了卧室，为了不吵醒夫人，他摸黑脱了衣服，爬上床钻进被窝里。由于刚动过脑筋，兴奋度尚未完全降下来，躺在床上一时未能入睡，黑暗中睁着一双大眼睛，翻身之际，手碰到了身边夫人润滑细嫩的肌肤，一时来了情趣，也不叫醒身边的夫人，先脱去自己的衣服，又三把两把脱去夫人的小衣，翻身压了上去。

闵母正在睡梦之中，正梦见到她的丈夫笑呵呵地进了家门，看着出门已久的丈夫回家，闵母高兴不已，兴奋地迎了上去。丈夫丢掉手中的包裹，抱着闵母就向里间走去。看到丈夫猴急的样子，闵母偎依在丈夫的怀里，心里也是春心荡漾。有道是，久别胜新婚，这对久别的夫妻此时的心情，绝不亚于刚刚婚配的小夫妻，郎情妾意，正如同干柴遇到烈火一般，很快地便步入云雨之中。突然，闵母觉得被压得喘不过气来，猛然觉醒，她已经知道发生了什么事情。正当她欲出声制止的时候，身上之人凑过嘴唇，用力地贴在她的嘴巴上，已经没了出声的机会，她轻轻地摇了摇头，还是没有摆脱，索性张开嘴巴，任由那身上之人的舌头伸进口中……

闵母只是一个四十余岁的女人，虽是徐娘半老，却正是春情最旺之期，丈夫突然战死沙场，离她而去，几年来一直独守空房，个中的滋味，只有亲身经历者才能体会得到。一旦渴求已久、做梦也想得到的东西突然降临之时，那种既喜且羞的复杂心情，岂是旁人能够体会得到的？正在她满面含羞、欲罢不能，欲止难舍的时候，压在她身上的人的动作越来越快，出于一种本能反应，她竟慢慢地迎合着身上人的动作，越来越快，从中体会一种久违了的快感……

管仲事过之后，昏头昏脑地睡了过去。他身旁的那个人，也就是闵婧的母亲、相国的岳母，在享受一阵快感之后却是为难了，虽然说管仲的年龄与她相仿，但毕竟身份不同，是她的女婿，若是传了出去，怎好面对世人？她听到身边的管仲进入梦乡，悄悄地爬起来，穿好衣服，深情地看了熟睡中的管仲一眼，轻轻叹一声，悄然无声地离去了。

天将黎明，雄鸡报晓已是二遍，闵婧迷迷糊糊地起来，走到房角处的净桶小解之后，又迷迷糊糊地走向大床，钻进被窝，躺进了管仲的怀里，管仲翻了个身，顺势将手搭在闵婧的胸脯上，并未醒来。闵婧突然惊觉，伸手一摸，发现是自己的丈夫，惊得张大了嘴巴不敢出声，伸手在床上一摸，不见母亲的身影，不知发生了什么事，一时没了主张。她慢慢地将丈夫的手从身上挪开，轻轻地坐起来，借着昏暗的光线再将大床看了一遍，确认床上只有丈夫和她两个人，再看看小床，被窝是掀开的，然后将房间扫视一遍，没有哪里能藏得住人。

闵婧百思不得其解，穿上衣服，起身下床，正欲站起离开之时，管仲从后面拦腰一把抱住她，将嘴巴贴在闵婧的耳朵边，嬉皮笑脸地问："夫人，昨晚舒服吧？"

闵婧的大脑"嗡"的一声，已知道昨晚发生了什么事，从丈夫的神态可以看出，他并不知底细。难怪母亲早早地就不辞而别，这一切都是阴差阳错。面对管仲的温存，她只好含糊其词地说道："舒服，你再睡一会吧！"

"不了！今天有事要廷议，我得先行一步。"管仲说罢，起身穿衣。

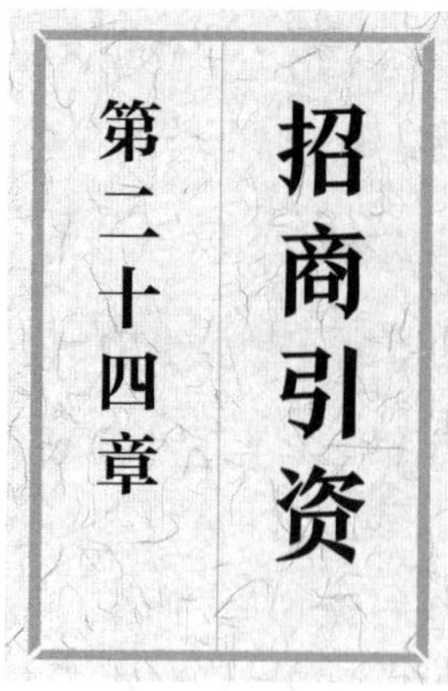

第二十四章 招商引资

奇人奇谋

天空中，有一队鸿雁正从头顶飞过。御花园里，蔡姬正在凉亭里抚琴，齐桓公坐在一侧仰首望天，似乎在想着什么。

管仲、隰朋一前一后走进御花园，见齐桓公在仰首望天，蔡姬在抚琴，站在那里没有出声。过了一会，齐桓公才收回目光，叹了口气说："仲父，天上的鸿雁，有时往南飞，有时向北走，时往时来，不怕路途遥远，想飞到哪里就飞到哪里。之所以能这样，就是凭着两个翅膀，所以才能随心所欲。"

齐桓公见管仲、隰朋没有回话，问道："你们为何不说话？"

管仲微笑道："主公有成就霸王之业的心愿，而臣则不是成就霸王之业的大臣，所以不敢回答。"

"仲父何必如此？为何不直言，使寡人也有个方向呢？"齐桓公诚恳地说，"寡人之有仲父，犹如飞鸿有了羽翼，过河有了渡船。仲父不发一言教寡人，寡人虽有两只耳朵，又怎么能听到治国之道而又学到治国的法度呢？"

"主公要成就霸王之业、举大事，那就必须从根本上做起。"管仲一边在旁边的凳子上坐下，一边说。隰朋也跟着坐下。

齐桓公移动身体离开座位，双手一拱，问道："何为根本？"

管仲回答说："齐国百姓，就是主公的根本。百姓害怕饥饿，而朝廷的税收很重；百姓害怕死罪，而朝廷的刑法严酷；百姓害怕劳苦，而朝廷征调民夫却没有时间限制。”

“寡人要怎么做？”齐桓公真心诚意地问。

管仲道：“主公若能减轻赋税，百姓就不愁饥饿；宽缓刑法，百姓就不愁死罪；举事有时间限定，百姓就不愁劳苦。”

齐桓公对管仲道：“寡人欲西行洛邑，朝拜周天子，但贺献之礼和往来费用不足，仲父有何办法解决？”

管仲道：“请主公下令在阴里筑城，城池要设计成三层城墙，九道城门。主公利用这项工程，选派最好的玉匠雕刻石璧，并且规定，一尺见方的石璧，定价一万钱；八寸见方的石璧，定价八千钱；七寸见方的石璧，定价七千钱；石珪定价四千；石瑗定价五百。”

“雕刻这么多石璧有何用？”齐桓公不解地问。

管仲道：“请派遣隰朋西行洛邑朝见周天子。”

“这与周天子有关系吗？”齐桓公问道。

“当然有关系。”管仲说，“只要他一声令下，齐国的这些石璧就是钱。”

洛邑王宫里，齐国大行隰朋对正襟危坐的周天子叩拜道：“齐侯欲率领诸侯来洛邑朝拜先王宗庙，观礼于周王室。”

春秋时期，礼崩乐坏，周王室的光环不再，郁闷的周天子见齐国对自己竟然如此恭顺，显得非常高兴，说道：“好！”

“齐侯恳请天子发布命令，要求天下诸侯前来朝拜宗庙并观礼周室者，都必须带上彤弓和石璧，不带彤弓和石璧者不得入朝。”

周天子哪有不同意的道理，于是向天下各诸侯国发出号令：

> 凡诸侯来洛邑朝拜宗庙并观礼于周室者，必须带上彤弓和石璧，不带彤弓和石璧者，不得入朝。

阴里新城，诸侯国的车辆络绎不绝，这些车辆满载着黄金、珠玉、粮食、彩绢和布帛而来，换载齐国的石璧而去。齐国的石璧因之而流遍天下，天下的财物如流水般归之于齐。这就是管仲著名的“石璧之谋”

亦称“阴里之谋”。这一谋略的实施，让齐国财源滚滚而来。齐国此后八年没有征收赋税，就是得益于管仲的“石壁之谋”。

齐桓公西行朝拜周天子归来之后，将管仲、鲍叔牙召进宫。先是闲聊了一会洛邑的逸闻趣事，然后转入话题，对管仲说：“仲父呀，你这个‘石壁之谋’确实是高明，但是，周天子也不傻呀！”

管仲吃惊地问：“出了什么事吗？”

“那倒也不是。”

管仲听后松了一口气，道：“周天子想分一爵羹？”

“这倒没有。”齐桓公道，“周天子在寡人面前叫苦，说王室财用不足，每次向诸侯国征收，都得不到响应，王室的权威江河日下，为财用发愁呀！”

鲍叔牙笑着说：“那就请仲父替周天子想想办法吧！”

管仲手抚胡须，思索了半天说：“办法倒是有一个……”

齐桓公迫不及待地问：“什么办法？”

“长江、淮河之间，也就是周天子的地盘之内，出产一种三条脊梗直贯到根部的茅草，名叫‘菁茅’。请周天子派遣官吏把菁茅产地的四周封禁并看守起来。天子在到泰山祭天、梁父山祭地之前，向天下诸侯下令：‘凡随从天子到泰山祭天、在梁父山祭地的，都必须携带一捆菁茅作为祭祀用的垫席。不按照命令行事的不得随同前往。’”

“像齐国的石壁一样。”鲍叔牙笑着说，“奇货可居，菁茅价格暴涨，周天子就可从中得利。”

齐桓公派遣专使到洛邑，将管仲的“菁茅之谋”献给周天子。周天子果然向天下诸侯发布号令：

凡随从天子在泰山祭天、在梁父山祭地的诸侯，都必须携带一捆菁茅作为祭祀用的垫席。不按照命令行事的不得随同前往。

周天子率诸侯在泰山祭天、在梁父山祭地，是一件非常神圣的事，没有哪一位诸侯不去，也没有哪一位诸侯敢怠慢此事，又有谁敢亵渎神灵？

天下诸侯得到周天子的号令，都运载着黄金争先恐后地去求购菁茅，致使江淮的菁茅价格暴涨，一捆菁茅甚至可以卖到百金。天下的黄金，从四面八方像流水一样聚来。周天子无须向天下诸侯征收钱财，钱财却滚滚而来。仅此一项，周天子七年没有向诸侯索取贡品。这就是管仲用“菁茅之谋”暗助周天子的故事。

管仲拜相后，在齐国进行了大规模的改革，大大地提升了齐国的国力。但是对于广大的平民百姓来说，他们还仍过着饥寒交迫的生活，很多贫民、农夫都还是靠借高利贷来维持生计和农事。管仲知道这个问题，齐桓公也知道这个问题。但是，国家财力毕竟有限，不可能一下子将这么多的人从高利贷的囚笼中解救出来。齐桓公为这件事忧心，管仲也为这件事动起了脑筋。只是，事情太棘手，很难有一个万全之策。

这一天，齐桓公又在管仲面前提起这件事：“朝廷需要办的事情很多，只好派官向富商蓄贾和高利贷者征收赋税，来帮助贫民维持生计，帮助农夫维持生产。除此之外，还有别的办法吗？”

“办法倒有一个。”管仲说道，“不知能不能奏效。”

“仲父没有试，怎能知道有没有效果呢？”齐桓公从“石壁之谋”“菁茅之谋”中，深深地体会到管仲那高深莫测的智慧和层出不穷的怪招，只要是管仲想出来的办法，就一定是一个怪招。

“看来也只有试一试了。”管仲说道，“主公可以用号令来改变这种状况。”

齐桓公问道：“具体做法为何？”

“这事就交给微臣来办。”管仲说道，“主公只需静候佳音，需要主公出面的时候，臣再来请主公。”

第二天，管仲将鲍叔牙、宾胥无、隰朋、东郭牙召集起来，对他们说：“将你们召集起来，是有一件重要的事情要你们立即去办。”

鲍叔牙问道：“什么事？”

“东郭牙到东方去、宾胥无到南方去、亚相到西方去、隰朋到北方去。”管仲说道，“你们去的任务只有一个，为主公收集四方各放贷地区的情况，调查那里的人，负债的有多少家，回来向我报告。”

临淄城的东、南、西、北四个城门，分别驶出了一乘轻装简从的篷车，车上自然就是鲍叔牙、宾胥无、隰朋、东郭牙和他们的随从。他们是要去执行一项特殊的任务。

旬日后，鲍叔牙从西方回来，带回如下情况：西部的百姓，多住在济水周围，黄河附近的草泽之地。他们以渔猎打柴为生。那里的放高利贷者，多的有千钟粮食，少的也有六七百钟粮食。高利贷者放粮，借出一钟，收利一钟，利率百分之百。那里借贷的贫民有九百多家。

宾胥无从南方回来，带回如下情况：南方的百姓，多住在山上、谷中，他们以砍伐木材，采摘橡栗，并以狩猎为生。那里的放高利贷者，多的有一千万，少的也有六七百万。他们放贷的利息率大约为百分之五十。那里借贷的贫民有八百多家。

东郭牙从东方回来报告说：东方的百姓，住在山地周围，大海附近，地处山谷，上山砍伐木材，从事渔猎，他们以纺织葛藤粗线为生。那里的高利贷者有丁、惠、高、国四家。多的放债有五千钟粮食，少的也有三千钟。放贷的利息，是借出一钟粮食，收利五釜。那里借贷的贫民有八九百家。

隰朋从北方回来报告说：北方的百姓，住在水泽一带和大海附近，从事煮盐或在济水捕鱼，他们以打柴为生。那里的放高利贷者，多的有一千万，少的也有六七百万。他们放贷的利息率大约为百分之二十。那里借贷的贫民有九百多家。

上述放高利贷者共放债三千万钱，三千万钟左右的粮食，借贷贫民三千多家。

管仲感慨地说：“真没有想到，齐国的百姓，竟要负担五个国君的征敛。这样还想国家不穷，军队不弱，百姓不贫困，怎么可能呢？”

针对这个问题，管仲想出了一个办法。几天后的政令台前，贴出了布告，内容是：

凡前来朝拜齐侯、进献贺礼者，都要献织有‘鐻枝兰鼓’花纹的美锦。无‘鐻枝兰鼓’花纹的美锦者，不得入见。

布告张贴出来以后，管仲又暗自下令，朝廷库存的“鐻枝兰鼓”花纹的美锦只进不出。此后一段时间内，“鐻枝兰鼓”花纹美锦价格暴涨，每匹价格高达万钱。这时，全国的放高利贷者都收到一个请柬，内容均是齐桓公设宴款待。这些放高利贷者收到国君的请柬，感到无上光荣，人人都春风满面地赶到临淄赴宴，一时间，朝野都知道了国君设宴招待富豪乡绅这件事。

国宴上，齐桓公起立向与会的富豪乡绅们说：“朝廷要办的事情很多，要支付百官俸禄，要搞建设，还要打仗。所有这些费用，都来自朝廷的税收。听说在座的各位把钱、粮借给贫民，使他们得以完成向朝廷纳税的任务，寡人非常感激你们。来，寡人敬你们一爵。”

与会者都是放高利贷发了横财的人。他们见国君竟还要设宴款待，感谢他们，一个个志得意满，纷纷端起酒爵，接受齐桓公的敬酒。

齐桓公装着很高兴的样子，看着大家喝完酒之后，话锋一转说：“但是，全国的百姓借高利贷向朝廷缴纳赋税，寡人既感谢天下子民的忠心，心里也很不安。寡人身为齐国之君，治下的子民竟要借高利贷度日，心里实在是不安呀！寡人想替齐国子民偿还高利贷的本息，苦于国库里没有钱。目前，市场上‘鐻枝兰鼓’花纹的美锦，每匹价格在万钱以上，寡人想用这些‘鐻枝兰鼓’花纹的美锦替贫民们偿还高利贷的本息，使他们免受债务负担之苦。”

高利贷者连忙俯首下拜道：“君上如此关心百姓，请允许我们将债券捐献于堂下，免除百姓的债务。”

“那可不行。”齐桓公体贴地说，“诸位使齐国的贫民春得以耕，夏得以耘，寡人感谢你们都来不及，没有对你们予以奖励，寡人已经是很过意不去了。这点东西你们都不收，寡人心里就更不安了。”

放高利贷的人个个都是人精。他们何尝不清楚，这是国君变着法子要他们出血，但是，国君将高帽子已经戴在他们的头上，想摘也摘不下来，只好接受了齐桓公的“好意”，拿出他们所有的借贷凭条，按万钱一匹的价格，拿走了等量的“鑲枝兰鼓”花纹的美锦。

朝廷用不到三千匹织锦，清偿了四方贫民所借高利贷的本息，免除了他们的债务。四方之贫民听到这个惊天的消息，奔走相告，一会儿是父告诉其子，一会儿是兄告诉其弟，大家都说：“种田除草，是君王的迫切要求，我们还可不用心吗？国君对我们的关怀竟然到了这种地步啊！”

招商政策有优惠

齐桓公带着随从巡视全国各地，这一天到了平陵，见路边有几间茅屋，便停车走了进去。茅屋里家徒四壁，几件缺胳膊少腿的农具靠在墙根，一个底朝天的破米缸孤零零倒在墙边角落里，用土砖架起的简陋的床铺上除了草，什么也没有。茅屋的主人、一个年过花甲的老头儿见有客进门，满脸堆笑地迎上前。

齐桓公关心地问：“老人家，就你一个人吗？为什么没有人供养你？”

老人伤心地道：“我有五个儿子，因为家里穷，没有钱为他们娶媳妇，我让他们出门打工去了，指望能赚点钱娶门妻室。”

齐桓公未曾想到，世上竟有这么多人无妻，而自己却是妻妾成群，后宫还有无数的美人排着队等候临幸，很多宫女连见自己一面的机会都没有。想到自己没有女人时的烦躁，齐桓公很是同情老人的处境，对老人道：“叫你的儿子们都回来吧，寡人送五名宫女给他们为妻。”

开方见老人愣在那儿，便说道：“这是国君，还不磕头谢恩。”

老人面对这从天而降的喜事，简直不相信自己的耳朵，惊得一时不知所措，见开方如此说，才知此事是真的，不是做梦，顿时喜极而泣，立刻跪倒在地，不住地磕头。

“起来吧！”齐桓公说道，“乡下无妻之人很多吗？”

“很多啊！国君。”老人站起来，指着远处山脚下一个小山村说道，

"那个村庄叫鹿岭，鹿岭有个老人叫鹿门稷，已经七十多岁了，就是因为穷，无钱娶妻，还是一个鳏夫。"

"啊！"齐桓公发出轻轻的感叹，心里想，回去一定要同仲父讨论这个问题。

管仲知道齐桓公巡视平陵，将五个宫女送给一个乡下老人的五个儿子为妻的事情后，进宫求见齐桓公，带着嘲讽的口吻道："主公所施之恩惠，是不是太小了点？"

齐桓公以为自己做了一件善事，正得意扬扬之时，听到管仲的讽刺之词，似乎有些不高兴，反问道："仲父为何要这样说话？难道寡人做错了吗？"

管仲毫不客气地说道："如果天下人都等到被主公发现后再施以恩惠，齐国没有粮食吃的人早就死光了，没有妻子的人也就多了。"

齐桓公从来就没有想过这个问题，也不知管仲到底想说什么，但觉得管仲说得似乎有些道理，忙说道："仲父你说，你想要寡人做什么？"

"俗话说，君恩不下乡，是说民间疾苦千千万，靠君主逐个施舍，只能治标，难以治本。若仅仅是施舍，一个土财主就能做到，何须主公亲自出手呢？"管仲说道，"君主治国，要从制度、政策上予以完善。比如，解决有人无妻的问题，那就颁布法令，让齐国的男子二十岁而娶，女子十五岁而嫁。"

"好！好！好！仲父说得有理。"齐桓公突然想到鹿门稷，故意问道："仲父知道不知道，民间有没有老而无妻之人呢？"

管仲虽说是日理万机，但对民间的事情却很留心，略想了想说道："臣听说有个叫鹿门稷的老人，已经七十多岁了，还是个鳏夫。"

鹿门稷的遭遇，唤起了齐桓公的怜悯之心，问道："怎样才能让他娶上妻室呢？"

管仲正在筹划一项政策，早就等待有这么一个劝谏的机会，于是答道："臣听说，朝廷过分聚敛财货，天下百姓必然困穷；宫中有怨女，民间必然有老而无妻之人。"

"仲父说得有理，寡人服了。这样好不好？"齐桓公以商量的口吻道，“宫中所有宫女，凡未被寡人临幸过的，全部放出宫，一律嫁到民间去。”

“谢主公恩典。”管仲微笑道，“将宫女遣送出宫，臣非常赞同。不过，臣却不想将她们放到民间去，臣要留下来，以作大用。”

“不行，不行。”齐桓公连连摇头道，“寡人之所以将宫女遣送出宫，是要解决民间有人无妻的问题，不是给仲父你的。”

管仲听罢哈哈大笑：“主公以为臣自己要这些宫人吗？”

齐桓公反问道：“不是吗？”

“差矣！这批宫女，个个颇有姿色，臣要将她们派大用场。”管仲解释道，“臣欲在临淄及齐国的大城市设置女闾（即妓院），将这批宫女派到女闾去当侍应女。”

“什么？什么？”齐桓公问道，“女闾是怎么回事？侍应女又是做什么的？”

管仲道：“臣正欲向主公禀报这件事。自臣颁布招揽外资的优惠政策之后，各诸侯国的商人蜂拥而至，然而，这些外国商人以及游士来到齐国后，由于是只身在外，妻妾皆留在家里，身边并无女眷。他们都很恋家，难以在齐国久待下去。设置女闾，让这些长居齐国的外国商人能够摆脱身边没有妻室、女人的烦躁和不安，使他们在齐国有一种家的感觉。”

齐桓公：“招徕外商的优惠政策，寡人怎么不记得了？”

管仲：“主公国事繁忙，可能不记得了，这件事，臣向主公禀报过的。”

齐桓公拍拍脑袋：“让寡人想想。”

原来，齐国称为盐铁之国，自然资源最为丰富的当属盐和铁，至于其他商品如：皮、骨、筋、角、竹箭、羽毛、象牙、皮革、中药材、粮食等，都很匮乏。一次，齐桓公询问管仲，有什么办法能够得到这些商品。管仲道：“齐国没有这些东西，那就只有通过交易，多方收购，别无他法。”

“收购？”齐桓公道，“如何收购，商人不来，总不能上门去将他们拉到齐国来吧？”

“臣有办法让各国的商人都到齐国来做生意。”管仲信心十足地说。

齐桓公问道：“仲父有何办法，让各国商人都到齐国来做生意？”

“制定优惠政策以招徕外商。”管仲很有把握地说，“商人走南闯北，贩买贩卖，买贱鬻贵，为的是赚钱。只要我们制定优惠政策，并公知于天下，让各国商人都知道，齐国的经济环境好，到齐国来经商，能够赚钱，赚大钱。这样，他们一定会趋之若鹜，不请自来。”

齐桓公非常赞同管仲的意见。命管仲制定招商引资的一揽子优惠政策，鼓励、吸引外国商人到齐国来做生意，并将优惠政策张贴在政令台和各交通要道上，让更多的人知道。其具体优惠政策是：

> 国君令：为诸侯国来的商人修建招待客栈。规定：凡来四马所驾一乘车的外商，免费供给食物；来十二匹马驾三乘车的外商，再加供给马匹的饲料；来二十匹马五乘车的外商，除享有上述优待政策外，另外再配五个专职服务人员。

优惠政策颁布之后，各国的商人果然趋之若鹜，如潮水般涌来。齐国的市场经济迅速兴旺繁荣起来。

外商来了，市场繁荣了，经济也搞活了。但是，时间一长，很多外国商人又陆续走了。管仲不明所以，经了解才知道，外商来到齐国，身边并未带女眷，时间久了，生理上、心理上的压力不能发泄，渐渐有了恋家的感觉。故此很多外商先后都回家了。

设置女间

管仲看在眼里，急在心头，总想为外商解决这些具体问题，故有了设女间的打算。由于女间中的侍应女不能落实，虽有设女间的想法，一直也没有付诸实施。

管仲知道宫中侍女很多，她们中间有很多不但从未被齐桓公临幸过，甚至连见齐桓公一面的机会都没有。那么多如花似玉的妙龄少女，在宫中守着齐桓公一个男人，白白地浪费了青春年华。但在那个年代，宫中的女人没有人身自由，虽有思春之念，却不能也不敢越雷池一步。

管仲双眼看着齐桓公，等待他的回答。

“想起来了。”齐桓公有些不好意思地说，“就是那个一乘车者供饭食、三乘车者外供牲口草料、五乘车者配五名侍者的政策？”

管仲微笑地点点头。

齐桓公道：“效果如何？”

“优惠政策公布之后，天下客商趋之若鹜，闻风而来。”管仲道，“只是，来是来了，但很多却没有留住，过了一段时间又走了。”

“啊……”齐桓公似乎明白了。

管仲道：“臣设置女闾，将宫中遣出的宫女派到女闾中当侍应女，通过其他途径挑选一些，充实到女闾中去，借以留住外来宾客。”

“仲父哟！”齐桓公大笑道，“此等妙招，也只有你才能想得出来。”

“臣也是被逼出来的。”管仲道，“臣设女闾，不仅仅是留住宾客而已。”

“怎么？”齐桓公问道，“还另有文章？”

“当然。”管仲道，“只要有赚钱的机会，臣一定会紧紧抓住，决不会轻易地让其从手边溜走。”

齐桓公饶有兴趣地看着管仲说道：“仲父又有何妙招？”

“女闾设置之后，不仅会留住现有宾客，同时还会吸引更多的商贾到齐国来做生意，这样就能极大地促进齐国工商业的发展。”管仲话锋一转，手舞足蹈地说，“同时还可吸引大批游士到齐国，这些游士大多放荡不羁，他们最大的爱好就是美酒和女人。齐国设女闾，为他们提供任意挑选的女人，他们一定会像蚂蟥闻到血一样，蜂拥而来。”

“让他们到女闾去销魂？”齐桓公问道，“朝廷能得到什么？”

管仲道：“臣要收‘夜合之资’以充国用。”

“夜合之资？”齐桓公惊问道，“仲父真是异想天开呀！”

“只要天能开，异想怎么不可以？”管仲反问道。

“寡人不反对仲父这样做。”齐桓公道，“女闾开张了，别忘了通知寡人一声，寡人想看看，仲父开设的女闾，到底是什么样子。”说罢哈哈大笑。

“只要主公有兴趣，随时可以前去考察体验。”管仲说罢，大笑不止。

管仲为相，在齐国推行了一系列的改革措施，使齐国走上了富国强兵之路。而其所创设的女闾，只不过是其中的一个小插曲。他设置女闾，完全是出于一种政治目的和经济目的的需要，并不是为了淫乐。然而，他所设置的女闾，却开创了中国古代官妓之先河。在此后的中国历史上，出现了一种专操皮肉生意的行业——妓院和专操皮肉生意的职业——妓女。管仲此后征收的“夜合之资”，也就是后世的所谓“花粉税”“花粉捐”。这恐怕是管仲当初所始料未及的了。有人说，管仲乃中国妓女之祖师爷，虽是一句笑谈，却也是恰如其分。

茫茫原野上，传来阵阵驴、马欢叫声，数十辆满载着皮、骨、筋、角、竹箭、羽毛、象牙、皮革、中药材、粮食等物资的驴车、马车行走在官道上。

两位衣着考究的商人跟在车队后面边走边聊。其中一位道：“阿克苏，听说你回了陈国，打这么多货，要到哪里去发财？”

“满哈里，你不是也回了莒国吗？又准备到哪里去。”

“到齐国去。”满哈里道，“听说齐国设了女闾，到齐国去做生意，再也不愁身边没有女人了。”

“齐国政策优惠，有钱赚，还有美人相伴，我当然也是到齐国去。”阿克苏大大咧咧地说。

“过去，出门在外，老婆不在身边，真是难熬呀！”满哈里哈哈大笑着说道，“现在好了，齐国设置女闾，想女人，随时可以到女闾去逍遥快活，再也不受身边没有女人之苦了。”

正是由于管仲采取了一系列的优惠措施，天下各国的商人纷纷到齐国经商，真正是“天下之商贾归齐若流水”。

管仲一系列富有成效的经济改革，收到了“通货积财，富国强兵”的效果，使齐国一跃而再次成为名副其实的大国、强国。正是靠着雄厚的经济基础，才使齐国称霸成为可能。

春秋首霸

（下册）

余耀华◎著

中国出版集团
研究出版社

图书在版编目（CIP）数据

春秋首霸 / 余耀华著 . -- 北京：研究出版社，2022.12

ISBN 978-7-5199-1277-2

Ⅰ . ①春… Ⅱ . ①余… Ⅲ . ①中国历史 – 齐国 – 春秋时代 – 通俗读物 Ⅳ . ① K225.09

中国版本图书馆 CIP 数据核字（2022）第 168347 号

出 品 人：赵卜慧
出版统筹：张高里　丁　波
责任编辑：安玉霞

春秋首霸
CHUNQIU SHOUBA
余耀华　著
研究出版社 出版发行
（100006　北京市东城区灯市口大街 100 号华腾商务楼）
北京中科印刷有限公司　新华书店经销
2022 年 12 月第 1 版　2022 年 12 月第 1 次印刷
开本：710 × 1000 毫米　1/16　印张：41.25
字数：600 千字
ISBN 978-7-5199-1277-2　定价：98.00 元（全二册）
电话（010）64217619　64217612（发行部）

第一章　首合诸侯

第二章　胁迫下的盟约

第三章　市场经济

第四章　牧牛人放歌

第五章　不拘一格降人才

第十一章 北伐

第十二章 妙计灭令支

第十三章 踏平孤竹

第十四章 鲁难

第二十章 齐桓公的烦恼

第二十一章 极乐葵丘

第二十二章 星陨

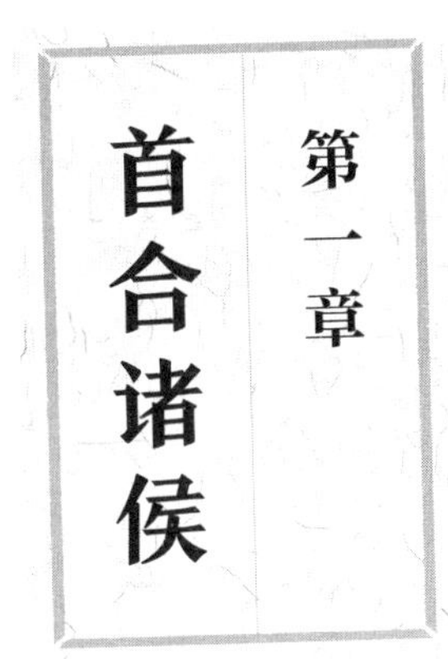

第一章 首合诸侯

天赐良机

管仲主政以后，政治上修旧法，举新政，行政上推行“三国”“五鄙”的朝野分治制度；军队改革实行“作内政而寄军令”，即寓兵于民；经济上推行“相地衰征”的农业赋税政策、“官山海”政策，并实行各项优惠政策吸引外商，大力促进齐国工商业的发展。几年下来，齐国经济得到迅速增长，市场呈现一派欣欣向荣的景象。

正在齐国经济飞速发展之时，宋国却发生了惊天动地的动乱。

事情的起因要追溯到齐、宋联合攻打鲁国这件事上。宋国大夫南宫长万在那次战争中为鲁国所俘，在宋国的请求和齐国的调解下，鲁国才将南宫长万释放回国。本来，南宫长万在宋湣公心中的地位是相当高的，但自从他战败被俘之后，宋湣公心里对南宫长万萌生了轻视之意。

一次，宋湣公与南宫长万相约去打猎，并设赌局，猎物多者为胜，败者摆宴请客。狩猎本是一种游乐，败者摆宴请客，只不过是以博一笑而已，算不得什么。谁知两人在狩猎过程中较上了劲，追杀野兽争先恐后，南宫长万虽说为臣子，但对宋湣公没有丝毫相让之意，为争夺道路互不相让。宋湣公一怒之下骂道：“南宫长万，以前寡人佩服你是一个英雄，尊敬你，自从你做了鲁人的俘虏之后，寡人就不再尊敬你了，甚至还瞧不起你，由于你无能，才使宋国打了败仗，使寡人蒙受战败的奇耻大辱。”

南宫长万是宋国有名的大力士，战败被俘是其一生之奇耻大辱，宋滑公以此来羞辱他，正是揭了他的伤疤。俗话说，打人莫打脸，骂人莫骂羞。宋滑公不识此道，借南宫长万兵败被俘之事羞辱于他，图一时之口快，却为他日后惹来杀身之祸。这就是祸从口出。

宋国大夫仇牧私下里曾对宋滑公说，“君臣之间，应以礼相待，不可随便戏言。君戏臣，是对臣的不尊重；臣戏君，则是大不敬。不尊、不敬则相互间会有怠慢，怠慢则导致失礼，进而滋生悖逆之事。君上一定要戒之，切不可任意而为”。

宋滑公不以为然地说：“孤与长万，关系一向很好，没有什么大不了的，言语相激，只不过是戏言罢了。”

齐桓公五年（公元前 681 年），周庄王驾崩。太子胡齐继位，是为周釐王。周室遣使向天下诸侯国传送讣告。使者到宋国时，宋滑公与宫人正在蒙泽玩游戏。南宫长万有一绝技，就是将戟掷向空中数丈高，然后伸手接住，从未失手。宫人都想观看南宫长万的绝技，便向宋滑公建议，请南宫长万一同出游。宋滑公便召南宫长万一同出游。在游玩过程中，南宫长万奉命献掷戟绝技，博得宫人满堂喝彩。

宋滑公虽为国君，好胜之心却特别强，见南宫长万掷戟博得满堂喝彩，心中暗生妒忌之意，命内侍取过博戏，邀南宫长万单挑，输者罚喝酒。酒，是烈酒；斗，用大金斗。

博戏是中国最早的一种博弈游戏，又称“六博”，有六支箸和十二个棋子，箸是一种长形的竹制品，相当于打麻将时所用的骰子。博弈双方相对而坐，棋盘放在两人中间，盘为十二道，两头当中为水。把长方形的黑白各六个棋子放在棋盘上。又用鱼两枚，置于水中。比赛双方轮流掷骰子，根据掷采的大小，决定棋子前进的步数。棋子到达终点，将棋子竖起来，成为骁棋（或称枭棋）。成为骁的棋，便可入水“牵鱼”获筹。获六筹为胜。未成骁的棋，就称为散棋。骁棋可以攻击对方的棋子，也可以放弃行走的机会而不动，散棋则不可以。

宋滑公之所以选择博戏，是因为他是博戏高手，南宫长万根本就不是他的对手，连负六局，罚酒六斗，南宫长万已有八九分醉意，连输连罚，心中不服，趁着酒性，抓起骰子说道：“来，再博一局，我就不相信赢不了你。”

宋湣公见南宫长万不服气，挖苦地说：“囚徒乃常败将军，不是寡人对手，你就是使出吃奶的力气，恐也难胜寡人一局。”

“你……”

南宫长万见宋湣公如此轻蔑自己，且再次以战败被俘之事羞辱，不由得怒火中烧，正要发作。

“主公！”宫侍近前报告，“周天子遣使来宋，正在外面候见。”

宋湣公以博戏将南宫长万杀得狼狈不堪，正自得意，头也不抬，高兴地说道：“有请！”

周王室使者应声而入，彼此礼过之后，宋湣公问道：“天子使臣来宋，不知有何上命？”

周王室使者朗声说道：“庄王驾崩，太子胡立继位，是为周釐王。本使奉周釐王之命，一是传庄王驾崩的讣告，二是通告周釐王即位之讯。”

“啊！”宋湣公正色地说，“周室庄王驾崩，新天子即位，宋国当派遣使臣前往凭吊和祝贺。”

南宫长万忙奏道：“臣从未到过洛邑，不知王都是什么样子，恳请君上，臣愿为使臣赴王都吊贺。”

“嘿，嘿！”宋湣公冷笑两声道，“宋国即使再无人，也不会派遣一个囚徒为使呀！”

宫人听罢，大笑不止。南宫长万羞得面红耳赤，接着又听到宫人的讥笑声，更是恼羞成怒，兼之酒性发作，大骂道：“无道昏君，你知囚徒也能杀人吗？”

“大胆贼囚！怎敢无礼！”宋湣公也是大怒，伸手去抢南宫长万手中长戟。南宫长万也不来夺，提起博戏，劈头盖脸砸向宋湣公，宋湣公应声倒地，南宫长万飞身上前，举起铁拳就打。南宫长万是宋国有名的大力士，铁拳下去，力有千斤，宋湣公哪里承受得住，三拳两拳，登时死在南宫长万的铁拳之下。

宫人见南宫长万打死了国君，轰然而散，纷纷大呼：“南宫长万弑君了！南宫长万弑君了！”

南宫长万怒气未消，提戟大步来到朝门，正好遇上大夫仇牧，仇牧问道：“主公何在？”

南宫长万答道：“昏君无礼至极，已被我杀了。”

仇牧闻到南宫长万身上酒气熏人，笑着问：“将军醉了吧？”

“谁醉了？”南宫长万伸出沾满鲜血的手说，“你看，这是什么？”

仇牧见南宫长万满手鲜血，知其所言非虚，勃然变色，大骂：“弑君之贼，天理不容。”话音刚落，举起手中笏板，击向南宫长万。

南宫长万掷戟于地，空手相迎，左手一扫，将笏板打落在地，右手铁拳顺势一挥，将仇牧打得脑浆迸出，当场毙命。南宫长万俯身捡起地上的铁戟，从容登车，扬长而去。

太宰华督听到叫声，带兵前来平乱，刚走到东宫西门，正好与南宫长万相遇。南宫长万什么也不说，催车上前挺戟便刺，华督不是南宫长万的对手，只一回合便坠落车下，南宫长万又补一戟，华督便一命呜呼，到阎王爷那里报到去了。

南宫长万弑君后，拥立公子游为宋国国君，将宋湣公手下的大族尽行驱逐。宋国众公子惊闻国变，大都逃到萧邑避难去了，公子御说则投奔到亳邑。

南宫长万知道公子御说有才华，且又是宋湣公的嫡亲弟弟，只要除掉公子御说，其余众公子也就不足为虑了。于是派儿子南宫牛和大将猛获率大军包围了亳邑，欲捉拿公子御说，以绝后患。

萧邑的萧叔大得知南宫牛在攻打亳邑，率领被驱逐的戴、武、宣、穆、庄五族及众公子，向曹国借来军队，驰援亳邑。公子御说得知救兵来了，率亳邑的百姓大开城门，从城中杀出，里应外合，一举击败南宫牛和猛获率领的军队，南宫牛被杀，猛获落荒而逃，因不敢回宋，于是投奔卫国去了。

戴叔皮向公子御说献计：“可使用降兵旗号，假称南宫牛攻克亳邑，擒了公子御说，得胜回朝，然后趁机除掉弑君之贼。”

公子御说采纳了戴叔皮的建议，派人一路传言，说南宫牛得胜回朝，借以麻痹南宫长万。随后带着得胜之师，杀回都城。撞开城门，一拥而入，三军大叫：“只杀弑君之逆贼长万一人，其他人等不必惊慌。”

南宫长万闻讯，吓得不知所措，仓促间急奔朝中，欲带上新君子游出逃，奔跑之中，见满街都是甲兵，乱军中有一内侍跑到长万面前说道：“主公已被乱军所杀。”

南宫长万长叹一声，知大势已去，思之再三，知列国之中，唯有陈国与宋国没有交往，于是杀回家中，将八十岁的老母扶上车，左手挟戟，右手推车而行，一路上竟是无人能挡，杀开一条血路，夺门而去。

宋国众公子杀掉子游后，拥立公子御说为君，是为宋桓公。

公子御说即位后，拜戴叔皮为大夫，选五族之贤者，为公族大夫。萧叔大仍归守萧邑。

宋桓公即位后，遣使到卫国引渡猛获，到陈国引渡南宫长万。当时，公子目夷年仅五岁，乳臭未干，侍候在宋桓公的身边，听父亲遣使于陈，竟然像大人一样，笑着说：“长万必不能引渡回宋。”

宋桓公说：“你个小孩子，知道什么？不要乱说话。”

目夷回答说：“勇武之人，谁都想得之，长万乃万人敌，被宋国所弃，这样的人，难道陈国会轻易放弃吗？他们必定要加以庇护，宋使必当空手而归。不信就走着瞧。”

宋桓公认为目夷言之有理，系备了一份厚礼，让使臣带往陈国送与陈国国君。

卫国卫惠公接待宋国使臣后，并不想交人，卫大夫石祁子劝谏说：“主公，天下之人有共同的是非好恶标准，宋国所憎恶的人，卫国却要将他保护起来，这有什么好处？为保护而得到一个猛获，但却因得罪而失去一个国家，与恶人相处而抛弃友好邻邦，这是不合算的。”

卫惠公听从石祁子的劝谏，把猛获交给了宋国使臣。

宋国使臣至陈国，先以重宝献于陈宣公，然后要求引渡南宫长万回宋。陈宣公因收了宋国的贿赂，欣然同意将南宫长万交给宋国，但担心南宫长万勇武过人，不易擒拿，便设了一个美人计，先是发一个请柬，宴请南宫长万，筵席之间，几个美女轮流敬酒，将南宫长万灌得烂醉如泥，然后将南宫长万装进皮袋里送到宋国。宋国将南宫长万与猛获用酷刑处死。

御说虽说继承了宋国君位，但却没有得到诸侯的承认，地位并不稳固。正是这件事，为齐桓公称霸提供了一个大好的机会。

借题发挥

齐桓公对管仲说："寡人承仲父之教，对国政进行改革，如今的齐国兵精粮足，国富民强，百姓都知礼仪，寡人欲立盟约，修霸业，仲父以为如何？"

"称霸诸侯，是齐国的既定目标，对外却不能赤裸裸地这样说，这样，齐国将会成为众矢之的。"

齐桓公问道："仲父认为该怎么办？"

管仲审时度势地说："当今诸侯，强于齐国的很多，南有荆、楚，西有秦、晋，各自逞英雄，不知尊奉周王室，所以不能成就霸业。周王室虽然衰微，但仍然是天下共主，平王东迁以来，诸侯不朝，不向周天子纳贡，这种不尊礼法的混乱局面应该整顿。如今周庄王驾崩，周釐王初立，宋国又遭南宫长万之乱，贼臣虽然死了，但宋君的地位并不牢固，有可能还要出乱子。主公可派遣隰朋前往洛邑朝见，一是祝贺周室新王登位；二是请周天子下旨，以齐为主，大会诸侯，安定宋桓公的君位。以此作为称霸的契机。大会诸侯之后，主公的威望必将大大提升。然后奉天子以令诸侯：对内尊重周王室，对外扶持中原各国中衰弱的国家，抑制强暴国家，讨伐昏淫无道的诸侯，抵制入侵中原各国的外来之敌。使海内诸侯都知道齐国坚持正义，大公无私。这个形象一旦确立，各诸侯国必然都来依靠齐国。如此一来，不需动用兵车，主公就可获得霸主的地位。此举名为高举'尊王'之名，实行'称霸'之实。"

齐桓公采纳了管仲的意见，立即派隰朋出使洛邑，朝贺新天子周釐王，并请命召开盟会，以定宋君。

周釐王见齐桓如此尊重周王室，惊喜异常，立即下旨，由齐侯出面大会诸侯，安定宋室。

齐桓公大喜，询问管仲："王诏已下，何时发兵？"

管仲成竹在胸地说："先向诸侯传达天子之命，然后再会诸侯于北杏，在会上公推盟主，由盟主执行天子之命。然后，诸侯国军队，由盟主统一指挥，这样就可以战无不胜了。"

于是，齐桓公立即派出使臣，将周王室之命传达给宋、鲁、陈、蔡、卫、郑、曹、邾等国，约定三月初一，在齐国的北杏（今山东省东阿县境内）召开会议。

诸侯得知齐桓公召开盟会是奉周王之命，都同意参加盟会。

事实上，宋国自曹叔大借兵平息南宫长万的叛乱、立公子御说为君之后，国内局势已经安定下来，根本不存在君位未定的问题。齐桓公召集诸侯在北杏会盟，安定宋国，只不过是一个借口而已，真正的目的，是想显示齐国的权威，以图霸业。

齐桓公认为北杏之会是齐国大显威风的好时机，于是询问管仲："仲父，北杏之会，需要带多少兵车？"

管仲摇摇头说："此次是奉周天子之命与诸侯相会，不必带兵车，这次大会是衣裳之会。"

春秋战国的传统，举凡重大会盟，一定要举行祭天大礼，否则不能得到上天的庇护。随之，管仲安排王子城父率军前往北杏筑坛祭天。

这是一座三丈高的木架祭坛，依土丘而建，坛为三层，左边悬挂编钟，右边摆上乐鼓，中间摆上周天子虚位。旁边设置一个土台，土台摆上玉、帛、酒具等祭典应用之物。

离高台旁边不远的山脚下，依次盖起了十余座高大敞亮的馆舍，这是各国诸侯在"北杏会盟"时的下榻之处。

二月下旬，宋桓公御说带百乘兵车率先到达北杏，齐桓公与管仲相迎于三里之外，然后将宋桓公安排到新建的馆舍住下。宋桓公说："齐侯遵周天子之命，召集诸侯集会，帮寡人安定君位，寡人真是感激不尽。"

齐桓公笑道："要感激就感激周天子吧！咱们都是周天子的臣国。"

宋桓公想起到北杏之后，没有见到齐国的一车一兵，不禁问道："寡人怎么没有看到齐侯的兵车，难道齐侯没有带兵车吗？"

齐桓公笑道："'北杏之会'，乃兄弟之会、衣裳之会，何须带兵车？"

宋桓公听后，命令手下将带来的兵车退到二十里之外驻扎。

安置好宋桓公之后，陈宣公杵臼、邾国邾子克二君相继到达，蔡哀侯献舞也带兵车来到北杏。他们见会场布置得如此气派，馆舍修得宽敞、舒适，心里异常兴奋，又见齐国没有带兵车，十分感动，都效仿宋桓公，将自家的兵车撤退到二十里外驻扎。

齐国向十多个国家发出了开会的邀请信，除宋、陈、邾、蔡四国领导人前来参加会议，鲁、卫、郑、曹等稍大一些的国家，均没有派人来。即使前来与会的四国，也是各有想法。

宋国虽然不如齐国强大，但毕竟也是一个大国，宋君是公爵，齐君是侯爵，在爵位上比齐国高出一等，一个堂堂大国，居然要由邻国主持召开一个会议帮自己巩固统治，这显然让宋桓公心里很不舒服，苦于齐国确实打着帮助宋国的旗号，只好勉强赴会。至于其他国家：蔡国因为与楚国有矛盾，所以希望加强与齐国的交往；陈国与邾国都是小国，不敢得罪齐国，只能前来捧场。其他未参加之国，多认为齐国还不足以强大到可以对自己发号施令的地步，因此并不理会齐国的邀请。这也从侧面说明了一点，要想成为一个真正的超级大国，不能由自己说了算，在没有向诸侯国展示出足够的实力之前，齐桓公不可能得到真正的尊重。

齐桓公没有想到自己会遭到冷眼，看着空荡荡的馆舍，郁闷至极，心灰意冷地说："仲父，诸侯不齐，不如改期会盟吧！"

管仲说："俗话说，三人成众，现在已有四个国家前来，不能说国家少。主公奉天子之命会合诸侯，对于齐国的霸业关系很大，如果改期举行，不仅失信于诸侯，而且有辱天子使命。言而无信，何以称霸？"

齐桓公虽然有些扫兴，但管仲的意见还是听得进去的，于是放弃了改期的念头。

管仲认为，陈国、邾国与齐国向来友好，蔡国不堪楚国的欺凌而转投齐国，这三国都不会反对由齐国主盟。鲁国、卫国不与会，说不定还是一件好事。现在唯独要考虑的是宋国的态度，在宋国内乱的平定中，齐国并没有出力，事后的话语权自然就没那么大。为了使齐桓公能被顺利推选为盟主，管仲对参会的诸侯展开了游说。他首先拜访会议的主角——宋桓公。

二人客套一番，管仲说明来意："此次会盟，要为殿下定位，然主盟之人，寡君命臣征询殿下的意见。"

宋桓公御说也猜出了管仲的来意，虽然极不情愿居齐国之下，但盟会是齐国奉周天子之命召开的，由齐桓公做盟主是合情合理之事，稍顿一会儿，说道："自然是请齐侯主持。"

管仲听后心中有底了，随后又分别拜访了其他几位国君。

小试牛刀

三月一日，风和日丽，五国诸侯齐集在盟坛下，彼此礼毕，齐桓公拱手对诸侯说："近年来，周王室衰弱，天下混乱。寡人奉周天子之命，会诸公以匡周室，诸公可先推举一人为盟主，做到权有所属，令行禁止。大家看，谁最合适？"

陈、邾、蔡三位国君交头接耳，议论起来，宋桓公独自沉吟不语。

管仲见宋桓公似乎有反悔之意，暗自担心，立即目示陈宣公，意思是说，该你出来说话了。陈宣公很想与齐国搞好关系，也很明白当前的形势，于是他率先打破沉默，对大家说："既然天子将召集之命交给齐侯，齐侯是代周天子召集这次聚会，他的地位无人替代，主盟一事，理应由齐侯担当，这样才能实施周天子的旨意。寡人认为，应推举齐侯为盟主。"

楚国老找蔡国的麻烦，不时挑起事端，蔡哀侯也想依靠齐国的势力抑制楚国，听了陈宣公的发言，立即附和道："兵强国大，威德兼备，除了齐侯，谁人能够主盟？陈侯言之有理，盟主非齐侯莫属。"

郳国是子国，爵位最低，更是想讨好齐国，见齐桓公不带兵车，以诚待人，也附和道："寡人同意蔡侯、陈侯的意见，推举齐侯为盟主。"

齐桓公面带喜色，微笑着问宋桓公："宋公意下如何？"

宋桓公有自知之明，国内政局混乱，自己的君位尚不稳固，还要依靠齐桓公助自己一臂之力。且齐桓公奉周天子之命，名义上是帮自己，也勉强表示赞同。

齐桓公假意谦让一番后登坛，诸侯也相继登坛。齐桓公为主，宋桓公次之，之后是陈宣公、蔡哀侯、郳子，皆鱼贯登坛。

盟坛之侧，早有人杀牛宰马，取其血献上。

齐桓公请诸侯歃血为盟，歃血之后，两边钟鼓齐鸣，音乐齐奏。五位国君先在周天子位前行面君大礼，然后互相交拜，共叙兄弟友情。

隰朋手捧约简，在天子位前跪读道：

> 周釐王元年三月一日，齐小白、宋御说、陈杵臼、蔡献舞、郳克，奉天子命，会于北杏，共同议定，扶助王室，抵御外侮，平定内乱，济弱扶倾。若无周天子之命，诸侯不得擅自征伐。有违反盟约者，列国共伐之！

盟约的核心为：若无周天子的命令，诸侯不得擅自征伐。齐国拥有征讨不服从天子之命的诸侯的大权，不受此盟约的约束。

齐桓公向周天子位拱手一揖，朗声道："齐国唯约是从！"

陈宣公、蔡哀侯、郳子也都各自向周天子位拱手施礼道："唯约是从！"

宋桓公仅向周天子位施了一礼，退过一旁，没有说话。

"北杏之会"虽然与会的诸侯不多，但此次盟会的召开，体现了管仲的运筹之能，初显齐桓公的霸主风度。《论语》称齐桓公"九合诸侯"，"北杏之会"是第一会。

管仲见五国之君都已盟约，悬着的一颗心终于放下了。他整一整衣襟，上前拜贺诸侯，然后说："鲁、卫、郑、曹四国，故违王命，不来赴会，不可不讨，以正王命。”

四国诸侯不禁一愣，他们以为刚才只不过是口诛一下缺席之国，历来也没有哪次真要讨伐的。现在管仲却认真起来，真要兴兵，看来刚刚盟誓中的“有违反盟约者，列国共伐之”是早就埋下的伏笔。而对宋桓公而言，这岂是伏笔，简直就是一个圈套!

齐桓公向四君拱手道：“敝国兵车不足，愿请诸君联合，齐心协力，予以讨伐。”

陈宣公、蔡哀侯、邾子表示听从盟主调遣。宋桓公含糊其词地说：“此事容寡人考虑一二。”

会盟结束之后，宋桓公回到馆舍，心中闷闷不乐，长吁短叹。相国戴叔皮已经知道会盟的内容，心中也是愤愤不平，见宋桓公闷闷不乐，关切地问：“主公，有什么心事吗？”

宋桓公长叹一声道：“宋国是公，齐国是侯，齐侯妄自尊大，打着周天子的旗号，僭位主盟，欲调遣各国兵车，讨伐不参加会盟的诸侯。陈侯、蔡侯、邾子看齐侯的眼色行事，以后，宋国恐要为此疲于奔命了。”

戴叔皮冷笑一声说：“北杏会盟，受邀请的有九国，实际只到五国，仅过半数而已。可见齐侯威望并不高，尚未形成气候。如果征服了鲁国和郑国，齐国霸业即成，齐国如果称霸，非宋国之福，与会四国，唯宋为大，宋不出兵，三国自行解体。况且，此次‘北杏之会’，是得到周天子的认可，以巩固主公的地位。现在目的已经达到了，还有必要留在这里吗？”

宋桓公想了想，忽地站起来，果断地说：“对，寡人堂堂公国，为何要受制于齐侯？传寡人命令，做好准备，今夜五更返程。”

第二天一大早，齐桓公从馆舍出来，深深地吸了一口旷野的新鲜空气，仰天长啸：“爽，太爽了！”

突然，侍卫来报：“主公，宋桓公不辞而别。”

“什么？”齐桓公大惊，“到底怎么回事？”

侍卫道：“卑职早上起来，见宋国的馆舍特别安静，觉得奇怪，走近一看，里面空荡荡的，没有一个人。宋国君臣不辞而别了。”

眼看刚订立的联盟，仅维持不到一天，主角就逃跑了，齐桓公怒火中烧，大吼道：“传令大将军仲孙湫，立即率兵追击宋桓公。”

“慢！”管仲闻讯赶来了，制止道，“主公，切不可派兵追赶。”

“宋御说背盟，若听之任之，寡人威信何在？”

“主公难道忘了先襄公首止之会吗？”

齐桓公恍然大悟，齐襄公在首止之会上杀死郑公子亹和高渠弥，虽逞一时之勇，但此后信义尽失于天下诸侯，自己岂能重蹈覆辙，授人以柄。

管仲继续说道：“我们请人家来会盟，人家走了，派兵去追，似乎也没有这个道理。”

齐桓公点点头，接受了管仲的劝导，放弃了追击宋桓公的念头。

在当时一般人看来，齐桓公霸业征程中的第一次会盟，是以近乎失败的方式草草落幕。但在管仲看来，走出了艰难的第一步，就一定有第二步。事实上，“北杏之会”以后，齐桓公的霸业，开始走向正轨。

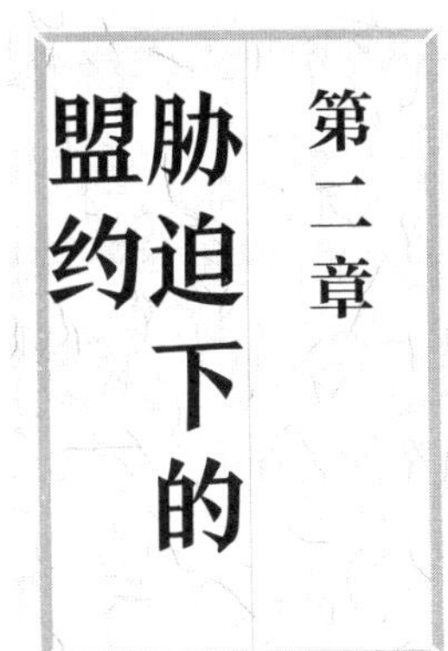

第二章 胁迫下的盟约

杀鸡儆猴

管仲下的是一盘大棋，他的计划是收服中原诸国，目标是成就霸业：首要任务是南方邻国鲁国，一旦收复鲁国，东部的曹、卫等国自然就会屈服于齐；其次是河南商丘一带的宋国；最后是平王东迁以来的强国——郑国。从近处着手，逐步及远，这样不仅可以避免出征时本土遭受攻击导致首尾不应的隐患，而且被收服进同一阵营的邦国，又会成为下一个收复目标的前哨和补给地。

管仲放弃追击宋桓公，是因为他觉得，宋国尽管背盟，好歹人家参加了“北杏会盟”。可鲁国呢？连面都没有露一下，无视齐侯事小，无视周天子罪大。因此，他主张先伐鲁国，不制伏鲁国，怎么能制伏宋国。但他又不打算用一场战争来解决鲁国的问题，不战而屈人之兵，那才是上上之策。于是故意问大司马王子城父：“城父，如果齐、鲁开战，齐国胜算几何？”

“齐国实力虽然强于鲁国，但鲁国也非小国，不是一个软柿子，两国开战，若论输赢，则要看天时、民心及谋略是否有利于我。”

“反过来说，鲁国若要取胜，就更没有把握了？”

王子城父明白了管仲的暗示，他是要以一场无须流血的战争来收服鲁国，于是王子城父顺着管仲的意思说：“不战而屈人之兵，当然是上上之策。”

说到这里，齐桓公、鲍叔牙等人似乎明白了管仲的用意，但却不甚了然，都用期待的眼神看着他们。

“仲父的意思是说……”齐桓公似乎有些明白了。

管仲霍地站起来，绕过座席，来到挂在墙上的羊皮地图前，指着图上齐、鲁的边境说：“请主公率两万齐国虎师，联合陈、蔡、邾三国之师，一举灭掉遂国。灭遂，鲁国人心必乱，但仅此尚不足以收复鲁侯。”

齐桓公问道：“接下来该怎么办？”

管仲道：“主公再派一名特使到鲁国，责备鲁侯不赴‘北杏会盟’。同时派人送信给鲁侯之母文姜夫人，文姜夫人是主公的姐姐，肯定不愿意看到齐、鲁两国兵戎相见。鲁侯内迫于母命，外怵于兵威，必将求盟。如果鲁侯主动求和加盟，主公应当欢迎，鲁国可不战而盟。平鲁之后，再同周天子派来的军队一同讨伐宋国，那一定是势如破竹。”

“好！”齐桓公十分赞同管仲之谋，随之问道，“谁可为使？”

管仲满脸堆笑地看着隰朋，隰朋明白他的意思，说道：“请仲父吩咐。”

管仲道：“请大司礼辛苦一趟，去鲁国面见国母文姜，细节问题我们个别再谈。”

隰朋欣然领命。管仲各个环节分别布置妥当，然后分头行事。

齐桓公一面遣使洛邑，向周天子请命，一面亲率齐、陈、蔡、邾四国大军讨伐遂国。

遂国乃弹丸小国，怎能与四国联军抗衡，大军一到，顷刻之间土崩瓦解。

齐桓公灭掉遂国后，仍有乘胜攻打鲁国之意。管仲制止道：“鲁国是周室宗国，不可擅自用兵，联军暂时驻扎在遂国，派人送书到鲁国，责备他们不参加会盟之罪，鲁侯如果继续顽抗，不出城续盟的话，再进兵讨伐，也就师出有名了。”

管仲主张灭遂，实际上是敲山震虎，杀鸡儆猴，逼迫鲁国就范。

鲁庄公得知齐桓公率四国联军在边境驻扎时，心知这是要攻打鲁国的架势，但对方既没有下战书，也没有越境采取行动，自然不好主动出击，只得传令加强戒备。

谁知一觉醒来，却传来了遂国覆亡的消息。

毕竟是一个国家，怎么一夜之间，说灭就灭了呢？其实并不奇怪，遂国是一个很小的国家，国土面积相当于一个大一点的乡镇，面对四国联军，犹如蚂蚁遇到大象，毫无还手之力。但对于鲁国而言，遂国是一块军事要地，它位于济水之北，距鲁国都城曲阜不足百里，精兵朝发夕至。

齐侯宣布遂国的罪行：盟会不至，轻慢王命。

遂国是鲁国的附属国，也是鲁国的军事要塞，它位于济水之北，距鲁国都城曲阜不足百里，联军攻占了遂国，朝发夕至，便可直达鲁国都城曲阜城下。

齐桓宣布遂国的罪行——盟会不至，轻慢王命。

遂国被灭，鲁国朝野震动。一来齐国已明白地告知，这是“盟会不至”的结果，简直就是杀鸡儆猴；二来以后鲁国将两面受敌，形势极为被动。鲁庄公急忙召开朝会，商议应对之策。

公子庆父挺身而出说道：“长勺之战，齐军大败而归，齐国是鲁国手下的败将，如今竟然又兴兵来犯，臣愿带兵击退齐军！”

“不可，不可！”施伯忙出班奏道，“兵戎相见，绝非上策！”

鲁庄公看了这位智囊一眼，问道：“施大夫有何高见？”

施伯认为庆父有野心，担心他立功坐大，自己虽然不愿出战，但也不想让庆父出兵，于是说道：“臣以前曾说过，管仲是天下奇才，精通治国之道。齐国在他的治理下，已经是日渐强盛，羽翼又丰，齐国已不是过去的齐国了。管仲精通治兵之道，现在的齐军，也不是从前的齐军了。再加上陈、蔡、邾三国军队相助，更不可与他硬碰硬。北杏之会，齐侯打的是周天子的旗号，鲁国没有去，违抗了周天子之命，是我们理屈。齐侯率兵来伐，师出有名，不可抗拒。”

“那该如何是好？”鲁庄公急得团团转。

施伯说道：“为今之计，不如与齐国修好，齐军一定会不战而退。”

不战而屈人之兵

鲁庄公一时拿不定主意，此时此刻他真有点后悔当初没赴盟会。原以为盟会只是给宋桓公以定位，又不是什么要紧的事情，历来这样的盟会，都只是做做样子而已，谁会事后较真，以“轻慢王命”相讨？周王之命早就不如一个二流的话语重要了。

鲁国上下正在战、和之间犹豫不决，一队齐使已翩然而至，出乎所有人的意料，使节不是为两国剑拔弩张的局势而来，而只是代表齐侯探视姐姐文姜。算起来也无不妥，毕竟齐、鲁两国并没有开战，表面上还是和平局面。

但在这种特殊时期，这一切又让人有点看不懂，甚至觉得有点别扭，鲁庄公也是一头雾水，猜不透齐侯葫芦里到底卖的是什么药。

一般情况下，外国使节谒见国母，是不合体制的，但隰朋出身公族，故又称公孙隰朋，身份是齐桓公和文姜的弟弟，自然有特殊的娘家人的身份。隰朋置办的礼物也特别讲究，不仅名贵稀罕，而且多是齐国的珍品。

文姜对隰朋带来的礼品非常满意，笑纳之，并高兴地召见隰朋。

接待隰朋的地方是文姜避暑的别馆，在桓宫东南约十里处。此处依山傍水，山势起伏，流水潺潺，沙洲平坦，房舍广阔。即使是骄阳似火、热气蒸人的夏季，这里也是凉风习习，宛如深秋。可见鲁庄公慈乌反哺的孝心。

舍舟登岸，隰朋在太监的引导下拾级而上。在杨柳掩映之中，一排檀木建造的五楹精舍呈现在眼前，门窗因酷暑而洞开，悬挂的竹帘依稀可见。步入此处，暑气顿消，微风习习，芸檀的木香夹杂着荷花香，十分醉人。穿过曲曲折折的回廊，来到正堂，只见一道珠玉相间的垂帘后，一位风姿绰约的盛装少妇端坐其中。此时的文姜已近五十，但看上去仅像三十多岁，乌发如云，雪肌似玉，令人不敢逼视，但又禁不住想多看几眼。隰朋当然认得，这正是当年的堂姐，现在的鲁国国母——文姜。于是伏身稽拜，说道：“隰朋奉齐侯之命，向夫人请安，并带来家乡的特产，请夫人笑纳。”

“难得众弟弟如此深情，请代哀家谢过了。”文姜声如莺啭，既然是娘家来人，也就无须垂帘相隔，于是吩咐侍女，“撤帘，哀家要与娘家人叙叙亲情。”

垂帘撤去后，文姜笑容满面地说：“隰朋，难得你远道跋涉而来，一路上可好？”

隰朋本来就有话要说，正好借此话开头：“谢夫人垂问，路上还算平安。”他略为犹豫一下又说，“但归期却很难说了。”

“啊，这是为何？”其实文姜对齐、鲁的紧张局势已有耳闻，隰朋也一定是为此事而来，自己只是不愿挑明而已。

“齐侯遵循周王之礼，数月前在‘北杏会盟’，以定宋君之位，遍邀诸国，鲁国是周礼正统，周公之后，两国又素为亲姻唇齿，本应踊跃以大义，但鲁侯却闻而不至，齐侯实不知是什么原因。”

“那也不至于两国兵戎相见吧？”

“齐侯及仲父的意思，一定不愿意看到两国再起兵戈，其实‘北杏会盟’，不仅是为宋国，也是为了鲁国。”

“隰朋，此话怎讲？”

“现在王纲解崩，礼乐征伐早非天子所出，放眼百年来，哪年不闻战鼓？鲁国也多遭兵灾，若齐、鲁、宋三国联盟，试问天下，谁敢侧目？三国之盟，可保鲁国不堕危地，天下也将大定。齐侯有此苦心，却不为自己舅甥体谅，我真替齐侯叫屈了。”

“说得也是！”文姜作为一个女人，确实不明白男人们为何要不停开战，平平安安地相处不好吗？

“到了这个地步，齐侯仍不想以兵戎相见，现两国边境上，虽然屯兵数万，但箭收于囊，兵器束于库，可是万一有哪个小人从中作梗，挑拨离间，也不是没有开启战端的可能。所以隰朋此来，是想请夫人调停两国间的矛盾，促使其和睦。”

文姜终于明白了隰朋的来意，齐国虽是自己的母国，但儿子是鲁侯，鲁国的利益才是最重要的，于是谨慎地问：“那要鲁国怎么做呢？”

“夫人请看。”隰朋双手呈上齐桓公给鲁侯的国书。文姜接过一看，大意如此：

寡人与君并事周室，情同兄弟，而且齐、鲁世有婚姻之好。“北杏之会”，乃周天子之命，君不与会，不知是何原因？周天子令寡人兴师问罪，君如有话说，可修书与来使带回。

“君如有话说，可修书与来使带回”，可见此信并非兴师问罪的战书，仅是询问鲁侯不赴盟的原因。这对鲁国来说，是一个台阶，而对齐国来说，却又是一个伏笔。

文姜看罢这封文辞温和的国书，心中顿时释然。

“原来如此，好。”文姜点点头，想了想才又说，“此事由哀家说与鲁侯，这几天哀家派人带你到各处好好游玩，你静候佳音即可。”

隰朋见状，知道事情可成，便拜辞回驿馆。

管仲流亡鲁国期间，已发现文姜在鲁国有相当大的影响力，而这正是源于她的儿子鲁庄公。鲁庄公性格温顺仁孝，非常听母亲的话，这次由文姜出面化解两国的争端，正是用人的感情去化解血腥的战争。

鲁庄公得知母亲从别馆返回，并召见自己，立即赶往后宫。文姜劈头盖脸地问道：“在朝堂商议战事是吗？结果如何？”

鲁庄公老实地回答：“朝堂上，有主战、主和两种意见，如何定夺，还没有最终裁定。”

文姜语重心长地说：“齐、鲁世为舅甥关系，怎么总是磕磕碰碰，不能和睦相处呢？要以和为贵，不要擅动干戈。”

鲁庄公恭恭敬敬地说：“孩儿谨听母亲教诲。”

“好！”文姜一挥手，“去吧！”

鲁庄公出了后宫，在返回大殿途中，便下了决心，回到大殿，刚落座就对施伯说：“施大夫，马上修书一封，回复齐侯，就说寡人因身体有病，未能赴‘北杏之会’。齐侯以不遵王命兴师讨伐，寡人知罪。然而兵临城下，签订盟约，寡人不能接受，如果他们能将兵车退回齐，不再侵略鲁国，寡人立即携带玉帛前去请罪加盟。”

施伯遵旨，立即走到旁边案几坐下，修书一封：

前次“北杏之会”，寡人偶染小疾，未曾赴命。寡人知罪矣！若齐国大兵压境，逼签城下之盟，这一点寡人却不能接受。若能退兵于君之境，寡人当奉玉帛前来请罪。

鲁国乃小国，会盟必不带兵刃，若带兵刃与会，即是以战争的姿态传闻于各诸侯国，齐侯还不如作罢。这次会盟，请都不要携带兵刃。

鲁庄公看罢，立即派人持书赴齐营。

齐桓公得书大喜，立即命令兵车退至齐国境内的柯地（今山东省阳谷县东北），并遣使再赴鲁，确定“柯地会盟”之期。

曹沫劫盟

霜降之后，草木摇落，鲁庄公准备整治车仗，赴柯地会见齐桓公，突然有人来报，说曹沫求见。自干时一战之后，曹沫一直隐退乡间。并不是鲁庄公怪罪他，而是他自惭其败，执意归田。闻曹沫求见，鲁庄公亲自到门外相迎。

“曹卿府上可好？”鲁庄公一见曹沫踏着萧瑟的秋风而来，抢在他见礼之前先致问候。

曹沫折腰而拜，脸上略有歉意：“臣拜见主公，劳主公过问，微臣一家托主公之福，平安无事。”

“曹卿，你来得正好，迟来几天，恐怕要待明年才能相见了。”

“主公是准备赴‘柯地之盟’吗？”

“正是，眼看已然入冬了，趁路上尚未封冻，近日就要起程。”

鲁庄公边说边请曹沫入室，一路执手相引，情真意切。曹沫想到自己兵败引咎，以至衰而颓唐的样子，不禁脸上有些发烫，更坚定了来时立下的决心。

“此次会盟，是主公心甘情愿吗？”

“唉！”鲁庄公长叹一声，神色黯淡，想起当年父亲鲁桓公入齐不返，自己此时又被人逼着求盟，便说，“寡人此次也是迫于无奈，不得已而为之。”

“臣有一计，可使鲁国一洗此辱。”

“曹卿有什么好办法？”

曹沫附在鲁庄公耳边，简单地把自己的计划说了一遍。

“万一……”

“主公不必担心，请马上遣使入齐，就说鲁国是小国，会盟时不带兵甲，若贵国兴兵车之会，便是视两国处于战时状态，如果这样，不如不盟，因此，会盟时请尽去两国之兵。”

鲁庄公不放心地说：“柯地毕竟在齐国境内，即使得手，恐怕也很难脱身。”

“柯地虽在齐国境内，但距鲁国也仅五十里路程。此次会盟，请主公带上微臣，在盟会上主公请做君主该做的事，发生了什么事情，尽可推罪于臣。”曹沫凝视着鲁庄公，眼中奕奕生光。

“这……”

曹沫见鲁庄公还有些犹豫，从怀里取出一个镶着绿宝石的乌韦囊，从囊中抽出两柄皆半尺长的匕首，只见匕首映着日光，耀眼生花。

“此剑是先父的遗物，在臣身边已有二十多年，几次遭遇凶险，都赖此剑化险为夷，算是一件福物。此次会盟，齐侯以为胜券在握，自然大意，疏于防范。却不知道祸起于不测。臣愿以匹夫之勇，放手一搏，夺回鲁国失地。”

曹沫坚毅的神色，一副跃跃欲试的勇将神态，给了鲁庄公最后的决心，思虑再三，终于答应了曹沫的请求。

“曹卿，你好好策划，只许成功，不许失败。”

“主公放心，兵行险招，反而是最保险的了。”

鲁庄公偕同施伯、曹沫等人，乘车按期赴柯地请罪加盟。进入齐境，鲁庄公见沿途庄稼茂盛，牛羊遍野，呈现一派繁荣、昌盛、祥和的景象，惊异地对身边的施伯说：“齐国这几年的变化怎么这么大呀？”

“臣早就说过，管仲乃旷世奇才，深谙治国之道，听说他搞了个什么‘相地衰征’的农业改革政策，极大地调动了农民生产的积极性。”施伯指着周围的庄稼说，“你看这遍地的禾苗长得多好呀！”

“悔不该当初没有听卿家之言，没有留住管仲，错失一个人才。”鲁庄公惋惜地说。

“还有，”施伯继续说，“管仲治国之后，鲁国的盐价成倍地增长。”

“是吗？这个寡人倒不清楚，从来也没有人向寡人提起过这件事。”鲁庄公问道，“这与管仲治国有关吗？”

“齐国有展渠之盐，这是他们得天独厚的自然资源，管仲做相国后，颁布了‘官山海’的政策，齐国的财政收入猛增，一下子就富了起来。”

鲁庄公惊问：“‘官山海’？这又是怎么回事？”

施伯解释说：“‘官山海’就是齐国对盐铁这两个商品实行垄断经营，具体办法是煮盐、冶铁允许民营，但煮出的盐，炼出的铁，全部由官府收购，商人不得插手其间。这就叫作民制、官收、官运、官销。”

鲁庄公不服气地说：“咱们不买齐国盐，号召商人到莱芜去进货，让他齐国的盐卖都没处卖。”

“不行呀！”施伯无奈地说，“莱芜三面临海，一面陆地与齐国相连，莱芜的鱼盐要销往中原各国，必须经过齐国国境，否则，插翅难飞。”

“怎么？管仲不让过境？”鲁庄公惊问。

施伯：“管仲下令，封锁齐国与莱芜的边境，凡鱼盐之物，不准经齐境外运。全部由齐国收购，然后由他们加价销往中原各国。”

鲁庄公一拍车扶手：“管仲做得真绝呀！”

“管仲这个人奇招百出，真不知他还会出什么怪招。”施伯一脸的无奈。

鲁庄公感叹地说："齐国越来越强大，鲁国难以与之抗衡了。"

曹沫坐在他们旁边一言不发，但心里正在盘算着：管仲，别高兴得太早，"柯地会盟"我曹沫一定要你好看。

鲁庄公一行在不知不觉间到了柯地，令鲁庄公吃惊的是，街上的兵士，都是列队行进，步伐齐整，雄赳赳，气昂昂，威风凛凛；市场上，贩夫走卒，穿梭于街头巷尾，叫买叫卖，好不热闹，他们中间很多都是鲁人。

一行人来到"柯地会盟"的地方，鲁庄公惊异地发现，这里的馆舍全是新建的；接待的侍者个个彬彬有礼，显然是经过专业训练的，没有经过专业训练，达不到如此熟练的程度。

晚上，鲁庄公睡在刚建的馆舍、崭新的被窝里，翻来覆去地睡不着，他对齐国的强大感到不安，直到二更，才迷迷糊糊地睡着了。

柯地邑外，早用净土夯起高台作为盟坛。台分三层，每层有九级台阶，最上面是一个平台，建有遮阳挡雨的棚帐。

由于鲁庄公的提议，双方都不带兵车，入坛的君臣都不带佩剑，以示友好。事先管仲对鲁国之举已生疑虑，当他得知曹沫作为傧相列席会盟时，更确定了自己的预感。于是一再劝谏齐桓公提防有变，但齐桓公不以为然。

管仲无法多说什么，毕竟这只是自己的直觉，并没有什么凭据，只好命王子城父暗中领一百车在十里之外接应，吩咐一众人等加强戒备，暗中保护，见机行事。

这天一大早，曹沫来见鲁庄公，他从怀里抽出两柄短剑，一柄递给鲁庄公，一柄握在手中，悄悄地说："请主公带上此剑，到时，主公对付齐君，臣对付齐臣，一定要逼其就范。"

鲁庄公没有说话，略一思索，接过短剑，装进怀里，双目露出坚毅的神色。刚准备停当，齐国大司行隰朋便来到馆舍，请鲁庄公赴会。鲁庄公出馆登车，在隰朋的导引下来到盟坛。鲁庄公和曹沫见齐国这方果然不带兵刃，均是衣冠大夫，两人相视一笑。

坛下，一队队英武的兵士分执青、红、黑、白四种颜色旗帜，按东、西、南、北四方，各自分列，各方皆有将官统领，并由仲孙湫统一掌控。盟坛高七层，每层皆有壮士执黄旗把守。坛上竖立大黄旗一面，绣着“方伯”两个大字，大旗旁摆放一面大鼓，大司马王子城父立于鼓侧。坛中央设香案，案上摆放着朱盘玉盂，盛着歃盟用的器皿，由隰朋负责。两边设两处反坫（土台），一坫上放金樽，一坫上放玉斝。坛两边树立两根石柱，石柱上拴着黑牛、白马，是歃盟用的牺牲之品，由司庖易牙负责。东郭牙为礼宾司，立于阶下迎宾。管仲为相，侍候在齐桓公之侧。一切显得那么整肃、威严。

可以登上拜坛最上层的，只有国君和傧相。傧相是在会盟中协助国君、引导礼仪之人，鲁国一方自然是身怀利刃的曹沫，齐国一方则是警惕非常的管仲。除了齐桓公是以得意扬扬的姿态参与会盟外，其余三人心里都各自怀有沉重的心思。表面上看起来风平浪静，暗地里一场生死之间的较量正在进行，所以落脚都极为谨慎，一步一步慢慢登临。

鲁庄公走近盟坛，东郭牙迎上来，恭恭敬敬地说：“主公有令，请鲁侯带一臣登坛，余人留在坛下。”

曹沫问道：“齐侯也是一君一臣吗？”

东郭牙笑道：“只有主公与管相国，大司行隰朋乃侍候会盟之人。”

鲁庄公看看曹沫，曹沫面无惧色，向鲁庄公点点头。

东郭牙见鲁庄公未提出异议，伸手做了个请的姿势说道：“请鲁侯、曹大夫登坛！”

鲁庄公在前，曹沫随后，两人迈着坚毅的步伐，登上盟坛。

齐桓公站在盟坛最高层，见鲁庄公上坛，深施一礼道：“鲁侯，一路辛苦。”

鲁庄公还礼道：“寡人因身患小恙，未能出席‘北杏之会’，有辱王命，寡人知罪。齐侯如此大度，寡人甚感惭愧！”

齐桓公笑道：“身体有病不能赴会，寡人岂能怪罪？今日‘柯地会盟’，也不晚呀！”

管仲是会盟司仪，高声道：“会盟仪式开始！”

“咚！咚！咚！”王子城父击响大鼓。三通鼓罢，管仲大声说：“请齐侯、鲁侯二君拈香行礼。”

齐桓公与鲁庄公行至香案前，拈香三炷，对天一拜，又相互一拜，然后将香插入香炉。

“礼毕！请二位国君歃血。”管仲继续道。

隰朋手托盛有牛、马鲜血的玉盂登坛，跪在二君面前，双手捧着玉盂，高举过头。

齐桓公对鲁庄公笑道：“齐、鲁今结两国之好，寡人愿与鲁侯歃血为盟。”

鲁庄公忙道：“能得齐侯垂顾，真乃寡人之幸，鲁国之幸！”

齐桓公走上前，伸出右手食指，正欲歃血为盟，只见鲁庄公同曹沫相互交换一下眼色，突然从怀中抽出一柄锋利无比的短剑，逼住齐桓公道：“鲁国边境离国都只有五十里，也不过一死而已。”接着用另一只手指着自己的鼻子说，“我们同归于尽，寡人死在你的面前。”

管仲突闻惊变，一个箭步冲出，欲营救齐桓公。

曹沫迅速拔出怀中短剑，抵住管仲，厉声道：“两国国君将改变原来的计划，谁也不准近前，否则五尺之内，曹沫与管相之血，同溅一处。”

“幸好，他们只是来劫盟，不是刺杀。”管仲虽然不喜欢刀光剑影的杀戮，但也不是一个文弱之人，索性上前一小步，将胸脯抵住利剑，怒目竖眉，狠狠瞪住曹沫。

胁迫下的盟约之间，坛下众臣早就被吓傻了，根本不知该如何应对。东郭牙冲着坛上大喊：“曹沫，你敢如何？你不怕鲁侯之命也不保吗？”

曹沫心里多少有些顾虑，他知道，齐侯、管仲虽可一击致命，但鲁侯也难免一死，更重要的是，自己并不是真的要他们的命，只是要胁迫他们归还鲁国战败丢失的土地，以洗鲁国兵败之辱。

管仲从曹沫的眼神微微闪烁的变化中，已猜到几分，最严重的危机过去了，于是收起怒色，冷冷地问：“你们想怎样？”

曹沫代鲁庄公回答：“齐国恃强凌弱，欺负弱小的鲁国，强占鲁国的汶阳之田，请齐国退还侵占的汶阳之田，否则，我们君臣二人，愿与齐侯同归于尽，也不订立这种不平等的盟约。”

管仲泰然自若地对齐桓公道：“主公，请答应曹大夫的请求。”

齐桓公连声说：“好！寡人同意将汶阳之田归还鲁国。”

曹沫担心齐桓公反悔，对管仲道：“管仲国，我想同你歃血，请你担保齐侯实现诺言。”

“何须如此，寡人向你起誓。”齐桓公手指天空道，“苍天可鉴，寡人一定将汶阳之田归还鲁国。”

曹沫见齐桓公对天发誓，弃剑于地，表示不会再做要挟。他神态坦然，昂首阔步回到自己的席上，掸掸衣冠，端坐如故，仿佛什么事也没有发生过。

鲁庄公将手中剑弃之于地，后退了几步。

齐桓公犹自含怒，勉强就座。鲁庄公悬在嗓子眼儿上的一颗心终于放下了，自顾自地低头坐好，只敢用余光观察一下齐国君臣。

管仲向齐桓公点头示意，严肃地说：“变故已除，会盟继续，请两位国君歃血！”

齐桓公与鲁庄公各自伸出食指，蘸取鲜血，涂于口角旁。

管仲道：“歃血毕，请盟誓！”

隰朋展开盟书，念道：“齐鲁修好，共扶王室。违约背盟，苍天不佑。”

齐桓公与鲁庄公齐声道：“齐鲁修好，共扶王室。违约背盟，苍天不佑。”

管仲道：“盟成！”

齐桓公对鲁庄公道：“盟约已成，请鲁侯到馆舍歇息。”说罢，携鲁庄公之手，一同下坛。

会盟终于结束，管仲这才松了一口气，这时他才发现，自己的内衣，在这寒冬的北风下，居然全湿透了。

齐桓公回到馆舍，立即召来管仲，愤怒地说：“鲁庄公是个小人，竟敢私带兵器威逼寡人，还有那个曹沫，简直是岂有此理，寡人要杀了他。”

管仲耐心地劝谏道：“不能这样，主公欲成霸业，必先取信于天下。若言而无信，令出不行，则信义难收，诸侯难服，霸业难成。请主公遵守承诺，退还侵占他们的土地。”

齐桓公犹豫再三，虽有些不情愿，但还是采纳了管仲的建议。

正在这时，王子城父、竖貂等人闯了进来，他们对今天的事愤愤不平，认为鲁侯与曹沫持刀劫盟，太过猖狂，使主公蒙受奇耻大辱，请命将曹沫抓来杀了，以泄心头之恨。

齐桓公道：“寡人已许诺曹沫，匹夫有言，尚不失信，寡人乃一国之君，怎能失信于人呢？这件事还是听仲父的吧！”

众人见齐桓公态度坚决，皆怏怏而回。

蔡姬得知曹沫持剑劫盟，齐桓公受惊不小，便在馆舍摆好酒宴，为齐桓公压惊，她端起金爵，堆着笑脸道：“主公受惊了，喝了这爵酒压压惊。”

齐桓公接过金爵，看着蔡姬道：“夫人都知道了？”

蔡姬道：“妾已听说鲁侯与曹沫劫盟之事。”

齐桓公喝了酒，长叹一声，似乎仍是心有余悸。

蔡姬问道：“主公还有什么不快之事？”

齐桓公道：“曹沫太过猖狂，竟敢持剑劫盟，仲父太过软弱，竟然答应归还鲁国的汶阳之田，真是气死寡人了。”

蔡姬道：“仲父从权达变，处事得体。退还汶阳之田，自有他的道理，主公又何必不快呢？”

齐桓公道：“退还汶阳之田事小，只是在大庭广众、光天化日之下，寡人受人胁迫而屈服，实在是太丢颜面。王子城父、竖貂等人都为寡人鸣不平。”

蔡姬担心地问道：“君上后悔了吗？”

齐桓公叹口气道：“王子城父和竖貂将军要把鲁侯和曹沫捉起来，从严惩戒。”

“啊！那样做岂不是陷君上于不义吗？这可使不得呀！”蔡姬着

急了。

齐桓公看着蔡姬，道："咦？夫人与相国的话如出一辙。"

蔡姬忙问道："仲父如何说的？"

齐桓公道："仲父说，欲成霸业，必先取信于天下。他叫寡人遵守诺言，退还侵占的鲁国的土地。"

蔡姬道："仲父言之有理。为人君者，失信于民尚且不可，何况失信于天下诸侯呢！主公还是听仲父的，不要再为此后悔。来，臣妾陪主公喝酒。"

第二天，齐桓公在公馆设宴，与鲁庄公饯行，并当场命南鄙邑宰，将汶阳的土地，尽数交割给鲁国。

齐桓公的诚信，为他今后的霸业打下了良好的基础。《公羊传》庄公十三年记载：

> 桓公之信着乎天下，自柯之盟始焉。

齐桓公并不知道此次忍辱负重、讲诚信会为他带来意想不到的结果。而这一切，都是管仲的高瞻远瞩所致。

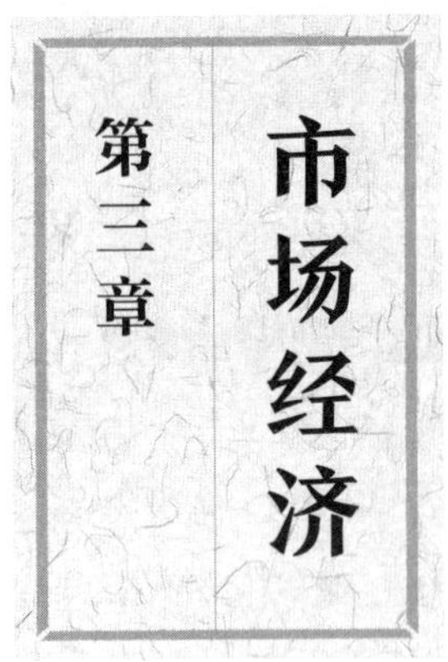

第三章 市场经济

舆论的压力

曹沫劫盟之事，在齐国引起强烈反响，朝野对此议论纷纷。焦点是：汶阳土地该不该退还给鲁国。一种观点认为：为取信于天下，该退；另一种观点认为：汶阳乃肥沃之地，归齐国版图数年，不该退！退就是向鲁国示弱，向天下示弱，给国人蒙羞，此乃齐国之辱。

齐桓公在被胁迫的情况下，听从管仲的劝告，答应将在“干时之战”中夺得的鲁国土地——汶阳退还给鲁国。为取信于天下，他又制止了王子城父等人要杀掉曹沫以泄愤的举动。从内心来说，退还鲁地，他非常不愿意，非常不舒服，非常心痛。但他认为，管仲劝他答应鲁侯的要求，是无奈之举、权宜之策，谁知就是这么一权宜，就使齐国失去了汶阳这块肥沃的土地。汶阳的土壤，黑漆漆的，抓在手里能冒出油来，汶水从汶阳穿流而过，使得汶阳这片土地，无旱涝之忧，春耕时，将种子丢在地里，不用人操劳，秋天就可去收割粮食，简直就是一个天然的大粮仓。失去这块土地，他怎能不心痛呢？此时，他尚未悟透管仲劝他退还鲁国失地的深远意义。连齐桓公这样英明睿智的君王尚未完全悟透管仲的真意，其他人有所非议，也就在所难免了。

朝野都在议论柯地曹沫劫盟这件事，很多人都说齐桓公将大片的土地还给鲁国，是管仲怂恿的，管相国是个卖国贼。流言蜚语像一张无形的巨网罩向管仲，压得他喘不过气来。

在巨大的舆论压力之下，管仲有口难辩。其实辩也无用，如果大家都能理解这项决策的英明之处，都能预见到此项决策对齐国称霸的重要性，齐国也就不必用管仲做相国了。

相国夫人闵婧也听到了这些流言，她虽不为流言所动，但却担心丈夫会被这些流言击倒。没有谁比她更了解管仲了，几年来，为使齐国走上富国强兵之路，他锐意进取，呕心沥血，废寝忘食，不到五十岁的人，却已是白发斑斑，到头来却落得个卖国贼的骂名。她心中暗暗地为丈夫鸣不平。

这天晚上，闵婧特地吩咐厨房做了几样管仲最爱吃的菜，管仲刚回家，她便将他拉到餐桌边，笑着道："相爷，您看，海蟹、鲍鱼、海参、兰花豆、臭豆腐，都是您爱吃的菜。"

管仲伸手抓起一个海蟹就要吃，闵婧按住他的手说："先洗手，后吃饭。"

"啊！又忘了。"管仲有些难为情地将手中的海蟹放回盘子里。

萍儿马上端上一盆水放在旁边的架子上，轻声说："请相爷净面、洗手。"

管仲净过面、洗过手之后，萍儿将面盆端了出去。

闵婧将管仲摁在凳子上，斟好酒，娇柔地说："相爷慢饮，妾身为您抚琴助兴，想听哪一曲？"

管仲坐下来，端起爵呷了一口酒，说道："《高山流水》！"说罢，拿起筷子，夹了一块鲍鱼放进嘴里。

闵婧坐到案前，试了试琴弦，左手在琴上滑动着，右手轻轻地抚了起来，优雅动听的琴声，随着她手指的颤动而流出，琴声时高时低抑扬顿挫，将那俞伯牙觅知音的情调发挥得淋漓尽致。

管仲放下手中的酒爵，两眼看着夫人抚琴的风姿，心里却想了很多很多……知音在哪里……一曲终了，闵婧抬起头来，管仲还沉湎于想象之中。

正在这时，婢女来到闵婧身边耳语道："夫人，老夫人在门外，请您出去一下。"

闵婧站起来说："相爷，你慢用，妾去去就来！"说罢，随婢女出了相府大门。

闵婧走出相国府，见母亲站在不远的拐角处，忙上前拉着母亲的手说：“娘，进府去呀！怎么站在外面，相爷常念叨，说娘亲好长时间没有来了。”

“不说这些了。”闵母关心地说，“听到外面的流言蜚语了吗？相爷都知道吗？”

“知道，相爷都知道。”闵婧故作轻松地说，“相爷说，路遥知马力，日久见人心。他还安慰女儿，叫女儿不要听外面那些流言蜚语呢！”

“唉！这就好。”闵母吩咐道，“好好照顾相爷，娘走了。”

闵婧看着母亲远去的背影，显出一脸的无奈。自上次母亲夜宿相府之后，她对管仲一直避而不见，再也没有跨进相府一步。管仲对此也莫名其妙，闵婧虽知道个中原委，却又不敢吐露半分。

管仲见闵婧高高兴兴地出去，满脸忧伤地回来，关心地问：“夫人，有什么事吗？”

闵婧似乎觉得不该哭丧着脸，忙转为笑脸说：“没什么，娘来了。”

“娘来了，为何不叫她进府？我也好久没有看见她了。”管仲又问，“近一段时间，娘为何不到相府来？”

“没事。”闵婧道，“娘来告诉我，说外面有些流言蜚语，叫我要好好照顾相爷，不要为那些流言蜚语所动。”

管仲若无其事地说：“让他们说去吧，如果人人都知道个中奥秘，我这个相国就不要当了。”

齐桓公已有几天不上朝了，他想坐下来好好地想一想。竖貂、易牙见齐桓公不上朝，知道他还在为“柯地会盟”之事怄气。两人相邀进宫，在齐桓公面前献媚地说：“主公，臣听说‘君出令，臣奉令’，今主公什么事都听仲父的，齐国朝野，只闻仲父，不见国君呀！”

齐桓公抬起头，冷冷地看着他们，没有回答。竖貂见齐桓公没有回答，以为他动了心，继续说道：“‘柯地会盟’，管仲一句话，就将汶阳之地送给了鲁国，这哪里是在帮助主公治国平天下呀？简直就是损国、卖国嘛！”

齐桓公冷笑一声说：“寡人之于仲父，犹如身与肱股之关系，有肱股方成其身，有仲父方成其君，你们这些小人，怎么知道这个道理呢！”

竖貂、易牙见齐桓公严厉斥责，满脸羞愧，再不敢多言，快快地退了出去。

德服天下

三天之后，齐桓公终于宣布上朝。一大早，群臣聚集于朝堂候朝，相互之间，有的彼此问候，有的则谈论着近几天朝野热议的事情。东郭牙悄声问身边的宾胥无：“主公三日不朝，知道是何原因？”

“‘柯地会盟’，主公受了惊吓，休朝几日，也不足为奇。”宾胥无说道。

“当时的情况，真是出乎意料。”东郭牙绘声绘色地说，“我站在坛下，看到鲁侯用剑逼住主公，曹沫用剑逼住相国，令人措手不及，一点办法都没有。”

“事在危急，相国劝主公归还汶阳之田，乃明智之举，可有些人却要在这件事上大做文章，真是唯恐天下不乱。”宾胥无有些愤愤不平地说。

“二位大夫，领教了相国的大度吧？”竖貂像蚊子一样凑了过来，“相国在鲁国避难多年，‘柯地会盟’他将大片汶阳之田拱手送人，这个人情还得够可以的了。”

东郭牙突然伸手拍了一下自己的脸，自言自语地说：“大殿之上，怎么还有蚊子呢？”

宾胥无看了竖貂一眼，似有所悟，故意东张西望了一下，调侃地说道：“大概是有什么不洁之物，才引来蚊子乱嗡嗡吧！”

竖貂狠狠地瞪了二人一眼，转身向大司田宁越走去，点头哈腰地说道：“大司田好！”

“还过得去！”宁越不冷不热地回答。

"大司田知道汶阳之田被人拿去做了人情的事了吗？"竖貂阴险地说。

宁越一甩袖，哼了一声，并未答话。竖貂讨了个没趣，东张西望，欲再找人搭讪。正在这时，管仲迈步走进大殿。虽说只是几天未见，管仲脸上的皱纹似乎又增加了几道，头上的白发也多了几根，然而炯炯有神的双目所透出的光芒，较之以往似乎更犀利了许多。管仲进殿后，拿眼光扫视大殿，当与竖貂的眼光相遇时，逼视了一下，竖貂胆怯地低下了头，身不由己地向后退了一步。当与隰朋的眼光相遇时，隰朋向他点点头，管仲微微一笑，点点头，彼此之间传递的是一种鼓励、支持的信息。

突然，传来一声喊："主公上朝！"

大殿中的群臣听到喊声，依次站列，齐桓公迈着沉稳的脚步走进大殿。在御案前坐定之后，群臣以管仲为首，跪在地上山呼："参见主公！"

"平身！"齐桓公笑着说。

"谢主公！"群臣起身，依次站好。

齐桓公坐在御案旁说道："寡人三日未朝，众卿家若有事，尽管奏事。"

宁越出上前一步说："臣宁越有事要奏。"

齐桓公手一挥："说吧！"

"老臣为大司田，本不理外交之事，只是齐、鲁'柯地会盟'，连市井之人都在议论，臣有话如骨鲠在喉，不得不说。"宁越说。

齐桓公正想听听大臣们的议论，说道："有什么就说什么，不必顾虑。"

宁越振振有词地说："'柯地会盟'，堂堂齐国之君，竟然受制于人，臣感觉有人严重失职，难逃其责。汶阳之田，是齐国将士用生命和鲜血换来的，为何要拱手送人？管仲身为相国，上不能保国君之平安，下不能保国土之完整，面对区区一柄小剑，竟将国土拱手送人以求安，这样的相国，到底是无能，还是别有用心？我泱泱大国，竟向人如此示弱，还谈什么称霸诸侯。"宁越说完，狠狠地瞪了管仲一眼，退回班中。

齐桓公听完宁越的话，只是淡淡地看着他，并未作声，从他的脸上也读不出任何信息。

竖貂马上出班奏道："大司田言之有理，'柯地会盟'，使齐国颜面丧尽，堂堂齐国之君，竟然被人将剑架在脖子上，还要委曲求全地将大片土地拱手送人，齐国的列祖列宗在九泉之下若有知，也要蒙面含羞。天下诸侯，都笑掉大牙了。说什么称霸诸侯，简直是痴人说梦。”

隰朋出班奏道：“齐、鲁既已签订盟约，汶阳之事就不应再提。再说，汶阳之田本来就是鲁国的，既然与人会盟，却还占人国土，恐怕也是于理不合。尽管鲁侯与曹沫的手段有些过激，但试问，他们如果不采取如此手段，汶阳之田还有归还之期吗？臣以为，管相国并无不妥之处。”

管仲站在一旁，镇定自若，冷眼旁观，并不说话。

“好一个并无不妥之处。”宁越再次出班反唇相讥道，“欲图霸业，反丢国土，这样的事情如果无不妥之处，老夫还真不知道到底有什么才能算是不妥。今日老夫可算是大开眼界了。”

隰朋道：“汶阳之田本来就是鲁国的，还给鲁国，是取信于天下。齐国欲盟天下而称霸诸侯，必须要以诚信待人，若无诚信可言，何谈臣服诸侯，称霸天下？”

宁越冷冷地说道：“隰朋大夫所言，老臣实在费解，小小汶阳尚且难以保全，还谈什么称霸诸侯？简直是天大的笑话。”

鲍叔牙见两人争论不休，于是说道：“胁迫之盟，不彰于神。汶阳是齐国将士血战所获，不可轻易归还；不守被胁之盟，算不上无信，神明不会降罪，诸侯也不会认为是齐国毁盟。”

正当众人义愤填膺，执意兴兵复仇之际，管仲侧过身体，向齐桓公顿首。齐桓公忙扶起管仲。

“仲父，救命之恩尚未言谢，你又何须多礼。”

管仲微笑道：“臣倒要贺主公得一取信于天下的机会。”

齐桓公其实并无责怪管仲之意，只是觉得心里不舒服，才难有笑脸，听了管仲的话，不知个中缘由，于是问道：“仲父何出此言？”

“鲍太傅说，胁迫之盟，可以毁约，当然是对的。但齐国若要图天下霸业，就不能贪图小利，毁弃已订盟约。”管仲停顿一下，再补一句，“即使是被迫之盟，也应遵守。”

齐桓公觉得管仲意犹未尽，说道：“请仲父畅所欲言。”

管仲严肃地说：“舍即是得，予就是取。齐国兵力、国力再强大，也无法与天下抗衡，所以只能以信义服人。齐强鲁弱，虽然齐国是被迫签订的盟约，若齐国都予以遵行，天下诸侯闻之，定会因齐之信义，而纷纷归附。主公看是否是这个道理？”

“仲父果然卓识，确过于臣的愚钝，主公，臣非常赞同仲父的观点。”鲍叔牙幡然醒悟，闻善即应。

齐桓公虽然觉得管仲说得有理，但内心那股怨愤仍然难以平息，于是说：“‘柯地会盟’之事到此为止，谁也不要再说了，退朝！”说罢，起身而去。

众臣面面相觑，悄然而散。宁越看看管仲，再看看隰朋，哼了一声，愤然而去。竖貂将这些看在眼里，趁机追上宁越，竖起大拇指，奉承道：“宁越大夫刚正不阿，敢于直言，实在是令人佩服！”

宁越斜眼看了竖貂一眼，未加理睬，径直向前走去。竖貂回过头来，冲隰朋狡黠一笑，跟在宁越的后面走了。

管仲正在值房里聚精会神地批阅文件，隰朋敲了敲门，管仲连头也没有抬地说道：“请进！”

“管相国。”隰朋刚进门就说，“有好消息！”

管仲放下手中之笔，道：“请坐，什么好消息？”

隰朋坐下来后道：“据闻，卫、曹、莒、纪等国都将遣使来齐。”

“真的吗？”管仲极有兴趣地问，“知道所为何事吗？”

“‘柯地之盟’，齐国退还了汶阳之田，诸侯不以为是齐国示弱，都认为是齐国讲诚信，有大国风范。”隰朋顿了顿说道，“他们认为齐国不恃强凌弱，值得信任，均欲遣使来齐，与齐国结盟。”

“好！”管仲霍地一下站起来，哈哈大笑地说，“这才是我要的，让那些鼠目寸光之辈闭上他们的嘴吧！”

几天之后，卫国、曹国、莒国、纪国的使者果然携国书来齐，隰朋将他们安排在驿馆住下之后，便将情况报告给管仲。管仲兴奋异常，说道：“走，去禀报主公。”

齐桓公正在批阅奏章，管仲、隰朋双双进殿，礼过之后，隰朋说道："启禀主公，卫、曹、莒、纪四国使者来齐，皆带来国书，一来，请'北杏之盟'未与会之罪；二来，请求与齐国订盟，以修永久之好。"

"果真如此？"齐桓公一听，高兴得一跃而起，见管仲也站在旁边，忙说，"仲父也来了？"

管仲答道："隰大夫刚向臣说了这件事情，臣就一同来了。"

隰朋答道："四国使者正在驿馆待命。"

"好！明日早朝，带四国使者上朝递国书，寡人要接见他们。"齐桓公喜不自禁地问，"四国使者为何不谋而合，前来订盟？"

隰朋眉飞色舞地说道："'柯地之盟'已传遍天下，诸侯为之震惊，他们盛赞主公言行一致，有大国之风，故愿服从主公调遣，前来订盟。"

齐桓公一怔，面有愧色地对管仲说："这都是仲父的功劳，寡人为流言蜚语所惑，对仲父有所误会，实在是愧对仲父，请仲父不要放在心上。"

管仲见齐桓公能如此大度地当面认错，郁积在心中的怨气一扫而空，微笑地说："唇齿尚有磕碰的时候，只要主公心里明白，臣所做的一切，都是为了齐国的称霸大业就行。不要再为小人所惑，臣吃再多的苦、受再多的累，也在所不惜。"

隰朋动情地说："相国的治国理念，真是高瞻远瞩，深谋远虑，齐国能有此良相，真乃齐人之福。"

齐桓公赞赏地说："仲父之谋，总是出人意料。"

管仲自负地说："若无奇谋，怎能称霸诸侯？"

齐桓公听到管仲对称霸如此有信心，似乎已看到自己坐上了中原霸主之位，心中的高兴劲自不待说。

开放市场

"柯地会盟"，齐桓公以郁闷的心情收场，尽管在口头上没有责备管仲，但心里总不是滋味。由于他的态度暧昧，使得朝野议论纷纷。卫国、曹国、莒国、纪国四国先后加盟，使齐国的声威大震，仿佛真的成了中原霸主，这给齐桓公带来了意外的惊喜。直到此时，齐桓公才真正认识到管仲的高瞻远瞩，才真正体会到管仲的良苦用心，内心深处也对管仲存有一丝歉意。

是日早朝，齐桓公扫视了丹墀下的群臣，朗声说道："'柯地会盟'，齐国著信天下，诸侯国纷纷从盟，齐国霸业之曙光初显。此乃仲父劝说寡人退还汶阳之田之功。为表彰仲父之丰功伟绩，赐仲父今后见寡人不必行跪拜之礼。"群臣击笏以示欢迎，齐桓公接着说，"朝野臣民，今后不得直呼仲父之名，违者以大不敬之罪论处。"

"臣谢主公隆恩！"站在班首的管仲跨前一步，拱手谢恩。

隰朋率先祝贺道："恭喜仲父！"

群臣亦纷纷祝贺，唯竖貂与开方站在人群之中，仅拱拱手而已，并不说话，脸上露出一丝不易察觉的不屑。

齐桓公待大家安静之后，继续说道："仲父又拟定了几项开放市场的改革政策，下面，请仲父说与众卿家知道。"

管仲挪挪身子，面对齐桓公和群臣，大声说："管仲自拜相以来，就在不断地改革，欲使齐国走上富国强兵之路，称霸诸侯。"

群臣击笏以示欢迎。

"自从实行'官山海'以后，朝廷的财政收入状况一年好于一年；同时齐国的渔业、盐业、冶炼业、纺织业也都有了空前的发展。我们要为齐国的工商业开拓市场。市场包括两个方面，一是国内市场，二是外贸市场。"管仲扫视大家一眼，见大家都在聚精会神地倾听，继续说道，"目前，诸侯国之间，存在很多的贸易壁垒，比如闭关自守，不准他国商品进入国内；征收高额关税，阻碍他国商品的进入；等等。齐国是大国，要称霸诸侯，就不能被这些壁垒捆住手脚。要想办法打破这种格局，将齐国的商品打入诸侯国的市场，同时，还要招徕外国商贾，将齐国需要的商品运进来。因此，有必要对现行有关政策进行适当调整。"

群臣见管仲又将推出新政策，立即小声议论起来。待议论声逐渐平息之后，管仲接着说：

"我在这里宣布，除盐铁仍实行专卖，不允许私人经营外，开放齐国的市场，'关市讥而不征'，广招天下客商，与诸侯国互通有无，以促进经济的发展。"

齐桓公道："适才仲父所奏开放边关，此乃国家大计，众卿有何意见，都可以畅所欲言。"

宁越出班奏道："老臣以为，开放市场不妥。"

管仲与群臣惊诧地看着宁越，不知他为何态度如此坚决。

齐桓公看了宁越一眼："大司田有话请讲。"

宁越道："臣身为大司田，只知有农业，不知其他。自古以来，农为本，商为末。治国之道，以农为本。仲父将工商业推到如此重要的地位，岂不是本末倒置，舍本逐末吗？"

大臣们在交头接耳，竖貂与开方相互点点头，脸上露出了笑意，幸灾乐祸地看着管仲。

宁越越说越激动："开放边关，天下商贾纷至沓来，鱼龙混杂，齐国还有安全感吗？"

齐桓公向管仲点点头，示意他回答这个问题。

管仲成竹在胸地说："大司田所言差矣！管仲自拜相以来，全国设乡二十一个，其中士农之乡就有十五个。我知道治国必须以农为本的道理，齐国的改革，最先推行的是'相地衰征'的农业税收政策，且已初见成效，朝廷仓廪充盈，百姓家给人足。倒是目前还有些改革不能到位，宁越大夫身为大司田，是齐国管理农业的最高行政长官，该要负何责任？"

群臣见管仲与宁越针尖对麦芒，言辞激烈，都很吃惊。

管仲继续说："凡治国之道，必先富民。富民之道，在于工商。百业兴则百姓富，百姓富则国力强，国力强则霸业成，这怎么是逐末！如今朝廷要费用，百官要俸禄，与诸侯亲善要有强大的经济后盾。工商不兴，钱从哪里来？"

齐桓公频频点头。管仲受到了肯定，语调更加铿锵激昂："商人可通天下之利，既能贩走齐国的盐铁，也能运来齐国所需的商品。"

隰朋出班奏道：“臣赞同仲父开放市场、兴工商之利的主张，只是，臣尚有一些担忧。”

齐桓公：“大行请讲！”

“‘关市讥而不征’，诸侯国的商贾蜂拥而来，齐国的市场一定会更加繁荣。”隰朋换了口气说，“‘关市讥而不征’，只能限于齐国市场，诸侯国并不买账，齐国的商品要想进入诸侯国市场，他们照样设置贸易壁垒，照样征收高额关税，限制齐国的商品进入，不知仲父考虑到这个问题没有？”

“好！好！好！大行问到了问题的关键点。”管仲很高兴隰朋能将开放市场的问题考虑得如此透彻，解释说，“开放市场只是第一步，仅仅是开放，并不能打破诸侯国之间的贸易壁垒，这不过是投石问路而已，最终的目的是取消各国的关税壁垒，或者至少把各国的关税降低到有利于齐国的商品打进各诸侯国的市场。”

隰朋笑着说：“想必仲父早已是成竹在胸。”

“对！”管仲手一挥，“我们要充分利用齐国的军事力量和外交能量，同诸侯国会盟、协商，达成贸易协定、关税协定，借以发展齐国的市场经济。”

齐桓公：“仲父所言，乃振兴齐国之大计，寡人准了，立即颁布施行！”

宁越在朝堂遭到管仲的责问，心烦意乱，回到家里，便一个人喝起了闷酒。其实宁越对管仲个人并没有成见，而且还从心底佩服管仲，只是觉得管仲的改革有违祖制，故而才产生抵触情绪。例如，以“相地衰征”为中心的农业改革，他心里并不赞同。“普天之下，莫非王土”，这是老祖宗传下来的规矩。而管仲要破这个规矩！但管仲的主张得到了齐桓公的支持，难以违抗。因此，在某种程度上，宁越采取了消极对待的办法，管仲在朝堂上说他主管的农业工作抓得不力，其实并没有冤枉他，他心里也明白，只是在大庭广众之下受到指责，觉得很失面子罢了。

天渐渐地黑了下来，宁越还在喝闷酒，侍仆进来点亮灯，说：“老爷，竖貂大夫求见。”

宁越眼睛一亮，以为是齐桓公派来的，忙说：“快快有请。”

宁越见竖貂进来，迫不及待地问道：“是主公派你来的吗？”

竖貂摇摇头，诡秘地一笑说道：“好久没与大司农聊聊了，今晚特来拜望。”边说边从怀里掏出白璧一双，放在案几上。

宁越不解地问道：“这是何意？”

竖貂道：“大司田是齐国栋梁之臣，从僖公、襄公，再到桓公，已是三朝元老。在下十分敬重大司田，区区一双玉璧，聊表心意。”

宁越摆摆手：“请收回玉璧，无功不受禄呀！”

竖貂赔着笑脸道：“大司农对齐国，功盖过天，妇孺皆知。眼下齐国有难，君上被管仲迷惑，乱臣当道，齐国的前途，全靠大司农了！”

宁越顿时警觉起来。

竖貂继续说：“当年，周武王死后，由年仅十三岁的周成王即位，管叔、蔡叔谋反，若无周公旦挺身而出，力挽狂澜，周王天下必将毁于一旦。现在的齐国与当年周成王即位时的情景，何其相似！”

宁越明白了竖貂的来意。他知道竖貂与管仲不和，但他不齿竖貂的为人，此人乃奸佞小人，一贯会搬弄是非。

竖貂见宁越听得认真，更直接地说：“管仲本应钉死在耻辱柱上，可君上被鲍叔牙蒙蔽，不但没有杀他，反而拜了相国。上任以来，他无视宗法礼制，无视群臣，连大司田这样德高望重的三朝老臣也不放在眼里。一意孤行什么‘相地衰征’，什么‘官山海’，什么开放市场，全都是狗屁胡说。”

宁越冷笑着问道：“竖貂大夫意欲何为？”

竖貂往前凑了凑，压低声音，神秘兮兮地说：“咱们联手，把管仲从主公身边赶走，我唯大司田马首是瞻。”

宁越就像头上让人扣上了屎盆子一样，感觉受到了莫大的侮辱。他击案而起，厉声呵斥道：“咱们是谁？易牙吗？开方吗？一群蝇营狗苟的小人！告诉你，我宁越是堂堂正正的汉子，绝不与小人为伍。”

竖貂心里一惊，双眼迷惑地盯着宁越，像不认识他似的。

宁越越说越激愤："仲父是条汉子，我虽然对他的改革有意见，但并不认为他有私心，我宁越不是小人，不会背后捅刀子害人。我也奉劝你，不要使坏水，否则，一定会搬起石头砸自己的脚。"

竖貂见状，一脸尴尬，站起来转身欲走，宁越说："慢！"

竖貂停下来。宁越指着竖貂带来的东西道："将这些东西带走。"

竖貂抓起案几上的东西，仓皇离去。宁越气得直哆嗦，冲着竖貂的背影吐了一口唾沫。

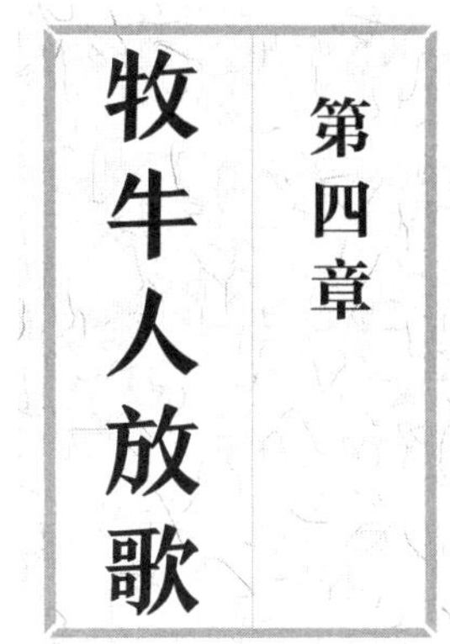

第四章 牧牛人放歌

竖貂自宫

竖貂多次向齐桓公表达，想得到后宫总管的职位，齐桓公总是笑而不答。为了得到这个职位，他使尽了浑身解数，搜罗了百余名美女送进宫中侍候齐桓公，齐桓公只是给他一些赏赐，就是不明确答复。他背地里求长卫姬替他说情，长卫姬却告诉他一个秘密：主公并不是吝啬后宫总管的职位，只是担心自己的女人。后宫所有女人，都是他的女人，虽然有的进宫之后从未临幸过，但还是他的女人，若命一个血气方刚的大男人为后宫总管，出入于后宫，他能放心吗？卧榻之旁，岂容他人酣睡？

竖貂知道这个秘密之后，便埋怨起了他的父母，为何不给他一个女儿身呢，若是一个女儿身，他就可以时刻待在齐桓公的身边了。想到这里，竖貂突发奇想，如果将自己变为一个女人，齐桓公不是就放心了吗？只要齐桓公对自己放心，又何愁谋不到内宫总管的职位。

竖貂背地里去找郎中打听，有没有办法让男人变成女人。郎中惊异地说："男人就是男人，女人就是女人，男人怎么能变成女人呢？我只见过阉鸡阉猪，从未见过阉人。"

郎中的一句戏言，却令竖貂动起了脑筋。这一天，他将易牙、开方召集在一起密商此事。他说："管仲身为相国，又被主公拜为仲父，凭我们几个人的力量，只能给他添点麻烦，却难撼动其位。但他年已半百，二十年、三十年以后，其必去矣，到时齐国就是我们三个人的天下了。只是现在要养精蓄锐，等待机会。”

“大哥说得不错，我之所以赔上了儿子，也就是为了这一天。”易牙咬牙切齿地说。

开方说道：“我将两个妹子送进宫里侍候主公，也是为了这一天啊！”

“唉！”竖貂叹道，“你们的目的都已达到，而大哥我想谋一个后宫总管之位，怎么就这样难呢？”

易牙说：“大哥对主公忠心耿耿，为搜寻美女，心没少操，路没少跑，主公怎么就不为所动呢？”

“你不是找了我妹子吗？她怎么说？”开方问。

“后宫美女如云，哪个男人见了不爱？”竖貂说道，“主公是怕放一个男人进去惹了他的女人，怕戴绿帽子。”

“是呀，卧榻之旁岂容他人酣睡？”开方说道。

竖貂痛苦而坚定地说：“想来想去，只有一条路。”

“什么路？”易牙问。

“自宫！”竖貂咬牙说道。

“什么？自宫？”易牙惊问，“就像阉猪那样，阉了？”

开方也是大吃一惊，摇头道：“只听说阉猪、阉鸡，从未听说阉人，谁能操刀？谁敢操刀？”

竖貂面无表情地说道：“我研究了一下，自宫可以用两种办法，一种是，一刀下去，尽去其势，不留后患，彻底解决问题；一种是，只割去睾丸，留下阳具，以作小便之通道。”

易牙道：“大哥，这可是要绝后呀！”

竖貂咬咬牙道：“我有两个儿子，不会绝后。”

开方关切地道：“那，嫂夫人她……能守得住活寡吗？”

竖貂苦笑道：“她怎么会愿意！顾不了这么多了，要干大事，就要做出牺牲。”

开方道：“大哥，此事还得三思哟！”

竖貂道：“我决心已定！长卫姬也快生产了，我要进后宫。管仲死了以后，齐国的天下就是咱们的了！易牙兄弟，这事就拜托你啦！”

“阉鸡、阉猪我都没有干过呀！阉人，我真的不行，下不了手呀！”易牙为难地说。

“你还有什么干不了的？”竖貂眼一瞪，道，“你是天下名厨，切肉片能切得薄于树叶，刀法之精，谁人能及。”

“在大哥身上下刀子，小弟不忍心呀！”易牙坚持不肯。

竖貂反问道：“烹子之时，你怎么又忍心呢？”

易牙无话可说。竖貂鼓励道：“干吧！兄弟，只要保住大哥这条性命就行。”

第二天，竖貂和易牙选了宫中侧殿的一间密室。易牙很有经验，先将密室堵得严严实实，不留一点空隙。然后用火烤、水蒸了三天时间进行消毒。据说这样创口就能愈合得快。一切准备就绪后，竖貂、易牙、开方三人来到密室。

密室之中放着一张大木床，床的四角各有一根立柱，竖貂进来之后，脱去全身衣裳，裸体呈“大”字形仰躺在木床上，易牙先将他的手脚绑在四根柱子上，再用一根长绳拦腰绑在木床上，然后用白帛扎紧肚子和大腿根，再用热胡椒汤将竖貂的全身上下洗刷干净。

做完这些准备工作，易牙取出一柄泼风利刃，在火中烧了烧，转身来到床边，面对竖貂说：“大哥，不后悔吗？此时后悔还来得及。”

“兄弟，动手吧！”竖貂闭上眼睛说。

开方站在门口守护，紧张地向里探了探头。

易牙也不答话，伸出左手，将那玩意儿和子孙袋囫囵一把抓住，右手举直利刃，刷的一下割了下去，竖貂的那玩意儿和子孙袋，立即与他的身体分离了。

竖貂惨叫一声，痛得昏死了过去。易牙可没闲着，左手把阉割物放在木盆里，右手把利刃也放在木盆里，随手取过一根白蜡针管插进竖貂的尿道，然后在上面糊了一些糊状的东西，再用白帛包扎好。

易牙端着一碗煎好的药凑上去，轻声叫道：“大哥，一切很顺利，快喝药。”

竖貂醒来，张开嘴，将凑到嘴边的一碗药一饮而尽。

开方见阉割顺利，走进来，同易牙一左一右将竖貂架起来，在密室里溜达起来。一个时辰以后，扶着竖貂躺在床上。

易牙说道：“请大哥忍耐，三天之内不得喝水，三天之后，小弟为你拔掉白蜡管子，若尿道通了，就大功告成。再调养百日，便可痊愈。”

开方笑道：“大哥，真是好样儿的！”

竖貂苦笑道：“不这样怎么能当后宫总管！哎哟，我的娘哎！痛死我了。”

齐桓公听易牙说竖貂自宫，大为感动，急忙跟着易牙来到密室要见竖貂。守门的开方一见齐桓公，慌忙跪下道：“臣开方拜见主公！”

齐桓公道：“爱卿平身，寡人要见竖貂爱卿。”

开方答道：“主公不能进室，需一百天之后才行。”

易牙站在门前喊道：“竖貂将军，主公看你来了！”

竖貂在里屋喊道：“主公，臣不能给主公叩头，死罪死罪！”

齐桓公大声道：“竖貂，你对寡人如此忠心，寡人很感动，你好好养伤，百日之后，你就是后宫总管！”

竖貂在密室内激动地说道：“谢君上圣恩！”

竖貂自宫以后，成了一个不男不女、不阴不阳的人，这样的人，我们称为太监。竖貂，是中国历史上有记载的第一位太监，后人称他为太监祖师爷。

歌声传递信息

宋国也是西周时期的大国之一，而且地位还在齐国之上，虽然也曾积极参与争霸活动，可惜生不逢时，碰上了郑庄公、齐襄公这两位铁腕人物，使得他们的争霸活动黯然失色。到宋桓公即位之时，由于国内刚经过内乱，才迫不得已地参加了由齐桓公主持召集的“北杏之会”，面对齐桓公那种咄咄逼人的气势，其心里实在是不舒服。因此，“北杏之会”的当晚，他便带上宋国的人马不辞而别，连夜起程返回宋国。这就是著名的"北杏逃盟"事件。

"北杏之会"后不久，又传来齐国灭掉遂国，鲁国被迫就范，齐、鲁又于"柯地会盟"，这就使得宋桓公更是气不打一处来。本来，宋国与齐国间的关系向来比较好，且与鲁国对抗多年，齐国也知道这层关系，现在，齐国竟然同鲁国会盟修好，使得宋桓公觉得是受人戏弄，他实在咽不下这口气。于是，他也顾不得什么北杏之盟约，决定自行其是，争取宋国的利益。

就在齐国与鲁国会盟后不久，宋桓公断然出兵征伐杞国。齐桓公自"北杏会盟"后，本就对宋国不满，现在宋国竟然自毁盟约擅伐杞国，这就给齐桓公教训宋国遗下了借口。

这一天，齐桓公召来管仲商量对策。他说："宋桓公在'北杏之会'时不辞而别，寡人苦于当时腾不出手来对付他。此后，寡人也曾想压服他，又担心诸侯国不服。杞国是伟大君主的后代，而现在宋国却要去攻占杞国的领土，寡人欲救杞，仲父以为如何？"

管仲向来不主张用武力解决问题，回答说："臣觉得不行。臣认为，自己内政不修，向外举兵行义，无人信服。主公现在要对外举兵行义，实行先外后内的政策，对各国诸侯来说，这样做他们会信服吗？"

齐桓公坚持道："此时不伐宋，以后恐怕就找不到比这更好的机会了。"

管仲劝道："一个诸侯国的君主，不应该贪得土地。贪地必须勤于用兵，勤于用兵必须困乏人民，人民困乏则君主只好多行欺诈了。欺诈如果做得机密而后用兵，还是可以战胜敌人的，但对人民行诈就不能取得人民的信任。不信于民则必然要发生动乱，国内一旦动乱就必祸及自身，所以，古人懂得先王之道，总是不在军事上互相竞争。"

齐桓公听管仲说得头头是道，一时也没了主意，问道："仲父以为此事该如何处理？"

管仲建议说："依臣之见，不如派人入宋交涉，交涉不成，再出兵不迟。"

齐桓公勉强采纳了管仲的意见，派遣大夫曹孙宿出使宋国。

但桀骜不驯的宋桓公根本不听劝告，仍坚持对杞国用兵。

杞国是齐国的盟国，宋国伐杞，属于坏盟行为，这就不是齐国一家之事，自然要请盟国一起伐宋。联盟中，除齐国外，鲁国最强，但管仲不打算请鲁国出兵。他考虑到鲁、宋向来不睦，彼此多有纷争，担心鲁军擅自行动，坏了自己的部署。可见即使到了这一步，管仲也依然认为，出兵并不一定要流血，所以他只请了邻近宋国的陈、曹两国派军队联合参加行动。

还有一个问题摆在眼前，依周朝的封爵礼制，诸侯分为五等：公、侯、伯、子、男。宋桓公的爵位是第一等公爵，齐桓公的爵位是第二等侯爵。依周礼，下等爵位讨伐上等爵位是违礼。齐国的争霸既然打着“尊王”的旗号，就不得不考虑自己行为的正义性。于是，管仲请齐桓公派人到洛邑，告诉周王室宋桓公不遵王命而擅自出兵征伐杞国的事实，请周王室派王师做名义上的主持。管仲这样做的目的，是要利用周王，给自己的军事行动套上正义和合法的外衣。

周厘公经过很长一段时间的考虑，最终决定派出一支由单伯率领的小队车马，与齐、陈、曹三国联军会师伐宋。不过，当单伯率领的军队出征时，联军早已逼近宋国境内。

齐桓公确定讨伐宋国的决策后，命管仲率一军先行出发，前去会合陈、曹两国之兵。他自己则同隰朋、王子城父、东郭牙等统领大军随后进发。并约定在商丘会合，再定攻伐之策。时为齐桓公六年（公元前680年）春。

大道上，车轮滚滚，战车隆隆，管仲率领先遣部队，浩浩荡荡杀奔宋国。

齐桓公好色，每次出行，都要带上姬嫔数人同行。管仲上行下效，这次也将夫人闵婧带在身边，并带一名侍女同行侍候夫人。夫妻二人同乘一车，看起来不像是去打仗，倒像是出门游山玩水一般。闵婧倚靠在管仲身上，娇滴滴地问道：“相爷，国与国之间，和平相处，相安无事不好吗？为何要兵戎相见呢？”

管仲伸手搂着娇妻，微笑着说：“宋国不遵王命，擅自毁约，齐国欲称霸诸侯，要借这个机会，打着‘尊王’的旗号，讨伐宋国，以树齐国之威。”

闵婧笑着说：“真的是‘尊王’吗？不会就这么简单吧！”

“你说呢？”管仲笑着问道。

闵婧一本正经地说：“这不过是一张牌，假‘尊王’之名，图‘称霸’之实，掩耳盗铃罢了！”

管仲惊异地问：“你怎么知道这些？”

“相爷成天说的都是改革呀、富国呀、称霸呀，听也都听熟了。”闵婧有些得意地说。

管仲爱抚地看着夫人，没有回答。

车队在管仲与闵婧的闲聊中，不知不觉地到了猛山脚下。正行之时，突然从车外传来一阵歌声，闵婧连忙做了个手势，叫管仲别出声，掀起车帘，侧着头向外张望，只见不远处的山脚下，一个身穿粗布褐衣、头戴破斗笠，赤着双脚的汉子站在那里，手敲牛角，面对青山，引吭高歌：

硕鼠硕鼠，无食我黍！三岁贯女，莫我肯顾。
逝将去女，适彼乐土。乐土乐土，爰得我所。

硕鼠硕鼠，无食我麦！三岁贯女，莫我肯德。
逝将去女，适彼乐国。乐国乐国，爰得我直。

硕鼠硕鼠，无食我苗！三岁贯女，莫我肯劳。
逝将去女，适彼乐郊。乐郊乐郊，谁之永号？

“好奇怪呀！这个唱歌的人绝非常人。”管仲击掌叫好，“可惜军情紧急，否则，一定要会会此人。”

管仲叫驭手停车，命侍卫取一小坛酒、一大包卤肉送给唱歌的牧牛人。随后，车队又缓缓起动。

侍卫拿着酒和肉，来到牧牛人面前说："牧牛的大哥，这是相爷赏给你的酒和肉，你拿去食用吧！"

牧牛人并不理会送酒肉的侍卫，看着移动的车队，仍然手拍牛角，继续唱歌，只是换了一首歌：

浩浩白水，儵儵之鱼。

君来召我，我将安居。

……

"你这人是聋子吗？"侍卫见牧牛人不理不睬，觉得他太没礼貌，大声喝道，"相爷赏你酒肉，还不快接着。"

牧牛人也不答话，接过侍卫手中的酒坛，揭开盖子，将一坛酒全部洒在地上，而对侍卫手中的肉，连看都不看一眼。侍卫见状，冷着脸说："你这人有病吧？"

牧牛人张开双臂，仰天大笑，眼望渐行渐远的车队，继续高声唱歌，只是歌声较之刚才，少了一些亢奋，多了一些悲怆。

"真是一个疯子。"侍卫将手中的一大包肉放在地下，转身愤然离去。

"站住。"牧牛人见侍卫离去，大声说，"请军爷给相爷带句话。"

"啊！会说话呀？"侍卫站住问道，"说吧！带什么话。"

牧牛人说："浩浩乎白水！"

"就这句话？"侍卫问道。

牧牛人说："够了！"

侍卫不解地问："什么意思？"

"军爷只将这句话带到就行。"牧牛人双手一揖，"草民就此谢过。"

侍卫看了牧牛人一眼，转身离去。

牧牛放歌之人叫宁戚，卫国人。他出身微贱，家道贫寒，少有大志，好读书，下决心要出人头地，干一番大事业。几年来，他周游中原各国，一边替人打工，一边寻找明主，本欲替卫国效力，可卫惠公是个平庸的国君，胸无大志，统治卫国三十多年，没有什么建树。卫懿公继位后更糟，成天只知道花天酒地，饮酒作乐，不理国事。他听说齐桓公礼贤下士，管相国革新图治，齐国在诸侯国之间的声誉与日俱增，便欲到齐国来投奔齐桓公，一展才华。他虽然自命才可经国，却不能经营好自己的生计，经常过着衣不蔽体、食不果腹的日子，无力筹措前往齐国的路费。打听到有一位前往齐国贩牛的商人，便去找这位商人，说愿意在他手下干一些杂活，管饭不要工钱，随商人到达齐国临淄城郊，商人进城接洽买卖，宁戚被留在郊野放牧。听说齐国要出兵伐宋，他便赶着牛群，早早地来到齐国到宋国的必经之路——猛山脚下等候机会。当他看到齐国的战车走过来，中间战车的大旗上大书一个“管”字时，知道是管仲率领的先头车队到了。他便用赶牛的竹竿敲着身边老牛的犄角为节，引吭高歌，欲引起管仲的注意。当战车停下之后，宁戚心中一阵激动，以为机会终于来了，谁知管仲仅派了一名侍卫给他送来一坛酒、一包肉，然后又催车而去，宁戚失望极了，因而对管仲派来的侍卫不理不睬，接下来的歌声，也由亢奋而转为悲怆，并由唱《硕鼠》而改唱《白水》，欲将他的心声传递给渐行渐远的管仲。

管仲荐贤

闵婧做了个手势，把头靠近车窗，掀开窗帘，侧耳细听起来，过了一会儿说：“相爷请听，牧牛人的歌又变了，不是平常的山歌俚曲，歌词也似曾相识。”

管仲笑道：“面对青山绿水，独自一人引吭高歌，可以随心所欲，爱怎么唱就怎么唱。”

正在这时，侍卫气喘吁吁地跑回来，纵身跳上车，说道：“真是个不识抬举的家伙！”

“怎么回事？”管仲问道。

侍卫道：“小的拿着酒肉赶到牧牛人跟前，对他说：这是相爷赏的酒肉。那人理也不理，后来，他将一坛好酒全倒在地上，对肉连看都不看一眼。继续唱他那古里古怪的歌。”

闵婧饶有兴趣地听着，管仲默默地点点头，似乎在想着什么。侍卫说：“那人叫小的给相爷带句话。”

管仲急忙问：“什么话？快说。”

“浩浩乎……浩浩乎……”侍卫一下子梗住了。

“浩浩乎白水？”闵婧急忙问。

“对！”侍卫说道，“就是浩浩乎白水。”

管仲一下怔住了：“浩浩乎白水……”他凝神沉思，自言自语地重复，“浩浩乎白水……”

闵婧道：“相爷，你不记得这首古诗了？”

管仲眼光茫然，看着夫人说：“怎么，夫人记得这句古诗？”

闵婧背诵道：

浩浩白水，儵儵之鱼。
君来召我，我将安居。
国家未立，从我焉如。

闵婧背诵完后接着说：“此人非等闲之辈，似是自我推荐，想出仕为官？”

“此人谢绝美酒，传我口信，委婉地表达了求见之意。”管仲对侍卫道，“传我命令，大队人马就地休息。”

侍卫急忙鸣锣，车队停了下来。侍卫高声道：“相爷有令，就地休息。”

“去！”管仲对侍卫道，“将那个牧牛人带过来见我。”

侍卫飞似的朝牧牛人跑去。

闵婧在车厢里取出琴，手抚琴弦弹起来，边弹边唱起了“白水”

之歌：

浩浩白水，儵儵之鱼。
君来召我，我将安居。
国家未立，从我焉如。

宁戚过来了，当他听到车内的琴声和歌声之后，放慢了脚步，和着琴声，跟着唱了起来……

“请牧牛人过来。”管仲在车内吩咐。

侍卫大声说道：“相爷有请，壮士车前说话。”

“车中何人？”宁戚并没有走近，只是大声问道，“可是齐相管仲？”

“大胆狂徒。”侍卫厉声喝道，“齐国国君都要称相爷为仲父，相爷的名字是你能叫的吗？”

“不得无礼。”管仲喝住侍卫，迅即跳下车，抬头一看，见来人体格瘦长，头发蓬乱，一双大眼却炯炯有神，英气逼人，双手一揖说道，“在下正是管仲。”

“闻管相国礼贤下士，有谦谦君子之风，如此居高临下，岂是待贤之道？”

管仲闻言一惊，向宁戚再一揖，肃容说道：“管仲多有失礼，请先生不要见怪，敢问尊姓大名，为何事而来？”

宁戚深深一揖，并不下拜，站着回答：“卫国山野草民，姓宁，名戚。闻齐侯与管相国礼贤下士，故不畏路途遥远，从卫国来到齐国，因人生地不熟，无缘求见，为村人牧牛以候机会。”

“管仲军务在身，带兵出征，急于赶路，途经此地，闻先生在旷野之间对天长歌，知先生绝非常人，故令侍卫送酒、肉以示慰问。”管仲问道，“不知先生为何拒人于千里之外？”

“宁戚跋山涉水来齐国，若只求一酒一饭，就不必费这么大的功夫了。”

“向闻草莽之中有大贤，今日见先生，可见此言不虚。”管仲走近宁戚，拉着他席地而坐，说，“先生请赐教。”

“宁戚乃山野村夫，虽不才，欲投奔齐侯，创一番事业，也不枉到尘世间走了一遭。”宁戚看了管仲一眼，接着说，“闻管相国乃旷世奇才，治国有道，只是国事繁杂，非一人之力可为，一个篱笆三个桩，一个好汉三个帮，不知宁某说的是还是不是？”

“宁先生所言极是。”管仲感慨地说，“只是茫茫人海，要寻仁者、智者，谈何容易！”

“伊尹出身卑微，却辅佐商汤建立商朝；太公望出身贫寒，却辅佐周武王统一天下。管相国拜相之前，不是也做过牧马人、经过商吗？”宁戚看了管仲一眼，见管仲正看着自己，接着说，“山野之中，多有贤才。宁某也曾饱读诗书，颇识治国之道，愿为齐侯效犬马之劳，佐相国纵横天下，称霸诸侯。故唱浩浩白水之歌，以求自荐。”

管仲见宁戚谈吐不凡，心中甚是喜欢，说道：“行军途中，不能与先生细谈，齐侯所率大军随后便到，我这里修书一封，请先生去见齐侯，必获重用。”说罢，命侍卫取过笔墨，修帛书一封递给宁戚。

宁戚接过书信，看也没看，便塞进怀中，问道：“请问管相国，刚才车上何人弹琴？”

侍卫代答道：“是相爷夫人。”

宁戚面对管仲乘坐的战车深深一揖道：“谢相国夫人抚琴，让山野之人听到这样美妙的琴声！”

管仲上车，遥对宁戚一揖，驭手催动战车，离此而去。

宁戚站在原地，向着渐行渐远的车队，频频招手。

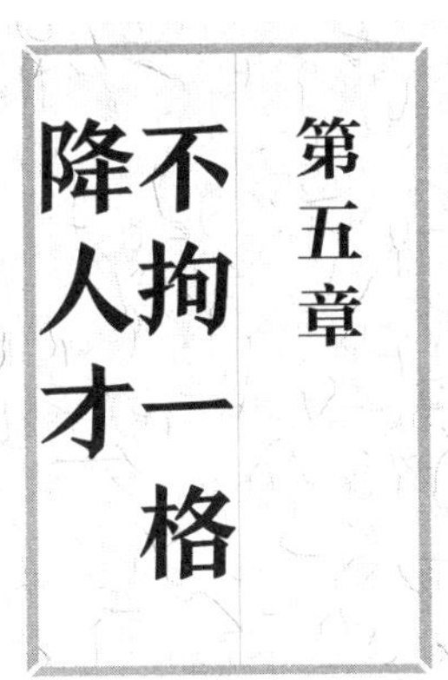

第五章 不拘一格降人才

“饭牛”之歌

宁戚从管仲身上体会到一股常人所没有的气质，这就是大度、睿智、果断。《白水》是一首古诗，自己仅以“浩浩白水”之句相告，管仲便洞悉到自己欲出仕之意，足见其学识渊博；自己一个微不足道的山野小民，管仲竟停下整个车队会见自己，足见其求贤之心切；初次相见，面对小小的山野村夫长揖而不拜，管仲不但不怪，反而还自行告罪，足见其虚怀若谷的气度；仅同自己交谈一小会儿，便知自己是可用之才，亲自写信将自己举荐给齐侯，足见其睿智与处事果断。宁戚自言自语地感叹道：“齐国能有此等人物为相国，何愁霸业不成？”

两天来，宁戚不敢离猛山要道一步，他要等候齐桓公的大队人马的到来，他要斗胆面君，向齐桓公自荐。他不时地将管仲的亲笔信拿出来在手中掂掂。他知道管仲为齐国相国，被齐桓公称为仲父，委以国事，其在齐桓公心中的分量，有如昔日周武王之太公望。就凭管仲的这封信，在齐国谋得一官半职并不难，但宁戚却不这样想，他还想试一试齐桓公的斤两，看其是否像传说中的那样伟大，他策划了一个进见之礼。

三天后，猛山脚下的大道上，齐桓公的大队人马过来了。战车隆隆，旌旗招展，绣带飘摇，盾牌滚滚，戟矛如林，尘土遮天蔽日。在长长的战车队伍中，宁戚看见一辆战车上插着一面杏黄大旗，上面绣着“方伯”两个大字，他断定，车上坐的必是齐桓公。

宁戚依然是短褐单衣，头戴破斗笠，赤着双脚，站在路边，见齐桓公的乘舆走近，遂用竹竿拍打着牛角，放开喉咙，一遍又一遍地唱着“饭牛”之歌：

南山灿，白石烂，中有鲤鱼长尺半。
生不逢尧与舜禅，短褐单衣才至骭。
从昏饭牛至夜半，长夜漫漫何时旦？

齐桓公坐在战车里面，听到路边有牧牛人在唱歌，听其歌词，似有讥讽时政之意，遂命侍卫将唱歌之人叫到车前。

齐桓公见宁戚衣服破烂，蓬头垢面，赤着双脚，实在是不堪入目。但仔细观看，此人衣着打扮虽然狼狈，双眼却是炯炯有神，隐隐透出一股英武之气，便冷冷地问道：“何方人氏？姓甚名谁？”

宁戚也不施礼，站着道：“我乃卫国山野村夫，姓宁，名戚。”

齐桓公见宁戚不叩拜，全然不懂礼节，生气地说：“你乃牧夫，为何要唱歌讥讽时政？”

宁戚一听，心里佩服，齐桓公果然非常人，竟对一个山野小民的歌声如此留意，于是笑着反问道：“我唱的是山歌，怎能说讥讽时政？”

“当今周天子在上，寡人率诸侯宾服于下，百姓安居乐业，草木皆春，所谓舜日尧天，正是其时。你唱‘生不逢尧与舜禅？’又唱‘长夜漫漫何时旦’，不是讥讽时政是什么？难道寡人冤枉你了吗？”齐桓公盛气凌人地逼问。

此时，东郭牙、竖貂、开方等一齐下车，都来到齐桓公车前，看宁戚如何回答。

宁戚脸上无丝毫惧色，冷笑道：“小民虽是山野村夫，不曾目睹先王之政。但也闻尧舜之世，十日一风，五日一雨，可谓是风调雨顺。百姓耕田而食，凿井而饮，安居乐业，国泰民安，不愧为太平景象。可如今是王室衰微，纲纪不振，风气败坏，教化不行之世，却硬要说是舜日尧天，实在令小人不解；且又闻尧舜之世，百字清正，诸侯臣服，天子不言而信，不怒而威。今君上虽想一统诸侯，但‘北杏之会’宋桓公背盟而逃，'柯地会盟'又遭曹沫劫盟，中原各国兵戈不息，戎狄不断侵扰中原诸国，中原百姓处在水深火热之中，君上却硬说是'太平盛世'、'舜日尧天'、百姓安居乐业、草木皆春，小人实在是有所不解；小人又闻尧弃其子丹朱而让位于舜，舜又避于南河而不受，百姓扶老携幼而奉之，舜在无可推辞、万般无奈的情况下，不得已才即帝位。今君上杀兄篡位而得国，假天子以令诸侯，小人又不知唐虞揖让是个什么样的状况。"

宁戚的言辞也未免太过激烈，前两个不理解，尚是讥讽时政，而最后则是直截了当、直言不讳地讽刺齐桓公杀兄而得位。就是度量再大、脾气再好的人，在此等言语的刺激下，想不动怒恐怕也难。

齐桓公听了宁戚之言后，勃然大怒，厉声喝道："大胆匹夫，狂徒，竟敢出言不逊，羞辱寡人。"喝令左右，拉下去斩了。

左右甲士一声喊，一拥而上，抓住宁戚的双臂，推往路边。

宁戚面不改色，仰天大笑道："好啊！昔日夏桀无道，杀了龙逢；殷纣无道，斩了比干；今齐侯杀宁戚，使宁戚与龙逢、比干并列，可列第三，哈！哈！"

宁戚的潜台词还有一句，就是桀为第一暴君，殷为第二暴君，齐桓公则是第三暴君。

东郭牙来到齐桓公车前，轻声说道："主公请息怒，请听臣奏。主公奉王命而号令天下，宁戚乃一牧夫，抗拒诸侯，杀之是其罪有应得，但恐不知者以为主公滥杀无辜，恐塞小民仰望之心。且臣观此人，威武不屈，一脸正气，定非平常牧夫可比。主公竭诚求天下之贤才，岂可为一时之愤，而断贤士归齐之路？臣观此人，绝非常人，请主公赦免于他。"

蔡姬也在车内对桓公说："妾看此人胸藏韬略，胆识过人，留之或许能为主公所用。"

齐桓公听了宁戚的话，震动很大，心想，此人不怕威逼，不惧刀斧，颇有刚正不阿之气。心中本已暗暗称奇，颇有赞许之意。又听东郭牙的劝谏，蔡姬的鼓说，不由得怒气渐平，转怒为喜，命武士放了宁戚。

宁戚抖了抖被绑痛了的双臂，仰首望天，一言不发。

齐桓公走到宁戚面前，满脸虔诚地说：“寡人见壮士气度不凡，只是想试一试先生胆识，先生不惧威势，世间少有，定有教寡人之策，请先生赐教。”

宁戚见齐桓公态度诚恳，从怀里掏出管仲的推荐信呈与齐桓公道：“草民有仲父书信一封，请君上过目。”

齐桓公听说有管仲的信函，忙伸手接过，展开一看，只见上面写道：

> 臣奉命出师，行至猺山，遇卫人宁戚，此人非一般之牧夫，乃当世有用之才，主公宜留之以自辅，若弃之不用而被他国所用，则齐国悔之莫及矣！

“好，仲父慧眼识英才，所荐果然不错。”齐桓公读罢，哈哈大笑，随手将信函交给身边的东郭牙，对宁戚说，“先生既然有仲父的荐书，为何早不呈给寡人？”

宁戚回答：“当今之世，群雄并起，列国纷争，草民听说‘贤君要择人而臣，贤臣也要择主而辅’。主公若喜听阿谀奉承之词，以盛气凌人之势对待臣下，草民宁愿死在刀斧之下，也不会出示仲父之书信。”

齐桓公大笑道：“这么说，先生是相信寡人了？”

宁戚诚恳地说：“主公能捐弃前仇，不计仲父箭中带钩之仇而重用之，并拜为仲父，足见主公非昏庸之君，今日草民故意激怒主公，主公虚怀若谷，赦免草民不敬之罪。主公不愧为一代明君！草民愿竭尽全力，为主公效犬马之力！”

“好！能得先生这样的能人异士相佐，是寡人三生之幸也！”齐桓公指着东郭牙对宁戚说：“这是东郭牙大夫，你与他同车，随寡人一同伐宋。”

不拘一格降人才

日薄西山，暮色已现，齐桓公下令大军就地安营扎寨，休息一宿，明日再走。

夜色中，齐军支起了一座座帐篷，绵延数里，帐篷外，一堆堆篝火熊熊燃烧，兵士们围坐在篝火边，大口喝酒，大块吃肉，载歌载舞，好不热闹。

齐桓公兴致勃勃地走进帐篷，迫不及待地对侍女道："替寡人更衣。"侍女为桓公除去戎装，换上朝服。

齐桓公又吩咐竖貂准备一套大夫衣冠，派人去请东郭牙大夫带宁戚来中军帐，并招众大夫到中军大帐议事。

竖貂自宫之后，终于如愿以偿，得到了垂涎已久的后宫总管的职位，得以早晚不离齐桓公左右。他见齐桓公面有喜色，试探性地问："主公召见，所为何事？"

齐桓公点头道："寡人要拜宁戚为大夫！"

竖貂知道宁戚是管仲推荐的，心想此人如果得到齐桓公的重用，必又是管仲的一个死党，将会使管仲的势力更大，便有了阻止齐桓公对宁戚封爵的念头。他摇摇头，显得很认真地说："主公，一个山野牧夫，底细如何尚且不清楚，一步登天而成为大夫？是不是太轻率了？"

齐桓公认真地说："只要是人才，寡人就要重用。宁戚这个人，气度不凡，谈吐之间，隐现大将风范，是个不可多得的人才，寡人要委以重任。何况，还有仲父之荐书，错不了。"

"宁戚是卫国人，卫国距离齐国不算太远，是否要派个人到卫国去，调查一下宁戚的底细，再决定赐爵也不迟。开方是卫人，他可以做这件事。"竖貂心有不甘地说。

开方此时恰好进帐，趁机说道："主公，臣在卫国时，从来没有听说过宁戚这个人，看来也是一个无名之辈。此地离卫国不远，臣愿回一趟卫国，彻底了解一下宁戚的底细，若果真是个有德才的人才，主公再行封爵也不迟。"

“打听什么？寡人亲眼所见，还有仲父亲笔荐书，还会有错？”齐桓公坚定地说，“你们建议寡人派人到卫国去调查，是担心宁戚有什么小毛病、小错误，是对他不放心。有雄才大略的人，一般不讲究生活小节，难免有这样或那样的小毛病，如果仅仅因为一个人有些小毛病而舍弃他，不使用他的真正大才，这才是世人失去天下贤士的原因。疑人不用，用人不疑，这是寡人的主张。”

竖貂脑子转得快，见齐桓公主意已定，立即见风使舵，向开方使了个眼色，奉承道：“主公圣明、贤达，齐国能有主公这样的明君，何愁霸业不成？”

齐桓公看了竖貂一眼，微笑不语。

东郭牙、宾胥无、王子城父等大臣们鱼贯而入，见大帐内灯火通明，如同白昼，以为齐桓公要召开军前会议，讨论作战方案。

齐桓公见人到得差不多了，朗声道：“众位大夫，今日行军路上，寡人遇到卫国人宁戚。此人性情豪爽，胆魄过人，才识超群，仲父修书举荐。寡人决定，举火授爵，拜宁戚为下大夫。”

东郭牙说道：“恭喜主公又添贤臣。”

王子城父也说道：“宁戚确实非同凡响，不奉承，不阿谀，是位刚直壮士，应当重用。”

东郭牙进帐，向齐桓公施礼道：“主公，宁戚在帐外候宣。”

齐桓公道：“排班奏乐，宣宁戚进帐。”

东郭牙等大臣立即分列两班站好，音乐顿起。

宁戚身穿短衣，脚蹬草鞋，走进大帐，叩见齐桓公。

齐桓公对宁戚作揖道：“宁戚，寡人拜你为齐国下大夫，望你与众大夫同心协力，勤劳国事，协助仲父，早成霸业。”

“谢主公知遇之恩！”宁戚叩拜道。

齐桓公道：“为宁戚大夫更衣！”

侍卫引宁戚出大帐，进入侧帐，宁越穿上大夫服，戴上大夫冠，蹬上大夫鞋。人靠衣装马靠鞍，宁戚这一打扮，与之前简直判若两人。他再次走进大帐，精神焕发，英气勃勃，光彩照人。

齐桓公大声道："宁戚大夫，寡人今日举火授爵，望爱卿忠贞不贰，效力大齐。"

宁戚跪拜道："臣万死不辞！"

随后齐桓公率领齐国大军，浩浩荡荡来到宋国边界，管仲率领先头部队迎候于路边。齐桓公下了战车，向四处张望了一下，问道："仲父劳苦。陈、曹两国军队到了吗？"

"陈宣公、曹庄公率兵已先期到达。"管仲道，"周天子遣大夫单伯率军前来助阵，也于昨日到达。"

"真的吗？"齐桓公哈哈大笑地说道，"太好了！"

管仲说道："请主公先到大帐休息，然后再行议事。"

"先不说这些。"齐桓公将身后的宁戚拉到身边，对管仲道，"寡人已拜宁戚为下大夫。"

宁戚走上前，对管仲深施一礼，说道："宁戚参见仲父。"

"好！好！好！"管仲还礼道，"主公又得强助，管仲甚感欣慰。望宁戚大夫尽展雄才，辅佐主公早日成就霸业。"

宁戚真诚地说："宁某虽不才，然忠心可鉴，愿同仲父一道，竭尽全力辅佐主公，绝不负仲父所望。"

"仲父！"齐桓公道，"请陈侯、曹侯、单伯大夫到大帐商议军情。"说罢，向大帐走去。

齐桓公稳坐大帐，陈宣公、曹庄公、周王室大夫单伯先后进帐，彼此见过礼之后，分宾主坐定。

齐桓公居尊东向而坐，周王室大夫单伯、曹庄公射姑、陈宣公杵臼居次，管仲、王子城父、宁戚等齐国大臣依次而坐。

齐桓公朗声道："天子派单伯大夫亲自率领大军前来督战，寡人不胜荣幸。陈宣公、曹庄公二位国君率师参与伐宋，寡人甚是感谢。宋桓公不遵天子之命，'北杏之会'不辞而别，不听劝告，擅自出兵侵略弱小的杞国，实在是难以容忍。"

陈宣公道："请盟主发令，杵臼唯命是从。"

"对！"曹庄公说道，"曹国愿与盟主共进退。"

“单伯大夫有何明示？”齐桓公礼貌地说。

单伯微笑着说：“由齐侯决定吧！”

“好！”齐桓公道，“现在商议攻宋之策，请各位各抒己见，畅所欲言。”

宁戚眼望管仲，正与管仲的目光相遇，管仲从宁戚的眼神里看出他有话要说，遂向宁戚微微点头，鼓励宁戚说话。

宁戚会意，站起来朗声说道：“主公奉天子之命，召集诸侯联合伐宋，已成大兵压境之势。臣以为，以兵车胜之，不如以德胜之，如能不战而下宋，是为上策。”

在竖貂的眼里，宁戚是管仲举荐的人，他似乎有一种条件反射，凡是与管仲亲近的人，就不是他的朋友，他见宁戚初来乍到，便在如此重要的军事会议上夸夸其谈，心里很不舒服，当即冷冷地问道：“如何以德取胜，倒要听听宁戚大夫的高见。”

宁戚并不知竖貂的底细，见竖貂态度如此生硬，略一迟疑，瞥了一眼管仲，谁知管仲正注视着他，两人目光刚好又碰在一起，这一次，管仲坚定地向宁戚点点头。宁戚得到鼓励，大声说道：“宋桓公在北杏背盟而逃，对王室是大不敬，已是理屈，齐国奉天子之命伐宋，乃是王命之师。依臣愚见，暂不必进兵，遣使宋国，说服宋国前来请罪订盟，以息干戈之患。”

齐桓公问陈、曹二君：“二位意下如何？”

陈、曹二君点头说道：“如能兵不血刃而使宋国屈服，当然是好计策。”

竖貂冷笑一声，嘀咕道：“大言不惭！”

齐桓公见竖貂有意刁难，狠狠地瞪了他一眼，竖貂吓得闭住嘴，再也不敢出声了。

管仲说：“论战，将有王子城父，兵有诸国虎师；但论讲和，不知哪位最为合适？”

身为大行、言辞犀利的隰朋，本是不二人选，可惜他现在不在军中，被派往郑国的栎地，去找流落在此地的郑厉公谈一桩交易去了。

宁戚正襟端坐，正色言道："臣宁戚愿入宋都睢阳，以三寸之舌，成盟主之功。"

齐桓公听后略感惊讶，宁戚刚拜下大夫，此时却主动请缨，不知能否胜任，他把目光投向了管仲，用眼神询问：他行吗？

管仲完全知道宁戚的心情，他刚入齐国，想趁此机会建立功勋。宁戚的思维方式和口才，他已经领教过了，见齐桓公时，没有急于递交自己的举荐信，而是高唱"饭牛"之歌以自荐，见齐桓公时双方的对话内容，隰朋也原原本本地向他叙述过。可见宁戚言语犀利，智勇双全，正是恰当的人选。管仲再看看宁戚的眼神，便下定决心，于是向齐桓公点点头，表示同意派宁戚前往。

齐桓公命宁戚为使臣，出使宋国劝降；传令大军安营扎寨，静候宁戚使宋的音讯。

化干戈为玉帛

宁戚带几名随从，乘一辆小车，出了齐营，来到宋国都城睢阳城下，使人传报，齐国使臣宁戚求见。

宋桓公御说闻齐桓公以周天子名义，会合陈、曹等国前来讨伐，而且还有周王室大夫单伯亲自率军前来督战，心中非常震惊，急忙召集大臣商议对策。恰在此时，有守城兵士来报，齐国派使臣宁戚大夫在城外候见。

"来了多少人？"宋桓公问道。

守城兵士回答："一车，数人而已。"

宋桓公问相国戴叔皮："宁戚，何许人也？"

戴叔皮不屑地说："宁戚，一个山野牧牛人，听说为卫国人，刚投齐国。齐侯好听奇论，被他言辞所惑，赐以衣冠，想来不是什么有真才实学之人。"

宋桓公又问道："齐军现在何处？"

"离城二十里，已经安营扎寨。"戴叔皮回答。

"大军既以进入宋境，为何按兵不动，只派使者求见，有何用意？"宋桓公像是在问自己，又像是在问戴叔皮。

戴叔皮道："若是料得不错，宁戚必是前来游说，欲不费一兵一卒，让宋国出城投降。"

"相国以为，寡人该如何处置？"

戴叔皮思索了半天说："我师可以以静制动，联军以远犯近，不足为惧。请主公在廊房设下伏兵，然后召宁戚入见，不要以礼相待，故意冷落于他，以静观其变。若言语不合，臣以举绅带为号，命令武士齐出，一举将其擒而囚之。则齐国劝降之计就破灭了。"

于是，宋桓公命百名武士埋伏在廊房之内，再令两百名手持长枪的甲士分两排列于殿外，双双架起长枪，组成一个人巷，等候宁戚的到来。

宁戚宽袍大带，昂然而入，见执戈武士组成人巷，知是有意示威，脸上露出一丝不易察觉的冷笑。只见他目不斜视、旁若无人地从人巷子刀枪丛中昂首进入大殿，对宋桓公长揖不拜，说道："齐国使者宁戚，参见宋国国君。"

宋桓公端坐不动，面色僵冷，并不答话。戴叔皮嘴角挂着冷笑，两眼盯着宁戚。

"危哉，危哉，宋国大难临头矣！"宁戚一声长叹，声音不高不低，在如此静穆的大殿内，已是阖殿皆闻。

戴叔皮一脸木然。

宋桓公一脸惊骇地说："村夫怎么能胡说八道？寡人居上公之位，贵为诸侯国之首，危从何来？"

宁戚用眼角斜睨了一下高座上的宋桓公，略略提高了嗓音："殿下自比周公如何？"

"周公是圣人，寡人怎么能够与他相比？"宋桓公有片刻的迷惘，不知宁戚用意何在。

宁戚道："周公在周朝鼎盛之时，天下太平，四夷宾服，尚且能够吐哺握发，接纳天下贤士。明公以亡国之后，处于群雄竞逐之时，继两世弑君之后，元气大伤，即使明公效法周公，礼贤下士，天下贤士都并不一定会到宋国来；如今，明公却妄自尊大，蔑视贤良，怠慢来客，纵然有忠言，君上能听得到吗？明公以区区一隅之国，妄自尊大，怠慢贤士，要不了多长时间，宋国定会被秦、楚所吞并。”

宋桓公听到宁戚之言，非常震惊，离席而起道：“寡人嗣位时间不长，从未闻君子之训，刚才多有怠慢，失礼之处，请先生不要见怪。”

宋桓公与齐桓公倒有几分相似，都是性情直率之人，能闻过则改。

戴叔皮在旁，见宋桓公为宁戚之言所动，急将身上所佩之绅带连弹数次。宋桓公视若无睹，戴叔皮又以目瞅宋桓公，示意宋桓公下令将宁戚拿下。宋桓公无视戴叔皮的举动，退回御座，一脸虔诚地说：“宋国偏小，寡人德薄兵微，先生此来，必有良策教寡人，寡人愿听先生一言，以保社稷。”

宁戚有意无意地瞟了一眼殿外的武士，宋桓公面显尴尬之色，大声吼道：“统统退下！”随即给宁戚看座。

戴叔皮站在一旁，一脸的无奈。

宁戚对宋桓公道：“如今王室衰微，天子失权，诸侯离心离德，君臣伦理颠倒，弑君篡位之事时有发生。齐国国君不忍心看天下大乱，恭请王命，主持与各诸侯国订立盟约。‘北杏会盟’，本是确定明公的宋国君主地位，但明公却弃会而逃，等于自己否定了那次会盟，也就否定了明公的国君之位。如今，天子震怒，派遣王室大臣单伯与各国诸侯前来讨伐，明公既叛王命于前，又抗王师于后，不待交兵，外臣已算定，宋国必败无疑。”

宋桓公诚惶诚恐地说道：“依先生之见如何？”

宁戚道：“依外臣之见，不如备办进见之礼，与齐会盟。上不失臣周之礼，下可结盟主之欢，还可息眼下兵祸之患。如此一来，宋国可稳如泰山，君上的国君地位也可无碍。”

宋桓公点头道：“先生所言极是，上次北杏逃盟，也是寡人一时失策，以致给宋国引来兵祸之患，现齐国大兵压境，且有诸侯与王室之助，已是胜券在握，能受寡人之礼而与宋国修好吗？”

宁戚笑道："齐侯大度，不念旧恶。如鲁不赴北杏之会，齐、鲁'柯地会盟'，被曹沫持剑劫盟，可背而不背，非大信大义之人，不可为。杞国与齐国不接壤，寡君闻杞遭伐，兴兵而来，不为土地人民，不纳贿赂，此乃天下少有的无私之举啊！……"

戴叔皮见宋桓公已被宁戚说动，忙抢过话题，振振有词地说："我宋师三万精锐，素无敌于天下，今未开战，岂断胜败？"

宁戚不假思索地马上回应："先不论未来之胜败，如若开战，无论胜负，对宋国而言，就一定是输了。"

戴叔皮冷笑道："岂有无论胜负，皆是宋国输之理？"

"即使宋国侥幸赢了战争，但以下犯上乃输了公义。得道多助，失道寡助。鲁、卫素与贵国不睦，此番联军，齐国却不邀鲁、卫同行，何故？皆因齐侯不愿意看到一场战争——不是纯为公义，而夹杂私怨。但如果殿下不明大义，就是逼我们硬在战场上刀兵相见，那么联军即邀鲁、卫加入，难道宋国能与天下为敌吗？"

宋桓公汗流满面，锐气全失，愕然离座施礼："依先生之见，寡人该如何处置？"

"以外臣之见，其实很简单，殿下只需一封国书，一束之贽，重新与齐会盟，兵甲不动，铸剑为犁，以后无人敢犯贵邦，宋国将稳如泰山。"

"寡人当日失计，背盟而去，恐不能见谅于齐侯，加上联军数万，又岂能轻易退兵？"

"齐侯宽厚，不录人过。此番宁戚入宋，奉的是齐侯之意，诸国之君，又以齐侯马首是瞻，岂有不纳殿下美意之理？"

宋桓公又问道："那么，应该带些什么礼物作为进见之礼呢？"

宁戚微笑道："齐国旨在与邻国交好，并不计较礼之厚薄，贵在意之诚与否。"

宋桓公脸上愁云顿散，谢过宁戚后，命开盛宴，厚待宁戚；并安排准备进见齐侯之礼物，派使者同宁戚一同前往齐营，向齐侯谢罪，请求再订盟约。

齐桓公派遣宁戚出使宋国，放心不下，一是担心宁戚能否不辱使命；二是害怕宋桓公傲慢无礼，加害宁戚。

齐桓公不无担忧地问管仲："仲父，宁戚此去，能完成使命吗？"

管仲胸有成竹地说道："主公放心，宁戚此行，定能不辱使命。"

齐桓公正要说话，侍卫来报："回禀主公、仲父，宁戚大夫与宋国使者帐外候宣。"

齐桓公一怔，看了看管仲，管仲急忙说道："快请宁戚大夫进帐！"

宁戚进帐，叩见齐桓公道："臣宁戚叩见主公。"

"免礼！"齐桓公急忙问道，"宋侯态度如何，肯请罪加盟吗？"

宁戚将说服宋桓公的经过说了一遍。

"好，好！宁戚大夫可是立了大功！"齐桓公大喜过望，转而对管仲道，"仲父慧眼识英雄，慧眼识英雄啊！"

管仲笑道："主公过奖了，没有主公的英明决断，就没有宁戚大夫啊！"

宁戚也笑道："主公、仲父，宋使还在帐外听宣呢！"

齐桓公道："快快有请，快快有请！"

宋使进帐，彼此礼过之后，宋使道："敝国君致意齐侯，修书一封，面呈齐侯。"

齐桓公接过国书，展开看道：

> 御说叩拜齐贤侯殿下：寡人一时失计，"北杏之会"铸成大错，致使齐侯兴师问罪，寡人知罪，今派使臣献上白玉五十，黄金千镒，请予笑纳，御说请求重新合盟，听从齐侯调遣。

齐桓公盛情款待宋使，并将宋国所献金玉，尽数请单伯转呈周天子。

日后，宋桓公奉尊弭乱，终其一生，以及他的继任者宋襄公，也都是齐桓公忠实的盟友。在他晚年，也常常以齐桓公之事教导子孙。

不流一滴血而使一大国与齐结盟，宁戚功不可没，再也没有人胆敢轻视宁戚了。

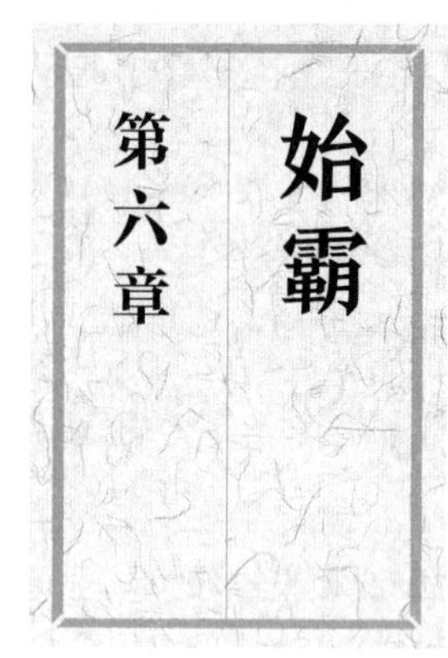

二合诸侯

有了宋国加入联盟，齐桓公信心倍增，他准备顺势挥师直逼郑国，只等隰朋回来，就可以决定下一步的行动。

平王东迁之初的郑庄公有枭雄之称，曾创下“小霸”的局面。但好景不长，三十多年来，后几任国君频繁生乱，已动摇了国本。现在的郑君是公子仪。公子仪是“首止之会”上被齐襄公诸儿杀死的郑君公子亹的弟弟，他一反郑庄公和齐僖公两国友好相处的关系，断然与齐国决裂。杀兄之仇使他投向被视为蛮夷的楚国。楚国势力逐渐强大，插手中原只是迟早之事。郑国是楚国北进中原的门户，若郑与楚联手，将对中原各国带来巨大的威胁。无论齐国用什么手段，都无法化解公子仪的仇恨，也无法将郑国拉入联盟。有人想到了流亡在外十七年的郑国旧君郑厉公。

十七年前，郑厉公被国人赶出都城新郑，流亡在栎地。十七年来，郑厉公屯兵栎地，图谋复辟，做梦也想杀回新郑，夺回君位，因对权臣祭仲有所忌惮而不敢贸然行动。

齐桓公兵发宋国之前，管仲得知赶走郑厉公的郑国权臣祭仲死了，认为这是一个契机，于是派隰朋前往栎地与郑厉公谈交易：齐国帮助郑厉公归国复位，条件是郑国加入以齐国为主的联盟。

隰朋带着使命前往栎地，和郑厉公谈妥了条件，还没有离开栎地，就听到宋国与齐国结盟的好消息。

郑厉公听到这个消息，像打了鸡血一样兴奋。他认为，再也没有什么障碍了，复位之梦即将成真。郑厉公年近五十，十七年的流亡生涯，使他看起来比实际年龄更加苍老；岁月的磨砺，让他也变得更加狡黠，尤其是趁人不注意时，他鹰一样的目光盯住对方，仿佛要将对方的隐私全都挖出来，一旦对方迎上他的目光，他又立刻变得笑容满面，显得格外和蔼可亲。

隰朋领略过郑厉公的目光，心底生出一种不祥之感，但眼前的事情，不能因他个人的预感而改变。现在的郑君子仪软硬不吃，只有扶持郑厉公复辟，才能将郑国纳入霸业的版图。而郑厉公则更为高兴，有强大的齐、宋联军的支持，复位已是十拿九稳定的事，付出的代价，只是加入以齐桓公为盟主的联盟，不用纳币，更不用割地，简直就是天上掉下来的大馅饼。至于是否履行约定，到时再说，在他的眼里，信义轻于鸿毛。

几天之后，郑国国都出现一个谣传，说城南门有内蛇与外蛇两蛇相斗，内蛇长八尺为弟，是国君子仪；外蛇长一丈为兄，是旧君郑厉公。又说两蛇缠斗了十七天，内蛇战死，预示厉公流亡十七年，将回国秉政。谣传从何而来，恐怕只有散布谣言的人自己知道。

实力大增的郑厉公，很快攻占了专门防御他的城池——大陵（今河南省禹州附近），守将是多年来阻挡他进国的傅瑕。傅瑕被俘后，叛变投降，以家人为人质，潜回郑国都城新郑，连夜求见正卿叔詹。叔詹大吃一惊，询问傅瑕为何回新郑。

傅瑕道："齐、宋联军发兵，为旧君子突复位。大陵已失，傅瑕只身逃脱，连夜至此，向叔詹卿报信，联军旦夕将至，事在危急，叔詹卿宜早做决断。"

傅瑕没有摸清叔詹的心思，故而隐去了自己被俘请降的情节。他知道，祭仲、高渠弥等权臣都视国君为掌中之物，只有自身的荣华富贵，全无忠君大义。若厉公复位，势必尽驱旧臣。所以身为正卿的叔詹，极有可能会像他的前任一样，只会考虑个人的利益。

叔詹看了傅瑕一眼说道："先君子亹仙去之后，老夫曾有迎旧君复位之议，无奈被祭仲阻拦。现祭仲已故，国内又有两蛇相斗之兆，恐怕这是天意。傅将军，你有什么计划，尽管直说，出你口，入我耳。”

傅瑕见叔詹说得坦诚，便将自己的计划和盘托出。叔詹听罢，沉吟良久，说道：“如今也只能这样了，明天我与你面见君上。”

傅瑕派随行心腹连夜赶回大陵，请郑厉公计划行事，领兵攻打都城新郑。

第二天一大早，傅瑕随叔詹觐见郑君子仪，诉说齐、宋助旧君子突，已攻占大陵，自己兵败逃回，向国君请罪。

叔詹接着说：“傅将军领兵数千，拒废君子突十七年，劳苦功高。此次齐、宋两国数万大军进犯，寡不敌众，请主公赦免傅将军兵败之罪。傅将军镇守大陵十七年，深知子突的伎俩，新郑的防务，还得依仗傅瑕。”

公子仪果然中了他们的圈套，不疑有他，一面命令傅瑕率兵守城，一面请叔詹派使臣持重金赴楚，请楚国发兵救援。

叔詹假意领命，实际上却拖延时间。傅瑕表面上假装布置防务，心里却在盼郑厉公早日攻城。

第三天，谍报传来：废君子突引领数万宋、齐大军，已到城郊。本来，郑国应坚守待援，然后里应外合，但叔詹却主张趁敌未稳之际，引兵出战，将守城的任务交给傅瑕。公子仪以为叔詹是国之干臣，于是完全采纳了他的建议。

叔詹早就与子突暗通款曲，率兵出城与子突军假战几回合后，便引兵撤退。傅瑕故意让手下士兵大呼：“郑师大败。”

公子仪不知兵，听说郑师大败，急忙登上城头观望。观望台仅能容两人，公子仪在前，傅瑕紧随其后，其余人等被阻在望台之下。趁公子仪远眺之际，傅瑕突然抽出短剑，尽力刺入公子仪的后背，贯胸而出。公子仪双眼暴出，挣扎了几下，毙命于观望台。傅瑕立即下令卫队杀散公子仪的侍卫，洞开城门。

叔詹见状，知道傅瑕已得手，便与郑厉公合兵一处，杀入城中。傅瑕担心公子仪的后人报复，干脆一不做，二不休，率兵杀入宫中，将公子仪两个未成年的儿子一起杀死，率众迎郑厉公复位。

郑厉公复位之后，重谢联军将士，约定冬季赴盟，联军于是撤去。

郑厉公是个颇有能力的君主，作风与其父郑庄公颇为相似，逆境时，可忍辱负重，暗待时机；一旦得势，便毫不留情，手段凶残狠毒。复位之后，他便诱捕了出卖公子仪的傅瑕。傅瑕心中不服，大骂郑厉公卸磨杀驴。厉公呵斥道："你守大陵，十七年力拒寡人，对公子仪可算是忠心耿耿，今贪生怕死，为富贵而弑旧主，可见你为人奸诈。"傅瑕被斩于市，也算是恶有恶报。

其实，郑厉公与傅瑕事先有约，复位之后免其罪，可一旦复位，却又出尔反尔，以不忠旧主而杀了傅瑕，可见郑厉公并不是一个守信之人。由此可见，他与齐桓公结盟的承诺，也不是那么稳固的。只因他的君位尚不稳固，迫切需要齐桓公的支持，否则国内的局面将不可控制，故在利益面前，他装出了积极寻盟的举动。

同年冬天，齐桓公与宋、卫、郑三国国君以及周王室的单伯大夫，在齐国的"鄄地会盟"。不用歃血，订立了"养孤老，食常疾，收孤寡"的盟约。

"鄄地会盟"，是齐桓公第二次大会诸侯。在春秋众多盟约中，这个仅仅就慈善问题而订立的盟约，是一个很特殊的盟约。实际上，齐国召集各国大老远来这里会盟的目的，并不是订立一个扶老济贫的慈善协议，只是碍于周王室的单伯大夫在场，所以没有进行实质性的谈判，故而只是订立一个象征性的盟约而已。待单伯带着这个结果回洛邑复命后，实质性的谈判则被留在下一次的"鄄地会盟"中进行。

蔡姬的烦恼

在"鄄地会盟"中，管仲碍于周王室大夫单伯在场，仅以与诸侯订立一个扶老济贫的慈善协议而草草收场，真正想解决的关贸协定问题却只字未提。管仲认为，诸侯国之间的贸易秩序太混乱，不利于工商业的发展，特别不利于齐国工商业的发展。齐国的渔业、盐业、冶炼业、纺织业等都很发达，远在各国之上，迫切需要开拓诸侯国市场，将齐国的商品推销出去。由于受到诸侯国之间所设贸易壁垒的限制，齐国的商品向诸侯国的销路不畅，很大程度上制约了齐国工商业的发展。管仲欲通过会盟以谈判的方式来解决这些问题。于是，齐国向诸侯发出邀请，约定下年（公元前 679 年）春二月十日，再次在鄄地会盟，解决贸易协定问题。

齐桓公伐宋凯旋，显得心情格外舒畅。恰在这个时候，长卫姬又替他生了个胖乎乎的儿子，更使他欢喜异常。在长卫姬之前，齐桓公先后有三位夫人，王姬、徐姬都因病早逝，未留下一丝血脉，蔡姬是第三位夫人，也未曾生育。长卫姬生的儿子是齐桓公的第一个儿子。他与蔡姬一起去看望长卫姬和襁褓中的儿子，高兴得不得了，喜滋滋地对蔡姬道："寡人伐宋不战而胜，如今又喜得贵子，此乃天地辅佐，万物庇佑。寡人当礼拜祭祀，以谢天地四方，列祖列宗。"

蔡姬也为长卫姬生子而高兴，笑着说："齐国战无不胜，攻无不克，声威大震，主公霸业初有所成，如今又喜得贵子，香火有继，这是主公施仁政、行礼义的结果。臣妾恭喜。"

长卫姬撑起虚弱的身子，满面春风，一脸得意之色。她为自己感到骄傲，庆幸自己的梦想成真。谁能生出第一个儿子，将来谁就是国母。原来她一直担心蔡姬会比自己早生儿子，现在不用担心了。她见齐桓公和蔡姬前来探视，便有些迫不及待地对齐桓公说："主公，给儿子取个名字吧！"

齐桓公看看蔡姬，笑着说："夫人，你给儿子起个名字如何？"

蔡姬道："这孩子大福大贵，名字必须由主公亲自取。"

"就叫无亏吧！"齐桓公想了想，对蔡姬说，"夫人以为如何？"

"无亏好，这孩子就叫无亏。"长卫姬高兴地说。

齐桓公问道："夫人知道无亏是什么意思吗？"

"这……"长卫姬不知齐桓公有这么一问，其实她只知逢迎齐桓公，根本就不明白齐桓公取这名字的意思，一时愣住了，显得有些尴尬。

蔡姬见状，连忙解围说："看来君上是希望多子多福，一个嫌少，多多益善了！"

"还是夫人知道寡人的心思。"齐桓公大笑道，"多多益善，寡人要你们生很多很多的儿子。"

长卫姬见蔡姬夺了彩头，嫉妒地看了蔡姬一眼。蔡姬关切地说："妹妹产后虚弱，要好好休息，注意保养，将来再为主公多生几个儿子。"

长卫姬道："是呀！雌鸡下蛋，只愁不开窝，只要开了窝，就会连着下，如果不开窝，那就只有等了，还不知是何年何月的事呢！"

蔡姬心里猛然一沉，这不是暗讽自己吗？

"夫人歇息吧！"齐桓公听出了长卫姬话中的火药味，拉着蔡姬离开长卫姬的卧室。

在御花园的回廊坊里，齐桓公与蔡姬相拥而坐，蔡姬似乎有了心事，看着眼前的假山、怪石发呆，一言不发。齐桓公拥着蔡姬的香肩，柔声道："夫人，刚才还是好好的，为何突然不高兴？"

蔡姬轻轻地推开齐桓公的手，眼眶里不禁流出了几滴眼泪。这可让齐桓公慌了手脚，忙掏出手帕替蔡姬擦眼泪，关切地问："夫人，为何伤心，为何落泪呀？"

蔡姬不但没有收住泪水，反而轻轻地抽泣起来。齐桓公更是不知所措，不知蔡姬为何突然如此伤心。蔡姬哭了一会儿，突然对着齐桓公数落起来："都怪你，都怪你。"

"怪我什么呀？"齐桓公有些莫名其妙。

"后宫的美女换了一拨又一拨，你还是乐此不疲。"蔡姬泣诉道，"你算一算，多长时间没有进臣妾的寝宫了？刚才，不是有人暗讽臣妾是不开窝的雌鸡吗？"

齐桓公恍然大悟，知道蔡姬看到长卫姬生了儿子，自己却未有子嗣，触景生情，故而落泪。忙掏出丝帕替蔡姬擦眼泪，歉疚地说："都怪寡人不好，冷落了夫人。"

"臣妾找御医诊断过，并无疾。"蔡姬娇羞地说道，"只要主公播下种子，多施雨露，一定会结出硕果。”

齐桓公一把抱起蔡姬，大笑道：“走，播种去！”

蔡姬双手搂住齐桓公的脖子，闭上了眼睛。

一名宫女突然匆匆走来道：“禀主公，竖貂总管有急事求见。”

齐桓公一挥手道：“有事可奏与仲父。”

宫女道：“竖貂总管说，只能奏与主公知道。”

“这个竖貂，又玩什么花样？”齐桓公扫兴地放下怀中的蔡姬，在蔡姬脸上亲了一口，附在蔡姬的耳边轻声说道，“晚上，寡人一定来夫人寝宫，定叫你花蕊绽开，骨酥筋疲。”

蔡姬虽然有些失望，但也无可奈何，强装笑脸道：“去吧，臣妾随时恭候主公驾临。”

签订关税协定

齐桓公来到偏殿，满脸不悦地说：“寡人有言在先，有事去找仲父，不知道吗？”

竖貂眨巴着眼睛，谄媚地笑着说：“此事不便奏与仲父。”

齐桓公知其意，故意问道：“何事如此神秘？”

“主公国事繁忙，难得逍遥快活。臣遍访民间，求得佳丽数名。”竖貂媚笑着说，“都是雏鸡，未开苞的黄花闺女。”

齐桓公看着眼前这个阉奴，脸上马上堆满了笑容，问道：“美人在哪儿？”

竖貂：“在御花园的玲珑阁。”

齐桓公：“走，到玲珑阁去！”

齐桓公走进玲珑阁，见六名盛装少女，个个娇艳如花，不由得眼前一亮。竖貂对少女们喊道：“快来拜见主公。”

少女们慌作一团，有的伏地跪拜，有的屈膝行礼，有的站着不动，睁大眼睛、好奇地打量着齐桓公。

齐桓公看着这群娇滴滴、羞答答、乱成一团的少女，笑着说："她们不懂礼节，免了吧！"

竖貂媚笑着问："主公满意吗？"

"嗯！"齐桓公色眯眯地看着少女们说道，"天生丽质，秀色可餐，寡人很满意。"

"主公满意，奴才的精力也就没有白费。"竖貂补充道，"只要主公喜欢，奴才可以把天下美女都搜罗进宫，供主公享乐。"

齐桓公欣赏地看着竖貂，哈哈大笑。竖貂献媚地说："让美女们陪主公玩投壶游戏，好吗？"

齐桓公道："好，就玩投壶游戏吧。"

投壶是士大夫宴饮时玩的一种投掷游戏，是春秋时期诸侯宴请宾客时的礼仪之一，就是请客人射箭。那时，成年男子不会射箭被视为耻辱，主人请客射箭，客人不能推辞。后来，有的客人确实不能射箭，就用箭投酒壶代替，这时的箭被称为柘矢。久而久之，投壶就代替了射箭。后来，投壶之戏流传到了民间，成为人们娱乐的一种游戏活动。

投壶用的壶，是一种小口径的瓶子。酒宴时，宾主依次取箭，站在相同的距离之外，向壶中投掷柘矢，中者为胜，可以罚不中者饮酒。投壶的礼节很烦琐。投壶之前，主客之间要请让三次才能进行。投壶时，有专管计数之人，面东而立，如果主人投中一次，就从装着记数竹签的器皿里抽出一支，丢在南面；如果客人投中一次，就把竹签丢在北面，最后由计数的人根据双方在南、北地面上竹签的多少来计算胜负。

竖貂把六名佳丽分成两队站好，他在齐桓公和六位佳丽面前放着投壶和三支柘矢，然后对众佳丽说："今天，你们有幸，主公高兴，陪你们玩投壶之戏，若能让主公开心，一定有赏。"

一名佳丽天真地问："赏什么？"

竖貂看了齐桓公一眼，淫笑着说道："谁先投中，主公马上召幸，以示奖赏。"

另一名佳丽问："要是投不中呢？"

"投不中也召幸，那要等到晚上。好啦，这游戏你们可能没玩过，我先投给你们看。”竖貂说罢，抓起柘矢，离投壶五步，将柘矢准确地投入壶口。他指着齐桓公身边的一名佳丽道，“从你开始，你先投。”

被叫到的佳丽羞答答地站起来，抓过柘矢，一连投了三次，一次未中。

第二名上来，也是一支未中。

第三名一上来，第一投便投中，美人们齐声娇呼：“投中了！投中了！”

齐桓公向投中的佳丽招招手道：“来，到寡人身边来。”

佳丽胆怯地来到齐桓公身边，齐桓公伸出手，一把将她搂进怀中，先摸摸娇嫩的小脸，后抓住她又细又长的手指道：“好灵巧的手，在家是做什么的？”

“织绢，绣花。”佳丽娇羞地说。

“难怪手巧，一投便中，原来是绣女。”齐桓公说罢，拥着美人，走向旁边的召幸寝宫，快活去了。

第二年（公元前679年）开春，管仲便着手筹备“鄄城会盟”之事。他先派人到鄄地将第一次会盟的馆舍修葺一新，再置办全新的家具。正月元宵刚过，齐桓公和管仲带上随从人等从临淄出发，赶往鄄地。于二月初六到达。宋、陈、卫、郑四国已先期到达。这一次会盟与两年前的“北杏会盟”有天壤之别，不再是冷冷清清，而是冠盖毕至，盛况空前。

最让齐桓公兴奋的是，单伯宣布周王册令齐桓公为“方伯”。“方”就是地方，其实质上是除了周王室脚下区区的洛邑之外的领地；“伯”原是嫡长之意，二字合起来就是诸侯之长。“伯”又通“霸”，所以也就是霸主的意思。诸国或受惠于齐国，或有求于齐国，基于不同的利益，都拥护齐国为霸主。

管仲还在“鄄地会盟”上，通过了一条重要的经济条款：

> 三合诸侯令曰：田租百取五，市赋百取二，关赋百取一，毋乏耕织之器。

这是盟约的核心，实质上就是一个关税协定，要求各国降低田赋、关税，降低田赋则使民有余钱，降低关税则有利于商品流通。齐国是工商业大国，所以这个盟约对齐国就显得十分有利。虽然与会的诸侯为了保护本国的经济利益，并不赞成这种低关税政策，但管仲堂而皇之为它冠以“古王仁政”的冠冕之词，自然得以顺利通过。

这一年是齐桓公小白登位的第七年。齐桓公正式成为霸主。太史公在《史记·齐太公贡家》中记载：

> 七年，诸侯会桓公于鄄，而桓公于是始霸焉。

临淄城齐宫花园里的那株桃树，不知不觉已历四五个春秋。这年春天，终于开出了艳丽的桃花。管仲知道，虽然桃树已开花，但要硕果累累，还要假以时日。

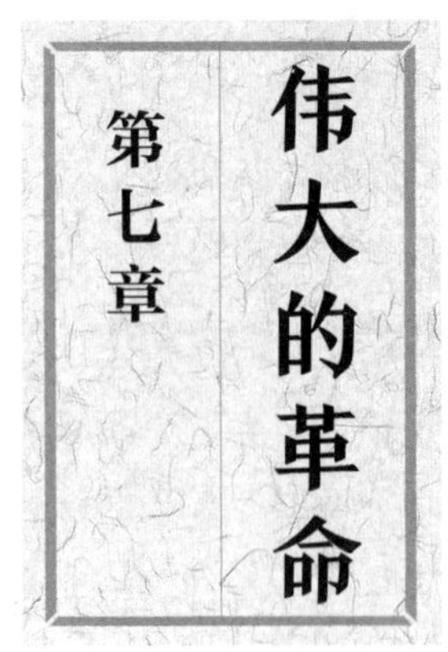

第七章 伟大的革命

伟大的构想

宁戚因饭牛而歌得到齐桓公的重用，又因舌战宋侯，使宋国不战而降，齐军凯旋之后，宁戚名声大噪。宁戚饭牛而歌，知遇齐桓公的故事，成为后人争相传颂的佳话，而他所唱的几首歌，很快在齐国大地流传，街头巷尾，田间地头，到处都能听到《硕鼠》之歌、《白水》之歌、《饭牛》之歌。宁戚只身入宋国，凭一身浩气、三寸不烂之舌和雄辩之才，说服宋桓公归顺结盟，使齐国不战而屈宋国的事迹，更是成为人们茶余饭后的美谈。

管仲对宁戚也特别看重，一面安排人为宁戚营造府第，一面派人到卫国将宁戚的家小接到齐国来，并多次宴请宁戚，将宁戚介绍给朝中大臣们认识。众大夫心里明白，管仲这是在为宁戚造势，宁戚一定会得到重用。

宁戚心里也有数，管仲是仲父、是相国，是齐国的擎天柱，他这样做是在栽培自己、抬高自己的身价。其实，管仲的理想，也是他的理想，否则，他就不会到猫山脚下唱浩浩白水，也不会冲着齐桓公的车队饭牛而歌。齐桓公收留他，并拜为齐国大夫，他从心里感谢管仲，暗暗下定决心，一定要尽展胸中所学，以报管仲和齐桓公的知遇之恩。

管仲在与宁戚交谈的过程中，有意无意地透露出对现任大司田宁越的不满。宁戚经过多方了解才知道，上大夫、大司田宁越是辅佐过齐僖公、齐襄公的三朝元老，管仲拜相以后，他是由管仲作为齐国五杰之一的人物推荐给齐桓公就任大司田，主管齐国的农业。宁越的守旧意识很强，认为管仲的改革有违祖制，在管仲拜相后进行改革的过程中，他经常同管仲过不去，甚至在朝堂上公开与管仲相对抗。管仲经济改革的第一项政策“相地衰征”，是一项农业政策、新的土地租税制度。宁越主管农业，但在推行这个政策时，采取的却是一种消极的态度，使“相地衰征”的推行总是不尽如人意。为此，管仲要求宁戚多做一些调查，尽快熟悉齐国的农业状况。虽然没有明言，更没有封官许愿，但宁戚已感觉到，管仲似乎有意要他出任大司田。

大司田，是相国属下独当一面、主管齐国农业方面的官员，责任非同一般。宁戚知道这个职位责任重大，欲对齐国的农业状况进行一番考察，做到心中有数，并将此想法告诉给了管仲。管仲很支持，并给他配上两辆新车，二十名侍从。

宁戚说：“仲父，我是去考察农业，必须深入田间、地头，要车何用？”

“那总得有个代步的工具吧！”管仲说。

“我只要两名熟悉情况的侍从就行，步行勘察，无须用车。”宁戚解释说，“乘车考察，走的是官道，走马观花，看不到什么，要真正了解农业，必须深入田间、地头、山林、湖泊，这些地方，车子不能通行，反而成了累赘。”

“好，就依你。”管仲想了想说，“还有个问题，请宁大夫研究一下。”

“什么问题？”宁戚问道。

“人类从刀耕火种时代进化到木犁人耕时代，不知用了多长时间。”管仲比画着说，“如今，齐国的冶铁业很发达，是否可用铁犁代替木犁，让历史在我们的推动下再向前进一步？”

“相国提出的问题，正是我想了很久没有找到答案的问题。”宁戚道，“铁犁代替木犁，这个设想非常大胆。”

“还有，”管仲接着说，“你做过牧牛人，深知牛的习性，牛可教吗？”

“牛很聪明，且通人性，当然可教，牛能拉车，也能拉磨。”宁戚问，“相国又有何想法？”

“牛能拉车，马也能拉车。”管仲站起来说，“那牛能不能拉犁？”

“相国是想以牛耕代替人耕吗？”宁戚兴奋地问。

“对！”管仲大手一挥，说道，“如果真能这样，将对农业起到巨大的推动作用。”

管仲的设想，宁戚的附和，正在推动一个历史，改变一个时代，使人类的历史跨入一个新的时代，这就是由木犁人耕时代进入铁犁牛耕时代，他们当时并没有意识到这一设想的意义，然而却实实在在地将人类的文明史向前推进了一大步。

宁戚带着侍从冷松和季柏，足迹踏遍了齐国的山林、湖泊、丘陵、平原。每到一处，既向当地的老农请教，又亲自到田间、地头勘察，并将所了解到的东西记录下来，一个月下来，简册装了一大袋，一个人背着行走都很费力。

这一天，宁戚带着两个侍从来到阳河边的何官渡，见田野上的庄稼长得稀稀拉拉，草比庄稼还高，伸手抓起一把泥土捏了捏，叹了一口气说：“多么肥沃的土地，庄稼却长成这个样子，真令人心疼。”

冷松和季柏满头大汗地跟在宁戚的后面，宁戚看他们一副疲惫不堪的样子，歉意地说：“真的不好意思，一路上让你们跟着受苦了，到前边那棵大树底下歇息一会儿吧！”

宁戚在大树底下坐下，摘下斗笠扇风。冷松和季柏也气喘吁吁地跟着坐下来，季柏将肩上装着竹简的麻袋取下来放在地上，人靠在树上喘着粗气，冷柏从肩上取下盛水的羊皮囊递给宁戚道：“宁大人，喝口水，解解渴。”

宁戚接过羊皮囊，痛痛快快地喝了几口，再递给季柏。季柏接过羊皮囊，揩把汗道：“宁大人，我们用脚步量遍了齐国的山山水水，东西南北，真的有点吃不消了。”

“日子还长着呢！就打起了退堂鼓？”宁戚笑着问。

“不！不！不！”季柏连忙说，“小的是说，大人是齐国大夫，待在临淄城就行了，何必要在田间地头、森林湖泊里钻来钻去呢？”

“有些东西，坐在衙门里是想不出来的，只有亲自到现场看看，心中才有底。特别是农业，不深入田间地头，怎么能知道那里该种什么作物呢？”宁戚放下手中的斗笠，指指脚下大片大片的庄稼地说，“今年风调雨顺，本是丰收年景，可如今，大片土地荒芜，种上庄稼的，长得像癞痢头，有一块没一块的。齐国守着沃野之地，粮食竟不能自给，眼前这番景象，能不令人担忧？”

冷松不以为然地说：“仲父提出‘官山海’之策，以盐铁换钱，有了钱，何愁无粮？”

宁戚摇摇头说：“以盐换钱，以钱买粮，是仲父不得已而为之的策略。盐出于东海，粮出于土地，齐国的土地若能长出更多的粮食，为何还要去买别国的粮食呢？”

冷松和季柏你看看我，我看看你，不知如何回答。宁戚继续说道：“假如有这么一天，诸侯国盐满为患，不再换粮，或是天灾人祸，各国没有多余的粮食出口，怎么办？齐国的农民守着土地种不出庄稼，反而要用钱买粮，他们到哪里去筹钱？粮食乃立国之本，手中有粮，心中不慌，没有粮食，谈什么称霸诸侯？”

宁戚的一番话，让两名侍从还真的回答不上，季柏支支吾吾地说：“农业之事，由大司田管，这些事应该由宁越大夫来处理。”

宁戚朗声大笑，站起身来，戴上斗笠说：“不说这些了，这也不是你们说的事，走！”

“大人，还要走？”冷松有些不情愿地问。

宁戚问道：“怎么，不想干了？”

冷松苦笑着说：“小的实在累得够呛。”

“走吧！回临淄后，我放你们的假，让你们好好休息几天。”宁戚指着远处的淄河说，“我们沿着淄河走，三两天就回到临淄了。”宁戚的话音刚落，人已走过前面的一道土坎。冷松和季柏互相望了一眼，拿起地上的东西，背在肩上，跟在宁戚的后面，消失在田野中。

管仲与宁戚曾做过几次深谈，内容从周天子说到诸侯，从政治、军事、农业说到工商业，两人的观点常不谋而合，皆有相见恨晚之感，彼此皆视对方为知音。

宁戚心里想，无怪乎鲍叔牙力荐管仲，齐桓公拜管仲为相国，尊称为仲父，管仲果然是平生仅见之奇才，齐国有此人为相国，富国强兵、称霸诸侯，只是时日问题，能在此人手下做事，一定可以干出一番大事业。

管仲心里想，宁戚果然是个人才，若经历练，成就绝不在自己之下。

管仲巴不得立即起用宁戚，以宁戚接替宁越大司田的职务，但宁越乃三朝重臣，没有充分的理由，不是说动就能动得了的。再说，宁戚刚依附于齐，声望不高，尽管有舌战宋侯、降服宋国的奇功，但也只能反映他有雄辩的口才，而于治国之道，还没有足以令人称道的政绩。于是，他安排宁戚去考察齐国的农业，为他提供一个展示才华的平台，为以后的提拔任用创造条件。

宁戚考察归来，管仲设家宴欢迎，请隰朋作陪客。客人未到，管仲兴奋地抚琴以待，一曲《高山流水》在相国府里回荡。相国夫人闵婧坐在管仲身边，和着乐曲以手击节，两眼深情地注视着自己的丈夫。

“巍峨如泰山！浩荡的江河！”隰朋人未到，声先至，大笑着说，“仲父好雅兴呀！”

“哈！哈！”管仲连忙站起来迎客，“知音来了。”

闵婧随后也站了起来。

“对音乐我可是门外汉。”隰朋手向后一指，“知音马上就到。”

恰在此时，管茇来报，宁戚大夫在府外求见。管仲闻报，忙到府门迎接，隰朋、相国夫人闵婧亦随后跟至。

宁戚见相国、相国夫人和大行隰朋迎至府门，慌忙跨前一步，施礼道：“参见仲父、夫人、隰大夫！”

“宁大夫不必多礼。”管仲侧身一让，做了个请的姿势，“请进！”

宁戚迈步进入相府，进门迎面便是一堵照壁，色彩艳丽。宁戚看了一眼，然后步入厅房。厅房里豪华气派，左侧设有反坫，上面摆满了金玉之器，光彩照人。宁戚审视片刻，脸上露出一丝微笑。

管仲招呼宁戚、隰朋道："二位请坐。"

宁戚与隰朋坐于案几前。

"久闻相国位在陪臣，富于列国之君。镂簋而朱纮，旅树而反坫，山节而藻棁。"宁戚微笑着说，"今日一见，果然名不虚传。"（簋是古代食器；纮是冠冕上的纽带；旅树是木屏风，以蔽内外，是国君之礼；反坫是放置酒爵的专用架子，为国君尊宾之礼；山是刻为山纹，节是斗拱，藻棁是梁上的彩画。）

管仲扬眉一笑说："照壁、反坫，世人视为奢品，非君王莫能设，可我喜欢它们。对此，宁戚大夫有何感想？"

"没有仲父，就没有齐国的今天，仲父自认为奢侈，但齐人不以为奢侈。"宁戚笑着问隰朋，"大行，你说是也不是？"

隰朋哈哈大笑道："宁大夫所言极是，仲父之财，皆主公所赐，齐人不以为奢侈。"

三人笑过之后，管仲对宁戚说道："大行已安排人为你修筑了一座府第，明天你去看一下，若有不如意的地方，趁没有搬进去，还可以再改一改。"

"不必了。"宁戚连忙推辞说："宁戚漂泊惯了，住进豪宅，反觉得不舒服，栖身于简陋的茅屋之中，同平民打成一片，反而更能体察民情。"

"人各有志，我尊重你的选择。"管仲说，"走，喝酒去。"

首创铁犁牛耕

管仲正在处理案头文书，侍从来报，说宁戚大夫求见，管仲立即放下笔，吩咐道："请进！"

宁戚兴冲冲地走进来，屁股尚未落座，便兴奋地说："仲父，我找工匠莫仲柏打造了几个样式的铁犁，进行了试验。"

“真的吗？”管仲惊喜地问，“效果如何？”

“经过几次修改，犁头已经成形，拿到地里试了一下，真是棒极了。”宁戚高兴地说。

“牛呢？”管仲关切地问，“能否用牛拉？”

“我是饭牛出身，对牛的习性很了解，买了几头牛，亲自训练，已经很熟练了。”

“嗯！”管仲激动地站起来，来回走动着，高兴地说，“这可是一次伟大的革命，成功了，对人类的进步将是一个伟大的贡献。”

“我想将铁犁牛耕尽快推广开来。”宁戚有些迫不及待了。

“我也有同感哟！”管仲问道，“你有何好的办法吗？”

“比赛。”宁戚说，“组织一场铁犁牛耕与木犁人耕的比赛。现场观摩，这比任何说教都管用。”

“有把握吗？”管仲担心地问。

“绝对有把握。”宁戚信心百倍地说，“通过比赛，让人们认识到铁犁牛耕的好处，这样，铁犁牛耕就可以迅速推广开来。”

“好！”管仲说，“三天之后，郊外举行铁犁牛耕与木犁人耕的比赛。朝廷官员全部到场，张贴布告，让老百姓都来观看。”

三天后，人们云集在临淄城西门外的田野上，观看一场别开生面的耕地比赛。

农田里，相隔不远处，摆放着两架犁。这两架犁的形状相同，犁头却不一样，一乘是铁铧犁，一乘是木铧犁。在前面拉犁的也不同，木铧犁前面并排站着四个身强力壮的小伙子，一人一根绳子搭在肩上，绳子的另一头连着木铧犁。而铁铧犁的前面并排站着两头牛，牛肩上架着一个“人”字形木架头，架头的两脚分别有一根绳子与犁相连，每部犁的后面有一个农夫扶犁。

管仲与百官及众百姓围站在十步开外。宁戚亲自主持这场别开生面的比赛，只见他手持令旗，站在两乘犁的中间，喊了一声：“预备！”

四个小伙子闻声，马上前腿弓、后腿蹬，蓄势待发。

铁铧犁后面的农夫右手扶犁，左手的鞭子高高扬起。

"开始！"宁戚一声令下。

四个小伙子鼓足劲，抖擞精神，大吼一声，拉起犁，向前奔去。铁犁后面的农夫抖动鞭子，一声吆喝，两头牛拉着犁，一路向前。

木铧犁过处，地里的土沟时深时浅，翻起的土块也是时多时少；铁铧犁过处，地里的土沟深浅一致，翻起的土块均匀地倒向一边。

围观的人群呐喊助威。三十步不到，拉木铧犁的四个小伙子已经累得满身大汗、气喘吁吁，速度明显慢了下来。

牛拉的铁铧犁仍然在匀速地向前走，赶牛的人轻松地吆喝着，悠然自得。百步以后，木铧犁已远远地落在了后头。

农夫们欢呼雀跃。一位老农对管仲说："仲父主意真高，今日叫我们大开了眼界，回去我就买牛，换铁犁头。"

"这是宁戚大夫的主意，要谢去谢宁戚大夫。"管仲对宁戚大声说，"宁戚大夫，快给大伙儿讲讲吧！"

"乡亲们。"宁戚站在地中间大声说，"铁犁牛耕的好处，刚才大家都看见了，我也不用多讲，御作坊正在赶铸铁犁头，大家可以去购买。至于牛，要耐心地教，三两天就教会了。"

正在大家兴高采烈、议论纷纷的时候，宁越突然来到现场，怒气冲冲地来到管仲面前说："仲父，这是怎么回事？禀报过主公吗？"

管仲见宁越一脸怒容，冷冷地说："这是我分内之事，何须禀报主公？"

宁越看了宁戚一眼，讥讽地问："想必这位就是鼎鼎大名的牧牛人了。"

宁戚不卑不亢地回答："在下正是宁戚，参见大司田。"

"哼！"宁越一甩手，"简直是胡闹。神农以来，耕种稼穑全凭人力而为，尧舜之时也莫能例外。想不到如今却出现了这样的怪事情，铁犁牛耕，简直是亵渎神灵。"

管仲冷笑道："可眼前的事实是，牛耕确实比人耕省时省力，且耕地质量好、速度快。"

宁越大声道："仲父，只要老夫还是大司田，就别想推广铁犁牛耕。"

“那你就休息去吧！宁越大夫。”管仲甩下一句话，登车而去。

管仲从比赛现场回来，直接进宫见齐桓公，刚落座就直截了当地说：“主公，有件事情已是迫在眉睫，不得不办，请主公支持臣。”

齐桓公放下手中批阅的奏折，问道：“仲父有何事？”

“主公以为大司田宁越其人如何？”管仲问道。

“大司田……”齐桓公想了半天说，“此人乃三朝元老，对寡人倒是忠心耿耿。只是年纪大了，思想有些保守，对仲父的改革，似乎不怎么热心。”

“岂止是不热心？”管仲道，“简直成了改革的绊脚石。”

齐桓公反问道：“有这么严重吗？”

“几年来，主公颁布实行了‘三其国而五其鄙’‘修内政而寄军令’的行政与军政改革政策；四民分处、‘官山海’、农商并重等经济政策，哪一条政策执行起来都是掷地有声。”管仲一挥手，“唯独‘相地衰征’农业改革政策，推行起来磕磕绊绊，总是不顺畅，责任就在宁越身上。”

“有何凭据？”齐桓公问道。

“新的农业税制，宁越虽不敢明目张胆地抵抗，但在朝堂提出反对意见也不止一次，有意见提出来并非坏事，然而既然作为国策颁布实施了，就得执行。否则，就是违抗君命。宁越身为大司田，主管农业，采取消极态度对待‘相地衰征’的新政策，此事有目共睹，无须臣多讲。”管仲怒气冲冲地说，“更可恶的是，宁戚大夫组织一次铁犁牛耕与木犁人耕的耕地比赛……”

“什么，什么？”齐桓公打断管仲的话头，“铁犁牛耕与木犁人耕比赛？这是怎么回事？”

管仲笑了笑说：“事情是这样的，一个多月以来，宁戚大夫足迹踏遍齐国的山山水水，考察全国的农业状况。最近，他发明了铁犁牛耕，即用铁铧犁代替木铧犁，以牛代替人拉犁。今天一大早，宁戚主持了一个铁犁牛耕与木犁人耕的耕地比赛，铁犁牛耕又快又好，现场的民众都击掌叫绝，臣准备在齐国全面推广铁犁牛耕。”

"啊，这是件好事呀！"齐桓公问道，"宁越怎么了？"

"宁越大发雷霆，说这是有违祖制、亵渎神灵。"管仲道，"身为大司田，不思进取，有人搞发明创造，他却公然反对，齐国的农业在他的领导下，还能发展吗？"

"宁越老了，思想是有些保守。"齐桓公叹了口气，"但他是三朝元老，对齐国还是有贡献的呀！"

"臣并没有抹杀宁越的过去。"管仲停了一下道，"只是他的思想保守、落后，已经跟不上时代的步伐，齐国要改革、要发展、要走富国强兵之路，就必须发展农业，而宁越任大司田，发展齐国农业就是一句空话。臣建议，大司田的人选要更换。"

"仲父有合适的人选吗？"齐桓公问道。

"宁戚，宁戚如何？"管仲说，"就是那个饭牛而歌、主公举火授爵的宁戚。"

"宁戚？"齐桓公点点头道，"有胆有识、足智多谋、思维敏捷，是个不可多得的人才。"

"宁戚用一个多月的时间走遍了齐国的山山水水，对齐国的农业现状进行了深入调查。特别是他最近发明的铁犁牛耕代替木犁人耕，这是人类历史上的一次革命，将会大大地促进农业生产的发展，有这样的人出任大司田，何愁齐国的农业不发展，何愁'相地衰征'的政策不能贯彻执行。"管仲赞不绝口地说。

"好！"齐桓公道，"寡人同意仲父的意见，罢黜宁越的大司田，拜宁戚为大司田！"

能者上、庸者下

金銮殿上，齐桓公面对群臣道："宁越大夫乃三朝元老，多年来，他对寡人忠心耿耿，对齐国也是劳苦功高。如今宁越大夫年事已高，看到他还在为国事奔波，寡人实在有些于心不忍。寡人决定，免去宁越大夫大司田职务。”

齐桓公的这个决定来得十分突然，事先没有任何征兆，群臣不免有所吃惊。宁越站列班中，听到这一决定，犹如五雷轰顶，一时愣在当场，过了一会儿，突然跪下哭奏道：“臣虽年事已高，尚能为国效力，恳请主公收回成命，让臣为齐国之振兴再多干几年。”

“平身吧！”齐桓公说，“请爱卿自重，不要辜负了寡人体恤老臣的一番心意。”

宁越听齐桓公说得虽很婉转，但语气却很坚决，知道无可挽回，便慢慢地站起来。

“宁戚大夫乃匡世英才，贫贱不移，威武不屈，精通桑麻五谷之道，又值风华正茂之年。舌战宋桓公，使齐国不战而屈人之国，大智大勇可见一斑。”齐桓公又道，“最近，他又发明了铁犁牛耕，这可是人类历史上的一次伟大革命，将会大大地促进农业生产的发展。寡人决定，任命宁戚大夫为大司田。”

齐桓公的任命，不但使大臣们震惊，就连宁戚本人也很意外，他看看金銮殿上的齐桓公，又看看站在班首的管仲，再看看失魂落魄地站在一旁的宁越，一时不知说什么好，连谢恩也忘了。

“宁戚接旨！”齐桓公见宁戚愣在那里，补了一句。

宁戚如梦初醒，急忙跪拜道：“臣谢主公隆恩！只怕臣能力有限，有负主公重托。”

“大司田平身！”齐桓公道，“寡人相信不会看走眼，大司田如有不懂的地方，可请教仲父，你一定能抓好齐国的农业。”

宁戚刚站起来，宁越突然暴发出一阵歇斯底里的狂笑：“一个牧马的，一个饭牛的，齐国要成为牛马之国了，哈！哈！哈！”

管仲做过牧马人，宁越说牧马的，指的就是管仲，而饭牛的，自然说的就是宁戚了。

“宁越放肆！”齐桓公大喝。

“牧马的，饭牛的！”宁越有些失魂落魄，边说边笑，边笑边脱下官袍礼带，脱一件，扔一件，边脱边扔，转身走出大殿。一个苍老的背影，消失在大殿之外。

大臣们有的怜悯，有的木然。管仲看着宁越远去的背影，心中虽有不忍，但也无可奈何。

临淄城的政令展台前围满了人，还有人陆续向这边走来，大家来此的目的只有一个，看展台新张贴的布告。站在前面的人，识字的在看，不识字的左问一句，右问一句，显得非常着急，后面看不见的，更是一个劲地向前挤，人群熙熙攘攘，秩序很混乱。两名衙役手持铜锣和棍棒，分站在布告两边，大声喊道："都站好，别挤，挤什么？"

"差爷，展台上张贴的是什么？我们看不见。"站在后面的人大声喊。

"差爷，我们不识字，你给我们念念吧！"不识字的人也大喊大叫。

一名衙役跳上一块石头，敲着手中的铜锣，大声喊道："静一静，大家听好了！"

刚才还是吵吵闹闹的人群，一下子就静了下来。衙役接着说："展台上张贴的，是大司田宁戚大夫新公布的'相地衰征'的新政策。"

"念念吧！念念吧！"很多人都这样要求。

"好了。"衙役一敲铜锣："大家静下来，我给大家念。"

"相地衰征"新政

农乃立国之本，务五谷，则食足；养桑麻，育六畜，则民富。不务天时则财不生，不务地时则仓廪不实。故而，发展农业，是国家当前第一要务。

发展农业，必须民尽其力，最根本的政策是"正地"，实行"相地衰征"新政策。"相地衰征"包括两个方面的内容：一是均地分力，即把公田直接分给各农户去耕种，扩大各户所占有的份地数量，实行一家一户的个体生产；二是与之分货，即实行级差地租制，将土地按肥沃程度分成若干个等级，按地等交纳地租。土地肥沃的多交，土地贫瘠的少交。

为鼓励农民垦荒开田，特规定，凡新垦荒地，免交三年租税，至第四年再按其土地等级纳税。

国人无论地位如何，身份怎样，都得实行新的土地租税制度，若有违犯，将依法严惩不贷。

围观之人听完布告的内容，顿时沸腾起来，特别是平民百姓，听到新政的内容，无不拍手叫好。因为新的政策出台后，他们能分到更多的份地，除去向国家交纳的地租，他们还可以得到比以往更多的粮食，家里有粮，心中不慌，今后的日子就要好过多了。

然而有人笑，就有人哭，有人欢喜，就有人愁。新政实行后，大多数农民都从中得到了好处，而占有大量土地的奴隶主们的利益却遭到了冲击。这种冲击来自两个方面，一方面是他们的土地将作为份地分给农民，另一方面是他们也要向朝廷交纳地租。这不是割他们的心头肉吗？肉都被人割了，谁不心痛、谁不哭呢？

当人们群情振奋、议论纷纷、拍手叫好的时候，却有一个人嗤之以鼻，不屑一顾。这个人就是奴隶主伯氏。伯氏是前大司田宁越的姻亲。过去，他仗着宁越这个后台，没有人敢动他的地，租税他也不交，很多人见他不向朝廷交纳租税，也跟着抗拒不交。时任大司田的宁越却睁一只眼，闭一只眼，并不深究，故而“相地衰征”的土地新政，在宁越的手中难以全面开展。

伯氏不屑地说：“嘻，普天之下，莫非王土，竟然要将土地分给那些穷鬼，简直是无法无天，没有王法了！王室公爵都同穷鬼们一样交地租，岂不是贵贱不分？等级全无吗？什么‘相地衰征’，见鬼去吧！老子就是不交租。”

半月之后，政令展台上又贴出了一份布告，其对临淄城的震动，似乎更甚于上一次公布的新政。百姓们纷纷奔走相告：“快去看呀！朝廷惩处了抗税不交的伯氏老爷，布告都在政令展台上贴出来了。”

这可是一个爆炸性的新闻，伯氏在齐国可是有头有脸的人物，有钱、有势，而且与上大夫宁越还是姻亲，这样一个人物遭到惩处，大家当然觉得稀奇，都想来凑凑热闹，看看结果如何。一时间，政令展台前人山人海。

两名衙役守在展台的布告旁边，他们见人围得越来越多，后面还有人向这里涌过来，一名衙役跳上一块石头，敲响手中的铜锣，大声喊道："大家静下来，我将布告的内容给大家念一遍。"说完，便对着布告大声念了起来：

大司田令

经查实，龚姓伯氏，公然对抗"相地衰征"新政，拒绝相地，拒不缴纳租税。经请示主公，依法没收伯氏骈邑三百。特此严惩，以儆效尤。

严惩伯氏，震动朝野，特别是对那些占有大量土地的奴隶主们，震动更大。在宁越任大司田期间，他们对"相地衰征"新政一直持观望态度，认为朝廷只不过是说说而已，一直是能逃就逃，能躲就躲，税吏若是催得急了，就多少交一点税粮应付了事。他们知道，伯氏同宁越是姻亲，没有谁敢对伯氏动真格的，伯氏不相地、不纳税，他们也跟着受益。如今新的大司田刚上任，便大张旗鼓地推行"相地衰征"新政，紧接着又严惩伯氏，这明显是杀鸡儆猴。看来这一任大司田，绝不同于上一任大司田，朝廷推行"相地衰征"，是要动真格的了。别看这些人平时在奴隶面前狐假虎威，其实，打起摆子来，照样还是发抖，与常人并没有多大的区别。于是乎，他们个个都夹起了尾巴，请有司来丈量他们的土地，核定土地等级，商定份地如何分法。"相地衰征"新政一下子便在齐国大地上轰轰烈烈地全面推广开了。

在推行新政的同时，大司田宁戚又令御作坊加班加点，打造铁铧犁，在全国范围内大力推广铁犁牛耕技术。此后不久，中原诸侯国都跟着齐国学，铁犁牛耕技术迅速地推广开来。中国的农耕历史，从木犁人耕时代，跨进了铁犁牛耕时代。

第八章 鲍叔牙的襟怀

蔡姬戏水遭祸

自从长卫姬生下公子无亏以后，蔡姬的心情一直很郁闷。她感觉到了一种无形中的压力，这种压力看不见，摸不着，却又深深地体会得到。

按“大宗为翰，宗子维城”的宗法制度，长子是王位的当然继承人。无论是夫人，还是嫔妃所生，最先出生的儿子，就是君王的长子，长子就是当然的君位继承人。也就是说，谁第一个替君王生下儿子，谁就能得到母后之尊。蔡姬本先于长卫姬进入齐宫，谁知天不遂人愿，却让长卫姬抢先生了个儿子。自从王姬、徐姬早逝以后，蔡姬理所当然地成了第一夫人，现在，长卫姬生了儿子，大有后来者居上之势，蔡姬嘴上不说，心里的那个急呀，简直就难以言状。她恨自己不争气，也恨齐桓公太过好色，后宫早已美女如云，总管竖貂还在一个劲地往里送。齐桓公成天左拥右抱，反而将她这个正牌夫人冷落在一边，有时好不容易等到齐桓公来到寝宫一宿，谁知他已在其他美人那里大战数回合，来到蔡姬寝宫时，早已是筋疲力尽，她也只有暗自落泪。俗话说，伴君如伴虎，心里有怨气，口上却不敢说，真是打落牙齿往肚里吞。

齐桓公也觉得蔡姬近段时间神情有异，而他心里也明白，蔡姬不高兴的原因在哪里。其实，后宫这么多美人，他最爱的还是蔡姬。蔡姬不仅人长得漂亮，而且琴棋书画样样精通，这是无人能及的。他也想多陪陪蔡姬，多给她一些床笫之欢，但他也有难处，后宫美女如云，个个都是天生尤物。虽然平时也吃了不少的补肾壮阳之药，但人毕竟不是金刚不坏之身，经不住这样折腾。只有到蔡姬这里，他才能得到体贴，才能安安稳稳地睡个好觉。

这一天，齐桓公退朝回宫，见蔡姬倚在窗前，对着御苑中的碧螺湖发呆。他轻轻地走到蔡姬身边，手搭在蔡姬的香肩上，柔声地说："夫人，在想什么？"

蔡姬见问，眼里不由得流出两行清泪。齐桓公忙掏出手帕，轻轻地揩去蔡姬的眼泪，安慰地说："夫人不必悲伤，寡人也知道夫人伤心所为何事，其实夫人根本就不用担心，只要夫人能替寡人生下一个儿子，立谁为太子，还不是寡人一句话的事。"

"主公以为臣妾是为这事吗？"蔡姬破涕为笑，掩饰地说，"臣妾是想家呢！"

"啊！"齐桓公故意若无其事地说，"这好办，选个时间，寡人派人送夫人回故国省亲就是了。"

蔡姬指着碧波荡漾的碧螺湖水说道："臣妾的家乡是水乡，看到眼前的湖水，臣妾就想起了家乡的澜湖，想起了家乡的亲人。"

"走！"齐桓公拉着蔡姬的手，"寡人陪你到碧螺湖泛舟。"

蔡姬眼前一亮，一下子转忧为喜，高兴地搂住齐桓公的脖子亲了一口。

齐桓公与蔡姬来到碧螺湖，周围除有几名宫女在湖边嬉戏外，并没有其他的人。碧螺湖本在御苑之内，闲杂人等是不能进来的。蔡姬见柳树脚下有一艘小游船，便上前熟练地解开拴在船上的缆绳，轻盈地跳上船，张开双臂，笑嘻嘻地说："主公，快上来。"

齐桓公素不习水，且自幼惧水，本想学蔡姬的样子跳上船，可又没那个胆量，站在水边看着小游船，试了试却又不敢迈步。蔡姬见状，咯咯地笑个不止，后来见齐桓公实在不敢上船，蔡姬又跳上岸，把绳索拴在柳树上，扶住齐桓公说："臣妾扶主公上船。"

齐桓公在蔡姬的搀扶下上了船，船身一晃，吓得他赶紧坐在船板上。

蔡姬上岸解开绳索，轻盈地跳上船，走到后艄，双手握住船桨，笑道：“主公坐好了，臣妾要开船了。”话音刚落，只见她左手将船桨提出水面，右手的船桨在水中一用劲，小游船便滴溜溜地来了个一百八十度的大转弯，船就调了个头，船头向着湖心。船调过头后，蔡姬前脚弓，后脚蹬，双手一用力，双桨没入水中，嗖的一声，小游船如离弦之箭，射向湖心。

“夫人，慢点儿，寡人头晕。”齐桓公两手紧紧抓住船帮，胆怯地说。

“有臣妾在，主公尽管放心。”蔡姬放下手中船桨，来到齐桓公身旁坐下，抓住齐桓公的手说，“臣妾自幼长在水边，跳进水里可抓鱼，摇船乃手下之功。”

齐桓公见蔡姬开心了，心里也很高兴。一把将蔡姬拉过，不想船一晃动，两人同时跌倒在船舱里，蔡姬恰好跌在齐桓公的怀里，蔡姬也不起来，就躺在齐桓公的怀里，齐桓公一手搂住蔡姬，一手抚摸着蔡姬娇嫩的脸蛋，嘴巴凑近蔡姬的耳边，轻声问道：“夫人，快乐吗？”

“像现在这样，就臣妾和主公两人，亲亲热热拥抱在一起，多好呀！”蔡姬娇媚地说，“秋水粼粼，碧波漾漾，蓝天如洗，白云如丝……”

齐桓公笑着说：“夫人是在作诗呀？”

忽然，一个浪头打来，小船轻轻晃了几下。蔡姬生性爱水，此刻突然兴奋起来，站起身子，双脚叉开，站稳脚，左右腿轮流使劲，船便左右晃动起来，先是慢慢地晃，后来是越晃越快。吓得齐桓公双手紧紧抓住船帮，大叫道：“停住，快停住。”

蔡姬玩得兴起，看到齐桓公惊慌失措，一脸窘态，以为他是故意装腔逗自己开心，并且，他们平时也常这样相逗，于是，双腿一用劲，船摇晃得更厉害了。齐桓公吓得面如土色，大叫道：“别闹，快停下！寡人要生气了！”

蔡姬自从到了齐国，很少像这样尽情嬉戏，她一边晃着船，一边向齐桓公伸出手：“主公，抓住臣妾的手，不用害怕，很好玩。”

齐桓公欠起身，刚想把手伸给蔡姬，谁知船一晃荡，身体失去平衡，扑通一声跌进湖中。

蔡姬大惊，纵身跳入湖中，把齐桓公托到船上。

齐桓公掉落湖中，喝了一肚子水，被蔡姬救上船后，像个落汤鸡一样坐在船舱里，口中直吐白水。蔡姬翻身上船，操起船桨，一阵急摇，将小船靠岸，跳上岸，拴好绳索，再把齐桓公扶下船，跪在地上请罪道："主公，臣妾失礼，请主公赶紧回宫换衣服，以免受凉。"

齐桓公一甩手，不理蔡姬，怒气冲冲地离此而去。蔡姬知道自己闯了大祸，已是后悔莫及。爬起来，跟在齐桓公的后面返回宫中。

齐桓公回到寝宫，长卫姬见他浑身湿得像个落汤鸡似的，惊问道："这是怎么回事？"

"更衣，少说废话。"齐桓公冲着长卫姬发火。

"快！"长卫姬冲着宫女大吼，"还不快给主公更衣！"两宫女马上搀扶着齐桓公走进内室。

齐桓公换好衣服出来，一连打了好几个喷嚏。宫女端来姜汤，齐桓公捧着碗，一口气喝个精光，抹了一下嘴，长长地松了一口气，坐下。

竖貂闻讯赶到，扑通一声跪下，诚惶诚恐地说："臣该死，没有保护好主公！"

"主公到底怎么啦？"长卫姬问道。

"是夫人将主公从船上颠入湖中。"竖貂偷偷地看了一眼齐桓公，见齐桓公怒气未消，故意说道，"夫人真是不知天高地厚，难道不知道主公惧水吗？游湖也就罢了，为何要故意将船晃来晃去？真的不知居心何在。"

"夫人怎么能这样！"长卫姬说，"湖水那么深，万一有个三长两短怎么办？"

"此乃欺君犯上之罪。"竖貂偷看了齐桓公一眼，见无反应，便火上浇油地说："不依国法处罚，最少也得按宫规处之。"

齐桓公一拍案几，大声吼道："都给寡人闭嘴，下去！"

蔡姬独自回到寝宫，换好衣服后，急急忙忙赶往齐桓公的寝宫，欲向他请罪。而竖貂对蔡姬早就怀恨在心。他觉得蔡姬总是同他过不去，对管仲处处尊让，在齐桓公耳旁总是说管仲的好话，对自己却是视而不见。他欲借这件事狠狠地整一下蔡姬，最好是叫她从此在齐宫消失。一来可报过去之怨，二来可除去管仲在宫中的一个帮手。当他看到蔡姬可怜兮兮地走过来时，心里一阵得意，故意板着面孔，冷冷地说："夫人，主公有令，谁也不见！"

"怎么？"蔡姬一惊，"连我也不能进去？"

"主公正在气头，下令任何人不准进去！"竖貂冷笑着说，"主公还特别关照，包括夫人你。"

蔡姬无可奈何，只好对竖貂道："请总管代为禀报主公，说我来过了。"

"小的一定照办，夫人请回吧！"竖貂做了个请的姿势。

蔡姬无奈，只好原路返回。

齐桓公怒气稍平，想起了蔡姬，不知她着凉没有，刚才自己一怒而去，她一定是很伤心的了。见竖貂站在旁边，问道："夫人呢？她没有受凉吧？她来过了没有？"

"夫人像没事人一样。"竖貂故作轻松地说，"正在寝宫弹琴，自娱自乐呢！"

"什么？"齐桓公闻之大怒，"寡人掉到水里去了，她连赔罪都不肯来吗？真是岂有此理！明天就把她送回蔡国去，让她知道欺侮寡人会得到什么样的处罚。"

"臣遵旨！"竖貂连忙答应，心里可是高兴得快要笑出声来了。

竖貂担心阴阳镜被戳穿，错过一次陷害蔡姬的绝佳机会，接旨后就直奔蔡姬的寝宫。此时，蔡姬一个人坐在寝宫里独自落泪，见竖貂匆匆而来，以为是齐桓公召见，站起身来正欲问话。竖貂一反过去谦恭之态，盛气凌人地大声说道："夫人接旨！"

蔡姬察言观色，情知不妙，连忙跪下候旨："臣妾接旨！"

"主公口谕！"竖貂说道，"蔡姬大逆不道，肆意胡来，晃舟致寡人落水尚不知罪，已失为人妇之道，着速遣返蔡国！”

“竖貂总管，我没有听错吧？”蔡姬大惊，有些不相信自己的耳朵，吃惊地说，“我请求面见主公。”

“不行。”竖貂冷冷地说，“主公不愿见你！令小的立即将夫人遣返蔡国。车已备好，请夫人上车！”

蔡姬绝望了，她没有想到事情会是这样的后果。她恨齐桓公太不近人情，多年夫妻，就因为这么一点点小事，竟然下此狠心，将自己驱逐回娘家。她站起来，向寝宫环顾一眼，这个带给她幸福和快乐的地方，她真不想就此离去，此一去，恐再无归期，想到这里，不由得流下了伤心的泪。

“夫人，走吧！”竖貂叫道，“车还在外面等着呢！”

蔡姬转过身，艰难地迈步走出宫门，临上车时，再向寝宫看了最后一眼。

蔡姬的车刚驶出临淄城北门，猛听后面有人大喊：“前面车辆慢行！”

蔡姬一听，心中一阵狂喜，以为是齐桓公回心转意，派人追回自己。忙掀开车帘，向后一看，见有四辆马车疾驶而来，前面一辆是篷车，后面三辆是战车。

篷车刚驶近蔡姬的车，管仲从车上跳下来，拉过踏脚凳，将相国夫人闵婧从车上扶下来。蔡姬见是相国和相国夫人，如同见到久别的亲人，下得车来，与闵婧抱头痛哭。边哭边说：“没有想到，主公竟一点也不念夫妻之情，就这样将妾身遣返回蔡国，这叫我还有何面目见人呀！”

“夫人不要太过悲伤。”闵婧安慰地说，“主公只是将你遣返回蔡国，并没有休了你，过一段时间，等他的气消了，也许会再将你接回来的。夫人一定要保重，千万不要想不开。”

“怎么会出现这种事情呢？”管仲伤感地说，“夫人放心，就当是回一趟娘家，等主公回心转意后，我亲自派人到蔡国去迎接夫人。”

“仲父，据妾估计，此事恐怕有人从中捣鬼，不然，主公不会这么无情的。”蔡姬止住哭声说，“主公是位明君，请仲父好好辅佐他。妾身这里向你谢过了。”蔡姬说罢，深深地向管仲福了一福。

蔡姬接着又对闵婧道：“仲父为国事操劳，非常辛苦，姐姐一定要好好照顾仲父，振兴齐国，全靠仲父。”

管仲见蔡姬如此通情达理，实在是于心不忍，然君命如山，他也没有办法将蔡姬留下，只有等以后有机会，再想办法了。他转身对身边一名武将说：“你们护送夫人回国，一路小心伺候，不准出一点差错！”

武将大声答道：“请仲父放心，小的一定将夫人安全送到蔡国。”

蔡姬含泪上车，驭手挥动长鞭，车轮辘辘滚动起来。三辆战车尾随护送。

蔡姬将头伸出车窗，依依不舍地向管仲夫妻招手，管仲和闵婧站在路边，招手示意。

兄弟情深

齐桓公放下手中竹简，对坐在一旁的管仲说：“仲父，太傅外出考察，很有些时日了，最近有信回来吗？”

“啊！臣正要说这个问题。”管仲说，“前几天，亚相托人带回口信，不日即可返回临淄。”

“真的？”齐桓公惊喜地问，“亚相好吗？”显然，齐桓公非常惦记他的这位师傅。

“带信之人没有说。”管仲推测说，“应该会很好的吧！”

“太傅一切都好，寡人就放心了。”齐桓公松了口气。

临淄街头，熙熙攘攘，人声鼎沸，好不热闹。管仲带着夫人闵婧和两名侍卫，一身便装，悠闲地在闹市中逛来逛去。多年来，管仲养成了一个习惯，就是逛市场。管仲并无购物欲望，他的家中生活，自有小妾萍儿打理，有事也都有下人做，起居衣着，自有夫人替他操心，不需他操半分心。逛市场，表面上是凑热闹，实际上是了解民情。管仲的很多治国之策，都是这样经过充分调查研究形成的。临淄的闹市分为两大类，一类是杂耍逗乐的，比如斗鸡、耍猴、唱大戏、玩杂技等；一类是叫买叫卖的交易市场。管仲逛市场专拣叫买叫卖的地方走。在这里，可以了解到在衙门里看不到的信息。

临淄的市场，按物以类聚的原则设置，比如粮食，辟有专门的粮食市场，凡交易五谷杂粮，都到粮食市场去。像这样的专业市场还有牲畜市场，铁、木农具市场，衣着市场等。

管仲信步来到牲畜市场，有个农夫在同牛贩子讨价还价，牛贩子说道："大哥，你知不知道，牛市上扬，价格都涨了。"

"涨也不能涨得这么多呀。"农夫无奈地说，"这样一头牛，昨天才二百钱，今天就要二百六十钱。"

"大哥。"牛贩子叫道，"如今推行牛耕，牛再也不是以往的菜牛了，它能帮人犁地，现在的牛抢手得很，价格一天一个样，你今天不买，明天还要涨。"

"我的木铧犁还要换成铁铧犁，换犁还要举债呢。"农夫哀求地说，"降一点吧！"

"二百四十钱。"牛贩子说，"一个子也不能少，再少，你就找下一家吧！"

"好，二百四就二百四。"农夫从怀里掏出钱，啪的一声交到牛贩子手里，牵着牛，高高兴兴地走了。

管仲看到这笔交易，脸上露出了满意的笑容，心里想：看来铁犁牛耕已经全面推广开了，明年的农业生产一定会成倍增长，这样，百姓的日子就好过了，国家的税收也要增加了。

衣着服饰市场，是一个花一般的世界，各种各样的麻织品、丝绸织品，品种繁多，花色各异，图案新奇，颜色鲜艳，简直使人目不暇接。店铺里传出的叫卖声此起彼落，又给市场增添了一股热闹喧哗的气氛。

管仲走进路边布店，指着柜台上的绸缎对闵婧说："夫人，你看，这些丝绸的质量如何？"

闵婧伸手抓着柜台上的绸缎捏了捏说："嗯！质地不错，同我娘织的几乎没有差别，花色也不错，看来得到了母亲的真传。"

老板娘见有人夸奖她的料子，满脸笑意地凑过来说："老爷，这是齐国一等一的上好绸缎，扯一块给这位夫人做一套衣裳，夫人一定会更漂亮。"

闵婧微微一笑道："老板娘真会说话，你的纺织技艺是从哪里学的？"

"御作坊。"老板娘认真地说，"御作坊织造坊的百工长身怀绝技，一手的绝活，她特别喜欢我，将压箱底的绝活都教给我了，我是她的嫡传弟子。"

管仲哈哈一笑，问老板娘："你知道她是谁？"

"是谁？"老板娘睁大眼睛。

"织造坊的百工长就是她娘！"管仲轻轻地说。

"民女叩见相国、相国夫人。"老板娘这才回过神来，慌忙拜倒在地，"请相国老爷恕民女不敬之罪。"

"起来吧！"闵婧上前将老板娘扶起来，"没什么失礼的，我们也只是看看，你料理生意吧，我们走了。"说罢，一行人出了布店。

临淄城政令展台前的广场，总是聚集着那么多的人，总是那么的热闹，玩杂耍的，卖唱的，说大鼓的，围了一拨又一拨的人，喝彩的，叫好的，此起彼伏。管仲只向那个方向望了一眼，并没有打算过去。正当他转身欲走之时，猛然听到有人喊："有人昏厥了，快来人呀！"

这可是人命关天的事情，管仲立即走了过去，拨开人群，走近一看，只见地下躺着一个人，蓬头垢面，一身破衣，仔细一看，不由得大骇，惊叫道："这不是鲍兄吗？"管仲箭步冲上前去，抱住昏倒在地的鲍叔牙，带着哭腔叫道，"鲍兄，你怎么了，怎么成了这个样子。"

闵婧本来是落在后面的，听到管仲的惊叫声，便马上冲进人圈，见鲍叔牙躺在管仲的怀里，怎么叫也叫不醒，立即冲着侍卫喊道："快，将亚相抬回相府。"

鲍叔牙辞让相国之位，极力向齐桓公举荐管仲为相国，他自己甘愿当亚相，协助管仲治理国家事务。管仲为相国、主持国家政务之后，在齐国掀起一阵改革浪潮，几年间，就使齐国走上了富国强兵之路，一跃成为中原诸侯国之盟主，称霸诸侯已是指日可待。所有这一切，皆拜鲍叔牙所赐：是他，向齐桓公举荐管仲；是他，将管仲从鲁国引渡回齐；是他，使管仲从一个槛车囚变为齐国之相国。没有管仲，就没有齐国的今天，没有鲍叔牙，就没有管仲的今天，追根溯源，挖树刨根，所有这些，皆系于鲍叔牙。齐国上至齐桓公，下至朝野臣民，在赞颂管仲改革、使齐国走上富国强兵之路的同时，更赞颂鲍叔牙的慧眼识人，从心底里感激这位不计个人得失，任劳任怨，一心为国为民的亚相。

鲍叔牙出任亚相后，全心全意地支持管仲的工作，每当齐桓公犹豫不决之时，鲍叔牙总是站在管仲一边，鼎力支持管仲的改革，而改革政策的出台，有了鲍叔牙的支持，自然也就顺利了很多。

大约在半年前，鲍叔牙告诉管仲，他想到中原各国巡游考察，为制定治国之策提供一些帮助。管仲不同意，因为这样的出巡，路途遥远，既不安全，又很辛苦。管仲不想年过半百的鲍叔牙太过辛苦。然而，鲍叔牙一再坚持，管仲只好答应了，叫他多带几个随从，他也不肯，说是一个人方便。就这样，鲍叔牙踏上旅程。一别半年，由于交通不便，鲍叔牙很少有信捎回来。管仲时刻挂念着他，前段时间，鲍叔牙托人捎回口信，说是不日回齐，管仲这才放心。万万没想到的是，鲍叔牙刚回来，便昏厥在闹市街头。

管仲命人将昏迷不醒的鲍叔牙抬回相府，请来宫中御医为他诊病。管仲和夫人焦急地守候在病榻前，紧张地看着昏迷不醒的鲍叔牙。御医仔细地诊断后，将鲍叔牙的手塞进被窝里，起身走出卧室，管仲跟在后面来到外间，神情紧张地问："怎么样，亚相得的是什么病？严重不严重？"

"亚相只是劳累过度。"御医见管仲如此着急，安慰地说，"仲父不用太担心，开一服药，以老山参做药引，煎熬后服用，三天之后，亚相的身体一定会好起来的。"

“这样就好！这样就好！吓死我了。”管仲听御医如此说，心上的一块石头总算落了地，长长地松了一口气，叫道，“萍儿，你过来。”

管仲的小妾萍儿过来问道：“相爷有何吩咐？”

“去将那支百年老山参拿来，给鲍叔兄做药引子。”

“好，我这就去拿。”萍儿答应一声，转身离去。

说话间，御医的药方已经开好，管仲对闵婧说：“夫人，你亲自去配药，要快。”管仲说罢，重新回到卧室，守在鲍叔牙的身边。

相国夫人闵婧亲自到药店配好药，亲手熬好药，将药罐拿到卧室来。管仲连忙站起来，提起药罐，将药倒进碗中，来到病榻前，俯下身，轻轻地呼唤：“鲍叔兄，你醒醒，你醒醒。”

鲍叔牙睁开无神的眼睛，看了管仲一眼，嘴唇翕动了几下，又迷迷糊糊地睡着了。管仲抹了一下快要流出的眼泪，坐在床榻上，小心翼翼地将鲍叔牙搀扶起来靠在自己身上，从夫人手里接过汤匙，舀了一汤匙药，吹了吹，用嘴唇试试冷热，然后伸向鲍叔牙唇边：“鲍叔兄，吃药，鲍叔兄！”

鲍叔牙下意识地张开嘴，管仲趁机将汤匙伸进鲍叔牙的口里，费了九牛二虎之力，才将汤药喂完。管仲重新将鲍叔牙轻轻地放在床上。

管仲衣不解带，守候在鲍叔牙的病榻边，喂药、洗脸、擦身子，都是亲力亲为，绝不假手他人。

这期间，管仲将朝中一切政务都委托给隰朋和宁戚处理。朝中大臣知道鲍叔牙病倒闹市后，都很关心，纷纷前来相府探视，管仲叫夫人将客人统统挡在卧室之外，他自己寸步不离地守在鲍叔牙的病榻边，三天三夜未曾合眼。

闵婧手捧一碗三元（桂圆、红枣、莲子）汤走进来，关切地看看躺在床榻上的鲍叔牙，轻声问：“好些了吗？”

“脸上有了血色，但还是昏睡不醒。”管仲担心地说，“我真的很担心呀！”

“会好起来的，相爷一定要放宽心，你这样不吃不喝地守着，别把自己的身子累坏了。”闵婧关心地说，“来，将这碗三元汤喝了。”

"鲍叔兄不醒，我怎么吃得下，睡得着？"管仲感慨地说，"当初我贫困的时候，曾同鲍叔一道做买卖，分财利往往自己多得，而鲍叔不将我看成贪心汉，他知道我贫穷；我曾经替鲍叔出谋划策，结果事情给弄得更加困窘而无法收拾，但鲍叔不认为我愚笨，他知道时机有利和不利；我曾经三次做官又三次被国君斥退，鲍叔不拿我当无能之人看待，他知道我没遇上好时运；我曾经三次打仗三次退却，鲍叔不认为我是胆小鬼，他知道我家中还有老母；公子纠争王位失败之后，我的同伴召忽为主尽忠而自杀，我被关在牢里忍辱苟活，鲍叔不认为我是无耻，他知道我不会为失小节而羞愧，却为功名不曾显耀于天下而耻。生我者父母，知我者鲍叔啊！鲍叔兄若有个三长两短，叫我管仲怎能活下去？"管仲说罢，泪如雨下。

闵婧同管仲结为夫妻这么多年，这是第一次听管仲说他与鲍叔牙的过去，见管仲说到情深处，不禁也陪着流下几滴伤心泪。直到此时，她才真正体会到"管鲍之交"的真义所在，也被管仲与鲍叔牙的兄弟情深所感动。

两人正在轻声细语时，忽见鲍叔牙动了动，管仲惊喜地叫道："鲍叔兄，你醒了吗？"

"哎哟！"鲍叔牙睁开眼，怔怔地看着管仲和闵婧："我这是在哪儿呀？"说罢，挣扎着欲坐起来，管仲连忙伸手帮了他一把。

"夷吾贤弟，赶快弄点吃的，饿死我了！"鲍叔牙刚刚坐起，就喊肚子饿。

闵婧连忙递上手中刚才管仲未来得及喝的三元汤："现成的三元汤，先喝一碗。我马上给你弄吃的去。"

管仲接过三元汤说："有这碗三元汤就够了，想吃也要等一会儿。"

"亚相饿了嘛，一碗三元汤怎么够？"闵婧睁着大眼睛问。

"饿了这几天。"管仲说，"肠子都饿瘪了，吃多了会撑坏的。"

鲍叔牙接过三元汤，三口两口就喝个精光，抹了一把嘴说："还有吗？快拿来。"

"当然有。"管仲笑着说，"但一下子不能吃这么多，过一会儿再吃。"

“为什么？”鲍叔牙有些不解，看着管仲，见他两眼通红，问道，“夷吾贤弟，你的眼睛红通通的，病了吗？”

闻讯过来的小妾萍儿说：“相爷衣不解带，已经三天三夜没合眼了。”

“我在这里睡了三天三夜？”鲍叔牙惊讶地问，“你三天三夜没有睡觉？”

“鲍叔兄，这算不了什么。”管仲若无其事地说，“只要鲍叔兄好了，我吃再多的苦也值得。”

“好了！”闵婧也松了一口气，欢快地说，“亚相刚醒过来，身体虚弱，不要多说话，还是让我来为你弹奏一曲吧！”

“好！”管仲立即附和，“鲍叔兄，想听什么？”

鲍叔牙笑笑说：“弟妹的《高山流水》弹奏得好，就来一曲《高山流水》吧！”

闵婧走到琴边坐下来，稳定了一下情绪，便轻轻地弹奏起来……

管仲、鲍叔牙，这一对异姓兄弟，眯着眼，以手击拍，如痴如醉，沉醉在这美妙的琴声之中。

太傅的告诫

鲍叔牙考察归来，昏厥街头，牵动着无数人的心，为了不打扰他的休息，管仲嘱咐大家不要来看望。鲍叔牙本无大病，只是长途跋涉，劳累过度而已，吃了御医开的药方，三天之后醒来，身体一天好似一天，旬日后，身体便完全康复了。

齐桓公听管仲说太傅身体完全康复，便于宫中设宴为太傅接风。朝中大臣都来作陪。酒宴间，齐桓公举起酒爵，对鲍叔牙道：“寡人能有今天，得感谢寡人的师傅。太傅为振兴齐国，呕心沥血，勤于国事，近来又长途跋涉，游历诸侯各国以考察天下事，劳累奔波，几乎丧命。敬上美酒一爵，以表寡人之敬意！”

“臣周游列国，所到之处，无不对齐国赞颂有加。主公大仁大义，亲盟诸侯，扶困济危，匡正王道，言谈举止，皆有王者之风范。”鲍叔牙举爵说道，“为齐国的霸业，干。”

齐桓公听得心花怒放，众大臣也同时举爵同饮。

“寡人蒙仲父教诲，太傅点拨，群臣协力，才得以有今天。”齐桓公再次举爵说，“借此良机，寡人再向仲父、太傅、诸位大臣敬酒了。”

群臣端起酒爵，一饮而尽。齐桓公大声地说：“大家听便。”

一声“听便”，即是自由饮酒，相互之间，可以择对象，自由敬酒。

管仲率先举爵，对鲍叔牙说：“亚相一路辛苦，管仲敬你。”

“仲父不必客气。”鲍叔牙忙站起来，举爵同管仲相碰后，一饮而尽。

宁戚端着酒爵来到鲍叔牙身边，管仲放下手中酒爵，向鲍叔牙介绍说：“亚相，这是新任大司田宁戚，他来向你敬酒。”

“久闻亚相乃大齐勋臣，力荐仲父为相国，甘愿幕后辅佐，天下皆颂亚相识人之明，让位之贤。”宁戚举起酒爵，恭恭敬敬地说，“宁戚敬亚相一爵，聊表敬意！”

“我在回临淄途中，到处都在传诵猛山脚下，宁戚饭牛而歌，主公举火授爵的故事。”鲍叔牙站起来，看了宁戚一眼，赞许地说，“今日一见，果然名不虚传。宁戚大夫真乃时之俊杰，齐之栋梁，主公得之，真乃齐国之幸也。”说罢，举爵同宁戚一饮而尽。

隰朋站起来对鲍叔牙道：“祝亚相平安归来，隰朋敬亚相一爵！”

随后，王子城父、宾胥无、东郭牙、仲孙湫、竖貂、开方等人皆起身给鲍叔牙敬酒。再就是群臣相互间敬酒嬉闹。

酒至半酣，鲍叔牙端着酒爵来到齐桓公身边敬酒，齐桓公端起酒爵一饮而尽，高兴地大叫道：“今日之饮，寡人真是太高兴了。”

鲍叔牙身为太傅，即齐桓公的师傅，时刻都不忘提醒他的这位君王学生，回到座位，接过齐桓公的话头说：“臣听说，明主贤臣，虽乐皆不忘其忧。”

“哈！哈！”齐桓公知道鲍叔牙又要说教了，笑着问：“太傅又有何教诲？”

“教诲倒不敢。”鲍叔牙说：“臣愿主公不忘出奔莒国之时，兵败长勺之耻；愿仲父不忘槛囚之困，立誓使齐国称霸诸侯的宏愿；愿宁戚不忘饭牛车下之日；愿众大臣不忘曹沫尺剑劫盟之辱。河满则溢，月盈则亏，君臣若骄，霸业必毁。”

齐桓公起身离席，对鲍叔牙深深一揖道：“寡人与诸位大夫，都不会忘记太傅的教诲，此乃齐国社稷无穷之福也。”

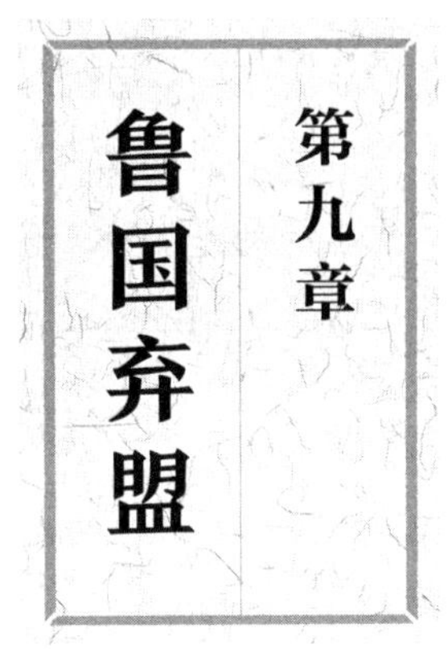

幽地之盟

隰朋的预感，很快成了现实。

齐桓公八年（公元前678年）夏，郳国（音泥 ní，今山东省滕州市东或枣庄西北）是宋国的附庸国，向来受宋国管辖，却不知因何缘故背叛了宋国。作为宗主国的宋国当然不能坐视不理，但宋桓公这一次并没有自己兴兵，而是选择请盟主齐桓公做主解决此事。

郳国只是一个蕞尔小国，土狭民寡，实力不堪大国一击。齐国也只是象征性地派出千余军队，由大夫曹孙宿率领，就近联合郳国的邻国邾国，一同协助宋师伐郳。三国之师如狮子搏兔一样，包围了郳国，宋师担任主攻。这本来是一场没有悬念的战争，却出现了惊人的变故。因为在这个时候，有人在背后下黑手，趁宋国对郳国用兵，偷袭了宋国。

谁在这个时候下黑手呢？郑国。郑伯子突亲率郑师，偷袭宋国。

郑厉公在去年依靠齐、宋做外援，才得以入郑复辟，并参加“鄄地会盟”，签订盟约。一年后居然在毫无征兆的情况下，偷袭盟国，这种背盟的举动，岂是一国之君所为？

郑国背盟，让齐桓公非常恼火，欲出兵讨伐郑国，并就此征询管仲的意见。

管仲面若凝霜，将事情前因后果想了一遍后，轻叹一声说：“都怪臣考虑不周，疏忽了郑突此人的秉性，才有今日之事。”

“仲父何出此言？”高傒不解地问。

“郑突复位不久，就杀死了不忠旧君的傅瑕和忠于旧君的原繁，足见其人性格狠毒阴郁，睚眦必报，更何况郑突第一次上台为君，以及后来被赶下台，都是宋国在操纵。虽说如今重登君位靠的也是齐、宋之力，但他绝不甘心受制于宋，并且还担心宋国再来索取前赂，故有此偷袭之举。都怪我把事情看得太简单了，才让郑突有可乘之机。”

“这怎么能怪仲父呢！”齐桓公连连摇头说，“这种卑鄙行径，谁人可料。”

“主公！”王子城父慨然请命，“请拨臣甲士一万，臣领兵增援，誓灭郑师。”

“不！”管仲摆手制止。当众人期待他再说下去的时候，他却沉默不语，仿佛在为做一个重大决定而举棋不定。

“难道就这样坐视不管？”齐桓公问。

“先下令撤回大军，再邀约诸侯共讨郑国。”管仲终于拿定了主意。

王子城父道：“郑国的实力并不强，只需一万精兵，足可取胜。”

“不！”管仲说，“这次要请主公率诸侯亲征，合兵不得少于三万。”

“仲父！”王子城父道，“不至于如此兴师动众吧！虽说郑国位居中原腹地，曾号为大国，其实国力衰退，军队疏散，上次助郑突返国，我已将郑国军力看得一清二楚，数万大军，劳师袭远，所费不靡呀！”

管仲道：“我当然知道城父只执一万精兵，足可以击败郑军，但郑突其人，反复无常，做事不择手段，他若被打败，势必投靠楚国。所以要用兵势吓住他，防他狗急跳墙。你认为如何？”

王子城父想了想，恍然大悟，连连点头。

管仲接着说：“主公请兴两万齐师，再联合宋师一万、卫师五千，共同讨伐郑国。王子城父率一万精兵为先锋，先给郑军迎头痛击，有三国之师在后，即使他想投楚，谅楚国也不敢接纳他。”

齐桓公赞成地说：“好，就这样定了，一切由仲父调度，寡人倒要看看，郑突还能得意几天。”齐桓公说完这句话，终于松了一口气。

宋桓公有了齐国撑腰，胆也大了，气也壮了，自为联军先锋，率宋国大军浩浩荡荡杀向郑国。

郑厉公见宋国有齐国支持，一时没了脾气，哪还敢反抗，未等联军兵临城下，就遣使向联军求和。

齐桓公率领大军浩浩荡荡地向郑国进发，忽有探子来报，说郑国遣使求见。齐桓公令大军停止前进，就地安营扎寨，并在中军帐接见郑国使臣。

郑国使臣见齐军严整的军容，威武的气势，心里早已惧了三分，进入戒备森严的中军帐，伏地跪拜："郑国使臣叩见盟主！"

"免礼！"齐桓公大度地一挥手，"郑侯遣使至寡人中军帐，有何贵干？"

郑国使臣从怀中掏出国书，举过头顶："外臣带来郑伯亲笔求和国书，敝国国君愿意遵守过去所订盟约，接受盟主的处罚，请盟主过目。"

侍卫上前接过郑国使臣手中国书，转身呈给齐桓公。齐桓公接过，顺手递给端坐在一旁的管仲："仲父请看，所书何事。"

管仲浏览一遍后说："带郑国使者到偏帐休息，等候盟主答复。"

郑国使臣退出之后，管仲手拿郑国国书说："郑侯至书求和，态度还算诚恳。"

齐桓公问道："仲父说，该如何处理？"

"当然准了。"管仲兴奋地说，"兵不血刃而屈人之国，看来齐国的威望是越来越高了，臣以为，趁此机会，主公向诸侯发出盟柬，再合诸侯。"

齐桓公扫视中军帐一眼，挥手道："仲父、太傅留下，其余人等都退下去吧！"待众人都退出之后，齐桓公问管仲："再合诸侯，仲父又有什么点子？"

"'鄄地会盟'，诸侯国签订了关税协定，使齐国的商品在诸侯国畅通无阻，极大地促进了齐国工商业的发展。"

齐桓公、鲍叔牙点点头，表示赞同。

管仲接着说："这一次会盟，要解决的问题还是与贸易有关。"

"仲父想解决什么问题？"

“道路问题，度量衡问题。”管仲解释说，“商品从齐国运到国外，肩挑背驮不行，必须要用车载，通车要有路，没路车辆怎么走？没道路，商品就运不出去。这次会盟，一定要解决国与国之间的道路问题。”

“嗯！”齐桓公也是个绝顶聪明之人，一点即通，赞同地说，“好，修道路，就作为此次会盟要解决的问题之一。那度量衡呢？又是怎么回事？”

“度量衡在目前的贸易中也是一个难题。”管仲说，“商品贸易，就是物品与物品之间的物物交换和物品与钱币之间的钱物交换。诸侯国之间的度量衡不统一，交易很难进行。”

鲍叔牙是商贾出身，对管仲提出的问题深有同感，听管仲提出度量衡的设想，赞同地说：“仲父所想真乃高屋建瓴，我赞成。”

“寡人也赞成。”齐桓公说，“请仲父草拟一个盟约，会盟时拿出来讨论通过。”

“前几次会盟，参加的诸侯国都不是很多。”管仲提议道，“这一次，声势要搞大一些，要广发盟柬，搞一次大的盟会，主公以为如何？”

“太傅呢？”齐桓公问鲍叔牙，“你的意见如何？”

“按仲父的意见办吧！”鲍叔牙说。

“好！”齐桓公道，“向诸侯国发盟柬，在宋国之幽地会盟。”

是年十二月，齐国向宋、鲁、陈、卫、郑、许、滑、滕等国发出请柬，在宋国的幽地开会，此外，八国诸侯都亲自参加了会议。

齐桓公以盟主身份主持了会议，他对各国国君说：“诸公，上次‘鄄地会盟’以后，签订了关税协定，促进了各国工商业的发展。但是，也出现了一些不和谐的因素，诸侯国之间，常有兵戎相见的事情发生。前几个月，郑国与宋国之间发生的事，大家都知道了。为此，这次将诸公请来幽地，就是有些事情想同大家商量，达成一致，签订盟约，付诸实施。”

宋桓公得到齐国的支持，顺利地解决了与郑国之间的冲突，心存感激之情，齐桓公话音刚落，他便接着说：“齐侯将各国国君召集在一起会盟，一定有了盟约草案，请拿出来给各国国君讨论便是。”

郑国、陈国等国国君纷纷表态，同意宋桓公的建议。齐桓公向管仲点头示意，管仲站起来，手持帛书，大声说道：

幽地盟约

诸侯国之间：修道路，同度量，一称数，薮泽以时禁发之。

齐桓公八年十二月十日

齐国要签订的这个盟约，旨在方便各国之间商业贸易往来，与在鄄地订的盟约一样，都是为了打通各国的商业大门，让齐国的商品顺利进入各国的市场。当然，它在客观上也有利于各国之间的商贸往来。各国国君在会上很快就通过了齐国草拟的这份盟约，并歃血为盟，公认齐桓公为结盟诸侯国之“盟主”。

这是一条极富卓见的条款，但由于诸侯众多，事权不一，最终没有得到很好的贯彻执行。一直到四百多年后，秦始皇扫灭了六国，才真正统一了度量衡。

“幽地会盟”，是齐桓公四合诸侯，也是他早年最大的一次盟会。这次盟会，不仅确立了齐桓公的盟主地位，而且补充了一个贸易协定。此后，东方诸侯基本上都归集在齐国的旗帜之下。

背信弃义

郑厉公是一个心高气傲且野心勃勃的人，从来没有想到要屈人之下。春秋初期，在郑庄公时代，齐国是追随郑国的小弟。现在彼此却颠倒过来，齐国一跃成为中原霸主，郑国要向齐国朝贡。他接受不了这个事实，从“幽地盟会”归来之后，并没有死心塌地成为齐国的盟友。

“试探一下楚国的态度吧！”郑厉公想利用一下身边那个危险而强大的邻居。何况前任国君公子仪当政时曾与楚国交好，郑厉公便借口

“告复国”遣使入楚。

楚文王与郑国旧君公子仪相善，不但不买郑厉公的账，反而以“郑突复位两年，才来告诉寡人，对楚国太过轻慢”为由，兴兵伐郑。

郑厉公又走了一步臭棋，刚被盟主吊打了一次，又引狼入室，被蛮夷入侵。再打也是必败无疑，郑厉公又一次隐忍，想着以后伺机复仇，于是向楚谢罪。

刚刚被征服的郑国居然再一次背盟！无论齐桓公如何宽宏大量，也断不可容忍三番五次背信弃义之人。愤怒到了极点的齐桓公立即派使节带着措辞强硬的国书入郑。郑厉公接此书，不禁暗暗叫苦，请来正卿叔詹和堵叔、师叔三位并称“三良”的重臣，商讨此事。

堵叔率先发言说：“依人者危，臣人者辱，今郑国于齐、楚之间，不辱即危，如此下去，断非长久之计。”

师叔则认为：“事已至此，郑国应先思求存之道，夹在两强国之间，顾此则罪彼，国无宁日。但如果我为秤砣，便能起到四两拨千斤之效。”

“如何四两拨千斤？”郑厉公马上来了精神。

“鹬蚌相争，渔翁得利。”师叔故意卖了个关子。

郑厉公：“此话怎讲？”

师叔道：“挑拨齐、楚开战，使之两败俱伤，我则坐收渔翁之利，或取而代之，重振霸业，再不济，也可依附于得胜一方，摆脱当前两头受气的尴尬局面。”

“此计甚好！”郑厉公拍手叫好，高兴地对正卿叔詹说，“叔詹贤卿，赴齐之事，非你莫属了。”

叔詹心里暗暗叫苦，师叔的计谋看似有道理，其实是自取灭亡。先不说相隔甚远且互不接壤的齐、楚是否真的会开战，即使如师叔所愿，齐、楚开战，恐怕也是以郑国为战场。入兵如入寇，这两大阵营之战，双方兵力加起来少说也有七八万，打起仗来，谁会顾及异国百姓的死活？到时，郑国的坛坛罐罐恐怕要被砸得稀巴烂，赤地千里，饿殍塞路，那是自然而然的事情。可以说，师叔的谋略是下下之策。

接到这块烫手的山芋，叔詹不禁犯疑：郑厉公为何要挑自己赴齐？

自己向来讷于言辞，相比于堵叔、师叔，更是少了丰伟的仪容，照说入齐的任务不应落在自己头上。他实在猜不透，郑厉公为何要派自己出使齐国，而将自以为献了一个妙策的师叔置之不理。

郑厉公一旦下了决心，便不会改变，连日催促叔詹起程。叔詹万般无奈之下，只得硬着头皮，顶着刺骨的春寒赴齐，完成郑厉公交给的看似不可能完成的任务。

叔詹硬着头皮到了齐国的临淄城，本来想先拜访一下齐相管仲，他知道管仲是个“明白人”，只有先取得管仲的谅解和配合，才有可能使郑国免去一劫。何况他还有一个秘密，他相信凭这个小秘密，可以说服管仲，既然是秘密，当然不能公诸庙堂。

可惜的是，管仲此时并不在临淄，叔詹扑了个空。但朝觐齐桓公的日期早已确定，不可更改。叔詹叫苦不迭，但也只得接受齐国的安排，择日朝觐齐桓公。

时日到了，叔詹硬着头皮去见齐桓公，战战兢兢地拜见过后，偷偷扫了一眼齐桓公，只见他余怒未消，正思索如何开口，便听到齐桓公说：“盟券上字迹未干，贵国却公然通楚？不敬王命，不守承诺，狼子野心，实属不义。”

叔詹被齐桓公劈头盖脸的一通雷霆之威吓得浑身发软，伏地再拜。

他本来就不是一个善于言辞之人，借着下拜之际，赶忙理了一下郑厉公交代的话，再躬腰敛手，怯生生地说：“敝国困于楚兵，朝夜守城，不得已求免于楚。霸主若能以虎贲之师，加于荆蛮，寡君敢不朝夕立于齐廷之下？”

这番话在齐桓公听来就是：你齐国有办法打败楚国，我郑国就跟着你走，否则你就要体谅我的难处。齐桓公是个吃软不吃硬的人，不由得拍案色变：“楚国相逼，你大可以求救于齐，何至于身侍蛮夷？这完全是郑国失信无义，还敢狡辩！两国道路崎岖，贵使也不必亲涉山川了，待齐国大军再伐郑国时，随军而返吧！”

齐桓公的话音刚落，早有甲士上前，将叔詹押送到王子城父的军牢中。上古兵刑不分，刑狱设于军中。当然，王子城父也绝不至于把叔詹与一般囚犯关押在一起，而是格外优待，让他单居一处，有一座独院，两间小屋，可与随从们自行开伙。说是关押，实际上也只是软禁起来。

叔詹考虑到自己的处境，要想得救，只有求助管仲。于是将随身的财物全都赠给看守他的胥吏，求他们在管仲回临淄时，代为传送求救的书信。

月余之后，管仲回到临淄，一听到叔詹被囚，立即意识到事态严重：如果失去郑国，等于中原局势再度失控。然而，如何对付心机高深莫测、翻手为云覆手为雨的老狐狸郑厉公，管仲心里没有底，他决定先会一会叔詹，然后再做打算。

管仲连夜来到狱中，带去酒食，推开院门，布衣皂巾的叔詹，早立于矮矮的屋檐下迎候。过惯了锦衣玉食生活的叔詹，终于等来了唯一的希望。两人见礼后坐下，早有人摆好酒食。

管仲举盏道："詹卿受委屈了，夷吾谨奉一盏，愿逢凶化吉，遇难呈祥。"

盏尚未放下，叔詹便求管仲放他回国。

管仲尚未弄明白郑国的主意，不便贸然表态，只说尽力而为，然后把话题扯到郑、楚两国的关系上。

两人渐谈渐深，管仲发现叔詹其貌不扬，言辞也短，看问题却很透彻，又见他年逾花甲，不知郑厉公为何派他为使，于是问道："郑齐两国，山川相隔，郑公年事已高，为何郑伯要辛苦柱国之臣长途跋涉，出使齐国？"

叔詹锁紧眉头，长叹一声说道："鄙人向来口拙，不善辞令，外交非我所长，寡君为何派了这趟差事，我也百思不得其解。"

管仲转念一想：郑厉公刚登位便杀了傅瑕和原繁两人，叔詹也是傅瑕同谋，按理至少应该罢黜，为何反得以保住禄位？想到这里，管仲移近身体，推心置腹地说："詹卿，实话实说，在下要让你出去，也不是没有办法，只要我开口，寡君这点面子还是要给的。但你我均为朝中重臣，我的苦衷想必你也能体谅，国家大事还是要放在首位，公心之余，才可以处置私情。”

叔詹见管仲言辞恳切，心中十分感动，连连称是。

管仲接着说：“本来这是贵国庙堂之事，外人不该问，但我有个疑虑，事关你的安危，不得不求证一下。”

“仲父请讲。”

“傅瑕未免于难，你也是旧主重臣，缘何得免？”管仲道，“这话问得有些冒昧，若有不便，就当我没有说过。”

“也没有什么不便。”叔詹道，“傅瑕虽有才，但十余年戍守边隘，国中根基不固，寡君处置他没有后顾之忧。我就不同，既有氏族之力相助，朝中还颇多旧友子弟，所以寡君多少有所倚重，这是实情，让仲父见笑了。”

“明白了，用其所长啊！”

管仲这句话一语双关，有两层意思，一是说叔詹有实力，是实权人物，郑厉公不得不倚重他；第二层意思，则要叔詹自己体会了。

“用者用其长，不用其短。”叔詹重复默念两遍，沉思片刻，果然悟出个中奥秘，悚然惊道，“非用其短，借刀杀人？”

管仲叹了一声：“果然是明白人，詹卿危矣！”

“不，有仲父，叔詹就能活。仲父，在下还有一言相告。”待管仲倾身过来后，叔詹压低声音说，“寡君得了咯血之症，我偷问过几位医术精湛的医者，都说不出三五年将性命不保。此病最要紧之处就是静养，绝不可辛劳，但寡君一生屡起屡仆，又欲建不世之功，自然难以办到。我倒有个计谋，不费齐国一兵一卒，可重获郑国，又能使叔詹脱身于桎梏。”

“请詹卿细说。”

“郑国紧邻洛邑，对成周之事了如指掌，当年先周庄王有宠于嬖妾姚姬，生有一子名子颓，先庄王甚为喜爱，特地安排大夫苏国做子颓的老师。子颓是个懦弱之人，唯好饲牛，亲自喂养了数百头，经常给牛披上锦衣，称为‘文兽’。子颓恃宠昏庸，身边自然围着一群弄权之人，以苏国为首，还有边伯、子禽、祝跪、詹父，共五位大夫，往来甚密，暗藏祸心。僖王在世时，不能禁止。现僖王之子为王，子颓贵为王叔，骄横益甚，新王对子颓甚为不满，已开始清除子颓的同党，双方已成水火之势，故我之断定，近期成周必生内乱。”

“詹卿的意思是……”

“请仲父释放我回国，成周生乱之时，寡君必欲率兵平乱，以博取虚名，到时我极力附和寡君之意，以郑国之力，对抗齐、楚大国不足，平定成周之乱却是绰绰有余。”

管仲不冷不热地问：“这与齐国又有何关系？”

“当然有关系，而且有很大的关系。”

管仲微微一笑：“请詹卿指教。”

“其一，是天下之益，仲父行尊王之事，如果成周生乱，郑近而齐远，郑国可代服其劳；其二，是齐国之益，寡君有枭雄之志，心机莫测，但身患咯血之症，我若趁机劝他出征，劳乏其体，夺其天年，一旦寡君寿尽，其子子踕将登君位，子踕乃仁懦之人，齐国服子踕易于其父；其三，是叔詹之益，在下本是郑国重臣，如果再加上平周和拥立新君之功，可执掌郑政，如同当年之祭仲。在下一旦执政，定使郑国朝齐，有生之年必不相叛。”叔詹说得丝丝入扣，有条不紊。

管仲听完叔詹之言，脊背上顿时升起一股寒意。如果说郑厉公反复莫测，但毕竟还是让人看到其“反复”。可眼前这位其貌不扬的叔詹，若不是被关在牢狱之中，恐怕他的心机，直到实现之日，也没有人会觉察得到。数年后的事态发展竟全控于他的手中，而他的身影和力量，却尽隐于幕后。如果不是听他言明，谁也猜不透他环环相扣的阴谋。

管仲觉得叔詹实在太可怕了，甚至连齐国也是他这盘棋局中的一颗棋子。但齐国如果再一次远征郑国，则将徒消耗国力。即使郑国乞盟，大军一退，又会故技重演，加上楚国势力从中掺和，局面会更加多变。管仲思虑再三，竟想不出比叔詹这个建议更好的办法。他想到自己当年经商时，凡能获大利的交易，均不是与谨厚本分之人做成的。巨贾虽贪婪成性，也必熟谙人情，开出的价格，必是于己有利之余，也给对方留有巨大的获利空间，这样才能做成大买卖。

管仲不再犹豫了，说道："好，詹卿之谋，面面俱到，算无遗策，夷吾愿与詹卿合作，共致大谋。"

"谢仲父成全。"叔詹向管仲一揖到底，管仲将他扶起。

"这场戏要做足了，才能使郑伯不起疑心。"叔詹点头表示赞成。

管仲接着说："现在已经入夏，路上炎热，不如再等两三个月，到时做成一个越狱之象，我暗中派人护送你回国，如何？"

叔詹道："仲父的计策，一定是好的，叔詹领受美意。"

智者的较量

叔詹安心地住在一座小院里，等待炎热的夏天过去。忽然有一天，他感觉到周围的气氛变得紧张起来，不禁担心自己的计划能否如期实施，忍不住偷偷找一位相熟的校佐打听。

校佐悄声说："遂人杀了齐国守军，君上极为震怒。"

叔詹想这确实是齐国的大事，怪不得齐军出现异动，想必是调兵遣将，对遂人给予雷霆一击了。这非但不影响自己的计划实施，因为齐国有更迫切的事要做，如此一来，郑国之事，就更要依赖自己了。

几天之后，王子城父暗中安排，叔詹有惊无险地溜出军营，回新郑去了。

遂国就是当年"北杏会盟"后，齐国"杀鸡儆猴"给鲁国看的那只"鸡"。遂国是一个蕞尔小国，地处汶水之北，距鲁国都城曲阜只有一天的路程，齐国灭遂之后，留下一支部队驻守。

当亡国奴的滋味当然不好受，原执掌遂国的因氏等四个家族联合起来，诈称犒劳驻守遂国的齐军，将迷魂药混在酒中，将齐军全部放倒后，尽数屠杀。

驻守遂国的齐军主将名叫屠孟。屠孟是齐桓公的发小，历来担任齐桓公的侍卫队首领，从奔莒到复国，一直跟随在齐桓公左右，是齐桓公的心腹。齐桓公考虑到屠孟一直留在自己身边，没有机会建功立业，便命他为将，驻守遂国。本以为给了屠孟一个历练的机会，他日能成为独当一面的将才，不想阴毒的遂人竟然用如此卑鄙的手段杀死了两千齐军。

齐桓公失去心腹爱将，气得暴跳如雷，大吼："屠城，唯有屠城灭种，才能让遂人以血还血。"而复仇的怒火，弥漫了齐国上下。

管仲以仁义收复人心的政策，受到前所未有的挑战。他知道单凭遂国四大家族区区千人的力量，拼着灭种的危险，也要报复入侵者这件事来看，背后至少有两个问题：其一，有幕后操纵者。而这个操纵者，非鲁国莫属。因为齐军驻守在遂国，对鲁国构成了巨大威胁。如果说郑国退盟只是断了一根手指，那么齐、鲁出现裂痕，便是心腹之患。其二，用武力灭亡一个国家，后果非常严重。亡国之人宁为玉碎，不为瓦全。这更坚定了管仲以仁义收复人心的抉择。

管仲心里明白，齐国君臣愤怒的火焰势不可当，任何人试图阻挠，无异于飞蛾扑火，不但于事无补，而且自己也将会化为灰烬。权衡大局，他迅速动员五千甲士，调集二百乘战车，由王子城父率领，飞扑遂国，将屠杀齐军的遂国四大家族斩尽杀绝。自己则与隰朋率一万齐军，驻扎在齐鲁边境，以防不测。

王子城父仅用了一天时间，便再一次攻克了遂国小小的城邑，遂国四大家族数百成年男丁，成为祭奠齐军亡灵的牺牲品。相隔不足两旬时间，在遂国这块弹丸之地上，同样又是血流成河，齐军的血迹未干，遂人的血又流在同一地方。

死难的齐人遗体被运回齐国，一路上凄怆的挽歌此起彼伏，装满遗体的革车，在夏日倾盆大雨之后的泥泞道路上艰难地前行。以王子城父为首，步行执绋，挽歌声、啜泣声、哀号声，像无数的利箭，射入人们的心头。

屠孟等众将士的遗体入土后，齐桓公神色哀伤地坐在相府大厅的座椅上，管仲蹲在齐桓公面前，将微微颤抖的双手，搭在齐桓公的膝盖上，四目相对，悲伤不已。

"仲父，遂人区区千余人，为何胆大包天，竟敢屠杀我齐国将士？"

管仲想都不想，回答说："一定是鲁人从中捣鬼，否则，遂人绝不敢如此大胆。"

王子城父说道："仲父说得不借，在查抄遂君宫室时，发现他与鲁国大夫的数十封书信，来不及细看，现保存在军营中。"

管仲道："这就更清楚了，鲁国是齐国称霸的重要环节，远比郑、卫等国更重要，这里不能掉链子。"

齐桓公问道："仲父的意思是……"

"三管齐下，逼鲁侯就范。"

"何谓三管齐下？"

王子城父说："如果不是仲父领兵驻扎在齐、鲁边境，我军攻遂时，鲁人恐怕不会那么安静了。"

齐桓公想了想说："我们不妨联宋攻鲁。"

王子城父接话说："若论沙场较量，我有必胜之把握。"

管仲笑着说："城父，鲁人听到你的名字，恐怕要做缩头乌龟了。"

齐桓公见自己的提议获得管仲的首肯，追问道："那另外两管呢？"

"伐鲁的目的不是灭鲁，而是将鲁国重新拉回到联盟中来。据说鲁侯尚未婚娶，国母文姜自然希望与齐通好……"

齐桓公打断管仲的话说："仲父，你知道寡人情况，如果有适龄之女，寡人早就与鲁联姻了。"

"这个臣知道，不是还有先襄公之女吗？"

"仲父是说哀姜？"

"对！"

"她不是寡人之女，鲁侯会接受吗？"

"哀姜也是堂堂正正的公主呀！何况在鲁君的婚娶上，国母起着决定性的作用，以国母与先襄公的情谊，定然会力成其事。"

"对，对，我怎么忘了这件事呢！"

"主公，不要小看国君夫人的力量。听说文姜夫人近年身体一直欠佳，一旦夫人不幸离世，就要看哀姜连接齐、鲁的姻缘了。"

齐桓公点点头，表示赞成。

管仲继续说："东部大国，以齐为首，其次为鲁国，再次为莒。齐、鲁虽已会盟，鲁侯似乎并未诚心归附，齐与莒的贸易战即将揭晓，莒国归盟也只是时间的问题。我们放出与鲁联姻的信息，正显示齐国不愿与鲁国为敌，先逼后抚，鲁国之盟，必会更加坚固。"

"还有一管，是何奇策？"

管仲笑着说："我已经给鲁国挖了一个坑，就等着他们往下跳，只要他跳下来，我就可瓮中捉鳖了。"

"仲父说的是……"

管仲连忙说："天机不可泄露，这件事以后再说吧！"

齐桓公似有所悟，连忙说："好，就按仲父的意思办。"

"既然主公同意，那臣就陪主公去见宋公寻盟伐鲁，请王子城父整治兵马，对鲁国保持高压态势，不怕鲁侯不就范。"

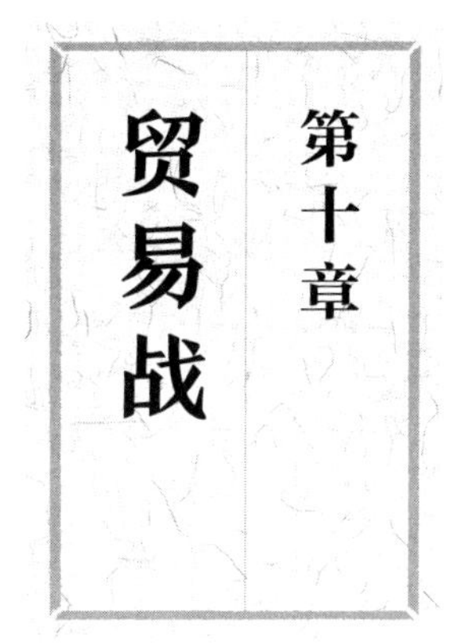

第十章 贸易战

文姜夫人

齐桓公十一年（公元前675年），管仲奉齐桓公之命再次来到鄄地与宋桓公会盟，商议伐鲁之策。宋桓公对齐桓公既心存感激，又十分佩服，且宋、鲁向来不睦，攻鲁之约，自然是一诺无辞。两位国君正准备择日盟约时，突然来了一位不速之客——鲁国大夫公子结。

公子结的突然到来，连管仲都感到惊诧：难道鲁国已知道齐、宋此次秘密结盟的目的？使者不请自来，是要显示鲁国不避强敌，还是来求和？

但齐、宋此行一直保密，只有少数几个人知道，不可能事先泄密。

“先见见使臣，再商讨对策。”管仲只得建议两位满腹狐疑的国君。

公子结翩然而入，言谈之中，管仲知道他已了解齐、宋会盟的目的。但公子结并不说破，只称是奉君命来寻盟约。看来他是一个聪明人，于是几人客客气气地在吉日到来时，共赴盟台。

在这相处的三五日中，管仲也打探到了公子结此行的真正目的，于是暗中布置妥当。

会盟结束后，管仲不顾公子结的一再谢绝，执意送他到鲁国边境。齐桓公、宋桓公两人开始还蒙在鼓里，觉得管仲礼节太重，似乎多此一举。数日之后，管仲从鲁国边境回来了，同时还带回了一位新娘，直到这时，一切才水落石出。

原来，鲁庄公想交好陈国，派公子结护送鲁国宗女入陈国成婚。途经鄄地之时，公子结无意之中听闻齐、宋在此结盟，进而又打听到结盟的目的是要讨伐鲁国。公子结急中生智，假奉鲁庄公之命寻盟。本意是想虚张声势，让齐、宋以为鲁国有所防备而打消意图，但撞在管仲手里，却变成了聪明反被聪明误。管仲执意要送公子结归鲁，其目的就是让公子结不得不将送亲的车队丢在路上。齐国就可以此为借口，说鲁国轻视陈国，将新妇扔在半路，幸好被齐国遇上。

“此计甚好，可请陈国一起出兵，共伐鲁国。”宋桓公不禁拍案叫绝。

于是管仲修书一封，派人护送鲁女入陈，并把此书交给陈国之君。

陈宣公收到此书，以为鲁国轻慢于己，不由得大怒，立即派兵五千，会同齐、宋联军，共伐鲁国。

三国联军由王子城父统领，从西边攻打鲁国，因奉管仲之命，三军只是结阵缓行，意在展示实力，并未深入鲁国境内。

齐国这次讨伐鲁国的理由，是鲁国无视王命，不尊重盟主，事件上溯到九国的“幽地之盟”，八国俱是国君亲临，唯独鲁国遣使而来。这一次，鲁国又派公子结与两个大国之君取盟，实属不敬。

这个欲加之罪给了鲁国一个很好的求和机会，鲁庄公只得遣使前来谢罪，并送上一份厚礼向陈宣公道歉。管仲见目的已经达到，下令撤兵回国。

文姜夫人虽然是一个妇道人家，但却深具政治智慧。她身为鲁国国母，儿子是国君，鲁国的安全当然是最根本的利益。但作为齐国女子，天生就有对母国的情感，所以她主张交好齐国，以换取政治上的稳定。于是她召见鲁庄公，责备道：“你是怎么办事的，‘幽地之盟’，如此重要的会议，怎么只派一个使臣去呢？其他诸侯国都是国君亲自去参加。”

“母亲……”鲁庄公正要解释，文姜夫人打断了他的话头。

“还有，”文姜夫人继续说，“‘鄄地之盟’，你居然又派一位大夫与齐君、宋君会盟，相同的错误，怎么能一犯再犯？”

“这只是一个意外。”鲁庄公解释说，“儿臣派公子结护送宗室之女去陈国完婚。公子结途经鄄地，恰巧遇齐、宋两国国君在鄄地与会密谋，公子结事急从权，假国君之名，前往与盟。谁知被管仲识破，才弄巧成拙。”

“不管怎么说，还是你处事不当所致。”

“这不是主要原因。”鲁庄公也不是一个委曲求全的人，愤愤地说，“这只是齐国的借口，齐侯就是想称霸中原，任何国家对他们都不能有丝毫忤逆行为。今日之气，乃往日之仇，他是在报复。”

“报复又怎么样？”文姜道，“齐国气势如日中天，已成为名副其实的中原霸主，凭你的力量，能与之抗衡吗？”

“不！”鲁庄公大吼，“鲁国绝不屈从于齐国的淫威。”

凭鲁国的实力，根本没有与齐国抗衡的本钱，鲁庄公之所以如此强硬，是想逼母亲出面，替他化解与齐国的积怨。

“你是在逼我吗？”文姜夫人明白鲁庄公的用意，“我可以去求齐侯，但你也得有一个态度，不要到了山穷水尽的时候，让别人赶鸭子上架。”

“到那一天再说吧！”

“你呀……你……”

“母亲，先解决眼前的燃眉之急吧！”鲁庄公终于还是亮出了底牌。

齐桓公正在后宫休息，忽见竖貂进来说道：“主公，鲁国有客人到。”

“是谁？”齐桓公问

“鲁侯的母亲，主公的亲姐姐。”竖貂问，“见还是不见？”

“见！”齐桓公说，“一定是为鲁侯做说客来的。”

齐宫偏殿，齐桓公同文姜夫人分宾主坐定，齐桓公说道：“姐姐回来了，多住几天再走。”

“我哪有心思哟！”文姜夫人满脸无奈地说，“兄弟，听说齐国又要与鲁国兵戎相见，姐担心呀！”

“姐姐……”齐桓公道，“这事你要同鲁侯说，兄弟并没有故意同鲁国过不去的意思，只是他屡犯盟约，叫我怎么办？于私，我同他是甥舅关系；于公，我是中原盟主，他是诸侯国君，若诸侯国都像他那样随意，不知轻重，我这个盟主还能当吗？”

“兄弟，你不能看在姐的分上，饶他这一次吗？”文姜哀求地说。

“姐姐……”齐桓公为难地说，“家事兄弟听你的，国事我却不敢贸然答应你。许多诸侯国都看着我，还有我的臣子们也看着我呢！”

文姜叹了口气，无话可说。

文姜回到馆舍后愁眉不展，正在这时，隰朋来了。文姜不禁心头一喜，立即起身相迎：“隰朋弟弟，你怎么来了？”

隰朋笑道：“夫人回临淄，小弟当然得来探视。”

文姜明白隰朋的意思，上次隰朋使鲁，自己给足了面子，此次来算是礼节性的拜访。文姜并不在乎这些，两手一摊说：“你看这是怎么回事，好不容易回来一趟，竟然吃了闭门羹。”

隰朋有备而来，安慰道：“夫人不要急，车到山前必有路。”

“路在何方？我挂在树尖上，下不来了。”文姜哭丧着脸说。

“这不能怪主公，鲁侯一而再，有些过分了。”

“难道齐、鲁真要刀兵相见吗？”

隰朋故作沉思状：“办法不能说没有，就要看夫人如何斡旋了。”

“什么办法，快说。”

“先襄公在世之时，是否与鲁侯有过婚约之事？”

文姜道：“有这回事，还是我提议的呢！”

“只要夫人力主此事，以此为契机，或许能缓和齐、鲁两国间的矛盾，化干戈为玉帛。”

“你说的是真的吗？”

“你觉得我是在骗你吗？”

文姜笑道：“当然不是。”

“那不就得了。”

文姜道：“我知道该怎么做了。”

文姜离开齐国，还是心有不甘，临时改变主意去了莒国，莒国同样也受到齐国的威胁，如果能够鲁、莒联合，尽管仍难与齐抗衡，至少可以增加一些谈判的筹码。

没有硝烟的战场

莒国和其邻近的莱国虽然算不上大国，但实力并不弱，要想征服他们，使之归集到齐国的旗帜之下，也不是一件容易的事情。特别是莱国，早在齐太公（即姜太公）时，莱人就曾与齐人争夺过营丘（后为齐国的都城十三陵），可见其实力并不弱。后来，齐国与莱国长期对立，谁也不服谁，谁也吃不掉对方。齐国要称霸中原，当然要解决这个后顾之忧。

这一天，齐桓公对管仲道："莱、莒两国土地广阔、肥沃，盛产紫草（染料作物），国力很强。寡人欲灭掉他们，仲父认为，该用什么办法。"

齐桓公惯于用武力征服他国，管仲却不好此道，他回答说："同莱、莒两国打一场特殊战争。"

"特殊战争？"齐桓公不解地问，"什么叫特殊战争？"

管仲悄悄地将自己的计划告诉齐桓公，慎重地说："此乃天机，泄露不得，若一旦泄露出去，将前功尽弃，齐国将损失惨重。"

"有必胜把握吗？"齐桓公问。

"当然有把握。"管仲道，"只要依计而行，不费齐国一兵一卒，定能使莱、莒两国臣服于齐。"

"好，就按仲父的计策执行，打一场特殊战争。"齐桓公绝对信任管仲，见管仲说得如此肯定，毫不犹豫地答应了，接着说，"不过，寡人要带彩头 。"

"什么彩头？"管仲也来了兴趣，"请主公开出筹码。"

"彩头也不是很难。"齐桓公笑了笑说，"若是胜了，寡人为仲父摆酒庆功，若不尽如人意，仲父请寡人到府上喝酒。"齐桓公又狡黠地一笑，"请相国夫人抚琴助兴。"

"哈！哈！哈！"管仲大笑，"这有何难，特殊战争一定会以齐国大胜而收场。到时，臣还是请主公到府喝酒，让夫人为主公抚琴助兴。"

"好！"齐桓公大声道，"君子一言，驷马难追。"

庄山，位于齐国、莱国、莒国的三国交界之处。庄山蕴藏着十分丰富的铜矿资源，齐国虽然工商业非常发达，但对庄山的铜矿却一直没有进行开采。

忽然间，庄山来了大批士兵，他们进驻庄山，安营扎寨，一部分人上山采掘矿石，一部人在山谷中设炉冶炼。在不远处的山坳里，也有人进进出出，但入口处有人严格把守，闲杂人等不得入内。

时间不长，山上开采出来的矿石源源不断地运下山来，熊熊的炉火燃烧起来，矿石中的铜也被提炼出来了。冶炼出来的铜并没有运走，而是运进旁边的山坳里。山坳里集聚了齐国最好的工匠，他们将冶炼出来的铜锭化成铜水，再将铜水倒进模具，转而就铸成了锃亮锃亮的钱币。原来，山坳内是一个铸币作坊。钱币铸出后并未运走，而是藏在山坳中的山洞里。

不知从哪一天起，三国交界处的各个路口，到处都张贴着齐国高价收购紫草的布告。

紫草是莱国、莒国的特产，既有野生的紫草，也有家种的紫草，是制作染料的原材料。长期以来，紫草市场供求一直比较平衡，市场价格也比较稳定。而这次布告所公布的紫草收购价格，比平常的市场价格高出一倍。当时正是紫草的种植季节，但莱、莒两国的农人家里还有上年没有售完的紫草。听说齐国高价收购紫草，纷纷奔走相告，一传十，十传百，大家肩挑车载，将自己家里的紫草运到齐国设在边境的售卖点。

大道小道上，到处都是运送紫草的队伍；茶余饭后，人们谈论的也是紫草的行情。特别是那些家里储存紫草比较多的人家，这次可是大赚了一笔。

有些精明的人，见紫草能赚大钱，连夜铲除地里的庄稼，改种紫草。

莱国的国君听说齐国高价收购本国出产的紫草，非常高兴，对左右说：“铜币是人们珍重的，而紫草则是莱国的特产。用莱国的特产去换齐国的铜钱。”说到得意处，莱国国君哈哈大笑，“这样一来，齐国终将被我们兼并掉。”

于是，莱国人纷纷放弃种植粮食，改种获利颇丰的紫草。

莒国的情况同莱国颇为相似，只是莒国的国君公开号召国人大量种植紫草。

第一年，莱国、莒国的农民将新收割的紫草肩挑车载地运到齐国的收购站。齐国在庄山已铸造了大量的铜币，对莱、莒两国农民送来的紫草来者不拒，全部高价收购，而且还都是现金交易。如此一来，莱、莒两国的农民心里更踏实了。

第二年，他们干脆就不种庄稼，所有的土地全部改种紫草。

管仲见莱、莒两国人民全都弃农种植紫草，心里暗自高兴，待到第二年紫草收获季节，突然命令隰朋把铸铜的兵士全部撤回，回家去种庄稼。

紫草上市之时，管仲下达禁令，全面禁止进口莱、莒两国的紫草。莱、莒两国的紫草一下子堆积如山，卖不出去，成了柴火。大家都去种植紫草，不种庄稼，导致两国市场上粮食奇缺。粮食生产是有季节性的，且周期长，不是说种就能种得出来的。粮食奇缺，导致两国市场的粮食价格暴涨，每石粮食价格高达三百七十钱，且常常还是有价无市。而此时齐国市场上的粮食价格，每石仅十钱。

莱、莒两国的人民纷纷前来投靠齐国。莱、莒两国国力因之大损，不得不臣服于齐国。

文姜到莒国，正是莒国被齐国的贸易战打得一败涂地、上下哀号之时。莒国泥菩萨过河，自身难保，哪还有心思谈什么联合抗齐呢？无奈之下，文姜也只能空手而归。

管仲不费一兵一卒，看不见战火硝烟，就凭紫草之谋，一举降服莱、莒两个国家。这件事犹如一阵风，立即传遍天下。各诸侯国，无不佩服管仲足智多谋，同时，也对齐国产生一种难以言状的畏惧心理。

管仲一场漂亮的贸易战，令齐桓公大开眼界。齐桓公好武，他只知要降服一个国家，最好的办法就是出动大批的战车，摧毁他的城池，掠夺他的财富，令敌人胆寒。武力服人，表面上看似服了，其实在内心里却充满了仇恨。管仲以贸易战服人，被征服者心悦诚服，输得没有一点脾气。

鲁国入瓮

贸易战，管仲胜了；赌局，齐桓公输了。齐桓公为仲父摆酒庆功，兑现当初的诺言。为了让庆功宴搞得热闹些，齐桓公将这次庆功宴办成了大宴群臣。

酒宴间，大臣们推杯换盏，场面十分热闹。酒至半酣，齐桓公举起酒爵说："仲父，你这次打了一场漂亮的贸易战，寡人敬你一爵，寡人先喝了。"

管仲端起酒爵一饮而尽，亮亮爵底说："谢主公！"

"仲父！"齐桓公有些吐字不清地说，"还有件事情，寡人很为难，你替寡人想想办法。"

"主公有什么事为难？"管仲问道，"说出来，臣替主公排忧解难。"

"你替寡人将鲁国灭了吧！"齐桓公手一挥说，"鲁国，对于我们齐国而言，就像田边上的庄稼，蜂身上的尾螯，牙齿和嘴唇一样。寡人久欲伸手，却又难以出拳。"

管仲知道，齐桓公多少还有点顾及姐姐文姜的面子，不想使她太难堪。于是笑着说："这件事臣早有安排，请主公静候佳音。"

"仲父有主意了？"齐桓公惊喜地问。

管仲笑道："早在一年前，臣就给鲁国挖下一个陷阱，就等着鲁侯往里跳。"

莒国被齐国的贸易战击倒，完全倒向齐国，使鲁、莒联盟的计划流产，也使鲁国更加孤立。但是，令文姜和鲁庄公万万没想到的是，莱国、莒国惨败于齐国的贸易战硝烟未散，一场旨在打击鲁国经济的贸易战，又悄然拉开了序幕。早在一年前，管仲就已经给鲁国挖了一个大陷阱，如今正在静候鲁国入瓮。

鲁国的纺织业很发达，百姓都擅长织绨，织绨业也是鲁国百姓赖以谋生的支柱产业。绨是一种比绫罗厚且色彩光亮、质地润滑的丝织品。管仲请齐桓公带头穿戴以这种高档丝织品为原料做成的衣服，并号召大臣们也都穿这种衣服。上行下效，齐国的百姓纷纷穿起了以绨为面料做成的衣服。一时间，穿绨织衣服成为齐国的一种时尚。绨的需求量猛增，市场上供不应求。管仲又下令齐国百姓不准织绨。因而使得齐国市场上绨的价格猛涨。

这一天，管仲带着两名侍卫到市场上察看行情，见满街的人穿的都是绨织品衣服，布店里购买绨的人排成队，生意十分红火。管仲凑过去，正看到一位鲁国商人同布店老板谈交易。

布店老板对鲁国商人说："五天之内，你先给我运十车绨过来，有问题吗？"

鲁国商人有些为难地说："价格怎么算？"

"齐国的市价你都知道，不用我多说。"布店老板说，"按市价，七成归你，三成归我，除掉费用、税收，我已经没有多少赚头了，薄利多销，图个热闹。"

鲁国商人算了算说："好，就按你的意见，签个协议吧！"

管仲向一名侍卫耳语了几句，带上另一名侍卫，走进街对面的茶楼。

鲁国商人同布店老板签了协议后离去，管仲的侍卫跟在后面，靠近茶楼时，侍卫上前对鲁国商人打招呼："老板，我家主人想见你。"

"我是个生意人，见我有何事？"

"有生意，而且是大生意，有兴趣吗？"侍卫问道。

鲁国商人问："你家主人在哪里？"

侍卫伸手向旁边的茶楼一指道："里面请！"

鲁国商人随侍卫走进茶楼，侍卫带着他走到管仲身边，管仲站起来说："老板请坐。"

店伙计马上沏好茶端上来。鲁国商人在管仲的对面坐下来，端起茶杯，轻轻地吹了吹，呷了一口，放下茶杯，看着管仲，等待管仲说话。

"客商是哪里人？"管仲礼貌地问。

"我是鲁国人，不知先生有何见教？"鲁国商人问。

"我想大量收购绨织品，你有吗？"管仲问道。

"要多少，价钱如何？"鲁国商人问道。

管仲对鲁国商人说："你给我贩来十匹绨，我给你们三百斤铜；贩来百匹绨，我就给你们三千斤铜。有多少，要多少，但必须是鲁国、梁国出产的绨，其他地方出产的不要。"

管仲给出的价格，超出市场价格的一倍，对鲁国商人有着巨大的诱惑力。鲁国商人有点不相信地问："先生说的可当真？"

"现在就可以签约，怎么样？干还是不干？"

鲁国商人见有如此好事，当即就同管仲签约。然后赶回鲁国，向人们宣传齐国大量收购绨织品的消息。鲁国百姓一看织绨有利可图，纷纷放弃农业生产，转而从事绨的纺织。

鲁侯不知这是管仲给鲁国挖下的陷阱，还以为发大财的机会到了。鲁国靠织绨换回齐国的铜。即使不向百姓征税，财政上单靠织绨的收入就很充裕了。于是极力鼓励全国人民织绨。这都是一年前的事情了。

就在齐桓公为管仲降服莱、莒大摆庆功宴后不久，管仲派到鲁国去打探消息的探子回报，鲁国人都在忙于织绨，奔波于路上的人，都是与织绨有关的人，行人之多，使路上尘土飞扬，十步之内连人都看不清楚，行路的足不举踵，坐车的车轮相碰，骑马的列队而行。

管仲听到此消息，高兴地说："主公，大喜，可以攻克鲁国了。"

"真的吗？"齐桓公的兴趣也来了，"该怎么办？"

"请主公脱去身上的绨面料做的衣服，改穿帛料衣服，命令朝中大臣不得穿绨面料做的衣服，带领百姓不再穿绨。同时，命令封闭关卡，拒绝鲁国的绨进入齐国，断绝与鲁国的贸易往来。"

齐桓公道："可以！"

过了一段时间，管仲再派人到鲁国去打探，探子回报说，由于鲁国弃农织绨，农事因此荒废，齐国突然停止收购绨，造成鲁国大量的绨积压，百姓的绨卖不出去，没有钱买粮食。同时，鲁国由于弃农织绨，土地也已荒芜。

鲁庄公于是命令百姓种粮食，然而，生产粮食有一个周期，不是三两个月就能生产出来的。目前，鲁国粮食缺少，粮价暴涨，每石粮食的价格高达千钱，而此时齐国的粮价每石才十钱。

管仲这一次对鲁国的打击是致命的，遭受重创的鲁国，一下子陷入了困境，如此高昂的粮食价格，鲁国的百姓难以承受，大批鲁国难民潮水般涌入齐国。而难民的流入，给正缺乏劳动力的齐国增加了一批生力军。

由于齐国实行新开垦的荒地免征三年赋税的优惠政策，这些涌入齐国的难民便各找荒地开垦，使得齐国大片荒地被开垦出来，齐国的经济实力因此大增。

鲁庄公虽然好斗，在外交上的孤立，国力上的削弱，再加上齐国军事上的威胁，使他再也拿不出勇气、再也没有本钱与齐国斗下去了。终于，在其母亲的斡旋下，完全屈服于齐国。

文姜自齐襄公去世以后，一直郁郁寡欢，日夜思念，朝思暮想，抑郁成疾，得了肺炎咳嗽之病，后来病情恶化，于齐桓公十三年（公元前673年）秋天不治而亡。临终前，她将鲁侯叫到床前说："齐襄公在世之时，已将其女指配于你，现其女已十八岁。你要将其女迎娶回来，以正六宫之位。我死之后，不要拘泥于守丧期不办喜的旧制而将两国的亲事停下来，一切如期进行。不要使我在九泉之下还挂念这件事情。再者，齐国已是中原霸主，我活着时，鲁、齐心存芥蒂，总是有些小摩擦。我死之后，一定要谨慎从事，与齐国修好。"

鲁庄公一向孝顺，自然含泪应承。文姜见儿子答应了，安详地闭上了眼睛。

文姜是齐桓公的姐姐，她的去世，齐桓公和鲁庄公都痛失亲人，以此为契机，鲁、齐开始修好。

鲁庄公办完母亲的丧事之后，便欲遵母命，与齐国商议婚娶之事。大夫曹刿说："主公大丧刚过，尚在守丧之期。婚娶之事，待三年丧期满后再办吧！"

"寡人的母亲有遗命，嘱寡人不要拘泥于旧制，要借议婚之事，尽快与齐修好。既然曹大夫有此说，那就折中一下，将婚娶之事改在明年吧！”次年春，文姜下葬。按照文姜遗言，两国亲事继续。这年秋天，齐国上卿高傒进入鲁国，在防地（今山东省费县以北）与施伯会晤，为齐、鲁之亲事结盟。冬天，鲁庄公又亲自到齐国行纳币之礼，致送贵重的币帛，这等于是宣告度婚，婚事到此便不能再逆转。

当时的婚姻，有所谓的“六礼”之说，即纳采、问名、纳吉、纳征（亦称纳币）、请期、亲迎。纳征的“征”字有成的意思，意即婚姻之事基本谈成，此后此女已属男方，一般不准再许配于他人。春秋时，纳征又称纳币。本来，诸侯婚娶，应当派卿大夫去女方行纳币之礼，诸侯不必亲自去行纳币之礼。而此时的鲁庄公急于娶齐女为妻，以达到与齐国修好的政治目的，消除齐国对鲁国的压力与威胁，顾不得礼仪，亲自到齐国行纳币之礼。这桩婚事，实际上是政治联姻。

鲁庄公就是这样一个脾气的人，当他处于上风时，就趾高气扬，不把敌人放在眼里，而一旦处于下风，精神就崩溃了，完全没了斗志，甚至将尊严也抛在脑后。母亲文姜在世时，他尚有所依靠，觉得齐桓公总会看在自己姐姐的分上，不至于对他这个外甥过分逼迫，所以还能摆着架子，不参加“鄄地会盟”，只派使臣参加“幽地之会”，对齐国摆出一副若即若离的样子。文姜去世之后，鲁庄公失去了唯一的仗恃，所以马上毫无尊严地倒向齐国一边。

鲁庄公亲自到齐国纳币，逗留到第二年春才返回鲁国。齐桓公考虑到鲁侯尚在守丧之期，将婚期延期至周惠王七年（公元前 670 年），议定以秋天为吉期。

这年夏天，齐国又举行隆重的社神祭祀，并检阅军队。齐桓公为了威慑鲁庄公，邀请他来齐国“观社”，鲁庄公欣然应邀。

众人面面相觑，因为社稷之特殊，所以参加他国的祭社之礼，无疑有自降身段的嫌疑，是不合礼制的。鲁国向以周礼正统自居，众臣当然要表示反对。

当年长勺之战中立下大功的曹刿越席而拜：“臣有肺腑之言，奉陈主公。”

鲁庄公眉头一蹙，心里晓得他要讽谏，但他向来温和，御下甚厚，还是请曹刿陈述己见。

“主公不可入齐。”曹刿开门见山地说，“礼，用以整饬人民。君主外出，不外乎以下几种情况：若是诸侯之会，所论者无非是尊王室，修臣礼，让诸侯向王室出多少贡赋；若是朝觐，应以爵位长幼为序。诸侯等级、爵位相同，就以大小决定先后秩序，有敢不朝会者，则以大军讨伐。诸侯听命于周王室。若周王出巡四方，就召集诸侯开会，大习朝令之礼。如果不是以上几种情况，国君不应擅自离国，否则，史书将为后人记录此不当之行。”

曹刿的言下之意，齐国是诸侯国，鲁国与之地位相当，鲁庄公不应像赴天子之会一样到齐国观社。

不能说曹刿的话没有道理。但鲁庄公心里想：自己也是有血有肉之人，难道这一点行乐的自由都没有吗？于是他下定决心，拒绝所有劝告，风尘仆仆地跑到齐国观社，而鲁国的史官，也秉承职命，如实地记载了这件事：“夏，公入齐观社。”

鲁庄公“观社”过后刚返回曲阜，齐桓公又召鲁庄公在郑国的“扈地会盟”。来来去去，鲁庄公疲于奔命，然而却一点脾气也没有。齐桓公如此捉弄鲁庄公，总算是为柯地劫盟及过去的磕磕碰碰出了一口恶气。

暴风雨过后，就是晴天。

周惠王七年，鲁庄公在位二十四年，年已三十有七岁。这年夏天，是鲁庄公迎娶新娘子的吉期。本来按礼只需派上卿入齐迎亲，但鲁庄公却亲自入齐，迎娶哀姜。为了讨好新娶的齐女姜氏，凡事极其奢侈，为新娘子“丹桓宫楹”“刻桓宫桷”，将宫室、宗庙盛饰一新。

新娘子是一个极具个性的女子，她不满意鲁庄公结发妻子孟任。所以，鲁庄公亲自到齐国来迎亲，她却死活不愿与鲁庄公同行。鲁庄公只好先行回国，拖至秋天，齐女姜氏才姗姗而来。姜氏来到鲁国，即被鲁庄公立为夫人，是为哀姜。

鲁庄公为了讨好哀姜，命令鲁国的大夫及同姓的宗妇在拜见时，一律用币做见面礼。当时的礼俗，男女所送的见面礼是不一样的。男人送的礼物是“大者玉帛，小者禽鸟”，而妇女送的礼物则是“榛、栗、枣、干肉”，这是男女有别的礼制。

御孙私自叹道：“男子送礼，大者玉帛，小者禽鸟，以章物采，女子送礼，不过榛、栗、枣、干肉而已。今男女同礼，没有任何区别。男女之别，乃国之大节，就是因为夫人的到来而乱了礼制。”

鲁庄公可顾不了这么多，他一心只想讨好哀姜。事实上，自姜氏嫁与鲁庄公后，齐、鲁两国的关系确实已修好。老去的文姜已逝，齐国再造一个文姜，已成为现实。

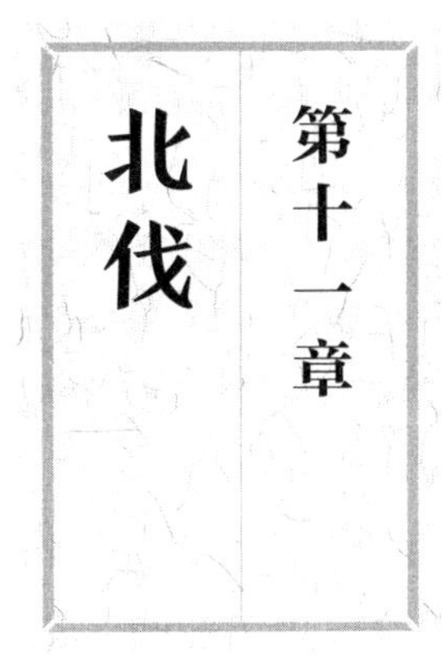

齐桓公赐方伯

文姜去世前两个月，郑厉公的生命也走到了尽头。

正如叔詹的预言，王子颓与苏国等五大夫作乱，周惠王被赶出洛邑，史称“五大夫之乱”或“子颓之乱”。郑厉公欲借此机会重振父祖当年“三世为王卿士，以冠冕列国，征服诸侯”的故业，联结虢国，共伐洛邑。早已衰落的成周武装，未战即溃，周惠王得以重新复位。为报答两国，周惠王将虎牢以东之地封给郑国，酒泉之邑封给虢国。

正当郑厉公踌躇满志的时候，由于经年辛劳，食少事烦，又兼战事倥偬，从洛邑返国途中竟突发咯血之疾，吐血近斗，刚回到新郑，便不治身亡。

群臣由叔詹领头，奉太子子踕即位，是为日后的郑文公。叔詹也因出征之威望和拥立之功，权倾一时，直逼当年祭仲之权威。

叔詹倒是一个言而有信之人，按照与管仲之约，叔詹说服年轻的郑文公，重新与齐国暗结盟好。之所以不公开修盟，是怕刺激楚国。

陈国从“北杏会盟”时起，一直是齐国的追随者，历次会盟与征伐，齐国只要一声召唤，陈国都会参加。在齐桓公十四年（公元前 672 年）春天，陈国发生了父杀子的内乱。

此时陈国国君是宣公，他暮年时尤为宠爱一美姬，生得一个儿子名款。陈宣公年老昏聩，要废嫡立宠，残忍地杀死了自己所立的太子御寇，改立款为太子。而太子御寇与先君厉公之子完往来甚密，公子完见太子御寇被杀，害怕受到牵连，便和大夫颛孙逃亡到齐国。

按照惯例，太子可在他国享受卿的礼遇，但公子只能享受大夫之礼。由于公子完早有贤名在外，加上陈国又是上古虞舜的后代，齐桓公打算破格任命陈完为齐国的卿，位在大夫之上。

陈完推辞道："我只是个在外流亡之人，侥幸获得宽容，生活在君上的宽明政治之下，不沦为奴隶，已是君上对我的恩惠了。我获得的已经够多，怎敢有辱国君的高位，致使别人说君上的闲话呢？"

面对高官厚禄，一般人都会欣喜异常，陈完却极力推辞。他深知持盈保泰的道理。同时，他还期望齐桓公能干涉陈国内政，还太子一个公道。面对齐桓公的逾分恩隆，他也猜出齐侯是想用高官厚禄把他拴在齐国。而身为霸主的齐桓公，并不想因为干涉陈国内政，而使好不容易建立起来的联盟出现裂缝。

齐桓公道："子完谦谦君子，有古代圣王遗风，但寡人闻，'贤者任政，勉于于民'，既然你不受卿职，齐国的工正已到悬车之年，不如请子完辱临其职，也好与寡人时时相见。"

先秦的手工匠人，分为"官工"和"私工"两种。"官工"世代托身于官府之内，以职为氏。比如：索氏、陶氏、施氏、繁氏、樊氏等，分别是世代从事绳索、制陶、旗帜、马缨、篱笆的"官工"。工正就是直接管理这些"官工"和间接管理民间自由的"私工"的职官。

"公子不要拒绝，主公之言，很有道理。"管仲道。

陈完见管仲也来相劝，只得拜谢领受。

陈完安定下来后，感念齐桓公的知遇之恩，特地宴请齐桓公及几位重臣。为示庄重，还请巫卜选定良辰吉日。酒席之间，齐桓公与陈完相谈甚欢，竟成莫逆之交，两人从日中一直喝到黄昏，齐桓公谈兴正浓，酒兴也正浓，见天色已晚，大声说："子完，举烛燃灯，寡人与你尽昼夜之欢。"

陈完正色道："主公，臣仅卜昼，未曾卜夜，不敢以烛为继。"

鲍叔牙也连连点头赞叹："酒之所用，在于成礼，但不可过度沉溺，此为智；使君主行事合于礼，此为仁。”

齐桓公听罢，不禁叹道：“子完，知礼。”

于是撤席不饮，相揖而散。自此，齐桓公更看重陈完，赐肥沃的田邑作为他的封地。于是陈完的后人，便以封地田为姓，视子完为田氏始祖。后来，陈完的后人在齐国发展壮大，到战国初期，终于代替姜氏而成为齐国之君，史称“田氏代齐”。这是后话。

管仲是一个具有浓厚守旧意识的人，不愿意看到废嫡立庶的事情发生。于是派使者到陈国，迫使陈宣公对杀太子御寇一事认错。迫于齐国的压力，陈宣公只好就此事公开道歉。

此后不久，齐桓公召集齐、鲁、宋、郑、陈诸国之君在宋国的“幽地会盟”，郑国再次回到以齐国为首的中原集团。

周惠王见齐桓公在管仲的辅佐下，以“尊王”之帜为号召，致力于恢复周代的道德伦常观念和秩序，与以前那些从不把周天子放在眼里的霸主有天壤之别。于是，派王室卿士召伯廖到齐国传达周天子之命。

召伯廖来到临淄，向齐桓公宣读周天子圣谕：

赐齐侯为方伯，修太公之职，得专征伐。

惠王十年七月十日

周天子赐齐桓公为方伯，就是正式承认齐桓公的霸主地位。

齐桓公领旨谢恩后，召伯廖又向齐桓公传达口谕：

卫国曾助王子颓篡位，助逆犯顺，至今未得到应有惩罚，烦伯舅为朕图之，对卫国加以惩戒。

卫国本来一直追随齐国，卫惠公曾参加了鄄地两次会盟，齐桓公八年又追随齐国讨伐郑国，并参加了同年的“幽地之会”。但是，自卫惠公去世（卫惠公于齐桓公十五年，即公元前671年去世）后，其子继任国君之位，就是卫懿公。卫懿公继位之后，再也没有参加过齐国组织的会盟与征讨。齐桓公对此极为不满，早有兴兵问罪之意，只是苦于找不到充足的理由。因此，当召伯廖转达周惠王的意愿后，齐桓公欣然受命。

公元前667年，齐桓公打着天子的旗号，率齐国大军伐卫。卫懿公不甘示弱，发兵抵抗，经过一番激战，卫军大败而归。齐桓公驱兵城下，以周惠王的名义，严厉斥责卫国帮助周室王子颓作乱。卫懿公在大兵压境的情况下，只得俯首认罪，并拿出许多财物珠宝向齐桓公行贿。齐桓公这才满意地带着卫国送的财物撤军。到此时为止，中原诸国（除晋国等少数西方诸侯国外）完全归集于齐国的旗帜之下，而唯齐国马首是瞻。

纵论天下事

这一天，管仲派人请入齐不久、出任齐国负责手工业的工正的陈完入相府议事。陈完从来者口中得知，这是相国要与大臣们商议政事。他郑重其事地来到相府，此时隰朋、王子城父等齐国大夫级别的人物陆续都到齐了，众人在舍人的带领下穿过长廊，进入后堂议事厅。隰朋等人对周围的环境极为熟悉，陈完是第一次来，处处感到新奇。

后堂议事厅门前挂着一块木牌，用黑漆写着两个大字——无禁。引导的舍人及一众随员在牌前停下脚步，只有参与议事的大夫们脱履而入。只见议事厅的东西两边摆放着两溜细草席，居中一排几案，上面存放着档册、笔筒之类的办公用品。一个小铜炉居中而立，从里面散发出淡淡的沉榆之香，整个议事厅竟不是想象中的肃穆气象，倒像是知己风雅之会。

管仲从后堂迎了出来，笑着与众大夫相互见礼，陈完上前行参拜之礼，管仲坦然接受一拜，然后扶起陈完说："子完，礼关乎国家大节，夷吾领受不辞，但既已见过，日后在这里议事，就不必多礼了。"

鲍叔牙见陈完是第一次赴会，便给他解释道："子完初次赴会，可知门外'无禁'之意？"

“正要向诸贤请教。”

鲍叔哈哈一笑道：“‘无禁’之指，是今天在此之言，均无禁忌，大家畅所欲言，言者无罪。且在这里官爵不分高低，只有宾主年龄之序。”

“噢。”陈完恍然大悟，怪不得齐国之政如此行之有效，上下一心，原来有这一层原因。

此间属鲍叔牙年长，便自任“告席”，当仁不让居于东面向西的主客之上。鲍叔牙举手相请，管仲不客气地坐在西面向东的上座。众人依惯例，不作无谓推让，各自按序就座，陈完与隰朋最年轻，居于末席。

“现在齐、鲁议亲，郑厉公已卒，郑文公已归附齐国，齐国中原霸业已初具局面。”管仲率先开议题，“居安思危，齐国霸业后面的路还很长，请问各位，齐国此后应以何事为首？”

其实各人负责的事务，无论农业、军事、司法等，都是重要事务，但此时应以何事为首，则必须将齐国放在天下大势中去衡量。

当众人尚在沉思之时，隰朋先开“无禁”之言：“齐国称霸的宗旨是尊王攘夷。尊王和攘夷，看似是两件事，其实是一体，各自牵制，又互为相承。现华夏诸国，以尊王为号召，结盟于齐国旗下。尊王称霸的目的已经达到。尊王不也是为了集同族之力，共抗蛮夷戎狄吗？所以我认为，齐国现在要考虑的是如何率领诸侯，共抗夷狄。”

隰朋年龄虽幼，但考虑问题却很有远见。

“对，隰朋讲得有道理。”王子城父附和道，“现在王室自顾不暇，霸主之责正是统领诸侯抗击蛮夷。中原诸国的力量虽强，但很分散，没有哪一国有足够实力单独对付蛮族入侵。以前郑庄公、齐僖公之世，虽有‘霸’，而无‘主’，盖因先君只看重本国眼前之利，今日之齐国，断不可步其后尘。”

宁戚想了想说：“蛮夷是豺狼之性，饥则趋附，饱则远扬，贪而残暴。昔宗周全盛之时，对荒服之族，治以‘修德’，四海平靖。但自昭王以来，南征荆蛮，穆王征戎，又有厉王、宣王与淮夷、徐戎之战，但历来欲以刑威相加，反而无功而返。一战之费，耗尽累代之积蓄，这种情形延至幽王之世，以致镐京被犬戎所破，元气大伤，方有今日王枢之衰微。依在下之见，兵者不详，应慎之才是。”

宁戚说得也有道理，四夷多为贫瘠之地，或如荆楚炎热多瘴，或如漠北雪大如毡，都不如中原宜耕宜居。凡土地肥厚之处，民风亦温厚有礼；反之，四夷乃荒凉不毛之地，人民自然杀戮成性。为求一饱，他们可奔袭千里，没有守土的观念，每下城邑，都要掳掠一空，毁城破室，待援军赶到时，早作鸟兽散。

正如许多问题一样，有多种处理方法，关键是要找到最符合天时、地利、人和的方法，否则策略虽好，也不见得能成功。

管仲说道：“攘夷是一定的了，正如宁戚所说，夷狄是‘豺狼之性’，游弋于诸夏之间，实为心腹之患。如果说‘兵者不详’，那又有什么办法可以制伏他们呢？”

宁戚道：“仲父佐主公登临霸主之位，并不是靠兵戈征服，而是靠布仁德于天下。对付夷狄也可如此，先以兵威临之，再以通商利之。夷狄之所以犯我，皆因无粟可食，但普天之下，一地皆有一地之物产，我华夏粮粟布帛非其所产，但夷狄的肉类及裘革也是我们所无。各族融和，夷狄也能富足安逸，如此民性便会逐渐温良，也就无相侵之理，这是我的一点浅薄之见。”

“宁戚所言极好。”一直在旁默默静听的鲍叔牙说，“诸夏与夷狄原不是泾渭分明的，殷商之时，中国只有河洛一带，现在齐国之地在当时归东夷所有，晋国之地归北狄所有。后大周兴于西岐，开疆拓土，中国地域才得以南至江、东至海、北至燕、西至陇。难说数百年之后，天下皆为中国，那时夷狄也是化内之民了。”

隰朋道：“我和城父的意思，并不是要灭绝蛮族，但所有贸易通商、文化融合等谋略，首先要靠兵革之利。通俗地说，就是先以武力征服，后行安抚之事，才能见成效。否则就只是我们一厢情愿了。”

管仲知道王子城父对夷狄的情况比较了解，于是询问道：“城父以为如何？”

王子城父说道：“据我所知，夷狄素来没有仁义颜面之念，你越强大，把他打得越惨，他就越服你。然后再行宁、鲍两位大夫之计，方可奏效。”

管仲点头称善，见众人也表示赞同，继续说：“以‘尊王攘夷’为号召，把中原华夏诸国归集在齐国的旗帜之下，完成齐国之霸业，通过‘尊王攘夷’的活动，在一定程度上恢复周代的社会秩序。下一步，谁将成为齐国之敌？”

隰朋道：“西方蛮族，有秦晋相阻，且离齐国甚远，暂无可虑之处；东夷诸部，力量分散，且都在富庶之地，对齐国构不成威胁，反而齐国可徐徐蚕食其地，开疆拓土。北方的赤狄和南方的荆蛮，经常侵扰中原各国，是中国之大患。幸亏他们之间没有联手，否则中国必危。”

管仲凝神想了想，然后对众人说道：“荆楚已成为一大国，设官建制，不易征服。”

鲍叔牙道：“仲父言之有理，征服北方诸部比较容易得手，一旦得手，齐国威望如日中天，挟余威列阵江汉，才有胜算的把握。”

“城父！”管仲道，“看来要麻烦你拟一个章程出来。”

王子城父说道：“若仅战守粮辎之事，我大概有个想法，自信也八九不离十，凡用兵之法，必先论其器，再论其士、其将、其主。仲父连五家之兵，士气有恃，众将用命，主公圣明，这都不成问题。但兵革一项，却甚为头痛。齐国虽盛产恶金（铁），但恶金不能做兵器，兵器所需之铜，又远在南方。至于革衣，最上乘的也是南方的犀甲。但路途遥远，且价格不菲，一旦大量采购，所费更甚。如此一来，未开战，则我国力已亏。”

“我有一个办法。”说话的是一向严谨寡言的宾胥无，“周穆王时吕侯作刑，有疑罪罚缓的旧制，不妨借用此法，既是仁政省刑，又可充实兵甲。”

“宾大夫言之有理。”管仲说，“而且依我看来，并不仅限于疑罪，对定谳之犯，如果不是涉及人伦大义、谋逆杀人之类的重罪，也可推而广之。”

宾胥无：“明德慎罚，是为仁政，两全其美，待我回去拟一个章程，然后交由仲父审定。”

“好，有劳大夫了。”管仲对陈完说，“子完，你肩上的担子更重了。”

陈完在齐国资历甚浅，见在座的都是齐国的精英，更不敢轻易发言，只是认真地用耳朵听。见管仲点自己的名，马上想到：自己身为工正，掌管百工，如果以兵革金属赎刑，这些东西就得保证形制和质量的统一，必须购于“官工”，这自然是自己的责任。但自己刚刚上任，对齐国的情况还不熟悉，不能图一时之快而慨然一诺，于是如实地说：“仲父，在下初任上国要职，一切还要倚重诸位协助。”

“齐国有锻造作坊，那里的能工巧匠众多，只要设计出了兵器式样，他们都可按图而制。”管仲道，“百工长莫仲柏很能干，锻造之事可以交给他去办。”

不久，大司理宾胥无制定出“赎刑”的规定：

> 制重罪赎以犀甲一戟，轻罪赎以鞼盾一戟，小罪谪以金分，宥间罪。索讼者三禁而不可上下，坐成束矢。

如此一来，齐国的兵器，无须征输，便已充足。

北逐山戎

齐国的战略口号由“尊王称霸”调整为“尊王攘夷”后不久，齐桓公得知楚王也在选贤任能，励精图治，担心楚国进犯中原，欲先发制人，他将这个想法告诉了管仲。

管仲回答道：“楚国在南方称王，南方土地广阔，兵强马壮，连周天子对他都没有办法。如今又命子文为相国，主持国政，四境安堵，不是靠武力可以降服得了的。且主公新得诸侯，对诸侯并没有存亡兴灭之恩，诸侯之兵，不一定都能为我所用。为今之计，应当广布仁德，树立威信，待时而动，这才是万全之策。”

齐桓公认为管仲说得有理，暂时打消了伐楚之念。

这一天，燕国使臣突然来齐，说山戎进军攻打燕国，燕国不能抵挡，请求齐国支援。管仲笑着对齐桓公说："机会到了。"

"什么机会到了？"齐桓公不解地问。

管仲说："主公欲伐楚，必须先征服戎，戎患既息，才有精力专门来处理南方的事情。"

"好！"齐桓公赞成管仲的主张，对管仲说，"请仲父选定吉日良辰，出兵燕国，消灭山戎！"

春秋时期，对中原构成严重威胁的是"南夷"和"北戎"。后人称当时的情况是："南夷与北戎交，中国不绝若线。"所谓"南夷"，主要是指楚国；而"北戎"，则是指北方少数民族，即"狄"，又称"戎狄"。

北方的戎狄，在春秋时期尚处于游牧阶段，他们对中原地区的侵扰，往往是毁城破室，掳掠一空，带有巨大的破坏性。所以，春秋时期的华夏族人，对戎狄都很憎恨，往往以禽兽视之。管仲曾说：戎狄豺狼，不可厌也；诸夏亲昵，不可弃也。

管仲一生致力于恢复周代秩序，他不但对周王室怀有特殊的感情，而且对夷狄也极为排斥。他针对王室衰微、蛮夷猾夏的情况，提出了"尊王攘夷"的口号。一方面，以"尊王攘夷"为号召，把中原华夏诸国归集到齐国的旗帜之下，以完成齐桓公的"霸业"；另一方面，通过"尊王攘夷"的活动，在一定程度上尽量恢复周代的社会秩序。既然要"攘夷"，就不能坐视夷人（泛指蛮、狄、夷、戎）对中原的侵凌，就必须要有所行动。

燕国是西周初期分封的重要封国，建都于蓟（今北京市西南）。它是周王室控制燕山南北和辽河一带戎狄部落的军事据点，也是周王室的北部屏障。

燕国的北面，是所谓的"山戎"，意即生活在山区的戎人。山戎是北戎之一族，建国于令支。其西为燕国，其东南为齐国和鲁国。令支界于三国之间，恃其地险兵强，对中原霸主既不称臣，也不纳贡，屡犯中原。山戎过去曾侵略齐国，齐襄公请郑公子忽出兵帮忙，被齐、郑联军击败。

春秋时期，山戎也在南下，齐桓公称霸中原时，山戎已经南下到燕山以南。山戎的南下，直接威胁到燕国的生存。

山戎国主听说齐侯被周天子赐封为方伯，便统领戎兵万骑，侵扰燕国，欲截断燕国通往齐国的交通之路。燕庄公抵挡不住，派人向齐国告急，请求齐桓公出兵救燕，帮助燕国把山戎赶回燕山以北地区。

齐桓公接到燕国的紧急呼救后，问计于管仲。

管仲道："当今为患中原者，南在楚，北有戎，西有狄，这都是中原安全的隐忧。齐国作为中原的盟主，有责任维护中原的安全。即使戎人不侵犯燕国，也要考虑惩罚他们，何况他们兵犯燕国，燕国又紧急呼救呢？齐国正可乘此机会，发兵北进，一举歼灭山戎，以除后患。"

齐桓公二十二年（公元前 664 年）冬，齐桓公决定出兵救燕，将国事委托给大司田宁戚管理，命相国管仲为帅，大司马王子城父为先锋，鲍叔牙、隰朋等大臣随驾出征。选定吉日良辰，祭旗发兵。

王子城父率百乘战车率先行，战车上插着两面杏黄大旗，一面旗上大书一个"齐"字，一面旗上写着"大司马"三个字。

大队人马随先锋部队之后，两面杏黄色大幡赫然在目，一面绣着"方伯"二字，另一面则绣着"尊王攘夷"四个大字。齐桓公与管仲身披铠甲同乘一车，隰朋及其余大臣乘车紧随其后，浩浩荡荡向北进发。

鲁庄公在齐、鲁交界的济水迎候齐桓公。齐桓公请鲁庄公一同出兵救燕。鲁庄公原答应一道征伐山戎，待齐国过去之后，却又后悔了，他惧怕北伐路途遥远，没有如约出兵。

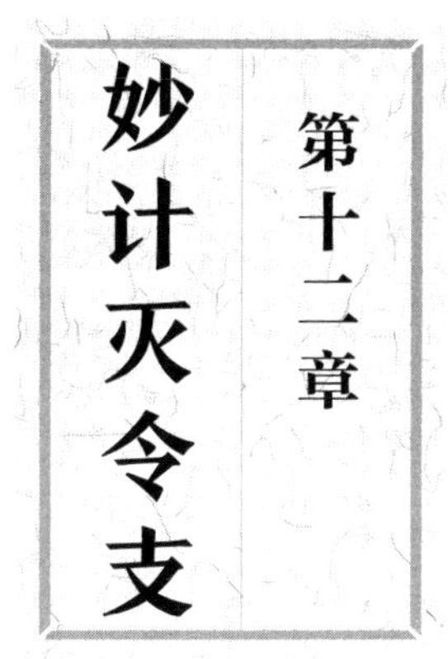

以戎制戎

再说令支国主密卢，率兵侵犯燕国已一月有余，在这段时间内，他们大肆抢夺财物，掳掠女子。得知齐桓公率兵北上援燕，便带上从燕国洗劫的财物和女子，仓皇北逃。

齐桓公兵至蓟门关，看到的只有硝烟弥漫、一片狼藉、残破不堪的断城废墟，并未见半个山戎之兵。

燕庄公率朝中大臣与百姓，箪食壶浆，出城三十里迎候齐军。昔日威风十足、以傲慢出名的燕庄公，此刻犹如丧家之犬，失魂落魄，狼狈不堪。见齐桓公战车驶来，亲率燕国臣民跪于道旁恭迎。当齐桓公的战车驶近时，燕庄公羞愧地说道："无颜罪君，叩见方伯存国活命之恩。"

齐桓公急忙下车扶起燕庄公说道："燕侯请起，不必多礼！"

"寡人身为一国之君，无力抵御入侵之敌，致使燕国生灵涂炭，寡人愧对燕国臣民。"燕庄公感激涕零地说，"燕国有难，方伯亲率兵车，跋山涉水而来，大恩大德，寡人与燕国子民没齿不忘。"

"寡人身为方伯，受王室之命，理当扶危济困。保卫中原，是职责所在。燕国有难，也是大齐之难，唇亡齿寒嘛！"齐桓公问道，"怎么不见一个贼寇？戎人现在何处？"

燕庄公道："戎人在燕肆意烧杀抢掠已有数十日，闻方伯大兵将至，昨日已闻风而逃。"

齐桓公感叹地说："山戎太过蛮横，竟将燕国糟蹋到如此地步，气死寡人也！若未离去，寡人定当杀他个片甲不留。”

管仲道：“山戎掠夺燕国大量的财物和女子，得志而去，未曾折损一兵一卒，齐兵如果退去，戎兵必然又来。”

“仲父的意思是……”齐桓公问道。

管仲一挥手，果断地说：“大军继续北进，讨伐山戎，永除北方之患。”

齐桓公问身边的鲍叔牙：“太傅以为如何？”

鲍叔牙不假思索地说：“我同意仲父的意见。”

“好！”齐桓公大声说，“传令三军，安营扎寨，休兵三日，继续北进。”

齐军驻扎下来之后，管仲便向燕庄公询问山戎的有关情况。

燕庄公不认识管仲，向齐桓公看了一眼。齐桓公指着管仲笑着介绍：“齐国相国，寡人之仲父。”

“久闻管相国之名，如雷贯耳，只是无缘拜见，今日相见，实乃三生有幸。”燕庄公听说是管仲，不敢怠慢，忙深深一揖，谦恭地回答，“山戎驻扎在令支，距燕国二百四十余里。”

管仲站起来还礼，说：“燕侯快请坐下，不必多礼！”

齐桓公道：“不灭山戎，中原不得安宁，寡人也于心不安。只是此去山戎，山高路险……”

燕庄公不待齐桓公说完，抢着说：“方伯欲伐山戎，为中原除害，寡人愿率燕国兵马为前队，逢山开路，遇水搭桥，保证方伯直捣山戎老巢。”

“燕国惨遭山戎洗劫，已经是伤痕累累，寡人怎忍心让燕侯为先锋！”齐桓公有些不忍地说。

“不！”燕庄公坚持道，“方伯长途跋涉，驰援燕国。现又要讨伐山戎，燕国惨遭山戎洗劫，更要为讨伐山戎出力，以报洗劫之仇。”

齐桓公道：“燕国军队可为后军，以壮声势，燕侯随寡人同车，派土人为向导。让齐军在前冲锋陷阵。”

管仲问道：“听说往东面八十里，有一无终国，素来与山戎不睦，可有此事？”

燕庄公惊问道：“仲父远在中原，怎么对北方的地理、国事知道得如此清楚？”

“仲父虽然为齐国相国，却熟知天下各国之事，山川、河流、人文、地理，仲父无不了如指掌。”齐桓公不无得意地说。

“佩服！”燕庄公道，“山戎共有四部，四部中除屠何（在现今辽宁省锦州市）之外，其余三部都盘踞在燕山一带，往东是令支部，再往前进便是孤竹部，无终国在燕山南麓，离燕东行八十余里，与华夏接触时日已久，不仅早就通婚融合，而且还学会了用农耕来补牧猎之不足。虽也是戎人，但却不依附于山戎，同样也屡受山戎侵害。”

“可否招安无终国，使之为向导？”管仲问。

“这倒是个好主意。”燕庄公赞同地说，“无终国为戎人，对当地地理环境更为熟悉，若能为我所用，使他们为向导，一定会得到很大的帮助的。”

隰朋奉命，带着大量的珠宝财物，以燕人为向导，来到无终国，向无终国国主无终子说明来意，请他们派兵助阵，共同剿灭山戎。

无终国本就吃了山戎不少的苦头，只是山戎太过强大，只能忍气吞声，无力抗争。闻齐军要讨伐他们的死敌山戎，举国上下已是高兴得不得了。得知隰朋的来意，无终子当即满口答应，并派大将虎兀斑率领骑兵两千人，随隰朋到齐军阵前听调。

齐桓公重赏虎兀斑，令其为开路先锋。号令全军，向山戎纵深进军。

大队人马前进二百余里，只见山路越来越狭窄，地势越来越险要，齐桓公问身边的燕庄公：“这是什么地方？”

“此地名叫葵兹，是戎人出入的必经之路。”燕庄公回答。

“仲父。”齐桓公以商量的口吻问道，“山路险峻，车辆难行，粮草、辎重行进都很困难，如何是好？”

管仲想了想道：“将辎重分出一半，屯集在葵兹。令士卒伐木筑土为关，老弱病残者留在这里，由鲍叔牙率领据守葵兹，负责前军粮草供应。其余人马就地休整三天，由精壮之士组成精兵，日夜兼程前进。”

计灭令支国

山戎令支国主密卢，得知中原霸主齐桓公率兵北上，早已是闻风丧胆，不待齐军进入蓟门关，便带领全部人马撤回令支，尽情享受从燕国掠夺来的财物和女人，等待齐军离去之后，再行出击。谁知回令支不久，就有探子来报，说齐军大队人马已杀奔令支。齐侯发誓要剿灭山戎。密卢并不以为意。他认为，齐国虽然兵强马壮，但战车在山区难以行动，不如骑兵灵便快捷，再说，齐人对这里的地形不熟，进入山区，便成了盲人瞎马，犹如老虎陷入泥坑，有劲也使不出来。他根本没有想到，管仲能想出以戎制戎，请无终国助其作战的策略。

密卢正在打着如意算盘，探子又来报，说齐军已到达葵兹，正在伐木筑关，屯集粮草。密卢倒吸一口冷气，暗自心惊：“齐侯果然厉害，葵兹乃山戎对外的唯一出路，若把葵兹堵死，山戎可就要困死在令支了。”

密卢忙召大将速买商量此事，速买献计道：“齐军远来，长途奔袭，定是疲惫不堪，不如乘其安营未稳之际，用奇兵袭击，打他个措手不及。”

“好！”密卢一拍大腿，“此计正合我意。将军可带三千骑兵，于途中设伏，杀他个有来无回，片甲不留。”

速买得令，带领三千人马，悄悄来到离葵兹三十里的一处山谷，此山谷是进入令支的必经之路，速买将三千人马埋伏于山谷四周，静候齐军到来。

虎兀斑带着人马先到，见山谷四周悬崖峭壁，怪石嶙峋，地形险恶，鸣锣号令停止前进。

速买心中着急，又怕暴露了目标，骑着高头大马，手持一杆狼牙棒，带百余骑出谷诱敌，拦住去路，大叫道：“大胆贼奴，竟敢兵犯山戎，看棒。”

虎兀斑也不答话，舞动手中双锤，拍马冲了上去，抡起铁锤，以泰山压顶之势砸了下去。速买挺起狼牙棒相迎，锤棒相交，击出火花点点，发出震耳之声，两骑擦肩而过。调转马头，又杀在一处。你来我往，杀得难分难解。十个回合之后，速买虚晃一棒，佯装不敌而走。虎兀斑不知是计，率兵紧紧追赶，人马进入谷中，突然不见了速买人马的踪影。忽听一阵鼓响，四下里呐喊之声骤起，数千人马在呐喊声中从四面山上冲下，将虎兀斑的兵马切成数段，退路也完全封死。

虎兀斑虽身陷重围，但心中不慌，他知道后面齐军大队人马即将到来，于是率领无终国两千兵马奋勇抵抗，无终国的兵士人人奋勇，个个争先，与令支之兵杀在一处。速买也知道大队齐军将至，欲速战速决，手持狼牙棒，向虎兀斑冲杀过来，虎兀斑举铁锤相迎，速买卖个破绽，露出空门，虎兀斑不知是计，举起双锤狠命砸下，速买早有防备，虚晃一棒，闪过一旁，虎兀斑双锤砸空，因用力过猛，几乎跌下马来，速买迅速勒过马头，就势一棒，正中虎兀斑的坐骑，战马顿时脑浆迸出，倒地而亡。虎兀斑纵身跳过一旁。

正当虎兀斑束手待擒之时，齐军大队人马赶到。王子城父大显神威，杀散山戎之兵，救出虎兀斑。速买情知不敌，率领败兵火速退去。

虎兀斑所率戎兵，死伤过半，见到齐桓公，面露愧色，跪倒请罪："臣虎兀斑指挥不力，中了贼兵的埋伏，请齐侯处置！"

齐桓公亲手扶起虎兀斑，安慰道："胜败乃兵家常事，将军不必自责。"见虎兀斑已失了战马，齐桓公立即将自己的坐骑赏给虎兀斑，虎兀斑感激不已。

齐桓公命令人马继续前行，大约前进三十里，天色将晚，齐桓公问燕庄公："此地叫什么名字？"

燕庄公："此地名为伏龙山。"

管仲从车上站起来，看看四周说："伏龙山地处要道，山势险要，进可攻，退可守，是个屯兵的好地方。不如就此安营扎寨，明日再走。"

齐桓公立即传令：中军在伏龙山上安营扎寨，王子城父、宾胥无分别于山下安营扎寨，战车摆成长蛇阵，首尾相连，派兵巡警，以防敌兵偷袭。

第二天，令支国主密卢亲自带领速买，率万余骑兵前来挑战。见齐军摆成如此阵势，已觉心慌。指挥戎兵向齐军冲杀过来，齐军只是按兵不动，待戎兵进入战车一箭之地，便万箭齐发。戎兵皆为乱箭所阻，带着死伤人员撤回。一连数次，皆是如此。密卢知遇到劲敌，搔首顿足，思得一计。他悄悄地将戎兵分成三拨，两拨分两路向侧翼运动，一拨就地下马，随便躺在地下，对着齐军大声叫骂。

管仲站在山上，见戎兵突然有了变化，兵马渐渐稀少，戎兵或躺或卧，口中高声叫骂。管仲冷笑一声，已知密卢在使诈。回身手抚虎兀斑之背，指着山下的戎兵说："将军不是要戴罪立功吗？雪耻的机会来了，你可带一千人马，消灭这些戎兵！"

虎兀斑大声道："末将遵命！"

虎兀斑回营，点起本国兵马，飞奔杀出。

隰朋担心地说："仲父，戎兵恐怕有诈。"

"我早已料到了，这就叫将计就计。"管仲接着说，"王子城父听令！"

"末将在！"王子城父应声而出。

"你率一队人马从左边包抄过去，截住左面山谷中埋伏的戎兵迎头痛击，不得让他们前进一步。"

"遵命！"王子城父带一队人马悄然出发。

"宾胥无听令！"

"末将在！"宾胥无应声而出。

"你率一队人马从右边包抄过去，截住右面山谷中埋伏的戎兵迎头痛击，不得让他们前进一步。"

"遵命！"宾胥无带一队人马悄然出发。

原来，山戎惯用埋伏之计，见齐兵坚守不出，于是伏兵于两侧山谷之中，只留少数人马在齐军阵前叫骂，以诱引齐兵。虎兀斑领兵杀出，戎兵弃马而逃，虎兀斑正欲追赶，突闻大寨鸣金收兵，立即勒马而回。

密卢见齐军不追赶，一声呼哨，招引谷中人马，指望他们一齐冲出助阵。不料王子城父和宾胥无两路人马一齐杀出，截住两旁山谷中的伏兵，大杀大砍。戎兵措手不及，被杀得七零八落，大败而逃，折了许多人马。

密卢如热锅上的蚂蚁，急得团团转。速买献计道："国主不必惊慌，臣有一计，可破齐军。"

"有何好计？"密卢急不可待地问。

"齐军继续往前挺进，必经黄台岭山谷。黄台岭山谷路窄山高，地势险要，国主可派人用滚木雷石将黄台岭山谷堵断封死，外面多挖坑堑，再加上重兵把守，齐军就是有百万之众，也休想飞越黄台岭山谷。"

"嗯，不错。好计！"密卢连声称赞。

速买继续说道："齐军重兵皆屯于伏龙山。伏龙山二十里之内没有山泉，吃水全靠濡水，如果在上游筑坝，将濡水截断。就断了齐军的水源。数万大军，无水必乱，乱则溃。待齐军溃乱之时，国主再率兵乘胜追击，没有不胜的道理。为了以防万一，请国主派人去孤竹国求救，借兵助战，这样可稳操胜券。"

密卢听罢大喜，果然依计而行。

管仲见戎兵被打退后，一连几天不见动静，心生怀疑，便派探子前去打听，获知黄台岭山谷路已被堵塞，且有重兵把守。管仲一面将情况紧急报告齐桓公，一面召来虎兀斑，询问从伏龙山到令支，除了黄台岭山谷，是否还有其他的路可走。

虎兀斑道："黄台岭距伏龙山十五里路，是令支的最后一道关卡，过了黄台岭，就可以直捣令支老巢。如果再寻别的途径，就得绕道西南，由芝麻岭抄出青山口，然后再向东转数十里，才能到达令支。路途遥远，且山高路险，车马不能通行。"

正在商量间，牙将连挚跑来报告说："戎人在濡水上游筑坝，断了我军水源，军中已无水，将如何是好！"

虎兀斑道："芝麻岭一带都是山路，需数日才能到达，如果没有水，恐怕寸步难行。"

齐桓公传令，叫军士凿山取水，先得水者有赏。然而，众军士空忙一场，谁也没有找到水。隰朋献策道："听说蚂蚁总是在有水的地方筑巢，估计有蚁穴的地方，一定有水。"

于是，齐桓公又命令军士各处搜寻蚁穴，众将先后来报，并无蚁穴。

隰朋道："蚂蚁冬天怕冷，一般都在山南坡向阳之处建穴；夏天怕热，在山北坡建穴。现在是冬天，可到山南坡寻找。不可乱掘。"

军士按照隰朋的话，在南山坡果然找到了蚁穴，下挖不到五尺，便见清澈的山泉。齐桓公前去察看，见山泉喷涌，水势极旺，且清冽甘甜，非常高兴，感叹地对隰朋说："隰朋真是圣人啊！"

管仲笑道："主公，为念隰朋寻水之功，臣建议此泉命名为圣泉。"

"好！好！"齐桓公说，"此泉就叫'圣泉'，泉旁刻石，昭示隰朋之功！山名一并改了，就叫'龙泉山'吧！"

密卢自从听了速买之计，断了齐军的水源后，以为万事大吉，高枕无忧，整日饮酒作乐。听说齐军凿山而得圣泉，大惊失色道："齐侯难道有大神相助吗？"

速买道："齐军虽然有水，然而长途跋涉而来，粮草必然跟不上，只要死守黄台岭山谷口，坚守不战，不出一个月，齐军自然退去。"

密卢也无良策，只能命令守关戎兵，坚守阵地，不准出战。

管仲使宾胥无假托回葵兹运粮，实际上是由虎兀斑带路，带领一支人马取道芝麻岭，以六日为期。又派牙将连挚，每天都到黄台岭挑战，以麻痹敌军，使之不疑。如此六天，连挚天天带兵于黄台岭骂战，戎兵坚守不出，更不接战。

六天之后，管仲对齐桓公说道："以时间计算，宾将军西路想必已达目的地。戎人坚守不出，我军却不能坐守。"于是，命令齐军将士，每人背负一个装满土的草袋，冲到阵前，将草袋填入壕沟之中，眨眼之间，壕沟便被填平。齐军一声呐喊，直扑黄台岭山谷口，将堵塞在谷口的木石尽行拆除搬走。

密卢以为有黄台岭天险相阻，齐军定难越雷池一步，日日饮酒作乐。待听到喊杀连天，知是齐军杀到，连忙跨马迎敌，尚未及交锋，忽有戎兵来报："西路又有齐军杀到。"

密卢知小路也有齐兵偷袭，知已腹背受敌，吓得魂飞魄散，情知大势已去，不敢恋战，弃了老巢，带着残兵败将，向东南方向夺路而逃。

宾胥无率军追杀十余里，因见山路崎岖，戎兵熟悉地形，奔跑速度快，实在追赶不上，这才鸣锣收兵。

戎人丢弃的马匹、器物、牛、羊、帐篷等物质无数，全部归齐军所有。被戎兵掳来的无数燕国妇女，哭哭啼啼奔向燕庄公，里面有不少燕军士兵家属，皆抱头痛哭。

齐桓公下令："不许滥杀戎人百姓，不许抢劫财物，不许奸淫戎人妇女，违令者斩！"

戎人百姓见齐军威武，纪律严明，以为是天降神兵，纷纷杀牛宰羊，犒劳齐军。

管仲向一降戎问道："密卢此去，可能投奔哪个国家？"

降戎道："令支与孤竹是邻邦，素来和睦亲善，此前，国主曾派人去孤竹国请求救兵，援兵未到，天兵却来。国主此行，必定投奔孤竹国（故城在今河北省卢龙县境）去了。"

齐桓公问道："孤竹国国力如何？离此地多远？"

降戎回答："孤竹距令支百余里路，是东南大国，自殷商之时便已建国。"

管仲道："怎么走？"

降戎道："此去东南七十里，有条河叫卑耳河，过了河就是孤竹国境。但山路险峻，难走得很。"

管仲道："孤竹国助纣为虐，既然离此不远，宜率得胜之师讨伐孤竹国。"

齐桓公欣然同意。恰在此时，鲍叔牙派遣牙将高黑运送粮草到达，管仲留高黑在军前听用，并在降戎中挑选精壮之士千余人，补充到虎兀斑军中，以补此前阵亡兵士之数。休兵三天，然后兵发孤竹国！

偷渡卑耳河

密卢带着残兵败将逃往孤竹国的无棣城，拜倒于孤竹国国主答里阿脚下，哭诉道："国主，齐军依仗兵多将强，侵夺我国土，抢掠我财物，恳请国主借我精兵五千，以报此仇。"

答里阿答道："孤正欲起兵相助，因身体偶染小恙，未曾及时发兵。不想却让令支国吃了大亏。国主放心，孤竹不是令支，卑耳河乃天然屏障，深不可渡，足抵十万雄兵。只要将竹筏尽数拘回港口，齐兵插翅也飞不过来。待齐军退兵之时，孤和国主率兵追杀，定能将齐军杀得片甲不留。"

孤竹国大将黄花元帅说道："齐军能在伏龙山凿泉得水，突破黄台岭，用兵者定是高人，绝非泛泛之辈。"

密卢心有余悸地说："此人乃齐国相国，名叫管仲。 听说他精通异术，呼风唤雨，撒豆成兵，神机妙算，有鬼神莫测之功。若非如此，怎能在伏龙山凿出山泉，似神兵突破黄台岭天险？"

"齐军中既然有此等异人，即使我们将所有的竹筏拘于港口，他也能造出竹筏渡河。"黄花说道，"我们应再派重兵守住溪口，昼夜巡逻，以防齐军偷渡卑耳河。"

答里阿哈哈大笑："元帅过虑了，一个管仲，何足道哉？"

"国主是北戎领袖，何惧中原来犯之敌？"密卢奉承地说。

黄花元帅冷哼一声说道："常说令支国人强马壮，转瞬间便国破家亡。亡国之奴，败军之将，有何资格在此高谈阔论？"

密卢狠狠地瞪了黄花元帅一眼，噎得一句话也说不出来。

答里阿立即制止了二人争辩，但也没有采纳黄花元帅的建议。

再说齐军从令支出发，行进不过十里之地，就见前方崇山峻岭，怪石林立，古木参天，杂草丛生，荆棘塞路，山险路窄，不要说战车难行，就是单人通过也很困难。管仲叫军士取来硫黄焰硝引火之物，撒入草木丛中，放了一把火。刹那间，火借风势，风助火威，熊熊大火迅速蔓延开来，噼噼啪啪烧得一片山响，直烧得草木无根，野兽绝迹。燎原之火，连烧了三天三夜。火熄之后，管仲命兵士凿山开道，车辆在马拉人推之下艰难地前进。有人建议，鉴于山高路险，车辆难行，不如弃用战车，轻装上阵，直捣贼巢。

管仲道："戎兵骑马，便于奔驰，只有用战车才能抵挡，若无战车，我军将处于劣势，断难取胜。"

管仲看到士兵们艰难地推车前进的情景，突然想起当年隰朋将他从鲁国引渡回齐，途中遭鲁军追杀，为了激励兵士的斗志，自己自创一首《黄鹄之歌》，士兵们边唱歌边推车，胜利逃回齐国境内的情景。于是连夜赶写了两首歌，一首为上山之歌，一首为下山之歌，命军士们传唱：

上山歌

山巍巍兮路盘盘，
木濯濯兮顽石拦。
云薄薄兮日生寒，
我驱车兮上高山。
风伯驭兮俞儿操，
如飞鸟兮生羽翰，
跋山巅兮不为难。

下山歌

上山难兮下山易，
车如环兮蹄如坠。
车辚辚兮人吐气，
历山险兮履平地。
捣戎庐兮消烽烟，
伐孤竹兮史留名！

两首歌不出两天时间，便在军士间传开了，全体将士都会唱这两首歌。军士们在行进途中唱着歌，劲头十足，顿觉脚步轻盈不少，行军速度大增。特别是那些推车的军士，边推边唱，你唱我和，齐心协力，行军速度加快了不少。

齐桓公与管仲、隰朋等人登上卑耳山之巅，看到兵士唱着上山歌推车上山，唱着下山歌推车下山，士气高涨，感叹地说："寡人今天才知道，一首歌竟然有如此大的力量！"

管仲笑道："臣当年坐困槛车之时，遭鲁人追杀，作《黄鹄之歌》以教军士，军士们唱着歌，忘记了酷暑，忘记了疲劳，疾步如飞，才使臣顺利回到临淄。"

齐桓公不解地问："为何人一唱歌就会忘记疲劳呢？"

管仲答道："人有躯体，也有精神，躯体劳累，精神也为之疲惫，若精神愉悦，则会忘记躯体的劳累。"

齐桓公笑了笑说："仲父博学多才，通达人情，真乃天人也。"

大军唱着歌，推着车，一齐向前进发，翻过几座山头，前面又见一岭，大小车辆，俱壅塞于道，停滞不前。管仲派人前去打探，探子回来禀报说：前面道路，两边天生石壁，中间只有一条小路，仅容一人一马通过，车辆难越，故而行军速度大减。

齐桓公面有惧色地对管仲说："如果在此地伏兵，寡人必败矣！"

管仲也捏了一把汗，感慨地说："幸亏戎人没有用兵之人，否则，若真在此地设伏，我军插翅难飞。"

正在大家踌躇不前之时，齐桓公突然惊视前方，慌忙弯弓搭箭，但却引而不发。原来，他看见从山坳之中走出一个怪物，细看，此怪物似人非人，似兽非兽，长约一丈有余，朱衣玄冠，赤着双脚，大摇大摆地走到齐桓公面前，对着齐桓公再三拱揖，似有相迎之意。然后以右手撩衣，竟向石壁中间疾驰而去。齐桓公大惊失色，问管仲："仲父，你看到什么吗？"

管仲和左右见齐桓公奇异的神态，已是十分惊奇，又见齐桓公这样问，更是有些莫名其妙，茫然地回答："臣什么也没有看见啊！"

齐桓公便将他刚才见到怪物的情景描述了一遍。

“臣闻北方有登山之神，名叫‘俞儿’，臣作的上山歌中的‘俞儿’，就是此神。”管仲推测道，“依主公刚才的描述，定是‘俞儿’无疑。俞儿只有见到霸王之主才会出现，也只有霸王之主，才能看得见‘俞儿’。臣恭喜主公，立霸王之业，成为中原之霸主，乃是天数所定。”

“方伯为霸主，乃天命所归，寡人恭喜了。”燕庄公一旁恭维地说。

在场众将皆向齐桓公祝贺。

“‘俞儿’向主公拱揖，是迎接主公前往讨伐孤竹，撩衣者，表示前方有水，右手撩衣者，则是说右边水深，暗示请向左行。”管仲接着说，“既然有水阻路，幸有石壁可以固守，且将人马驻扎在山上，使人探明水势，然后进兵。”

齐桓公立即下令，人马驻扎在山上待命。接着吩咐虎兀斑带领小队人马前去探明水势，看是否有竹筏过河。

虎兀斑带领人马前去探水，回来禀报说：下山不到五里，就是卑耳河，河宽水深，四季河水不枯。原本有竹筏渡河，自兴兵之后，竹筏全被戎主拘收，找不到一乘竹筏。

管仲紧盯着虎兀斑问道：“真的没有办法过河？”

“末将带来一位土著人，他说卑耳河有一处可以涉水。”虎兀斑接着对跟在身边的一个土著人说，“老丈，请你将知道的情况讲给仲父听。”

“小的见过大人。”土著人说。

管仲问道：“卑耳河真的有地方能涉水过河吗？”

“有。”土著人肯定地说，“卑耳河确实有个地方可以涉水过河，具体地点只有我们土著人才知道。”

管仲：“能说得具体些吗？”

土著人指着前面一处山口说：“从那个山口下去便是卑耳河。向右边走，河深没顶，不会水过不去。向左边走，有一处地方水深过膝，只要找准了地方，便可以安然过河。”

虎兀斑道：“末将亲自下河试过，浅水处不过十丈，似是一座拦水坝藏在水底。”

“对！”土著人道，“我们叫那地方为隐坝。”

齐桓公立刻跪拜管仲于马前说道：“‘俞儿’之兆应验了。不知仲父有如此高的圣人才智，寡人实在是多有得罪了。”

管仲慌忙扶起齐桓公，微笑着说道：“臣听说，圣人是先知事物于无形之前。现在的事物已经有形，然后臣才知道。臣不算圣人，不过是善于接受圣人的教导而已。”

燕庄公也在一旁感叹地说：“从未闻卑耳河有浅处可涉水过河，此真乃神助也。”

齐桓公又问：“此去孤竹城，还有多少路程？”

燕庄公答道：“过河往东走，先过团子山，再过马鞭山，随后便是双子山，三山相连，大约有三十余里。此乃商朝孤竹三君之墓。过了三山，再向前走二十五里，便是无棣城，无棣城是孤竹国的都城。”

“君上，”虎兀斑上前请命，“末将愿率本部兵马率先过河！”

“兵行一处，若遇强敌，将进退两难。”管仲道，“必须兵分两路，分途进发。”

“仲父有何安排？”齐桓公问道。

管仲道：“令军士上山砍伐竹子，扎筏渡河。等竹筏扎好后，用车载到河边。兵马分成两路同时渡河，一路乘筏，一路涉水。兵贵神速，动作一定要快。”

于是，齐桓公命王子城父、高黑率领兵士上山砍竹子与藤条。人多手快，很快就扎好了数百乘竹筏，齐军用战车将这些竹筏悄悄地运到河边的树林里藏匿起来。

齐桓公又将人马分为两拨：王子城父同高黑带领一队人马，从右边乘竹筏过河，此为主力部队，公子开方、竖貂随齐桓公接应；宾胥无同虎兀斑带领一队人马，从左边涉水过河，充当奇兵。管仲同连挚、燕庄公随后接应。两路兵马过河后，在河对面的团子山会合。

答里阿在无棣城中，以为孤竹国有卑耳河这道天然屏障，所有竹筏都已拘进港湾，齐军无筏，根本就过不了河。他根本就不担心齐军会过河来，成天同嫔妃们在宫中左拥右抱，寻欢作乐。

这一天，答里阿正在宫中同嫔妃们戏耍，突然探子传来惊报，说卑耳河对岸人声鼎沸，齐军如同变戏法一样，从树林里抬出许多竹筏推入水中，大队齐军已乘筏过河。答里阿闻此惊报，吓得目瞪口呆，恰在此时，又有人来报，齐军的一队人马已经从卑耳河水底隐坝涉水过河，正在向团子山进发。连续两次军报，将答里阿惊得魂飞魄散，手足无措，整个人像一摊烂泥一样，瘫软在地。

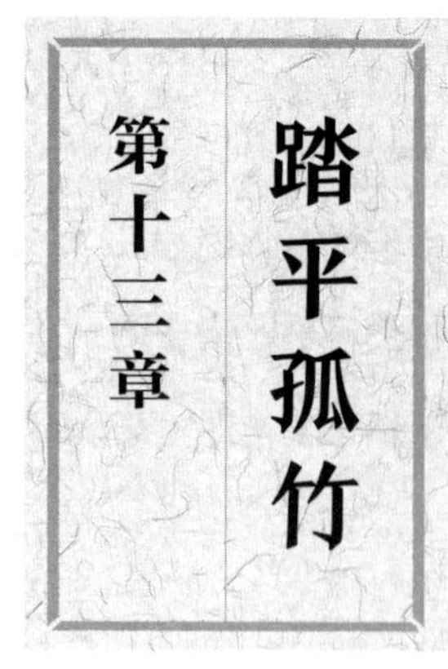

第十三章 踏平孤竹

诈降计

且说孤竹山戎头领答里阿在无棣城中，突闻齐军已偷渡卑耳河，惊得手忙脚乱，急令黄花元帅率兵五千前去拒敌。密卢自告奋勇地站出来请战："国主，我来到孤竹，手无尺寸之功，愿带属下速买为先锋，迎战齐军，以雪前耻。"

黄花元帅冷笑道："败军之将，何以言勇？我不要败军之将为先锋！"说完，迈步出帐领兵去了。

密卢被气得七窍生烟，又不敢发作，只好忍气吞声。

答里阿见状，安慰道："西北团子山，是东来必经之地，烦国主君臣严加把守，就便接应黄花将军。看来此番定是一场恶战。"

密卢口中虽答应，心里却怪黄花轻视自己，对黄花已有恨意。

却说黄花元帅率兵杀向溪口，正遇齐军先锋官高黑将军。黄花元帅既不通名，也不报姓，手持一柄开山大斧冲上去，抡起板斧就砍。高黑将军挺枪来迎，两人厮杀一处。怎奈黄花元帅斧重力沉，斧斧指向要害处，高黑将军只有招架之功，没有还手之力，正要败下阵来，恰好王子城父杀到。

黄花元帅撇下高黑，扑向王子城父。王子城父不愧为沙场老将，握紧方天画戟，舞得风车也似的。黄花元帅左蹦右跳，就是近不得身，急得哇哇直叫。王子城父看得仔细，突地将手中画戟刺了过去，黄花元帅见戟尖已到，挥斧猛地一磕，王子城父震得两臂发麻，兵刃险些脱手，知道敌将力大斧沉，不能力敌，于是采取游斗战术，以待后援。正在两人杀得难分难解之际，齐军大队人马铺天盖地杀了过来。

公子开方在左，竖貂在右，见王子城父与敌将杀得难分难解，发一声喊，一齐冲上前来助战。黄花元帅情知寡不敌众，只得落荒而逃。可怜五千人马，被齐军团团围住，不得脱身，死伤大半，余皆举械投降。

黄花元帅单枪匹马冲杀出重围，一路狂奔，将进团子山，只见旌旗招展，刀枪如林，无数的兵马，打着“方伯”“齐”“燕”“无终”的旗号。原来是宾胥无等涉水过河，先攻占了团子山。黄花元帅见团子山已被齐军占领，不敢上山，只好丢弃心爱的战马，脱下战袍，连同大斧藏在一个山洞里，再到附近人家讨得一身衣服，装扮成樵夫，从山间小路翻山越岭，过了团子山。

却说密卢率领人马刚到马鞭山，前哨探子来报，说齐军大队人马已全部过河，团子山已被齐军所占。只得传令，就在马鞭山安营扎寨。

黄花元帅一口气跑到马鞭山，见山上驻有军队，以为是自家军马，径直投入营中，却是密卢所部。密卢见黄花元帅一身破衣，狼狈不堪，知道是吃了败仗，故意问道：“元帅乃常胜将军，名震北戎。你不是带有五千人马吗？何以单身至此，连马匹也不带，五千人马呢？”

黄花见密卢一副幸灾乐祸的样子，羞惭万分，只是饿得前胸贴了后背，仓促之间不想与他斗嘴，大声说：“快快拿酒、拿菜来，饿死本帅也！”

密卢也不答话，命手下拿一升炒麦，再给一罐水。黄花元帅知道再要只会自取其辱，只好狼吞虎咽吃了起来。填饱肚子，黄花又向密卢索要战马，密卢令人从帐后牵来一匹跛腿瘦马，冷淡地说道：“好马都被士兵们骑着打仗去了，元帅凑合着用吧！”

黄花气得干瞪眼，却毫无办法，因为他也曾对密卢落井下石，此刻受点窝囊气，也怨不得别人。只好骑上那匹残马，一瘸一拐地直奔无棣城。

黄花元帅回到无棣城，见到答里阿，叩首请罪。答里阿大惊，扶起黄花问道：“元帅何出此言？”

黄花道："罪臣赶到河口，齐军扎筏已全部渡过卑耳河，与齐军交战，无奈寡不敌众。五千人马已全军覆没。"

"悔不该不听元帅之言，以致有今日之败。"答里阿说。

黄花献计道："齐侯所恨者，在于令支，为今之计，只有杀了密卢君臣，将首级献给齐侯，作为讲和的见面礼，齐军可不战自退。"

答里阿摇摇头说道："密卢国破家亡，穷途末路才投奔孤竹，怎么忍心杀他！"

宰相兀律古进言道："臣有一计，可使我军反败为胜。"

答里阿迫不及待地问有何妙策。

兀律古道："孤竹国北边有个地方叫旱海，人称迷谷，此处山路崎岖，山谷众多，千回百转，四周是一望无际的大漠。从来国人死了以后，皆弃之于旱海，故旱海之内，白骨堆积如山，白昼常有鬼蜮现身，阴风阵阵，风过处，人马皆不能站立，人中此阴风，不死也得脱层皮。风沙刮过，天昏地暗，近在咫尺，皆不能见物。若误入迷谷，急切中根本就难辨东西南北，兼有毒蛇猛兽之患。若派一人诈降，诱齐军进入迷谷，不用厮杀，齐军必死无疑，我等再整顿兵马，以逸待劳，定可全歼齐军。"

答里阿道："计虽是好计，可怎么能让齐军进入迷谷呢？"

兀律古道："国主可带宫眷到阳山躲避，令城中百姓，都到山谷中藏匿，无棣城就成了一座空城。然后派人诈降，告知齐侯，说国主闻齐军到来，弃城逃往砂碛国借兵去了。齐侯必定下令追赶，只要把齐军领进迷谷，便大功告成！"

答里阿连声称妙。黄花元帅说道："臣与齐军不共戴天，愿往齐军行诈降之计，引诱齐军进入迷谷。"

答里阿说道："黄花元帅能前往，胜算便添了几分。为使齐侯不疑，你可带骑兵千人同去。"

黄花道："国主放心，臣不把齐军领进旱海，就不回来见国主！"

黄花元帅带领一千戎兵出了无棣城。一路上，他暗暗思索，前去诈降，必须要有进见之礼，才能取信于人，齐军是为追踪密卢而来，若能带上密卢的人头，将是一份厚礼，齐军定信无疑。想到他曾建议国主杀了密卢献给齐侯，国主没有同意，心里又有些犹豫，但想到如果能将齐军引入旱海迷谷，一举歼灭齐军，国主定不会过分为难，顶多受到责备而已。想到这里，他决定杀掉密卢，以做诈降进见之礼。于是率兵来到马鞭山面见密卢。

密卢正与齐军相持不下，见黄花元帅率兵前来，以为是援兵，欣然出迎，哪知黄花拍马近前，抡起手中大斧，一斧就将密卢斩落马下，跳下马，取了首级。所有这一切，都在猝不及防之中，密卢还没有明白过来，就已经做了无头之鬼。

速买见密卢被杀，勃然大怒，手挺狼牙棒，杀了上来，边杀边骂道："黄花贼奴，敢杀我主，拿命来。"

黄花也不答话，举斧相迎。两人厮杀一处，你来我往，杀得难分难解。两家军兵，各助其主，捉对厮杀，互有损伤。速买与黄花元帅大战数回合，自料不及，虚晃一棒，落荒而逃，黄花元帅也不追赶。

速买单枪匹马，径奔齐军大营投降。大将虎兀斑一见速买，真是仇人相见，分外眼红，哪里听得进速买请降之词，喝令军士将他绑了，推出营外，"咔嚓"一刀取了首级。可怜令支国君臣，只因贪得无厌，屡屡侵扰中原，顷刻间都死于非命之中，岂不悲哀?

黄花元帅收并了密卢的残兵，直奔齐军大营，向齐桓公献上密卢首级，自称孤竹国主答里阿自知不敌，已逃往砂碛国借兵去了。今取密卢首级，投奔齐军，请齐侯收为小卒。

齐桓公向燕庄公、无终子示意，两人上前察看，确认是密卢首级无疑。

"黄元帅，"齐桓公问道，"你降了齐国，有何条件？"

黄花元帅大声说："臣愿率本部兵马为向导，追赶答里阿，若杀了答里阿，请齐侯委我为孤竹国之主，臣保证向天朝年年纳贡，岁岁来朝，誓不冒犯中原。"

齐桓公听罢大喜，即令黄花为前部，引领大军杀向无棣城，果真是人去楼空，成了一座空城，他对黄花之言已是坚信不疑。

齐桓公担心答里阿逃远难追，便留下燕庄公一支兵马驻守无棣城，自己亲率大队人马，连夜追击。黄花元帅请先行探路，管仲恐其有诈，派大将高黑随同前往，大军随后进发。

老马识途

齐桓公催动大军，跟着前军前进，不知不觉间被引入迷谷，突然，不见前军踪影。齐军顿时犹如无头苍蝇，东冲西撞，皆无出路。只见迷谷里狂风劲吹，沙尘漫天，天昏地暗，日月无光。真个是：

黄泛泛一片沙漠，黑沉沉千重惨雾。
冷凄凄鬼哭狼嚎，乱飒飒几阵阴风。

齐桓公大惊失色，忙问管仲："仲父，这是什么鬼地方？"

管仲说："听说北方有个地方叫旱海，人称迷谷，是个极其神秘的地方，恐怕就是这里。请主公速速下令，停止前进，各路兵马原地待命，不可贸然前行。"

齐桓公忙传令停止前进，但由于丈许之外，视不见物，前军后队已失去联系。然而点火遇风即灭，怎么点也点不着。管仲保住齐桓公，急令左右："敲锣、击鼓，不要停！"

迷谷虽难以见物，但声音却隔不断，齐军各路将士听到锣鼓之声，知道是中军的联络信号，都一齐敲锣击鼓回应。顿时，整个迷谷，锣鼓齐响，军队都向着传出锣鼓声之处靠拢。

情况似乎越来越糟，此刻天已近黑，狂风大作，直刮得天昏地暗，东西南北茫然莫辨。好在风刮不久便停了下来，风停雾散之后，天空出现一轮残月。众将随锣鼓之声慢慢聚于一处。兵士三人一堆，五人一伙，紧紧地靠在一起，以彼此的体温相互取暖。管仲传令，三军不准睡觉，敲响锣鼓，以驱猛兽，大声唱歌，以鼓舞士气。所幸此时是隆冬闭蛰之期，毒蛇都躲进洞里，豺狼虎豹听到锣鼓之声，都藏在洞中不敢出来，否则，齐军损伤如何，真是难以预料。

挨到天明，管仲计点众将，唯缺隰朋一人，其余将领都安然无恙。

管仲见山谷险恶，绝无人行，派出三路兵马，以锣为号，四处探寻出谷的道路，无奈迷谷内山谷众多，千回百转，到处都是一片荒漠，将士们东奔西突，四处寻找，就是找不到出路，转了半天，又转回到原来的地方。

齐桓公见状甚慌。管仲安慰道："主公别着急，臣有办法了。"

"仲父，有什么好办法？"桓公急切地问。

"臣听说马有一种天然灵性，只要是走过的路，就不会忘记，即是说，老马识途，无终国与山戎地界相邻，他们的马匹多从漠北而来，定能识得路径。以马带路，定能走出旱海迷谷。"

管仲随即大声喊道："虎兀斑将军！"

"末将在！"虎兀斑应声而出。

管仲吩咐道："从你们无终国军中，挑选出一些老马，松开马缰，让马自由行走，大军紧随其后。"

虎兀斑立即从军中挑选出十几匹老马，放开缰绳，任其在前行走。齐军大队人马紧跟在这些老马的后面。老马果然识途，弯弯曲曲，左转右拐，不出两个时辰，带着大队人马走出迷谷谷口。全军上下，一片欢腾，高兴地大呼："老马识途啊！"

齐桓公下得车来，向老马拜了三拜。对管仲道："仲父真神仙也！没有仲父，寡人与三军将葬身沙海之中了。"

管仲谦虚一番，回头看了迷谷一眼，忧心忡忡地说："隰朋不知去向，高黑将军恐怕也是凶多吉少啊！"

"隰朋估计不在谷中，否则，如此声势，他不可能没有听见。倒是高黑将军，恐怕真的是凶多吉少了。但愿吉人天相，能够脱离虎口。"齐桓公心有余悸地说道："寡人不会忘记旱海迷谷之惊险。"

管仲猛然想起一件事，急促地说："我们中计，兵困迷谷，无棣城中的燕庄公恐怕也有危险。”

齐桓公急忙传令，大军火速向无棣城进发。行不到十里，遥见前面山脚下有一支军队，派人一打探，正是隰朋所率之军。原来，隰朋在行军途中迷失方向，与前军失去联系，只好命令所部就地扎营，然后派出探子侦探，正好与刚走出迷谷的大军相遇，合兵一处，径直奔无棣城。

踏平孤竹

再说降将黄花元帅与齐将高黑先行，高黑得了管仲密令：寸步不离黄花元帅左右，若情况有异，立即杀掉黄花。进入迷谷之后，眼见得飞沙走石，天昏地暗，人马都睁不开眼，高黑回头一看，不见大队人马跟上，心中起疑，冲着黄花大声叫：“黄花元帅，请停止前进！后面大军没有跟上来。”

“没关系，他们一定能跟上。如果不加快速度，恐怕就追不上答里阿了。”黄花元帅说罢，只顾催马赶路。

高黑更觉怀疑，勒马不前，大声喝：“黄花元帅，你给我站住，停止前进！”

黄花元帅勒住马头，不满地说：“高将军，为何大惊小怪啊？”

高黑怒斥：“主公命你为向导先锋，现先锋与后续部队脱节，眼前又沙雾蒙蒙，道路难辨，你到底居心何在？”

黄花元帅勒转马头靠过来，口中却说：“高将军，兵贵神速，如此拖拖拉拉，答里阿早已跑得没踪影了。”

高黑指着眼前的道路说：“此地环境险恶，山路险峻，迷雾茫茫，道路难辨，前后军脱节，失去了联系，如果遇到敌军，将首尾难顾。”

“哈哈哈！”黄花元帅大笑道，“高将军果然颇通兵法，本帅就是要齐军首尾不得相顾。”话音未落，突然挥动大斧，拍向高黑。高黑虽有警觉，却未料到黄花元帅突施杀手，恰在此时，一阵狂风吹来，风沙迷住了高黑的眼睛，猝不及防，被黄花元帅一斧拍落马下。幸亏黄花元帅无意伤害高黑，否则，高黑已死过好几回了。戎军见黄花元帅将高黑打落马下，上前将高黑捆绑起来。

高黑大骂："大胆贼徒，竟敢用诈降计？"

黄花元帅也不答话，指挥军士将高黑绑在马上，抄近道绕回阳山。见到答里阿，黄花元帅上前缴令道："见过国主，臣用诈降之计，已将齐军全部引进旱海，想那齐桓公，正领着他的人马，在旱海中捉迷藏呢！"

答里阿大喜道："消灭齐军，元帅是首功，退兵之后，寡人定会重赏元帅。"

黄花道："只是令支国主密卢，在马鞭山遭齐军围困，臣救之不及，密卢兵败被齐军所杀，密卢的部将速买降了齐军，被无终国虎兀斑杀了。"

答里阿兔死狐悲，感叹地说："密卢国主也是一代英豪，国亡家破已是可怜，现又战死沙场，真是可惜！"

"启禀国主，臣还擒得齐国大将高黑在此。"黄花说着，令人将高黑推进大帐，"请国主发落。"

答里阿见高黑身材魁伟，知是一员猛将，心中已是喜欢，和颜悦色地对高黑说道："高黑将军，齐军已在旱海全军覆没，将军若能归顺孤竹，寡人一定重用你。"

高黑双目圆睁，大骂道："高黑乃齐国大将，世受齐国之恩，岂能投降尔等犬羊之辈？"

"识时务者为俊杰。"黄花元帅冷笑道，"若不降，叫你死在当前。"

高黑啐了黄花元帅一口，骂道："黄花贼子，你将我诱骗至此，我死不足惜，齐国大军一到，必将踏平孤竹。定叫你们君臣身首异处。若不及早醒悟，到时恐悔之晚矣！"

黄花元帅大怒，不等答里阿说话，拔出身上佩剑，挥手一剑，将高黑的人头斩落地上。

"可惜了一员猛将。"答里阿叹息道。

黄花元帅说道："高黑执意不降，留之无益。现在当务之急，是夺回无棣城！”

答里阿传令重整兵马，浩浩荡荡杀向无棣城，将无棣城围得水泄不通。

燕庄公见孤竹大队人马到来，知难以固守无棣城，便指挥将士坚守到天黑，并令兵士四面放火，趁乱率军杀出重围，退回团子山安营扎寨，以候齐军大队人马。

再说齐桓公大军出了迷谷，与隰朋合兵一处，顺原道返回无棣城。一路上见百姓扶老携幼，纷纷赶往无棣城，管仲派人去询问，路人回答说：“孤竹国国主已将燕军赶出无棣城，君臣已回无棣城中。我们为躲避兵难，逃进山中，现在都急着回家。”

管仲一听，计上心头，对齐桓公道：“臣有一计，可破无棣城。”

“仲父又有何妙计？”

管仲俯身在齐桓公耳边嘀咕了一阵，齐桓公不住点头。接着，管仲又将虎兀斑叫到身边，密令他挑选百余心腹军士，扮作百姓，混进城中，只待夜半时分，放火烧城，以为内应，趁乱打开城门。虎兀斑依计而行。

管仲又令竖貂率军攻打无棣城南门，连挚率军攻打无棣城西门，开方率军攻打无棣城东门，只留北门不攻，给敌军留条退路逃命。三将得令而去。

管仲又命王子城父和隰朋二位将军各率一支人马，埋伏在无棣城北门外，只等答里阿出城，截住擒杀，不得放走一个敌人。二将得令而去。

管仲与齐桓公在离城十里处，安营扎寨。

却说答里阿回到无棣城，见城中到处都是火光，急令军民迅速灭火，召回百姓重新复业。又命黄花元帅整顿兵马，准备应战。一直忙活到傍晚，才将火势扑灭。

黄昏时分，忽闻城外炮声四起，鼓声震天。有探子来报：齐军已兵临城下，将城门围得水泄不通。

黄花大吃一惊，原以为齐兵已困死迷谷，完全没有料到他们竟能走出迷谷，而且还迅速杀回无棣城，仓促之间，率军民登上城墙，四下一望，见南、西、东三门都被齐军围得铁桶一般，唯北门未发现齐军。黄花不敢松懈，急令众将士坚守城头，防止齐军攻城。

半夜时分，城中突然四处火起，答里阿知有齐军混入城中，火速派黄花元帅带兵搜索纵火之人。虎兀斑带着混入城中的亲兵，径奔南门，杀散守门之兵，打开城门，放竖貂的军马杀进城来。

答里阿手足无措，急呼黄花元帅前来保驾。

黄花元帅见齐军已攻破城门，涌进城内，知大势已去，护着答里阿、兀律古冲出北门。行不到二里，突闻鼓声四起，火把齐明，四周被照得如同白昼。火光中，但见王子城父和隰朋各带一支人马从左右杀出。开方、竖貂、虎兀斑率兵马从城中杀出，尾追而来。

答里阿见四下都是齐军，仰天长叹道："我命休矣！"

黄花元帅手握大斧，犹作困兽之斗，逢人便砍，遇人便杀，无奈双拳难敌四手，终因力尽而为乱军所杀。宰相兀律古乃一介文人，也死于乱军之中。答里阿为王子城父所擒。

次日，天明之后，齐桓公与管仲率军入城，一面命令军士扑灭大火，一面出榜安抚百姓。

王子城父押着答里阿来见齐桓公。齐桓公一见答里阿，大声呵斥道："答里阿，你可知罪？"

答里阿"扑通"一声跪在地上，连磕三个响头："孤知罪，请齐侯饶命。若能留得一命，愿年年纳贡，岁岁来朝，永不犯中原。"

"答里阿！"齐桓公冷笑一声，"你北戎之兵屡犯中原，使中原百姓屡受战祸之苦，你对中原百姓犯下了滔天罪行。大军到日，不思悔改，收留令支国主密卢与齐军相抗，又施诈降之计，将齐军诱入旱海，欲图一网打尽，用心也太过歹毒。天网恢恢，疏而不漏，今日落在寡人之手，也算是死有余辜，寡人如果饶你，天理不容！"

答里阿见齐桓公说得咬牙切齿，情知性命难保，精神彻底崩溃，瘫软在地，顿时就尿了裤子。

齐桓公抽出身上佩剑，挥手一剑，亲自斩下答里阿的首级。传令将答里阿的首级悬挂在无棣城北门城楼上，以警戎夷。

有戎人说，齐国高黑将军为黄花元帅所擒，誓死不降，为黄花元帅所杀。齐桓公叹息不已，命人将高黑之忠节记录在档，待班师回朝之后再行抚恤。

燕庄公得知齐桓公重新攻克无棣城，率兵从团子山赶来无棣城，见到齐桓公，激动地说："方伯率军踏平孤竹，使北方重得安宁，方伯的功德，将永垂青史，燕国之臣民，将会永记方伯救国之恩。"

齐桓公笑道："寡人应君之急，跋涉千里，总算大功告成。令支、孤竹，一朝歼灭，其所属方圆五百里的土地，寡人难越国管理，就归属于燕国吧！"

燕庄公道："寡人借方伯之兵，能保住燕国宗庙社稷，已是感激不尽。怎敢受封土地，还是请方伯在此设官建制，予以管制吧！"

齐桓公道："燕侯不必推辞，这里是中原北部边陲，不能再让戎人统治，否则，他们必然还会反叛。燕侯要管好这方土地。现东方的道路已畅通无阻，别忘了每年向周天子进贡，寡人心愿足矣。"

燕庄公连声称谢道："方伯如此大义，寡人终生难忘！今后定当尊崇周室，年年进贡，不辜负方伯的信任。"

齐桓公在无棣城大赏三军。以无终国助战有功，命以圣泉山下之田为界，归属无终。

虎兀斑拜谢之后，率领本部人马，先行回了无终国。

齐桓公传令，全军人马在无棣城休息五日。缴获的战利品，皆一同带走。班师凯旋，乘竹筏再渡卑耳河。王子城父、隰朋指挥军士将战车整顿好，踏上归途。

齐桓公与燕庄公同乘一车，缓缓而行，一路上，荒山野岭，荒无人烟，不觉惨然，对燕庄公道："戎主无道，不但使生灵涂炭，而且还殃及草木，如此惨痛的教训，不可不引以为鉴呀！"

燕庄公赞同地说："山戎寇贼，生性野蛮，只知烧杀掳掠，不懂治国之道。”

鲍叔牙得知齐军凯旋，率兵自葵兹关来迎。齐桓公见到鲍叔牙，高兴地说：“这次征令支，伐孤竹，战线虽长，粮草供应却非常充足，此次凯旋，亚相当居头功。”

鲍叔牙笑道：“臣不过在后方运送粮草而已，前方将士冲锋陷阵，浴血奋战，大军凯旋，乃是众将士的功劳，头功当是冲锋陷阵的将士。我只是略尽绵薄之力，不足道哉。”

管仲在一旁笑道：“鲍叔兄做事向来都是任劳任怨，不甘落后，一旦论功行赏却总是推三阻四，毫不居功，若人人都像鲍叔兄，何愁天下不太平啊！”

齐桓公向燕庄公介绍了鲍叔牙，然后吩咐燕庄公，请他派军据守葵兹关，齐军原据守葵兹的人马将随大军撤走。

燕庄公对齐国甚是感激，亲自送齐桓公归国，一路南下，相谈甚欢。到了边境，燕庄公见齐桓公谈兴正浓，心中不忍打断，不知不觉间，已送出燕界，进入齐国境内五十余里。

这时，前队的管仲在道左等候，见他们同来，瞅个机会提醒齐桓公，已经进入齐国境内。

齐桓公幡然醒悟，忙问道：“仲父，诸侯相送，可以送出国境吗？”

“不是天子，是不可以送出国境的。”

“这是燕君怀有感激和惧怕之心，明知不能送出国界，也不肯告诉寡人，寡人不可以失礼于燕君，失礼于燕君，也就是失礼于天下，寡人不为。”

经过曹沫劫盟一事，齐桓公早知信义对于霸主的重要。义者，宜也。礼之在，意在规范“宜”与“不宜”的界别。

齐桓公返回车上，先向燕庄公致歉，然后说：“君侯爱寡人之甚，但寡人不可使君侯失礼于天下，既然有诸侯相送不逾境的规定，寡人将以燕侯脚下为界，这五十里之地，划归燕国，如此燕侯便无失礼之行了。”

“不可，千万不可！”燕庄公大惊失色地说，“方伯亲率大军，灭了山戎，拯救了燕国，中原诸国也受益匪浅。寡人对方伯已经是感恩戴德，怎能再受齐国土地！寡人将告知天下，送方伯出境，是寡人之过，与方伯无关。”

齐桓公扫视一下四周：“寡人生平从未失礼于人，岂可因区区一隅之地，而使君侯失礼于天下？君侯就不必再推辞了。”

燕庄公见苦苦相辞，齐桓公只是不允，只得受地。

后来，燕庄公在此地筑了一座城，取名为“燕留”，意即留齐侯之道于燕。燕国自此西北增地五百里，东面增地五十里，成为北方大国。这一切，都是拜齐桓公施恩所致。

齐桓公之所以要如此施恩于燕，皆因燕国是周王室控制燕山以北和辽西一带戎狄部落的军事据点，是周王室，也是中原地区的北部屏障。施恩就是要笼络燕庄公，让他死心塌地地效忠周天子，抵御北方戎狄部落对中原的骚扰。这样，中原地区就要安静多了。这是齐桓公极具战略眼光的重大决策。

诸侯因齐桓公救燕又不贪其地，反而还割地五十里给燕国，更是畏惧齐国之威，感齐国之德。

齐桓公大军凯旋，经过鲁国的济水，鲁庄公得知齐国大军凯旋，率群臣相迎于济水，设宴招待齐桓公以示庆贺。其实，鲁庄公此时心里却是忐忑不安，因当初齐桓公救燕时，曾邀鲁庄公出兵相助，鲁庄公口头虽然答应，但实际上却没有出兵。

“鲁侯既然迎于道，也免得寡人再跑一趟。”齐桓公见鲁侯迎于道，指着战俘和缴获的战利品说，“传令，将战利品与俘虏分给鲁侯一半，就算是‘献俘报捷’吧！”

按当时礼制，诸侯若是对少数民族的战争获得胜利，应该向周天子“献俘报捷”，以此来威慑夷狄。如果是诸侯之间的征伐，就不能“献俘报捷”。也就是说，诸侯之间，是不能“献俘报捷”的。

齐桓公当然知道向鲁庄公“献俘报捷”是“非礼”之举，之所以还要为之，其实是以这种非礼的形式向鲁国示威。

鲁庄公见齐桓公的神态，大有不可一世的气魄，只好怀着畏惧的心情，忐忑不安地被迫接受了齐国的“献俘报捷”。

鲁庄公为了弥补自己的过失，想办法讨好齐国，而讨好的最直接的办法就是替齐国的实际决策人和执政者管仲建筑城堡，通过讨好管仲来讨好齐桓公。

第二年（公元前662年），鲁庄公探知管仲在縠地（今山东省平阴西南）有采邑，便悄悄派人到小谷，为管仲的采邑筑城，以取悦管仲。

是年秋八月，鲁庄公去世。此后鲁国发生内乱。

第十四章 鲁难

庆父作乱

鲁庄公有三个兄弟，庆父、叔牙、季友。三人之中，季友最有贤名，也最得人心。庆父与叔牙性情相投，叔牙一向以庆父之意为己意。

鲁庄公即位之初，曾游郎台而偶遇本国大夫党氏之女孟任，见其容颜姝丽，便命内侍召之，欲娶为妻室，孟任不从。鲁庄公向她许诺，让她当正夫人，并与孟任割臂为盟，才娶得孟任。后生一子，即公子般。

鲁庄公本欲立孟氏为夫人，碍于母亲文姜之命而未果。按文姜的意思，就是要鲁庄公与母家联姻，并已定下襄公之女为婚，只因姜氏女年幼，直到二十岁上才娶归。故孟任虽然没有立为正夫人，但实际上已掌管六宫之政二十余年，待到齐女哀姜嫁给鲁庄公，并立为夫人时，孟任已久病在床，不久便辞世。

鲁庄公还有一妾风氏，生有一子名申。

哀姜是鲁庄公的杀父仇人齐襄公之女，鲁庄公娶哀姜是政治联姻，虽然隆重其事，并立为夫人，但也是做给齐桓公看的。表面上看，夫妻相敬如宾，似乎很恩爱；骨子里，鲁庄公并不喜欢哀姜，倒是与哀姜陪嫁的妹妹叔姜好上了，哀姜没有生育，叔姜却为鲁庄公生下一个儿子，名启。

公子庆父生得体格魁伟，气宇轩昂，风流倜傥，一表人才。哀姜虽然生得天姿国色，貌美如花，但在鲁庄公那里却得不到情爱，她身上有着齐襄公的血统，如何耐得住孤衾寂寞之苦，背地里看上了庆父，经侍女从中牵线，两人竟勾搭成奸，因庆父与叔牙为一党，两人约定，异日共扶庆父为君，叔牙为相。

鲁庄公去世前一年（公元前 663 年），鲁国曾发生过一件事，这件事虽然不是惊天动地，但却影响了鲁庄公身后的政局，因此，也算得上一个重大事件。

是年冬无雨，鲁国欲设坛祭天祈雨。头一天，大夫梁氏在庭院里预奏音乐。梁家有一女年方二八，颇有姿色，公子般悦其姿，暗地里常有来往，并许诺立梁氏女为夫人。这一天，梁家女闻庭院里预演祭天之乐，便与侍女在墙头搭上梯子偷窥。事有凑巧，牧马人荦从梁府门前经过，瞧见一个年轻貌美的女子爬在墙头向庭院内窥探，心中顿起邪念，立在墙下，用猥亵的语言进行调戏，见梁氏女不理不睬，又作歌挑逗：

谁家娇姝兮貌美如花，
有心偷汉兮不可逾墙。
邂逅相逢兮天定有缘，
快随我去兮结为鸳鸯。

公子般此时也在梁家，听到歌声，出门探看，见牧马人荦在调戏自己的意中人，不由得大怒，命左右将他拿下，重打三百鞭。牧马人荦被打得遍体鳞伤，血肉模糊，再三哀求，公子般才留了牧马人荦一条性命。

公子般回到宫中，将这件事告诉了鲁庄公，鲁庄公说道：“牧马人荦对你无礼，就应当将他杀了，不应仅仅用鞭子责打他。荦身手敏捷，勇武超常，天下无敌，受此鞭挞之辱，他一定会怀恨在心。”

原来，牧马人荦是鲁国有名的大力士，曾登稷门城楼，飞身而下，当身体快要落地之时，突然凌空纵身一跃，双手攀住楼屋之角，巨大的冲击力，使整座楼都震动了。鲁庄公劝公子般杀掉牧马人荦，就是畏惧其勇而担心他事后寻机报仇。

公子般不以为然地说：“他不过是一介马夫，有什么值得忧虑的！”

鲁庄公只好作罢，也将这件事淡忘了。牧马人荦果然痛恨公子般，知道他与庆父不和，便投到庆父门下。

次年，鲁庄公病重，知道自己时日不多，因担心身后庆父作乱，先召见公子叔牙，询问身后之事。叔牙果然当面夸赞庆父的才干："公子庆父博学多才，若由他为鲁国之君，则社稷就有了依赖，何况弟继兄位，也是常理。"

鲁庄公不置可否。叔牙退出后，又召见季友，询问相同的问题。季友回答："主公曾与孟任立下誓约，立她为夫人，后来没有履约，即已对不起她，难道还要废掉她的儿子吗？"显然，季友主张公子般继承君位。

"叔牙劝寡人将君位传给庆父，你看如何？"鲁庄公问道。

季友答道："庆父残忍暴虐，不是一个能执掌国位的人，叔牙推荐庆父，是因为庆父是他的哥哥，藏有私心，不能听他的话。"

鲁庄公躺在病床上，点点头，也赞同季友的意见，他语不成句、断断续续地说："国事……由卿……全……全……全权处理。"

此时，季友知道鲁国的关键时刻到了，要想保住公子般继位，就必须除掉野心的叔牙。

季友出宫后，便假借鲁庄公之名，派内侍传召叔牙，命他前往大夫针季家中等候君命。待叔牙赶到针季家，季友早就封好一瓶鸩酒交与针季，命针季逼叔牙服下鸩酒，针季向叔牙出示季友手书：

> 君有命，赐公子死，公子若饮鸩而死，子孙不失其位，继续保有在鲁国的地位。若拒不饮鸩，则满门抄斩。

叔牙看到季友的手书，知自己万难活在世间，为了给子孙留条后路，被迫饮鸩而死。

当天晚上，鲁庄公去世。

季友奉承遗命立公子般为新君，因为要守孝，公子般没有正式登位视事。出于安全的考虑，季友特意让他在外祖父党伯的采邑里待丧。

这一天，庆父秘密召见牧马人荦，对他说："还记得鞭挞之仇吗？"

牧马人荦恨恨地说："此仇不报，誓不为人。"

"现有一绝佳机会，不知你敢不敢报仇？"庆父故意问道。

牧马人荦连忙问道："什么机会？"

"蛟龙离水，匹夫便可将其置于死地。现公子般已离开戒备森严的王宫，去了党府，正是你报仇的绝佳机会，有什么事，一切由我做主。"

牧马人荦说："有公子相助，我一定要报鞭挞之仇。"

牧马人荦身怀利刃，连夜赶到党府，翻墙而入，埋伏在公子般临时寝室门外等候机会。天刚明，小内侍开门取水，荦突然闪入寝室。公子般刚起床，尚未整衣，突然看见牧马人荦擅自闯入寝室，情知不妙，大声喝道："你来这里干什么？"

牧马人荦咬牙切齿地说："来报去年被你鞭挞之仇！"说罢，持剑冲向公子般。

公子般手脚也不慢，迅速取过床头宝剑劈向荦，正中牧马人荦的额头，牧马人荦抬起左手格剑，右手紧握利刃刺向子般，正中公子般腋下，刃深没柄，牧马人荦又顺势一绞，公子般顿时毙命。

所有这些都在眨眼之间，待小内侍传警、党氏家众操兵器赶来时，公子般已是一命归西，牧马人荦因脑门受了剑伤，也不能战，被众人当场剁成烂泥。

季友闻此惊变，知道是庆父所为，因手中兵力不足抵抗，只能逃到陈国避难去了。

庆父佯装不知，将所有的罪责全都推到牧马人荦的身上，以缉凶为名，屠杀了牧马人荦的全家。正因为他如此歹毒，反而弄巧成拙，庆父才是幕后主凶的传闻开始传遍国中。

季友虽然逃亡，但国中声讨凶手的声音越来越大，此时庆父如果胆敢逆民心而登君位，这弑君的罪名就坐实在他头上了，夫人哀姜虽有拥立庆父为君之意，但庆父却不敢为之。

权衡再三，庆父决定退而求其次，拥立一个听话的年幼国君，待培养自己的实力之后，再作打算。名声已经搞臭的庆父，不得不暂缓夺位的步伐，转而拥立年仅八岁的公子启为君，是为鲁闵公。

原来公子启是哀姜的堂妹叔姜所生，叔姜当年作为陪嫁的“媵”，做了鲁庄公的姬妾。这样说来，子启的母亲也是齐室宗女，庆父拥立公子启为鲁国新君，当然有讨好齐桓公之意。

鲁闵公即位后，完全受制于庆父，内惧哀姜，外惧庆父，对国事没有任何处决之权。

季友虽然避难陈国，但针季、党伯等一群看不惯庆父与哀姜所作所为的大夫，一直与季友暗中联系。在他们的引导下，年轻的鲁闵公启不甘心成为傀儡，欲借外祖之威，帮助他稳定鲁国的政局，于是派遣使者到齐国，邀约齐桓公到落姑会盟。

说来鲁闵公也是齐桓公的外甥，在鲁、齐“落姑会盟”之时，这个八岁的外甥牵着齐桓公的衣带，诉说庆父内乱之事，说到伤心处，声泪俱下。八岁的孩子口中说出的话，应该不会有假，他的眼泪也不会是装出来的。但不明底细的齐桓公仍有一点担心：毕竟公子启年幼，背后是否有人在利用他？于是他听从管仲的意见，将事情分两步完成。

“既然庆父包藏祸心，现今鲁国大夫之中，谁最贤？”齐桓公先要找出能保护他的外甥之人，这是第一步。

“当然要数公子季友最为贤能，但他因被公子庆父逼迫，逃到陈国去了。”

“为何不把他召回来重用？”

“害怕庆父不容，有杀身之祸。”

齐桓公听到这里，摇头一笑，抚着闵公稚嫩的肩膀说：“这件事既有寡人做主，谁敢不从？”

齐侯定鲁

于是，鲁闵公在郎地候季友，两人同乘一车，返回鲁国，以齐桓公之命为由，拜季友为相国。由于是齐桓公之命，没有人敢不从。

既然鲁闵公一时可保无虞，管仲便要行第二步：派仲孙湫以慰问为名，借机观察庆父的举动。

仲孙湫到鲁国后，先拜见鲁闵公后，并没有与庆父、季友等人接触，而是微服私访，在街上闲逛，观纳风谣，听老百姓怎么说。两天后，仲孙湫又去见公子申，同他谈论鲁国国事，公子申说得有条有理，颇有章法。

仲孙湫又同季友密商，对季友说："公子申乃治国之器，季相国一定要善为保护，鲁国之天下，皆仰赖此人。庆父乃祸国殃民之元凶，宜早除之。"

季友只伸出一只手掌向他暗示。仲孙湫明白季友说的是孤掌难鸣，于是说道："我一定将你的处境禀报齐侯，来日鲁国如有难处，齐国绝不会坐视不管。"

庆父见仲孙湫来到鲁国，携重赂求见，仲孙湫固辞不受。庆父心知情况对自己不利，惶恐不安地退了回去。

仲孙湫回国，向齐桓公奏道："庆父不死，鲁难未已！"

齐桓公得知鲁乱的真相后，便问仲孙湫怎么办。

仲孙湫道："鲁乱不已，其将自毙，此时事态尚未明朗，不妨袖手旁观。"

仲孙湫这个见解非常高明。目前季友已任相，虽然有乱因未除，但却没有显露出来，且作隔岸观火，也未尝不是良策。

"鲁国已历两君之乱，齐国可取而代之否？"齐桓公忽然起了吞并鲁国的想法。

"万万不可。"管仲插话道，"鲁国虽乱，但他们还遵循周礼。周礼是立国之本。臣听说国家将要灭亡，如同大树，躯干必然先倒下，然后枝叶随之落下。鲁国不抛弃周礼，是不能动它的。"

在当时，"礼"并非繁文缛节的虚礼，也并非我们误以为的礼节、礼貌，其本质是社会的等级秩序和价值观念。齐桓公所处的时代，不像后来的战国时期那样，动不动就可以灭了一个国家。正因为"礼"的存在，使“国”的认同感相当强，也使“义”成为行事的前提。当初齐国灭掉一个小小的遂国，尚且遭到非常猛烈的反抗，何况一个实力强大而颇有优越感的鲁国？

仲孙湫接着说：“此时事态复杂，正邪未分明，主公如果急于平息这场内乱，反而会身陷其中。如今只需亲近有理一方，暗助其成，疏离心怀二心之人，谴责昏庸生乱者，他日必占先机，这才是霸主该有的境界。”

齐桓公赞同管仲、仲孙湫的意见，暂时置身事外，静观其变。

庆父欲谋权篡位，但碍于鲁闵公与齐侯的关系，且又有季友忠心相辅，不敢轻举妄动。但情势的发展，越来越不利于庆父。庆父野心不死，决心放手一搏，只是苦于没有机会。

一天，庆父正在府中闲坐，大夫卜齮突然来访。庆父见他满脸怒色，问道：“大夫你为何生气？”

卜齮诉说道：“我有一块田地与新君的师傅的田庄相近，被他霸占去了，我找君上评理，没想到君上偏袒师傅，不但不评理，反而还让我把田让给他，天下还有公理吗？”

庆父见机会来临，心中暗喜，当即屏退左右，小声对卜齮说：“君上年幼无知，我去说他，他也不会听从。你如果愿意与我共谋大事，助我即位为君，我可以替你杀掉新君的师傅，那块田又是你的了。”

“现在是公子季友在朝执政，这件事恐怕很难成功。”卜齮担心地说。

“君上童心未泯，常常在夜晚从侧门出宫，上街游玩。你可派人潜伏在侧门周围，等待机会，将他杀掉。然后我以奉太夫人的命令为名，即位为君。到时除掉季友，那还不是易如反掌之事。”

卜齮想了想，答应了庆父。

这天晚上，卜齮派武士前去侧门埋伏。鲁闵公果然出宫，武士趁其不备，突然从黑暗中冲出来，一击便中，杀掉鲁闵公。

面对手握兵权的庆父，季友再一次被逼出奔，但他记住了仲孙湫的话，带着公子申，连夜逃往邾国避难去了。

庆父错误地判断了形势，鲁人一向自命周礼正统，对于接二连三的

“乱事”，再也不堪忍受，于是国人将矛头直指庆父。

那时候的“国人”，并非普通的市民，他们属不同的大夫管辖，又拥有自己的武装，而这些武装正是组成全国军队的主力。因此，在当时“失民心”者往往是要掉脑袋的。

于是，曲阜出现罢市以示抗议的局面，数千人围住庆父府第，声称要杀死这个祸国殃民的乱臣贼子。

季友在邾国，暗地里也在同鲁国的贵族联络，欲带公子申回国。庆父一时成为众矢之的，不得不放弃篡位的计划，装扮成商人，带上无数珠宝财物逃往莒国，寻求莒国的保护。

大难临头各自飞，哀姜选择逃往季友所在的邾国，而没有去庆父避难的莒国。也许当时她就知道，庆父彻底完了，刻意要和庆父划清界限。

鲁国内乱的事情传到齐国，齐桓公问计于管仲，管仲主张“南方以鲁为主”的外交政策，认为应积极帮助鲁国渡过难关，以稳定鲁国的局势。

齐桓公听从管仲的建议，派齐国上卿高傒率领南阳（泰山南面）的齐国军队出使鲁国，恰好公子申、季友回国。高傒见公子申相貌端庄，言谈有条有理，心中十分敬重，便与季友商量，拥立公子申为君，是为鲁僖公，帮助鲁国稳定了君位。同时，高傒还令军队帮助鲁国修筑一道城墙，以防邾、莒两国之变。

鲁僖公君位确定之后，季友派遣公子奚斯，随高傒一同到齐国，当面向齐桓公感谢定国之恩。

季友又派人向莒国行贿，让他交出庆父。莒国收了季友的贿赂，将庆父驱逐出境。庆父走投无路，只好回国。走到鲁国的密地（今山东省昌邑市东南之密乡），先派公子渔回国请求宽恕，没有得到许可。公子渔欲将实情告诉庆父，但又难于启齿，便站在门外号啕大哭。庆父闻之，知是求赦无望，便解下长带，在一棵树上自缢而亡。

鲁僖公闻庆父死讯，也是自叹息一番。

鲁国重归于安定，但如何处置哀姜，却成了一个难题，事已至此，虽说管仲有“再造文姜”的盘算，但在哀姜身上已彻底失败。身在邾国的哀姜，因为齐国的关系，没有落得像庆父一样的下场，但鲁国百姓已经议论纷纷，都认为哀姜是鲁难的余孽。

管仲说道：“鲁国两位君主不得善终，都是齐女哀姜之故，若此时齐国仍要护短，鲁人必生异心，从此齐、鲁姻好难继。”

齐桓公听了管仲之言，仍然难下决心，毕竟那是自己的侄女，也是自己主持把她嫁给鲁人的，齐桓公仍抱一丝希望地问道：“能不能让她在邾国度过余生？”

管仲艰难地摇摇头，他并非一个愿意看见流血的人，但在失败面前，最好的办法，就是承认失败，此刻只能力劝齐桓公壮士断腕了。可真要处理起来，也并非容易，哀姜是出嫁之女。女子出嫁从夫，得罪了夫家，娘家怎好出面干涉呢？实际情况是鲁国碍于齐国势力，不敢正式讨罪，只能私下归怨于齐，时日一久，必祸两国之盟。

“主公若欲惩罚哀姜，只宜悄悄行事，切不可声张。这样既可以保全齐国的颜面，也可为鲁国永绝后患。”

齐桓公赞同管仲的意见，密召竖貂，暗授其意。随后派竖貂前往邾国，护送哀姜回鲁国。哀姜见是叔父齐桓公派内宫总管来邾国，认为是来化解她与鲁国矛盾的，便同意随竖貂返回鲁国。

竖貂护送哀姜行至鲁国夷地，夜宿在馆舍。哀姜心中不安，派人叫来竖貂，担心地问：“竖貂总管，你真能说服鲁国人饶恕我吗？”

竖貂悄悄地说：“夫人连害两位国君，齐、鲁两国无人不知，即使鲁侯看在主公之面，饶恕夫人，国人也不会同意，且夫人回到鲁国之后，有何颜面去见鲁国的列祖列宗？”

“那叔父为何又派你来护送我回鲁国呢？”

竖貂轻声说：“夫人若长期居留在邾国，齐国的颜面何存？”

哀姜听后，黯然失色，沉思半晌后说道：“我随总管回齐国，行吗？”

“这个我可做不了主。”竖貂婉转地说，“夫人在鲁国犯下滔天大罪，主公若收留了你，鲁国如何看待齐国？天下诸侯如何看待齐国？主公可是中原霸主啊！”

“鲁国回不得，齐国去不得，何处是我安身立命之所？”哀姜抽泣地说，“总管，你给我指一条活路吧！”

“唉！”竖貂思索了半天，摇摇头，叹了口气道，“天堂有路你不走，地狱无门你却要闯进来，无论是谁也救不了你了。即使你苟且偷生，千人指、万人骂，加之良心上的谴责，也会压得你抬不起头、喘不过气来。”竖貂说罢，看了哀姜一眼，转身悄然离去。

哀姜自知罪孽深重，独自闭门大哭不止，哭至半夜却又悄然无声。竖貂推门探视，见哀姜已自缢于馆舍床头，才长长地松了一口气，脸上露出一丝不易觉察的笑容。

竖貂告诉夷地官员，夷地官员飞报鲁僖公。

鲁国人领了齐桓公这个情，以礼厚葬，并让哀姜进入太庙。按当时礼制，哀姜是鲁国的罪人，根本就进不了太庙，鲁僖公之所以这样做，是为了表达对齐桓公定国之恩的一种谢意。

农夫说鬼

却说齐桓公自出兵救燕，又帮助鲁国稳定政局，确定君位，且又大义灭亲，使得其更是威名大振，诸侯无不心悦诚服。齐桓公更加信任管仲，国事全部交由管仲处理，他自己则专事饮猎之乐。

一次，齐桓公去大泽之坡游猎，竖貂为他驾车，齐桓公正在兴头上，突然停止狩猎，注目直视前方，面带惊惧之色。

竖貂惊异地问：“主公目瞪口呆，看见了什么？”

齐桓公道：“寡人刚才见到一鬼物。其状甚是怪异可畏，良久后忽又消失。不知是凶还是吉？”

竖貂道：“鬼为阴物，只是夜晚出现，怎能白昼现身呢？”

齐桓公道：“先君田姑棼见到大豕，也是在白天。你替我将仲父召来！”

竖貂：“仲父又不是圣人，鬼神的事他如何知道？”

齐桓公："我在讨伐孤竹时，行军途中，遇到一只怪兽，仲父知道他是'俞儿'，怎么说他不知道呢？"

竖貂："那是管仲逢迎主公，劝主公快行军罢了。主公这次见到的是鬼，请主公只说见到鬼，不要说出鬼的形状。如果仲父所言与主公看到的鬼吻合。那么仲父就真的是圣人！"

齐桓公也没有提出异议，于是趋驾回宫。由于受到惊吓，齐桓公当夜就病倒了。第二天，管仲与各位大夫前来问疾。

齐桓公对管仲道："我见到鬼了，心中畏惧，难以出口。仲父试试看，能否描述出鬼的形状！"

管仲当然不能回答齐桓公提出的问题，只好说："等臣去找人了解一下，看是否有人知道此鬼！"

竖貂见管仲回答不出来，非常得意。齐桓公的病却越来越重。

管仲非常担忧，贴出布告，大意是说，谁能描述出主公所见之鬼，以封邑的三分之一相赠。

布告贴出不久，有一个头戴斗笠的农夫求见管仲。管仲恭敬地将他迎进来，农夫问道："君上得了病吗？"

"是！"管仲回答。

农夫又问："君上的病是见到鬼了吗？"

"是！"管仲回答。

农夫又问："君上是在大泽之中见到鬼的吗？"

管仲道："你能说出鬼的形状吗？若能，我愿将家资三分之一送给你。"

农夫道："见了君上再说吧！"

管仲来到齐桓公寝室。见齐桓公刚刚坐起来，两名侍女正在为他捶背，两名侍女在替他捶足。竖貂手捧一碗汤侍候在侧。管仲问道："主公之病，有人能说出来。臣已将他带来了，主公可愿意召见他吗？"

齐桓公即命召入。见其人头戴斗笠，草绳缠身，心中已是不喜，于是问道："仲父说有人能识鬼，是你吗？"

农夫并不正面回答齐桓公，只是说："主公这是自己伤害自己，鬼怎么能伤得了主公？”

齐桓公：“真的有鬼吗？”

农夫：“鬼是有的，水、丘、山、野、泽都有自己的鬼，主公所见之鬼乃泽中之鬼，名叫‘委蛇’，其大如毂，长如辕，穿紫衣、戴朱冠。这种鬼非常害怕轰车之声，若听轰隆之车声，则捧首而立。但这种鬼不是一般人能见得到的，谁能见到，必称霸于天下。”

齐桓公听罢，突然站了起来，大笑道：“此正是我所见之鬼！”由于卸去了精神压力，他心情顿时轻松不少，接着问农夫：“你叫什么名字？”

“臣叫皇子，是齐国西鄙之农夫。”

齐桓公：“你可以留下来吗？我封你为大夫！”

皇子固辞道：“主公尊王室，攘四夷，安中国，抚百姓，使臣为太平盛世之民，一年四季不违农时，安心耕耘，愿已足矣，不愿做官！”

齐桓公感叹地说：“真是隐士啊！”

于是，齐桓公赐给皇子耕牛十匹，粟百担，帛百匹，并派专人专车送到皇子家中，又重赏管仲。

竖貂不服地说：“仲父并没有说出鬼的形状，而是皇子说出来的，仲父怎么能够受赏呢？”

齐桓公：“我听说‘任独者暗，任众者明’，没有仲父，我又怎么能够听得到皇子之言呢？”

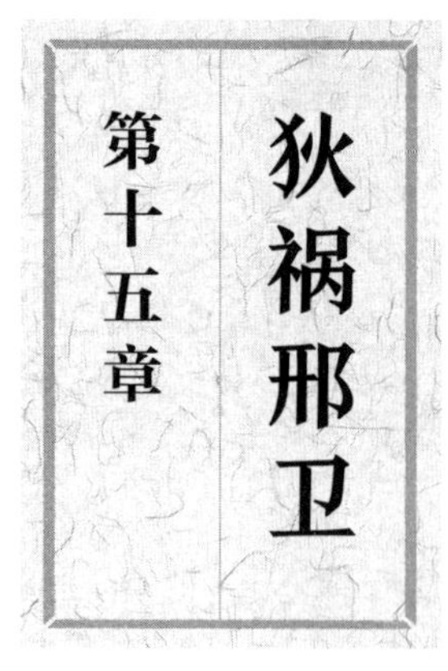

第十五章 狄祸邢卫

邢国遭赤狄洗劫

齐桓公率兵救燕，剿灭令支、孤竹等山戎，对中原诸侯是一个极大的鼓舞，但却也激怒了北狄。

狄是狄历的简称，狄历是北方民族对天的尊称。戎狄是游牧民族，随牧场的迁移而流动，居无定所。他们没有文字，其种族、国号的存在，只是一个大概。春秋之际，戎狄的地盘与中原各国犬牙交错。

北狄分赤狄和白狄。赤狄主要活动在今山西一带，白狄主要活动在今陕西一带。到战国时期，除白狄鲜虞氏建立了中山国外，其余尽皆泯灭。有一种说法，说赤狄是匈奴人之始祖。

北狄是继犬戎之后的北方强族，拥有数万军队，屡有入侵中原之心，听到齐兵灭令支、平孤竹、剿山戎的消息，便认为齐桓公下一个目标也许就是北狄，于是决定先发制人，兵进中原。这一次遭殃的是位于太行山南麓的邢国。

邢国自知不敌，自然要向刚刚征服山戎而名闻天下的齐桓公求救，请求齐国出兵救援。齐桓公不想插手邢国之事，其原因：一是齐军长途奔袭，远征山戎，回来后疲态尚未恢复；二是邢国从未参与过盟会，外敌入侵，却来求助，让人有一种“临时抱佛脚”的感觉。但是，公然拒绝邢国的求救，似乎又有些说不出口，于是在邢国使者退出之后，立即召请管仲等人商议此事。

在朝会之上，大臣们惊异地发现，齐桓公光着身子，绷带缠着胸部，斜倚在几案上，精神萎靡不振，手揉着胸脯，显出异常痛苦的样子。

侍立一旁的竖貂见状，上前问道："主公，身体不适吗？"

"嗯！"齐桓公装出很难受的样子，闭上眼睛，有气无力地说，"寡人近来常常觉得胸口闷痛，不知是怎么回事。"

竖貂是个城府不深的人，成天与齐桓公相伴，何曾听说过他身体有不适的事情，一时显得有些茫然。

管仲看在眼里，猜出了齐桓公的心思，作为首辅之臣，当然要表示关心："主公的身体，乃齐国之本，请多珍重。"

齐桓公听罢，点头苦笑，含糊应对。

管仲接着说："邢国之事，不如让臣与诸位大夫商议之后，再回禀主公。"

"邢国之事先放一放再说吧！"齐桓公装出痛苦的样子，倒吸一口气，话锋一转，"寡人枉为霸主啊！"

大家听了齐桓公之言，都以为他因为身体患病，不能率兵救邢国而生出的感叹。其实齐桓公有自己的打算，他知道管仲一向为"尊王攘夷"而殚精竭虑，怕大臣们商议后仍要出兵，自己身为国君，统兵千里，又是一番奔波。

"唉！"齐桓公再次叹一声，他是个心里藏不住事的率性之人，"寡人拥有千年的食品，而没有百年的寿命，现在又身患疾病，姑且暂放国事，及时行乐吧！"

听到齐桓公有倦政思乐之意，鲍叔牙马上越席直谏，道理说了一箩筐。齐桓公虽然耐着性子听，但却没有说一句话，待鲍叔牙讲完之后，半带委屈地说："狄人并没有攻伐我们的国家，不过是征伐邻国，你们都是平安无事的。"

鲍叔牙正欲再谏，管仲却在倏忽之间打消了劝谏的念头，抢在鲍叔牙的前面说："臣遵主公之命。"

鲍叔牙瞪大眼睛看着管仲，显得非常惊讶，连齐桓公也几乎不相信自己的耳朵。但管仲的语气庄重，清楚得毋庸置疑，各位大臣虽然有些不解，但也只得依管仲之意，先散去再说。

鲍叔牙面带怒容，出了宫门，一把抓住管仲的手臂：“这是怎么回事？难道你位极人臣，享尽富贵，就分不清是非，一改素志了吗？”

管仲将鲍叔牙的手拉到掌中，笑得很轻松：“不要急，听我慢慢说。”

“你说，我洗耳恭听。”鲍叔牙负气地说。

管仲笑着环视四周，意思是站在这人来人往的宫门，怎么说？

鲍叔牙此时也冷静下来，向着管仲抱歉地笑了笑。管仲拉着他一同登车。

“走吧，东街新开了一家狗肉店，听说大厨手艺不错，做出的狗肉别有风味，一起去品尝品尝。”

“你做东？”

两人相视一笑。鲍叔牙最爱吃狗肉，认为六畜之中，狗肉的味道最美。两人一进狗肉店，店主人慌忙行大礼相迎，将他们让进里间雅座。

“可有肥硕的黑狗？”管仲问道。狗肉以黑狗最佳，称为上品。

“有，有，知道相国近日要来，特地留了一只肥硕黑狗，现杀现烹，不过要请两位大人稍等一会儿。”

“不妨事。”管仲转而对鲍叔牙意味深长地说，“好事必有多磨，有耐心方得佳味。”

店主人吩咐店小二给客人沏茶，然后下厨房去了。

待店主人退出后，管仲正色道：“鲍兄可曾记得，你我当年同为太傅时，曾在拙作《牧民》篇中有‘不为不可成，不求不可得，不处不可久，不行不可复’之句吗？”

“当然记得。”

“不过，今天在朝堂上，鲍兄却忘了。”

鲍叔牙望着管仲那双蕴含着极深智慧的双眼，一时茫然不解，哑然相对。

“山戎一役，齐国尽展雄霸之风，使诸国怀德怀威。当时迫于山戎身处北方丛林之故，只能隆冬时节出征，从出兵到凯旋，虽仅半年多时间，但士卒已是疲惫不堪，军费耗损也非常大，这是我秉政以来，征伐时间最长、消耗最大的一次战争。”

这一战耗费之巨，鲍叔牙身处其中，自然深有体会，而且山戎本就贫乏，又远在燕国之北，故剿灭山戎后，其财物不足以补偿军资，所以从经济角度来说，齐国付出了巨大的代价。

鲍叔牙："山戎不也被我们剿灭了吗？"

"山戎居住在群山之间，不能合大群，他们的武器粗劣，只是趁机抢掠一些物资罢了。北狄则不然，他们居住在大草原，善骑射，能合大群，为患中国者，莫如北狄。"管仲话锋一转，"中国与北狄必有一战，只是时机未到。"

鲍叔牙似乎有点明白了，但还不甚透彻。

管仲进一步分析："山戎之役后，齐国民力疲惫，勉强再战，恐'不可成'；君心思逸乐，许多大夫不也思逸乐吗？如果强谏，反而致'不可得'；再说，目前与西方的秦、北方的晋等诸侯没有交往，仅凭齐国之力独自征伐，很难对付来去如飞的狄人，即使取得一时的胜利，也很难长期保持胜果，故'不可久'。如果我今天附和你的谏止，反倒于国无益。"

"哦……"鲍叔牙长长舒了一口气，点点头，说道，"仲父远虑，为兄自愧不如，你我同心若金，功错若石，总算相期不负平生。"

管仲斩钉截铁地说："我们与狄人迟早有一战，我已有初步方案，待考虑成熟之后，再请众大夫到相府相商。"

这时，一股异香入鼻，刚才那条肥硕的黑狗，经过放血、煺毛后，正架在麦秸燃烧的火苗上烧烤至色黄微焦，看来很快就可以下锅烹制了。

对于北狄这个可怕的劲敌，志在"尊王攘夷"、澄清寰宇的管仲，当然不会置之不理，因迫于形势，他只是"利用"齐桓公装病的机会，积蓄国力，务必要一锤而定。

管仲身为相国，既是行政首脑，同时也要管理宫廷事务。他让工正陈完重新为齐桓公铸造六十五枚编钟，每枚编钟上都有错金铭文，记录该钟的律吕和"齐小白"之名。当编钟和玉磬曲尺排列起来时，观者无不为其华贵而瞠目结舌。

这个时候，易牙和竖貂等就有了“用途”，他们不离齐桓公左右，责在料理“庶务”。管仲便命令他们以不同的名义，三日一小宴，五日一大宴，广延歌舞竽瑟之乐，遍邀各国使节和国中重臣，每天一场宴会下来，要宰牛数十头，这样享乐的场面，持续了几十天。

国君有限的奢华，对于一个市场繁华、商旅辐辏、工商业发达的大国而言，实在是九牛一毛。这时候，兵戈不兴，正是与民宽息的良机。反之，如果一个君主好大喜功，对于其子民而言，实在称不上是好事。但“攘夷”之事，虽然不能马上实行，但也需要预先谋划。

管仲、王子城父等各位大臣都知道，讨伐北狄是迟早的事，在一片歌舞升平的表象下，这些管事的大夫们，没有一份轻松的心情。一连数天，他们都聚集在相府，商议西征之事。

管仲道：“白狄远在河套、秦岭之间，为患未炽。现在为祸中国最厉害的是赤狄。狄人以狼为图腾，其性也似狼，我们可以从这里着手。”

“仲父的意思是说先打头狼？”王子城父目光如炬，注视着管仲的双目。

“对，我主张联合白狄，攻打赤狄。”

“白狄与赤狄同种，他们会帮我们？”宁戚发展经济内行，用兵却是短板，不解地问。

管仲笑道：“白狄豺狼之性，唯利是图，不知礼义。部落中无父子之伦。青壮有力者，吃好的，穿暖的；老弱病残者，衣不蔽体，食不果腹。何况赤狄也常常仗势欺压白狄，诱之以利，白狄必能助我。”

听到这骇人听闻的习俗，众人无不惊讶。

鲍叔牙道：“武王灭纣，尚得东夷、荆蛮之助。依我看，联白抗赤确实是妙招，但也要防备得胜之后，白狄为祸。”

“鲍夫子有眼光。”隰朋说，“我们别忘了还有秦、晋两国，这两国方兴未艾，正在拓疆开土之际，不如对他们多加支持，以两国之力抑制狄人之势。”

鲍叔牙道：“隰大夫言之有理，这确实是可以利用的一股力量。”

“这件事，只有隰大夫亲自出马了。”管仲看着隰朋说。

“我当然愿往，但国书怎么办？”

管仲道：“国书包在我身上。你不妨先派一些人，结交晋国与白狄的权臣、首领，到时自然是水到渠成。”

“这当然很好，重赏之下，必有勇夫，但资金从何而来？”

管仲笑道：“这好办，这些年主公赐我不少财物，置办厚礼之金，从我这里开支。”

众人听到这里，对管仲不禁肃然起敬。

虽然有晋国、白狄相助，但齐国仍然是主力，赤狄是什么样的敌人，王子城父最清楚不过，于是他谈起了狄人善战的特点。

“狄人刚会走路的小孩子，便骑在羊背上玩耍，稍长就能骑马射猎，故而能人马一体，来去如飞，在马背上射箭与在平地射箭并无区别，当年我在洛邑与他们打了数十战，深知他们的本性。他们得利便进，失利便逃，你若追击，他们则作鸟兽散，蔓延数百里。若四处追逐，必将疲于奔命，一旦我军疲乏，他们则又卷土重来，围歼冒进或落单的部队，反能转败为胜。”

听了王子城父的这番话，大家都陷入了沉思，觉得狄人是一个麻烦的对手，很难对付。

“办法是人想出来的，他们能疾驰如飞，难道我们就不能？”管仲不容这些主政的大臣心存畏敌的情绪。

王子城父接着说：“当然，我们的兵车最适合在原野上结阵作战，甲兵在车上，无论如何比骑在马上好使力。我们的长戈，正是克制狄人骑兵的利器，只要咬住他们的头领不放，以快制快，不愁北狄不破。我打算在军队中挑选两千精锐之士，将他们训练成一支全车战的飞骑。但我们的战车略显笨重，必须做一些改良才行，我这里已有设计的图样，而马匹方面，要有更多的良驹。”

管仲道：“这个不难，新造战车，请公子陈完负责，至于良驹，就是宁戚的责任了。”

“我要的不是高头大马，而是矮小灵活、特别有耐力的朔马。”王子城父接着补充说，“高大骏马固然发力快、步幅大、够威风，但用于长途奔袭，却缺乏持久。”

朔马是蒙古马的前身，后称为代马，虽身矮不足观赏，但耐力极好，而且适应北方气候，不易生病。宁戚是养牛专家，当然理解王子城父的意思，笑着说：“这个我知道，城父尽可放心。”

说完马，王子城父捋着胡须，有点抱歉地说：“这些花费已是不菲，但还有一处要花更多的钱。”

管仲手一挥：“请讲。”

“北狄是游牧民族，不像山戎有个老巢，战前知敌尤为重要，故情报人员侦探是战争成败的关键。”

“对，这次征战的范围可能纵横千里，若缺乏军事情报，如同盲虎觅食，虽力大却无用力之处。”管仲说。

“仲父所言极是。我们要用狄人最擅长的长途奔袭的方式，以彼之矛，还治彼身，首要的不是速度，而是耐力，若对敌情动向了如指掌，我师就可省力，少走弯路，直插敌人的心脏。”

管仲问道：“需要多少人？准备何时动身？”

“要五百人，近日出发。”

宾胥无问道：“何时开战尚未确定，城父何以要五百侦探人员近日出发？”

“戎狄分布在太行以西，地有千里之广，故要派出数百名侦探。如果临到战前才派出侦探，单听口音就知是外地人，不要说刺探军情，连自保都很难。派他们现在前去，装扮成商人、工匠、流民等，在那里生根，学习他们的语言、习俗，结交市井。来日大军出征之时，这些侦探就可以派上用场。不过，这要一大笔安家费和赏金。”

“为求战之能胜，这些就让我来筹划吧。”

“谢仲父费心，上下一心，何愁将士不用命。”王子城父长揖一拜道，“但这笔费用数目太大，总不能让仲父破家为国吧，且即使是仲父破家为国，也难以支付这样一笔费用，必须要有一个万全之策。”

“这个好办。”公子陈完胸有成竹地说，“齐国富商云集，借贷不是问题，若论数千镒之资，包在我身上，待主公告示之日，大司田再把军费拨给我。偿还借贷便可。至于利息，商人要也想结交官府，息口一定不高，这些由我自行在各处筹调平账就行了。”

管仲暗暗点头，公子陈完竟然还是一位理财行家。

鲍叔牙突然想起了一件事：“齐师出征，当然不能像强盗一样，一路烧抢，就食当地。当日北逐山戎，有燕国作为后勤补给地，如今深入北狄腹地，粮草补给怎么办？”

这倒是个最大的难题。赤狄散布在西至秦、北至大漠、南至晋、东据太行广阔之地而建“群国”，赤狄各部落中以皋落氏最强，头领名卢铎，因实力最强而被推举为狄王，与周王分庭抗礼。如果齐军深入其地，纵使兵强马壮，也离不开一日两餐。戎狄以游牧为主，粮食本来就短缺，何况一旦狄人闻警，必定先坚壁清野，大军若长途运输，粮道必定是狄人偷袭的重点，很难安全地送到军前。众人又陷入了沉思。

不知不觉已到了中午，管仲命下人将肉食饭菜送入堂中，大家免去礼节，边吃边思考鲍叔牙刚才提出的问题。

管仲计无所出，没有食欲，端起牛肉羹喝了一口，突然想起一件事，思路顿开，忘情地击案而起：“有了！”

众人有的边吃边想，有的相互交谈，听到管仲的惊叫，停下所有动作，眼光全都投向管仲，等待他继续说下去。

管仲这才知道自己刚才有些失礼，含笑抱拳道：“我想到了一个解决军粮的好办法。”

“什么办法？”

“我给大家讲一个故事。”管仲道，“西河（黄河由陕入晋之处，今龙门一带）有一位富翁，家里牛羊之数在当地数一数二，然为人却相当吝啬。每到隆冬，常有老弱体衰的牛冻死，一般人都会杀牛给仆役饱食一顿，余下分送给邻里乡亲。这位富翁却不是这样，他将这些牛肢解，剔出牛肉风干，一直晒到次年秋末，牛肉干枯如柴，再用牛皮囊包好，用木棒捶打成粉末。牛的膀胱里有一层膜，极有韧性，在杀牛之时，将这层膜剔出，吹成一尺余的大气囊，挂在屋檐下风干留用。这个薄薄的皮囊极轻，恰好可以装下整头牛的粉末，放置数年不坏。一个壮年男子，只需半把牛肉粉末，煮水成羹，足够一饱。这位富翁就是靠如此精打细算，才富甲一方。当年我行商天下时，路过西河，与这位富商有一面之缘，故而知道其制法。”

“好呀！”王子城父一拍大腿，“有这样的军粮，就有五成胜算了。”

宾胥无说道：“主公一次宴请，要用十数头牛，其实只取其中很小的一部分，余下之肉尽可按此法晒制军粮，一举两得。”

管仲道：“这还远远不够，宁戚身为大司田，畜牧是你分内之事，今秋牛肥之时，先制成一批，入冬后再订购明年的菜牛，让百姓大力繁育，一年下来，远征之军数月的军粮也就够了。”

宁戚道：“这个没问题。”

管仲道：“好，就用两年时间，训练精兵，准备军粮，修治兵车。两年后，叫狄人领教齐师的兵威。”

一直到次年春，碍于霸主的责任，齐国才派出数千齐师救援邢国。因本就不打算决战，故命令士兵们多树旌旗，虚张声势。

狄王卢铎从山戎残部的口中得知齐师勇猛，齐师还没有到，便主动退走。齐军见狄人退却，不战而胜，也撤兵回国。

玩物丧邦

公元前660年，狄王卢铎再次生出扫荡中原的野心，于是召集其他五部头领商议此事。

卢铎的儿子阿图不屑地说：“据我看来，齐师并没有山戎人吹嘘的那么吓人。”

“齐国距我们两千余里，中间山水相隔，再强的弓也射不过太行，再长的鞭也打不过大河。阿图说得有道理，齐国并没有什么可怕的。”狄王卢铎将旃裘裹在身上，走出庐帐。

此时，铅云浓重，雪大如席，连日的暴风雪，使原野白茫茫一片，栏中的牛羊仅靠一些干料为生，眼看全族的人就要陷入饥饿之中。卢铎回过头，对潞氏、留吁氏、甲氏、铎辰氏和廧咎如氏五部头领说："诸位，这一次我们要教训哪一国？"

留吁氏头领吁龙说："还是就近去邢国吧。前年一役，收获不少，今年，邢国的女人都在帮我们生孩子了。"

"邢国虽近，但前年已'收割'了一次，我们要像中原人种粮食一样，割一次之后，要留一年时间恢复地力。"卢铎道，"我看这一次就尝尝卫国女人的味道吧！"

"卫国？"潞氏头领羊荒说，"离中原太近了吧！而且，卫国的军力比邢国强大得多。"

"难道你还怕那个养鹤的老家伙吗？"卢铎大笑道，"依我看，卫国不但比邢国肥，而且比邢国更不堪一击。"

"是吗？"潞氏羊荒有点不相信。

"听狄王的没错。"留吁氏头领吁龙不假思索地支持卢铎。

"兄弟们回去准备吧！"卢铎吩咐，"记得叫老人和孩子多带一些牛车，跟在后面，这次就怕我们的车不够用。"

吁龙笑着说："那就叫卫国的女人帮我们背回来。"

众头领一片狂笑，就像一群饿狼盯上了一头肥羊，而那头肥羊却依然过着荒唐、麻木的生活，不知危机已近在眼前。这头肥羊，就是卫国的国君卫懿公。

卫国国君卫懿公，是在卫惠公去世（公元前669年）之后继任君位的。卫懿公不是一个好国君，他骄奢淫逸，好玩成性，不体恤民情，不理朝政，国人对他极为不满。而他对这些却丝毫未察觉，仍然我行我素。卫懿公有一个怪癖，就是喜难玩一种叫"鹤"的鸟，不是一般的爱，而是到了痴迷的程度。"上人不好，下人不要"，因卫懿公爱鹤成癖，有那阿谀逢迎者便四处搜罗，纷纷向卫懿公献鹤，于是，自苑囿至宫廷，处处都养有鹤，都城之内，无处不鹤。

卫懿公给鹤修筑豪华的住处，喂上等的食物，鹤随他出巡要乘"轩车”。当时礼制，天子乘坐的车称为“大路”，诸侯乘坐的车称为“路车”，大夫乘坐的车称为“轩车”，士人乘坐的车称为“饰车”，百姓只能乘牛车或以步当车。也就是说，卫懿公给他的玩物鹤以大夫级别的待遇。

古人最重礼节，国人对卫懿公如此荒唐的做法，极为不满，加之他将精力和财物都花在鹤的身上，不恤民情，不理朝政，更加深了国人对他的仇恨。

此时的卫国，由大夫石祁子与宁庄子同秉国政。二人数次劝谏，卫懿公都是充耳不闻，说急了甚至还会引来一顿臭骂。

公子毁是卫惠公的庶兄，见卫懿公如此荒唐，料知卫国必将毁在他的手里，借故来到齐国。齐桓公对公子毁颇为欣赏，将宗室之女许配给公子毁为妻，公子毁便长住在齐国。

当赤狄王卢铎率领六部飓风般席卷而来时，卫懿公慌忙号召国人拿起刀枪保家卫国，不料国人都逃避到村野，不肯出战。

卫懿公命人前往缉拿，这些被捉来的人讽刺说：“让鹤去打仗吧，它们不是也有禄位吗？我们哪比得上它们？”

卫懿公幡然醒悟，对众人说：“寡人错了，寡人马上放掉所有的鹤，从此不再养这无用之物，以顺从民意。”

“为时已晚啊！”石祁子摇摇头说。

正在这时，探子又来报，说狄人大队人马已到荥泽。

卫懿公知亡国在即，他虽然荒唐，但并不是一个懦夫，于是束甲整装，亲率卫队，准备赴国难，临行前，他解下身上所佩玉玦，交给石祁子，吩咐石祁子代他暂理国政；又抽出一支象征权力的弓矢交给宁庄子，吩咐他负责守卫都城，悲壮地说：“国中大事，全委托二位卿家。寡人率兵出战，若不能胜，誓不回城，今日一别，便是永别。”

石、宁二人庄严地接受卫懿公的重托，泪流满面地说：“主公，臣等盼主公得胜而归！”

卫懿公将后事安排完毕，传下命令：令大夫孔渠为将军，于伯为副将，黄夷为先锋，孔婴齐为后队，立即赶赴荥泽迎敌。

卢铎见卫军大队人马到来，从杏黄大旗上一个大大的“侯”字，就知是卫侯驾到，也不待卫军摆开战阵，带着人马便迎了上去。狄兵与卫军在荥泽展开决战。卫兵军心涣散，本无心交战，见敌军来势汹汹，尽弃车仗而逃，刚一交火便溃不成军。卫懿公被狄兵团团围住，脱身不得。

孔渠见四面都是敌军，对卫懿公道：“事情紧急！请主公撤去主帅旗帜，乔装成士兵，混在士兵队伍中脱身，臣在后面挡住敌军。”

卫懿公仰天长叹道：“贼势浩大，败局已定，岂是三两个人扭转得了的？寡人今日宁可一死以向卫国百姓谢罪，也不临阵脱逃，苟且偷生。”说罢，挥动手中长剑，催车冲向敌阵。怎奈数千狄兵，将卫懿公区区几乘战车团团围住，脱不得身。只几个回合，黄夷被狄兵乱刀砍杀，孔婴齐自刎而亡，于伯中箭身死，卫懿公和孔渠则被狄人砍作肉泥。卫军全军覆没。

卫懿公一生好鹤丧志，直至最后一刻勇敢地去战死，终于为自己略洗荒唐国君之耻。有词为证：

曾闻古训戒禽荒，谁知一鹤便丧邦。
荥泽一战但求死，企盼乘鹤返仙乡。

宁庄子与石祁子从逃兵口中得知卫军全军覆没，情知都城难守，保护着卫侯宫眷和公子申，连夜乘小车逃出城，往东而去。

国人闻卫军溃败，二位大夫已逃出城，皆扶老携幼，随之逃命，一时间，哭声遍野，乱成一团。

狄人赶到时，卫都已是一座空城，人口、宝器、食物均荡然无存。

卢铎大怒，连连跺脚说：“中原人太狡猾了，我们千里奔袭，得到的竟是一座空城。”

卢铎的儿子阿图道：“父王别急，卫人逃走，也就三四天，拖家带口能逃多远？给儿子两千人马，一个昼夜就可以赶上他们。”

“我们也一起去。”吁龙唯恐落后抢不到东西，经他一说，众头领也跟着起哄，纷纷表示要去追卫人。

卢铎大声说：“阿图说得对，你领两千兵，各头领各率一千兵，每人配两匹马，前往追截卫人。我另派人将这里搜查一遍，将能够带走的财物全部带走，然后放一把火，让卫人知道我们的厉害。”

卢铎不再交代，数千狄骑如一阵狂风，寻着卫人逃去的方向，刮了过去。他们日夜兼程，不用睡觉，也不生火煮食，跑累了，下马咬块肉干，喝几口皮囊里的马奶酒，再换一匹马，继续追赶。

第二天下午，果然追上了逃跑的卫人。

成千上万的卫人，分成无数个群体，满山遍野，不成队形，他们有的乘马车，有的乘牛车，有的甚至徒步。车上装满了宝物、食品、布帛。当他们看到狄骑追近时，数万男女顿时乱作一团，毫无抵抗的斗志，也无抵抗的能力。

阿图一马当先，双手往前一伸一拢，做了个包围的动作，其余五部头领各领手下骑兵，包抄卫人。可怜在狄刃之下，卫人血流成河。狄骑马刀乱舞，不论老幼，被砍到了非死即伤，惨不忍睹。

石祁子与宁庄子保得卫侯宫眷和公子申，沿着黄河岸逃窜，一直逃到黄河岸边。幸亏宋桓公派兵前来救援，备下船只，连夜渡过黄河。

狄骑害怕宋兵过河，停止了杀戮，将妇人、孩子以及卫人累世积蓄的财产抢掠一空，满载而归。

渡河获生的卫人，仅有七百三十余人！

宋桓公把劫后余生的七百多卫人，连同卫国共邑（今河南省辉县）和滕邑的人，总共凑成五千余人，集中在卫国的漕邑（今河南省滑县西南），帮助他们搭好栖身的草棚。

石祁子和宁庄子商议，国不可一日无君，便在草棚里拥立公子申为君，是为卫戴公。卫戴公原本就有病，又经战祸惊吓，即位仅几天，便一命呜呼，追随卫懿公于黄泉路上。众人经过商议，决定迎奉流亡在齐国的公子毁回来继位，于是由执政宁庄子前往齐国迎请公子毁。

卫公子毁回国

宁庄子赶往临淄城，连夜敲开公子毁的家门。

“公子，我是大夫宁庄子啊！”宁庄子一见公子毁便跪下哭诉。

由于一路奔波，饮食不继，加上见到少主时的激动，宁庄子昏厥在地。公子毁忙让仆从扶入堂内，将热汤灌入口中，宁庄子才缓缓醒来。公子毁知道这是过度劳累所致，马上命人熬肉糜喂他。

“宁大夫，何以至此？”

宁庄子哭诉道，“狄人举兵犯境，百姓惨遭屠戮，懿公战死，都城被毁，财产皆被洗劫一空。戴公即位才几天便病故，卫国无君，臣代表国人前来，恭迎公子回国即位。”

公子毁闻此惊报，顿时哭成了泪人。

“卫国连丧两君，余民一致要请公子回国为君。”

公子毁：“不是还有公子开方吗？”

历年的流亡，尝尽人间冷暖，公子毁已从昔日一浊世翩翩公子，变成警惕重重、心机叵叵之人。

卫开方深得齐桓公宠信，在大场合中经常是齐侯路车上的御者，与易牙、竖貂并称“三贵”，如果他有意回国，恐怕就轮不到自己了。

宁庄子咬牙切齿地说：“若不是他的父祖如此丧德，卫国何至于此！”

公子毁听罢默默点头，当年卫国也是中原一强国，就因为惠、懿两公的失德，丧尽人心，卫国才逐渐衰落。

宁庄子又说：“现在国人仅存五千余人，如果齐国立开方为君，卫人宁可亡国灭种，也要生啖其肉而后快！”

公子毁听了此言，心中便有了底了。

齐桓公早知卫国亡国之事，询问于管仲，该如何处理此事。

管仲道：“听闻卫国残兵在宋桓公的帮助下过了黄河，在漕邑筑庐栖身。戴公刚即位便病逝。如果料得不差，卫国很快就会有人来齐。”

“仲父为何如此肯定？”

管仲道：“因为他们要找的人在齐国。”

齐桓公：“谁是他们要找的人？”

“公子毁。”管仲道，“卫国一定会有人来恭迎公子毁回去继承君位。”

齐桓公问道：“寡人是帮还是不帮？”

“帮！”管仲道，“齐国乃中原霸主，主公向有行义之名，当你有了行义之名以后，就会得到好处，你就得继续沿这条路走下去。”

齐桓公问鲍叔牙道：“太傅以为如何？”

鲍叔牙：“请主公按仲父的意见行事。”

君臣三人正在议论之时，侍卫来报，公子毁带卫国大夫宁庄子求见。齐桓公向管仲点点头，意思是说“果然被仲父言中”，于是吩咐：“传！”

宁庄子入内拜谒齐桓公，具言北狄残暴，卫国已处于生死一线之际。在座齐国众大夫，无不叹息。最后宁庄子说：“卫国连丧两君，社稷虽毁，但宗嗣绝不能断，现国人均仰首以待，盼公子毁回国为君。”

齐桓公听到这里，眼神不禁游向自己宠信的公子开方。

公子开方虽然无意返国，但毕竟君位隆重，宁庄子事先竟不来拜见自己，就决定立公子毁为君，心中不禁有些生气，还有些酸溜溜的感觉。但当他见到宁庄子时，感觉到他的眼光中充满了怨恨。他心里很清楚：卫人视自己这一支血裔已如仇敌。齐桓公的神色，他当然明白，霸主希望自己为卫君。但齐桓公岂知个中恩怨之深，纵有齐国的支持，自己一旦坐上卫国君位，无异于将头伸进铡刀之内，随时都有断头的危险。与其如此，不如留在齐国做一个太平的权臣。他突然想到，这时正是获得信任的绝好机会，竖貂和易牙就是例子。于是，他更低眉顺目地坐着，仿佛遭受灭顶之灾的卫国与他没有半点关系，殉国的卫懿公也不是他的生身之父。

“开方，你意下如何？”齐桓公等不来卫开方的表态，干脆主动问了。

“请主公允卫人所请，公子毁贤良明德，卫国复兴有望。”开方面无表情，显得很淡定。

"但你是……"

公子开方打断了齐桓公的话："开方虽生在卫国，但已为齐国之臣，愿长留齐国，供主公驱使。"

在座的许多人禁不住对开方的这番表白感到惊讶，难道君位不贵重吗？难道父死也不奔丧吗？管仲心里顿时升起一股寒意，从背脊直透脑门：此人之心不仅够狠，而且能如此沉得住气，他究竟想得到什么呢？难道在齐国有比君位更值得他图谋的东西吗？

但公子开方的"忠言"进入齐桓公的耳里，却显得十分受用。

公子毁跪下道："卫国已是国破家亡，请齐侯成全。"

齐桓公看了看管仲，管仲点点头。齐桓公对公子毁安慰道："公子不要悲伤，寡人定会助你立国。"

数日后，齐桓公设宴为公子毁和卫大夫宁庄子饯行。易牙领着宦官、婢女、庖人、乐师等，跑进跑出，忙得满头大汗，远远看见管仲陪着齐桓公走过来，更要借此表现一番。

"主公、仲父，大安！"易牙行过大礼，然后指着曲尺而列、铸有"齐侯小白铸钟"铭文的编钟说，"主公请看，这套编钟近日请一位高人重新调试了一遍律吕，更加铿锵悦耳了，而且在直虡（音 jù，悬钟两侧之柱）横梁上重新用五色描绘了龙生九子之纹，卫国人一定会被霸主的气魄所慑服。"

"那是一定的。"齐桓公说，"良器配良工，不知乐师如何？"

易牙手指之处，三位男乐师手执击钟的雕花乐棒，站在甬钟旁，一般的身高，英俊的相貌，两名女乐师眉目传情地站在钮钟旁。

易牙得意地说："论乐技，他们都是百里挑一；论长相，也是冠绝一时。"

齐桓公道："那就试奏一曲吧！"

五位乐师各就各位，击钟当然少不了玉磬，磬师一时不在，易牙只好临时顶替，略作调音后说道："主公，我们先奏一曲《长乐曲》，愿主公千秋万代，长葆欢愉。"

易牙刚说完，男乐师在最大的一枚镈钟的正鼓上轻轻一击。

“咚……”厚重的余声，颤悠悠地破空而出，绵延不绝。这一击由镈钟而启，镈钟正鼓是大吕律，便定了全曲的绝对音高，也就是调子。

几名乐师依谱而奏，尤其是那两位女乐师，不仅乐技修为高，而且举止轻盈如絮，美目顾盼流光。她们敲击的钮钟虽然比甬钟小，却是全律的主旋律，甬钟只是做和声而已。易牙也精于击磬，一时间金声玉振，将人引入典雅华章之中，如同齐国霸业般恢宏壮观。

齐桓公时而闭目击节，时而注目观摩，完全沉浸于音乐之中。

试奏完此曲，齐桓公拊掌盛赞。易牙和乐师退下后，齐桓公走到编钟之间，面南而立，满足地向管仲笑道：“仲父，天下乱象环生，齐国却稳如泰山，锦衣玉食，仲父与寡人共享，快乐吗？”

管仲眉头紧锁，面带忧容地说：“依臣看，这是一种悲哀，而不是快乐。”

“此话怎讲？”齐桓公不禁惊问。

“臣闻有大德者，其至乐不在钟磬之间。”

“那在何处？”

管仲以坚不可摧的语气说：“话说出口，就可通令天下而行；游乐于钟磬之间，而无四面兵革之忧。现主公话说出口，命令并未行于天下；身在钟磬之间，四面却兵革不断。如此何来有乐？在臣看来，这其实是一种悲哀，而不是乐啊！”

齐桓公听了这番话，犹如醍醐灌顶：西方秦、晋等诸侯从未与盟；南方有荆、楚之忧，北方有狄人入侵，今日虽仅及邢、卫二国，难说兵灾不至。齐襄公诸儿当政时，狄人也曾入侵齐国，更远些父亲僖公时，还是请郑国帮忙，才将北戎驱赶出境。想到这些，齐桓公不禁惊出一身冷汗，连忙向管仲长揖道：“若不是仲父所谏，我尚不知身处危地啊！”

“主公明白就好。”

齐桓公立即吩咐：砍掉钟磬的悬列，撤除歌舞音乐。宫中立即安静下来。然后问道：“仲父，接下来应该做什么呢？”

“其实，当初救邢之时，臣也知道，充其量只是做做样子，并非真的要与狄人决战，主公那时有厌倦之心，其实此心与民心也是一样的。”管仲将伐山戎后国人厌战，亟须宽养的实情说了出来。

“原来如此。”齐桓公道，“怪不得鲍夫子谏言时，仲父不以为然，只可惜狄人坐大，又灭了卫国。”

管仲道：“臣庆幸主公没有救卫国。”

“这又怎么说？”

“军力不强，狄人不惧，即使惧之，却能逃遁而去，中原之师怎能追得上狄人的骑兵？这无异于徒劳无功，损耗巨饷。如此打与不打都是输，因此臣贺主公没有救卫国。”管仲接着说，“不过，现在有了比救卫更大的功绩。”

“何功绩？”

管仲道：“救卫是扶危之功，扶危不如存亡之功大。卫人立公子毁为君，但如今的卫国经狄人血洗之后，一片荒凉，百废待兴，国无所用。主公不妨厚赐公子毁回国，再派重臣元勋领甲士戍守漕邑，一来抵御狄人再侵，二来使卫国尽在我掌控之中。然后再通令盟国，选吉地助卫国建都，此地不妨离齐国近一点。主公，这不是比救卫更有功绩的事吗？”

“既让齐国有存卫之美名，又使卫国为齐之门户，没有比这更好的了。”齐桓公想了想，心有不甘地说，“但赤狄荼毒中原，却未能与之一战，当年远逐山戎、破令支、平孤竹，何其快哉！”

“依臣看来，我们与北狄必有一战，且就在一两年之内。”管仲道，“臣与王子城父及各位大夫们早就商议过，只待主公一声令下，就可广造戎车，结盟友邦。现赤狄荼毒邢、卫，尝到了甜头，今冬明春之际，必会再来，届时便是主公领齐国雄师，大破北狄之时。”

齐桓公听罢，恍然意会管仲谋国的苦心，长长一揖道：“仲父苦心调护，寡人感激不尽。”

“主公以国士待夷吾，臣当以国士报君。”

廷宴上，齐桓公赠送给公子毁一批重礼：诸侯乘坐的良马车一辆，祭服五领、君夫人乘坐的鱼皮轩车（以鱼皮为饰的车子）一辆、美锦三十匹，以及牛、羊、猪、鸡、狗各三百头，还有建造城门的木材。公子毁和宁庄子大夫感激不尽。

宴会一散，公子无亏独对齐桓公，主动请缨："赤狄对中原仍虎视眈眈，卫人草创，兵革残败，缉贼尚不能，何况拒敌？儿臣愿领三百乘战车，戍守漕邑，以扬君父之威。"

齐桓公很是高兴，自以为虎父无犬子，无亏不但有见识，而且还不避风险，当即就同意了，命无亏率车三百乘、甲士三千，戍守卫君所在地漕邑，与公子毁一起出发。

无亏走后不久，管仲也来议事。齐桓公随口将派公子无亏护送公子毁回卫的决定告诉管仲。管仲一听，似乎觉得无亏的举动内有乾坤，但无亏与齐桓公分属父子，且齐桓公既无嫡子，又未册立太子，虽然明知其中大有文章，但却难以劝诫。齐桓公见管仲眉头紧锁，不禁问道："仲父，有什么地方不妥吗？"

"哦！"管仲猛然惊醒，忙说，"也没什么，臣以为主公会派国子费上卿去。"

管仲故意宕开一笔，心中暗叹：此事收功，定能彰显于诸侯，就怕无亏从此生出跃身诸弟之上的心思。主公尚未立储，如此一来，恐怕会祸起萧墙。

管仲的直觉没错，无亏的举动，确实得到高人指点，这位高人便是易牙。

易牙得知公子毁即将回卫，并得知主公将会派人护送，觉得这个机会一定不能放过，便让公子领兵一起去。

易牙所说的公子，就是长卫姬之子——公子无亏。

公子无亏平时对易牙言听计从，于是便想要在诸侯面前显露一下，以广收人心。只要多参与几次如此重要的国事，天下诸侯就会认为齐桓公立储之心已有所属，到时不愁没有劝谏之人。于是便有了公子无亏主动请缨的事情。

公子毁回到漕邑，先派人到荥泽收殡卫懿公的尸体，再为卫懿公、戴公发丧，而后即位，是为卫文公。即位之时，总共只有兵车三十乘，百姓五千，甚是凄凉。

卫文公即位之后，布衣帛冠，食粗饭，喝菜汤，起早贪黑，安抚百姓，甚得百姓拥戴。

公子无亏留下三千兵士，协助卫国守卫漕邑，以防狄兵再来侵扰后，便辞别卫文公返回齐国。

齐桓公听公子无亏说卫文公草创之艰难后，叹息不已。

“卫侯目前的处境，实在令人同情。”管仲说道，“与其命令齐军留在漕邑而劳民，不如择地为卫国筑一城，如此则可一劳永逸。”

齐桓公道：“筑城工程浩大，所用人力、物力、财力不可胜计。”

“这个好办！”管仲道，“主公是中原盟主，可号令诸侯，有钱出钱，有力出力，集各国的力量，帮卫国重筑一城。”

齐桓公赞成管仲的主意，正欲令隰朋大夫修书，号召各诸侯为卫国筑城出力。恰在此时，侍卫来报，邢国使臣求见主公。

齐桓公像是问自己，又像是问管仲：“又会有什么事吗？”

管仲道：“非贡即兵，此时非纳贡之时，恐怕又是兵祸无疑。”

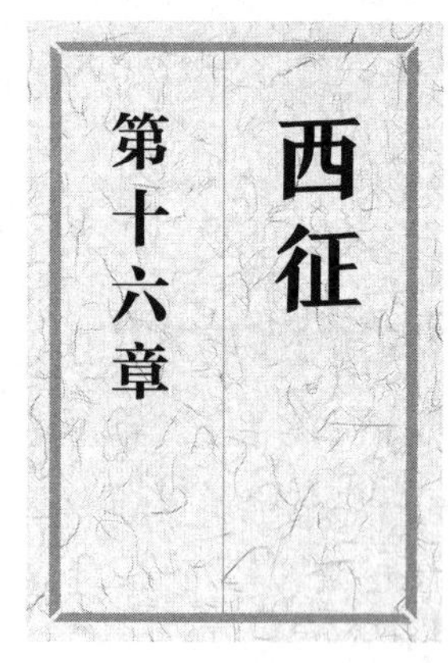

第十六章 西征

赤狄南侵

卢铎在抢掠邢、卫中尝到甜头后，野心和贪欲再一次膨胀。齐桓公二十七年（公元前 659 年）正月，不出管仲所料，赤狄再一次出兵侵袭刚刚喘息过来的邢国，这次他们不再满足于抢掠人口、财宝，而是要像灭卫国一样，攻破都城。因为他们发现，都城之内聚集的人口和财物，远远超过野鄙无数倍。邢侯叔颜早有警觉，一听到风声，迅即派使者星夜前往齐国求援，自己则率军坚壁清野，盼援军早日赶来。

齐桓公召集朝会，商讨军国大计。

齐桓公面南而坐，管仲坐在旁边，国氏、高氏两卿居管仲下首，各位大夫在阶下列两排依次而坐，由鲍叔牙和王子城父分别居首。

齐桓公大声说："狄人侵邢，寡人已接到邢君的求援国书，请仲父定夺。"

朝会是最庄严的会议，在这种场合，齐桓公历来都遵守自己的诺言："国家大事，先告仲父，次及寡人，有所施行，凭仲父裁夺。"

管仲恭敬地向齐桓公长拜后，朗声说道："诺！"说罢起身立于阶下，肃然挺胸，大声说："狄人性如豺狼，残暴贪婪，永无厌止；中原诸侯，有如亲属，不可抛弃不救。今齐国霸业初成，若留恋安乐，必损历代祖先伟业，这无异于饮鸩止渴。《诗经》说：'岂不怀归，畏此简书。'简书就是诸侯相互救援的协定。今天正是主公率领我等履践盟约、领袖华夏之时！请主公发兵救援邢国，履行诺言吧！"管仲的每一个字都掷地有声。

话音刚落，齐桓公接口道：“邢君虽然没有与我们结盟，但同为华夏，不可不救。现山戎已服，正当以余勇平荡蛮狄。”

高傒、国辛两上卿领头，众大夫齐声赞成，一时间，朝堂内慷慨激昂。

齐桓公道：“既然大家一致赞同，就请仲父布置方略吧！”

管仲转身向齐桓公长揖及地，庄重地说：“诺！”然后转身向众人说，“赤狄地逾千里，战线太长，必须联络各国，才能与之抗衡，隰大夫，你把外交方面的情况，向主公汇报一下。”

隰朋起身拱手，朗声道：“如仲父之命，现白狄子鲜虞氏答允，如果齐国与赤狄发生战争，白狄将陈兵河西，筑起一道防线，不使赤狄一兵一骑越河西遁。白狄其余三部尚在观望，但他们的力量都很微弱，有鲜虞氏相助足矣。”

“晋国呢？他们的意见如何？”

隰朋道：“晋与齐素未与盟，去年秋，我亲自去了一趟晋国，邀约晋侯共拒赤狄。晋侯已命太子申生领兵五千，陈兵边境，只待我师西进，即为响应。”

“好，尚未出师，大行已建大功。”管仲道，“请主公赐国书，召集宋、曹两国与齐国联合出兵。鲁国内乱方靖，就不请其发兵，但攘击赤狄，责无旁贷，应请他们供应三国军士的夏衣，这件事还得辛苦大行了。”

隰朋：“这是我分内之事，仲父不必客气。”

管仲道：“大司马，军事攻略，请你也向主公汇报。”

王子城父起身拱手道：“尊仲父之命，近两年我们秘密训练了一支新军，目下已经练成。新军都是轻车快马，长途奔袭，可旬日不停与赤狄骑兵一较高下。”

大家闻齐国又有了新军，顿时议论纷纷。

王子城父待议论之声停止后，双手做了一个合围的动作，说：“依我之见，要将赤狄装入一个千里之大的口袋里，要慢慢收紧。这个千里之大的口袋，就是东起太行山，西至黄河、吕梁山，南至中条山的区域。白狄驻守河西，任务最轻，因为他们毕竟是外族，之前又从未与盟。南路由一重臣统领，仲孙湫为副，领三千士兵，与晋太子申生会师东山，任务是阻止赤狄南逃，为祸中原，并趁皋落氏主力北侵邢国之时，直捣皋落氏老巢以乱其军心。北路军为主力，由齐、宋、曹三国联军组成，以快制快，剿灭赤狄主力。”

“城父！”高傒有些担心地问，“以快制快，你有把握吗？”

“请高上卿放心。”王子城父说，“刚才我说的新军，有两千余名甲士，针对赤狄战法，进行秘密训练，这支部队可为先锋。工正对战车也做了改造。由于是秘密进行，没有对外公开，现在训练已成，随时可以接受主公及各位大夫们的检阅。”

“好！”齐桓公道，“明日辰时，检阅这支新军，在座各位都参加。”

管仲道：“鲁难方靖，又要远征，请高傒高上卿监国，鲍亚相辅国；南军要合公子无亏及晋太子申生之兵，非元勋为帅不可，请国辛国上卿亲领，仲孙湫为副。”

高、国两上卿当即欣然应允。

管仲接着说：“北军会合三国，是征战的主力，自然请主公亲率，夷吾效力军前，王子城父率新军为前驱。三军未动，粮草先行，所幸大司田宁戚大夫早有准备，这部分工作交由宁大夫负责。”

大事议定后，国辛越席言：“主公亲征千里，国氏之男愿倾全族随行，臣嫡子国归，十九有余，未行冠礼，但素有报国之志，且也精于御射，请主公特简赐冠，令他们随臣出征。”

国辛的意思是请齐桓公特许其子提前行成年礼——冠礼，只有行了冠礼的少男，才为成人，而后才能从军。

“这有何不可。”齐桓公说，“我还要亲自为国归主持冠礼。”

“谢主公成全。”

齐师早有准备，十天之后即开拔。

邢君叔颜听闻齐师入境，心头一块石头总算落地。但齐师走到邢境聂北（今山东省茌平西）时，却驻扎下来，没有继续前进，这又使邢君暗暗叫苦。

狄王卢铎探知齐国出兵的情报后，立即请五部头领到帐中商议。

潞氏头领羊荒说道："齐军走到聂北停下来，恐怕是在等待盟军会合。上一次虽然也来了，但只是虚张声势而已。这次是真的要来了，我们千万要小心，中原人的兵车很厉害。"

"狄王！你看我们是攻，还是撤？"留吁氏头领吁龙问道。

狄王卢铎之子阿图面目狰狞，瞪着一双死鱼般的大白眼，看上去就像一头野狼，大叫："管他是来真的还是来假的，我们还是全力攻城。如果齐师来救，就在城外与他们展开决战；如果不来救，破城之日，也就是我们发财之时，到时将城内洗劫一空，然后迅速撤退。"

卢铎道："就这样定了，我们每一部落负责攻打一面城墙，另外两个部落轮换休息，不分昼夜，首先破城者，头一份战利品由他挑。"

看来卢铎真的是豁出去了，连狄王首先挑战利品的权力也当成了奖赏，一时间大帐内一片沸腾。

卢铎命巫师生起篝火堆，祭告颠连及狼祖神后，带领如狼似虎的皋落氏，首先架起云梯攻打邢国正门，其余各部唯恐落后，拼了命地进攻，要抢在齐师到来之前破城抢掠。

邢国摇摇欲坠。

"邢国快撑不住了，我们要不要先去营救？"隰朋听到侦探报来的消息，心中焦急，"赤狄虽有万余人，齐军也有万余，与邢国里应外合，足可一战。"

齐桓公问管仲："邢国危在旦夕，宋、曹两国援兵却未到，怎么办？"

管仲道："狄人气势正盛，征服它需加倍的力量才行。眼下邢国还有实力，尚能战斗，不如先让邢人与狄人相互打一阵消耗战再说。"

王子城父沉思良久后说："我算了一下日程，国上卿此时应该与公子无亏会合，而晋国估计才收到消息，南路各军还没有会师。赤狄如果往南逃，很容易将国上卿和晋公子申生分而破之。再说，北军此时出击，虽可击退赤狄，因兵力不足以形成合围之势，无法收取全功。"王子城父接着叹口气说，“三年磨一剑，临阵之时，要有所取舍，但愿天佑邢人，能再坚持几天。”

“大司马所言极是。”管仲坚定地说，“至善不战，其次一之。”

管仲的意思是说，不战而胜、一战必胜。说白了，就是最好别打，真不行再打，并且一打就要打胜。

“好吧！”齐桓公道，“但愿宋、曹两师早日到来。”

齐军按兵不动，表面上是在寻找战机，实际上是坐山观虎斗。

邢人在城内苦苦死守，盼望诸侯救兵与其里应外合，把狄人赶走。诸侯之兵却在聂北观望，迟迟没有出动。

狄人明知邢国有援兵在后，其攻势却丝毫未减，且还一阵猛似一阵。

鏖战太行山

探子来报，说宋、曹两师距聂北还有半天路程，明天正午之前即可到达。管仲长长地舒了一口气：“太好了，但愿邢国能再坚持一天。”

王子城父交代负责军中后勤的易牙做好准备，宋、曹两师一到，先让他们饱餐一顿。

次日上午，宋、曹两国之师果然抵达聂北，国君见面叙礼时，饭食已经准备好了，三军放下行装，立即饱餐一顿。肚子吃饱了，士兵们的疲态尽消。

王子城父与两国领军之将——宋国大夫戴叔皮、曹国公子贺，将战场攻略详细做了解说。王子城父勇冠三军，韬略出神入化，戴叔皮、公子贺频频点头，很快领会了王子城父的作战意图。

最后，王子城父说：“我们要马上选拔军中精锐车兵为先锋，人数不必多，宋师挑出二百乘，曹师百乘就足够了。最好选拔久经沙场、能打硬仗的人，一个时辰后就随我出发。”

刚分拨完毕，前方传来不好的消息，邢国力竭，都城沦陷。所幸的是邢侯叔颜已有准备，将宝器食物尽弃城中，趁赤狄争抢之时，邢军将妇儿老弱护在中间，向聂北方向突围。

赤狄见邢都告破，便放纵士兵肆意抢掠。

“大司马！”齐桓公气得直跺脚：“城父，马上出发，替寡人杀尽赤狄，寡人领大军随后就到。”

王子城父应一声“诺”之后，跳上改装后的战车，率本部杀向邢都。

齐军精选的三百乘当先，宋、曹的精锐马上跟上，轮声如雷，烟尘滚滚，像被锁了千年的蛟龙挣脱了束缚般，向刚刚占领邢都的赤狄扑去。

狄王卢铎攻下邢国都城后，各部落头领带着族人争先恐后地大肆掠夺，当诸侯联军发起攻击时，分散在大街小巷的狄人，已经失去了照应，一见王子城父的精兵杀入，只得将抢夺到的重物、牲口等物品丢弃，只取值钱的细软揣满怀仓皇而逃。

穷凶极恶的阿图撤走的时候，下令士卒各处放火，城中一时火光四起。

宋大夫戴叔皮问道：“城父，你看要不要分兵救火？”

“不必了，救火的事让后面的士兵干，我们追杀赤狄。”

赤狄兵撤出邢都后，向西南逃遁，因为只要一越过太行山，便进入赤狄地盘，到时联军就无可奈何了。

王子城父率精兵刚追出邢都城郊，便发现了一些跑得慢的赤狄散兵，失去阵法的单骑遇上结阵冲锋的车兵，无异于野兔落入鹰爪之中，赤狄兵丢下数百具尸体，才让主力逃出数里之外。

一路狂奔，已是日薄西山，王子城父大手一挥，示意放慢速度。曹国公子贺年轻气盛，赶上来气喘吁吁地说：“大司马，还可以再追百里。”

王子城父微微一笑，向不远处的宋大夫戴叔皮招招手，示意他靠过来，然后对二人说：“赤狄自夸铁骑来去如风，认为中原人兵车笨重，不擅长途奔袭，我们不如将计就计，装出气力不支的样子，就此安营扎寨。”

戴叔皮问道："想必大司马还有后手吧？"

"当然！"王子城父说，"他们一定会认为我们力竭，趁其不备，今天晚上杀他个措手不及。"

六百乘精锐故意放慢速度，又追了二十多里，装作力竭不支的样子，在一处水草丰茂的河边停下来。齐国支起铁锅，煮开水，将牛肉干粉一撒，顿时一锅香喷喷的牛肉汤便做好了，三国将士一起喝汤吃饼，感觉比平常吃得更好。

初春的夜晚，铅云冻结，天光昏暗，像一面长满锈迹的铜鉴。夜深了，风寒刺骨，昼夜不停地攻了两天城的赤狄，浑身的疲累也随之袭来。

"狄王，休息一下吧，明天还要赶路，黄昏时分便可赶到太行。"吁龙年纪最大，气喘如牛，"只要越过太行，齐国那些笨家伙就无用武之地了。"

狄王所指的笨家伙，指的是齐国的兵车。

"好！传令休息。"狄王吩咐道，"羊荒，你负责巡夜。"

潞氏的羊荒极不情愿地带领自己的族人，散布在兵营四周担任警戒。

潞氏的几个小头领不停地埋怨，说攻破邢都时也是他们担任警哨，攻城时潞氏族人马损失最多，所获战利品却最少，狄王偏心，欺负潞氏族人。

"少说几句。"羊荒虽然心中也有怨言，但也只能安抚属下，"反正我也支持不住了，大家一起睡吧。"

两年前派出的侦探们这时候适时地发挥了作用。

一名侦探引导王子城父、戴叔皮、公子贺带着各自部属，悄无声息地潜近赤狄营盘，直至十数丈外，几乎连哨兵的五官都看得清楚。王子城父扫了一眼，一共只有五个困睡的哨兵，吩咐身边一员牙将："两人瞄准一个，动作要快。"

于是有十人取出短弩，两人瞄准一个。牙将压低声音说："放！"

五名哨兵哼都来不及哼一声，便倒在地上，没有发出一点响动。

王子城父一挥手，三国兵将齐出，一面纵火，一面杀敌。许多狄兵在睡梦中被惊醒，跑出帐外想看个究竟，在恍惚间就被箭矢、长戈结果了性命。

“卢铎在那边。”侦探眼尖，认出脱去盛装的狄王，马上告诉王子城父。

“父王，快跑，儿臣殿后。”阿图领着数十名心腹，手执长刀、短铤，掩护狄王卢铎跨上骏马，飞驰而去。

这一声将王子城父吸引过去，他领着十来人乘兵车向卢铎冲过去，眼看卢铎进入了射程之内，正当王子城父张弓引箭时，一名狄兵不要命地向他扑来，王子城父只得将箭放出，射杀这名狄兵。趁这个时机，阿图率一小队狄兵像疯了一样扑向王子城父的战车。不知是谁叫了一声：“狄王之子阿图。”

王子城父左右两边战车上的齐兵见阿图来势凶猛，恐主帅有失，一齐发动冲到王子城父的战车前面，挡住扑来的狄兵。

阿图虽然凶悍骁勇，但骑兵与战车搏杀并不占优势。几个回合下来，不但冲不破车阵，反被王子城父瞅准机会再次张弓引箭，阿图在乱战之中听不到弓箭之声，铁矢正中面额，大叫一声，跌落马下。战车上的齐兵挥动长戈，将阿图刺死在地。

这一战，虽然让狄王卢铎逃跑了，却俘虏了留吁氏头领吁龙，赤狄兵马十损其三。

早晨的薄雾刚被阳光冲破，齐桓公领着大军赶到夜袭的战场，得知前军夜袭狄营，斩阿图，俘吁龙，又见赤狄的首级挂满战车两旁，高兴得手舞足蹈。

管仲剑指前方说：“前面五十里开外便是太行山，翻过太行山，便是一马平川。想必赤狄会在太行山据险而守。此刻我军士气高涨，应趁赤狄立足未稳之机，一举拿下太行。”

王子城父正欲请战，齐桓公以手止住：“大司马，你们已鏖战了一昼夜，必须休整一日。如果明早已拿下太行，你便负责追敌。若不能拿下，你再驰援也不迟。”

说罢，齐桓公与宋、曹两位国君，亲率两万大军，浩浩荡荡杀向太行山。

时值初春，树林尚未挂绿，三国联军穿行在起伏的丘陵之间，半日之后，太行山遥遥在望。大军刚在一座小山前停下，派出去的探子前来报告，说狄王卢铎溃退至此，为报阿图和吁龙之仇，全军都在山口要隘布防，此时正在伐木采石。

管仲听罢默默点头，随后将卢铎的兵力分布、地势路径询问一番，便与国君、大夫们商议。他拿出邢侯派人送来的羊皮地图铺在地上，指着地图说：“前面有两个山口，左边这个叫凤凰谷，谷内地势开阔，利于行军，赤狄必布重兵防守；右边这个叫飞鹰岭，地势险要，仅容一车可行。不出奇招，这个仗就不好打。”

齐桓公笑道：“想必仲父已有良策了吧！”

“办法倒是有一个，我说出来大家议一议，看看是否可行。”

大家纷纷催促快说。

“如果是白天，这仗就不好打，我想利用夜色的掩护，佯攻凤凰谷，实取飞鹰岭。”管仲遥指飞鹰岭左边的山头说，“据探子说，在谷底有路径可通此山头，这座山峰较高，如果能拿下此山，赤狄就无险可守，攻守之势顿时逆转。”

“不如我们潜进山中，在佯攻之处放一把火，烟火均往高处走，赤狄必生大乱。然后以步兵先取飞鹰岭，攻占山顶，兵车随后而发。”说话的是卫开方。

管仲对开方虽然存有戒心，但却不因人废言，马上赞同。于是众人你一言，我一语，将计划制订得更加周详。

曹师负责佯攻凤凰谷，齐、宋两师主攻飞鹰岭。

寅时刚至，大军摸黑饱餐一顿，曹伯和公子贺打上齐、宋两国旗号，虚张声势地进攻山口。一时间烟火弥漫，熏得山上的赤狄连眼都睁不开。狄王卢铎已被前一夜的偷袭吓破了胆，草木皆兵，慌忙在山顶举火为号，命各处的赤狄兵增援凤凰谷。时至寅正，凤凰谷周围杀声鼎沸，鼓声震天。

“主公！时间差不多了，下令吧！”管仲对齐桓公说。

“进攻！”齐桓公立在战车上，亲执鼓槌，鼓舞军心。

山地用兵与平原结阵对敌不同，平原结阵对敌，战车在前，步兵在后，而山地用兵恰恰相反，步兵在前，车兵在后。

齐师所选的精兵，大多经历过远征山戎的那场战争，兵骁将勇，而步兵山地作战却是赤狄的短板，这些精兵连山戎都打败了，又何惧赤狄？隰朋和戴叔皮率领大军，仅一轮冲锋，就攻占了飞鹰岭两边的山头。

隰朋指着山顶一处平地说：“我们把弩机安放在这里，刚好可以射到凤凰谷之中。”

很快，几十架沉重的弩机安装完毕，天色刚亮，居高临下望去，凤凰谷中的赤狄兵虽小如蚂蚁，但仍可看清赤狄的布防。甲士装上近丈长的“巨箭”，点燃缠在上面的油布，两个人合力拉满长弦，扣动机关，“嗖”的一声，一道火光划空而过，落在赤狄兵密集的地方。

隰朋命令，每射三箭，换一个方向，专找赤狄兵多的地方射。

几十架巨弩不停地发射火箭，这些火箭越过树林，自上而下，落在赤狄人多之处。观战的齐、宋两师数千将士，一起击鼓呼叫，山鸣谷应，动人心魄。

曹伯见盟军已经得手，立即变佯攻为真打，下令将士全力攻山。齐、宋两师居高临下，如开闸泄水般冲下山来。

赤狄王卢铎恨得咬牙切齿，虽然奋力抵抗，但已难挽败势。两个时辰后，太行山要隘，尽为齐师所夺。

经过一夜休整的王子城父，也在这时率领精锐赶到，将士们摩拳擦掌，跃跃欲试。

于是合兵一处，留下部分兵力守住隘口，王子城父先行，诸国君在后，继续追敌。

太行山地势险峻，风势劲猛，故雁过太行，时有受不住风力而坠地的。此时正月刚过，峡谷风道寒风似刀，到处怪石嵯峨，很多地方道路狭窄，以致不得不车并轨、马并道。所幸管仲与王子城父早有防备，将帅们的御寒之衣备得足，马匹备了四足保暖的束布和防滑的蹄铁，战车也加了悬钩以加固。

卢铎刚逃出太行，又接到一个惊报，老巢东山皋落氏被晋太子申生攻破，晋人正与齐国上卿国辛合兵一处，向北寻找赤狄主力。

卢铎已是无家可归了，考虑再三，方圆千里之内，已无险可据，东有齐、宋、曹三国联军步步紧逼，南有齐、晋夹攻，唯有北边和西边可去。北面是大戎、小戎、楼烦的地盘，虽然一向通好，但北方苦寒，大军一到，衣食不继，生存都很困难。如此不如西渡黄河，那里是白狄和犬戎的地盘，比较富庶，天气也暖和。想到这里，卢铎令大军先在潞氏的地盘休整一天，补充给养，次日全速西行。

次日，卢铎率领部属刚从潞氏处出发，忽然从北面传来连天的喊杀声，登高远望，只见北面黄尘滚滚，正是天敌王子城父的车队追来。卢铎大吃一惊，立即命令将士加速向西逃遁，正是这个决定，使他来日完全陷入了联军的包围之中。

王子城父正是怕赤狄往北逃，故而尽全力由北向南奔袭，如果赤狄逃向北方大漠，要想追上他们恐怕就更难了。

齐桓公所领北军由北向南压迫卢铎，国辛率部由南向北步步为营，而王子城父则纵兵游击，以快制快，从太行到黄河千里之间，三天三夜，除人畜进食和短暂休息外，一直是回旋奔逐，遇到赤狄，先是一通射箭，然后驾车冲入赤狄队伍中横冲直撞。经过改装的轻车，有一个秘密装置，就是车轴特别粗，毂也特别结实，之前大家都认为是为了坚固之用，但在迎敌之时，王子城父命甲士们将车轴露在轮外三四寸长的梢子拔出，改装上一种三尺有余、锋利无比的四棱刃，命名为“销车”。如果双方车战，倒不见得有什么优势，但这种“销车”冲进骑兵、步兵阵中时，两端的四棱刃专割马脚和步兵的胸腹，以致赤狄兵一见到王子城父的战旗，便望风而逃，不敢应战。

卢铎纵横一生，从未遇到过这么厉害的对手，幸亏黄河已近在眼前。当年攻打卫国，就是黄河救了仅存的七百多卫人。这一次，上天给卢铎开了一个天大的玩笑。当卢铎率狄众来到黄河边，一泻千里的黄河水面上却不见一条船，派人沿河岸搜寻，也是一条未获。卢铎一下子从头顶凉到脚板心。

王子城父似乎不那么急着追赶了，该吃时让士兵们饱餐，该睡时让士兵们养精蓄锐。他早就知道，白狄人镇守在黄河边，黄河水面上不会有船，卢铎向西逃，就等于走上了死亡之路。

前无船只渡河，后有追兵紧逼，羊荒惊恐万分，吞吞吐吐地说："狄王，我们……我们……"

"有话就说，有屁就放。"卢铎大声说，"都什么时候了，还吞吞吐吐。"

"我们投降吧！"羊荒终于说出了他的心里话。

"放屁！"卢铎怒吼，"赤狄人从来只有战死，绝不投降！"

卢铎集结了大小头领，大声说："中原人要灭赤狄的种，他们正在我们的庐帐里搂我们的女人睡觉，杀我们的孩子，烧烤我们的牛羊。我向颠连祈祷，颠连赐言：'北方有水草丰盛的草原'，神让我们往北走，兄弟们，鼓起勇气，冲出中原人的包围，杀到北方去，再建赤狄王国！"

赤狄遭到一连串的失败，甚至连卢铎的老巢都已陷落，他的话不像从前那样如天神之谕。这些大小头领，有的仍气势汹汹，要做困兽犹斗；有的则垂头丧气，彷徨无措。

卢铎命大家今晚饱餐一顿，明天与齐国联军作拼死一搏。回到帐中，卢铎心里却莫名的不安，对明天的局势毫无把握，好像只是对昔日铁蹄纵横、生杀予夺的生涯做一个交代。一夜辗转无眠，于是干脆起来，天未破晓便打马巡营。走到潞氏营地，直觉告诉他有点不对劲，但一时又说不出来。于是询问一名巡防的士兵，他们的头领在哪里。

"在帐中歇息。"巡防士兵言辞闪烁。

卢铎瞪了他一眼，拍马入营。走近羊荒的营帐，里面分明有灯光人声，怎么是歇息？此时还不歇息，召集这么多人在帐中干什么？

“狄王来了。”羊荒手下一名小头目从帐中钻出来小解，碰到卢铎一怔，然后大声说，仿佛是要让里面所有人听到。

“嗯！”卢铎冷哼一声，问道，“羊荒在哪里？”

“在，在帐中议事。”

卢铎跳下马，大步向大帐走去。

小头目扯开嗓子说：“狄王请进！”

帐中的羊荒听到外面的说话声，带两名小头领出迎。卢铎如果警觉，一定能发现蹊跷。羊荒掀开帐幕，卢铎一头钻进庐帐。外面尚有火堆，帐中的灯火却突然灭了，由明入暗，眼前一片漆黑，正要责问时，一条麻绳从后面勒住了卢铎的脖子，又有人拦腰抱住。

“呀！”卢铎一声怒吼，正欲挣扎，身后的羊荒朝他的后脚腕儿狠踹一脚，整个人扑通一声跪倒在地上，手脚同时被人按住，动弹不得。正要呼叫，一块肮脏的破布塞进了他的嘴里。而他随身的侍卫，早已被潞氏的甲士杀得一个不剩。

潞氏的实力本来不弱，仅次于皋落氏，卢铎有意打压，对他们的待遇常有不公，羊荒心里本就有怨气。这次眼看求胜无望，羊荒干脆痛下杀手，准备擒拿卢铎，向三国联军求降，正愁难以下手，卢铎却自己送上门来，于是就有了刚才这场戏。

羊荒活捉卢铎，当即拔寨向齐桓公营盘靠拢，走到五里开外，数千甲士弃械下马，等在路旁，羊荒亲自带两个小头目押着卢铎到齐营乞降。

经过多人指认，确信阶下囚就是昨日不可一世的狄王卢铎时，齐桓公当即嘉纳羊荒的诚意，命人好生安顿降兵。于是兵械入库，战马入厩。

管仲对羊荒道：“潞氏国主弃暗投明，实是顺应上天好生之德，此时兵械战马暂由我们保管，我们乃仁义之师，你们的故地并没有受到侵扰，待战事结束之后，定有厚赏，你尽管放心。”

"谢相国成全。"

管仲问道："其余各部意向如何？"

"他们都在观望，皋落氏、留吁氏本要做困兽之斗，但他们的头领都被擒，蛇无头则不走，如相国信得过我，当随大军在阵前招降。"

管仲道："这当然是最好不过的了。"

于是管仲命人赠羊荒以国君的冠冕、豹纹路车，好让其他头领看到，投降齐国可以如此风光。

次日正午，北、南两军相约而至，结阵合围赤狄。赤狄人已是群龙无首，实力居次的潞氏又投降齐军。当他们看到潞氏头领羊荒风光地站在齐师阵中，当即便有部分赤狄向齐师缴械投降，那些宁死不降的狄兵，奋力向北突围。

齐、宋、曹三国战车海啸般扑上去，一轮冲锋之后，吞噬了无数赤狄人的性命，战场上扔下千数具尸体，余下少数侥幸突围，尽往北方逃走。

齐桓公命潞氏羊荒暂统赤狄六部，将战马发还归降的兵士，又送他们回程的口粮，让他们返回故地。同时，他还让宋、曹两国就近借粮给各部落度过春荒，至秋天时再以牛、羊作价偿还。

羊荒感激不尽，拜伏于地，情愿随齐师西征。

羊荒不敢像卢铎那样称狄王，只以六部盟主的身份遣散赤狄兵，命他们返回故地，好生放牧。自己只带数十名随身侍卫，跟随在齐桓公军中。

弥兵西陲

齐桓公处置完赤狄之事后，晋太子申生这时才有机会与齐桓公细谈。

"齐侯殿下，晋国所处之地，戎狄环绕，其中以皋落氏为甚，幸齐侯派上卿相助，才解晋国心腹之患。"申生言语得体，齐桓公相当满意。

申生接着说，“赤狄虽然臣服，但白狄、大戎、小戎等部落还在，他们都是骁勇善战之徒，若蒙齐侯玉趾亲临，布威西陲，可消弭兵灾，长保太平。”

齐桓公正有此意，便与宋、曹两国国君商议，但两国国君畏惧路途遥远，希望早日罢兵返国。齐桓公征询管仲的意见。

管仲道：“往日主公的号令不逾太行，既然狄王已擒，潞氏归服，不妨再渡河西进，与戎狄歃盟。如此一来，江汉以北尽为主公掌握。”

齐桓公道：“宋公等觉得路途遥远，既便是歃盟，来日对戎狄也仍是鞭长莫及。”

管仲当然明白宋、曹两君的心思，说道：“两位国君乃守成之君，无雄视天下之意，自大周建立以来，有哪位诸侯的号令，东至海滨、西至戎狄、北至燕山、南至江汉？此第一人者，非主公莫属。”

这番话激起了齐桓公万丈雄心，于是也不再勉强宋、曹两君。休整数日后，各道一声保重，宋、曹两君率部返回，齐桓公则以王子城父、申生、羊荒为先锋，亲自率大军押着狄王卢铎出发。

齐桓公率联军破赤狄、擒卢铎的消息传遍西陲，率真的蛮族之人对强大的齐桓公敬佩无比。

几天之后，齐国大军进入晋国境内，从那里穿过卑耳山。卑耳山聚居着一个名叫貉的少数民族，貉族在商朝时曾生活在江淮一带，后逐渐迁至卑耳山。貉族首领塔克见齐国已收服赤狄，又与晋国结盟，便引族人下山归服。

管仲赏赐了不少重锦罗绮、牛羊五畜，塔克感激不尽，表示愿意随齐桓公渡河巡狩。管仲正愁地形不熟，塔克主动请求随行，当然是求之不得了。

“太好了！”塔克说，“貉族人少力薄，能得霸主支持，是貉族之幸啊！请相国让大军先休息五天，塔克将带领族人在谷中修出一条路，让大军顺利通过卑耳山。”

管仲非常高兴，知道貉族壮丁不多，当即吩咐曹孙宿领五百士兵相助。塔克倾全族之力，果然在五日之内将十数里狭窄山路拓宽，坑洼之处填上沙石，修整得可并车而行。

大军越过卑耳山，便是黄河龙门一段，水流湍急。齐桓公天生怕水，这事只有少数几位重臣、近侍知道。此时春暖冰融，正是桃花汛期，水流丰沛，风急浪高，河面较平常也宽了不少，让齐桓公乘船过河，一定会当众出丑。管仲找来塔克、羊荒等人商议过河之法。

管仲并不直说齐桓公畏水，而是说："河面宽阔，浊浪滔天，霸主及各位大夫身份高贵，绝不可像庶人一样随波而渡，且军中革车颇多，这也要想一个办法。"

塔克点子多，略一想后，双眉一扬，笑着说："方舟投柎，乘桴济河，可保无虞。"

塔克的办法既简单又可行，就是将船和筏两两相接，船重则不惧湍流浪多。渡河那天，也恰好风缓浪平，齐桓公高高兴兴地昂首过河，三军旗帜招展，结阵而行。

大军抵达石沈，白狄四部首领、号白狄子的栾玛，早就等候在石沈郊外的路上，见齐侯车驾一到，马上迎上前自报姓名："白狄子鲜虞氏栾玛，恭迎方伯大驾。"

齐桓公下车回礼。栾玛再拜道："齐侯殿下为天下事奔波操劳，大德无疆，今蒙齐侯殿下纡尊降贵，亲临敝境，实乃白狄之幸事。"

齐桓公笑道："白狄子亲迎于道，诚意拳拳，快起来说话。"

栾玛站起，趋前一步，略显忐忑地说："白狄人心不齐，前番齐侯殿下伐赤狄，未能与霸主亲冒矢石，栾玛实在有愧。"

齐桓公爽朗一笑，摆摆手说："联军围剿赤狄时，贵国沿河坚壁清野，已是大助我师了。"

管仲也趋前一步说："管夷吾见过白狄子殿下。"

"你就是相国仲父？"栾玛恭维地说，"仲父之贤，虽夷狄之人也有所闻。"

"夷吾只是辅佐明主，顺应民心而已。"管仲问道，"只是不知国主其他的盟属何在？"

栾玛道："白狄有四部，以我鲜虞氏为首，其余有肥氏，建流沙国；

鼓氏，建西虞国。这两位首领，蛮夷之习不改，中原伐赤狄时不肯出力，他们不敢来见齐侯，正在我帐中待罪。”

“好说，好说。”齐桓公道，“我与赤狄新首领羊荒也如兄弟，何况他们？请他们一起来见吧！”

栾玛连忙谢过，派侍卫飞骑传召。

管仲接着问栾玛：“殿下刚才不是说有四部吗？还有一部怎么没有介绍？”

“还有一部名仇由氏，建国大夏，头领名阿的江，自恃山高林密，又怕获罪于上国，我虽然几番劝诫，仍不肯出山谢罪，反而将山路封塞，自绝于方伯。”栾玛无奈地叹了一口气，“都是我无能，平日太纵容他们了。”

齐桓公听了，双眉一攒，显然有些不快。

管仲见此时人多嘴杂，不便议事，于是笑着打圆场：“大幕已建好，不如到幕中置宴避寒，有什么话，可以慢慢说。”说罢，引领大家进了齐侯的大幕。

厚厚的牛皮大幕，将寒气阻隔在外，虽是行军在外，但大幕内的布置一点也不含糊。齐侯的大幕并不像游牧民族的蒙古包，而是四合如屋，以帷作墙，以幕作顶，如同宫室。地上铺着一层厚及一寸、以牛羊毛编织而成的氍毹，四周点着雁型兰灯，阵阵幽香扑鼻而来。大幕之内，列鼎七樽，肉味馨香，配以六簋，装满膏粱。易牙正指挥婢儿侍从忙而不乱地为客人安排酒浆佳肴。

齐桓公独居一席，众大夫居左，夷狄首领居右，尽情欢宴。

次日，齐桓公召集众人议事，接着昨天的话题，还是从避而不见的仇由氏说起。大家议论纷纷，有的主张兴师伐罪，有的主张置之不理，有的主张先联盟后兴师。

塔克一直没有发言，见众人说得差不多了，越席道：“仇由氏不足万人，甲士不足两千，仅凭山高林密居而守，何劳大军征伐？”

“国主已有良策？”管仲很有兴趣地问。

“塔克只需带随行的卫士百余人，请王子城父派兵在山外接应，便可擒拿大夏国主。”

“一百余人？”白狄子栾玛以为自己听错了。

“没错，其实十数人足矣！这百余人只是沿途做接应。”塔克说，“我们貉人有一不传绝技，攀越峭壁如履平地，逾墙入室如返家门，称为隐术。近身擒拿格斗，更是拿手。”

在众人半信半疑之时，管仲发话说：“那就有劳国主辛苦一趟了。”

凭直觉，也凭相处几天的观察，管仲知道这位貉族首领塔克绝非轻浮邀功之人，一定是有把握才会说出这番话的。

两天之后的一个夜晚，塔克带领十几名族中高手，从后山悬崖峭壁之处攀上山，放倒守卫，潜入大夏国主阿的江卧室，将睡梦中的阿的江劫持出来。从室外到山口，都有貉族隐术高手把守接应，塔克将阿的江顺利地送到在山外接应的王子城父车前。

王子城父不禁惊叹道：“国主百人，胜我千军万马，真是山外有山，人外有人呀！”

“将军，此乃雕虫小技。”塔克说道，“如果不是国强兵盛，纵有如此手段，不也是照样被外族欺凌。”

在齐师军中，关押着两名蛮族首领——赤狄王卢铎和大夏王阿的江。

齐桓公对这次西征所取得的战果非常满意，如何处置两个在押的蛮首，他却还没有想出具体办法，于是请教于管仲说：“仲父，两个匪首如何处置？”

管仲说道：“分而治之！”

“何为分而治之！”

“杀狄王以立威，赦大夏以示恩。”

管仲其实早已熟思于胸：对于作恶多端，屡侵邢、卫，荼毒中原的赤狄王卢铎，当然罪不容赦。而潞氏归服，此时正好利用他们制衡赤狄六部。一旦赦放卢铎，将置羊荒于何地？卢铎余威犹在，所以只能杀之，以绝后患。至于大夏阿的江，则另当别论，一来白狄子多有求情，二来阿的江本人也有悔意，情愿归服。这个面子还是要给的。

“仲父之论英明，隰朋觉得也应如此。”

“好，就这样定了。”齐桓公道，“但赏赐厚薄要有区别，否则，如何让早早归服的各部甘心呢？”

隰朋道：“依臣之见，白狄在征战赤狄时，态度观望，故白狄虽强，但赏赐不应过于貉族塔克。”

“隰大夫所说甚是。”齐桓公想了想说，“会盟不日将要举行，应用何礼为宜？”

管仲道：“入其乡，随其俗，在其地，行其礼。我以为应杂用戎狄之俗，不妨以中原之礼叙先后尊卑，而莅盟宜用戎狄之神，方能收服戎狄之心，否则，即使取盟，也不能取信。”

因此，用白狄的巫师择定良辰，筑土成台，与盟之人在钟鼓中按序登台。

齐桓公居尊，晋太子申生次之，之后依次为白狄子栾玛、赤狄潞氏羊荒及卑耳貉塔克，管仲为司盟。其余各部不够资格登顶层的，就在次级排列。

先以中原之礼，由齐桓公宣告盟辞，不外是“裔不谋夏，夷不乱华”“救济荒年，通商易货”之类。然后，由潞氏羊荒向颠连上天禀告昔日的赤狄王卢铎罪孽深重，违背神旨，在台下斩首示众。

如果依中原的习惯，誓告应将主券埋在坎内，以取信于“地神”，副券由各方人手一册。但戎狄没有文字，他们以口相传，管仲于是请各族以本族方言复诵一次。于是好一阵“吱呀唔呢”，一个个容颜庄重，指天而誓。

既然莅盟是用戎狄之神，便不用“执牛之左耳”了。台上架起柴堆，上面堆放着牛羊粪，点燃之后，狼烟火光冲天而起。狄族的巫师，头戴彩冠，身披羽服，在众首领面前跳起祭告颠连和狼神之舞，不时将熏肉和盐投到火堆中，马上爆出一片火花。在半里之处，竖起九根木桩，上面各系一只黑色母羊，等候狼群来食用。

狼群一见到狼烟，闻到熏肉味，知道必有肉食，就会寻迹而至。但此次任凭巫师一遍又一遍吟诵筮辞，就是不见狼的踪影，巫师于是在白狄子耳边小声说了几句。白狄子恍然大悟，向齐桓公说："齐侯殿下军威太盛，以至狼神有所畏惧而不敢前来，可否请暂罢旌旗？"

齐桓公同意，当即下令偃旗息鼓。果然，不一会儿，早已饥饿的狼群慢慢靠近过来，经过几次试探，见没有危险，领头的苍狼龇牙皱鼻、目光如刀，从喉底发出冒水泡一般的呼噜声，这是杀戮前在肚腹里发出的咆哮声。献祭的黑色母羊听到狼的咆哮，早已惊恐万状，领头的苍狼从地上弹起，摁住一头咆哮着咬开它的喉咙，然后大口大口地撕咬起来，其余的野狼一拥而上，纷纷撕咬绑在木桩上的羊。不到一刻时间，九头羊被狼群风卷残云般吃得一干二净，连骨架也不剩，只有一些黑色的羊毛和血腥味仍留在草地上，诉说着这里刚刚发生的"神圣的杀戮"。

看到狼群吃光了九头羊，戎狄从首领至奴隶，都举手欢呼，欣喜互告。

经过这次浩劫，邢、卫的都城已破败不堪，齐桓公准备帮助邢、卫两国重建都城，并迁到靠近齐国的地方，以便旦夕可救。

隰朋却有不同意见，他说："再封邢、卫，似乎不必要。这两个国家之所以灭亡，实在是由于地狭民寡、国君失德所至，不如趁机兼并两国。"

"存此两国，本意也是为齐国之屏藩。"齐桓公道。

"用其为藩篱，不如并其为国土。"隰朋说，"今天虽能存亡封国，难说他日邢、卫因其积弱难返而被他国吞并，与其如此，不如齐国先兼并他们。"

齐桓公一时拿不定主意，便问管仲。

管仲沉思片刻，郑重地说："并国虽有实力，但齐国之所以能成就霸业，并不完全凭恃自己的实力与兵威，既然以'尊王攘夷'为号召，就必须秉承礼义，方得以为中国领袖。如果贪于土地和人民，将失天下之心，齐国的霸业也就失去了赖以生存的基础。孰重孰轻，相信主公拿捏得起来。"管仲转而对隰朋说，"东夷之地与齐国相近，取之可壮国力，且还不失信于诸侯，何苦夺邢、卫之地呢？"

齐桓公道："既然仲父有此远虑，就依仲父之议。"

于是，齐桓公广召诸侯，群策群力，将邢国都城迁到夷仪（今山东省聊城市西），并率领诸侯帮助邢国筑城。在这次迁都过程中，诸侯之师帮助邢国把财物器用统统搬到了新的都城，一点也没有据为己有。不仅如此，齐国还无偿地送给邢国两百乘战车和一千名带甲的士兵。

历史上称邢国这次迁都为"邢迁如归"，把它作为齐桓公的美德之一。正如管仲预料的那样，齐国既消耗了狄人的实力，自己又没有什么损失，还获得"存亡"的美名。

次年，齐桓公又号召诸侯帮助卫国在楚丘（今河南省滑县东）重建都城，开工筑城所用的木材、粮食等都从齐国运来，不到一个月，新城落成。历史上称此次筑城为"封卫"。由于齐桓公的妥善安置，卫国人忘掉了灭国的耻辱，史称"卫国忘亡"。

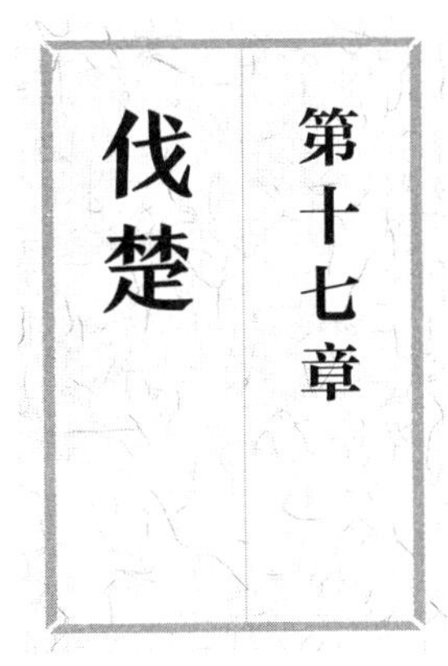

第十七章 伐楚

名为攻蔡

楚国是南方大国，但却被中原华夏诸侯视为夷狄、蛮夷。就实力而言，楚国较之齐国，也弱不到哪里去；就发展空间而言，齐国濒临东海，楚国却有东南广袤富饶之地，楚国胜出；就文化而言，楚国虽被称为“蛮夷”，但其文化底蕴并不低于中原诸国；就传统和渊源而言，齐国的姜太公是文王、武王的功臣，楚国的鬻熊也有功于文王。因此，齐国要保住霸主地位，除了大力发展经济、加强军备、扩充实力之外，还有就是要利用中原诸国把楚国视为“蛮夷”而不予认同的心理，通过“攘夷”的口号，使中原诸侯紧紧地团结在自己的周围。

齐国是中原霸主，楚国是南方大国，两国之间只是暗自较劲，并没有正面接触，除非在战场上一较高低，否则谁也不服谁。齐、楚战争的危机随时都有可能爆发，就差一根导火索。

然而一个特殊的女人，一个偶然的事件，不经意间，将这根导火索点燃。

当年，齐桓公的第三位夫人蔡姬于御苑湖中戏水而惹祸，齐桓公一怒之下将蔡姬遣送回娘家，但并未休妻。蔡姬的哥哥，蔡穆公见齐桓公将妹子遣送回娘家，认为这是休妻，是蔡国的奇耻大辱，一怒之下将妹子再嫁给楚侯。

蔡姬嫁到楚国，等于蔡穆公投进楚国的怀抱，齐、蔡两国没有公开决裂，但昔日的盟友，已转变为对手。

管仲唯恐齐桓公接受不了这个事实，吩咐大家不要将蔡姬改嫁之事告诉他。但竖貂唯恐天下不乱，一段时间后，也知道了蔡姬改嫁之事，并立即将消息透露给齐桓公。齐桓公果然暴跳如雷。当初齐桓公将蔡姬遣送回蔡国，很大程度上是竖貂从中作梗，其实他心中并无休妻之念，蔡穆公竟敢将他的女人嫁给别人，这是对他的极大侮辱和不尊。于是他立即宣布发兵伐蔡，要让蔡国因寡义而付出血的代价。

管仲知道齐桓公的脾气，盛怒之下做出的决定，想劝他改变主意简直就是痴人说梦，但他不愿意看到自己苦心经营多年的霸业和齐桓公在诸侯心目中树立的形象，被齐桓公在盛怒之下毁于一旦，中原诸侯国又将会回到从前一盘散沙的局面，而这种局面正是楚国想看到的。权衡利弊得失，管仲决定把齐桓公报复蔡国的军事行动，变成一次与楚国正面较量的战争。管仲不主张以武力解决问题，但事已至此，不得不铤而走险了。

恰在此时，楚国以斗廉为大将，率四百乘战车征伐郑国。郑国自知不敌，派使臣到齐国求救。这更加坚定了管仲决定与楚国进行一场正面交锋的决心。事关重大，管仲屏去无关之人，只留下高、国、隰、宁、鲍、宾、仲孙七人在旁。

“主公数年以来，救燕存鲁，城邢封卫，恩德加于百姓，仁义布于诸侯，诸侯对主公心悦诚服。主公为霸主，已是众望所归。主公若想用诸侯国之兵，现在是时候了。”

“仲父是说救郑？”

“救郑不如伐楚。”管仲道，“伐楚仅凭齐国一国之兵，显然并无胜算，主公可号召诸侯，共同出兵伐楚。”

齐桓公不无担心地说：“大合诸侯，楚国必有所防，如此一来，联军也不一定稳操胜券。”

“主公不是要伐蔡吗？”管仲笑着说，“我们就以伐蔡为名，蔡与楚接壤，咱就来他个明蔡暗楚，待联军兵临蔡国城下时，突然调转方向，直指楚国，打他个措手不及。兵法上这叫作‘声东击西’，出其不意。成功与否，在于保密，事密则成，否则无功而返，诸位务必要缜密处之。”

众人纷纷点头。

齐桓公道："前几天，江国和黄国不堪楚国的欺凌，派使臣来齐，欲投归齐国盟下，这两个国家紧邻楚国，寡人欲与他们结盟，以做伐楚的内应。仲父以为如何？"

"不妥！"管仲不假思索地说，"江国和黄国都是楚国的邻国，也是楚国的附属国，若与齐国为盟，必然激怒楚国，楚怒必兴兵讨伐。到时，齐国如果施以援手，但路途遥远，鞭长莫及，撒手不管，则又有失同盟之义。何况中原诸侯，大多数都是齐的盟国，何必借助这两个蕞尔小国之盟而将地上的葫芦拿到颈项上吊着呢？不如好言委婉辞之。"

"他们都是小国，慕名而来，若辞掉他们，恐有失人心。"齐桓公有些担心地说。

"主公若有如此考虑，臣无话可说。"管仲道，"请主公记住臣今天的话，他日不要忘了江、黄两国之急。"

"舒国是楚国的附属国，倚楚国之势，助纣为虐，常欺凌其他的小国。"齐桓公道，"江、黄两国都提到这件事。若不主持正义，这些小国的日子不好过。寡人欲先铲除舒国，以剪除楚国之羽翼，仲父以为如何？"

管仲说："徐国与舒国很近，主公可令徐国突袭舒国，舒国一举可破。再令其作为我们伐楚之援。江、黄二君，可令其各守本界，随时听候调遣。"

齐桓公说道："请仲父立即修书，邀约宋、鲁、陈、卫、曹、许各国国君，约定日期于上蔡会合，明为讨蔡，实则伐楚。"

隰朋蹙眉想了想说："仲父此谋关键之处在于出其不意。依我看，会盟时对其他七国诸侯也不要尽将底细告知，只告诉宋、鲁两国即可。"

高傒也接口说："对，其他几国都是助威而已，有齐、宋、鲁三国牵头，他们一定没话说。这样吧，鲁人也常念着臣为平定鲁难时所尽的微薄之力，鲁国那边就由我去负责联络。"

"好！"齐桓公高兴地说，"有高卿亲自出面，寡人没有什么可担心的了。"

宁戚也主动请缨："出使宋国，就让臣去吧！"

"宋公相当欣赏你，每次见到寡人，都要问起你。"齐桓公笑着说。

此时已是决战前夕，不能出半点差池，有这些重臣出马，管仲才放心。他接着说："此事宜快不宜迟，迟则江、黄危矣，现已近年末，就赶在年底吧。"

齐桓公三十年（公元前656年）春正月，齐国发七百乘战车，宋、鲁各四百乘，郑、卫各二百乘，其余三国各发百余乘，合计两千三百余乘战车，士兵六万余众。按照约定，各国先后而至，会师于蔡国边境的交通要隘多鱼。

打仗当然要令出一处，诸侯公推齐侯统率六万联军。管仲作为总理军中庶事的副帅，先登坛申明伐蔡的理由，当然就是蔡国将归宁的齐夫人蔡姬改嫁他人。此事即使是发生在庶民之间，也是极大的仇恨，要么诉讼，要么斗殴方能解决。不过双方当事人的实力悬殊太大，一边是一呼百应的中原霸主，一边是孤独无援的蔡国。

管仲还有更远的计划，希望在征服楚国时，不仅要用兵威，更要用仁义。于是，在列举蔡国之罪后，管仲宣布了征战的纪律：

> 进入该国的地区，不准亵渎神位，不准打猎，不准破坏水利工程，不准烧毁房屋建筑，不准砍伐树木，不准擅取家畜、粮食和用具。见到老人和儿童，要护送他们回家，不准伤害。即使遇到少壮的人，只要他们不抵抗就不以敌人对待。对于受伤的敌人，给予治疗，而后放他们回去。

各国之师会聚在一起，短期内很难做到三军协同如一，但至少要进退一致，如此一来，指挥信号要统一。为此，管仲不忙于攻蔡，大军在多鱼驻扎几天，进行发号施令的最基本的训练。

不明就里的将领都认为管仲在对付一个小小的蔡国上，实在是杀鸡用了牛刀，小题大做，只有少数几个人知道个中奥秘。但齐、宋、鲁三国之君都带头演练，其他人也就没有什么好说的了。

竖貂看到齐桓公亲临操练，不禁抱怨道："仲父也太谨慎了吧，对付一个蕞尔小国，犯得着如此兴师动众吗？害得主公如此受累。"

齐桓公听了格外受用，觉得竖貂对自己一片忠心，竟然向他透露只有少数人知道的军事机密："对付蔡国用得着如此劳师动众吗？此次兴兵，名为攻蔡，实则伐楚。"

竖貂得此惊人之谋，不禁掩口咋舌。齐桓公有些得意地看着竖貂。竖貂心眼转得快，立即请战："主公，攻打蔡国，臣请打头阵。"

"总管想夺头功？"齐桓公笑道。

"臣跟随主公左右，这次争个头功，给主公添彩。"

竖貂的算盘打得很精，蔡国是个小国，不堪一击，只要打头阵，就等于拿到了头功。

"去找仲父吧！"齐桓公道，"就说是寡人叫你去的。"

竖貂刚走进管仲的大帐。

管仲对于这次伐楚之战成竹在胸，正在灯下抚琴自娱，见竖貂进帐，一边抚琴一边问："主公有事吗？"

"没有。"竖貂吞吞吐吐地说。

"那就是你有事了？"

"卑职是想……"

"想打头阵？"管仲预料竖貂此时来，一定得到齐桓公的许可，这个头阵无论谁去打，都是稳赢不输，既然竖貂想抢头功，那就给他。不待竖貂开口，说："给你战车一百乘，甲士三千五。"管仲顺手拿起手边早已写好了的军令，"这是军令，拿去吧！"

竖貂惊异地接过军令，一脑子的雾水，心想：怎么军令这么早就拟好了呢？

管仲微笑着说："竖貂将军，还有事吗？"

"没……"竖貂有点语无伦次地说，"没有！"

"去吧！"管仲手一挥，"祝你旗开得胜。"

蔡国是一个弱小之国，投靠楚国之后，以为有楚国做靠山，军事上并无多大防备，直到大兵压境，蔡穆公才匆匆招兵守城。竖貂率军攻到城下，蔡穆公只是坚守不出。竖貂折腾了一天，至夜无功而退。

蔡穆公得知攻城主将是竖貂，心中窃喜。多年前，妹妹蔡姬就是由竖貂迎娶到齐国去的。他知道竖貂是一个见小利而忘大义的宵小之辈。连夜召来相国宋儒和大司马叔达，商量应敌之策。

蔡穆公疑惑地说："寡人不理解，对付一个小小的蔡国，齐侯竟然以八大诸侯联合征伐，有必要如此大动干戈吗？"

"臣也为此疑惑不解。"宋儒也有同感。

"兵来将挡，水来土掩。"叔达愤愤地说，"大不了拼个鱼死网破。"

"不行。"蔡穆公道，"还是要摸清敌人的真实意图为好。"

宋儒问道："仓促之间，如何能摸清敌人的意图？"

蔡穆公说道："敌军攻城主将竖貂，是个贪图小利的角色，如果重贿此人，必定能从他那里探得口风。"

宋儒道："臣与竖貂将军有过一面之交，愿夜入敌营，探听虚实，然后再做打算。"

竖貂攻城无果，正在帐中喝闷酒，一名侍卫进帐报告，说营外有两人求见，说是故人。

竖貂一愣，心里想，两军阵前哪来的故人？想归想，既然说是故人，就没有理由不见，于是吩咐："请他们进来。"

宋儒带着一个随从走进来，拱手施礼："宋儒拜见将军。"

竖貂一愣，认出是蔡国的相国，马上拉下脸来说："两军阵前，为何夜探军营？"

宋儒谦恭地说："竖貂将军，能否借个地方说话？"

竖貂从宋儒的眼神里心领神会，屏退侍卫，口气有所缓和地说："说吧，到底有什么事？"

宋儒将竖貂引到门口的车旁，掀起盖布的一角，里面全是黄灿灿的金帛及五光十色的珠宝，放下盖布后回到大帐里，宋儒道："这是蔡侯的一点小心意，不成敬意，请竖貂将军笑纳。"

竖貂立马换了一副笑脸道："二位有话快说，两军阵前，这里不是久留之地。”

宋儒道：“齐侯举兵，君上大惑不解，不知蔡国何事触犯了齐国，使齐侯大动干戈？”

竖貂狡黠地一笑道：“蔡姬现在在哪里？”

宋儒道：“蔡姬被齐侯逐回家来，已改嫁楚侯。”

“蔡姬被齐侯遣送回家，但并未休她，蔡姬还是齐侯的夫人，蔡侯怎么能将她嫁与他人？”

宋儒道：“如果仅仅是为了蔡姬之事，齐侯何必如此兴师动众？蔡侯愿负荆请罪，何必要令生灵涂炭？”

竖貂冷笑一声：“蔡国乃弹丸之地，用得着我主亲征？”

“那又是为何？”宋儒不解地问。

竖貂压低声音说：“快快逃命去吧！”

宋儒大惊失色：“齐侯真的要灭了蔡国？”

“何止一个蔡国？”竖貂神秘地说，“八国诸侯会合之后，不但蔡国将被夷为平地，楚国也要一锅端。”

宋儒见事态严重，立即告辞回城，将齐侯纠集七国诸侯，先侵蔡，后伐楚的军事机密向蔡穆公作了汇报，蔡穆公大惊，连夜率领宫眷大臣，大开城门逃往楚国。

竖貂得知蔡穆公弃城而去，蔡都已是群龙无首，形同空城，天亮之后，立即率兵攻城，在没有遭到任何抵抗的情况下，轻而易举地开进城中。竖貂第一个登上城头。

这是一场没有悬念的战争，《左传》用了罕见的字眼——蔡溃，以形容蔡国毫无抵抗之力，兵败如山倒。

实则伐楚

蔡溃之后，蔡国的库藏、战车戎器以及俘虏人口，被分成八份，按各国出兵多寡进行瓜分。齐国依然表现出高姿态，虽独出七百乘战车，但只与宋、鲁分取同样的战利品，博得诸侯的赞美。

庆功宴上奏响了乐声，蔡国的舞姬彷徨着亡国后的身世命运，卖力地轻歌曼舞在诸侯、大夫之间。正在宾主尽欢之时，管仲向齐桓公递去一个意味深长的眼神，齐桓公会意，微微颔首。

此时，乐师以一声甬钟的悠长回响，终结了刚才黄钟大吕的喜庆。钟鸣鼎食是相辅相成的，奏什么音乐，就是提示燕飨的环节和主题。齐桓公收摄心神，一改刚才庆功的喜悦。

优雅的琴声拉开新的一曲，宾客们虽然互相应酬，但眼睛不时瞟向齐桓公，见他庄正神色，又听琴声一起，辨出是羽调。宫音沉厚中平，羽音则铿锵激昂。许多人心中不禁生出疑问，一时觥筹交错的气氛，像被寒风冻凝了一般。一名男歌者，倚着琴声，击节而歌：

四牡騑騑，周道倭迟。

岂不怀归？王事靡盬，我心伤悲。

……

驾彼四骆，载骤骎骎。

岂不怀归？是用作歌，将母来谂。

这首歌的大意是周王手下一名小小官吏，因公务缠身，驾驶四马快车，在外为王事奔走，在漫长的征途中，虽然思念故乡、思念父母，但看到纷乱艰难的世事，不敢怀归，而是不殚其力，勤于王事。

一曲终了，齐桓公长叹一声："小吏能勤于王事，我身为太公之后，大国之君，却不能为天子分忧，为中国解祸，心有惭愧啊！"

齐桓公此话一出，必定有所指，到底是什么意思呢？众人纷纷揣度其意。许国国小爵低，但许穆公年龄居长，反而没有顾虑，开口道："齐侯领袖中国，北逐山戎，西攘诸狄，今日又灭罪蔡，已建不世之功，君侯何出此叹？"

齐桓公做出忧愁之状说："戎狄之患，仅及皮肤，荆楚却觊觎中原，与周王室分庭抗礼，这才是心腹之患。"

郑文公经过叔詹与管仲暗通款曲，心里想：这大概是要对付楚国了。事关切身利益，于是接过话茬说："荆楚贪得无厌，侵凌汉阳诸姬，又屡次侵郑，意在中原，郑国之危，实是中国之危。这次蔡国胆敢对霸主无礼，一定也是楚国在背后捣鬼。"

齐桓公见气氛差不多了，说道："中原八国诸侯，一日便攻下上蔡之城，诸君不辞辛苦，亲自到这里，如果仅为区区蔡国而来，似乎是杀鸡用了牛刀，师劳功小。不如趁现在一战而胜，士气如虹之际，八国联合伐楚，打他一个出其不意，措手不及，彻底解决荆楚之祸。此方为不世之功，岂是破一个蔡国可比？"

宋桓公事先早通过气，立即接口说："依我看，诸侯之师有兵车两千，兵士六万，楚国即使倾国而出，不过千乘之师，岂能与联军相抗衡？"

"我也赞成宋侯的提议。"鲁僖公年幼，不敢多言，只简单地表示赞同。

卫文公连主力部队的三百乘战车都是齐国送给他的，更没有不赞同的道理。郑文公期待中原帮他出头，更是喜从天降，于是举双手赞同。陈、许、曹三国自然也随大溜，况且他们的国土多与楚国相邻，征服楚国，当然对他们有利。

这些都在管仲的意料之中，于是当场宣布全军总动员，在蔡国休整三日，即赴楚国。要在不知不觉中绕到攻郑的斗廉大军身后，杀他一个措手不及。只要灭了这支精锐，楚国就会元气大伤，除了乞降，恐怕别无他路可走了。

虽然没有追兵，但逃命的蔡侯仍如丧家之犬，幸好斗廉的驻地就在蔡境西面三百余里之处，两天两夜兼程，蔡侯一刻都不敢耽误。楚国大将斗廉见蔡穆公惶惶如丧家之犬，惊问："蔡侯殿下，发生了什么事，怎到如此地步？"

蔡穆公哭丧着脸说："我现在已成丧国之君了啊！"

"怎么回事？"斗廉惊问。

"齐侯率八国联军，名义上攻蔡，真正的目的是伐楚。"

虽然是春寒料峭，斗廉仍是惊出一身冷汗，忙向蔡穆公长拜致谢：“幸得蔡侯星夜来报，否则楚师危矣！”

“寡人自身难保，还得托身各位。”蔡穆公一脸的苦笑。

斗廉命人腾出一座军帐，先请蔡穆公休息。

斗廉本来是出师伐郑，中途突然遇到事关国家生死存亡的重大事情，一时没了主意，于是与叔叔斗章、侄儿斗班商议。

“进则敌众我寡，毫无胜算，退则郢都必危。”斗廉说出了他的担忧。

斗章道：“如此说来，进也是输，退也是输。”

“当务之急，要派人赶回郢都报告楚王。”斗班说道，“既然进退两难，那就按兵不动。”

“联军杀过来了怎么办？”斗章问。

“我倒有一个办法。”斗班说道，“不过有点冒险。”

“快说！”斗廉催促道，“有什么办法？”

“我出使蔡国所授的建节还没有上缴，我想再用一次，谎称奉楚王之命，在楚国边境迎候中原诸国之师。他们不知虚实，多半不敢贸然犯境，这样可以拖延中原诸国进攻速度。”

“虽然不合规矩，但事急可以从权，况且这是为了楚国之安危着想。”斗廉拍拍斗班的肩膀说，“如果有什么事，一切由伯父担当。”

当天晚上，斗班换上使者的车服，执节连夜奔赴蔡、楚边界。斗廉则派骁骑乘快马飞赴郢都，向楚王报告蔡穆公送来的情报。

兵贵神速，就在斗班赶到边境的第二天中午，刚立好帐篷时，就听到远处隐约传来如滚滚闷雷般的车轮声。他赶紧登上土坡，放眼远眺，极目之处，只见尘土滚滚，像一股能吞噬一切的飓风般席卷而来。稍近些，兵车与士卒，听金鼓之令，列阵而行，不惊不乱。尤其是军中的旌旗：中军有方伯大纛、行军的旗章、各国的军旗、各大夫的旗号，五彩纷呈，犹如一片旗海。

斗班心里暗暗叹服，幸亏得到蔡侯的密报，否则，楚国危矣。于是，他立即将车停在道路中央，下车立于道旁。

不一会儿，联军的前锋已到，领军之人正是齐国大司马（此时王子城父已病逝）仲孙湫。斗班驱车迎上前拱手问道：“来者可是中原诸侯之师？”

“正是。”仲孙湫见斗班一身楚国大夫服饰，手执使者建节，暗自吃惊。

“楚国大夫斗班，奉寡君之命，在此等候齐侯殿下多时，烦劳将军通报。”

“齐侯大军稍后便到，尊使请稍候。”

“有劳将军。”斗班神态坦然。

仲孙湫令兵马停止前进，立即派人向中军禀报。

齐桓公大吃一惊，问管仲道：“仲父，楚人怎么知道联军的行踪？”

管仲两眼如电地射向竖貂，冷笑道：“想必有人泄露了消息。”

竖貂装作没事儿的样子，说道：“主公，蔡侯已逃到楚国，楚王知道这个消息不足为怪。”

“仲父！”齐桓公道，“楚王既派使者等候，一定有话要说，走，去会会这位楚国使臣。”

齐桓公令驭者催动战车来到阵前。

智斗

斗班从来车的杏黄大旗和旗上的“方伯”二字上，知道是齐桓公驾到，便马上站到路中间，双手一抱拳，不卑不亢地说：“我乃楚国大夫斗班，来者可是齐侯？”

管仲代为答道：“正是。”

斗班看了管仲一眼，冷冷地问：“你又是谁？”

“管仲是也。”管仲从口气中估摸，来者一定要发难，故意问道，“斗大夫到此，有何见教？”

斗班深深一揖：“楚使斗班见过齐侯、仲父。”

“斗大夫不是领军侵郑吗？何时又做了楚使？”管仲神色轻松地说。

“寡君早就想消弭兵灾，伐郑只是不得已而为之事。”

斗班并不称楚王为“王”，而是用“寡君”，是免授人以柄。他对管仲之问避而不谈，故意宕开一笔，“寡君闻上国车徒，辱临敝邑，特命斗班为使，在此恭候上国，所幸得见齐侯、仲父。斗班有话要问齐侯。”

齐桓公手一挥：“请讲！”

斗班提高声音，问道：“国君你住在北海，楚君住在南海，一个南、一个北，风马牛不相及。没想到，国君却带着大队人马跑到楚国来，这又是为何？”

这个问题问得很尖锐，也很难回答。如果说是为蔡侯将蔡姬嫁给了楚侯，那责任在蔡，与楚无关，而且还要遭人耻笑；如果说是为楚国连续伐郑，是为支援郑国而来，那又为何灭了蔡国？况且，这郑、楚两国之间的事，与齐又有何关系？外交语言真是一门大学问啊！齐桓公虽为霸主，在没有思想准备的情况下，一时语塞，答不上来。

管仲对于楚国是否真有备战，斗班是否真是使节，尚存疑问。但外交辞章却要针锋相对，讲究堂堂正正，他不假思索随口说道：“昔日周成王时，封齐先君姜太公于齐地，并派召康公赐命，对齐之先君姜太公说：‘五等诸侯，九州岛之长，有不遵王命者，你世世代代掌征伐大权，以辅佐周王室的安危。’齐之封地，东至海，西至黄河，南至穆陵，北至无棣。凡有背弃周天子之命，或对周王室不恭敬者，可随时予以讨伐。”

管仲意在申明齐国早在周成王之时，就有代周王征讨不臣的特权，现在齐国正是要负起这个责任，此话针对斗班的“风马牛不相及”，说得理直气壮。

管仲还有两个理由，接着说：“自从周平王迁都洛邑后，诸侯各自为政，不事周室，致使周王室衰微。寡君奉周天子之命主盟中原，修复先王之业。楚国位于南荆，每年应向周王室进贡包茅，供王室祭祀之用。可楚国连年不贡包茅，对周天子不恭不敬，为此，寡君率七国诸侯前来征讨。还有，周昭王南巡至楚，突然驾崩，实在是有些不明不白，这也是楚国的责任。为此，寡君兴师讨伐，楚国还有什么可说？”

管仲的回答冠冕堂皇，似乎齐国真的是在替周王室兴师问罪，也好像齐国真的是在履行“夹辅王室”的职责。其实，管仲的话还隐藏着一个逻辑阴谋：假如楚国不承认其“包茅不供”是错的，那就表明他不承认周王室的权威，这就等于楚国不承认它是周王朝大家庭中的一员，不与中原的华夏同类，而只是南方的“蛮夷”之国。

如果这样，楚国就是中原诸侯国同仇敌忾所要“攘”的“夷”。这显然是想要争霸中原的楚国所不能接受的。而如果楚国承认“包茅不供”有错，也就是承认自己是周王室的一员，而且是有罪的一员。那么，齐国就是在替周王室征讨有罪的五等诸侯和九州岛之长，这就等于说齐国向楚国兴师问罪是师出有名的。而且，齐国本来就是可以代替周天子行征伐之权的霸主，楚国既然是周天子大家庭的一员，也就要承认齐国的霸主地位。所以，无论斗班怎么回答，齐国伐楚都师出有名。

斗班听完管仲的一番话，既吃惊，又佩服，本想以诸侯无理犯境为由指责其事，反被管仲以大道理封住了嘴。但斗班的口才也不弱，避重就轻地说：“周王室自乱朝纲，诸侯向周王室不纳贡，非楚国一国之所为。作为诸侯国，楚国不进贡包茅，这是楚国之错，寡君知罪了。今后一定年年进贡。”

斗班先鸣冤，不是楚国一国不朝贡，天下诸侯都不朝贡，但我们还是认罪，马上按你所说的进贡包茅。至于周昭王之事，他回应说：“昭王南巡，是因翻船溺水而亡，要问罪只能去问汉水，寡君不能承担这个罪名。请齐侯所率兵马在边界驻扎，微臣立即回去向寡君禀报。”

说完，斗班致礼辞过，掉转马头，疾驰而去。

既然大军的行踪已被斗班撞破，突袭围歼斗廉之师的计划便成了泡影。管仲在齐侯车上摊开牛皮地图，江汉一带的山川道路、村邑人口便展现在眼前。管仲移指浮走在地图上，好一会儿，他才用手指敲着地图上的一处说：“主公，我看先驻军在此吧！”

齐桓公投眼过去，见是陉山（今河南省漯河市郾城区南），有些不甘心地说：“斗廉的军队呢，难道就放过他们吗？”

“斗班是斗廉的副将，如果没有猜错的话，他这个使节是自己封的，斗廉之师必有戒备。荆楚腹地广阔，我六万之师的后勤供给不是一件小事，既然偷袭不成，就难以速战速决，不如屯兵陉山，等探明情况再说。”

仲孙湫仔细查看了一下地图说：“仲父说得没错，陉山虽然在楚国境内，但离郑、陈两国非常近，后勤供应有保障。”

“好吧！”齐桓公只得同意，通传诸侯暂屯陉山。

当天晚上，齐桓公的大幕灯火通明，如同白昼，八大诸侯连同各自的执政重臣，近三十人聚在这里，大家对今天楚使一事聚讼纷纷，各自私议。

宋桓公清了清嗓子率先说道：“当年齐侯平靖赤狄，旬日间，奔袭数千里，狄人如此强悍，不也被征服了吗？依我之见，不管楚国有无准备，我们且强渡汉水，兵临郢都，不愁楚国不降。”

仲孙湫拱手说道：“今天探子来报，入楚的道路，不是被挖掘，就是设了路障，荆楚江河湖泽纵横交错，易守难攻。兵法云：‘见军者见将，观备者观野’，看来楚国已有所防范。”

仲孙湫之言又引来一片议论，管仲在议论中心静如止水。齐国此次伐楚，目的是以战止战，屈楚国取盟，成为真正的霸主。此次伐楚最大的本钱，就是这六万之师，但驾驭这股力量绝非易事。最大的难题不是作战指挥，而是人心不齐。看上去各诸侯唯齐国马首是瞻，但如果遇到危险，如粮草不继、进军不利等，矛盾就会显露出来。这一团和气是建立在出战必胜，且都能分到战利品的基础上的。这可以说是如同建立在流沙上的房屋，虽蔚为壮观，却危机四伏。而楚国一方，虽然只有战车千乘，但他们要保家卫国，三军用命，又占有地利，岂是中原之师可比？两相比较，前途凶险难料，齐国之霸业很可能会因一战而毁。

对付楚国，非付诸武力不可，否则不足以使其屈服。本打算偷袭斗廉之师以寒敌胆，但上天似乎有好生之德，不欲成此事。所以，管仲便拿“包茅不贡”“昭王不返”这些不着边际且鸡毛蒜皮的小事为理由，指斥斗班。如果楚王和相国斗子文是明白人，是应该知道他的用意的。

当然，管仲的这些想法，不足为外人道。在这种场合下，只能用一些冠冕堂皇的理由。大家议不出一个结果，都把眼光投向管仲。

管仲整了整衣襟说道：“楚国既然派遣斗班前来，必然已经有了防备，偷袭肯定是不行了。一旦开战，双方都无必胜之把握，而开战之后，就没有了调解的余地，必将造成很大伤亡。今屯兵陉山，虚张声势。兵临城下，楚国必然惧怕，定会再次派人前来，我们将会不战而使楚国屈服。以讨伐楚国而来，以楚国屈服而归，这个结果不是很完美吗？”

“仲父所言甚好！”宋桓公道，“但荆楚倔强好胜，若定要一决胜负，又将如何？”

“宋公所虑，正是我要说的事情。”管仲道，“此次伐楚，不外乎有三种可能。一是楚国倾巢出动，与联军决战，联军以三对一，兵力占绝对优势，且楚人还担心巴蜀趁机偷袭郢都，瞻前顾后。若真的出现这种情况，则是楚人自取灭亡。二是要防其诱我深入，断我粮道，使我溃乱。”

“那该如何应对？”此战关系郑国的安危，郑文公急迫地问。

“这就是我说的第三种情况了。”管仲说，“稳扎稳打，步步为营。”

陈宣公面有难色地说：“六万之师，后勤供给庞大，拖延不战怕难持久。”

“陈伯不要担心，郑、陈都与楚相邻，江、黄两国又新附于齐，况且，六万大军是逐渐向郢都推进，将所获得的土地，按远近全部交给四国，命居住在那里的人民照常耕种，所收赋税，十取其三为军用。我算过，开始时，或许要从国内供输，有收成后，就不需要了。”

“好，我认为仲父的谋略可行。”郑文公一直都想夺回失地。

管仲指指帐外说：“冬去春来，月余之后便是谷雨，请各位国君约束自己的部属，不要扰农，不要毁坏青苗，我们还要出榜安民，让他们安心耕种。”

众人听罢，纷纷点头表示赞同。

齐桓公看了大家一眼，大声说："仲父之策，算无遗漏，就依此而行，先从陉山方圆百里开始，划为军管区，这件事有劳隰朋大夫负责，取楚人之田，以养我军。"

议定之后，众人心里有了底，各自归营休息。只有高傒和管仲依然留在齐侯大幕内。众人散尽之后，高傒不解地问："仲父，合八国之师，为何不能渡汉水与楚人一战呢？"

管仲面色凝重，早已不是刚才口若悬河的神色，说道："高卿，图谋伐楚以来，屡出纰漏，今番军机泄露，功败垂成，只能退而求其次，希望能取盟而归。"

齐桓公愤愤地说："那泄密之人实在可恨。"而他怎么都不会想到，正是他最信任的竖貂做了此事。

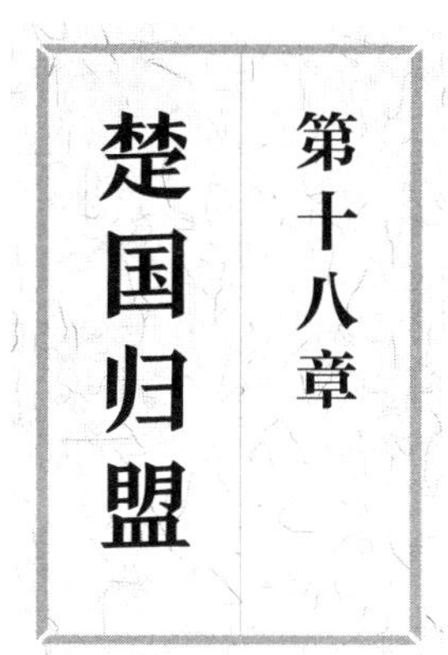

迫楚就范

楚成王熊恽刚亲政不久，就碰到前所未有的危机，不免忐忑不安，接到斗廉派人送回的情报，便立即召集朝臣商议，当他见到老成的令尹斗子文、上卿屈完虽面色凝重但却镇定不乱时，才略略平静了下来。

令尹斗子文庆幸道："天佑楚国，才使蔡侯及时奔告中原诸侯的侵楚密谋，虽然早了仅仅若干天，但却可因此扭转乾坤。"

众人尚在疑惑之中，一时不能明白他话中的意思。

斗子文心想：此时最重要的是勇气，诸侯虽人多势众，但楚国也不能被这六万大军吓破了胆。于是他提高嗓音慨然说道："中原虽众，但诸侯都有自己的小算盘，不过一盘散沙而已。楚国虽寡，但三军用命，众志成城，且占有地利之势，并非没有胜算。"

"令尹所言极是，斗班随机应变，拖延了敌人进攻的时间，未战已先立大功。"上卿屈完把斗子文要避父子之嫌不便说的话说了，临敌之时，最怕有人提出斗班有假僭越之罪，这样就自乱军心了。

"当然要明令褒奖。"楚成王仿佛醒悟过来，命有司拟诏褒奖。

屈完接着说道："从大夫斗廉的急报来看，他们掘路设障，防备于野，设法拖延诸侯联军的行进速度，为楚国备战争取了时间，决策非常正确。国中尚有虎师两万，斗廉之兵一万，合兵一处，以汉水为池，足以与诸侯一争高下。"

楚成王向斗子文递来询问的眼光。

斗子文在进宫的路上已腹拟了一份攻略，此时又通前彻后地想了一遍，于是奏道："中原诸侯之师正在气盛之时，我们应避其锋芒，若能诱敌深入，才有取胜的机会。"

所谓智者所见略同，斗子文是一位智者，他所想的与管仲所担心之事如出一辙，他也看到了诸侯之师的死穴——人心不齐，虽大却不强。若能以地利之势，集中兵力，胜八国中一偏师，挫其锐气，必然使联军阵脚大乱，这时楚军就有机可乘，取胜的可能性就很大。

斗子文话锋一转："但齐国有管仲等一干贤臣。管仲行事素来谨慎，而且自执政以来，齐国重大征伐，他都参与其中，未有败绩。有管仲在，计谋再好，也很难实现。"

"管仲会有什么举措吗？"楚成王焦急地问。

斗子文摇摇头："管仲之智，高深莫测，为人行事，颇中天道，非常人所能料。如不能诱敌深入，臣以为不妨取盟，使之退兵，以解燃眉之急。"

"取盟？那不就是投降？"说话的是楚文王时的老将景俞，虽年近八旬，但血性仍然不减。

"取盟怎么是投降？"斗子文反问。

"荆楚向来与周王分庭抗礼，若与诸侯取盟，岂不承认是诸侯之国？"

"哈哈。"斗子文仰天一笑，"老将军差矣。楚国称王，只限汉江，中原尽是周王天下，只有征服中原，才算是真正的天下共主。现在敌众我寡，且与巴人的战事未了，我虽有地利、人心可用，但毕竟与中原在伯仲之间，正面临敌，杀敌一千，自损八百。一万之数分摊到八国之中，对谁都不算多，但自伤的却全是楚人子弟，结果无论胜败，国力都将遭到重创。到时恐怕四周敌国就要趁机向我发难，楚无宁日。如果取盟，失去的只是虚名，得到的却是实利，何乐而不为？"

"实利，何为实利？"楚成王不解地问。

"一是可以退八国之师，使楚国躲过一劫；二是可借同为盟国，离间中原诸侯的关系，使之不与楚为敌。"

楚成王想了想，问道："谁可为帅？"

“此生死存亡之际，臣愿为王领军，以纾国难！”斗子文慨然请命。

屈完也说：“屈完世受爵禄，值此国难之际，愿助令尹抗敌。”

楚成王连声叫好，随即命斗子文为帅，屈完为副，尽发国中之兵，与斗廉会师于汉江南岸。

斗子文、屈完欣然领命。

楚成王接着说：“此次乃被迫应战，此后随战况的发展，是战是和，一任主帅决定，寡人只在郢都静候佳音。”

数日后，楚国发兵两万，战车六百乘，前往应敌。

汉水南岸，斗廉所率之师陈兵在前，大张旗鼓，斗子文所率两万大军隐藏其后绵延数十里的冈陵之中，悄然无声。如此布局的目的在于示弱，引诱诸侯渡过汉水攻击斗廉，斗子文、屈完率领的主力将趁诸侯军半渡之时偷袭。楚国的计划能否得逞，就看八国诸侯沉不沉得住气了。

诸侯中有些人仍然认为管仲太过谨慎，主张渡过汉水消灭斗廉。齐桓公听到这些议论，不禁有些踌躇，问于管仲。

管仲道：“情况很反常，怎可贸然出兵？”

“反常？”齐桓公道，“哪里反常？”

“据探子报，楚成王令令尹斗子文为帅，上卿屈完为副，率两万兵马驰援前线，这可是楚国的全部家当。”管仲不解地问，“奇怪的是只见斗廉陈兵对岸，却不见斗子文的身影，这不是很反常吗？”

“怎么可能呢？”竖貂道，“斗子文身为令尹，如果到了军前，怎么可能不打出旗号呢？”

隰朋走到地图前，指着汉南的冈陵说：“如果猜得不错，斗子文和他的两万兵马，就藏在这一片山中，喝着溪水，吹着山风，看来他们也是够辛苦的了。”

“他们这样做的目的何在？”齐桓公不解地问。

“无非是引诱我们渡过汉水攻打斗廉之师，然后趁我军半渡之时击之。”管仲道出了敌人的阴谋。

齐桓公道：“如果真是这样，情况就有些不妙了。”

管仲想了想说："当务之急，请主公向诸侯表明态度，绝不能落入楚人的圈套中。"

"这好办，明天宴请诸侯，向他们说明情况。"齐桓公扬扬手说。

"隰大夫！"管仲问道，"陉山附近的屯田进展如何？"

"仲父放心，都办妥了。郑国送来了良种，已全部发放到农户手中，并告诉农户，收获时，十之三交给军中，其余归己。如果有人欺压他们，不管是官是兵、是贼是民，只管到军中投诉。我安排专人负责这件事情。"隰朋指着营外的几个军帐，其中一个高树一杆旗帜，上面绣着一个铲形的耕具——"耜"，说道："我让他们就认这面'耜'旗，里面有专人值班，专门保民护田。"

"好！"管仲满意地点点头，"主公，就这样办，慢慢来，不必操之过急。"

隰朋想了想说："还可以在春耕之前，再占一些地盘，如此秋收时，便可以获得更多的军粮。"

管仲笑道："不仅如此，说不定还可以将斗子文从山里逼出来。"

如果诸侯大军不主动进攻，而是以阵地战的方式向前推进数十里，斗子文的计谋只能落空。既然他的计谋不能得逞，当然就没有必要再藏兵山林了。

高傒踱到地图前说："近日我和鲁侯一起田猎时，发现陉山以南不到百里有一个叫召陵（今河南省郾城市东）的地方，土地肥沃，水源充足，正是宜耕之地，民风也很淳朴，居民很多原都是中原周人，知礼敦厚，对大军也很友好，不如移军到那里。"

"既然高上卿说行，那一定错不了。"管仲表示赞同。

齐桓公于是下令：三日后，联军移师召陵。

次日，数万联军移营召陵，只留下千余人驻屯陉山，这么大的动作，楚军当然会知道。斗子文心知管仲不会中计，无奈之下，只得移出藏兵，与斗廉合兵于汉水南岸，下令树起中军大旗。面对六万中原之师，楚师不免日夜提防。虽说楚人强悍，但历年征战，对手也仅限于江、汉、淮一带的小国，如今面对前所未有的强大对手，心里难免有些焦虑不安。

合兵一处之后，前几天尚能相安无事，几天之后问题就出来了，士兵们处于极度紧张恐惧之中，焦虑不安，常为了一件小事便大打出手，这可不是一个好兆头。斗子文心情沉重，不知如何是好。

“父亲，据探子报，诸侯在陉山方圆百里内劝农屯田，现又移师召陵，步步进逼，看来他们是要打持久战啊！”

斗班一语中的，若是暂时驻师，何必有如此之举？

斗子文忧心忡忡地说：“六万之师，后勤供给耗费巨大，一般来说，大军压境，且实力倍于对方，不免骄兵轻敌。这次他们如此谨慎，不中我计，看来管仲知兵名不虚传。早就听说他北逐山戎、西攘诸狄时，所用之谋都是速战速决，干净利落，这次倒用起了这一稳扎稳打的战术，用心难测啊！”

斗班建议道：“不妨出兵骚扰，让他们不得安宁。”

斗廉反问一句：“他们营地三面环山，据险而守，如果偏师进攻，恐怕有去无回，如果三军出动，他们以逸待劳，我们仍然少有胜算。”

斗子文蹙着额，略有所思地说：“班儿，你把上次持节见管仲时的细节，再详细复述一遍，不要遗漏任何一句话。”

斗班于是将当日与管仲的对话又细说一遍。

斗子文听罢，慢吞吞地说：“原来管仲名为问罪，实为劝降。”

经斗子文这一提醒，屈完马上也意识到了这一点：“管仲以不贡包茅这等小事问罪楚国，而不问楚君称王；也不责问连年侵郑，反而问百年前昭王旧事，这不是显而易见的吗？只是大家当时都专注备战，而将此忽略掉了。”

“管仲乃明见万里之人，不得不让人佩服啊！”斗子文不禁叹道，“既然如此，我们不领他的好意，反而有点不识好歹了。”

此时，楚国有一个至关重要的抉择，如果结盟，“楚王”的尊号就要在中原诸侯面前弃用。事关国体，大家都在权衡轻重，帐内一时悄然无声。

屈完打破僵局说：“管仲知兵，无论力敌还是智取，都无胜算。现在国内空虚，已无可用之兵，万一有什么变故，郢都危矣。如今只能走结盟这条路。”

斗廉担心地说：“只是怕中原诸侯趁机狮子大开口。”

屈完很有把握地说：“诸侯唯齐侯马首是瞻，而齐侯对管仲言听计从。管仲在与斗班贤侄的对话中已申明了自己的立场，如此看来，开出的条件定不会让楚国难以承受。”

斗班附和道：“楚有巴人之患，拖下去更不利于我。其实现在对中原诸侯来说，何尝不是一个困局。毕竟是城下之盟，金帛供输必不能少，否则诸侯也下不了这个台阶。”

斗子文沉思片刻道：“我支持取盟，但绝不乞盟。”

“这个当然。”屈完道，“是否让屈完去会一会齐侯。”

斗子文笑道：“没有谁能比上卿更适合的了。”

召陵之盟

管仲得知楚使屈完来营，料知是求和无疑，请齐桓公以礼相待。齐桓公立即吩咐大行隰朋安排接待楚使事宜。

从营外辕门到中军大幕，两旁雁列的士兵，递声相传，宛若空谷回音。隰朋亲自到营门迎接楚使屈完，互相通礼之后，请屈完与自己同车，以表尊重。驭车者将绥（古代登车时手挽的索）递到屈完手中。屈完点头谢过，执绥上车。隰朋随之上车，立于右侧，以示对屈完的尊重。屈完见有如此礼遇，心中便有了把握。

驭者一抖手中缰绳，一色的枣红骏马跑起碎步，马车缓缓驰入营中。六万人的军营，此时人不喧、马不嘶，一片肃穆，更衬托出马蹄声的清脆。道路两旁几乎是一样高的七尺男儿，甲胄分明，执戈矛与佩盾者相间站立，一个个目光如鹰，注视着前方。行驶其间，半路左右的路程，屈完觉得异常漫长。

大幕内，齐桓公居中高坐，诸侯分坐左右。屈完随隰朋肃客的手势而入。在中间站定，将建节暂交随从，以大礼拜见诸侯。

“外臣屈完拜见齐侯、宋公……”屈完声音清朗，念完八位诸侯一连串的爵号后，再表来意，“奉寡君之命，屈完特来犒军，以通友好。”

斗子文替屈完准备的礼物很隆重：牛一百头，羊三百只，白米六百斛，赤金三千镒，楚锦百端，还有一车进贡周王的包茅，也带来给齐侯验视，以示尊重。这车包茅混杂在厚礼之中，更显得单薄——周天子只值一车草！但也正是这一车“草”，委婉又明确地表明了楚国屈服的意思。

不战而屈人之兵，诸侯当然高兴，高兴之情也溢在脸上。齐桓公环视一下众人的反应，心中有数，便代表诸侯客气地致谢，然后问道：“屈大夫见过中原之兵的阵势吗？”

屈完谦虚地说：“屈完生于楚荆，长于楚荆，从未去过中原，也未见过中原之兵。”

屈完心想，刚才列队的士兵自然是百里挑一的，如今正好借齐侯之兴，看看诸侯之兵究竟如何。

齐桓公笑道：“请大夫同寡人同乘一车，开开眼界吧。”

“屈完僻居于楚荆，尚未到过中原，更未目睹中国之盛。但求一观，以睹齐侯之军威。”屈完谦恭地说。

齐桓公请屈完同乘一车，管仲也随车作陪，驱车登高一望，见八国之兵，各占一方，连绵数十里。只听齐军中一声鼓响，七路诸侯阵中鼓声齐鸣，此起彼落，遥相呼应，正如雷霆万钧，惊天动地，气势好不壮观。齐桓公在车上面有得意之色地对屈完道：“寡人有如此强大的军队，当是战无不胜，攻无不克，谁人能挡？”

屈完虽然暗自心惊，但见齐桓公以武力相威胁，心里很是不舒服，冷笑一声，态度颇为强硬地说：“君上之所以能为中原盟主，乃是因为能替周天子布德天下，抚恤四方之故。君上若以德威服诸侯，各路诸侯，谁敢不敬服？若恃强凌弱，以武力相威胁，楚国虽然偏远弱小，有方城（山名，在今河南省叶县南，方城县东北，西边伏牛山，是楚国北方天然屏障）为城垣，以汉水作城池。城峻池深，固若金汤，纵使有百万之众，也不一定能占到便宜。”

屈完此话软中带硬，又占了理据，齐桓公不好发作，且从心里也佩服屈完的胆识，于是说道：“大夫真是楚国的贤良之臣，智勇双全，胆识过人，楚侯有屈大夫这样的良臣辅佐，真是楚侯之幸也。寡人愿与楚国修先君之好，大夫以为如何？”

屈完道：“承蒙齐侯之恩惠及于敝邑之社稷，宽容地接纳敝国之君，这正是楚国的愿望，请与君定盟如何？”

“好！”齐桓公非常高兴地说，“请大夫与仲父商议盟约。”

当天晚上，屈完留宿于齐军营中，管仲设盛宴款待。次日，管仲与屈完商议盟约条款，管仲对楚王的尊号装着不知，屈完提及楚王也只是称呼“寡君”。管仲只要求楚国每年按周初的惯例朝贡周天子，不得侵犯中原诸侯，也不得恃自己在上游而擅自堵塞河道，以致郑、宋等国时而无水灌溉农田，时而洪水泛滥。这些事对楚国来说并不为难，屈完心怀感激，一一应诺。

“屈卿，还有几件小事，请你务必不要为难我。”管仲推心置腹地说。

“什么事，仲父尽管说。”

“江、黄两国曾盟于齐，请楚国不要问罪相攻。”

屈完想了想，答应下来。

“蔡侯得罪寡君，尚留在贵国，诸侯也有意存蔡，不过他要复国，必须要亲向寡君请罪，不过请放心，有我在，寡君绝不会为难他。然而蔡姬乃失德之女子，应令蔡侯教养于宫。屈卿你看如何？”

“这……”这件事屈完从来没有想过，感到很棘手，昨天与齐桓公针锋相对的他，一时不知如何回答才好。

“失德妇人，当然应该休绝。”

管仲的这一提示，惊醒心思短路的屈完。

“当然应如此，仲父，这些都可办到。”

于是二人有了默契，齐国先休蔡姬，楚国再休蔡姬，就让她在蔡国度过余生吧。

齐桓公听完管仲的汇报，满心欢喜，令巫史择日，夯土为台。

这一天，齐桓公在召陵与楚国订盟。齐桓公持牛耳为主盟，管仲为司盟。屈完称奉楚侯之命，代表楚成王同齐国订立盟约："自今以后，楚与中原各国世通盟好。"

齐桓公先歃血，然后是宋、鲁、郑、卫、陈、许、曹七国诸侯依次与屈完歃血。礼毕，屈完再次拜谢。此次盟会，史称"召陵之盟"，乃齐桓公第五次大合诸侯。

管仲下令班师。撤军途中，鲍叔牙有些不解地问管仲："楚国之罪，在于目无周天子，僭号为大，自立为王，为什么讨伐他却以区区包茅为理由？"

管仲回答道："楚僭号为王已有三世，中原诸侯将其视同夷狄，如果以此为由进行讨伐，楚国怎肯俯首听命于我？若不听命，势必拼死抵抗，兵祸一开，南北战争从此永难平息，天下从此大乱。以包茅之贡为由征讨，楚人易于接受，区区一车包茅，楚人也不愿国破家亡，兵祸不断。可事虽小，罪过却大，楚人服罪就是我们的胜利，再与楚国订盟。这样，我们在诸侯面前也有了面子，还可将此报与周天子。这样的结局，比那战祸连年，一定要好得多。"鲍叔牙听罢，嗟叹不已。

"召陵之盟"以后，楚成王即派屈完带着包茅和金帛，去洛邑朝见周惠王，表示尊崇周王室。这就表明楚国在事实上承认了齐国的霸主地位。

病急乱投医

临淄城西北角的城墙有一片平民区，以出城门的大道为界，大道以南住的是小商小贩，以北住的是日出而作、日落而息的农夫。在农夫居住区，有一栋简陋的小平房，从外面看，同平民住房并没有什么区别，但里面住的却是齐国一位举足轻重的人物：大司田宁戚。齐桓公与仲父率兵伐楚，朝政事务，都交给他处理。

这天，宁戚正在院子里同几个赤膊庄稼汉围坐在一张小木桌旁推杯换盏。宁戚放下酒爵，对身边的一位大汉道："祖幸，粮食进仓了，收成如何？”

“今年可是丰收年，除去租赋和食用粮，还绰绰有余。”祖幸高兴地说。

宁戚问道：“丰收了，有了余粮，有何打算？”

“准备再买一头牛。”祖幸笑了笑，“再给婆媳、伢们置点衣裳，让他们也高兴高兴。”

“嗯！”宁戚微笑着赞同地说，“农具该添的要添，老婆孩子的衣裳也要置一点，像个做家的样子。”

“宁大夫身为大司田，上求乞于天地风雨诸神，下体察于黎民百姓之间，不住豪华府第，甘住简陋茅屋，田间地头，总见你的身影，你可真是我庄稼人的大司田呀！”另一位大汉端起酒爵说，“来，小的敬你一爵！”

“来！”其他几位也端起酒爵道，“我们共同敬宁大人。”

宁戚端起酒爵，同大家一饮而尽。正在这时，一名衙役前来禀报：“前方传来军报，主公已经凯旋。”

“好！”宁戚大叫一声，接着关心地问，“吃饭了吗？”

“小的接到军报，怕耽误时间，火速赶来报与宁大夫，尚未吃饭。宁大夫还有何吩咐？”衙役问道。

宁戚很随和地将送信的衙役按坐在旁边的凳子上道：“没事了，坐下来吃了饭再走，准备迎接主公凯旋。”

齐桓公伐楚凯旋，高兴异常，下令大宴群臣，以示庆祝。

酒宴间，酒至半酣时齐桓公站起来说：“各位卿家，此次伐楚凯旋，有两个人的功劳最大。”他扫视群臣一眼，“你们说，谁为首功？”

大家不约而同地说：“仲父！”

“对！”齐桓公道，“就是仲父。先是定大计明蔡暗楚、声东击西，后又舌战屈完，兵不血刃而使楚国屈服。仲父立下不世之功，寡人决定，将夺大夫伯氏的骈邑三百户封赏给仲父，以示对仲父的嘉奖。”

管仲立即跪拜道：“谢主公赏赐！”

“快平身！”齐桓公微笑着说，“寡人曾有言，仲父见寡人不必行跪拜之礼。”

“君臣之礼不可废也！”管仲站起来说。

群臣对这位古稀老人无不投去敬佩的眼光。唯有一人的神态却是不同，只见他眼光放绿，一眨不眨地盯着齐桓公，等待着他说出第二个奖赏之人，这个人就是竖貂。竖貂心里想，此次出征，除管仲之外，功劳最大的应该是他，是他率军攻破蔡国，为此次征战立下头功，谁的功劳能超过这个头功？……正当他想入非非的时候，齐桓公说话了。

“寡人要赏赐的第二个人是……”他用眼扫视了一下现场，发现大家的眼光、心态都很平和，唯竖貂的眼睛瞪得最大，见竖貂的神色有些怪异，下意识地冲着竖貂笑了笑，竖貂见齐桓公冲着自己笑，以为第二个受赏者非己莫属，情不自禁地站了起来，不想齐桓公此时将目光移向全场，大声说：“宁戚大夫！”

齐桓公的话音刚落，群臣便报以热烈的掌声，竖貂则重重地跌坐在凳子上，瞬间失去了知觉。他不明白，到手的功劳，怎么鸡飞蛋打了呢？此后，齐桓公说了些什么，他一句也没有听进去。

“三军未到，粮草先行。寡人与仲父北上救燕，南下伐楚，每次都将朝政事务交给宁戚大夫。将士们能安心地在前方打仗，后勤供给功不可没。这些都是宁戚大夫的功劳，因此，寡人要奖赏他。”齐桓公一挥手，“寡人赏他骈邑一百户，美女十名。”

“主公！”宁戚忙跪下说道，“臣不愿领赏，给这么多美女，臣连住的地方都没有。”

宁戚的话刚说完，引来一阵哄堂大笑。

管仲知道，宁戚说的是实话。宁戚封为大司田后，管仲令隰朋为他建造了一座豪华府第，宁戚没有搬进去，而是栖身于百姓中间，住着和周围百姓一样简陋的茅屋。

管仲待笑声过后，说道：“大家不要笑，宁大夫说的是实话，他虽然任大司田，住的却是和普通百姓一样简陋的茅舍，一下子赏他十名美女，恐怕真的没地方可住。”

“有这种事？”齐桓公惊异地问。

隰朋站起来说：“臣也能证明，仲父说的是实情。”

“宁大夫平身！”齐桓公道，“那就再赏一座府第。寡人不能亏待对朝廷有功的人。”

宁戚站起来，向管仲投去求救的眼光，管仲故意将脸转向一边，装作没有看见。宁戚无奈，只好谢恩。

诸侯在召陵歃盟退师，眼前危机解除，楚成王便想反悔，不向周天子称臣，毕竟楚国与周王室分庭抗礼已历三世，再称臣等于是“开倒车”。此念刚生，便遭令尹斗子文劝谏：“齐、鲁、宋三国原本在伯仲之间，齐之所以强大，靠的是以信义著称于诸侯。当年鲁大夫曹沫劫盟，齐侯尚能遵守诺言。更何况‘召陵之盟’，天下皆知，王若失信于天下，他日就不能得天下。”

楚成王对斗子文向来是言听计从的，但此事涉及名号问题，总不能两王并称吧？面对楚成王之问，斗子文早有预案：“臣以为不必序爵，只称远臣某某即可。”

于是楚国在名义上臣服于周，但在国内仍然称王。王号只是虚名，斗子文要在这里面做文章，从中获得更大实惠。得到楚成王的同意，斗子文找来即将出使周的使节屈完：“屈卿即将成行，但国人对此褒贬不一，不知大夫作何打算？”

“楚国三代称王，如今却要屈身朝周，虽是长远之计，但在国人心中始终不是一种滋味。”

“大夫的意思是说，这次朝周，只是权宜之计，不得已而为之？”

屈完点点头，看到斗子文诡谲地一笑，却有些不解。

“如果仅仅是为了应付盟约，我会劳烦屈卿大驾吗？”

屈完拱手道：“愿闻高见。”

“齐国称霸，以尊王为号召，其实是挟以自重。齐国能这样做，楚国难道就不能这样做吗？周天子早失权柄，尊之则为王，弃之则如狗，只为我楚争霸的工具而已。”子文接着说，“周王阆其人，气量狭窄，目光如豆，如今齐国之势如日中天，他岂能对此不心生忌惮？”

“令尹的意思是，交好于周，再利用周、齐之心隙，伺机而图？”

"正是如此。只是楚、周多年不曾交往，故对中原之事知之甚少。此行责任重大，助力又少，非你亲自出面不可。"斗子文言辞恳切，没有半点虚意恭维的意思。

屈完沉思片刻，坚定地说："请放心，此行定当不辱使命。"

此时，屈完的心里像新磨的铜镜一样清亮，虽然与周王素未来往，但天下"烧冷灶"的秘诀，无非就是厚礼拉拢，再加上实力炫耀。

一个月之后，手执八尺建节的屈完昂首进入洛邑。他带来了包茅十车，金帛五车，稀有土特产五车。更可观的是押车护卫的百名楚兵，清一色地身披黑黝黝的犀甲，甲胄上的铜扣擦得闪闪发亮，腰悬楚勾，背上插着红底黑纹的背旗。这些士兵都是特别挑选的七尺健儿，引来周人好奇地围观，恐怕连他们的祖父辈也没有看见过楚人入贡吧，如今得见传说中的彪悍楚兵，不禁啧啧称奇，议论纷纷。而这些士兵却目不斜视，以齐刷刷的步伐踏过"天街"。

屈完朝拜周王，献上贡品，态度谦恭，言谈中还暗示楚国也可以像齐国一样为周室出力。

果然不出斗子文所料，周惠王对齐桓公的功业颇有忌惮，担心他夺走自己的王位。齐桓公虽能恪守诸侯之礼，但周惠王心中还有一个结不能解开，就是先前所立的太子。

太子名郑，是前任王后即齐僖公之女所生。齐姜早已居东宫，后来去世，次妃陈妫得宠，继立为后，也生有一子，名叔带。

周惠王对叔带极为疼爱，称他为"太叔"，虽萌生废立之意，却不敢付诸实施，为什么呢？一是废嫡立庶，不合礼制；二是惮于齐国势力。且更多的是后一种因素。诸侯之中的千乘之国，除齐之外，唯有宋、鲁，但这两国早就与齐国结盟，彼此声息互通，周惠王只好按兵不动。现在好了，楚国主动示好，又有了与齐相抗衡的力量。

周惠王既忘记了楚国来贡，是受了齐国的盟令；也忘记了楚国在侵吞汉阳诸姬时，已经表露出不安于南方，而要问鼎中原的野心。政治家的眼光，可以看到千百年的利益；而政客的眼光，仅仅看到眼前的东西。周惠王是一个典型的政客，他并不认为楚国来朝是齐国的功劳，而是认为楚不来朝已久，此时如此恭顺，是先王显灵。

于是周惠王祭告文王、武王宗庙，并且赐胙于楚。胙即是祭祀之肉，这种对楚国的礼遇，在当时是无以复加的。周人崇尚祖神，并且认为“神嗜饮食，使君寿考”。胙在祭后应人神共食，这样才能得到祖先的庇佑。在此之前，胙肉只会分给周王朝中的姬姓公卿，同姓诸侯中的有功之人偶尔也能分到一块，但异姓诸侯，即使强大如齐国者，也无缘这种福赐。

周惠王抓住楚国这根救命稻草，其实就是病急乱投医。成周积弱已久，除了这块胙肉，也没有什么可以赏赐的了。

赐胙肉代表彼此一家之亲，周惠王为了制衡齐国，还赐命楚国：“镇尔南方之乱，无侵中国。”

这样，楚国就获得了独霸南方的特权，可以随意讨伐南方的夷越，只要不侵犯中国就可以了。

屈完用区区几车金帛就换回如此大的收获，这收获是一种新的特权——楚国插手中原事务的身份。以前楚国被视为“蛮夷”，纵想染指中国事务，但没有任何身份，而中原诸侯视楚如仇敌。如今不同了，楚国除了可以用金戈楚勾对外用兵，还可以用外交手段拉拢、裹胁诸侯，这难道不是楚国向霸业跨进了一大步吗？

有了楚人做后盾，精力和身体都已衰败颓唐的周惠王，自知去日无多，日益加紧了废嫡立庶的准备。从前众人只从他对庶子的态度上猜度出七八分，如今他更无所顾忌。有识之士不禁感叹，成周就败在这些不断生起的阋墙之乱，中兴无望了。

隰朋到洛邑朝觐周天子后返回临淄，向齐桓公和管仲报告了一个不好的消息：周室有可能要发生内乱。

管仲连忙问：“隰朋大夫何出此言，有什么迹象吗？”

原来，隰朋此行，名义上是向周惠王禀报中原服楚的事情，附带是要揆度一下周惠王对太子的态度。

开始时，周惠王待隰朋礼遇甚隆，隰朋借机提出求见太子，周惠王马上面露戒惧之心，以各种理由推托。后经隰朋再三请见，才不得不答应了，却又命太子郑和次子叔带一同出见。

隰朋苦笑地摇摇头说："这不是一个好兆头啊！"

管仲的神色越发凝重，道出更深层次的担忧："原本周王惮于齐国，也不敢贸然有不利于太子之举，但此时楚国插手其间，事情就变得更复杂了。"

"周王对楚国赐胙、授命之事，想必仲父已经知道了吧？"

管仲点点头，说："周王之所以对楚国逾份尊礼，为的是达到废嫡立庶的目的，楚国又乐于借机插手中原，一个故弄狡狯，一个热衷躁进，这已不是成周内政之事，也关乎齐国霸业。"

废嫡立庶，有悖于周礼。但在春秋时期，礼崩乐坏，这样的事情在诸侯国却常有发生。但是，以恢复周代传统礼制为己任的管仲不愿意看到这类事情发生，更不能容忍这类事情发生在他要让诸侯所"尊"的周王室。

且齐国称霸的号召是"尊王攘夷"，假如叔带在楚国的支持下成为下一任周王，而齐姜所出的太子郑却被流放，非但不能再"尊王"，恐怕齐国反而要被"夷"所"攘"。

"不行，绝对不能让叔带继位。"隰朋越想越觉得不妥。

管仲果断地说："废嫡立庶，有悖于周礼，绝不能让这样的事情发生在周王室。"

"仲父有何好办法？"

管仲分析说："太子处境之危，在于其势单力微，如果齐侯上表周王，言：'诸侯愿见太子，请太子出会诸侯。'只要太子郑一出来，君臣之分已定，同时也表明齐国之决心。周王虽有废立之心，恐怕也很难施行。何况楚国刚被诸侯征服，依我猜度，一时还不敢与中原为敌。"

"这办法果然好，我见周王气血枯竭，在世时日恐不多。新王如果是太子郑，即是主公的亲外甥，又感念拥戴之功，楚国也不能借周抑齐了。"

"好！"管仲道，"既然你也赞成，你我就禀明主公，召集'宁周之盟'。"

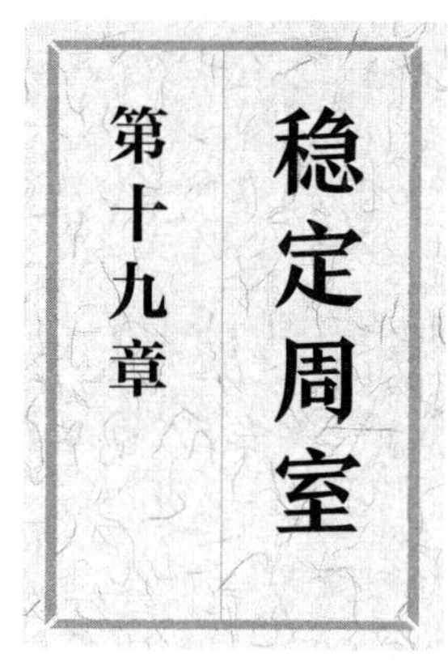

第十九章 稳定周室

为周太子会盟

管仲和隰朋一同进宫，隰朋向齐桓公汇报了去洛邑朝觐周天子的情况，并将向管仲说的事情复述了一遍。

管仲接着表明自己的态度，说废嫡立庶，有悖于周礼，绝不能让这样的事情发生在周王室。

“他是天子，废嫡立庶是天子的事，管得了吗？”齐桓公想了想，又说，“即使想干涉，我们也没有这个能力呀！”

“臣有办法。”管仲用上了激将法，“就看主公有没有这个胆量。”

“有什么不敢？”齐桓公果然中计，大声说，“只要仲父有善策，寡人就敢出头。”

“好！”管仲说道，“主公以霸主的身份，出面干涉此事，一定能成。”

“霸主怎么样？霸主也不能凌驾于周天子之上啊？”

“只要臣略施小计，周天子废嫡立庶的歪主意定难得逞，也能使周王室稳而不乱。”管仲自信地说。

齐桓公也来了兴趣，问道：“仲父有何妙策？”

管仲胸有成竹地说：“主公可致书周天子，言各路诸侯欲拜见太子。主公出面，周天子断难拒绝。只要太子郑一出面，主公与各路诸侯以王者礼推崇。这样君臣名分即定，天子再欲行废嫡立庶之事，恐怕就难了。”

"好！"齐桓公说道，"就依仲父之策。"

齐桓公再次派遣隰朋到洛邑拜见周天子，奏言："各路诸侯拟在首止开会，欲拜见太子郑，以申尊王室之情。恭请太子郑参加首止之会。"

齐桓公再发檄文给宋、鲁、陈、卫、郑、许、曹七国诸侯，定于次年（公元前655年）五月于卫国之首止（今河南省睢县东）会盟，拜见太子郑。

周惠王名为天子，却事事要看大国的脸色，明知齐桓公此举是为了拥立太子郑，心里虽然不想让太子郑出席"首止之会"，但与会目的是申尊王室，名正言顺，没有理由拒绝，只好答应让太子郑参加"首止之会"。

齐桓公又派人到卫国的首止建筑宫殿和馆舍，以待会盟时太子郑落驾和诸侯居住。次年五月，齐、宋、鲁、陈、卫、郑、许、曹八国诸侯齐聚卫国之首止。太子郑的辇车刚到，齐桓公便率领诸侯跪迎于道侧，以迎接天子之礼迎候太子郑。太子郑见诸侯如此隆重地迎接自己，似乎有些受宠若惊，激动地说："郑何德何能，敢受诸侯如此大礼。还是以宾主之礼相见吧！"

齐桓公诚恳地说："小白等是周室的侯国，太子是储君，我等见太子如同见天子，怎能不行跪拜之礼？"

太子郑连忙下车，扶起齐桓公，对诸侯道："诸君快快请起。"

诸侯众星捧月似的将太子郑迎至行宫。

当天晚上，诸侯来到行宫依次拜见太子郑，礼过之后，各自回馆舍休息。太子郑独将齐桓公与管仲留下，关上寝宫之门，扑通一声跪在齐桓公面前，哭着说："请齐侯救我！"

齐桓公与管仲慌忙跪下，齐桓公将太子郑搀扶起来道："君不跪臣，古之常理，君臣之分，万万不可逾越。"

太子郑站起来，坐在椅子上，稳了稳情绪说："郑虽为太子，却已成为他人砧上之肉，天子欲罢黜，公子叔带欲夺嫡，怎么还能与诸侯论及君臣名分？"

齐桓公劝慰道："小白当与诸侯立盟，共同拥戴太子，太子不必担忧。”

“孤感谢齐侯。”太子郑问道，“不知齐侯有何妙策，能救郑于危难之中？”

“太子不必担心。”齐桓公指着管仲道，“这是寡人的仲父，他早已替太子安排好了。”

“真的吗？”太子郑满怀期待地问。

管仲谦恭地道：“禀报太子，此次‘首止之会’，就是给太子造势。此会过后，公子带欲夺嫡，天子欲废嫡立庶，恐怕都难以向天下交代了。”

“此事若成，周室稳固，郑将铭记齐侯、仲父及诸侯拥立之功。”太子郑感激涕零。

“宗纲维常，嫡庶有别，这种违反伦理纲常的事情绝不能发生在周室。”管仲态度坚决地说。

于是，太子郑便留在首止行宫，诸侯轮番宴请，并犒劳其随行人员。旬日之后，太子郑恐久劳诸侯，欲告辞回京师洛邑。管仲道：“之所以将太子留于首止，就是要使天子知道诸侯爱戴太子，不忍离舍之意，以绝其废嫡立庶之念。现在正是夏月酷暑，等到秋凉会盟之后，再送大驾还朝。”

周惠王见太子郑滞留首止久不归，心里很是恼火，立即找来周公宰孔相商。宰孔是周公旦的后代，承袭爵位，为王卿士，又兼任太宰，所以加职务“宰”于名“孔”之前，称为宰孔。他是周惠王的心腹，也是朝中执掌实权的人物。

“孤意在叔带，这个卿是知道的，如今齐侯恣意干涉，在首止大会诸侯，听说他们要在秋天结盟奉立太子郑。孤以为现在楚人已归服效顺，形势今非昔比，未必楚人不如齐。”周惠王顿了顿，仿佛想到了可以扬眉吐气的办法，“孤想借楚之力，废郑立叔带。”

宰孔大吃一惊，连忙奏道：“天子继位之初，诸侯不朝，不尊王室，是齐侯最先派使者朝奉进贡。后又奉王命率诸侯‘尊王攘夷’，才有今天天下和顺、尊奉王室的大好局面。楚国居蛮荆之地，自恃天高地远，不朝不贡，僭号称王，若无齐侯讨伐，哪有今日楚国朝贡。如今齐侯拥戴太子郑，也是为了王室安定。君王为何要放弃对周室亲近的伯舅，而去依附蛮夷呢？”

周惠王不耐烦地说：“郑伯不离，诸侯不散，谁能保证齐侯没有异心？朕意已决，太宰不必多说。”

太宰见惠王动怒，不敢多言。其实，他内心也赞成齐桓公这次行动，如若不是这样，太子郑恐怕早已被废黜，太子废黜，周室必将大乱，周室乱，天下也不得安宁。他认为周惠王是老糊涂了，怎么动了废嫡立庶之念，怎么要违反祖制，自行非礼呢？心里这样想，嘴上却不敢说出来，于是按周惠王的意思，给郑文公写了一封密信，派人送往首止。

郑文公接到周惠王的密旨，展开一看，内容是：

> 子郑违背父命，植党树私，不堪为嗣，不堪委任。朕之意在次子叔带。叔父（指郑文公）若能背弃“首止之盟”，舍齐从楚，共辅子叔带，朕愿委国以听，如同平王当年！

郑国在东周初年，是周王的执政之卿，凭此特权，郑武公、郑庄公称雄一时。后来郑、周交恶，郑国逐渐衰弱，又兼被楚国欺凌，才有了齐国的崛起。周天子毕竟还是天下共主，如今重新提请郑伯为王室的执政，郑文公自然喜不自禁。于是召集大臣孙叔、申侯等商议道：“郑国世为周王室卿士，领袖诸侯，只是后来逐渐衰落而沦为小国。昔先君厉公有纳王之功，尚不曾召用，今王命独传密旨给寡人，寡人的运气到了，诸大夫可以祝贺寡人了吧？”

其实明白人都知道，现在的周王室已非平王东迁时可比，平王东迁时仍保有一定的实力。如今郑与周做这个交易，是不可能从中获得什么实际的好处的。

孔叔政见与叔詹相近，也是叔詹刻意培植的替手，他马上劝谏道：“此事关系重大，切不可贸然行事。臣以为有三不可。”

“哪三不可？”郑文公紧张地问。

“齐国多次出兵救郑，于郑有恩，若反齐而事楚，道义上说不过去，此一不可；拥戴太子郑，是天下大义，主公若逃盟，必将得罪天下诸侯，此二不可；楚国是蛮夷，无信义可言，弃齐投楚，实则是弃明投暗，与狼为伍，此三不可。有此三不可，主公还能逃盟吗？”

郑文公不以为然地说：“寡人之意，从霸不如从王，天子之意并不在太子郑，废黜是迟早之事，寡人为何要拥戴一个地位岌岌可危、即将被废黜的太子呢？”

孔叔道：“继承君位，长幼有序，如果不这样，势必要酿成大乱。幽王爱伯服，桓王爱子克，庄王爱子颓，废长立幼，其结果都是人心不附，继位者都没有好下场，难道又要重蹈覆辙吗？”

春秋时大臣权重言威，作为国君，如果得不到大臣的支持，也不敢贸然行事。正在郑文公犹豫不决时，大夫申侯却说：“天子有令，怎可违抗？若从齐侯而拥戴太子郑，就是违抗天子之命。郑国一走，各路诸侯必起疑心，‘首止之盟’势必流产。太子郑虽有各路诸侯支持，公子叔带却受天子宠爱，到底谁能继承王位，尚无定数。依臣之见，主公不如先回郑国，静观其变，然后再决定下一步行动。”

这个申侯原是楚文王旧臣，其人阿谀逢迎，欺下媚上，甚得楚文王宠信。楚文王临死前曾送给他一块璧，对他说：“只有寡人了解你，你好利而不知满足，寡人不怪罪你，但以后的君主肯定难容于你。寡人死后，你快离开楚国，不要到小国去，小国政狭法峻，不会容忍你。”

为君者难有识人之明，比识人之明更难的是善用人之长。像申侯这种小人，寻常明智之主岂能用他？即便用了，也不能使申侯死心塌地地为其驱使。唯楚文王肚量如海，又明察秋毫，可谓少有的人君之度。

不久楚文王去世，申侯也待文王下葬之后，逃到郑国。郑厉公看重他在楚国的履历，想着有朝一日或能得到帮助，于是拜爵，列为大夫。因为这层关系，楚成王派人至郑，重金贿赂申侯。

郑文公听了申侯这番话，顿现欣喜之色：“申侯果然有见地。”

“主公！”孔叔忙说，“主公，申侯之言，将给郑国带来灾难……”

“好了！”郑文公打断孔叔的话头，不耐烦地说：“寡人意已决，卿不必多言，立即打点行装，今晚子时离开首止。”

明知郑文公这种首鼠两端的伎俩，非但在道义上吃亏，而且根本行不通。孔叔非常为难，是明天再谏，还是回国与叔詹、师叔商量再定？忽然他灵光一现：听说从前叔詹与管仲做过一场交易，我何不照葫芦画瓢，再来一次？

郑、齐两国馆舍距离只有几个街口，孔叔披上黑斗篷，把脸遮得严严实实，只带两名亲信，踏着月色前往管仲下榻处。诸侯在此已盘桓了近两个月，各国之间宴请田猎，彼此都很熟悉。管仲的卫队见是郑国大夫孔叔深夜来访，不敢怠慢，立即引至管仲的住处。

夜访必定是有要紧机密，管仲顾不上穿鞋，披着外衣，赤着脚就赶到门口，迎孔叔进内，又关照卫士，绝对不可对外泄露。

孔叔把日间君臣之间的对话向管仲复述了一遍。管仲听罢，感谢孔叔维护两国关系的苦心。

孔叔坦诚地说：“我这样做，也是为国为家，总不能眼看着两国再次陷于危困之中。请仲父想一个善策解决此事。”

“最简单的办法，就是请齐侯明天告诫郑伯，谅郑伯也不敢公然违背齐侯之言。”

管仲此言看似风轻云淡，却把孔叔吓出了一身冷汗。

“仲父可千万别拿我的项上人头开玩笑，我连夜报信，是让仲父早做打算，来日有个周旋的余地。”

泄露机密，无疑是叛国之罪，管仲当然知道，于是说：“孔叔放心，夷吾非但不会如此，也不会让齐侯知道今夜有此一访。”

孔叔这才释然：“仲父有何打算？”

“申侯固然是一个无耻小人，但善媚君主，被倚为心腹，要让寡君杀他，恐怕行不通。”管仲索性开诚布公地说，“其实不仅我要杀他，还有一个人与他结仇甚深。”

这个人就是陈国大夫辕涛涂。当日“召陵之会”后，诸侯本打算原路返回，如果这样，军中所需粮草供应，将全部由沿途的陈与郑两国供应。陈大夫辕涛涂为了免除陈国的负担，私下对郑国大夫申侯说："诸侯之兵北归，若经过陈国与郑国，郑国为东道主，免不得要有破费。如果让诸侯国东行，说是向东夷示威，然后沿着海边回国。这样，郑与陈就可以节约一大笔费用开支。"

申侯认为这个计策很好，表示支持。于是，陈国大夫辕涛涂进见齐桓公，劝说齐桓公往东行，齐桓公也同意了。

正当齐桓公欲选择东行路线时，申侯密奏齐桓公，说辕涛涂劝方伯东行是别有用心。齐桓公便问有何用心。

申侯献媚道："'召陵之盟'，诸侯国军队已经很疲惫，如果东行，遇到敌人，恐怕难以应敌。如果经过郑与陈，有两国供给军队的粮草，这不是很好吗？陈国大夫辕涛涂就是不愿意陈国出这笔费用。"

齐桓公认为申侯说得有理，欣然地接受了他的建议。为表彰申侯的忠心，齐桓公将郑国的虎牢（今河南省荥阳县汜水镇）赏给申侯。同时，将陈国大夫辕涛涂抓起来，返程时又以诸侯之兵讨伐陈国。

齐桓公讨伐陈国之后，才知是申侯从中捣蛋，故而对申侯恨之入骨。按常理，这样的事情是不足以引起国与国之间兵戎相见的，但将这笔账记下了。

这是前一年发生的事，孔叔当然清楚，他不解地问："辕涛涂可以杀他吗？"

"事在人为，只要略施小计便可。"

"那我该怎么做？"

"回去后，帮申侯把虎牢城垣修得越高大越好，然后……"

孔叔听罢，连连点头，心想：狡猾如狐的申侯，这次可是碰到克星了。

同样受到管仲指点的辕涛涂，装着很热情地找到申侯说："虎牢是齐桓公赏赐给申大夫的，申大夫为何不将此城筑得漂漂亮亮的，以留下不朽之名，让子孙世代不忘。"

申侯不知是计，叹了口气说："筑城需要一大笔费用，我哪有呀？"

"钱不是问题。"辕涛涂拍着胸膛说："申大夫是齐侯的红人，谁受过赏城之殊荣？你是唯一。只要你愿意，我帮你找诸侯，拉点赞助不是问题。”

贪婪的申侯果然中计，喜滋滋地接受了辕涛涂的建议。

辕涛涂在诸侯间游说，谋求资金上的援助，果然得到一笔不小的资金，其中又以齐国捐款最多。此后，申侯用这笔钱，将虎牢修饰得漂漂亮亮。虎牢修好之后，申侯对辕涛涂非常感激，岂不知，他的厄运也从此开始。

资金筹措得差不多了，连日来的大雨也停了，秋风吹荡，路面干得也快，利于行车。于是，郑文公连夜不辞而别。

齐桓公闻讯大怒，正欲发兵追讨，管仲制止道："郑国与周室接壤，逃盟必有文章，若料得不差，此必是周室从中挑拨离间，欲破坏'首止之盟'。一国之去留，不足以阻止'首止之盟'大计。盟期已近，待会盟之后，再图处理郑国逃盟之事。"

齐桓公愤愤地说："不给郑国以惩戒，这口气实在难咽。"

"昔日'北杏之会'，曾有宋公御说逃盟；'柯地会盟'，曾有曹沫劫盟。可结果呢？不但对齐国秋毫无损，反而使齐国的霸业越来越旺。"管仲笑着说，"'首止之盟'，是伸张正义，尊崇王室，维护伦理纲常，必将深得人心。天要下雨，娘要嫁人，郑伯执意如此，一定会得到惩罚的，主公何必争在一时呢？"

"好！"齐桓公道，"会盟之后，再来处置这个逃盟的叛徒。"

三天之后，"首止之盟"如期举行。盟坛被装饰一新，四周彩旗招展。在鼓乐声中，周太子郑在前，齐桓公与诸侯稍后半步紧跟其后，缓步登上高台。太子郑居中位，各路诸侯分列两边，站在各自的大旗之下。管仲与各国大臣列队在诸侯后边。

司盟隰朋站出来，手捧盟约，高声宣读道：

惠王二十二年八月，齐、宋、鲁、陈、卫、许、曹七国诸侯会于首止歃血会盟，太子郑到会，不参加歃血，以示诸侯不敢与太子并驾齐驱。盟词曰："凡我同盟，共翼王储，匡靖王室。有背盟者，天地不容，神明殛之！"

诸侯一齐宣誓：

凡我同盟，共翼王储，匡靖王室。有背盟者，天地不容，神明殛之！

隰朋高喊："献上牺牲……"

两名侍卫抬着一只活羊登上台，置于诸侯面前，一名侍卫手持尖刀，刺入羊脖腔，殷红的血落入盆子里。

隰朋高喊："请诸侯歃血！"

诸侯从齐桓公开始，依次歃血，神情是那么庄重，气氛是那么肃穆。

隰朋高喊："歃血毕，诸侯拜见太子！"

齐桓公上前一步，向太子郑行叩拜之礼："小白叩见太子！"

诸侯亦依次上前叩见太子。

"诸君尊先王之灵，不忘周室，拥戴郑，郑一定不忘诸君今日之赐。"太子郑特地来到管仲面前，满怀感激之情说："久闻齐国相国管仲乃匡世之才。今日相见，果然名不虚传，他日寡人若能君临天下，相国请到洛邑来，寡人定当好好谢你。"

管仲慌忙跪倒在地，声音颤抖地说："老臣谢太子褒奖，他日太子君临天下，老臣一定到洛邑来朝拜。"

太子郑一把将管仲扶起来，拍拍管仲的手，眼里充满了感激之情。

次日，太子郑回朝，诸侯一同相送。齐桓公同卫侯亲自将太子郑送出卫境，太子郑依依不舍，洒泪而别。

计除奸佞

郑文公在周惠王的怂恿下，在"首止之盟"仪式之前逃盟。当听说齐桓公当时欲奉太子郑伐郑时，心里却又害怕了，对是否投楚又举棋不定。

楚成王闻郑侯于首止逃盟，认为郑国逃盟，必成楚之盟友，于是派人到郑国去暗通郑国大夫申侯，叫他从中斡旋，使郑与楚修好。

申侯得了楚国的贿赂，密奏郑文公道："主公首止逃盟，是尊王命而行，并无不妥之处，既已背齐，何不投楚？"

"唉！"郑文公叹了口气，"首止逃盟，寡人考虑欠周，不但没有阻止诸侯会盟，反而激怒齐侯，闻诸侯将伐郑，寡人将如何是好？"

"开弓没有回头箭。"申侯道，"能与齐国相抗衡者，唯楚国而已，既已得罪齐国，主公应尽快与楚修好，不然，齐、楚两国皆为郑之仇敌，郑国危矣！"

郑文公仍是犹豫不决。申侯劝道："主公，当断不断，必受其乱。郑国没有能力与两大强国为仇，既已背齐，却又不投楚，此非明智之举呀！"

郑文公终于下定决心，密使申侯赴楚，与楚修好。

逃盟犹可谅，背齐向楚就断不能容忍，否则此例一开，后面的连锁反应就更大了。齐桓公联络宋桓公、鲁僖公、陈宣公、卫文公、曹昭公一同出兵伐郑，大军一举包围了郑国的新密（今河南省密县东南）。

郑文公见诸侯兵马大举来犯，知是不敌，召大夫孔叔和申侯商议，孔叔仍坚持自己的主张："请主公与齐重修旧好，臣愿为使，向齐桓公解释，这是一场误会。"

"这个主意不行。"申侯马上站出来反对道，"首止弃盟以后，郑国刚与楚国修好，酒尚未凉，却又要弃楚投齐，郑国岂不是成了反复无常之国？"

孔叔正欲说话，郑文公道："不用说了，寡人决定，申侯马上出使楚国，请楚国派兵支援。"

楚成王看了申侯呈上的国书，模棱两可地说："联军势大，即使楚国出兵，恐怕也难占到便宜。"

申侯见楚成王态度暧昧，急促地说："郑国之所以投楚，就是看在楚国有能力与齐国相抗。现在大兵压境，楚国若不出兵相救，臣如何回国向郑侯复命？"

“申大夫别急。”令尹子文道，“楚侯并未说不出兵，只是尚未想出善策以救郑。”

“对！”楚成王赞同地说，“齐军气势正盛，不可力敌，寡人正欲谋一善策，以解郑国之围。”

令尹子文思索半天后道：“臣有一法，可解郑国之围。”

“什么办法？”楚成王问道。

“不妨围许救郑。”令尹子文解释说，“许是齐国的盟国，长期追随齐国，昔‘召陵之战’，许穆公抱病赴齐国之盟，病死军中，有功于齐。楚国若出兵进攻许国，齐国与中原诸侯定不会不救，如此郑国之围自解。”

“好！”楚成王高兴地说，“一石二鸟，真乃良策也！”

许国（今河南省许昌省东面）是周初所封的姜姓诸侯，处于郑、楚两国之间。楚国要争霸中原，首先要打破郑国这个缺口，而要征服郑国，就要越过一向追随齐国的许国。越过许国进攻郑国，则犯了兵家之大忌，幸亏许国是一个小国，不构成对楚的威胁，但毕竟让楚人进攻郑国时有所顾忌，不能全力投入。如果能征服许国，对于楚国来说，就完全没有了后顾之忧。因此，许国是楚国的一块心病，迟早是要用武力来解决的。由于许国是齐国的追随者，如果攻打许国，齐国等中原诸侯必定来救，这样，郑国之围就自然解除。而这样做的最大好处，就是避免了同齐国的正面交锋。

齐桓公正与诸侯攻打郑国，听说楚国包围了许国，果然撤出新密战场，日夜兼程赶往许国救援。楚成王得知诸侯联军已撤离新密战场增援许国，也不急于撤去许国之围，他想趁诸侯联军到来之前灭掉许国。无奈许僖公率举国之兵奋力坚守，楚国一时倒是奈何不得。眼看诸侯援军越来越近，楚成王害怕与诸侯联军正面交锋，只好撤军退到武城（今河南省信阳市东北），许国之围自解。

许国之围既解，下一步该如何？再攻郑，还是攻楚？

管仲认为要撤兵，理由很简单，也是他一向用兵的原则：“至善不战，其次一之。”郑国这种中原大国，又有“三良”辅政，不宜用破国毁室的方式，大兵压境声讨已足够了。同为华夏，不必自相残杀，生灵涂炭。还有一个原因，就是大鱼还没有上钩，此时申侯还有楚国，只要将“背齐派”杀掉，以他一个人的头颅就能换来和平的盟约。

申侯回到郑国，待在自己的封地虎牢城中，悠然自得地欣赏刚刚落成的大城——可媲美都城新郑的封邑。正当他陶醉在自己美好生活之中时，齐国大军以迅雷不及掩耳之势，越过多国，直逼新郑城下。

齐师陈兵国门，其意势在破城，此时再要到楚国求援，远水解不了近渴。正当郑文公万分焦灼之时，孔叔求见。

郑文公见到孔叔，喟然长叹：“当日不听孔叔之言，贸然逃盟，才引来连年战事，寡人悔之晚矣。现入侵的齐师都是精锐，仲孙湫又是能征善战的猛将，郑国这次恐怕是在劫难逃了。”

孔叔道：“臣听说齐师此次出兵，为一个人而来。”

“谁？”

“申侯！”

“齐师名为讨伐申侯，实则责怪寡人逃盟向楚之罪。”郑文公连连摆手。

“主公何不杀掉申侯，向齐国谢罪，以断齐人之借口。”

“申侯与楚国大臣渊源颇深，杀了他与楚国的关系不好处。”

孔叔微微一笑，身子前倾，道：“主公认为申侯是忠心为郑国吗？”

“什么意思？”

“申侯把虎牢的城垣修得高近七雉，居心何在？不是有谋反之心，为何要把城垣修得如此之高大？”

当时城邑的建筑有严格的礼制，即王城高九雉，诸侯国都高七雉，大夫之邑高五雉，不能僭越。

“不至于吧！”对一向顺从于自己的申侯，郑文公一时不能相信他会有如此居心。

孔叔冷笑道：“申侯屡次说楚能抗齐，如今齐师兵临城下，楚援何在？而且楚国一向觊觎郑国土地，历年侵郑，如今会一反常态由侵郑变为护郑吗？说不定申侯就是楚人安插在主公身边的奸人，早就与楚国有约，先使郑国背负不义之名，见弃于诸侯，然后内应外合，引楚人灭郑，到那时宗庙不保。主公千万不要铸成大错。”

孔叔这番话说得在情在理，对郑文公的震动很大。危机当前，他早把昔日投楚入周，再称雄一时的壮志忘得一干二净了，此时已是心神大乱。

“让寡人再考虑一下吧！”

孔叔正色说：“谚语说得好：‘心则不竞，何惮于病。’一个国家，既不能强以自立，又不能弱以下人，这就是灭亡之道。国家危在旦夕，请主公还是归服齐国吧！”

“寡人知道齐军为讨申侯而伐郑只是一个借口，真正的目的仍然是上次首止弃盟。”郑文公无奈地说，“给寡人一点时间，让寡人再想想。”

“兵临城下，将至壕旁，事情已迫在眉睫，哪里还有时间去慢慢考虑！”孔叔再补上一句，“臣虽然愚钝，愿为使节，不全郑国，愿以全家性命谢罪。”

孔叔在首止时早与管仲有了默契，当然敢说出这样的狠话。郑文公也知情况紧急，咬咬牙，叫来侍卫做了一番安排，然后派人传旨，召见申侯。

申侯闻齐国伐郑，借口是除奸佞申侯，如坐针毡，正自心惊，突闻侍者传召，怀着忐忑不安的心情来见郑文公。刚进殿，郑文公劈头盖脸地问：“申侯，申大夫，齐军又来犯境，你可知道？”

“臣知道。”申侯不知郑文公的用意，试探地问，“臣愿再赴楚国讨取救兵。”

郑文公冷笑着说：“不必了，寡人向你借样东西，即可退敌。”

“什么东西？”申侯紧张地问。

“借你的项上人头！”郑文公也不待申侯回答，大喝道，“将此乱臣贼子拖出去斩了。”

两旁刀斧手闻声而出，立即将申侯推出斩首。

申侯被斩首之后，郑文公令大夫孔叔带上申侯的首级至齐军阵前拜见齐桓公，将申侯的首级献给齐国。孔叔跪对齐桓公说：“寡君昔日误听申侯之言，与齐国反目。寡君知罪了，特诛此乱臣贼子，今将首级献上，请君侯赦免逃盟之罪。寡君有言，愿重归旧盟，听候齐侯差遣。”

“孔大夫快快请起。”齐桓公知孔叔素有贤名，见其态度诚恳，抚慰道，“寡人也知道郑侯弃盟，是受奸人挑唆，今既除奸佞以谢罪，请归旧盟，寡人欢迎。”

孔叔深深一揖道：“齐侯宽宏大度，不计前嫌，外臣代寡君谢过。”

“请孔大夫致意郑侯，今秋七月于宁母（今山东省金乡县东南）为郑国的重新归服举行盟会。”

德服郑侯

盟会时间将至，郑文公害怕齐桓公报复，不敢亲自涉险赴盟，只派太子华代表出席。

太子华虽然早就被立为太子，但他心里总是担心地位不保，怕郑文公废了他的太子之位，这竟与周太子郑的情况如出一辙。

燕姞是郑文公的媵妾，刚入宫还没被宠幸时，曾做了一个梦，梦里一位丈夫手持兰草对她说：“我是你的祖先伯儵，今以国香赠给你为子，以昌盛郑国。”

燕姞醒来之后，满室皆香。同伴、婢女们在宫中本来就很寂寞，自然将这件事当作趣闻纷纷传说。不想这个梦真就应验了。郑文公来到燕姞宫中，见她貌美如花，且还很会说话，自然对她另眼相看。当他听说燕姞做了一个美好的梦，更是欢喜，对燕姞说：“此乃佳兆也，寡人为你成全此兆吧！”

于是，郑文公命人采兰花结成串，亲手给燕姞戴在身上，一时兰香遍体，当天夜晚便召幸燕姞，不久怀孕，生子便以兰为名，母子皆宠。

子华见子兰日益受宠，心里便有了危机感，私下向叔詹诉说。

叔詹断然制止道：“得失有命，为人子者，要尽孝为德。”

子华在叔詹那里碰了一鼻子灰，又去找孔叔，孔叔也是这样劝谏。

子华悻悻而去，心想："三良"同声同气，再问也是多余，从此同他们心存芥蒂。

趁这次会盟，可面见齐桓公，子华心生一计。刚到宁母，马上拜见齐桓公，献上白璧一对作为见面礼，待屏去左右后言道："郑国之政，皆由泄氏、孔氏和子人氏三族，郑侯首止逃盟，其实是三族的主张，申侯只是他们的口舌而已。君侯若能除此三族，我就让郑国臣服于齐国。"

向齐桓公说这番话时，子华装出痛心疾首的样子，又夹杂迫于权臣的委屈。他所说的三族，正是叔詹、孔叔、师叔三大家族。

以偌大一个伯爵之国，情愿降为附庸，而条件只是除掉三族。对齐桓公而言，戮之只费一言。正苦于郑国反复无常的齐桓公欣喜应诺："此事不难，待寡人与仲父商议之后，明天再答复你。"

子华自以为得计，再奉上玉卮一对，请齐桓公转赠管仲。

齐桓公送走太子华之后，连忙召见管仲，将太子华托为转赠的一对玉卮交给管仲。

"出手这么重。一定有所求。"人情练达的管仲警觉地说。

"仲父猜对了。"齐桓公将刚才之事详尽告诉管仲。

"主公是答应他了？"

"没有。"齐桓公道，"想听听仲父的意见。"

管仲道："主公是靠礼和信而使诸侯归服。儿子和父亲不相互扰叫作礼，遵守诺言叫作信。违背礼和信，没有比这更奸诈的了。"

齐桓公反问道："诸侯联军讨伐郑国，并没有获得胜利。现在郑国内讧，正好利用他们的矛盾来征服他，难道不好吗？"

管仲耐心地分析说："臣闻太子华所言三族，都是贤大夫，郑人称之为'三良'。像太子华这种人，身为太子，却想借他国之力来削弱自己的国家，恐怕终将不免于祸。主公千万不可听信他的谗言而答应他的要求。"

第二天，齐桓公约见太子华，对他说："太子所言，是郑国大事，待郑侯来了之后，再商议此事。"

太子华听罢，面红耳赤，当即辞别归郑。

管仲非常痛恨太子华的奸诈，故意将太子华的言行泄露给郑人。故太子华尚未到家，郑文公已对他在“宁母会盟”的言行了如指掌。

子华在齐桓公这里碰了壁，只得匆匆返回郑国，向郑文公诡称道：“齐侯怪君父没有亲自前往，不肯许盟。”

郑文公强压怒火，问道：“依你之见，该如何处之？”

“依儿臣之见，不如从楚。”

郑文公按捺不住，大声呵斥：“卖国逆子，还敢乱言？”

郑文公数说他卖国之罪，下令将子华囚禁起来。不久，子华想越墙逃走，被监守发现。郑文公为免后患，干脆杀了子华。

郑文公感念齐桓公之德，于同年冬天，亲自到齐国去与齐桓公结盟。

从此，郑国完全归服于齐，直到齐桓公去世，也没有背叛过齐国。

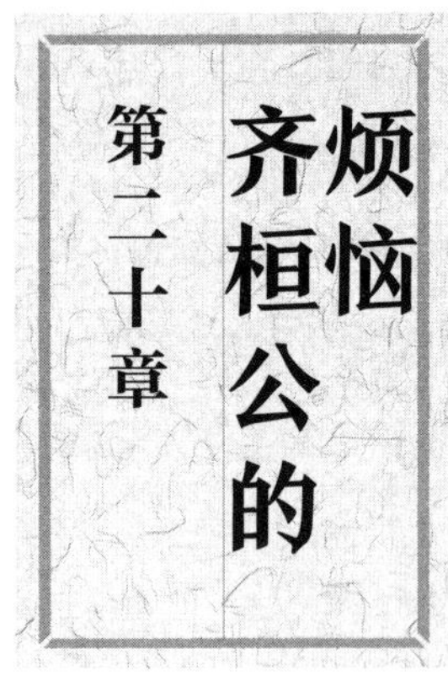

第二十章 烦恼齐桓公的

拥周太子继位

齐桓公自“宁母会盟”德服郑侯回国之后，对管仲更是佩服得五体投地，决定宴请管仲，向管仲请教为君之道。为了表示对管仲的尊重，他命人在院子里挖了一口新井，自己坐在井里，用柴草覆盖井口，斋戒十天，然后召见管仲。

宴请之时，齐桓公又请鲍叔牙、隰朋、宁戚作陪。

开宴之后，齐桓公拿起酒爵，先向管仲敬酒，谁知酒过三觞之后，管仲起身不辞而去。齐桓公见状，先是莫名其妙，后是大为恼火，不高兴地说：“寡人为宴请仲父，斋戒十天，已经是很严肃的了，仲父却不辞而去，是何缘故？”

鲍叔牙和隰朋连忙赶出来，追上管仲说：“主公已经发怒了。”管仲不听，也不解释，仍然坚持要走，两人好说歹说，总算将管仲拽了回来。

管仲转来进到院中，先是背靠屏风而立，再往前至中庭。

齐桓公一直是冷眼看着管仲，不发一言，直到接近中堂之时，才一脸不悦地说：“寡人斋戒十天而宴请仲父，自以为没有什么失礼之处。仲父不辞而去，不知是何缘故？”

管仲一脸肃容地说：“沉溺于宴乐者，就沾染于忧愁；厚享于口味者，就薄于德行；怠慢于朝廷者，就缓于政事；有害于国家者，就危于社稷。臣因为这些，就敢于不辞而去。”

齐桓公马上改容下堂说："寡人并不敢自为苟安，只是以为，仲父的年纪大了，寡人也老了。几十年来，仲父为齐国走上富国强兵之路，为齐国之霸业，耗尽了毕生心血，寡人设此宴，是想慰劳一下仲父。"

"臣听说，壮年人不懈怠，老年人不苟安，顺天道办事，一定有好结果。夏桀、商纣、周幽王之所以失去民心，进而失天下，并不是一个早上猝然而至。千里之堤，溃于蚁穴，就是这个道理。主公何必有所苟安呢？"管仲说罢，仍然转身而去。

齐桓公这次不生气了，以宾客之礼再拜而送出。

第二天早朝之后，齐桓公留住管仲，继续昨天没有问完的话："寡人欲请仲父讲一讲建立国君威信的问题。"

"人民爱戴，邻国和睦，天下信任，这就是国君的威信。"管仲不假思索地说。

"好！"齐桓公赞同地问，"怎样才能建立这种威信呢？"

"治身、治国、治天下。"

"何谓治身？"

"导治血气，以求长寿，虑远谋和广施德。此即为治身。"

齐桓公继续问："何为治国？"

"举用贤能、爱护百姓；对外保全灭亡之国家，接济断绝之世家，起用死于王事者的子孙；薄收税敛，减轻刑罚。此乃治国之理。"

"何为治天下？"

"法令能够推行而不苛刻，刑罚精简而不妄赦罪人，官吏宽厚而不怠慢拖拉，屈辱窘境的人们，法度也能加以保护，往者来者都无所约束，而人民乐。此为治天下。"

正在君臣二人说得起劲的时候，近侍来报，周室派使者来齐。齐桓公与管仲正准备正身出迎，周王室使者已经进殿。

"周室下士王子虎参见齐侯！"周室使者抢前一步参见齐桓公。

齐桓公一揖道："上差远道而来，不知有何差遣？"

"周室危在旦夕，受太子郑秘密之命，特向伯舅求救。"王子虎道。

"坐下来说话。"齐桓公坐下来道，"周室又发生了什么事？"

“天子驾崩，惠后与公子叔带蠢蠢欲动，太子郑不敢发丧。”王子虎急促地说。

原来，周惠王年老多病，知道自己在世的时日不多，因其宠惠后，欲趁其活着之时，废掉太子郑而改立惠后所生的公子叔带，不料齐桓公出面干涉，率诸侯于首止会盟，拥戴太子郑。使得他的如意算盘落空。经此一事，周惠王病情加剧，带着对王储的深深遗憾、对惠后及公子叔带的深深歉疚和对齐桓公干涉王室内政的满腔仇恨而辞世。

太子郑担心后母惠后和庶弟公子叔带同他抢夺王位，于是同太宰周公孔、上卿召伯廖商议，决定先不发丧，并秘密派王室下士王子虎快马加鞭奔赴齐国，将周惠王驾崩之讯告诉齐桓公，请求齐桓公帮助他继承王位。

齐桓公闻周惠王驾崩之讯，大吃一惊，急忙对管仲说：“仲父，这件事情该如何办？”

管仲想了想说：“周王乃天下共主，如果齐国一家扶持，恐有悖伦常，既不利于太子，也不利于齐国。”

“仲父是打算广召诸侯，共匡王室？”王子虎问道，见管仲点头答复，接着说，“这当然好，就怕缓不救急。”

管仲想了想说：“这样吧，事态紧急，只能分头行事。”

一方面，派仲孙湫为使，以问疾之名入周，协助太子郑稳定大局。有宿将仲孙湫在，足可震慑惠后与公子叔带一阵子。

另一方面，将王子虎的身份由暗转明，为周王特使，召集盟会。盟会地址选在离成周较近的曹国境内的洮地。

次年（公元前 652 年）春正月，齐桓公在曹国的洮（今河南漯河市郾城区西）地召开紧急会议，商议周室王位继立之事。与会诸侯有宋桓公、鲁僖公、卫文公、曹共公、许僖公以及陈太子款和周太子郑的使臣王子虎。新归服的郑文公请求参与会盟。参加会议的诸侯在“洮地之会”上歃血为盟，订立了支持太子郑的盟约。

会盟之后，八国诸侯分别修表，各派大夫随王子虎赴洛邑献表。八位大夫是：齐国大夫隰朋、宋国大夫华秀老、鲁国大夫公孙敖、卫国大夫宁庄子、陈国大夫辕选、郑国大夫子人师、曹国大夫公子戊、许国大夫百陀。八国大夫连同盛大的羽仪队伍，打着问安的旌旗，浩浩荡荡集结于王城，一向冷清的洛邑，顿时变得热闹起来。

这时，太子郑才公布周惠王驾崩的消息，然后发丧。周室太宰周公孔、上卿召伯廖拥太子郑主丧，八国大夫由问疾变为吊丧，联合奏请太子郑嗣位。

太子郑即位，百官与八国大夫朝拜，是为周襄王。惠后与公子叔带见朝中大臣与八国诸侯都支持太子郑，知大势已去，不敢轻举妄动。

周襄王即位，确定次年改元。此次周室王位更替，可谓有惊无险。

齐桓公的烦心事

周襄王即位后，天下暂时无事。而此时的齐桓公，似乎有了心事，一连数日闷闷不乐，连他自己也不知道心中的不快源于何处。管仲也感觉到齐桓公有些精神恍惚，便关心地问："主公是哪里不舒服吗？"

齐桓公甩甩手，蹬蹬腿："都好好的，未见异样。"

管仲指指他的胸膛说："这里不舒服！"

"仲父如何知道？"齐桓公惊异地问。

"'洮地之会'归来之后，主公一直闷闷不乐。臣不但知道主公得了心病，而且还知道病因。"管仲很肯定地说。

"仲父知道寡人心里想什么？"齐桓公不相信地问。

"周室嫡庶不分，几致酿成大祸。今齐国储君尚虚位以待，主公可否为此事而忧心？"管仲两眼盯着齐桓公。

"唉……"齐桓公长叹一声，"知寡人者，莫如仲父也。"

"周室乃前车之鉴，主公宜早做打算，以绝后患。"

"寡人有过三位夫人，皆无所出。蔡姬戏水酿祸，寡人一怒之下将她遣送回蔡，事后想起来，寡人当时的处罚太过严厉，对蔡姬有失公平。只是碍于面子，不肯承认罢了，故而一直未再立夫人。"齐桓公叹了口气，接着说，“寡人有六个儿子，都是庶出，都有资格继位。论年龄，无亏年长。无亏是长卫姬所生，在所有夫人当中，长卫姬侍候寡人的时间最长，她常在寡人耳边唠叨此事，寡人已答应长卫姬，立无亏为太子。易牙、竖貂、开方也屡屡向寡人进言，请早定储君之位，他们也力荐公子无亏。”

管仲知道，长卫姬是开方的妹妹，易牙、竖貂二人皆奸佞之辈，如果立无亏为君，国政必乱。立储是君主的家事，不好直截了当地说出来。但他也知道，齐桓公既然心里烦恼，一定是对无亏不放心，故而问道：“主公既然答应了长卫姬，立无亏可也，为何还要烦恼？”

“无亏虽然年长，但却很平庸，非君主之才。倒是公子昭，素有贤名，且聪明能干，是个可造之才。寡人有意于公子昭，只是举棋不定。”齐桓公殷切地看着管仲说，“请仲父为寡人决之。”

管仲见齐桓公将如此重要的事情交由自己决定，自是格外慎重，整理了一下思路，不接齐桓公刚才的话语，另开一端：“主公虽春秋正盛，但凡事预则立，不预则废。‘召陵之盟’后，外患几乎平复，那时臣就开始着手替主公考察诸公子的为人、秉性了。”

管仲随之说了几年前的一件事。

那是诸侯伐郑，楚国围许救郑的夏秋之际，管仲接到齐国国内急报，国内突降暴雨，多处发生洪灾，为避免影响军心，管仲将这个消息压住未报。但水灾后一定是要赈灾的，当时大部分大夫都随军出征，国中主事的是国辛和宁戚。管仲灵机一动，不妨借这个机会考察一下六位公子的才具和品性。于是让宁戚安排六位公子分赴受灾地区赈灾，不要给任何羁绊，也不要给太多指点，只让他们尽力而为即可。宁戚领会到管仲的良苦用心，分别将六位公子派往不同地区赈灾。与此同时，管仲还秘密派人到六位公子办事的灾区，观察民众的反应，记录六位公子的一举一动。

君父和重臣领兵在外，在这种情况下，往往更能看出各人的真实才干和真实面目。所以后世儒家说，君子慎独是最难的。

听到这件旧事，齐桓公急于知道答案：“仲父，他们究竟如何行事？”

管仲简单地总结一番："无亏既骄又贪，不能急民之所急，且有贪渎行为，商人则趁机结交大族，对救民于水火的赈灾大事并不怎么用心；至于子元、子潘和子雍，办事能力极为平常，只是应付了事。"

"寡人的儿子，真的都这么不济吗？"

"幸好还有子昭，接到命令后，就与工匠、胥吏同居同食，不仅将国库调拨的物资、粮食用到合适的地方，而且带头捐献。他所重用的助手，也都颇具才干，尽力办差，所以他所在灾区的士庶，对他的评价甚佳。后来，臣对子昭和无亏多方观察，征求贤达的评论，综合比较，子昭在诸公子中，最为贤能。"

"寡人怎么从来没有听仲父提起过？"

"臣蒙主公信任，手握重权，一举一动自然引人猜度。臣不敢贸然与诸位公子交往，否则会让他们产生错觉，以为臣有意扶持他们。这么偌大一个锦绣霸业，诸位公子谁不心动？他们皆已长成，自然会各结党羽，各营私利。"

"有这么严重吗？"

管仲点点头："他们之所为，当然会瞒住主公，但瞒不过臣下。"

"既然没有嫡子，立长也是应该的呀？"

"恕臣斗胆说一句，主公的霸业，本非平常君主可及，立储之选，也应取贤而不取长，否则霸业后继乏人。"

"仲父的意思是……"

"应立昭为太子。"管仲斩钉截铁地说。

"诚然昭要比无亏略胜一筹，但也没有到出类拔萃的程度吧！"

"就个人才具而言，主公说的没错。但物以类聚，人以群分，无亏身边多是一些小人，为了立无亏为太子，想必竖貂、易牙没少向主公进言吧。而昭多与君子贤达结交。如果他日为君，就不是论一人之贤愚，而是满朝之内用人之取舍了。"

"竖貂、易牙虽然算不上贤达之士，但对寡人还算忠心，似乎也不应划入小人之列吧！"

"这两个人是否小人，臣早向主公表明过态度，既然主公不甚认可，那就暂且不论吧！”管仲说，“立储事关重大，应谋于大臣。虽然不宜让所有人知道，请几位重臣密议一下，还是有必要的。”

“仲父之外，高、国两卿是少不得的，再请上鲍太傅，其他人就免了吧！”

“好！”管仲又说，“臣亲自知会他们，三日之后，入宫议事。”

三天之后，内侍来报，仲父等人已齐聚华堂。

齐桓公闻报，快步进入华堂，脱屦升席，礼过之后，开门见山地说：“今天请来四位柱国之臣，就是立储之事要与大家商议。寡人无福，没有嫡子，且不去说它了。现诸子都已长大成人，总要从中选一位册立太子，否则，储位一日不定，都是乱因。”

管仲坦然地说道：“日前主公与我谈过此事，立储事大，我心中已有了成议，先请诸位畅言吧！”

高傒道：“立储不外依四法：立嫡、立长、立贤、立宠，既然立嫡不成，立宠最不可取，只能在立长与立贤中选择。”

“高卿的意见呢？”齐桓公问道。

“臣以为，国赖贤君。各位公子中，昭最贤，臣属意立昭为太子。”

严格地说，依周礼是立长不立贤，但齐桓公当年既非嫡，也非长，不也一样成就一番霸业吗？所以这一层关系，自然就冲淡了。

鲍叔牙拱手道：“臣赞同高卿之见，昭素有公心，才具上乘，当立为太子。”

“国卿的意见呢？”

国辛此时有点为难，他从心里不赞成立昭为太子，但又不便说出来，高、鲍二人意见相同，不用说，管仲的想法也是如此，三人同持一论，就由不得主公了，于是干脆打起一马虎眼：“论贤当属昭无疑，但无亏为长，不立他好像有点说不过去。不如暂置此事，假以时日，到时水到渠成不好吗？”

鲍叔牙尽量用缓和的口气说：“叔牙不敢苟同国卿之言。公子无亏已年过三十，最小的潘也有十四五岁了。常言道：‘天赋禀性’，之所以前面加个‘天’字，就因为这些与生俱来，人已长成，就已定形。恐怕再假以时日，不仅不会辨清贤愚，反使奸诈之人包藏祸心，弄奸害国。”

鲍叔牙尽管是就事论事，但国辛听了心里还是不怎么舒服，于是说道：“太傅说得也在理，还是听主公的吧！”

管仲见他们三人都表明了态度，于是向他们讲起当年水灾故意让各位公子分头赈灾，试探他们的才具、品性的旧事。

国辛不禁暗暗后悔，当时自己就在临淄守国，怎么就不曾想到有这么一手呢？

管仲接着说：“齐国的霸业，本就前无古人，许多成例不足用，但我知道一条道理：‘天视自我民视，天听自我民听’，昭能以民为本，就懂得了最根本的为君之道。主公既知公子昭之贤，为何又犹豫不决呢？”

“如果无亏以其年长为由来争，他们虽然都是庶出，但也是长幼有序，如之奈何？”齐桓公担心地问。

“继位是主公与臣身后之事。主公曾为鲁、卫之君位继立出过力，刚刚又为周太子郑继位而不遗余力。”管仲道，“主公可在诸侯中选一贤者，以公子昭相托，他日齐国若发生君位之争，请这位贤者鼎力相助。”

“好！”齐桓公眉头舒展，松了一口气，“仲父所言极是，寡人将在诸侯中择贤能者相托。”

周天子赐胙

周襄王即位，次年（公元前651年）改元，行祭祀大典之后，为了嘉奖、感谢齐桓公拥立之功，决定“赐齐侯胙”，并预先将这个消息透露给齐桓公。之所以事先透露消息，有两层意思，一是让齐桓公知道，他不忘齐桓公拥立之功；二是告诉齐桓公，如何“受胙”，提前做好准备。

“胙”即是祭祀神灵的祭肉。当时有所谓“归胙”之礼，即周天子将祭祀祖先的祭肉分赐给同姓诸侯，即《周礼》说的“于兄弟有胙”。

这里的兄弟，指的是同姓诸侯。“归胙”被视为周代最基本的礼仪。如果有哪个贵族祭祀祖先之后不把祭肉拿出来与其他贵族分享，就表明他没有把这些贵族当成自己的亲戚，这是最严重的“失礼”。相反，如果把祭祀祖先的祭肉拿出来送给异姓的贵族，就表明视其为同类，是自己人，是特别的信任和尊敬。周惠王为了拉拢楚国，就曾赐胙楚王。

齐桓公得知周襄王“赐胙”，异常兴奋，也想借这个机会大造声势，以壮齐国之威，于是召集几位重臣开会，商议天子“赐胙”之事。

管仲素以“尊王”为己任，当然不会放过这次“尊王”的绝佳机会，他准备将这次周襄王“赐胙”办成一场盛大的“尊王”活动，建议道：“主公受赐，要大合诸侯，当着诸侯之面受赐，并寻盟，修好，以求达到与诸侯间和睦相处。”

齐桓公也有此意，两人算是不谋而合，接下来的事情就好办多了。

正要讨论会盟之地时，突然传来宋桓公去世的消息，齐桓公心里泛起一丝悲哀，便将会盟选址之事暂且放下，话题转而与宋有关的事情。

宋桓公是齐桓公在诸侯中最好的朋友。宋也是大国，本来按常理是一山不容二虎，但宋桓公御说除即位之初有过一次‘北杏逃盟’之外，三十年来，一直是齐国的忠实追随者，几乎参加了齐国召集的每一次盟会和组织的每一次征伐，更重要的是，宋桓公为人敦直恭让。所以两个大国之君，竟成莫逆之交。

“寡人与宋公有约，要趁近年兵戈不兴，今春到宋地春狩，想不到他比寡人年轻，却比寡人先走，如今竟阴阳相隔了。”齐桓公不禁叹声连连。

当年齐联陈、曹，兵临宋国城下，正是宁戚说服宋桓公归盟，使两国免于生灵涂炭，同时也成就了宁戚之功。对于宋桓公，宁戚自然多一层被赏识的感念在里面，他接口说：“宋公乃有德之君，历年对齐国襄助良多，愿主公遣宁戚为使，去宋国吊丧。”

齐桓公问管仲，“不知宋国嗣君，最后定的是谁？”

管仲道：“太子兹甫为嗣君。”

“宋君位继承，是否出现什么波折？”

管仲道："据说，宋太子继承君位，不但未曾出现兄弟相煎之事，竟然还发生了兄弟相让的感人之举。"

原来，宋太子兹甫是宋桓公的嫡子，继承君位顺理成章。然而，兹甫却认为自己的庶长兄目夷更贤能，因此在宋桓公病危之际，劝父改立嗣君。

目夷却谦辞地说："能以国君之位相让，足见太子之大仁，我不及也，而且由我继承君位，也有违礼制。"

最终，宋桓公还是听从目夷之言，依旧命太子兹甫嗣位，代理国政。

当时为求君位，各国多有兄弟相残之事，宋国这种友爱之心，反而成了新闻，很快传遍各国。

管仲接着说："主公，不如趁宁戚赴宋吊丧之际，与宋国新君商议，尽快寻盟修好，以巩固两国之间的友谊。"管仲担心新君嗣位后，对齐国的态度会有所变化。

高傒也进言说："仲父所言甚是，宋国地处中原腹地，西制周、郑，南扼荆楚，乃重中之重，可谓牵一发而动全身。"

宋国必须牢牢抓在手中，只是谁也不便公开把这话说得那么直白。

齐桓公想了想说："宋国大丧，国君不宜出境。"

宁戚马上说："这个好办，只要把会盟之地定在宋地，不就合乎奉丧不出境的礼制了吗？"

"好！"齐桓公说，"如今周王感念齐国定位之惠，依寡人看，不如请周王派卿士与会，既寻盟修好，为宋嗣君定位，又可重修旧礼，一举两得。"

齐桓公刚说完，高傒却想到了其中的一个问题："当年宗周全盛之时，礼乐征伐皆自天子出，会盟召集掌于天子，但东迁之后，王室式微，会盟早已是诸侯之间的事了。若主公邀周王参与，这主盟之人，应当是谁？"

齐桓公"尊王"的本意，当然不是权归天子，而是建立天子居虚位，齐国掌征伐的新秩序。主盟之位，岂可旁落他人之手？

管仲思索片刻，说道："天子来盟，当然是一大气象。当年宗周之时，以众神监誓，天子乃百神呵护之体，如今不妨略作权通，请天子代神监誓，仍由主公主盟，这样可以吗？"

隰朋道："礼贵因时，天子应当能知晓齐国之苦心。"

既已商定，即由隰朋赴洛邑见周王，宁戚去宋国吊丧。

宁戚到宋国之后，受到最隆重的礼遇。宁戚先是对宋先君仙逝表示哀悼，然后向宋国新君转述了齐国欲邀周王为监盟，在宋国会盟的意思。

宋新君兹甫连表谢意："辱蒙大国入境赐盟，兹甫敢不追随先君遗志？只是墨衰在身，不能用平常喜庆之礼迎接齐侯，这一层意思，还要请大国见谅。"

宁戚道："这个自然，礼制所在，不可轻废。"

得到宋新君兹甫的赞同，会盟地点就选在宋境内的葵丘（今河南省兰考市民权县境内）。

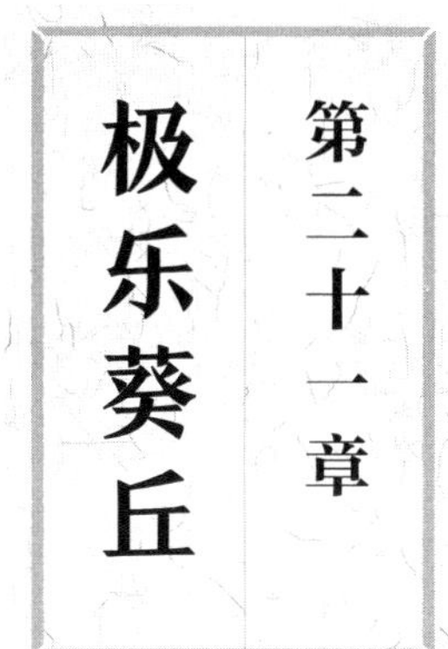

葵丘会盟

春秋时会盟之礼，与西周时有所不同，就是天子不再是会盟的主角了。在诸侯聚会结盟之前，先要“会而定盟”，也就是各方面要协商盟誓的内容；继而“除地为坛”，即在协商内容一致通过之后，盟主要将结盟的日期、地点通知各方，并在该地负责筑坛；最后，要由盟主负责“起草盟书”。

会盟地点确定之后，管仲命东郭牙率五百名壮士前往葵丘，择方圆八百步之地，筑起一高坛，以备结盟之用。再修筑馆舍，以备诸侯落驾。派隰朋提前一个月赶到葵丘，负责接待诸侯之事务。

“葵丘会盟”将至，齐桓公带领满朝文武来到葵丘，诸侯都已经先行到达。隰朋已将先期到达的诸侯分别安置在馆舍住下。

周王之使周公宰孔也到了葵丘。

从使节的身份，足可看出周襄王对这位“伯舅”的重视。宰孔承袭的是最显贵的周公之爵，又任职卿士，是实至名归的周“宰相”。周王的尊礼，宋嗣君的诚意拳拳，加上近年中原兵戈入库，种种因素注定这次的“葵丘会盟”，将成为齐桓公和管仲的巅峰之作。

管仲亲自接待宰孔，两人表面客套恭维，其实心里彼此都有所求。宰孔在惠王时曾经做过尊楚疏齐的举动，他要借这次机会弥补这一过失，而管仲则要利用这位身份尊显的“天使”，为齐国的霸业，特别是宋国君位的更迭之时，增加一些筹码。

礼仪烦琐客套之后，宰孔先表明周王要在会盟之日，赐齐侯文武胙、彤弓和大路。

管仲大喜过望，连忙致谢："王恩隆重，前所未有，教寡君受之有愧。"

这三样东西为何会使管仲大喜过望呢？

文武胙是周王祭周文王、周武王的胙肉，祖神享用之后，胙肉要分赐给同姓诸侯，"以均神惠"。前些年周惠王曾用这种手段拉拢过异姓的楚成王，如今襄王又用在齐桓公身上。这本是极为隆重的礼遇，但有过这样一次"滥用"之后就大大地"贬值"了。为了表示齐桓公的地位更高，功劳更大，特别加赐"彤弓"和"大路"。

"彤弓"是朱漆弓胎，自三代就流传这样的传统——天子用此赐予有功的诸侯，作为代天子征伐的凭信。

"大路"是天子专用的马车，由六马牵引。在严格的礼制中，诸侯只能用四马牵引的"路车"，大夫用三马"轩车"，士用二马"饰车"，不能僭越。这种赏赐，也是历代周天子从未有过的。

听到管仲的谢言，宰孔在心里想：这些不就是齐小白想要的吗？但脸上却堆满了笑容，说道："齐侯首创'尊王攘夷'，功勋卓绝，天下与闻，孔私以为，王之所赐予非常适宜，仲父不必过谦。"宰孔接着又说，"王还交代过，齐侯年高德劭，就不必下阶拜领了。"

管仲连称"不可"，宰孔只道他客套，转而略问一下会盟之礼，便告辞了。

管仲将拜会宰孔的情况向齐桓公作了汇报。齐桓公心里非常高兴。

"主公真的打算不下阶受赐吗？"管仲问道。

"这是周王之命。"齐桓公问道，"仲父以为有何不妥吗？"

"为君不君，为臣不臣，乃乱之本。如今齐国如日中天，更应儆戒将来，有所谦让，以免给诸国一种热衷躁进的感觉。"

"幸有仲父提醒，否则，寡人将会犯下不可挽回之错。"

数日后就是会盟之日。

齐桓公率众大夫及诸侯来到拜坛，只见拜坛高十余丈，设置南北君臣之位，列上下三层之阵，布置整齐。

齐桓公传令：

第一层坛设黄金御座，设人君南面之位。

第二层坛左边设与周同姓诸侯之位，右边设与周异姓诸侯之位。

第三层坛左边设上卿管仲等文臣之位，右边设大司马仲孙湫等武臣之位。

君臣人等，皆衣冠楚楚，弁冕秩秩，分东西而立，置支坫，树左右之标，以悬钟鼓。又令两千二百五十名壮士，分为五队，各执青、黄、赤、白、黑旗，排队站列于五方，按五行之法排布。

齐、宋、鲁、郑、卫、许、曹七国诸侯与周公宰孔一起来到坛下。先请“天使”率先升坛，诸侯依次而升。

坛上建立棚帐，设天子虚位于北，诸侯北面稽拜，如朝觐之礼，然后依次落座，盟主齐桓公居右首为尊，宰孔以监盟身份居左首。

司盟管仲精神矍铄，一绺花白胡子垂在胸前，越显得儒雅不凡、神采飞扬。待众人坐定之后，传令击鼓，鼓声一落，朗声道：“天子有赐！”

宰孔大步走过来，一侍者手持托盘跟在宰孔身后，托盘内放着一大块冒油的祭肉。宰孔大声道：“天子初登宝位，皆赖盟主之德，今祭祀天地祖先，令孔奉胙来赐。”

按当时的礼节，诸侯在接受天子赐给的礼物时要下堂跪拜，以表示对周天子的尊重。

齐桓公听宰孔宣旨之后，正欲下堂行跪拜之礼。宰孔制止说：“天子有命：盟主年迈，加赐一等，免行谢拜之礼！”

齐桓公听宰孔之言，将眼光投向管仲，管仲以目作色，以示制止。齐桓公连忙起身拱手道：“天威近在咫尺，君臣之礼不可废，小白岂敢贪王命而废人臣之礼？”

说罢，按“下、拜、登、受”之尊礼，先趋降两阶，再稽首以拜，然后升堂再拜。

宰孔见齐桓公如此尊重王室，面呈喜色，高声道：“请齐侯受胙！”

齐桓公向宰孔三叩首，谦恭地说：“谢天子之恩！”言毕起身，从宰孔手中接过天子赐胙，高擎过头，呈现给诸侯过目。

诸侯见齐侯如此尊重王室，无不叹服，齐声道：“恭贺齐侯！恭贺盟主！”

齐桓公手托胙肉，突然大声宣布：“天子赐胙，乃寡人之荣幸，寡人愿将此荣幸与诸侯分享。”

管仲早令人取过一柄锋利的小刀递给齐桓公，齐桓公接过小刀，将祭肉切成若干块，早有人上前，将胙肉分送给诸侯。诸侯兴奋异常，先向齐桓公道贺，后再谢方伯赏赐。

随后，管仲拾阶而上，对诸侯道：“今日乃衣冠之会，不必杀牲歃血，只是载书立誓，以订盟约。请盟主宣读盟约。”

此时人人肃穆，现场鸦雀无声，听不到一丝响声。在短暂的静默后，齐桓公高声朗诵由管仲起草的盟书：“即日，周公孔监盟，齐小白与宋子兹甫、鲁申、卫毁、郑踕、曹班、许业盟于葵丘。”

这是盟书惯例，先叙同盟序次，接着再宣读盟书中的盟辞内容：

> 初曰，诛不孝，无易树子，无以妾为妻；
>
> 次曰：尊贤育才，以彰有德；
>
> 三命曰：敬老慈幼，勿忘宾旅；
>
> 四命曰：士无世官，官事无摄，取士必得，无专杀大夫；
>
> 五命曰：无曲防，勿遏籴，无有封而不告。
>
> 凡我同盟之人，即盟之后，言归于好。辅佐周室，匡正王道。有背盟者，许列国共讨之！

“葵丘会盟”，制订盟约五条，其中有两条“勿忘宾旅”和“勿遏籴”的规定，这是要求便利商旅往来，允许粮食调剂，打破闭关封锁，以利于齐国发展境外贸易。在较早举行的第三次“鄄地会盟”，把降低关市之税作为盟约的内容；第四次“幽地会盟”，规定诸侯国要修道路、同度量，一称数。这些都是为了有利于商品在诸侯国之间顺利流通而提出来的。毫无疑问，这些都是诸侯盟主——齐国的主政者管仲的绝作，他总是以齐国的政治影响力来推行其经济措施，为境外贸易铺平道路。

齐桓公宣读完盟约，诸侯齐声道："谨奉命！"

盟约签订之后，隰朋大声宣布说："今日盛会，特备歌舞助兴，请太宰与各位诸侯观赏。"

顷刻之间，盟坛变成了舞台，礼乐骤起。齐桓公陪着宰孔及诸侯坐在台下，观看表演。

齐桓公眼里在看台上表演，心里却在想着另外一件事，他转头对坐在身边的宰孔说："寡人听说，夏、商、周三代皆举行封禅大典，其事如何，宰孔可否告知一二？"

宰孔道："泰山封禅大典，应从无怀氏起，伏羲氏、神农氏、炎帝、黄帝、颛顼、帝喾、唐尧、虞舜到夏禹、商汤、周成王，他们即位，都到泰山举行封禅大典。"

齐桓公点点头。宰孔继续说道："在东岳泰山筑土为坛，祭天叫'封'，目的是报天之功；在泰山下的小山如梁父山、云云山、亭亭山等辟场祭地，称为'禅'，目的是报地之功。为什么封禅活动非要不可呢？这是因为古人认为，群山之中，泰山最高，离天最近，因此人间的帝王应到那儿去祭天，表示受命于天。"

齐桓公面有得意之色地说："夏之都城在安邑，商之都城在亳，周之都城在丰镐。离泰山、梁父山相去甚远，他们都能行封禅之典。今泰山、梁父山皆在寡人封地之内，寡人欲徼宠天王，行泰山封禅大典，宰孔以为何如？"

宰孔闻言大吃一惊，见齐桓公趾高气扬，满脸得意之色，不好阻拦，冷冷地说："当今天下之事，齐侯以为可，谁敢说不可！"

齐桓公哈哈大笑道："明日，寡人将与诸侯商议泰山封禅之事。"

当天晚上，宰孔将管仲请到住所，轻声道："泰山封禅，非诸侯所宜，今齐侯欲行封禅，仲父难道不能谏止吗？"

管仲道："齐侯好胜心极强，又在兴头之上，如果当众行劝谏之词，恐一时难以接受。此事只可背后劝谏，不可当众阻拦。"

管仲连夜拜见齐桓公，问道："主公真欲泰山封禅吗？"

“仲父以为不可吗？”齐桓公反问道。

管仲说：“古者封泰山祭天，禅梁父山祭地，可考者有七十二家，臣所能记者有十二家。他们都是受天之命后才可以举行封禅大典的。”

齐桓公不高兴地说：“寡人北伐山戎，远过于孤竹；西伐大夏，涉渡流沙，束战马，吊兵车，攀登卑耳山；南伐到了召陵，登熊耳山以望长江汉水。与诸侯兵车之会有三次，乘车之会有六次，九合诸侯，一匡天下，诸侯无有违抗。虽三代受命，有何以异于此吗？我欲封泰山，禅梁父，以示子孙，难道不行吗？”

管仲见不能用道理说服齐桓公，只好改变方法：“古者举行封禅大典之国，盛在祭器里的祭品有鄗山的嘉黍，北里的嘉禾；铺在地上的垫席，是江淮的特产三脊‘灵茅’；东海送来比目鱼，西海送来比翼鸟，祥瑞之物，有一半不召而至。今凤凰、麒麟不来，象征祥瑞的嘉禾不生，而蓬蒿杂草却很繁茂，鸱枭之类的凶禽恶鸟却不断来临，在这种情况下，还想举行封禅的大典，岂不是不应该吗？如真的行封禅之事，列国有识之士不会笑话吗？”

齐桓公一时语塞，从此不再提封禅之事。

托孤宋襄公

连日欢庆，诸侯、大夫们彼此轮流宴请，筵席中推杯换盏，气氛非常融洽。齐桓公心里十分高兴，最让他感动的是宋嗣君兹甫，在诸侯衣冠朝服中，唯独宋襄公丧服未除，一身墨衰，对齐桓公也是尊礼有加。看来会盟最重要的目的——稳住宋国同盟，如愿以偿。他突然想起一件事，问管仲：“依仲父看来，宋嗣君兹甫如何？”

“听闻兹甫拜庶兄目夷为左师，处理军国大政，目夷也坦然受命，看来他们之间心无芥蒂。连日来，臣特别留意他的一举一动，听其言，观其行，不像包藏祸心之人，而是一位爱惜名声的贤者。”

齐桓公感叹地说：“有其父必有其子，但愿寡人诸子，也有像他这样的人。”

言者无心，听者有意，管仲、竖貂都各怀心思。管仲先打开闷局，道：“臣有一事想奏闻主公，待主公他日得便的时候，再详细奉陈。”

竖貂知道管仲要与齐桓公单独相谈，知趣地告退，一众侍从也随之退出。

管仲见众人退出，说道：“主公刚才之愿，不是不能达成，但必须得预先筹谋，否则他日恐难如愿。”

齐桓公乞求地看着管仲说：“仲父已有了想法？”

“主公为周天子定位，为何不为齐国定位？”

“仲父的意思是……”

“现公子昭虽然获得册命，但诸子之争已非一日，最怕的是权臣大族为一己之私，裹挟众公子争位，那时齐国就永无宁日了。主公不如趁此次会盟之机，将公子昭托付给一位贤君，可免他日之祸。”

“这倒是个好办法。”齐桓公道，“仲父打算把公子昭托付给谁，是宋侯兹甫吗？”

“正是。”管仲道，“兹甫为人仁德，处于而立之年，正当盛年，正是主公赖以托孤之人。”

“诸国之中，唯宋最强，他日足可助公子昭定位。”齐桓公补了一句，“请仲父替寡人筹谋这件事，好吗？”

“责无旁贷！”管仲辞别而去。

管仲带着侍卫，趁着夜色，悄悄来到宋襄公馆舍，通报之后即入见。礼过之后，管仲道：“管仲深夜拜宋侯，有一事相求。”

宋襄公道：“管相国言重了，有何吩咐，只要宋国能办到，一定无所推辞。”

管仲微笑着说：“能与宋侯单独商谈吗？”

宋襄公随即屏退左右，屋内只剩下管仲和宋襄公两个人。

管仲双膝着地，向宋襄公行跪拜之礼：“寡君有事欲重托宋侯。”

“管相国有事只管吩咐，何必行如此大礼？”宋襄公忙扶起管仲。

“寡君年事已高，储君尚未确定，恐身后齐国有变，欲在诸公子中择一贤者托与宋侯，他日齐国如有不测，请宋侯助之。”

“此事重大，能与齐侯面谈吗？”宋襄公见此事重大，便向管仲要求面见齐侯再定。

“好！”管仲立即引宋襄公前往齐桓公的馆舍。

齐桓公见宋襄公与管仲同来，立即起身相迎。彼此礼过之后，齐桓公说道：“寡人有六个儿子，都是庶出，长子无亏，非治国之器，故寡人一直没有立他为储君。”

“这又是为何？”宋襄公不解地问。

“论人品、才能，公子昭更胜一筹。”

“方伯意欲如何？”

齐桓公紧握宋襄公的手，殷切地说：“宋侯德高义重，寡人以公子昭相托，他日齐国若出现动乱，望贤侯相助公子昭，稳定齐国社稷，寡人在九泉之下，也觉无憾矣！”

“寡人国小德薄，实不足以担此重任，既承盟主之命，寡人定当尽全力不负盟主重托。”宋襄公语气虽很谦逊，但却一脸肃容。显然，他对齐桓公和管仲能如此看得起自己，内心既意外，也很高兴，大有一诺千金之感。

管仲受封

宰孔在葵丘会盟中听到的都是对齐桓公霸业的赞美之词，心里不免有一种酸溜溜的感觉，受完曹伯的宴请之后，便向诸侯坚辞而去。

宰孔离开葵丘之后，心情略为轻松，在回洛邑的路上，居然遇到了姗姗来迟的晋献公。

晋国原是一个边陲之国，在汾水一带与戎狄杂居，由于远离齐、楚这样一些大国，更兼周边都是一些实力弱小的国家和异族部落，反而逐渐坐大。时过境迁，分封时看似偏僻荒凉的地理位置，到后来却成了得天独厚的优势。

晋国也因为地处偏隅且国力较弱，以前与中原诸侯少有来往，各国通盟，晋国却置身事外。经过西征诸狄之后，管仲注意到晋国的崛起，决定将晋国拉入联盟圈。可惜事与愿违，年迈的晋献公也要易储，不久前杀了齐国之女所生的太子申生，而申生正是领军攻破东山皋落赤狄之人，晋国内政一时动荡不安。

“晋侯看上去似乎气色不佳呀？”宰孔关心地问。

“寡人身染沉疴，路上走走停停，加之路途遥远，所以才失礼迟到。”晋献公有些忐忑不安，担心齐侯怪罪，不禁问道，“诸侯都散尽归国了吗？”

“我先告退，他们还在葵丘尽欢呢。”

“这就好，否则寡人要去趟临淄，当面向齐侯告罪。夏日炎炎，路程遥远，寡人这把老骨头恐怕就难以承受了。”

宰孔不以为然地说：“晋侯既然身体微恙，就不必与会了吧。”

晋献公不无担忧地说：“就怕齐侯兴师问罪，晋国岂能抵挡中国之师？”

“齐侯好大喜功，好武而不修德。喜欢给诸侯施点小恩小惠，目的不过是要诸侯对他感恩戴德，因此北伐山戎，西征诸狄，南侵荆楚，都在于收买人心。‘葵丘会盟’，天子赐胙，不过是想显显威风罢了。”

宰孔见晋献公也有附和之色，接着说：“依我之见，天下没有免费的午餐，齐侯施恩，犹如商人放贷，是有回报的，结果如何，还不一定呢。”

晋献公不禁问道：“齐侯势大，请问周公，他会不会借机讨伐晋国？”

“依我之见，齐侯和管仲老了，中原的事情都忙不过来，无暇顾及晋国，晋国的危机在国内，而不是国际，君侯还是多多留意国内吧！”

晋献公听到这里，又兼病体疲弱，听了宰孔之言，掉转马头回晋国去了。

再说周襄王之弟公子叔带，周惠王在世之时，就曾谋求夺嫡而未果。周惠王驾崩之后，太子郑继位。公子叔带心有不甘，在其母惠后的支持下，竟然暗地与戎人勾结，重金贿赂伊、洛之戎，请他们出兵进攻周王室，助他夺回王位，并许诸戎主，事成之后以重金酬谢。

戎主在公子叔带的唆使下，兴兵进攻洛邑。周公宰孔与召伯廖率军民固守城池，事到临头，公子叔带却不敢与戎兵会师。周襄王迅速遣使向诸侯告急，请求支援。

秦穆公与晋惠公欲结好周王室，各率本国之兵进攻戎人本土以救周室。管仲向齐桓公请缨，亲自率兵救周。

管仲率齐国大军逼近洛邑时，戎兵得知秦、晋两国举兵，担心老巢不保，正自心惊之时，又闻齐国救兵已到，不敢在洛邑纠缠，放一把火烧了王城东门，班师回国自救，王城之围自然解除。

管仲遣使责问戎主，为何要进犯中原，进攻周王室。

戎主惧怕齐国的兵威，派人到军前谢罪道："非是我等欲冒犯京师，实是公子叔带重金贿赂，召我们来进攻周室，助其夺回王位。"来使呈上国书，请求齐国从中斡旋，愿与周王室讲和。

管仲虽然辅佐齐桓公"尊王"数十年，但却从未到过成周。觐见周天子，成了他最大的夙愿。虽年届耄耋，但仍然拖着老迈之躯，率兵救周，为的就是要完成平生最后的夙愿。戎主知难而退，却又提出与周室求和的请求。本来，"尊王攘夷"是管仲助齐桓公称霸诸侯的旗帜，"王"与"夷"是相互对敌、水火不相容的两种势力，难有调和余地。

管仲老了，雄心不再，他的身心在几十年争霸的腥风血雨、惊涛骇浪中已是疲惫不堪，再难以驰骋疆场，呼风唤雨了。当他带着戎主的使者进入洛邑，做王室与戎人修好的调解人时，使得他对王室的赤诚之心增添了几分惶恐与不安，已经佝偻的身躯增加了几分沉重。

周襄王见管仲出面调解，同意与戎主讲和。

周襄王追念管仲定位之功，又有和戎之劳，用上卿的礼节来宴请管仲。

管仲素来崇尚礼法，当然不肯托大，谦卑地说："微臣只是低贱的办事之人，尚有天子任命的齐国守臣国氏和高氏在。如果他们在春秋时节来王室秉承王命，那时又用什么礼节来招待他们呢？陪臣请不要用上卿礼节。"

原来，齐国有三位上卿，国氏、高氏和管仲，国氏和高氏的上卿之位是周天子所封，管仲却是齐桓公封赐，并未得到周天子认可。管仲崇尚礼制，故在周室不受上卿的礼遇。

当时已是王室衰微、礼崩乐坏的时期，诸侯僭越天子之礼、士大夫僭越诸侯之礼者比比皆是，谁的眼中还有那个已经没有了权威的天子？谁还会顾及早已失落的礼仪？像管仲这样谦卑而谨守自己身份、不忘自己的地位、尊重王权的人，天下还有几个？周襄王从管仲那里找到了一点尊严，看到了一丝挽回昔日权威的希望，于是摆出一副天子的架子，命令地说："舅舅（管仲是伯舅之使，故也尊称为'舅舅'），朕嘉奖你的功勋，赞赏你的美德，永铭于心。你还是接受上卿之礼，不要违背朕的命令吧！"

"臣乃天子之臣，须当尊礼守法，礼不可废也！"管仲坚持不受上卿之礼。

"齐国勤劳王室，皆卿之力。"周襄王道，"今赐你为上卿，出入仪制，与诸侯相同。"

管仲拜辞谢道："齐国匡合之功，是齐侯之威德，将佐之功劳，臣何敢受此重赐？"

周襄王道："卿将德归之于主，将功劳归之于同僚，足见卿品德高尚，上卿之职，卿当之无愧。"

周襄王除赐管仲上卿之职，出入仪制与诸侯相同外，还赐黄金百镒，彩帛百匹，并称不得再辞。

第二十二章 星陨

管鲍之交

齐桓公自“葵丘会盟”以后，自恃功高，于是大兴土木，耗巨资对宫殿进行装修。出入之乘辇、衣裳服饰，豪华气派，堪比周天子。国人对这种僭越行为颇有微词。

管仲佐齐桓公秉政数十年，助齐桓公九合诸侯，一匡天下，成就齐桓公一代霸业。齐桓公不但“委国事以听”，尊称为仲父，在经济上也给以重酬，夺伯氏骈邑三百转赐给管仲，使管仲成为一个收入不菲的食邑主，又将市场税收的一部分也赐给管仲，使管仲富比公室，倍于群臣，富于列国之君，又承周襄王厚赐，更是富可敌国。

管仲也不示弱，对相国府也进行了装饰。相府进门之处，置一大型雕龙刻凤的檀香木屏风，以隔离内外，其实这是国君尊己之礼；客厅设反坫，放置酒爵，这也是国君尊宾之礼；反坫旁置篮篼，里面存着时令水果、各色点心，以供来客品尝，这是皇宫才有的配备。他还在相府后的一块土地上，修建了一个小花园，花园内筑假山、构凉亭，设长廊，假山四周植有奇花异草，凉亭与长廊都是雕梁画栋，富丽堂皇，豪华气派，不亚于皇宫的御花园。室内装饰与花园建筑都是奢豪一时，管仲终日游玩于花园之中。对此，无论是群臣还是百姓，却没有人说闲话。

这一天，鲍叔牙与管仲相约，又去稷下那间相熟的酒家。管仲笑迎后到的鲍叔牙：“兄长，狗肉正在炖，我以命侍从去家中取佳酿，待会儿酒到肉烂，正好开怀畅饮。”

鲍叔牙含笑颔首，问道："仲父，相府修缮得好气派呀！"

"还过得去吧！"

"主公所居宫室蔚为壮观，乘舆服饰与王相差无几，宗庙舞佾也颇有僭越。但身为霸主，居功至伟，正如你所说，略涉奢侈，这也就算了。但就怕上有所好，下必趋之啊！"

"兄长是责备我有上行下效之风吗？"

"听说你在新府中，修有三归之台，又树塞门，设反坫，于国于己，这恐怕都不好吧！"

管仲重修府舍，许多地方也超越了大夫所能用的体制，比如塞门（即罘罳，古代设在门外的一种屏风），是王、侯才能用的。反坫则是使节会盟时，相互敬酒后，用作放置空酒杯的土筑平台，这也不是人臣可用的，只有国君才能使用。

鲍叔牙面带愁容地说："你位高权重，举朝仰望，君奢侈你也跟着奢侈，君僭越你也跟着僭越，从前淳厚的政风渐渐没有了，这恐怕不好吧！"

"我们是老了，盛壮之年尚能勤勉为政，难道老了反而婪索无厌，不知礼数吗？"

"我猜你一定有原因，故而才找机会问问你。"

"齐国与其他国家不同，向以工商立国，兄长你看。"说到这里，管仲引鲍叔牙来到窗前。酒馆地势很高，可将半个稷下城收入眼底。此时已是黄昏时分，城中华灯初放，笙歌燕舞，娼女倚门待客，士庶商贾呼朋唤友，好一派繁华景象。

"民风奢侈相尚，如果齐国的宰相反而寒碜小气，那还有谁愿入朝秉政？再说，主公越制颇多，我的所作所为，也能聊分君之诽言。"

"但也不至于非如此不可吧？"

"兄长难道非要我说出苦衷吗？"

"苦衷？什么苦衷？"

"兄长刚才说我'位高权重，举朝仰望'，但小人会对主公说：'权臣国政独揽，又故意自洁其身，以收民心，居心叵测，如此君轻臣重，怕管氏有不甘臣下之野心。'"

"不致如此吧？再说朝中还有诸多大臣，彼此都是心意相通。"

"这是更要命的地方。"

"主公断不是这样的人。"

"当然，否则我们也不会有今天，不过也要存自保之心。我故意婪索厚养，自伤于民，如此小人就没有挑拨的机会，主公对我就会更加信任。如果失去主公的信任，大到匡平天下的抱负，小到用人度支，都会举步维艰。兄长不在其位，当然不会有这种风口浪尖上的体会。"

"原来你是自污呀？"

"水满则溢，月盈则亏，求缺才是在高位上最好的自保之道。"

听了管仲此言，鲍叔牙倾杯一饮而尽，一向不苟言笑的他喟然兴叹："人生暮年，方知人常五伦之中，君臣难免机心，父子存于天性，兄弟多有争迫，夫妻不能终老，唯有朋友一场，虽无礼法血裔可供凭借，但相交以心，最能称得上一个'真'字。"

"兄长这话，可算是说到夷吾心坎上了。"管仲感叹地说，"当年我贫无立锥之地，兄长与我一道在南阳经商，分利润时我多取自与，兄长不以我为贪婪小人，知我家贫之故；僖公之时，我三次参战都畏缩不前，临阵脱逃，兄长不以我为胆怯之徒，知我老母在堂，不为不义之战而送命；后公子纠败，召忽死难，我忍受囚禁之辱而不自杀，兄长不以我为无耻之人，知我志不在小节，而在于平定天下。生我者父母，知我者鲍兄也。"

管仲与鲍叔牙四目相对，老泪纵横。

管仲喝尽盏中残酒，壮声说："这大半生的经历，机逢绝唱，世事变幻无常，功过是非，尽交后人评说。唯有你我之间这份交情，到头来却能超脱功业成败。假如史书有载，不愿史官记述你我扶齐称霸的伟绩，只愿记述你我荣辱不弃、生死与共，足堪为天下第一知己！"

管仲越说越激昂，仿佛回到当年激扬少年时。他取过酒杯，酹酒在地："召忽呀召忽，愿史笔将你我三人共撰一传，你黄泉之下有知，就来领受这一杯酒吧！"

这时，一轮圆月已高挂南山上，银辉流泻人间。仰而望之，苍穹高远无极，群星若浮生在无始无终、无边无垠的虚空之中，星汉一片灿烂，天地无言。

“噗”的一声，一阵风吹熄了豆油灯，两人默然相对，此时燃灯已是多余的了。

这一天夜晚，管仲神情恍惚，坐卧不安，信步游逛于相府后花园。时值三更时分，管仲抬头观天，见天空清朗，月明星繁，忽见虚危之间，文星突然暗没，似有陨坠之象。管仲大吃一惊，低头自言自语地叹道：“阳寿已尽，我将不久人世，只是受齐侯厚恩，未能补报，实乃憾事。我殁之后，齐国从此将不太平了。”遂对着天空明月繁星，低声吟道：

咨嗟感慨，面对星海。
月有常辉，人无久在。
我欲乘空，邦家为爱。
嘱此清光，徐行我待。

次日，管仲入朝，向齐桓公奏道：“臣昨夜观天象，虚危之间，文星晦灭，臣命将不久人世矣！”

齐桓公闻之大惊：“仲父为何出此不吉之言！”

“臣少年时，到过泰山脚下，曾遇一仙者，自号降尘子，他曾为臣相面，观臣之相貌，言臣寿逾八旬，位居宰辅，将助明君成就霸王之业。今蒙主公恩宠，使臣位至相国，数十年来，佐主公九合诸侯，一匡天下，使主公称霸诸侯，果然应了降尘子之言。今臣年届耄耋，身体每况愈下，近来更是觉得神情恍惚，甚觉疲惫，想是已近油尽灯灭之时。臣昨夜观天星，追思降尘子之言，知臣将不久人世。”

齐桓公道：“仲父不必忧虑，江湖巫士之言，怎能信以为真呢？”

管仲谢恩出朝，是晚果然生病而卧床不起。齐桓公听说管仲病了，立即派御医到相府诊治，并亲到相府探视，回来后一直郁郁寡欢，难以提起精神。

隰朋奏道："仲父昨日所言，遇降尘子于泰山，为之相面，谈其生死富贵，今天果然生病，主公何不派人往泰山探访一番，看是否确有其事。"

齐桓公于是派隰朋前往泰山寻访降尘子，探其究竟。

竖貂得知管仲病倒了，暗自心欢，至后宫将这个好消息告知长卫姬，后又告知公子无亏，无亏也兴奋异常。当天晚上，竖貂、易牙和开方凑到一起，把酒言欢，庆幸管仲的末日来临，他们的苦日子快到头了。

隰朋奉命来到泰山，多方打探降尘子，有一乡人告之："泰山之西，有一老叟在深山幽谷之中筑庐而居，其上通天文，下识地理，识阴阳八卦，善测人间吉凶祸福，有鬼神莫测之功。自言是周宣王时人，莫非此翁就是先生所要打听之人？"

隰朋心知必是降尘子，请乡人为向导，进山寻访。行至深谷幽静之中，隐隐传来一阵悠扬动听的琴声，循声走去，幽谷之中果见一处草庐，竹篱茅舍，甚是幽雅。乡人指道："此即老翁居住之处。"

隰朋走进竹篱，来到茅舍门前，见茅舍内一形状古怪、鹤发童颜的老叟，端坐其间，正在专心致志地抚琴，一小童在侧侍候。隰朋见状，不敢擅入，忽听小童对老叟道："师父，您说今日必有齐使到，现门外站有一人，窥视茅舍已久，莫非就是齐国使者？"

老翁点点头道："去请客人进来吧！"

隰朋随小童进入草庐拜见老叟，老叟扶起隰朋道："我乃山野之人，何敢辱大夫下拜。"

"我乃齐国隰朋，奉齐侯之命，特来求先生测相国管仲之吉凶，望神翁不吝赐教，使隰朋好回复齐侯。"

老叟道："管上卿之生死富贵，五十年前就对他说了，今日何必再问？"

隰朋再三哀告："先生如不赐一言，我回去怎好向齐侯复命？"

老叟命童儿取纸笔，写上几行字，交给隰朋。隰朋展开一看，上写十六字：

龙逢水位，鼠从火兴。

一虎归窟，蛟蚓埋井。

隰朋不解其意，欲再询问，见老叟已坐至琴前，知道再问也无益，遂拜辞老叟。

隰朋回朝后，将寻访经历告诉齐桓公，并呈上字帖。

齐桓公不解其意，遍问群臣，无人能识，大司田宁戚看后说道：“此帖明示，仲父气数已尽，必当升天。”

齐桓公道：“何以知道？”

宁戚道：“龙者，人君之象，水者，纳音之号，今为周襄王七年（公元前645年），岁在丙子，丙子纳音属水，故曰龙值水位。鼠者，子之生肖，火者丙子所属，今年丙子太岁，故曰鼠位火兴。一虎归窟，蛟蚓埋井者，暗示人臣去世之意。故此，臣知仲父今年必终。”

齐桓公闻宁戚之言，大惊失色，恰在此时，近侍来报，御医传信，相国病情加剧，处于半昏迷状态。齐桓公迅即前往相府探视。

病榻论相

齐桓公对相府十分熟悉，四十年来，不知多少次君臣在此商谈国事，纵论天下，但这次来的心情格外沉重，推开门扉，见管仲静静地靠着叠起的锦衾，半坐半躺在卧榻上，昏黄的灯影下，身影投在墙上，显得极大，与羸弱如柴的身体形成鲜明的反差。齐桓公鼻子一酸，眼眶就红了。

管仲深深吸了口气，艰难地说：“臣染沉疴，不能起身行礼，请主公恕罪。”

齐桓公趋前几步，坐在枕边：“仲父言重了，近日身体可好些吗？”

管仲挣扎着坐起来，轻咳几声说：“臣大限将至，周公在向我招手，恐怕再也不能供主公驱使了。”

齐桓公的神情有些焦急，略带任性地说："不，仲父好好将养，一定会好起来的。"

"当年臣冒犯主公，然而，主公赦臣而获重用，使臣一展平生之志，死又何憾？"

在这药味浓郁的病室中，两位老人仿佛回到当年白水河边，素以善射闻名的管仲，向着还是公子小白的齐桓公射出一箭，箭中带勾，桓公诈死躲过一劫，抢先归国登位……

往事一幕一幕地呈现在眼前，管仲说："四十年来，君臣相得，机逢绝唱，堪夸千古。当年隰朋三十刚出头，就为主公逼鲁归服；宁戚本是饭牛之人，仅凭三寸不烂之舌，便说服宋公来归；还有王子城父挟生俘、挥长戈的雄姿，如今臣在病中，时时再现。"管仲的脸上露出一种神往的光彩。

管仲稍停一会儿，又说："齐国虽然成就了霸业，但危机四伏，臣的耳边犹有从楚地传来的金鼓之声。"

"仲父的谋略，再加上齐国的威势，还用担心蛮夷螳臂当车吗？"

"近年来，臣常闻楚人灭国并地，置县设官，以野人入伍；晋国亦并戎狄，不用亲贵，论功行爵。此两国虽偏于一隅，但国力蒸蒸日上，大有后来居上之势，主公不可不防。"管仲稍停顿之后又说，"当年主公命臣掌政时，以'尊王攘夷'为纲，是因为当时诸国势均力敌，齐国若行兼并，势必引来孤立和战争，所以臣用工商以富国，军民一体以强兵。如今时过境迁，虽然主公连接中原诸侯之兵，仍可横扫天下，但诸侯近半年来对周室更加不屑，会盟归会盟，诸侯仍各行其是。臣屡屡思量，如今齐国再不可囿束于礼制，适时改变国策，可兼并国，广纳野人，这样才能保霸业长盛不衰。"

"这些寡人无有不从，等仲父身体好转之后，再一一施行。"

管仲一口气说了这么多话，元神损耗，连连咳嗽。小妾萍儿立即奉上浓浓的汤药，管仲喝了两口，半闭双眼，好一会儿才喟然叹道："天命如此，大限已近。"

管仲自知时日不多，齐桓公倍感伤心，几次话到嘴边，又咽了下去。

"主公是否有话要说。"

"寡人确实有话要请教仲父。"

齐桓公稍顿一会儿，拉着管仲的手道："仲父病重，寡人很伤心。寡人想问，仲父百年之后，国家大政，寡人将转托给谁？"

管仲没有回答。

"鲍叔牙之为人如何？"齐桓公心里想，鲍叔牙是亚相，是除管仲之外最为倚重的臣子，是齐国最大的功臣，且又与管仲私交甚笃，管仲一定会推荐他。

"不行！"管仲不假思索地说。

"为何不行？"齐桓公惊愕地问。

管仲咳了咳道："鲍叔牙是个君子，即使是千乘之国，不以其道送给他，他都不会接受。但是，他不可以托国家大政。"

"为什么？"齐桓公不解地问。

"鲍叔牙之为人，太耿直，善恶太过分明，谁若有了过失，他会终身不忘。为相之人，必须要有度量，有道是：宰相肚内能撑船，就是这个道理。鲍叔兄没有容人之量。且鲍叔牙还有一个特点，就是：事无巨细，事必亲躬。为相之人，必须学会弹琴，要发挥十个指头的作用，不能仅凭一己之力。"

"那么谁可以委以国家大政？"齐桓公问道。

"隰朋可以！"管仲道，"隰朋为人，有远大眼光而又虚心下问。给人恩德叫作仁，给人财物叫作良。用做好事来压服人，人们也不会心服；用做好事来熏陶人，人们没有不心服的。治国有有所不管的政务，治家有有所不知的家事，这只有隰朋能做到。而且隰朋的为人，在家不忘公事，在公也不忘私事；事君没有二心，也不忘其自身。他曾用齐国的钱，救济过路难民五十多户，而受惠者不知是他。称得上大仁者，难道不是隰朋吗？"

齐桓公又问："寡人不幸失去仲父，各位大夫还能使国家安定吗？"

"请主公衡量一下吧！鲍叔牙的为人，好直；宾胥无的为人，好善；宁戚的为人，能干；曹孙宿的为人，能说善辩。"

“此四人，谁能得到一个？他们都是上等人才。现在寡人全部使用，还不能使国家安定，这是什么原因？”齐桓公道。

“鲍叔牙的为人好直，但不能为国家而牺牲其直；宾胥无的为人好善，但不能为国家而牺牲其善；宁戚为人能干，但不能适可而止；曹孙宿为人能说，但不能取信后及时沉默。据臣所知，按照消长盈亏的形势，与百姓共屈伸，然后能使国家安定长久者，还是隰朋。隰朋的为人，行动一定估计力量，举事一定考虑能力。”管仲讲完话，深深地叹了一口气说，“只是，上天生下隰朋，本是为臣做‘舌’的，如今，臣身子都要死了，舌还能活吗？”

齐桓公惶恐不安地看着管仲，等待着他继续说下去。

管仲接着说：“江、黄两个国家，离楚国很近。臣死之后，主公一定要将他们归还给楚国。”

“为什么？”齐桓公问道。

“如不归还，楚国一定要吞并他们。他吞并而齐国不救，那不好；如果去救，祸乱就从此开始了。”

“好！这件事寡人听仲父的。”齐桓公道，“还有要告诉寡人的吗？”

管仲道：“臣死后，请主公一定要将身边奸佞之人驱逐出朝廷，免留后患。”

“奸佞之人？”齐桓公问道，“谁是奸佞之人？”

“主公不问，臣也是要说的。”管仲道，“东城有一只狗，动唇露齿，一天到晚，准备咬人，是臣用木枷枷住而没有使之得逞。易牙就是这只狗。”

“易牙烹其子，以适寡人之口，是爱寡人胜于爱其子，他可是对寡人忠心耿耿的呀！还要怀疑他吗？”

管仲道：“人情莫如爱子，他连自己的儿子都不爱，怎么能爱君？臣死之后，主公一定要辞掉此人。”

“好！”齐桓公道，“寡人答应你。”

管仲道：“北城有一只狗，动唇露齿，一天到晚，准备咬人，是臣用木枷枷住而没有使之得逞。竖貂就是这只狗。”

"竖貂自宫以事寡人，他是爱寡人胜过爱自身，这样的人怎么能够怀疑呢？"

管仲道："竖貂连自己的身体都不爱，怎么能够爱君呢？臣死之后，主公一定要辞掉此人。"

"好！"齐桓公道，"寡人答应你。"

管仲道："西城有一只狗，动唇露齿，一天到晚，准备咬人，是臣用木枷枷住而没有使之得逞。开方就是这只狗。"

"公子开方，舍弃千乘之国的太子不当，而到齐国来臣事寡人，其爱寡人胜过爱其国。父母死了也不回去奔丧，是爱寡人胜过爱父母，这样的人难道还要怀疑吗？"

管仲道："公子开方舍弃千乘之国的太子之位而臣事于主公，这就说明他的欲望是：从主公身上得到的，将永远超过一个千乘之国。臣死之后，主公一定要辞掉此人。"

齐桓公不解地问："此三人，事寡人已经很多年了，仲父平日怎么从不提此事呢？"

"多年前，臣就曾请主公将易牙驱逐出宫，主公不听。因此，臣就知道，主公离不开这些奸佞之人。此后，臣再也没有提这件事了。"管仲道，"臣以为，这几个人犹如水，臣就是堤，堤可以挡水，臣可以控制他们，不怕他们泛滥成灾。如今，臣就要去见周公了，此一去，堤也就塌了。堤塌了，这些坏水必然要泛滥成灾。在堤未塌之前，需将这些水患除去。"

"好！"齐桓公说，"寡人听仲父的。"

巨星陨落

齐桓公相府问疾，管仲病榻论相之事，经宫人之口，在宫中隐隐约约地传开了。

竖貂很快就知道了这件事。是日，竖貂去见鲍叔牙，鲍叔牙不动声色地问："什么风将总管吹到寒舍来了？"

竖貂神秘地说："我是来向亚相透露宫中的一件绝密之事。"

"啊！"鲍叔牙道，"总管有何机密要透露给我，不该我知道的事，可不要说哟！"

"事关亚相，对别人不说，对亚相是一定要说的。"竖貂讨好地说。

鲍叔牙漫不经心地说："是吗？"

"仲父病重。"竖貂悄悄地问，"亚相知道吗？"

"知道！"鲍叔牙说，"昨天还去相府看望过仲父呢！"

"人说管鲍之交，天下闻名。"竖貂有些不屑地说，"以我看，徒有虚名。"

"怎么？"鲍叔牙反唇相讥道："总管对此有怀疑吗？"

"仲父的相国之位，乃亚相所荐，是也不是？"竖貂问道。

"不错！"鲍叔牙说，"仲父是齐国最合适的相国人选，只有他才能使齐国走上富国强兵之路、称霸诸侯。实践证明，他做到了，我的举荐也很正确。"

"嘿！嘿！"竖貂冷笑两声道，"亚相将管仲视为知己，管仲却视亚相如草芥。我真有点替亚相打抱不平。"

鲍叔牙面无表情地看着竖貂，问道："想不到竖貂总管还能替我打抱不平，真是难得。"

"仲父病重，主公欲让亚相继承相国之位，主持国家政事，谁知仲父却极力反对。"竖貂愤愤不平地说。

"真的吗？"鲍叔牙似乎有些好奇地问，"仲父说了些什么？"

"仲父说，亚相善恶太过分明，如果谁有过失，将永记在心，心胸狭窄，气量小，不能容物。亚相虽是君子，但却不是为相之才，难当宰相之任。"竖貂冷笑道，"画虎画皮难画骨，知人知面不知心。亚相如此真心对待仲父，想不到仲父却在背后向亚相捅刀子。"

"仲父就说了这些？"鲍叔牙问道。

"难道这些还不够吗？"竖貂反问道，"难道真的要他当面捅你几刀你才相信？"

“哈！哈！哈！”鲍叔牙大笑三声道，“生我者父母，知我者管仲也！”

竖貂莫名其妙地看着鲍叔牙。鲍叔牙无视竖貂的表情，大声说：“我鲍叔牙之所以举荐管仲，就是因为管仲忠心为国，不徇私情。他使我担任司寇之职，驱逐奸佞之人，我鲍叔牙是绰绰有余，若叫我做相国，我还真不是那块料。如果说我真的做了相国，尔等奸佞之人，难道还有容身之地吗？”

竖貂目瞪口呆地看着鲍叔牙，就像看着一个怪物一样，心里想：什么管鲍之交，明明是两个疯子，简直不可思议。

“什么是管鲍之交，岂是尔等小人所能体会得到的？”鲍叔牙不理不睬，感慨万千地说，“管鲍之交，贵在知己，一心为国，不徇私情，这才是管鲍之交。”

竖貂面红耳赤，羞愧而退。

管仲自病榻论相之后，似乎已经没有了什么挂牵。齐桓公四十一年（公元前645年）秋八月，这位助齐桓公成为春秋首霸的一代名相，安详地闭上了双眼，去阴间见周公去了，享年八十五岁。

齐桓公闻管仲死讯，号啕大哭：“哀哉，仲父！夭折寡人之臂膀哟！”

管仲辞世，震动朝野，齐国百姓闻管相国去世，如丧考妣。列国诸侯接管仲辞世的讣告，感管仲之德，均派使臣到齐国，以大礼祭奠管仲。

齐桓公以侯礼安葬管仲，令满朝文武及临淄城百姓挂孝一日。出殡之日，无数百姓自发地披麻戴孝，于临淄城街头摆设供桌，焚香祭奠，跪送管仲的灵柩通过，隰朋亲自举黑幡，闵婧披麻戴孝，手扶灵柩而行，早已哭成了泪人。鲍叔牙、东郭牙等众大夫，跟随在柩车之后，给他们尊敬的仲父送行。

人群中，易牙靠近大夫伯氏，悄声道：“昔年主公夺了你的骈邑三百转赏与管仲，今管仲已亡，你可请求主公，将夺去的骈邑三百还给你，我当从旁助你一臂之力。”

伯氏抽泣地说：“我无功，且失错，才被夺邑。仲父虽死，但仲父的功绩永存，我有何颜面向主公求索被夺之封邑呢？”

易牙看了伯氏一眼，无趣地走到一边去了。

齐桓公听从管仲的遗言，拜隰朋为相国，可是，不到一个月时间，隰朋果然病逝了。齐桓公叹道："仲父真圣人也，竟然知道隰朋不久于人世。"

隰朋病逝之后，齐桓公拜鲍叔牙为相。鲍叔牙固辞不受。齐桓公问道："太傅是因为仲父最后的遗言吗？"

鲍叔牙哭着说："生我者父母，知我者管仲也，他说得非常正确，我确实不适宜担任相国之职。"

"今满朝文武，除了太傅你，还有谁能担任相国之职？如果太傅固辞不受，你叫寡人怎么办？"

鲍叔牙道："臣的性格，仲父的遗言说得很清楚，主公是知道的，主公一定要臣为相，请尊仲父之言，远易牙、竖貂、开方，臣才敢奉命。"

"好，寡人同意了。"于是，齐桓公随之下令罢免了竖貂、易牙、开方三人的官职，并驱逐出宫。

鲍叔牙比管仲年龄还大，尽管他忠心事主，可岁月不饶人，上任不到半年时间，也赴上了黄泉路，追随管仲的足迹去了。

齐桓公办完鲍叔牙的丧事，艰难地回到寝宫，想起管仲在"葵丘会盟"的安排和鲍叔牙临终时的叮嘱，看了一眼门外新召回的竖貂一眼，命近侍备好文房应用之物，给宋襄公写书信：

宋公殿下：

请切记葵丘会盟时之重托……

突然，齐桓觉得喉头一紧，哇的一声，吐出一口鲜血，颓然伏案。

齐桓公用尽最后一丝力气，支撑着坐起来，写完要说的话，写下最后的落款，"咚"的一声，手中的狼毫掉落在地，双眼圆睁，跌坐在椅子上，一动不动了。

这一刻，是公元前 643 年，齐桓公在位四十二年，享年七十三岁。